叶秀山全集

[第三卷]

叶秀山 著

江苏人民出版社

图书在版编目(CIP)数据

叶秀山全集.第三卷/叶秀山著.—南京：江苏人民出版社,2019.11
ISBN 978-7-214-23484-1

Ⅰ.①叶… Ⅱ.①叶… Ⅲ.①哲学—文集 Ⅳ.①B-53

中国版本图书馆 CIP 数据核字(2019)第 099067 号

书　　名	叶秀山全集·第三卷
著　　者	叶秀山
责 任 编 辑	李兴梅
责 任 校 对	戴亦梁
责 任 监 制	王列丹
出 版 发 行	江苏人民出版社
出版社地址	南京市湖南路 1 号 A 楼,邮编：210009
出版社网址	http://www.jspph.com
排　　版	南京展望文化发展有限公司
印　　刷	苏州市越洋印刷有限公司
开　　本	718 毫米×1000 毫米　1/16
印　　张	40.75　插页 6
字　　数	643 千字
版　　次	2019 年 11 月第 1 版　2019 年 11 月第 1 次印刷
标 准 书 号	ISBN 978-7-214-23484-1
定　　价	182.00 元

(江苏人民出版社图书凡印装错误可向承印厂调换)

《叶秀山全集》出版说明

叶秀山先生遽然仙逝后,在他亲属和学生们的支持下,我们决定出版《叶秀山全集》,以永远缅怀他卓越的学术成就,延续和光大他的学术理念与思想事业。本次出版遵循如下原则:

一、只收录已经公开出版或发表的作品,其余作品(如手稿、书信等)以后择机再出续集。

二、各卷按照时间顺序收录已出版的著作(包括文集)。未收入已出版著作中但又公开发表的文章,按发表时间顺序分类收入最后两卷。

三、已出版的文集类著作中与之前著作收文重复者,只存目,但让《永恒的活火》和《启蒙与自由》二书保持完整收录。

四、编辑过程中,尽量尊重原出版物原貌,只作最小程度的技术处理。

我们向参与具体编校工作的叶先生的学生们,以及为全集的编辑出版提供各种帮助的朋友们表示感谢!

江苏人民出版社
2019 年 7 月

目 录

美的哲学

前言 003

第一部分　引言——美学与哲学 007
  一　美学是一门什么样的学科 007
  二　美学在西方的历史发展 013
  三　中国传统审美观念的一些特点 020

第二部分　人及其世界——"人诗意地存在着" 028
  一　如何理解我们生活的世界 029
  二　"人"如何理解"自己" 036
  三　艺术的世界与现实的世界 042

第三部分　艺术作为一种基本文化形式 048
  一　基本生活经验与基本文化形式 048
  二　艺术与科学 055
  三　艺术与宗教 068
  四　艺术天才 079

第四部分　艺术作为历史的"见证" 089
  一　历史·科学·艺术 089
  二　作者·作品·读者 101
  三　艺术作为"活的"历史的存留 110

简短的结束语——让生活充满美和诗意 122

主要参考书目 126
作者附言 127

无尽的学与思

代前言 133
  一、初次结识"哲学" 133
  二、想有一个"体系" 136
  三、钻进古代希腊 138
  四、涉猎西方现代哲学 140
  五、重新重视古典哲学 143

"现象学"和"人文科学"——"人"在斗争中 149
  一 149
  二 153
  三 157
  四 163

论福柯的"知识考古学" 167
  一、还是从康德说起 167
  二、关于人的理解 169
  三、逻辑学的人、历史学的人和考古学的人 171
  四、"话语"作为"推理式实践" 180
  五、"话语"作为"档案" 182

意义世界的埋葬——评隐晦哲学家德里达 187
  一 188
  二 190
  三 191
  四 192
  五 193
  六 195

  七 197
  八 198
  九 199
  十 201
  十一 203
  十二 204

哲学的希望与希望的哲学——利科对解释学之推进 206
  一、"意义"与"事件" 208
  二、看、听、写（读） 212
  三、"希望"之光 219

"哲学"面对"历史"的挑战 225
  一、西方"哲学"之传统和古代"历史"观念 225
  二、近代西方与"人"的自然史观 227
  三、古典式的"哲学"观和"历史"观的变化——从康德到黑格尔 230
  四、人文科学和精神文化史的建立 232
  五、胡塞尔现象学及其"历史"观念 235
  六、海德格尔及其"历史性"观念 239
  七、存在主义与"哲学"的应战 245
  八、"历史"的挑战与解释学和消解学 249

试论《逻辑哲学论》到《哲学研究》的转变 257
  一、从理性的批判到语言的批判 258
  二、语言概念的发展——《哲学研究》 268
  三、生活的挑战，哲学的挑战——从《逻辑哲学论》到《哲学研究》转变的必然性 276

古代希腊之艺术观念和艺术精神 281
  一、现实的世界和"意象"的世界 281
  二、"模仿"作为人的创作活动 288
  三、希腊古典理想的体现——以雕塑为核心的建筑、雕塑、绘画三位一体 293

四、希腊化时代希腊艺术精神的发展 300

古代雅典民主制与希腊戏剧之繁荣 308

　　一、古代希腊雅典民主制的特点与希腊戏剧艺术的产生 310

　　二、古代希腊雅典的黄金时代与希腊悲剧的高峰 319

　　三、雅典奴隶主民主制的衰落与古代希腊喜剧的发展 328

论美学在康德哲学体系中的地位 334

　　一、理性的原则与情感判断 335

　　二、合目的性——自然与自由的统一 342

　　三、美（艺术）与道德、知识之间的关系 347

现代西方美学主要思潮和表演艺术 354

　　一、分析哲学对艺术和美学的挑战 355

　　二、"人"的呐喊与艺术之本源性 358

　　三、解释学与符号论美学 362

　　四、艺术·历史·人 363

　　五、表演艺术中模仿与表现——演员与角色 365

　　六、演员与观众 369

谈"美育" 375

"画面"、"语言"和"诗"——读福柯的《这不是烟斗》 387

　　一、围绕着"语言"的讨论 389

　　二、"图画诗"（calligram） 392

　　三、从超现实主义到抽象主义 396

　　四、的确是一个哲学问题 401

　　五、想起了中国的"诗"、"书"、"画" 403

后记 406

愉快的思

我是怎样喜欢起哲学来的 411

中西文化之"会通和合"——读钱穆《现代中国学术论衡》有
　　感 424

守护着那诗的意境——读宗白华《美学与意境》 433

学者的使命 440

读那总是有读头的书——重读黑格尔《精神现象学·序言》 447

从哲学方面说"读书明理" 455

过于短暂的豁然贯通——再谈哲学的"读书明理" 463

我想有个家——西方哲学中"家"的观念 472

论"维特根斯坦现象" 482

"有人在思"——谈中国书法艺术的意义 489

没有时尚的时代？——论"后现代"思潮 496

说"人相忘乎道术" 505

关于"文物"之哲思——参观台北"故宫博物院"有感 513

    一、"文物"是"活"的 514

    二、"文物"之"时间"、"空间" 516

    三、古典哲学之精神价值 520

谈谈学习哲学的一些方法问题 523

历史性的思想与思想性的历史——谈谈现代哲学与哲学史的关系 531

谈"哲学"的"用处" 537

哲学与思想 540

"哲学"要"化解""宗教"的问题 548

中国文化与科技发展 556

描画出一个活的世界——《葛鸿桢书画集》观后 559

生命的轨迹 561

哲学·美学·戏剧·京剧 563

    一 564

    二 566

    三 569

    四 572

五 573

今人当自爱 575

难得朴实——读《程砚秋传》后 581

古典的和时尚的 584

"诗"与"史"的结合——谈梅兰芳艺术精神 587

街上匾额,观之不尽 589

沈有鼎先生和他的大蒲扇 591

段师傅启示录 597

怀念丕之同志——兼谈黑格尔哲学的意义 600

英伦三月话读书 607

 一、英国书贵 607

 二、"读""书""明""理" 609

 三、多读些法国哲学方面的书 611

 四、读书与写书 613

我是还要买书的 615

寻求学术工作的"度"——写在"博士论丛"第一批书出版之后 618

"逻辑学"——西方哲学思想之家——写在郭小平《黑格尔逻辑学:历史与本文研究》出版之际 621

三十年前之宿愿 624

深入浅出话"美学"(存目)*

"诗言志"小注 629

"碎片"与"体系" 632

灵魂的归宿——为刘耀中先生《荣格、弗洛伊德与艺术》一书而写 634

"理性"、"非理性"及其他 639

后记 642

| 美的哲学 |

前 言

这套美学小丛书的实际提出是比较偶然的,记得是在一次旅途中与老友田士章同志谈起而后得到人民出版社的赞同,就做了起来;但这套书的立意却不是偶然的。前几年,美学曾很热了一阵子,除各种专著外,也出了一些丛书,但涉及各艺术部门美学的丛书却没有。而我自己虽是搞哲学的,但总觉得美学是不能离开各具体艺术部门和具体学科的,对美学的兴趣是和对艺术的兴趣不可分的,所以一直感到需要做这方面的工作。这个想法既已得到出版部门的支持,遂使这套丛书的设想变为现实。

书是为读者写的,这套丛书主要是为青年读者写的。也就是说,本丛书并不是专业性很强的专著,每一本部头也不很大,但却一点也不能降低这套书的学术水平。

我们很容易地想到以"深入浅出"四个字来设想对这套书的要求。然而,随着时日的增长,我们都越来越体会到"深入浅出"的难度。只有在相当"深入"之后,才能真的"浅出";在"深入"基础上的"浅出",才是真的"通俗",而不是"浅薄"和"庸俗"。所以"浅出"的作品,当是很见功力的作品。

在设想这套丛书时,我们曾把"深入浅出"具体化为四句话:"材料可靠,观点新颖,说理清楚,行文流畅",而最主要的是"材料可靠"和"观点新颖"这两条。我个人体会，就科研工作言，特别是对人文科学的研究工作言，主要有两方面的工夫：一方面要确切地知道所研究课题"别人"是怎样"说"的，另一方面是你自己对这个课题打算怎样"说"；而你自己的"说"法，总是要在了解了许多"别人"的"说"法之后，才产生出来的。写书当有自己的"新"意，但"新"意是在"重新"思考"别人"的"意见"基础上出来的，这样"说"出来的"新""意"，才"言之有据"。所以，对"作者"来说，大量的工作还在了解"别人"的"意思"，占有大量的"材料"，使自己的意思从对这些"材料"的分析、运用、批评中自然显现出来，或在"说"自己的"意思"时，已蕴含了对"别人"的"意思"的分析、运用和批评。这样，一本书要有可靠的材料，是基础性的要求。

当然，对这些材料的运用，要体现出作者的独特性、创造性来，而不是"人云亦云"，更不是材料、引文的堆砌。"材料"是经过作者"重新思考过"的"材料"，"观点"是有"材料"作"根据"的"观点"。这似乎就是我们常说的"知识性"与"思想性"的统一。这个"统一"的意思是指："知识"是"有思想的""知识"，"思想"是"有知识的""思想"；"知识"是经过"思考"、消化了的"知识"，"思想"是有根有据、言之成理的"思想"。

青年人有很强的求知欲，好学习，好发问，这是很可贵的品质。青年人记忆力强，思考力也强，一定要把它们很好地协调、运用起来。"学而不思则罔，思而不学则殆"当是经验之谈。多学习，多动脑筋，不断使自己的思想受到训练，同时也使自己的知识保持着生命力，这是我们和青年人都要努力去做的，只是青年人在这两方面的潜力比我们大得多，当更加珍惜它们，运用它们，锻炼它们。

我们这套小丛书就是想在这两个方面给青年同志以一些帮助：提供一些经过我们作者思考过的知识材料，也提出一些有根有据、值得进一步思考的问题。

我觉得，努力去做"知识性"与"思想性"相结合的工作，本身自然就会有一定的"趣味性"。"趣味性"不是在科学性、学术性之外的"噱头"。"死记硬背"当然是很苦的事，记住的事不一定就理解了，但理解了的事往往容易记住。理解了的记忆往往就成为历史、文学，成为有趣的事。大家都能体会到一种理解的趣味，它不是"闲情逸致"，而同样是一种严肃的、理智的劳动。"艺术"是离不开"趣味"的，而把它作为"对象"来思考，来理解，同样也是很有趣味的事。只要不把自己的"工作"当作达到某种"目的"的"敲门砖"，我相信，任何"工作"都是有趣味的。当然，为了提高本丛书的趣味性，在行文、表达方面，也还要下一些功夫，这也是我们想尽量做到的。

据这些想法，我们尽可能约请有关方面的专家来写他们很熟悉、很有研究的题目。本丛书的作者，不但对美学理论都有相当的学养，而且是各自领域里的行家，对自己的专门领域，都有相当的发言权，我可以说，他们都是"身有一技之长"而又有很好的理论训练的专家学者，他们的作品，使我这个"第一个读者"深深感到理论联系实际的巨大威力。这样，我很高兴地看到，这里我们向青年朋友奉献的不仅是一般的通俗读物，而且还是我们这些作者长期学术工作的一次阶段性总结，是各位作者研究成果的菁华部分。

现在，这套小丛书要付印了，有些具体的事要说明一下：

1. 美学问题，国内外争论很多，本丛书本着"百花齐放，百家争鸣"的精神，在学术问题上，以及在写作风格上，并不强求全套书的统一。

2. 美学可从哲学、心理学、社会学等方面来研究，是近代以来早已逐渐形成而为多数学者采用的办法。艺术分类也并无一定严格标准，收哪些部门，未收哪些部门，多从实际情况来考虑，有些部门一时难找作者，只得暂缺，并无"算不算艺术"的考虑在内。

3. 感谢本丛书的各位作者，因为他们在各自的岗位上都有很繁忙的工作，能挤时间为这套丛书写作，是很辛苦的。

4. 我只是本丛书作者之一，组稿和大量的编辑工作都是出版社同志们做的，不用说，没有这些同志的热情支持，这套书是不可能出版的。

总之，我想，这套小丛书可以称得上青年读者在美学上的"益友良师"。我们的作者们比青年读者来说总是痴长了几岁，并非好为人师，实是不敢推卸责任，好在"师"也是"友"，"友"是平等，"师""生"也是平等的，在学术上更是讨论、对话、交谈的关系。孔夫子把"学而时习"与"有朋远来"相提并论，学习如交友，读书也如交友。与朋友通过"书"交谈，是增进知识、友谊和使身心愉快、健康的一个途径。

青年朋友们，愿意读我们的书，和我交朋友，把你们读后想说的话告诉我们，和我们交谈吗？

1990年2月24日写于
中国社会科学院哲学研究所

第一部分　引言
——美学与哲学

一　美学是一门什么样的学科

"美学"作为一门特殊的学科,不是中国传统的学问,是从西方引进来的。按照西方的传统,凡一门学问,都有自己的独特的对象和研究这些对象的一套方法,于是在西方,所谓"学问"就是"科学"。有实践的科学和理论的科学。学了实践的科学,就可以制作出自己需要的东西来,而学了理论的科学,就能够把握所研究对象的内部结构和外部的关系,最终还是有利于制作出自己需要的东西来。拿这个一般观念来套"美学",则会产生不少困难。首先,"美学"的"对象"本身就是一些不好解决的"问题",不像"物理学"的"对象"那样"确定",因而也就很难为这些"对象"来设定一套可靠的、似乎一劳永逸的"方法"。不错,西方的美学经过多年的发展,积累了不少材料,甚至有过不少"体系",像康德、黑格尔、克罗齐以及贝尔、兰格……这些都是中国读者所比较熟悉的,但这些大家们所写出的书、所提的"体系",仔细想起来,都会发现许许多多的"问题",或者说,他们的"体系",似乎本身就是一个或一些"问题"。

我们这样说,并不意味着别的学问、别的学科都是天衣无缝、不出问题的,任何学科都有自身的问题,科学家就是为解决、解答这些问题而工作的;但我们也不能不看到,美学里的问题似乎和其他有些学科不同,就是说,这些问题就其本质言,似乎是永远开放的,是要永远讨论下去的。人们在这里,似乎真的遇到了苏格拉底的"诘难",永远提问题,而不给答案。

在这一点上,"美学"作为一门学科是和"哲学"一样的。

"哲学"作为一门学科来说,也不是中国传统固有的学问,而是在西方自古代希腊以来发展得很成熟甚至被认为是过于成熟了的一门学问。古代希腊人从原始神话式思想方式摆脱出来,产生了科学式的思想方式,这种思想方式以主体和客体的分立为特征,把人生活的世界(包括自然界)作为观察、研究的"对象",以概念、判断、推理的方式来把握世界的"本质",并以此为工具来改进自己的生活、谋求自身的福利。

在希腊,"哲学"来源于"爱智",或"爱智"者,"爱""提问题","爱""刨根问底"、"追根寻源","爱智"即"爱思"、"爱想"。然而,希腊的科学式思想方式,把这种态度、精神本身也变成了一门学问,"爱智"成了一门"科学"——"哲学"。

"爱智"既成了一门学问,一门科学,那末这门学问、科学的"对象"何在?又用什么样的"方法"来"研究"这些"对象"?西方哲学告诉我们,那个"对象"就是那个"根"和"底",而那个"方法"仍然是"概念"、"判断"、"推理"。用思想的、逻辑的概念、判断、推理来把握那个(或那些)"根"和"底",于是我们就有了许多的"哲学体系":始基论、原子论、理念论、存在论、感觉论、经验论、唯物论、唯心论……但讨论来讨论去,仍在讨论那个(些)"根"和"底",因为"根"和"底"不能像"日"、"月"、"山"、"川"那样从自然或社会中指证得出来,因而这个(些)"对象"本身始终是"问题"。西方哲学,从近代以来,就明确了一点:"哲学"不是要研究那个(些)"根"和"底"吗?实际上,"根"和"底"是种"问题性"概念,用这些"概念"建构起来的学科,和其他的学科是很不同的,如果和其他学科一样对待,就是"形而上学",而不是真"科学"——有"科学"之"名",无"科学"之"实"。

我们要说,"美学"的"对象",同样是在那个(些)"根"、"底"里的,在这个意义上,我们说"美学"是"哲学"的一个方面,或一个分枝,甚至是一个部分。

当然,"美学"这个概念比起"哲学"来,似乎还要含混。"哲学"与"科学"相对应,在西方从古代希腊以来,被理解为"原(元)物理学"——"形而上学",即它是研究广义的物理学(即自然科学)的"根"和"底";对应地,"美学"也可以理解成研究"艺术"和"审美"现象的"根"和"底",称作"原(元)艺术学"或"原(元)审美学"。在这之后,"美学"也可以理解为一门真正的"自然"和"社会""科学",所以,我们可以正当地说"审美(艺术)心理学"和"审美(艺术)社会学"。

正因为如此,在这套美学袖珍丛书中,我们对"美学"这个概念,要作一个表面看来是人为的限定。既然我们已把"审美(艺术)心理学"和"审美(艺术)社会学"分出去作为专书来写,那末这里所谓的"美学",则基本上可以作"美的哲学"(关于美的哲学)或"艺术哲学"观。

这个学科上的划分,会出现一个不可回避而又很有趣的问题:把"审美心理学"、"审美社会学"等分出去以后,"审美的、美的(艺术的)哲学"还有什么"事"可做?还有什么"问题"可想的?换句话说,"审美心理学"、"审美社会学"等为"审美(艺术)哲学""留下"了什么余地?这个问题,也正是当代现象学所谓的"现象学"的"剩余者"的问题。这个学派的创始人胡塞尔问:既然人们把一切经验、自然科学都"括了起来",那末还有没有留下什么"事"当让现象学来做的?回答在胡塞尔那里是肯定的:现象学就是要做那一切经验的自然科学所做不了的"事"。自然科学,不论在多么广泛的意义上,并不可能把世上的"事"都瓜分完了,那个"根"和"底"始终仍是问题,迫使人继续思考下去。"哲学"不会无"事"可做。

"根"和"底"正是所谓"现象学的剩余者",但却又不是一个抽象的概念,不是"想象"出来的"无限"、"绝对"、"大全"……相反的,用概念建构起来的"科学世界"是抽象的,而把这个抽象的世界"括起来"以后,剩下的才是最真实的世界,才是这些抽象世界得以"生长"的"根"和"底",因此,把"抽象的概念世界""括起来",也就是现象学的"还原",即回到了"根"与"底"。

在这个问题上,胡塞尔的学生海德格尔有一个很好的发挥,他说,当今世界科学、技术的大发展,固然窒息了人的真正的"思想",但却不可能取消

"思想";恰恰相反,科技越发展,似乎问题越多,越令人"不安",越令人"思想"。

同样,美学的理论越精致,艺术的技巧越发展,审美的经验越积累,不但没有取消"美的、审美的,艺术的哲学"的地盘,相反,向它提的"问题"则越多样,越尖锐,因而,做这门学问,"想"那些"问题"的人所要付出的劳动则越大,因而工作也就越有兴趣。"经验"的积累不能"平息""提问",而只能"加重""提问"。

这样看来,我们现在所要研究的"美学"——即"美的、审美的,或艺术的哲学"是和物理、生物、化学甚至心理、社会这些学科很不相同的,这种不同,是带有根本性的,即不是小的方面——如物理和化学的具体对象和方法有所不同,而是大的方面的不同。这种不同,我们也许可以概括地说,即在于:物理、化学、生物……学科,都以主客体的分立为特点,将自己研究的"对象"作为一个"客体",或观察,或实验,以概念体系去把握其特征、规律,但"美学"和"哲学"则把自己的"对象"作为一个"活的世界",即"主体"是在"客体"之中,而不是分立于客体之外来把握的。这在西方哲学的历史发展上,叫"思维与存在的同一性",即"主体与客体的同一性",这种思想方式,有些人叫做"非对象性思想方式"或"综合性思想方式"。

这种思想方式,就西方哲学的历史发展而言,当然是有渊源、有来历的,它一直可以追溯到古代希腊早期的巴门尼德,但"同一性"思想方式在现代重新被重视,对西方人的思想方式来说,又不能不说有一种突破传统的意义。因为西方哲学,自亚里士多德以来,把"诸存在的存在"——即那个"根"和"底"当成了一个客观的"对象","思考"、"研究"了两千多年,如今要使这种抽象概念式的"思考""活"起来,自然要一番破旧立新的工作,这个工作从黑格尔算起,也有一个多世纪了,而按照胡塞尔的意思,这种不同于一般经验科学的思想方式,为"人文科学"所使用。

在这个意义上,"美学"属于"人文科学"。

"人文科学"以"人"的"生活的世界"为研究、思考的"对象"。在这门学问中,"人"不是"纯粹的"、"思想的""主体",不是西方传统哲学中的那个"我思"的"我",而是活生生的"人"——胡塞尔的"先验的"或"超越的""自我",而不是笛卡尔、康德的逻辑的、纯思的"自我";"世界"也不是与"自我"相对的纯"物质的""自然",而是"(人)生活的世界"。"我"是"在世界中"来研究、思考、理解"世界",而不是"在世界之外"、"与世界相对"来将"世界"作为"对象"使之概念体系化。"我""生活"在"世界"中,当然有种种"体验"和"经验","我"是有"知"的,不是无"知"的;这种"体验"或"经验"却不同于诸经验科学(如物理、化学、生物……)的"经验",这一点从上面的论述来说,是比较清楚的,因为只要指出它不是单纯的概念体系就明白了;这里需要着重指出的一点是:"人文科学"所要研究、思考的"经验"、"体验",比起其他科学所谓"经验"来,是更为基本的,即"人文"的"经验"是早于"科学"的"经验"的。

从根本上来说,"人"与"世界"的关系一方面并不是"纯物质"的,因为"人"不是"动物";另一方面,也不是"纯精神"的,因为"人"不是"精灵"、"神仙"。这样,"人"在能区分纯物质的实质关系和纯概念的精神关系之前,有一种更为基本的关系,而各种实质性(实证性)科学(物理、化学、生物……)和形式性科学(数学、逻辑……)正是在这个基本的经验上生长起来的。对这个基本的经验的研究和思考,就是胡塞尔说的"最纯净"而不杂后来抽象概念科学的"严格的科学",即"人文科学";对这种基本的关系,或这种基本的存在方式的研究和思考,也就是海德格尔在《存在与时间》里所谓的"基本本体(存在)论"。

"哲学"不是要"寻根究源"吗?这个"基本的世界"就是"根",就是"源"。这个"根",这个"源",这个"基本的世界",不在"天上",而就在"人间";不是真正的"超越的",而正是"经验的",是我们"生活的世界"。

"基本的世界"我们不妨叫它为"本源的世界",这个世界不是"无知"、"无识"的"野蛮"、"原始"的世界,因而不是"开天辟地"之前的"混沌"。在这个世界中,有着最为基本、最为纯净的"尺度"和"区分"。人无待于精密仪器的发明来区分事物的"轻"、"重"。"斤"、"两"、"钱"……出现之后,真正的"重"、"轻"却隐于科学度量和尺度之中。"命名"早于精确的科学知识,基本的世界需要基本的、本源的"知"、"经验",所以"命名"不是主观任意的,不是"主体""立法",而是"名""实"相符的。"人为万物之尺度"

已开启西方科学性、主体性、工具性思想方式的先声，所以早期希腊的贤者们只能把"本源"、"始基"思考为"水"、"气"、"火"等等，是"万物"（之一，之中）和"世界"本身给我们（人）的"尺度"。

在这个生活的世界中，真、善、美的经验，并不像后来那样分成了哲学、道德、艺术、宗教等制度性、学理性的分立学科，但它们之间所显现出来的联系和区分，却是基本的，我们就是要从这种基本的联系和区分中来研究、思考有关"美"和"审美"、"艺术"的基本特征，以便弄清何以人们能确定地说"××是美的"以及在说"美"时的真实"意谓"。

然而，这个"生活的世界"是一个"活的世界"，是要在"生活"中去"体验"的，而不能用一些"概念"、"范畴"——哪怕是"思辨的范畴"去"建构"一个"知识"体系来"传授"，来"学"的，也不可能从古代或现代的"原始民族"那里"指证"出这种世界来，甚至不可能在"想象"中"画"出这个世界的蓝图。"生活的世界"不是"远在天边"，不在古代，不在边远地区，也不是海市蜃楼，事实上就在你身边，就在"眼前"，无非因"眼前"常为"过去"（所支配）、"未来"（所吸引）而"埋藏"、"掩盖"起来，感于声色货利，常隐而不显，一句话，常常被"遗忘"了。所以包括"美学"在内的"人文科学"的任务，不在于用一套现成的教条"灌输"给人，而在于"启发"人自身的觉醒，"回想"起那被埋藏、隐遁了的世界。

"人文科学"不叫人"修炼"那"无知"、"无识"状态，相反，是叫人真正地、认真地"有知"、"有识"，叫人真正地、认真地"思"和"想"。人们常说，要"透过现象看本质"，"现象"越来越丰富，要"透过"去则越来越需要用很大的气力，而看出来的"本质"却仍是一些"问题"，是一些无法一言以蔽之的问题，这就是"（有）问题"的"本质"，或"本质（性）"的"问题"。

"生活的世界"的"道理"，是"生活"和"世界"本身"教"出来的，不是某个"先生"，某本"书""教"出来的，"生活的世界"本身就是一本"教科书"，"生活"和"世界"都是"大书"；既然是"书"，当然也有"听"、"说"、"读"、"讲"、"写"等等，"生活的世界"的确是可以"听"，可以"说"，可以"讲"的世界，不是一个虚无缥缈的世界，也不是一个"死寂"的世界。事实上，"生活"本身都在"听"、"说"、"讲"……但谁也不认为我们每天都在"教书"。"教书"的"讲",是文化发达到一定时候的事,但之所以出现专门的"教员",正因为我们本已是每天在"听"、"说"、"读"、"写"。"人文科学"是一门"生活的学问",是一门"活的学问",我写这本书,不是作为教员讲课,而是作为生活中的人的"讨论","讲"我对有关美、艺术的"想法"和"意见",因而"我"始终在"讨论"问题,"我"的"意见"绝不是"结论",不是"封闭"的,而永远是"开放"的。如果说,"人文科学"也有自己的"方法",那末这就是"讨论"、"对话"。关于"美"和"艺术"的基本问题,也是如此。

我们知道,在"基本的经验"方面,在"生活的世界"中,真、善、美本是同一的,它们为异中之同,同中之异,只是在西方科学性思想方式发展下,才分立成"知识学"、"道德学"和"美学"。这种发展,在西方的思想史上,也是不很平衡的。如果说,古代希腊早期的"自然哲学"侧重于"知识论"的话,那末,苏格拉底可以看作"道德(哲)学"的完成者,亚里士多德建立了"艺术学",真正的"美学"的建立,则是很晚近的事。当然,古代没有严格意义上的"美学",不等于古人没有想过有关"美"、"艺术"的根本问题,正如中国传统文化中没有"美学"这门学问,也不等于中国人就不考虑有关的问题,所以,我们在讨论这些问题前,对西方"美学"和"美学"问题思考的历史作一点整理,是必要的。我们的目的是在着手思考这些问题时,总是要"听听""别人"(特别是哲学家,无论古代的还是现代的)是怎样"说"的。

二 美学在西方的历史发展

西方民族,是"哲学"的民族。一切"科学"当然都来自生活,来自"生活的世界",但就学科的形式言,在西方,"哲学"是"科学"之"原型",又是"科学"之"归宿"。一切"科学"莫不通过"哲学"之环节孳生出来,等到它发展、成熟之后,又莫不在"哲学"中找到自己的一定的位置,举凡物理学、数学、伦理学、心理学等等,莫不如此,艺术学亦不例外。

在古代希腊,西方的"哲学"最初是以侧重于物理学和侧重于数学两个大方面发展起来的,于是有伊奥尼亚学派和毕达哥拉斯学派。在这个早期阶段,希腊人的问题已经是哲学的,他们已经明确地提出了"始基"、"本源"的问题,但他们学说的形式,以及他们学说的具体内容,却是科学式的。他们说,"水"、"火"、"气"等这些"物质"或"质",就是万物的"始基"。毕达哥拉斯的学说,也具有这个特点,但他进一步提出了"数"作为万物的另一个始基,就使作为"始基"的"物质"不但具有"质"的稳定性,而且具有了"量"的规定性,具有了"规律"。早期毕达哥拉斯学派的这个特点,其实在赫拉克利特的学说中表现得很是清楚:万物为熊熊之"火",在一定"尺度"上燃烧,在一定"尺度"上熄灭,"尺度"即是"逻各斯"。物质世界这种质和量的同一,到巴门尼德则为"存在","尺度"、"逻各斯"本身不是"多",而是"一","一"不可再分,为最基本的"数",于是有"种子"说、"原子"说。这些都源于广义的"自然哲学"。

然而,亚里士多德不把毕达哥拉斯学派包括于"自然哲学"之内,说明了西方人自古不把"数学"当作"自然科学",而只认为是一种"形式科学"。的确,从"数"到"尺度"到"逻各斯"这一完善,正说明了西方人的一种内容和形式、质和量等相分立的思想方式,这种思想方式又必定要使"主体与客体、思维与存在相对立"这个基本特点日益明显起来。

按现代一些古典学家和一些哲学家的解释,希腊文"逻各斯"来自一个动词形式,最初有"采集"、"综合"、"分门别类整理"的意思,后来引申出"说"的意思来。希腊的智者学派已经对"语言"提出了许多有意思的看法,他们问,"说"是一种"声音",为什么能"代表""可见"之"物"?他们坚持,"可听的"不能代替"可见的"。我们看到,这个前提可以推出一些不同的结论,但有一点是明确的:"语言""表现"的不是"物",而是"思想"、"观念"。"语言"是"思想"、"观念"的表现。这样,希腊人一下子就越过了"语言",直接研究"思想"。这时,希腊的"哲学",也就由研究"万物",转向研究"思想",于是有苏格拉底、柏拉图的理念论,而作为"思想"的具体科学,则为由"逻各斯"演化来的"逻辑学",这时已经到了亚里士多德的时代。

亚里士多德是西方哲学真正的历史奠基者。如果说,在这之前,古代希腊人主要还是把"哲学"当成一些"问题"来探讨的话,到了亚里士多德,"哲学"就真的成了一门学科,有自己独特的对象、方法和体系——形而上学及其范畴论体系。

亚里士多德是一个百科全书式的学者,他的众多的著作,几乎同时奠定了西方"哲学"与"科学"两个大方面的基础。在"科学"方面,他的著作更几乎囊括了当时以及后来一个很长时期的一切科学,而有些学科本就是他自己建立起来的。在这个意义上我们也可以说亚里士多德是西方"哲学"、"科学"之父,也是西方民族自己独特思想方式最大的代表和培育者。就在他众多的著作中,有一本流传下来的残本《诗学》,被认为是西方美学开创性的著作,现在我们所能读到的,是他关于希腊"悲剧"的论述,据说还有"喜剧"的详细部分,但未保存下来。

当然,对于美和艺术的讨论并不始于亚里士多德。爱利亚学派的创始人克萨诺芬尼把"神"的"意象"与画上的形象相比,说明这些形象都是人创造出来的,颇有些无神论、唯物主义的意味;柏拉图有几个对话谈到"美",特别是"饮宴篇"提出了"什么是美",大加讨论,被认为已很具美学意识。其实,那个时候固然已有了美学方面的问题,从"什么是美"的讨论中也可以看出苏格拉底已力求在"美"、"善"、"正义"这些概念中找出本质的区别,但当时主要还是在讨论哲学和逻辑问题,而不是专门的美学问题。"饮宴篇"结束时的那一句话"美是很难的"曾被误解为是科学上的一个论断,甚至是对"美学"的一种结论,但事实上只是借用了当时希腊的一个成语,其意思是"好事多磨"。这就是说,在早期,即使在思想已相当严密、精确的古代希腊,所谓"美"、"好"这类词在日常用语中,区分不是很严格的。这是一种生活的区分,而不是科学概念上的、定义上的区分。

"美学(的)"、"审美(的)"也都是由希腊文变化而来,但当时只是"感觉的"、"感性的"这类的意思,亚里士多德也没有用这个字来建立一门学问,"美"在古代希腊并没有成为一个专门学问的特殊对象和问题;但"艺术"却已成为一门专门的学问,《诗学》在亚里士多德那里其地位大概像《动物学》、《物理学》……一样。

《诗学》用的基本上是经验科学的方法。我们知道,古代希腊曾经是艺术活动很发达的国家,特别是雅典,在它的伯利克里黄金时代曾以它的艺术的光辉吸引过许多外邦人,而雅典的戏剧舞台可谓最为光彩夺目。亚里士多德的

《诗学》把当时的悲剧作了经验总结，经过分析、思考，提出了定义性的判断，回答了"什么是悲剧"这个问题，为后世立则，凡不符合者，则不免"不是悲剧"之讥。亚里士多德这个残本《诗学》，显然与他的《形而上学》没有多大关系，但却一直被认为是"美学"之祖，至少他提出的"悲剧"概念，常为西方美学体系中的重要"范畴"之一，这除了西方人一贯的思想方式、科学分类的特点上的原因外，不能不说是有一些误解在里面。

这里应该提醒注意的是：亚里士多德的《形而上学》中没有"美学"的地位，其中原因，不能不作一些探讨。

亚里士多德的《形而上学》探讨了一个最为本质的存在，这一点使它与物理学等研究的对象区别了开来。这个"（诸）存在之存在"，是古代"始基"、"本源"的演化，是"逻各斯"的演化，也是巴门尼德的"一"的演化，亚里士多德叫做"第一性原则（理）"，哲学研究"第一性原则（理）"，这已成了哲学本身的"存在方式"，"哲学"本身的"本质"。为了把握这个"（诸）存在之存在"，把握这个"第一性原则（理）"，亚里士多德研究了诸种"范畴"，如"可能性"、"必然性"……"哲学"就是这些"范畴"的体系。我们看到，亚里士多德的哲学虽然是"存在论"（或叫做"本体论"）的，但就范畴体系来看，却同时又是"知识论"（或叫做"认识论"）的。真、善、美，亚里士多德重点放在了"真"——知识论方面。

不错，就生活的本源性的世界言，真、善、美并无学科上、概念上的区分，这我们在谈到早期希腊"美的"与"好的"无严格区分时已可看得出来。但生活的世界仍有自身的区别，并非一片混沌，而这种我们叫做"基本的区分"的恰恰正是后来科学、概念、定义区分的基础。人原本并不是按照一个定义来叫某事物为"美"，相反，科学的"美"的"定义"却是从这种日常的称谓中，结合实际地提炼、概括出来的，而提炼出来的某种"定义"，又不是永远合适的，常要随生活的活的现实变化而改变。这个基本的道理，西方人在很长时间里竟是颠倒了的，这种颠倒，意味着他们在哲学中把认识论——关于"定义"的真理性提到第一性原则来考虑这一做法上。我们看到，古代希腊人尝试给"善"、"正义"、"美"下定义而不得结果之后，集中他们的才智来思考"真"的问题，即关于"万物"的真判断、真命题、真知识问题。至少"美"

的问题被搁置了起来，这种情形一直到文艺复兴、启蒙主义兴起之后，才有较大的变化。

大家知道，"美学的"、"审美的"是由德国启蒙主义哲学家鲍姆加登引入哲学，并以此建立了哲学的一个分支——"美学"。"美学"在鲍姆加登那里是与"理性的知识"相对的"感性的知识"的意思。我们看到，鲍姆加登虽然建立了一门新的哲学学科，但他在运用"美学的"、"审美的"这个词时，仍然保留了"感性的"原意，这种用法，直到康德，仍然如此。然而，无论如何，这里应该指出的是：从此以后，哲学就增加了一个重要的部分，即"美学"就可以从哲学的角度来进行"探本求源"的研究，而不仅仅是一般的"艺术"的经验理论的、概念式的总结。

在建立西方的美学体系方面，康德的作用是不能忽略的。虽然康德本身对艺术并无特别的兴趣和修养，他对自然美的称颂，也是纸上谈兵，因为他从未离开过他的家乡；但他的哲学的睿思，却使他相当深入地思考了许多美和艺术的基本问题，在西方，至今还不能绕过它们。康德所论各个重要的有关美和艺术问题，本书以后的论述当会有所涉及，这里我们要着重考虑的是他的"美学"在他整个哲学思想中的地位问题。

我们知道，康德有三大"批判"："理论理性""批判"是审核"知识"的条件，"实践理性""批判"是审核"道德"的条件，唯有"判断力""批判"虽有自身的问题和类似"知识"和"道德"的形式，但在自身的结构上却与"知识"与"道德"不完全相同，它只是"理论理性"和"实践理性"相互关系的一种"调节"和"环节"。在康德看来，"知识"是"纯感性的""世界"，"道德"是"纯理性的""世界"，而"艺术"和目的论意义上的"自然"，则是这两种"世界"的结合，因而这个"世界"不是"纯"的；在这里，我们看到，"纯"的"世界"是"理想"的，而恰恰"不纯"的"世界"才是"现实"的、实在的。我们生活的世界，既不仅仅是"科学的世界"，也不仅仅是"道德的世界"；"人"不仅仅是"知性的存在"——能作科学研究，也不仅仅是"理性的存在"——能摆脱一切经验、感觉而按道德律令行事，"人"还是"情感的存在"。人有七情六欲、喜怒哀乐。"世界"不仅给"人"提供吃喝的材料，也不仅展现为一些科研对象，而且也使"人""愉悦"。"自然"本身向

"人"呈现一种"意义"（目的）。

康德的《判断力批判》分为两个部分：审美的部分和目的论部分，把这两个部分放在同一个"批判"之下是很有道理的，因为"美"、"艺术"、"自然"都向"人"显示着一种并非"知识"、"科学"所能囊括得了的"意义"，然而因为康德用了一个"目的论"来概括这种"意义"，就显得陈旧而不为人重视。事实上，后来德国浪漫主义正是从这里出发，把整个"自然"看作一个"大作品"，因而"美"和"艺术"就和"人"的"全面发展的个性"联系了起来，成为整个哲学思想的基础和核心。"美的世界"、"艺术的世界"就是人的生活的"基础性的世界"，是"科学"、"道德"，"感性"、"理性"相"和谐"、"同一"的世界。这正是谢林的"同一哲学"、"绝对哲学"的基本思想。

这样，我们可以说，整个德国古典哲学是从"同一性"、"绝对性"的角度来看"美"、"艺术"，而"美"的"世界"、"艺术"的"世界"正是那个"基本的"、"本源的""世界"，亦即他们所谓的"绝对的""世界"。"绝对"为"无对"，即"主体"与"客体"不相"对"，因而是一种"同一"。西方人的这个思路，到了黑格尔那里达到了历史的高峰，但他却又把一个活生生的"基础性世界"，变成了"纯思想性的世界"。这并不是黑格尔本人的某些"过错"，而是西方传统哲学思想所很难避免的结果。

我们说过，"基本的世界"并非混沌一片，而是也有其自身的区别的，只是这种区分并不是"知性独断的"、"科学概念式的""定义性的""对象"，而是"辩证的"、"活"的"同"中之"异"。于是，在黑格尔的"绝对的世界"（即"基础性的"、"主体和客体不僵硬对立的"世界）里，也分出了三个层次：艺术、宗教和哲学，"艺术"处于"绝对理念"的最低层，也是最基础的层次。

在这里，黑格尔的思路可以理解为："绝对"为"无对"，真正"无对"为"理念"，即"大全"、"世界作一整体"、"神"……而人、手、足、刀、尺等等都是"有对"的。然而，"绝对"又不是"混沌"，"理念"只是一个"思想"，没有一个与"理念"相"对"的"物质"（世界），但"理念"（"全"、"神"等）却是"思想"与"思想"相"对"，"思想"自身"相对"，"思想"以自身为"对象"，所以说为"绝对"。从这个思路发展出来，"艺术"（以及"宗教")都含有"非思想"的"对象",因而不是"最纯净的",只有"哲学",绝无"非思想"之"对象"存身之处,才是"绝对"的最"纯"的形态。推崇"纯概念"、"纯精神"的"思想体系",这是西方文化固有的传统,这个传统在黑格尔那里达到了古典的高峰,于是很自然地成为后来反传统的勇士们的攻击目标。

批评者们认为黑格尔的"绝对"太概念化、思想化了,"同一性"原则不能仅仅理解为"思想自身"的同一,因此绝大多数批评者们都要把黑格尔的"绝对"改造成更为"现实"的东西。其中对当代西方影响最大的为胡塞尔。

胡塞尔没有专门研究美和艺术,但他在当代西方所建立的现象学原则,对美学有很重要的意义,因为他的"生活的世界"既保存了黑格尔的主体、客体同一的意思,又努力避免了黑格尔的"绝对"抽象性和概念性。胡塞尔(生活)现象学改造黑格尔"精神现象学"的一条重要途径是:将古典哲学的"理念"观念扩大,使之不限于"大全"、"神"这类最高的概念上,而实实在在地承认:我们面对的这个现实的世界,就是"理念的世界",不但"神"是"理念",人、手、足、刀、尺等等都是一个个的"理念","生活的世界"里的一切区别,之所以不同于"科学概念"、"定义式"的"区别",正在于它是一种"理念式的区别"。于是,胡塞尔的"生活的世界"就不必像黑格尔的"绝对世界"那样复杂,要经过艰苦的"辩证"发展过程才能"达到",而是最为"直接",不借任何外在手段、符号,我们每天睁眼看到的世界。

胡塞尔没有说他的"生活的世界"是"艺术的世界",但这个世界却是"直接的",是将"本质"和"意义"直接呈现于"人"面前,是"本质的直觉","理智的直观",这已为他的学生海德格尔将"诗意"引入这个"生活的世界"提供了条件。

海德格尔是当今欧洲大陆最有影响的思想家之一,也是突破欧洲思想传统的最强有力的人物之一。他在哲学领域里所做的工作主要是将尖锐反对黑格尔"绝对哲学"的基尔克特的"实存"(Existenz)观念引进胡塞尔的现象学,从而得出了许多非常重要的结论,其中对我们本书最为主要的是他把思、史和诗统一了起来,使人的"世界"变得丰富起来。

应该承认,本书以后的论述,常常要和从胡塞尔、海德格尔以来的现象学作一些讨论和辩论，同时也会涉及到最近20年来法国一些人对胡塞尔特别是海德格尔的研究、运用和批评，这样，我们对西方美学的简述，已进入最为晚近的阶段了。

三　中国传统审美观念的一些特点

中国的文化和西方的文化在传统上是很不相同的。从传统上来说，中国没有"哲学"这门学问，也没有"美学"这门学问，但这不等于说，中国传统上没有"哲学"和"美学"问题。中国人有中国人提问题的方式，以及讨论、组织问题的方式，但其为问题也，一。其实，不仅中国文化与西方文化不同，阿拉伯文化、印度文化……也都和西方文化不同，而各种文化之所以不同而又能"交流"者，在于大家都有一些根本的问题。小问题可以不同，但大问题却是共同的，大家都要"刨根问底"，都在探索"宇宙之奥秘"、"人生之真谛"等等，你叫做"世界的本质"、"始基"、"第一性原则"……我叫做"本"、"真"、"仁"、"义"、"道"、"德"……或者还有无以名之的，但就问题而言，却是相同的。这样，才能解释为什么古时候为"封闭"的各种文化类型，如今"开放"出来，却可以相互"交往"、"交流"，相互"吸收"，也相互"争论"。这一点先要明确，然后才可能讲各种文化之特点。

从我们简述西方美学中可以看出，西方对"本质的世界"、"本源的世界"的理解，有真、善、美几个方面，有"思"，有"诗"，但"史"这个度，却是很晚才出现的。黑格尔首先把"历史"引进"思想"，而海德格尔才把"历史"引进了"存在"；但中国人从"生活的世界"所体会出来的首先是"史"这个度，"真"、"善"、"美"都在"史"中。

"史"是有思想、有意识的"人"做的"事"，"事"是客观的，又是主观的，是人为的，又是自然的，"史"和"事"都是"活"的，是"正在进行"的，是"未完成的"，而不是西方传统意义上的"完成了"、"做成了"的"事实"。从字源来说，西方文字的"事实"（fact）亦来自动词，由拉丁文动词facio变化而成，而中文的"事"，亦可用作动词，作"做"讲。所以在根本上，中西方的思路是一样的。但在演化成名词后，西方的"事实"就成了一个客观的对象，是不随人的意志而转移的，而它的动词的原意，则常要等一些哲学家和语言学家来提醒，才记得起来；但中文的"事"始终与"史"没有分家，从语音和字形上都可以清楚地看出来。这样，"事"始终保持着"人为的"、"历史的"、"时间的"这种原始的意思。在许多层次上中文的"事"不能与西方的"事实"相通，如"太平无事"，不能说成"太平无事实"，这其中的区别在于：西方的"事实"，不能作"问题"解，而中文的"事"则是开放的，永远具有"问题"的性质。"事"即"问题"，"有事"，即"有问题"，反过来，"有问题"，也就是"有事"。

"问题"本是"客观的"，但要人去"发现"。没有"思想"，不去"（思）想"，当然不会有"问题"，"问题"是"客观"对"思想"呈现出来的。在这个意义上，也可以说，"问题"是"想"出来的，所以平时我们也说，"不动脑筋"，就不会"发现""问题"，而问题也是"制造"（做）出来的，"问题"与"事"不可分，同样，"思想"与"事"也不可分，"思想"与"历史"不可分。中国传统文化中没有抽象的"思想"，也没有坚硬的"事实"，所以也没有以概念体系的"思想"来对待（整理）坚硬"事实"的抽象"科学"，更没有以"思想"自身为对象的抽象"哲学"。

从这个基本区别，可以引申出关于中西文化同异的一些有趣的观念，在这里，我们想指出的重要的一点是：西方文化重语言，重说；中国文化重文字，重写。

前面说过，西方文化从古代希腊开始，一下子越过"语言"直接研究"思想"，直到19世纪末、20世纪初才有所谓"语言的转向"。"语言"比"思想"具体得多，但仍被看成是"思想"的"直接表达"，"语言"和"声音"好像是"透明的"，直接把"思想"的"意义"表达出来，而"写"只不过是"语言"的"记录"，是附属的。"说"是"第一性"的"源"，"写"是第二性的"流"；"读""写"出来的"书"，就是要"透过"（"破除"）"写"的障碍去体会"书"中"说"的"意思"。在这个意义下，西方的文化则被理解为思想性的文化，西方的历史也成了思想的历史，是"意义"的历史。这个传统，现在为法国的一些激进的哲学家所批评，认为事实上并没有纯粹的、抽象的"意义"，历史也并非"意义"的逻辑的、承前启后的"线"性发展史。这是西方最近从海德格尔"历史性的思想"发展出来的对西方文化传统进一步突破的结果。

中国文化历来重视"写",当然也并不偏废"说",所以中国文化不仅有"语言学"传统,而且有"文字学"传统,而"文字学"在西方则是很晚近的事。就传统言,中国甚至没有西方那种严格意义下的"语言学",而是一种"字学"。"字"分"形"、"声"、"意"。"声"为"音韵学","意"为"训诂学","形"则是严格意义上的"文字学",而"形"、"声"、"意"都统一于"字"中。

在这个意义上,我们不妨说,中国文化在其深层结构上是以"字学"(Science of Words)为核心的。之所以说是"深层"的,是因为"字学"似乎是中国一切传统学问的基础,中国传统式的学者,无论治经、治史、治诗,总要在"字学"上下一番工夫,才能真正站得住脚。

"字"是"写"出来的,不是"说"出来的,中国人只说"写字",不说"说字","说"是日常的,人人都会的,"写"才是文化的,"识字"是"识""写出"来的"字",不是"听"出来的"字","读音"也是"字"的"读音"。

中国是"铭刻"的国家。古代的"书",不但写、刻在竹简上,而且刻在石头上,或藏诸深山,或立于通衢。比起中国古代的碑铭石刻,古代希腊的铭刻真是可以忽略不计了。他们的书写在不易长久保存的"纸草"上,并非他们真的不知道刻在石头上可传诸久远,实在是因为他们总觉得"说"(对话)比"写"重要得多,而不甚在意"写"的缘故。也正是这个缘故,中国发展出了一门很特殊的艺术——书法艺术,而古代希腊虽有"书写美观(法)"(calligraphy)的说法,后来曾有一段时间也很讲究书写技巧,但终未成一门真正的艺术。

中国的学问离不开"字","考据"就是根据"字"的"形"、"声"关系,"考证""字"的"原意",以求古人(一个虚拟的"人")在"造字"和"用(此)字"时的"基本意义"。这个"意义"是基本的,也是历史的,所以要"考",所以中国的学问不是"知识考古学"(福柯),而是"字的考古学",是"考'字'学"。"字"才是真正的"原级性"(Positivity)的。

于是,人们为弄清美学的基本范畴"美"的含义,就也要作一番"考据",以助研究。

"美"一般按《说文解字》理解为"羊""大"为"美"。这个解释当然有它的道理,不应轻易否定,因为与"美"相应的"丽"字,就与"鹿"有关。但近来不少人对"羊大为美"的说法提出异议,认为"美"按甲骨文、金文的字形,应释为"饰羽毛"的"人",而与"羊"没有关系,这个说法有一个佐证是:"美"、"每"同音,"美""母"则声母亦近,因而可以进一步确定为"饰羽毛"的"舞女",这是以音韵、文字来训诂,也还是有些道理的。把"美"的联想从"羊"转为"人",似乎更易受到欢迎,而"美"、"丽"皆为"阴性",虽有"美男子"、"美髯公"之称,但"美人"、"丽人"却一定是女性,这似乎也保存了远古造字的意义。不仅如此,在理论上,把"美"释为"羽饰舞女"还突出了"装饰"的意思,不像"羊大为美"未免过于功利。

"装饰"表面上看是一种"附属物",但却是人特有的一种活动,"装饰"与"娱乐"、"游戏"、"技艺"同为人的"存在方式",对于"自然"来说,好像是"附加"上去的。其实,说穿了,人的一切活动(包括科学、技术、艺术、宗教……),对"自然"来说,都是"附加"上去的"附属品",但对"人"来说,却是最重要的、最本质的,所以是"本质的""附属品"。

在中国传统中,"字"不仅是概念的符号,写出来的"字"就是"文","文"、"字"不可分,而"文"即"饰",即"装饰"。"文"是广义的"字","字"为核心的"文"。"写"与"刻"、"划"、"画"同源,在这个意义上,也正是在这个意义上,可以说"书画同源"。所以,以"字学"为基础核心的中国传统文化,也可以称作广义的"文学"。

"文化"这个词在西方来自拉丁文"耕作",在中国则为"人文化成"。使世界和百姓"文化"即"美化"、"装饰化"、"字化",所谓"装点江山"。"文化"之基础在"识字",所谓"识文断字";"识字"为了"读书",所谓"知书识理"。"文化""人"不但要识得狭义的"字",读得了狭义的"书",而且能读得了"生活"、"世界"、"历史"这本"大书","大书"无"字"但处处都有"字","博古通今",是为"文化"之上乘。

在中国文化中,"古"、"今"是相通的,但并不是悬设一个永恒的、抽象的、概念的"本质"或"精神"将它们贯通起来,因而"人"不是从一个"无"的、"自由"的纯粹"我思"的立场来作"创始者"。"前无古人"、"后无来者"只是在一定条件下诗人的想象,事实上"人"都是"继承者",就连开国之君总还要以继圣王之业为己任,把前朝帝王加封一些称号,以承"大统"。"天"、"地"、"君"、"亲"、"师",如果实在没有什么可以"承继"的,则还有"天"、"地"在指引我们,以"造化"为"师"。"通古今之变"这个"变",不是"无中生有",而是"生生相息"。就连道家的"无",也是"名分"问题,"无名"而"朴","朴"并非真"无",而是真"有",为有名之万有之母。"母"当非"无",而为"有"。

中国文字,有象形之因素,以鸟兽虫迹为本,变化出来,亦非"无中生有",不像欧洲标音文字,"形"只是"音"之"符号"或"代表",自身并无"意义",而"音"又被理解为"思想"、"精神"的直接表现,"思想"、"精神"本"无",故西方的标音文字也容易被误解为"无中生有"。中国文字本身就来自自然。"说"似乎在"说""自己"的(独创的)"意思",但"写"总要"依据"些什么,永远在前人的基础上"重写"、"改写"。在中国人的眼里,山山水水本就是有"字"的,"重写"、"改写"则是"装点江山",使其"更""好看"。于是"写",不管是"写""诗","写""经","写""律令"……都叫"写""文章","文章"皆为"华饰";无论写何种体裁,都离不开"历史",都在"写""历史",连修桥、铺路,建筑高楼大厦,也叫"谱写历史新篇章"。这样,一切锦绣文章,无不统摄于"历史"之中,"历史"为文章之最,华饰之尤,凡欲作"文化人"、"有教养者",必须对"历史"有足够的意识。"思"、"史"、"诗"统一于"史"。"思"不是单纯的概念,"诗"不是"概念"的一种特殊的形式——形象的形式,"诗"为"思无邪","无邪"为合"史"。"思"为"史"之"思"、"思"之"史","诗"为"史"之"诗"、"诗"之"史"。"历史"让我们(令我们)"思想",我们"思想"的是"历史",吟诵的也是"历史"。

这样,文字之学虽曾被斥为"雕虫小技",但始终在中国传统文化中占有基础性地位,日积月累,终于在清代的"小学"中达到历史的高峰。"小学"自称"小技",但"微言大义","小技"中亦有"本"、"真"、"源头"在。

从这个意义出发,也许我们可以说:在西方,"诗"是"思"的一种形式;而在中国,"思"和"诗"都是"史"的一种形式,所"思"、所"忆"、所

"吟"、所"诵",归根结蒂都是"史",都是"事"。西方的美学是哲学性的,中国的审美观念是历史性的。

中国传统的这种文化观、审美观本身,自然也有其历史的发展过程。中国古代文化奠基时代,有"儒"、"墨"、"道"三家,而尤以"儒家"影响最大。

"儒"本是"文学之士","郁郁乎文哉,吾从周","历史"与"文学"已然统一了起来。"文"有诗、书、礼、乐,"诗言是其志也,书言是其事也,礼言是其行也,乐言是其和也,春秋言是其微也"(荀子《儒教》),直至两汉,"文学"、"文章"还可泛指一切学术文化。

墨家反对"虚饰",道家崇尚"自然",都与儒家相对,故墨家有"非乐"之论,道家以"道德"反对"仁义",似比儒家更注重"本源",而反对"人为";事实上,儒家亦未忽视"本(源)",而于"本"、"末"有自己的理解,即儒家之"本"、"末"都在生活、社会、人文之中,而不强调超"人文"、超"生活"之"自然"。这样,我们注意到,在早期儒家对"文"(写)和"言"(说)是有"本""末"、轻重之分的。说来有趣,在早期儒家思想中,"文"大大重于"言"。"文"为"文化","人文化成",是周公的典范,而"言"则常常受到批评,什么"天何言哉","巧言令色",都是孔子说的批评的话,"言"与"辞"通,因"辞"害"意",则更是文人的大忌。

"文"又与"艺"通,"艺"始指农事稼穑之技。"写","划道道"、"种田地","衍"也是使禾木生长有所规范,本是人的一种活动。"说"可以随意,但种地却不能乱来,要秉承天地之引导,只有以"文"的角度来看"言",才能体会出"说"也有所本,不能乱来。这是早期儒家关于"文"的基本想法。

儒家重"人文",讲"人文化成";道家重"天然",讲"自然天放",对中国传统艺术、审美思想影响都是主导性的。但无论"人文"、"天然",就传统而言,都没有"纯思"这个基本的度,因而没有"哲学"——以"思想"自身的"对象"这种"科学"。道家反对"人伪",主张"绝圣弃智",取消"仁"、"义"、"名分"诸种框框,在"破"的方面,很有些劲头,颇有点胡塞尔把一切"(自然)经验""括起来"的气概,但古代道家没有进一步问:"括起来"以后,还为"人""剩下"什么?道家的心目中,取消一切"人伪",剩下的为"自然"、"天成",大家都返"朴"、归"真","人"就成了"绝智"、"绝识",

"无知"、"无识"的"鸟（禽）兽"，"人"没有了，故道家的思想归于"无"，不是说马、牛、羊没有了，而是"人"（伪）没有了。"无"为"无伪"、"无名"、"无为"，而因其"无"，才"有"，"有""自然"、"天成"。马、牛、羊"摆脱"了"人"（为）的"控制"，才真的是马、牛、羊。这样，道家的"去伪存真"，这个"真"，不是"真人"，如果硬要说是"真人"，则也"皈依了""自然"的"人"，与"鸟兽""游"，与"万物""齐"。道家言"道"、"德"、"性"，"万物"皆有自己的"德"、"性"，而唯有"人"没有自己的"德"和"性"，故有"天道"而无"人道"，有"天性"（"人"只有"天性"），而无"人性"。"人"失去了"自己"，故"齐""生"、"死"，在这里，海德格尔的"Dasein"的一切本源之度（"历史性"、"死"、"烦"等）统统没有了意义。

由此我们看到，中西思想固然有许多相通的地方，但从精神实质上说，是不很相同的。儒家讲"人伦"，讲"历史"，归于"圣王之道"，以天下为己任，行事、立功，"事"、"功"皆可以"文"视之。圣人之事功，为世界增加光彩，所以圣人在事功之余，不废"文章"，寓事、功于道德文章中，诗、书、礼、乐皆为"人伦"服务，"艺"、"诗"，就逐渐地不在那本源性的"度"里，只是派生的了；道家根本取消了"人"的"度"，一切归于"天放"，"人""生"天地之间，如同飞鸟遨游于太空，"艺术"、"审美"的态度，反倒成为基本的态度，所以从中国实际的历史看，道家对中国艺术的影响同样是很大的，或反因其放弃"事"、"功"倒更加重了"无功利"之审美、艺术态度。于是，以"生活""人伦"制"艺术"，和以"艺术"入"生活"，又成为中国艺术上的两种不同的倾向。

然而，无论如何，就中国传统文化的实际来说，在"思"、"史"、"诗"这些基本的度中，儒家重"史"的度，道家重"诗"的度，但"思"这个度，在古代却没有得到充分的发展。当然，古代墨家可说是相当重视"思"这个度的，他们在探讨工具性"逻辑"（名理）以及技术性思辨方面，达到了古代历史的高度，但不是像古代希腊那样以"哲学"、"纯思"为依归，因而未能使"思"这个度有较长足的发展。此种思想方式之结果，亦影响"史"和"诗"自身在理解方面的特点，从而形成中国特有的"史论"和"诗论"风格：不是以纯逻辑、纯理论的方式来"规范"、"系统化"、"体系化""史"、"诗"，而是以"史"观"史",以"诗"品"诗"。中国之"史论"亦是"史",中国之"诗论"亦是"诗"。我们将会看到,这种思想方式,对纠正西方将一切都"理论化"、"概念化"、"科学化"的偏颇,自然有一种参考的价值,但究其根源说,也许竟起源于儒家之祖先崇拜和道家之自然崇拜,而两家又都归于"天人合一",只是在对"天"的理解上各有不同,而将"人"自身之特点——"思",化于"天"、"地"之间。中国传统文化自先秦以后,虽亦变化多端、姿态万千,但儒家"史"的精神和道家"诗"的精神笼罩了数千年,直至晚近在西方文化冲击之下才受到震动。

第二部分　人及其世界
——"人诗意地存在着"

哲学的基本问题,在于思维与存在的关系,主体与客体的关系。我们这里,把这个问题叫做人及其世界的关系。"人"和"世界"可以有许多的关系,大体说来,无非物质的关系和精神的关系两种,西方哲学的传统,是要在这两种关系中作出一种判断,决定何者为第一性的,何者为第二性、派生的,按照对这个问题的不同回答,分为唯物主义和唯心主义两大阵营。对哲学这个基本问题的明确的概括,是18—19世纪德国古典哲学的贡献。这种概括,的确揭示了"哲学"作为一种特殊的科学思想方式所不可回避的问题,概括了西方哲学作为一门科学的历史发展的实际情况。

当然,哲学所提出的这一问题,其历史内容是很复杂的。"物质"和"精神"之间有许多复杂的转化关系,只有在科学性、概念性的分析中,它们才可能是"纯粹的"。这就是说,这种关系,是在把"哲学"作为一门"科学"的意义下,才是"纯粹的","物质"与"精神"的对立才有严格的科学意义,所以,恩格斯说,这种对立,只有在回答谁是第一性这样一个哲学基本问题时,才有意义。

主体客体、思维存在、精神物质这种分立本是科学性思想方式的一个结果,因而对建立一门科学——哲学来说,是重要的、基本的;然而活生生的人,并不是严格意义上的"科学家",不是无时无刻都在作科学研究,因此,这种分立式的态度,就不能完全涵盖生活中人的更一般的、日常的特点,因而从这种分立的立场来考虑第一性问题，对"哲学"作为一门科学言，是基本的，但对活生生的人来说，对具体生活中的具体问题来说，又不是可以随便套用的。我们知道，"人"在作为一个"科学家"，作为一个"概念、判断、推理"的应用者提出"哲学"问题之前，已经生活着、工作着、思想着、娱乐着，如何理解这种生活的关系，对活生生的人来说，才是真正基本的。马克思、恩格斯曾经说过，人在研究哲学……之前，要吃，要喝，要有衣食住行的实际活动，这是千真万确的。我们还可以引申一步，人在研究哲学等等之前，不但要吃、要喝，而且这种吃、喝已不同于动物，已是有知、有识的活动，于是，现在成问题的是：在研究哲学……之前，人如何"思"，如何"想"？如何理解"没有哲学"的"思"？"没有哲学"是指"没有抽象概念系统"或"不想建立一个抽象概念系统"、"不是做学问"，不是"做学问"而"想""问题"，这正是日常人人都会、都能、都有资格而总是在做的事，因而是最基本的事。从这个意义我们也可以进一步说，"不是哲学家"的"思"比"哲学家"的"思"更基本，"不是艺术家"的"诗"比"艺术家"的"诗"更基本。"哲学史"已经教导我们许多"哲学家"的"学说"，"艺术史"已经教导我们许多"艺术家"的"作品"，西方的"哲学史"只是"哲学家的思想史"，西方的"艺术史"，只是"艺术家的艺术史"，而我们这里所要理解的是那个更为基本的"诗"和"思"，是真正的"思"之"史"、"史"之"思"，也是真正的"诗"之"史"、"史"之"诗"。

一　如何理解我们生活的世界

"世界是物质的"，这是一条最为基本的真理，但它需要进一步的阐述和展开。

"世界是物质的"基于精神与物质的分立，没有这种在思想态度上的分立，这个论断就难理解。"世界是物质的"意味着"世界不是精神的"，这就是哲学的基本问题，即第一性、第二性的问题。"世界是物质的"并不意味着"人是精神的"，因而是一元论，不是二元论。然而，"世界是物质的"、"人也是物质的"，并不意味着"人"与"世界"混沌一片。不仅"人"与"世界"是有区别的,"人"面对的"世界"本身也是有区别的;我们所谓的"世界",是"人的世界",不是"动物的世界。""世界"对"人"和"动物"来说,都是"物质"的,这一点是不能含糊的;但它们之间的关系却是有不同的。

不错,人和动物一样,首先要吃要喝,要和世界作一种物质性、感觉性的交换,这是毫无疑问的;但动物吃它们喜欢或能够吃的,而人却吃"瓜"、"果"、"梨"、"桃"、"黍"、"稷"、"谷"、"麦"……动物喝"流体",人却喝"水"、"酒"、"浆"、"汁"……当然,人不是吃"水果"的概念,也不能喝"水"的概念,叫什么"名字"不是最基本的,但吃喝的却是那些"东西",却也并不含糊。所以尽管那些水果的名字各国、各处叫法可以很不相同,但对它们的"认同"却一般并无异议。

"物质的世界"为我们人的包括吃喝在内的生活提供了一个实在的基础,天地供养着我们,天地、世界对我们是可吃、可喝、可以利用的,有山、有水、有瓜、果、梨、桃……我们"有"一个世界。有天有地,也就有了我们,这样,我们与世界的最初表现出来的关系,是"有"的关系,是"存在"的关系。世界"在"那儿,它可以为我(们)所"用",因而"世界"又是"我(们)的世界",于是,"世界"是"自为的",又是"为我(们)的"。"有"、"存在"都既是"自在"、"自为"的,又是"为我(们)"的。

只有"人"才"有"一个"世界",动物混同于世界之中,所以"有"是人与"世界"的一个最为基础性的关系,"有"与"无"是我们生活世界里的最基本的、基础性的区别,最本源性的、原始的"度"。我们生活的世界不是一片混沌,而是有"度"的,有区别的,这个"度"并不是人为了掌握世界任意制造的,不是主体性的尺度,而同时也是客体性的尺度,是存在性的尺度。"人为万物的尺度",而"万物同时也为人的尺度"。"有"必有其反面"无"。"有"并不是我"想""有"就"有",而是世界使我能"有",因此"度"本是世界向我们提供的,就像世界向我们提供五谷杂粮一样,"世界"、"物质的世界",不仅是"我(们)"的"物质的"基础,同时也是"我(们)"的"精神的"基础。原始的"度",就是这种最为基本的"物质"与"精神"的"同一性"。

从物质上言,世界为"万有",本无"无"。"度"、"区别"将"无"带给了"世界",原始的区别,为"有"、"无"的区别。于是"世界"为"万有",而"人"似为"无"。"赤条条来去无牵挂","本一无所有","生不带来,死不带去",这是平常人体会得出来的基本道理,虽为贵胄,也不免为这种思想所萦绕。"人"使"世界"成为"有",却使自己成为"无"。"无"并非物质上不存在,而"无""有",人本是一无所"有",是人的工作、生活、活动,使自己"有"一个"世界"。所以,人的一切文化,都似乎是"从无到有","白手起家";同时却又都是以"有"产生出来的,是天地提供的。

这样,我们看到,我们生活的世界,不仅仅是一个在理论上具有无限可能性的物质的世界,而且还是一个具体的、历史的现实世界。

"有"都是具体的,不可能是抽象的。我们不能真的"有"一个"无限",因而我们的"世界"都是历史的、有限的,即有疆界的人间世界,不是想象中广阔无垠的"天国"。但"人"使自己"无"、因而人使世界成为"有"的过程,又是不可遏止的,不可批评为"贪欲"而加以阻挠的,这样,"世界"又是"开放"的,即"有"本身应是"无限"的,而"使之成为有"的努力则成为一种美德。

这个基本的"有",并不是工具性的"占有"。工具性的"占有"只是各种关系中的一种关系,而基本的"有"则是一种基本的关系。我们说:"我有一个老师"和"我有一件大衣"这两个"有"其意义是很不相同的。基本的"有",孕育了一切伦理、道德、审美、艺术、科学、技术以及各种物质占有方面的全部专业性关系。

这里当然涉及到"人"与"人"和"人"与"物"关系之不同,但主奴关系本是社会发展到一定阶段的产物,事实上"人"对"物"的主奴关系也是一定社会阶段、科技统治的意识形态。"人"与"物"本也不是主奴关系,"人""改变"着"物","物"也"改变"着"人",本是相互的、对等的、平等的。"世界"不是坚硬的、封闭的,但也不是"百依百顺"的,人可以改造世界,但必须按照一定的尺度来改造它,人心中的"度",原是"世界""教"给我们的,所谓"师法自然"、"师法造化",都不是主体的任意性。所以这个"有",就是"存在","人"与"世界"同在,"人""改变"着"世界","世界"也"改变"着"人"。这就是我们所生活的世界,是我们无时无刻不生活在其中、与之"打交道"(交往)的"世界",它既不是我的"主人",也不是我的"奴隶",而是我的"邻居",这是海德格尔比喻式的语言,意在打破一种主奴关系。

海德格尔又说,"我在世界中",这意思是说,"我不在世界之外",不是冷眼旁观这个世界。当然,我们不妨在一定条件下采取冷眼旁观的态度,但我们的基本态度不是冷静的旁观者,而是"设身处地"的。"在世界中"来"看"这个"世界","世界"就不是静观的"对象",而是"交往"的一个"环节"。

"世界"不是一个"对象",这个看法在黑格尔那里已经有了。在黑格尔看来,"世界"作为一个"全"、作为一个"整体",不是一般的"自然",也不是一般的"社会",而是"绝对"、"无限",是一个"理念",因而实际上"世界"展现了"精神"自身的特性,因为只有"精神"才是"绝对"、"无限"的。"绝对"为"无对",为"超越""对象",是"精神"自己观照自己。"哲学"、"宗教"和"艺术"都是"精神"自己观照自己的一种方式。

然而,"世界"并非理性的"无限"、"理念",而是实在的、现实的,虽是开放但却仍是具体、有限的,它展现给人的不是"精神"性的"意义"、"价值"原则,但却也不是僵硬的"对象",只提供人以"表象"(Vorstellung, representation)。黑格尔对"表象性思想方式"的批判在这里仍不可忽视。"表象性思想方式"即"对象性、思想方式",把"世界"仅仅当作一个"对象"来看。"世界"之所以不能当作单纯的"对象"看,并不是因为"世界"为"无限"而不能"对象化",从而"哲学"需要一种"非对象性"、"非表象性"的思想方式,而恰恰相反,那种"无限的""世界"、"绝对的""世界"正是"科学性"、"对象性"思想所"想象"("表象")出来的,是知性理智所"想象"("表象")出来的,而真实的、有限的、具体的生活世界本就不是单纯的理智的"对象"。

不错,我们所面对着的世界,不是纯"知"的世界,而是广义的"价值"的世界,是"有意义"的世界。这个"意义"和"价值"又并不是"纯精神性"的,而是具体的、实际的。"意义"和"价值"并不是"人"外加于"世界"的,不是在"世界"之"上"或之"内",看出了一种非"世界"的、"精神"的(或叫"人的本质"的)"意义"被"对象化"了;"世界"的意义是

"世界"本身所具有的，是"世界"本身向人显现出来的。"万物静观皆自得"，这里的"静观"不是概念的、对象性的，而是审美的、非对象性的，但"自得"乃"万物"自身禀承自身的"德"（得）性，而不是见到了"人性"。花之红与花之美确实不同，但不必非将"花之美"比附于"美女"，或想象为"美女"之"对象化"。"花之美"就在"花之红"中，只是"花之红"只向"人"显现为"美"。"美"并非"人"赠与"世界"的某种"属性"，相反，"美"却是"世界""赠"与"人"的一种"礼物"，只是"红粉赠佳人"、"宝剑赠烈士"，"美"只"赠与"配欣赏它的"人"。马克思说，音乐对于非音乐的耳朵毫无意义，音乐只对"知音"展显其意义。所以，审美的世界，是一个基本的经验的世界，是有知的、有教养的经验世界，但却与主体是不可完全分立的。

"美"不是一个"对象"，不是"对象性的属性"，用自然科学、经验科学的方法"分析"不出"美"的特性来，这一点，"花之美"和"花之红"是不同的。但"花是美的"之所以可以采取与"花是红的"同样的判断形式，大有让人人都同意的趋势，其根源并不在于这个判断形式本身，而在于"美之花"和"红之花"本可以是同一朵花。"美的世界"和"真的世界"本是同一个"世界"的不同的存在方式。

这样，诗之所以成为诗，并不是要把"红的花"说成"美的花"。"红杏墙外枝头闹"、"人面桃花相映红"不必改成"美杏墙外枝头闹"、"人面桃花相映'美'"，却是千古绝唱。事实上，诗人正是将杏儿、脸儿之"红"强调了出来，才是艺术；把"真"世界显示出来，就是美。

"真的世界"同样不是"科学的概念的世界"，不是"对象性的世界"，而是基本的经验世界，是生活的世界。"红"并不要求测定颜色之光谱，规定一个人为的"度"，来测定杏儿、脸儿是为"红"，或对"红"的概念，下一个"定义"，再来检验杏儿、脸儿是否"符合"这个"定义"。光谱仪将"红"的光谱测出来了，但真正的"红"就隐去了，出现的只是"数"，即我们在生活中说"红"时的那种贯于"红"中的活的思想感情消失了，"红"与"火"、"艳"、"闹"、"血"……的关系没有了。前面那两句诗，正是揭示并保存了这种基本的关系，把"红"的活的意思表达、描写出来，在这个意义上，"真"与"美"的世界是完全相通的，"真的世界"、"现实的世界"、"基本的经验的世界",自然地、天然地可以作为审美和艺术观。古代希腊雅典的万神庙,古代中国的阿房宫,之所以可以"赋"它,正因为它本身就可以作"艺术品"观,可惜希腊的万神庙只剩下断垣残壁,而中国的阿房宫竟片瓦无存,但真正的建筑艺术却正是把石、木、砖、瓦之质地和重量真正地显示出来,建筑师之机巧也在于因材施工,使多种自然的特性(包括人自身的需求)协调起来,呈现出"巧夺天工"之美。于是,真、善、美都在这个基本的经验世界之中,是一些基本的"度"。

从自然的角度来看,"世界"是"自在"的,是一个必然性的物质性世界;而从生活的角度来看,"自然的世界"是我们人类在实践的基础上作科学研究之后的"发现",而我们经常面对的、我们生活于其中的,则是一个充满了"意义"的世界,这个世界对我们展现为"真"的,"善"的,也是"美"的。我们依它为生,相依为命,我们歌颂它、吟诵它。山山水水好像是特意安排的。"自然"当然是没有目的的,但在科学不发达的时代,之所以可能有"自然目的论"出现,除了社会的原因外,也还有认识论上的原因,即误把世界与人的关系看作了世界自身的属性,以为山山水水都是某一个"理智者"(上帝)为人安排的。"上帝"是"人"创造的,"目的"也只有"人"才有,但人却是按照自然本身的特性来规整自己的需求和目的,因而生活的世界就可能向人类展示为某种"合目的"的安排,在"自然的目的论"被"自然的规律论"所驳斥之后,"生活的目的论"则表现为"生活世界"的"意义",因而"目的论"转化为"解释学"。"解释学"正是要"理解"那"世界"向人(也只向人)"显示"的"非自然属性"的"意义",而"美"、"审美",按伽达默尔的说法,则是这种"意义"的基本形式。

"意义"不同于"目的","目的"是人的需求的概念化,是具体的,也是概念的,"终极目的"则更是一个"理念",一个非对象性的"概念"。"目的"是"善",但是"概念的善",因为"目的论"把"目的"和"手段"截然分开,"目的"、"善"只能是概念的;"意义"则不是能概念的,而也是现象的,"目的"和"手段"是不可分的,因而同时是"真",是"善",是"美"。在生活的世界,"真"、"善"、"美"没有"定义"上的区别,除非我们作出"主体性"的强制性界定,我们不可能在实际生活中截然区分三者的绝对界限;

"真"、"善"、"美"的区别不是"香蕉"、"苹果"、"大鸭梨"的区别。

"花之美"就在"花之红"中,但"美"不是花的"属性",因而不是"概念","花"的"属性"还是"红";"意义"就在事物"属性"之中,但不等于"属性",不是"概念"。这就是说:"意义"不仅是"机械的",也不仅是"逻辑的","意义"不仅是"必然的",而且也是"自由的"。"生活的世界"、"基本经验的世界"、"意义的世界"是"自由的世界";它不是"死的世界",而是"活的世界"。

"自然世界"是"必然的"、"合规律的",但这种"必然性"和"合规律性"又是通过具体的、无尽的"偶然性"表现出来的。"偶然性"是不可能完全"概念化"的,但人的科学的、经验的"知识"又必定以"概念"体系的形式存在,所以人的科学知识只能是具体的、经验的,不是万能的。"人"不是"全知"、"全能"的"神"。这样,人的一切成功的、正面的经验也都必定要通过那个"偶然性"的环节,因而表现为"自然"的一种"合作"、"配合",于是"生活的世界"常展现为一种"恩惠"。无论科学、技术如何发达,人的每一个成功,一方面为自身之知识和努力,同时也无不显示为某种自然之"恩惠",具有一种"天公作美"的意味,只是大多数日常的成功过于细小而不为人注意;在遇到重大事件成功时,则常有"庆祝"活动。人们可以想象,在"必然性的大箍"中的一切事都有其必然之结果,则又有何"庆祝"可言?而庆祝的活动往往孕育着"艺术"的活动,当然,在原始的阶段,包括了"宗教"的活动。

然而,我们不无遗憾地看到,我们生活的这个世界,不完全是一个福祉的世界,同样也是一个灾祸的世界,"意义"不总是正面的,而且也有反面的。"自然"不总是"赐福"给人类,而且也"为害"人类。养育人类的天地,常常也会有毒蛇猛兽、瘟疫、地震……真、善、美作为价值言,包含了它们的反面假、恶、丑。洪水猛兽当然是一种真实的力量,威胁着人类的生存,但无奈人总是相信那种现象是"不合理"的、"反常的",而努力去躲避或改变它们。"祸"不是不可躲避的,不是"不可避免"的,"福"也不是"必定""降临"的。"人世"不是"天堂",也不是"地狱"。"天堂"是"假"的,"地狱"也是"假"的,唯一真实的世界是我们生活的世界,它的"意义"、"价值"是开放的、活的。这就是说，真、善、美和假（伪）、恶、丑是可以相互转化的，因而是可以互为"标志"的，在"福"里可以看出"祸"的契机，而"祸"却未尝不是"福"的前兆。疾病提示着健康之可贵，永远不生病的人体会不出来健康的好处，这样，艺术以美为自己的理想，但仍可以灾祸（丑）为直接的内容，从这个意义上说，"艺术"虽比"美"的范围要广泛得多，但其意谓是一致的。

灾祸的现象，仍然可以是"审美的""对象"，并不是说这些现象本身已是"美的"，而它之所以可以成为艺术的内容，正因为它强烈地提示着一个应有的福祉的世界。

我们生活的世界充满了矛盾、斗争，甚至有时充满了邪恶、凶险，但我们对自己的生活毕竟是乐观的、热爱的，这个世界对我们毕竟是"有意义"的，而不是"无意义"的。我们不必采取一种目前欧洲某些哲人们所反感的"人类中心论"态度，同样可以肯定我们生活的世界是"有意义"的，因为世界虽只对"人"显现其特殊的意义，但这种"意义"又是"世界"本身所具有的，不是"人"加诸"世界"的。是"世界"本身"教"、"授""我"以"意义"，"世界"使我成为"艺术家"和"欣赏者"。

二 "人"如何理解"自己"

在这里，我们已从一般所谓"审美的客体"转向了"审美的主体"，但我们看到，这里所采取的立场，也已不是那种主客分立的原则，而是回到现实的、生活的世界来理解"世界"与"人"的特点，以便进一步理解美和艺术的特点，这正是一种哲学——艺术、关于美的哲学的方法。

说来惭愧，人积数千年之经验，但对自己的理解至今还是很肤浅的，甚至连自己在世界上的地位都不大容易确定。有一个现象值得注意：在西方的思想、文化、哲学史上，"人"被明确理解为占"中心"地位的时间前后加起来也并不是很长的。

古代希腊早期的哲学是"自然哲学"，万物的始基是水、气、火这样一些东西，而不是人。智者学派提出"人为万物的尺度"，可谓一大转变，但直到苏格拉底将"认识你自己"引入哲学,"人"才以自身不同于"自然"的特点居于中心的地位。这个思绪为柏拉图发扬光大,但到了亚里士多德又有了新的转向。亚里士多德的哲学为"存在论"(本体论),求万物后面的"本质性"的"存在",连"灵魂"都成了一门具体的学问,但却没有"人学","人"似乎从中心的地位被撤了下来。中世纪以"神"为至高无上,"人"只有在"上帝的宠物"意义下才有地位。这样,才有文艺复兴重新强调人的意义,也才有康德的哲学上的"哥白尼式的革命"。这个"革命",就是要把"人"的"主体性"重新置于"中心"的地位,以人的主体性的先天形式,统摄客体性的材料,以便在"经验"、"知识"、"科学"上,"人"最终不为感觉材料所左右而居"中心"地位——人(理性)为自然立法;在"材料"上"人"固为被动,但在"法度"上"人"却完全自主。事实上,康德这种"人类主体中心论"到黑格尔已有所转变,在黑格尔的绝对体系中,"人"的中心地位已岌岌可危;不过黑格尔仍以"理性"为中心,而舍"人"则无从谈"理性",所以他虽被称作"客观唯心主义",还没有被看成"反人道主义"或"非人道主义"。

在现代西方哲学中,"人"的地位也不见得更确定些。当代现象学的创始人胡塞尔力主建立"人文科学",他的"生活的世界"是以"人"为中心,即以不同于传统的"我思"的"先验的自我"这类的"人"为中心,这是没有疑问的。但他的学生海德格尔已经被看作"非人道主义"或"反人道主义",为此他写了文章申辩,但却明确反对任何"主义",开始了"无中心"、"多中心"的风气。就海德格尔的思想言,他固执地坚持用"Dasein",而不用"人",不是没有原因的。他把"人"——实实在在的"人",只看作"存在"显现自己的"环节",因而在《艺术的起源》中强调一个第三者——"艺术",其用意是清楚的:不是"艺术家"使"作品"成为"艺术作品",也不是"艺术作品"使"人"成为"艺术家",而是"艺术"使"作品"和"人"成为"艺术的"。海德格尔的思想受到存在主义(实存主义)者雅斯贝斯、萨特的发挥、改造和批评,实存主义以"实存""超越""Dasein"为"人"之本质,从而恢复了"人"的中心地位。尽管"生"、"死"都是"荒诞"的,但人"活着"的过程总还是在"创造""意义"。这个思想,在一个阶段,具有很大的吸引力,即使替代它的结构主义,也并不否认"人"的这种核心地位。

然而当代法国的思潮却主要是"反人道"、"反文化"、"反中心"的。尼采说，"上帝死了"；"法国的尼采"福柯说，那个杀死"上帝"的"人"也死了。"人"不比"上帝"活得更长，一切"文化"，不能使"人""不死"（不朽）。"上帝"死了，"人"就无"意义"；"人"死了，"世界"也就无"意义"。"人"在消失中，"意义"也在消失中，一切人类所建构起来的（意义）"结构"都在"解体"之中，这就是被称作当今法国的海德格尔的德里达的思想。

没有想到，人"想"了多少世代，而自身的"意义"反倒成了问题。一点也不错，就科学来说，"人"永远是一个"有问题的概念"，而不是一个"定义性概念"；人世间之所以老是存在着问题，不但是因为"人"老在提问题，而且还因为"人"本身就是一个最核心的问题。过去，康德认为"上帝"、"灵魂不灭"和"意志自由"是一些"问题性概念"，是一些"理念"，殊不知世上一切之事，作为"人事"观，都可以是一些"问题"，因为"人"本身是一个问题，所以康德在思考了"科学知识"、"宗教"、"伦理"之后，最后提出了一个问题："什么是人？""什么是人"并不是要给"人"下个"定义"，而是要人去"理解""人"的"意义"，这个"意义"在概念知识上永远是问题，但却可以在生活的经验中体会出来、领悟出来。人的生活本身提供了人"认识自己"的这种权利，而不断地打破概念知识所给出的各种"定义"框框。"人"的"意义"在活生生的生活之中。"人"生活在"世界"之中，自从"人""有"了这个"世界"之后，"人"就"有"了"意义"，所以"人"的"意义"并不完全是自身产生出来的，不是自身"创造"的，而是从生活、从"世界"体会、领悟出来的，是"生活的世界"（而不是"概念的、对象的世界"）"教"给我们的。

在这种情形下，我们看到，过去许许多多关于"人"的"定义"或"学说"，都依然成了问题。"人是有理智的动物"，"人是会说话的动物"，"人是使用符号、工具的动物"等等，都不被认为是完满的，"人"甚至也不能归结为"社会的动物"，因为"人"本不是"动物"，在"动物"的前面无论加什么"形容词"都"概括"不了"人"的"本质"，"人类学"的研究不能使"人"自身缄默。

哲学的情形也不见得好一些。笛卡尔说，"我思故我在"，然而不但从"我思"推不出"我在",而且"我"也不等于"我思","人"不是"思"的"主体",不是"精神的实体"。"人"不是"神"。所以海德格尔说,"我在故我思"。这里的"在",当然不仅仅指物质性的、自然性的存在,所以"人"的"存在",就是"人"的"生活","我在"是我的活生生的存在。我的活生生的存在就是我的非生物意义上的"活着",不是"植物人"、"动物人"式的"活着",而是真的"活着",这样,"我在",就是"我活着",而"我活着",则必定可以"推出""我思想",这里已不是"逻辑"的推理,而是"历史的"、"现实的"推理,"我活着"是"我思想"的"历史"的"先天"(a priori)条件。"我活着"的"活",不是生物学的"概念",而是基本生活经验里的语词,是基本生活世界里的"度",从这个"度"来理解胡塞尔的"先验(超越)的自我"、海德格尔的"Dasein"、雅斯贝斯超越性的"实存",正是他们想说而没有完全说出或说好的意思。

"我在故我思",我活着,我一定在思想,这里的思想是"活"的思想。什么叫"活的思想"?"活的思想"即"自由的思想","我活着"亦即是"我是自由的"。我的自由是从不自由来的。我之"生"是不自由的,所谓"身不由己";我的自由终要归于"不自由",我之"死"也是不自由的。但我活着,我就是自由的、自主的。"生"、"死"按其本质来说,都不是"人的事",而是"自然的事",是无可选择的。"自杀"不是"自由"的"选择",不是"自由"的表现,都是"被迫"的,常常值得同情,但哲人们(包括康德、萨特等)都是不提倡的。"生"、"死"既然不是"人的事",则理应"置之度外",人既不可孜孜以求"长生"、"不死",也不应因"必死"而"烦恼",海德格尔把"死"纳入"Dasein"的"Da"是很有问题的做法。其实"死"才真正是在"Da"之外的,是"超越的",不是基本生活经验所能体验得到的事。

然而"人"毕竟是有限的存在,人都是要死的,"人"的这种有限性,是"他人"所提示给我们的。事实上,中文中的"人",首先是指"他人"、"别人"。

在谈到"他人"时,我们首先还要回到以前讨论过的"世界"。我们生活的世界,首先是"他人"的世界。"他人的世界"这话有两层意思:一是指这个世界是"人的世界",我们所谓的"世界"是包括了"(他)人"的世界,而不仅是自然界；二是"我"的一切"知识"，我对我生活的世界的"知识"，是"他人""教"给我的。

"世界"像个大舞台，而不像一幅风景画。"我"自出生以来，就"参与"了这个世界的活动，与"他人"打各种交道。"我在世界中"根本上说就是"我在他人之中"；我跟世界的关系，就是我跟他人的关系。

我们说，"世界"、"天地"养育了我们，但主要是通过"他人"养育了我们。"他人"授我以生活的知识（科学）和技能，以及那相对独立的生活的能力，在这同时，也授我以人伦的观念，以协调"我"与"他人"的关系。"他人"使我成为"社会性的存在"。我的一切"尺度"，都以"他人"为基础，"人是万物的尺度"，首先是"他人是万物的尺度"。

同时，"他人"亦授"我"以"人"自身的尺度，"他人"使"我"成为"人"，使"我"与"人""认同"。生活在"他人"之中，"我"才是"人"。"他人"塑造了"我"。"他人"是"我"的"创造者"，并施"恩泽"于"我"。

然而，"他人"却始终不可能是"我"，"他人"永远在"我"之外。"他人"在"我""对面"，而且永远在"我"对面，但"他人"又不可能成为我的"概念"的"对象"，"他人"不是"我"用科学研究的办法所能完全掌握、完全理解的，要理解"他人"，必须和"他人"在实际生活中"打交道"，但即使是这种"交往"，也不可能使"他人"的"自在性"完全变为"为我性"的。"他人"对"我"永远为一个"谜"，"我"对"他人"的"理解"永远带有"猜测性"。"他人"这种不可归结为"我"的特点，使"我"不可能成为一个纯知识的主体，而必须保持着活生生的人的基本性质，"他人"时刻在提醒着"我"作为基本生活世界的一分子。世上最伟大的科学家——包括社会科学家、政治家等等，都同时是有七情六欲的基本（普通）的生活中的"人"，而不可能成为"纯知者"。

"他人"不是"另一个自我"，"世界"不是一个个"自我"组成，而是"非自我"的"他人"组成，"自我"只有在"他人"中才能存在，"他人"掌握着"自我"的"命运"；"自我"只有在"社会"中才能存在，"社会"决定着个人的"命运"。在这个意义上，我们竟然可以说，"自我"只是"另一个他人"，"自我"、"个体的我"会不断地"异化"为"他人"，"我"经常处于"非我"的境遇中，因此，"自我"既非"纯知识"主体，倒也不可能是"纯意志"主体，"自我"不可能"为所欲为"。于是，"自我"会有"不愉快"、"烦恼"，因"他人"掌握着"我"之命运，而且并不总是"施恩"于"我"，"他人"也可以"加害"于"我"。"社会"总是会有"斗争"。社会上一切矛盾斗争，包括天灾人祸，都提示着一个基本的生活世界的存在，提示着"我"作为这个世界成员的身份。

"他人"授人以"知识"（包括关于"自然"和关于"社会"的），但却"隐匿"着自己，"他人"永不能"概念化"、"知识化"，甚至关于"社会"的一切"知识"也不能让"他人"真正"透明"。"我"清楚地意识到，无论"他人"在社会的舞台上如何表演得淋漓尽致，但却仍然"隐匿"着，永远保守着"自己"的"秘密"。

"他人"唯一不能保守的"秘密"是他的"生"和"死"。"生"为"秘密"之开始，"死"为"秘密"之结束。"生"、"死"本身并无"秘密"可言。"他人"只有在面对生死关头时，才"吐露"一些他的"秘密"，但最终还是把他的"秘密"带走。这样，生、老、病、死常是诗的主题，"病中吟"常可透露一些人生的意义。诗人、艺术家不是把生、老、病、死当作一种"自然现象"来观察，也不是当作一种"社会现象"来研究，而是当作那基本生活经验的一种"提示"来体验、来吟诵，在这里，"生"、"死"都有一种"活"的"临界点"的意味。"大限"是说"活"的限度，这个限度因"活"而"设"，因此艺术中的"死"，是活人对死人的"悼亡（念）"。

从这个意义说，生活中的"人"，是以生、死为"始"、"终"的活生生的人，是有限的理智的存在者。活生生的人是有七情六欲、有理智、有感情、有喜怒哀乐的人，不是纯理智性的，也不是非理智性的。在基本的生活经验世界里，"人"就是完整的"人"，而不是"科学家"。他的所思、所想，不是纯概念的，而是"诗意的"，他的所作所为不是纯功利的，而是"艺术的"。所以海德格尔说"人诗意地存在着"。真正生活里的人，就是诗人、艺术家。

"诗人"、"艺术家"并不比别人多出什么"感官"，或有什么特别的功能，不需要"特异功能"。在这个意义上，对基本的生活经验有所体会的，都可以是"诗人"、"艺术家"。"诗人"、"艺术家"之所以为"诗人"、"艺术家"，不是因为他们有什么"特别之处",而正是因为他们没有(或"取掉")什么"特别之处";"人"本来就是"诗意地存在着",只是因为人事纷繁,一般人常"忘了"这个"本来"之处,而"记得"这"本"的,反倒显得"特别"起来。

三 艺术的世界与现实的世界

从上面所说的道理来看,基本的经验世界本就是一个充满了诗意的世界,一个活的世界,但这个世界却总是被"掩盖"着的,而且随着人类文明的进步,它的覆盖层也越来越厚,人们要作出很大的努力才能把这个基本的、生活的世界体会并揭示出来。所以"艺术的世界"竟常常表现为与"现实的世界"不同的"另一个世界"。

"掩盖"生活世界的基本方式是一种"自然"与"人"、"客体"与"主体"、"存在"与"思想"分立的方式,世界被分割成"目的"与"手段"的永久性的对立,"利益"原则与"知识"原则的分立,科学、技术成为"利益"的手段,"自然"成为"幸福"的手段,"他人"也成为一种"手段",即一切被认为是"客体"的,都成为"手段"。"知识"与"技能"丧失了在生活世界的"交往"、"沟通"的对等关系,而成为"控制""自然"和"他人"的工具。这样,科学知识成为概念的体系,社会的规范成为外在的道德和法律,而对这些规范的每一次改变,都会成为一场"革命"。一切都可以成为"手段"、"工具",而"目的"则是一个更为"合理"、更为"幸福"的"人间天堂",而这个"目的"又是无限的,是一种"理想",于是为这个"理想"而奋斗,就成为人的最为崇高的品德。在很普遍的程度上,艺术被理解为这种"无限理想"的感性形象的表现。实际的思想似乎尚有一个相反的方向,即艺术面对的既不是那个虚无缥缈的"无限",也不是社会理想方案的图解,艺术的眼光不是向上指向天上,而是向下指向人间,指向那基本的生活世界。

然而,现实的世界是按一定的概念的规则组织、构建起来的世界,是受科学、技术(包括社会和管理技术)支配的世界。这个受"文明"洗礼的世界才是现实的,或被"他人"教导我们必须承认为现实的。于是,真正的关系就在这种精心组织起来的世界面前颠倒了过来:科学(化)的世界是"现实的",

而艺术（化）的世界反倒是"理想的"。

事实也的确如此，为了展现那个基本的生活世界，人们必须"塑造"一个"意象的世界"来提醒人们，"揭开"那种"掩盖层"的工作本身成了一种"创造"。在"现实的世界"中"创造""另一个世界"，于是"戏剧"由原来的"节庆"活动"产生了""舞台"，原始的壁画成了有画框的绘画……"舞台"、"画框"成为"艺术"与"生活"的"界限"，"艺术"成为从"生活"中"划出"来的"另一个世界"——"意象性世界"，这样，基本的实际交往，成为思想的交流，"艺术"成了一种"意识形态"、"思想形态"、"观念形态"，本身也像"科学"、"道德"一样，可以成为一种"工具"；然而，"艺术世界"毕竟也被承认是比那个组织起来的社会更真实、更美好的世界，则正是因为它在现实的社会中提示着那个被"掩盖"、被"遗忘"的基本的经验世界。

我们常说，"艺术"为"生活"的"反映"，这是很对的。不过，这里的"生活"是指那基本的、活生生的生活，而不是那个按照既定的条条框框组织起来的某种"不变"的社会生活。艺术所"反映"的是"基础性"的生活，而不是"上层建筑性"、"特定体制性"的生活。它之所以采取一种"反映"形式，是因为那"基础性"的生活是隐匿着的，经过了思想性的"塑造"工作，反倒成了"镜花水月"，但并不排斥在特定条件下人们在自己的实际生活中也能体会出那"艺术之境界"来。

至于说到"艺术世界"与我们当前为科学技术组织起来的"上层建筑性"的"世界"在内容上的区别，却是很大的。我们看到，在工业社会，科学、技术正野心勃勃地探讨宇宙人生的一切奥秘。现代科学倒并不真的相信有一天它能穷尽一切"秘密"，但仍努力做那"揭秘"的工作，"艺术世界"则如实地表现、承认那种"秘密"，所以"艺术"对我们现有的科学知识而言似乎总有一点"神秘性"，承认那"可以意会而不可言传"的意境，而不相信科学性、概念性的语言可以把一切都说得清清楚楚而合乎"逻辑"。

"艺术世界"也不是一个纯"因果性"、"必然性"的"大箍"，不相信靠科学、技术的能力可以完全趋福避祸，而承认偶然性的不可避免的作用，因此它"歌功颂德"，表彰天地和他人之"恩泽"，同时也可以"怨天尤人"，谴责天地和他人之"不公"。"诗"吟诵着生、老、病、死。

科学当然肯定"人"是要"必死"无疑的,艺术家也并不否认这个必然性。但"死"作为一种自然现象,在"物质不灭"的信念下,科学的态度保持着一种永恒的乐观、理智的精神;"死"在艺术里,像一切自然现象一样,都与人的存在、人的生活有一种关系,而这个现象又总是"他人"所"提示""我们"的,因而"死"带有一种"(生)活的必然性",而不仅仅是一种"自然的必然性"。生活中的活生生的人,不可能完全在那"物质形态转换"的科学学说中找到真正的"慰藉",而只能在那世代相续的"历史"中看到一种"寄托"。科学看"死"、"活"同为一种自然现象,艺术则确认"生"、"死"为一"限界",是一个"问题"。艺术中承认的唯一的"永恒性"为"问题"的永恒性。

在这个意义上,"艺术的世界"似乎是一个"梦"的世界,是一个"梦境"——所谓"白日梦"。"梦的世界"与"醒的世界"相比,是"另一个世界"。有"美梦",也有"恶梦","恶梦"常与"死"联系在一起,"梦"常在扭曲的形式中使人回到那基本生活经验世界,而暂时"摆脱"当下的世界。

"摆脱"意味着"解脱"、"升华"、"超脱"——,是为叔本华的"解放",胡塞尔的"括起"……总之,"艺术"这一"另一个世界"与"现实世界"竟保持着相当的"距离",这个"距离"不仅仅是"心理的",而且也是"实际的"。"心理距离"中所保留的"安全感"是因为艺术世界是"意象世界",似乎是"梦境",即使是"恶梦",梦见"我之死",也似乎是"他人"之死,也同样带有"悼亡"意味,是对"死"的"悼念"。

"超脱"意味着"超功利性",这曾是康德以来西方对"审美判断"的牢固的信念。"超功利"不是说"不含功利","超功利"是说"超脱"当下的实际利害关系,因为艺术世界是一个不同于当下现实的"另一个世界"。"意象的世界"、"梦"固然有"身临其境"感,但毕竟是"观照的世界"。基本的生活世界在这里作为"意象"出现,而不是作为"对象"出现。"意象"本身是"含功利"的,但这是一种"基本的功利",是"基本的正义",而不是当前眼下的实际的利害关系。所以,连康德也说,"美"是"善"的"象征"。在康德那里,"利害关系"是现象(表象)界的事,真正的"善"(正义)则是本源世界的事,而他理解的本源世界是理念的、纯理性、概念的世界,"(审)美的世界"不可能是纯概念、纯理念的,所以只能是它的"象征",不是他在知识论里说的"图式"。然而,我们既然已经认识到"本源"和"本质"不在"思想"、"概念"中,而在"生活"中,在基本的经验之中,所以"善"和"美"都是"这个"经验世界的事。"善"不是"那个"按固定的概念组织起来的社会中的"名"和"利",不是图"虚名"——被封为"万户侯"甚至"哲学家"、"美学家"、"科学家"……也不是图"享受"——无止境的物质生活的追求,恰恰相反,真正的"善"是在这些"名利"羁绊的"摆脱"、否定中,则对"名利的世界"言,是一种"超脱"、"清高"的态度。"超脱"、"清高"并不是"神仙"的态度,恰恰是"人的态度",是基本的做"人"的态度,是一种最为平常的态度。持这种态度的人并不是不吃、不喝,不是断绝七情六欲,不一定非出家当和尚才能体会那种境界,只不过是相对于那"名利场"言,是"脱俗"的、"高雅"的。

的确,人为了暂时"摆脱""名利场",曾创造出"道德的世界"、"宗教的世界"与之对立。"道德"只讲"原则",不计成败利钝,为了某种"原则"可以"赴汤蹈火",万死不辞,无奈"原则"亦是"概念"、"观念",常常被利用来成为"手段",而其真正的"目的"和"原则"反倒"不可知",成为"空洞的形式"——凡可知的"原则",都可以被利用来作为一种"手段";"宗教世界"是幻想的世界,是对被掩盖的生活的、基础性世界的幻想形式。我们看到,这两个"世界"与"艺术的世界"在历史上有着千丝万缕的联系,即在"超然"、"脱俗"这些方面,它们有许多相似之处,但"道德"和"宗教"的"世界"都"超越""人"的"世界",它们是推理出来或幻想出来的"无限的世界",但"艺术世界"却是"有限的世界",因为真实的基本生活经验是"有限的"、"历史的",所以只有"艺术世界"才既是"理想的",又是"现实的"。

"艺术的世界"虽然"超然"、"脱俗",但却有自己的"时间"和"空间",而且是"有限的""时空"。在科学、技术组织起来的当下现实的社会中,时空一方面被理所当然地理解为"无限"的,另一方面却又被规定为非常确定的计量尺度:年、月、日……和顷、亩、畦……时空成了人制定出来的、为计量方便的度量衡工具。事实上,在基本的生活中,时空不是工具,而是"人"及其"世界"的存在方式。康德说,"时空"是一种必然的直观形式,而不是从某种概念演绎出来的。"道德原则"和"神"则都是"超时空"的,但"人"及其"世界",只能具体地、有时空地存在着。

"艺术的世界"之所以是"另一个世界",是因为它有"另一个时空"。斯坦尼斯拉夫斯基说,戏剧有自己的"规定情景",各种艺术作品都有自己的不同形式和不同程度的"规定情景"。"情景"即"时空",即"世界"。"情景"正是艺术的"时空",艺术的"世界",亦即基本的"时空"和"世界"。没有抽象的"情景",因为生活里没有抽象的、概念的"时空",只有具体的、规定了的"情"和"景"的交融。

科学、技术、工业、商业组织起来的世界,具有很大的吸收力,因为科学、技术被理解为可以涵盖一切的,因而举凡宗教、艺术、道德文章都可以成为科学的"对象",甚至成为社会管理的"对象";它们都可以被组织起来"制度化"。在科学、技术指导下以利害关系为基础的庞大的社会机器正不断地"吸收"宗教、艺术,使其本身也制度化。商业经济的分工使社会有职业的"神职人员",有专业的艺术家。艺术品也成了商品。然而,值得庆幸的是:工业、商业社会的这种吸收力不是无限的,因为基本的生活经验有一种不可回归性,即表现这种生活经验的艺术世界不可能被工商业世界完全吸收掉。"另一个世界"不可能完全成为"同一个世界"。"舞台"和"镜框"固然可以是工商业世界的一个部分,甚至舞台上的演出(戏)、"镜框"里的画……都可以成为"商品",或科学研究的"对象",但"戏"和"画"所表现的那个"世界"、那个"情景",是"对象化"不了的,也是"卖"不出去、"买"不回来的,是"没有价格"的。用亿万美元来收买梵高的画并不说明收购者有多高的艺术眼光,而只是显示他的富有而已。"艺术的世界"不可能被贴上任何"标签",要"理解"这个"世界",必须设身处地地"生活"在这个"世界"。艺术世界帮助并"迫使"我们回到、守护那基本的生活的世界;艺术世界帮助并"迫使"每个接触它、观赏它的人,包括科学家和商人在内,都可以成为"诗人"、"艺术家"。高价收买梵高绘画的商人,不能以财富来显示自己的欣赏力,但梵高的画却仍然"邀请"这位商人进入它的"生活";而"迫使"这位商人"配得上""生活在"梵高的"世界"的第一步,就是"迫使"这位商人"感到""显示财富"的"羞耻"。艺术世界的"教育"作用,正在于它对当下眼前的世界也有一种吸收作用,当然,这种作用也是不完全的、暂时的,但却是重要的、基本的;因而,科学有一种专业的教育作用,而艺术则有一种普遍的教育作用,它迫使任何人在它面前不能"无动于衷"。

第三部分　艺术作为一种基本文化形式

一　基本生活经验与基本文化形式

"经验"在西方哲学史上的意义和地位是不很固定的。从近代以来，康德把"经验"限于"科学"，而他的"先验"则只是形式，这些形式又只能运用于"经验"的范围，所以"先验"是"经验"中的"先天"（逻辑条件）部分，是使"经验"成为"经验"的原则，于是，"经验"本身是有内容的，但又是具有普遍性的。"经验"中的内容和形式两种不同来源的因素，是康德"分析"出来的，事实上，"经验"的具体性和普遍性是不可分的，"经验"总是具体的，但又具有普遍可传达性。这样，自新康德主义以后，"经验"的范围被扩大，它涵盖了人作为人的一切活动，广义的"经验"就是广义的"文化"，基本的经验世界，就是基本的文化世界。

然而，和胡塞尔不同，真正的"经验世界"不是被理解为一个"纯粹的世界"，而是一个"混合的世界"、"综合的世界"。本来，胡塞尔的"生活的世界"，既非纯客观的，又非纯主观的，既非纯直观的，又非纯理智的，或者说，又非直质的，而是"本质的直观"、"直观的本质"，那末，本就是"综合的"、"复合的"、"诸种因素未经分化的统一"的"世界"，他之所以把它叫做"纯粹的"，是强调它是"理念的"，不杂任何自然感觉的，他把这种"感觉"看作"经验"，因而是要被现象学排除出去的，这样，在胡塞尔那里，"直观"与"经验"是被分割开来的，"经验"反倒成为抽象的、概念的；虽然他有时用

"体验"（Erleben）来指那种纯粹、直接的经验，但这仍是西方哲学语言中的一种混乱现象，是为了和他们的传统区别开来而不容易避免的问题。

事实上，"经验"本身虽然离不开"直接性"，而一定要与一种纯科学意义上的"感觉"有所区别。在"经验"世界中，感觉和概念尚结合在一起，"经验"的"对象"，也不是静观的，因而不仅是"理念"（观念）的，或"意向性"的，而且是我们实际与之打交道（交往）的人与物，是实实在在的；"生活世界"、"经验世界"里那些"本质"，也不光是"看"、"观"（理智的直观）出来的，其中还包括了实际的"交往"，即在改变着"对方"和"我"的过程中"体验"出来的。

实际的交往过程，是一个复合的活动过程，而不是单一的、思想的"交流"过程；它需要"接触"、"相遇"、"相互作用"，而不仅仅是"心灵""感应"或"震颤"。"交往"可以是"思想"的、"心灵"的、"精神"的，但同时也可以是政治的、经济的、实践的。"交往""综合"了"心"、"身"两个方面的活动。"经验"就是"交往"，所以也包括了"心"、"身"两个方面的经验。

对于胡塞尔的"生活的世界"在理解上的这种改变，似乎使我们有可能从他的本源性的、原始性的哲学又回到新康德主义的"文化哲学"，即在"基础性经验世界"中看出了"文化"的地位，不再把"原始的"与"文化的"坚硬对立起来，而承认一种"基础性的"、"原始性的""文化世界"。

广义的"文化"就是使"自然""文""化"。我们不一定说"文""化"就是"人""化"，因为并没有一个抽象的"人"的"本质"来使"自然""体现"这个"本质"；但"人"的"活动"却使"人"作为一种特殊的自然存在物与自然的关系发生了变化。"人"的活动在"自然界"留下了"痕迹"，这个"痕迹"就是"文"，"文化"即"痕迹化"。"人"使"自然"成为"经验的世界"，"经验的世界"就是"痕迹的世界"。

"痕迹"是"刻"出来、"写"出来的，"说"本质上也是一种"写"。"说"不仅仅是一种表达"思想"的方式，同时也是一种实际活动的方式，因为有了"说"，"精神"、"思想"才可能通过其他实际环节转化为"物质"的力量，人才可能按照"想的"、"说的"去"做"。在这个意义上，我们也可以说，"文化"包括了"物质文化"和"精神文化"，而以"物质文化"为基础，而且在这个基础的意义上说，这两种文化本又是不可分割的。

"痕迹"是"改变了的""自然"，或"自然的""改变"，但这种"改变"，只有对"人"才有"意义"，只有"人"才能"辨认"这种"痕迹"，所谓"意义"，就是"可识别"、"可辨认"的。在这个意义下，"自然"对"人"，才可以是"诗意的"、"文化的"。"人"总是去"辨认""自然"的"痕迹"，所以"人""诗意地存在着"，也就是"文化地存在着"、"文学地存在着"，每个人都可以是"诗人"、"文学家"，因为每一个人都是在基本意义上的"文化人"。

"识别""痕迹"的能力不是天生的，而是经验的，是基本的生活经验"教"给"人"的，是"学"来的。人的认知能力，固然有其生物、生理上之进化基础，这对个人来说，是先天的；但"自然"之展现为"痕迹"，却是经验的。

我们所谓"经验"，首先是"我"与"他人"的"交往"，"他人"是"我"的"经验"的条件和基础，"自然"之所以转变为"痕迹"首先是因为有"他人"。于是，"经验"首先是"我"从"他人"那里"学"来的，"经验"，是"他人""教""我"的"经验"。

"写"出来的是"字"，"说"出来的是"话"，而所谓"痕迹"就是广义的"字"和话。"字"是无声的"话"，"自然"是"无字"的"天书"。"天书"同样是"人""写"的，不过它的"字"不像后来那样概念化、定义化，"意思"不那样"确定"，但却是那种狭义的"字"的活的基础。人总是先学那本无字的"天书"，然后才学有字的书。婴儿在学会说话之前就已"看懂"父母的手势，"听懂"父母的某些"话语"。即使真正意义上的"文盲"，也同样是"人"，个别情形下，甚至也有很高的"悟性"和"情趣"。

我们生活的这个世界，是"他人"已经"写"了并还继续在"写"的一部大书，"世界"布满了"痕迹"。"世界"不是"白板"，我们的"心灵"（灵魂）也不是"白板"，我们是按"世界"、"他人"为我们提供的"痕迹"来辨认它们，并据此刻上自己的"痕迹"。中国儒家信奉"天、地、君、亲、师"，剔除其封建的内容，这里把天、地与师相比，说明"天"、"地"为最高的"师"。"痕迹"原已在天、地之中，就像莱布尼兹所说的雕刻家手中的石头那样，那雕像的轮廓，已在石头的纹路之中。

天、地的纹路原本是清晰的，但你也写，他也写，日长天久，"痕迹"相互重叠，层层覆盖，并有退色、剥蚀的情形，便增加了辨认的困难。于是，在我们生活的世界中，有清晰的痕迹，也有不清晰的痕迹。那些清晰的痕迹，似乎是理性的，而那些不清晰的痕迹又似乎是"非理性的"、混乱的。

这样，在我们的基本经验中，并不是一切都是那样透明、纯粹的，而是错综复杂的。我们听到的"话"、看到的"字"，有时是清楚的，有时则是模糊的，其"意义"是含混的、多义的，甚至是不可解的，而这种清晰和含混的界限本身也并不是那样绝对的，常又是很容易转化的：本来觉得清楚的字和话，有时会模糊起来，而那含混、甚至有时是梦般的话语和文字，却似乎又有什么深刻的意义在内，使听到和看到的人心中明亮起来。总之，在这个基础性的领域中，"理性"和"非理性"的界限既是明确的，又是可以转化的。

我们知道，西方哲学的历史告诉我们，理性主义和非理性或反理性主义是坚决对立的两个哲学流派，至少从近代以来，叔本华、尼采、基尔克特是和康德、黑格尔对立的，柏格森的直觉主义当然也是一种非理性主义的形式，所以卢卡契把西方哲学的衰落归结为"理性的毁灭"。

无可否认，西方哲学就其建立这门学科的本意言，与一切其他学科一样，都是为了弘扬理性、追求真知的，因为无论如何，哲学仍是要建立一个概念、范畴体系的科学部门。在这个传统下，西方的非理性主义常常表现为对传统的偏离和对哲学本身的冲击。

然而，我们看到，西方哲学的理性主义传统本身也存在着不可避免的矛盾，这个矛盾，发展到黑格尔那里，正如马克思所说的，成为体系和方法的矛盾，我们也可以理解为目的与手段的矛盾。其实，哲学这个内在的矛盾，康德已经清楚地意识到，他把人类一般理智活动，分为知性和理性两个不同的层次，说明他正视了这个矛盾，企图以这种划分的方法来调和这个矛盾。黑格尔同样是按这个思路想下去的。"理性"被分为"表象的"和"思辨的"，"科学"被分为"经验的"和"哲学的"。"哲学的科学"是"纯理性的"、"绝对的"、"纯粹的"科学。然而，由于人们不容易把握好这个"高于"一切"（经验）科学"之"哲学科学"，不容易在一般科学形态之外寻找、建立一个特别的概念理性体系，因而后来法国一些黑格尔哲学的研究者竟觉得从直觉主义的角度来理解黑格尔的"绝对"、"辩证法"和"理念"似乎更妥切些。于是，西方哲学史上最大的理性主义的代表人物黑格尔竟然可以被歪曲地理解为"准"直觉主义者。

西方哲学思想历史发展上的这种颇具讽刺意味的现象说明了从西方哲学传统本身来看，所谓"理性"与"非理性"的对立本不是僵硬的。黑格尔"理性"、"理念"的历史性、经历性说明了一个困难的处境：要末像康德那样，把"理性"归结为"纯粹形式"的，因而是分析性的，要末就得承认"理性"本身就是"经验"的，而"经验"是有内容的、综合的、复杂的。"理性"不在"经验"之外，而就在"经验"之中。如果我们不想在一般"科学性"的"理性""之外"或"之上"再寻求什么"哲学性"的、"思辨性"的"理性"，那末我们就应该老老实实地承认"经验"大于"理性"，"实践"（实际）优于"理论"，是"理论"的"基础"。

"经验"的领域，是"可知的"、"有知的"领域，就连"不可经验"的、"不可知"的"生"和"死"，也都由"他人""显示"给"我们"，供我们作概念式、对象式之科学研究；但"他人"绝不能将"死"之"体验"传授给"我"，"死"只能作概念的把握，所以一切关于"死"的吟诵，都有"隔靴搔痒"的味道。"生"、"死"都是"自然"的事，而"活"着的人却都是可以交往、交流的，因而不仅仅是概念性的，而是实际性的。

非概念、非对象的"经验"，就不是纯粹的、"清楚的"、定义性的概念知识所能囊括得了的，它包括了一切的偶然性，包括了人的七情六欲，包括了疯、愚、痴、梦等被科学概念视为偏离正常理智生活的一切病症。人不总是"健康"（健全理智）的，或者说，"病"是难以避免的。

"病"在理智上、社会上表现为一种"不正常"现象，对个人来说，表现为一种"痛苦"。人生在世，"苦"、"乐"都是不可避免的，而且是相互转化的。过去许多思想家教导我们，"人"的"本性"是要"趋""乐"而"避""苦"，且不说这种理论的剥削阶级的性质，就一般理智性的人来说，当也有一定的道理，于是，人们要改造自然、改造社会，使人群生活得更幸福。于是人们要"现代化"。然而，许多已有相当现代化程度的社会，并没有真的摆脱了"苦"，生活在那个社会的人常常很惊讶地发现，生活在"现代化"社会中的人，并没有想象的那样"快乐"。于是有许多"后现代"的问题出现。当然，"现代化"是必由之路，只是人们很清醒地意识到，"现代化"并不许诺永恒的"快乐"。"苦"、"乐"都是人的不可分割的存在方式，人世间不是"无菌室"。"病"是不可避免的，所以"医学"也是不可缺少的。"医学"可以控制疾病，但不能在总体意义上消灭疾病，"医学"也不是控制"疾病"的唯一文化形态，"疾病"还需要别的文化形态来描述它、记录它、疏导它。于是"病"、"苦"同样也是文学艺术的内容。

在基本的生活经验中，不全是积极的东西，同时也存在着消极的东西，这个"经验"是一个"全"。胡塞尔可以把"医学"、"法律"、"道德规范"……"括"出去，但不可能在他的"生活的世界"真正排除"疾病"、"邪恶"、"罪过"……的因素。

生活的世界，是一个开放的世界，每个人都具有相当的可能性。我们不是"病人"、"犯人"、"罪人"……但我们也不是那样纯净、洁白无瑕，人皆可以为"圣贤"，人也皆可为"盗贼"。各种自然和社会科学给出了相当严格的、概念式的"度"，在一定的社会制度和社会体制中，以一定的标准和尺度"叫"此人为"病人"、"贼人"……但"病人"不等于没有"健康"的时候，"贼人"也不等于没有"善良"的时候。社会自有法度，科学自有标准，何时戴上"盗贼"的帽子，就像何时戴上"冠心病患者"的帽子那样，是由警察当局和医院当局根据法律和科学的尺度作出的判决；但在基本的生活经验里，"人"具有各种可能性，艺术的任务就是要将被"科学化"了的各种"类型"的"人"（社会、医院、科学院、大学……都有划分人的类型的权威和权力），维持在基本生活的原初性的度上。其实，我们在日常生活中也常说要"全面地"看"人"，这句话在一定范围内的运用，并不等于为盗贼开脱罪责，只是不把"盗贼"看成某种"本质"（当然是"不良的"）的"体现"，因而不承认此人生而必为"贼"这类的想法，也并不承认此人"本质上"就为"贼"、其"贼"的行为是其"贼"之"本性"（"贼性"）之暴露（呈现）这类的论断，而是从一个更为基础性的角度来看人间一切的"病"，并认为从这个角度看出来的"病"才是真病，而医学、法律……上鉴定出来的概念性、定义性的"病"，都是从这个"病根"上生出来的。就基本的生活经验来看，我们记起了席勒讲的那句话：生活是严酷的，艺术是柔美的，这是一种理想主义的说法。事实上，科学才是最"温柔"的，医学要"治病救人"，法律要"惩前毖后"，使社会健康起来，而艺术却常常是冷峻的，它不相信世上有任何药物和手段可以真正除掉那些"病根"。但就"病"的问题来说，艺术似乎又有一种表面上"悲天悯人"的态度，这种态度不是"超越"的"菩萨心肠"，而是人世间的"同情"。所谓"同情"，正因为人人都可能生病，可以与"病人"作一种活生生的、生活性的交流，而不像医生那样作一种概念性的判断与方案。我能"理解""他人"的"病"，因为我也生过"病"。我的这种"理解"是和医生对"病"的"理解"不同的。我不必为"医生"，就能"理解""病"。我这种"理解"，这种"知识"，是"没有医学"的"医学知识"，不是"专业"的"知识"，是一种"没有科学专业"的"知识"。这是基本的知识，是基本的"科学"，也是基本的"文化"。就"病"来说，这种理解、知识、文化当然也可以有"治疗"作用，但不是医学专业的治疗作用，而是一种基础性的、综合性的治疗，其中包括了像精神分析学所依据的治疗原则，因而不仅是生理性的，而且也是心理性的。亚里士多德曾注意过艺术的疏导作用，他在讨论悲剧的效果时，谈到了"宣泄"、"净化"的作用。把"心病""说"出来，也是一种治疗。也许，正因为精神分析学这个特点使得实验心理学始终不愿接纳它进入科学的殿堂，而在文学分析方面的作用和影响，却又曾显得如此声势浩大。精神分析学长期没有离开基本的生活经验，没有"升华"为概念性的理论科学或实验科学，因为它必须保持与"病人"的"对话"，因而保留与"他人"作一种活的交流，尽管这种"对话"和"交流"被竭力引导向概念的、理智的方面，即使"病人"的思想纳入或回到正常的、理智的、科学的轨道上来。

我们看到，正因基本的文化形态是一种综合性的状态，因而，艺术、审美仍是一种文化形态，而不是"非文化"或"反文化"形态。

如今"后结构"、"后现代"派中有一股"反文化"、"反人文"的潮流，实际上，这种潮流在海德格尔的思想中已有契机，在理论根源上是有些人反对"人类中心论"，而海德格尔固执地把"人"叫做"Dasein"，说明他不想把"人"作为他理解的"世界"的中心，也不认为有一个独具"本质"的"人"，"人"只是"诸存在"中之一个"特殊的"（Da）存在（Sein）。所以，海德格尔后期一反《存在与时间》的方向，不从"Dasein"看"Sein"，而要从"Sein"出发，可看出他这种"非文"思想的进一步发展。

基本的生活经验是人的生活经验；生活的世界，是人的世界，这当是毫无疑问的事。但是，人又是生活在世界之中，世界养育、支配着人，因而人既不是世界的主人，也不是世界的奴隶，人与其生活的世界，就不是谁是"中心"的关系。"人"不是世界的中心还因为"人"并不是一个"概念"，"人"是具体的、活生生的，"人"分"我"、"你"、"他"，三者亦不能分出谁是"中心"来。"自我"与"他人"是一种交流的、交往的关系，是一种相互制约、相互改变（改造）的关系，而不仅仅是互为"对象"的关系。"我"与"他人"的那种活的、基础性的交往关系，就是诗意的关系，文学的关系，艺术的、审美的关系，亦即文化的关系。

从某种意义上来说，将"他人""对象化"，是一种概念的、科学的、定义的态度，将"他人""绝对化"，则是一种神话的、宗教的、信仰的态度；而艺术、审美则是介乎这两者之间的一种态度。从这个角度引申来看，我们也可以说，人类的文化形态，包括了科学、宗教和艺术三种形态，而艺术则是最为综合、最为基本的一种形态。艺术、审美始终保持着最基础的、最原始的、未经分化的"野性的"思想方式，而如列维·斯特劳斯所谓的，艺术成为人类野性思维的"野生动物园"。

二 艺术与科学

科学把世界看成"对象"，以概念、判断、推理的形式使世界规则化、逻辑化。科学以对象性思想方式使主体与客体相分立，因而这种方式一方面是很"客观的"，但同时又是很"主观的"。从某种意义来看，科学曾被看作恪守"主体性原则"。

科学讲普遍性、必然性，从西方哲学史看，这个特点与人的主体性有关。哲学向科学提出的问题是：为什么原本是各人心中之"感觉"却可以成为具有普遍性之科学判断？即胡塞尔所说的，科学要回答为什么"主体内的"，会成为"主体间的"这一问题。解决这个问题的关键，在胡塞尔看来，在于人生活在同一个世界，有着共同的语言交往关系。然而科学语言的特点正在于它的概念性和定义性。而概念的逻辑规则又离不开人作为主体的制定规则的作用。康德所谓"理性向自然立法"亦即主体自身的制定规则作用。这是一切科学知识之所以可能的逻辑条件。在主体的制定规则作用方面，西方哲学的分析传统为我们做了大量的工作。

科学要把一切都纳入它的概念的系统，从而取消了"我"、"你"、"他"的活生生的区别，"你"和"他"同样成了"对象"，要以概念、判断、推理加以规范。"科学"当然是"人"的方式，但这种意义上的"人"，就没有"你"和"他"，只剩下了"我"，一个将全人类概念化了的"大我"。科学将"你"和"他"统一于"大我"之中，科学的普遍性，是"大我"的普遍性，是无差别的、抽象的普遍性。在科学的原理面前，无分（具体的）"我"、"你"、"他"。

"他"，不是活生生的"人"，而是"人"的某种概念，某种类型，"人"被分成"工人"、"农民"、"医生"、"教员"……"我"也不是"我自己"，而是"大我"，是"工人"、"农民"、"医生"……的一分子。"他"死了，"自己"死了，"人"也死了，这也许正是福柯对那种制度性、概念性思想方式的一种揭示。

概念科学的原则是"死"的原则，把一切都归结为可以分割的"对象"。科学使"世界""自然化"，把"（他）人"亦当成"自然"的一个部分看待。甚至在研究"生命"时，仍要通过"死"的方式——"解剖"，来把握"生"。科学的原则坚持只有在"死后"才能知"生"，只有把活生生的事物"概念化"、"分割开来"、"重新组合"之后，才能认知这个"世界"。这样，尽管科学具有在实际上改变世界的巨大的力量，但它的原则是主体性的、思想性的，而不是生活性的、存在性的；科学的原则是"我思（故我在）"的原则，而"我思"的原则为逻辑的原则，主体立法的原则。

科学这种把"他人"、"世界"化为"死物"的态度，是很客观的，但却又是非常功利的，因为科学背后有个"大我"，科学本身只不过是这个"大我"的"工具"。科学使"万物皆备于（大）我"，认识世界是为了更好地利用、改造世界。

不言而喻，科学为人类带来了福利。科学要求人们用冷静、客观的态度来对待世界，科学要求"无私"，但科学是人类理性的工具，要使自己的工作适合某种普遍的目的，科学以人类的幸福为依据，而对目的和幸福本身的理解和设定，也总是要求在合理性、概念性的指导下进行的。因此，科学虽无"自己"（私），但离不开人类的或作为类概念的"大我"，尽管"大我"、"目的"、"幸福"在科学里也是离不开概念性的。科学不但使人的世界自然化，而且使它概念化，因为对象化的自然，只有通过概念的方式才能认知它，并按照人自身的目的改变它，科学把自然现象看成一种必然性、因果性的系列，科学的预见和预测基于概念知识的推理，一切科学知识的必然性，都离不开逻辑的必然性。

科学的学说，当然离不开日常的语言，但科学的语言是概念的、逻辑的语言，因此在科学里"说"与"写"并无原则区别。"说"和"写"在科学学说里没有自身的意义，而只是记号和表达思想的方式。科学永远是思想性的，因为"大我"是"思想性"的"主体"，是"我思"。科学相信，本质只在思想里才能完全表现出来，因此，"我"尽管不是"对象"，但只有"我"才能掌握"对象"的本质。或者如胡塞尔所说的，"对象"对"我""显现"为"本质"，"我""看"到了"对象"的"本质"。这个"本质"是普遍的、必然的，至少科学有权要求人人都必须承认，"在真理面前人人平等"，在"本质"面前，不分你、我、他；地无分南北，人无分贵贱，时无分古今，科学始终保持着永恒的、思想的统一性，胡塞尔说，这样，"主体内"的，才成为"主体间"的，"私人的"成为"公共（众）的"，"小我"成为"大我"。科学的世界固然亦可为人的世界，但却是概念的、思想的世界，"大我"的世界，是理论的世界，而不是现实的世界。

相比之下，艺术却总是执着于我、你、他的本源性的区别，流动于"我"和"他人"之间，生活于现实的世界之中；艺术的原则是生活的原则，是"活的原则"。

艺术、审美的最基本的前提，是坚定地承认"他人"和"我"一样，同样是"活人"，是有思想、有感情的生活中的人，不可能把"他人"归结为"我"的"对象"，"我"必须在同一个层次上和"他"打交道。"他人"是不可能用"概念"来穷尽的，就像"我"清楚地知道，不可能用一个属类的概念限制

"我"自己一样。"他人"是不可限定、不可定义的。"活生生的人"不仅仅是科学知识的对象,因为知识"对象",原本是知识原则本身建立起来、"我"建立起来的;但"他人"却不可能是"我"建立起来的,恰恰相反,"我"倒是"他人"建立起来的,因而从根本上来说,不是科学建立了生活,而是生活建立了科学。"他人"对科学知识来说,常常是一个"秘密",一个"界限";艺术则就是在那科学的"秘密"和"界限"之中。

然而,我们必须承认,作为一种基本文化形式的艺术,同样也具有一种普遍性。我们常说,科学讲概念的、抽象的普遍性,而艺术则强调个性的、具体的普遍性。艺术的普遍性就在个性之中。这当然是正确的。这里所要进一步强调的是艺术中的具体的普遍性并不是科学中的图例,因为"图例"本身是抽象的,它说明、指向一个确定的、定义性的概念,而艺术性的绘画则不受这种概念的限制,因为生活本身并不受这种概念的限制,"他人"不是"我"的概念的"外化"或"例子";"图例"是"死"的,而"绘画"是"活"的。

然而"绘画"却是供人观赏、让人理解的,正像"他人"可以为"我"所"理解"一样。

现今西方的解释学对这种非概念性(又非感觉性)的"理解"作过不少的探索和发挥,其宗旨在说明解释学所说的"意义"不同于"概念"的"意义",而是一种"活的价值",这种"价值"永不能归结为"概念"。解释学的问题在于:这些价值和意义仍然可以理解为"思想性"的;尽管伽达默尔十分强调它的"存在论"的方面,但它们自身的"超越"性,使之不容易恪守"存在论"的立场,因而摇摆于海德格尔与胡塞尔之间。事实上,这种"意义"和"价值"当在哲学上的"知识论"和"存在论"分化之前业已"存在",因而是在"没有任何'论'"的条件下的一种交往和交流。"我"与"他人"在实际的生活中"交往",在实际"交往"中"理解"。因此,从根本上来说,艺术不仅是精神性的,不仅是一种意识形态性的,而且也是一种实际的生活方式。艺术不仅仅是后来分门别类的各艺术部门,正像知识不仅仅是化学、物理学、数学等等一样。艺术不仅是生活的"反映",同时也是生活的一个部分。艺术不仅以"视"、"听"二官来"理解"世界,而且以人的全部的感官、全部的感性存在来"理解""世界"。

"视"、"听"二官一直被认为是最为文明的感官，因为只有它们能被抽象化成为从感性向纯理性过渡的桥梁。"语言"是"说"出来的，"文字"是"写"出来的，它们都可以被利用成一种本身无意义的、任意性的"记号"，而"听"和"看"只是注重那些内容和意思，所谓"得意忘形"。胡塞尔说，"说"，总要"说"点"什么"，重要的不是在"说"（的声音），而是在"什么"（的内容）。这在科学性、概念性的知识中，当然是有道理的。但是，在实际的生活中，在活生生的"交谈"中，则这个"什么"和"说"本身的方式则是不可分的，说什么和如何说是不可分的。同样一句话，在不同的人、不同的场合，其内容（意义）是可以很不相同的。艺术则努力保存这种"说"与"什么"的原始的统一性，而将生命力还给视、听二官。于是我们有诗、音乐、舞蹈、书法……

视、听二官长期以来最为服从"理性"的支配，而其他的感官则就不那样的"听话"，不易受理智的机巧驯服为一种工具性的记号，于是触觉只是在雕塑、建筑等艺术中通过想象和视觉联系起来，而烹调在艺术中的地位，则始终不大容易确定。

作为对这种传统见解的反动，西方有些作家起而鼓吹以整个身体来"理解"世界，"理解""他人"，与"他人"的"交往"，不仅仅是"思想的交流"，不仅通过语言、文字，而且通过整个的身心。为了反抗西方"视觉文化"的偏颇，有的作家以在黑暗中的感受来体现一种最高的"理解"。

以整个身心来"理解"世界，并不是一种"本能"的"革命"，因为人的身心的结合恰恰是"文化"的产物，而并非单纯"本能"的产物，并不是本能规定人的文化，恰恰相反，是人的"文化"规定了人的"本能"，才使人的本能不同于动物的本能。科学是使"人"的"本能""革命化"的手段，使人的动物性的本能调节成适合自然和社会的要求和规则。艺术和审美则本来就在人的生活方式这个基本的维度之中，也在经验的、文化的维度之中，而不在"本能"的维度之中。

艺术作为一种基本文化方式不是纯粹的，因为只有"抽象""概念"才是"纯粹的"，艺术是综合的，因而是经验的。"经验"本身具有一种"秩序"、"规范"、"调节"和"积累"的意思，因而艺术与知识是一致的，艺术是存在的形式,同时也是知识的形式。艺术不仅需要身体的活动,同时也需要语词的概念,艺术是可说、可写的。这样,视、听二官成为艺术的主要感官,也并不完全是"理智的机巧"。

前面提到,康德指出,"花是美的"与"花是红的"采取了同一种判断形式,审美判断同样是一种判断,一切价值判断都与科学判断在形式上并无区别,现在的问题是,如何在意义上来区分这种判断。

过去我们认定"红"是客体的一种属性,而"美"则是一种"价值",价值判断采取陈述判断的一种形式,因而"价值"可以看成一种"类(似)属性"。"属性"是客观的,"无我"的,而"价值"是主观的,"有我"的。这是一种比较表面的说法。"价值"固然与"人"的主体(观)性有关,但"属性"又何尝不是科学的主体(观)的一种表现?而这些从现今流行的某些"后现代主义"观点看,却属于"人类中心论"。不错,"属性"是为"无我",但无"小我",而有"大我"。所谓"大我",即作出判断的"我"有权"迫使"听到、看到这个判断的其他的人,也像"我"一样,"认同"这个判断。于是,"他人"也是"我",是谓"大我"。如今"价值"(美)这种判断和"属性"(红)就有所不同:在"花是美的"这句话中"小我"并未被"大我"所完全"消融",而仍隐存在"大我"之中,即在科学性判断之中蕴含着个性的、"自己"的具体思想感情。于是,"花是美的"这句话虽然也有普遍性的形式,但却承认"他人"同样是"自己",而不是另一个"我"。"我"说"花是美的"固然也有权"要求""你"和"他"与"我"认同,但却无权"迫使"别人认同,即这句话没有逻辑的强制性。对于"花是红的"这句话如果看法不同,可以并应该争论个"水落石出",但对于"花是美的"这句话,如果发生分歧,则双方都有权保留自己的不同的判断,所以才说"谈到趣味无争论"。并不是说,趣味(判断)真的没有争论,而是说,双方都并没有逻辑的强制性使对方放弃、改变自己的判断。趣味(判断)只有高下、雅俗之分,而没有对错(狭义的)之分。

起初,逻辑实证主义、维也纳学派的某些元老,如卡尔纳普等,曾用审美判断(趣味判断)不能由实际和逻辑来检验其对错而认为是"无意义的";后来,由于审美判断毕竟是大量存在的,如何理解这种类型的判断的特殊"意义"是不可回避的，所以有一批当时比较年轻的学者开始放宽"意义"的尺度。他们认为，"花是美的"和"花是红的"一样，同样是"有意义的"，但它的"意义"与后者不同。"花是红的"说的是"红"是"花"的属性之一，而"花是美的"这个判断就等于说，"我觉得这花是美的"，或更进一步，"花使我感到愉悦"。说"这花是美的"与"我觉得这花是美的"其"意义"相同，但说"这花是红的"与"我觉得这花是红的"其"意义"就很不相同。譬如，我们在听了一场音乐会后，说"音乐是好的"，并非指乐器、声音、指挥和演奏的人是好的，也不是说音乐厅、它的座位、灯光……是好的，而是说"这音乐使我感觉很好"，"音乐使我愉悦"。这是当年西方一些比较开放的青年学者的看法。但我们要说的是，"花"和"音乐""是美的"并不能等同于"我感到花或音乐好"，即"花或音乐使我愉悦"。审美判断或审美语句不仅仅是主观感觉的描述，因为这种描述只能作为知识提供给别人，只能要求别人"理解"这句话的语词意义，而不能要求别人有同样的"感觉"；审美的判断并不是私人的感觉的描述，而同样也带有公众的性质，它像知识判断一样，要求对方的认同。主体的感受性并不能真正区分审美判断与知识判断，因为一切描述主体感受的判断都可以通过某种途径和手段来检验它的真假，如一切医学、病理学、生理学、心理学上的判断和诊断都有这种性质。"我头痛"这句话在日常生活中是一句主体感受性语句，听者只需懂得语词的意思，作出适当的反应；但这句话如果对医生说，则可以并需要通过科学实验的手段来检查原因，因而可以判断其真假。审美判断当然包括了这种主体感受性的知识上的因素，对于"愉悦"和"厌恶"……这类的情感，可以用科学的手段来控制，这对于艺术的实际工作，如剧场效果、服装设计、面部化妆、乐器音响、色彩调配……都有很大的关系，但审美判断又不能归结为这种主体感受性判断。"花是美的"大于"花是（令人）愉悦的"。

向医生诉述的"我头痛"是一种知识性语句，它传达的不是"痛"的感觉，而是"痛"的"意义"，医生不能通过"痛"与否来判断这句话的真假，因而这句话仍是公众的、普遍的。维特根斯坦说，语言都是公众的，不是私人的，这个意思在科学知识里，当然是确切的。然而，在审美的、艺术的境界中，一切语句都带有"私语"的意味，这种语句的形式是公众的，但内容却离不开私人的、"小我"的。

"花的美"离不开"人的美",或者是因"人美"而"花美",或者是因"花美"而"人美";但"人"是一个具体的、社会的存在者,没有抽象的、大写的"人"。我、你、他都是具体的,不是概念的。"人"的普遍性不存在于它的概念之中。"物以类聚"是物理自然的概念,"人以群分"是社会伦常的概念,而活生生的人则是个体的"群","群"在"个体"之中,"个体"也在"群"之中。"花是美的"这句话和"我自己"的生活经验分不开,而"我自己"的生活经验是独特的,任何别人代替不了的。因此,"我"在说"花是美的"这句话时,总是带有一种"小我"的"私意"。这种"私意"并不是生理性的(如"痛"……),而是生活经验性的,"我"不能把这种"私意"传达给别人,就像我的"痛"不能传达给别人一样,但"花"的"美"却可以使"你"、"我"、"他"都真正"感到""美"。于是,审美和艺术中似乎就出现了一种在知识和科学中很奇怪的现象:似乎是"私人"的感受,却可以具备普遍可传达性。于是,"花是美的"是一句典型的"私人语句"(私语),即既具有语言的普遍形式,又具有私人感受的具体内容。我们是几乎带着我们的全部生活经验的感受来说"花是美的"这句话的,而听的人也同样带着他的几乎全部的生活经验的感受来接受这句话,因而言者与听者虽"认同"这句话,但各自所体会的具体"意义"却又是不同的。因此,听懂"花是红的"这句话,基于语词、概念的共同性,检验这句话基于感觉的共同性,只要不是色盲,都可以作这句话的"见证";但检验"花是美的",则需要生活经验的具体的可交往性,汲汲于功名利禄之徒看不到"花的美",不能作"花之美"的"见证人",是因为他的生活经验与艺术、审美没有多少可交往之处。世间有一些"色盲",也不乏"美盲"。

从这个意义上说,审美判断同样是一种文化性的判断,有教养、有趣味的人,被认为是有文化的"高人雅士"。然而,审美判断所要求的是一种基础性的、本源性的文化,而且始终保持自身在这个基本的、原初性的度内。海德格尔说"科学"不等于"思想",伽达默尔发挥说,"科学"不等于"教养",都是看到了这当中的区别。

现代的"逻辑哲学"把"审美"、"艺术"看成是"逻辑"的一个分枝,有

"价值逻辑"和"习好逻辑"等,认为"审美判断"(以及"道德判断")是在一般的逻辑语句的基础上派生出来,是逻辑语句的一种"应用"。这种安排,对于分析性的思想体系来说,当然是合适的。它有点像黑格尔的"应用逻辑",当然黑格尔是把"艺术"放在"绝对逻辑"中的,因而他的思想不完全是分析性的。这里我们想指出的是:这种安排,如果换一个角度来看,很可能需要颠倒过来:在基本的生活经验中,判断大多不是形式的、逻辑的,而是可以带有情感色彩的,因而可以被理解为审美性的、艺术性的、诗意的。

在日常的、基本的、原初性的生活中,一切的客体的"属性"都可以带有主体的"价值"的特点。"红"自是客体的"属性",但"太红"则有"价值"在内。我们前面说过,"花的美"就在"花的红"之内,并不是凡艺术性、审美性判断都要加上一个"美"字,而我们应该看到,一切的语句、判断、陈述……都可以是审美的、艺术的、诗意。艺术不必寻求或建构另一套语言和文字,因为语言和文字就其基础性意义来说,本就是艺术的、诗意的,而科学的、知识性的语言,正是从这个基础上派生出来、抽象出来的。从这个意义说,我们看到,艺术不需要寻求、创造"另一套"特殊的语言,相反,科学有时倒是要有一套不太等同于日常语言的"科学语言"——包括科学的符号、公式等。但一切被现今认为科学的、知识的语句,都可以"还原"为艺术的语句。物理学家的"中子"、"质子"……可以在某种特殊的方式下成为"审美的对象",而数学家的数字、方程式,甚至逻辑学家的各种符号、公式,也未尝不可以作"审美观",只要这些"专门家",不仅仅作为"专门家",而且也作为普通的、现实中的人来对待他们的"工作",则这些"工作"——各种的"学",各种的"数"和各种的"符号"、"公式",就立即显示出它们的"诗意"来。

我们看到,无论科学知识如何普及,"红"对日常的、经验的人来说,都不仅仅意味着是一种"光谱"。"红"作为光谱的度来说,是相当确定的,但生活经验中"红"的"意义"却是多层次的。我们虽然不必像海德格尔那样坚持"斤两出,重量失"而说"光谱出,颜色失",但这二者的区别的确是应该承认的。在计量化的光谱中,"红"只保留一种"意义"——科学的、知识的意义,而"桃花"、"人面"这类的联想就隐退了,但这种"联想"也并不需要分析

"桃花"和"人面"的光谱之后才有的。

在这个意义上,我们愿意引用马克思在评论弗·培根时所说的意思,即那个对我们"微笑的"、"带有诗意的""感性世界",是培根的科学工作的基础。我们的基本的生活经验的世界本就是一个诗意的感性世界,当它对我们"微笑"时,它是"美"的。

就科学知识的眼光来看,诗的语句是"朦胧的"、"多义的",因为它不可能归结为可定义性的概念,而包含了个体的、小我的生活经验。这样,科学的语句需要"论证",而诗的语句则需要"解释","论证"是逻辑的、分析的,而"解释"则是经验的、综合的。

所以"解释",包括了"我"与"他人"交往中得来的"经历",因而需要"解释"的,就不仅仅是"语句"在语词上的"意义",即"语义学"所指的那种"意义","解释学"大于"语义学";而且也不同于扩大了的"语义学"——"记号学"(符号学)。就语词"意义"言,需要"解释"的是与这种"意义"不同的"另一种""意义",因而美学(美的哲学)的思考重视一切"语义学"和"记号学"的研究成果,因为它们的基础为:"一种东西""意谓着""另一种东西";但就"解释学"本身的"意义"来说,诗的语句与诗的意义则是"同一个东西",并不要从它自身之外另寻"意义"。"诗意"就在"诗"之中。

科学的"论证"包括了"证明"与"证实"(或"证伪"),因为科学是概念的体系,因而一方面需要逻辑性的证明,另一方面需要实际性的证实,前者为概念之间的同一性,而后者为概念与对象之间的同一性。科学是逻辑的、实证的;艺术则是辩证的、生活的,因此,比起科学来说,诗具有更多的"哲理性"。

诗是一个"全",所谓"具体而微"。每一首诗都是一个世界,"麻雀虽小,五脏俱全",以一滴水而见大千世界,是诗人的"手法",也是基本的生活体验。一切科学的语句当然都可以"入诗",但诗的语句却不能完全用科学语句的标准来衡量,它有时是不可或不需证明、不可或不必证实的。诗人虽然不需故意非违反科学知识不可,但尤其在科学已很昌盛的现代工业化社会,诗人和艺术家为了显示自己的特殊性,有时故意要"反其道而行之"。诗的语言允许一切语言的机巧：隐喻、换喻、矛盾、隐晦、背理、虚构、夸张……甚至，有的诗以科学的眼光来看，竟然是近"梦"，近"痴"。

"诗"和"梦"都因为"无定解"而"需要"（"缺少"）"解释"。诗和梦的"意义"都不可能从诗和梦中"抽象"出来成为"概念"，因而不可能像科学语句的概念体系那样"清楚"、"明白"。"梦"中的"话"，本是"我"自己说的，但"我"自己却往往不懂这些"话"，似乎"我"在替别人"说"，说的是"别人"的"话"。"我"似乎只是一个"传达者"，但"我"又是"言者"。"我"说这些"话"并不一定要先"懂"了再"说"，往往似乎是"说"出来以后再去"领会"它们，而这些"话"有时却竟是"我"的真正的"心声"。因此，"我"并不是"传声筒"，而是真正的"言者"。"我"不是"大我"，而是"小我"、"真我"。当"我""醒"来时，"我"作为"大我"还要来"解释"、"理解"、"弄懂"这些"话"的意思。"我"写的诗句，"我"自己也要去"念"，去"体会"，去"理解"。"我"自己写的"诗"，或许"我"并不真懂，而"别人"可能比"我"更懂"我"的诗，正如"我"并不"懂""我"自己的"梦"，要别人来加以"解释"。"我"并不是"解释""我自己"的"诗"的"权威"。"他人"是"我"的"心理分析学家"，不过，这个"心理学家"并不一定要把诗纳入科学（心理学）语句的规范，而是以"自己"的生活经验去加以体会，加以"补充"，加以"阐发"，因而他的"解释"本身又可以是"诗意的"。"他"在"读""诗"，"吟""诗"，同时也在"做""诗"。"吟诵"别人的诗和"吟诵"自己的诗在诗的层次上是相同的。

这样，念诗不等于念教科书，但我们都称作"读书"。"教科书"并不是最原初的书，人最早"读"的不是学科意义上的教科书，而是天、地、人这本大书，是"天书"，是"无字的书"。这本"书"原就是"诗"，是充满了诗意的感性世界。我们从这个世界"学得"了最初的、最基本的"知识"，我们依恋着这个世界。这个世界不是冷冰冰的"对象"，而是"微笑着的"，我们对这个世界充满了"感情"。我们"欣赏着"这个世界。事实上，从中国传统的文化来说，即使是比较严格意义上的"教科书"，如《三字经》、《百家姓》、《千字文》等等，大都采用诗的形式，固然是便于背诵、记忆，但也都是为了将各种"道理"，甚至很枯燥的"姓氏"，寓于审美、欣赏的艺术活动中。

广义的"科学"包括了"科学"的"理论"和"技术";前者为语言(或文字)的形态,后者为实际的形态,因为科学认为"语言"为"思想"的表现,因此这种区分,不妨理解为"思想"和"实际"两种形态,因此,尤其是最近一个时期以来,人们将科学与技术作了适当的区分,而事实上,这种区分从亚里士多德开始已经逐渐明确了。从一般意义上看,"艺术"也可以作这种区分。"诗"是"语言"的,而"艺术"则侧重实际的。然而,作为一种基本文化形态,作为一种基本的生活经验来看,"思想"和"实际"是不能分开的。"诗"与"艺术"是一个意思。

古代希腊语中"诗"原有"制作"的意思,而现代西方语言中"艺术"来自拉丁语"技术",而希腊语中"技术"则是另一个字,这样,现代与"科学"相对应的,即为希腊语"技术"一词,但事实上"科学"一词的来源为拉丁语。中国的语言中,"诗"从"言",但却也是"做"出来的,不光是"说"出来的,"文学"也是"做"出来的,所以叫做"作家"。"做"和"作"都是实际性的,而不仅是思想性的,因而都要求一定的实际的"技术"——"技巧"。

"技术"是指实际的"操作"能力,需要反复的锻炼,"熟能生巧",是"时间"性的过程;科学上的"技术"则是把本是无时间性的概念体系转化为时间中的实际结果的能力,因而科学上的技术是受确定的"概念"支配的,为一定的"目的"服务。在这里,起主导作用的仍是科学的"主体性原则"。艺术的、审美的、诗的"技巧"则是一种基本的、本源性的技术,按海德格尔的说法,是"使存在显现出来"的一种能力,这种能力是存在性的、诗意的。能工巧匠们利用了建筑材料中的"石头"的"坚硬",但在建成之后,却使"石头"隐埋于"房屋"之中,而"坚硬"却更加突出地表现出来。这种基本的技术,原是一切科学上的技术——包括如今的"高科技"——之母,而使一切高级的科学性技术,无不可以作"艺术"观。

《庄子》中有"庖丁解牛"的故事,"游刃有余"成为艺术技巧的高级境界,而实际上这个故事说的不是后来严格意义的艺术上的事,而是解剖方面的事,所以能为艺术所用,是因为在基本的经验中,"科学"中的"技术"和"艺术"是相通的,庄子说的是一种基本生活经验中的"技术",是从生活的角度来运用这则"解剖学"知识上的技术的。事实上,正如一切的科学判断和语句都可以作审美判断和诗的语句来看一样，一切的科学性的技术都可以"还原"为基本的、生活的诗和艺术的技巧来看。

海德格尔说，"技术"是"协助"把"存在"显现出来，因而不是把人的主体性的概念、目的加诸世界，使世界"增加"点什么，而只是使"世界"的"意义"和"意义"的"世界"自身"显示"出来，"美之花"并不比"红之美"多出任何什么"属性"来，人类的"技术"只是起到苏格拉底所谓的"助产婆"的作用。"自然"通过"人"的"技巧"显现自身。于是，"大匠"的工作被誉为"巧夺天工"。艺术使"自然""世界化"，并不是使"自然"成为"不自然"，而是使"自然"更加"自然"。"大匠"使自己的作品不落"人工""斧凿"的"痕迹"，人的"痕迹"本随着"自然"本身的"痕迹"而运行，所以"大匠"作为"人"，每每"功成而身退"，是为"大匠"而"无匠（气）""大智者"若"愚（无智）"。"技巧"使"主体性"的"人""隐去"，而使"自然"作为"世界"自身向"人"显示出来。正因为这样，"人"才能从那荒无人烟、并无工匠经营过的自然中也能领略出艺术的、甚至是很高级、很强烈的诗的意境来。

大匠的技巧，迫使"人"回到"自然"，归于"平实"，而不是使"人"的主体性、"人"的"主观战斗精神"无限地膨胀下去。诗人的技巧，不是使"人""出人头地"，不是使人"出世"、"超越"，而是把"人""拉"回到现实的世界中来，并牢牢地迫使他固着在那活生生的生活之中。"人""技巧地"制作着，也就是"人""自然地"制作着，"庖丁解牛"，如"牛""自解"，把"牛"的那些"自然"的"关节"显现出来。"解牛"成功之后，"庖丁"并无半点"痕迹"。

"庖丁"要"自然地""解牛"，必先熟悉牛的各种关节，"庖丁"对"牛"的"理解"和"技术"都是"模拟式的"，这是列维·斯特劳斯的文化人类学的一种说法，他认为"野性的思维"就是这种"模拟式的"。于是，作为"野性的思维"方式的保存者——艺术，也就有"模拟（仿）"问题。

任何知识都离不开"模仿"、"模拟"，原始的知识起于一种原始的"模仿"、"模拟"，因为最初正是在概念性知识未能达到的地方才有"模仿"。人类最初的"模仿"是"模仿""他人"，而"他人"不是概念所能限制的。"他人"

是"活的",对于"活东西",我们只能设身处地地"模拟"他的"活动",才能"体会"他的活的思想感情,于是最初的"诗"都带有歌唱表演的性质,"叙事诗"早于"抒情诗"。对于"死"的"自然",我们可以用科学性、概念性的"实验"把它的某些部分"复制"(制造)出来,以检验我们的知识,说明我们"懂得了""它";对于"活生生"的"人",我们只有把他们所做的"事"在一定条件下"重做"一遍,才能说"理解"了"他"。"重做"就是"模仿"、"模拟",而这里就需要"技巧"。"模仿""自然"的"技巧"就像"自然"自己显现自己一样,"模仿""他人"的"技巧",则像"他人"自己表现自己一样,于是,从艺术的眼光看,"技巧"使"自然"有生意,而不归结为"自然科学"的"对象",也使"他人"有生命,而不归结为"社会管理学"的"对象"。艺术的技巧是活的技巧,使我们的"世界"更加"生意盎然"。

三 艺术与宗教

我们译成"宗教"的西文来自拉丁文,含有对神圣的东西的"敬畏"、"考虑"之意,按费尔巴哈的解释,这个词原指人与人之间在情感上的关系。我们这里取"宗教"的最为广泛的意义,包括了巫术等诸种迷信在内,虽然在近代意义上,"宗教"与"迷信"是有区别的,而就道德观念言,"宗教"是向善的,而巫术则常与恶相联系——中国传统观念中亦有"神"、"鬼"之别,虽然并不排斥有"好鬼"和"凶神",但作为一种在基本的生活经验中出现的现象来说,它们有基本的共同点,因而我们一般总是把与科学相对的那种思想方式和态度叫做"宗教"。

"宗教"被说成是"超经验"的"彼岸式"的思想方式,实际上仍然是由人的基本的生活经验产生的,因为表面上看,"宗教"之所以产生,是因为"人"(的经验或科学知识)之"有限性",但实际上这里的"人",只是"(大)我","人"的有限性,实是"(大)我"的有限性,因而"宗教"的根源在"人"——"我"的"彼岸",在"他人"。"宗教"的"彼岸性"在于"他人"的"彼岸性",在科学概念的"彼岸",但却仍在基本生活经验的"此岸",所以一切"宗教"的"思想"和"学说"也都是"人"的"思想"和"学说",

"神"（鬼）都是人"创造"出来的，如法国的列维纳所说，"神"是"他人"的"绝对化"。

我们前面说过，"科学"以主体概念化原则，使"世界"成为"我"的"对象"，从而使之成为"我"的"工具"，成为"我"的一个"部分"，即使"世界"成为一个"大我"；但科学这种概念化、逻辑化的方法有其自身的局限性，最为明显的是"他人"不可能归结为"我"的一个部分，而保持另一个"自己"的独立性。"我"不可能将"他人"从概念上"对象化"，"他人"永远与"我"相"对"，永远是一个"活的对象"。中国语言以"主"、"客"来说这种关系，有其确切的一面。"主"是"人"，"客"也是"人"，"客"外在于"主"，永远是个"客"位。"主"、"客"当可"相知"，但他们互相之间的"了解"，不是科学性、概念性的，而是实际性、交往性的，因而它们之间的关系，又不完全是"对象性"的关系，他们是"朋友"。"朋友"之间的关系，首要的不是科学性的，而是伦理性、道德性的，所谓"相知"，是为"知己"，是要在实际的时间中、实际的接触中形成的"知"，而不是由科学概念体系"介绍"出来的"知"。"他人"是"活的"，对"他人"的"知识"也是"活的""知识"。

这里所谓"活的"，并不是生物学上的意思，而是哲学上的意思，即"存在论"、"知识论"上的意思，这种意思只是指："活的"即是"自由的"，"我"是"活的"、"自由的"，"他人"也是"活的"、"自由的"。

"自由"首先是"他人"的"自由"。在"我"意识到"我""活在世界上"之前，"我"首先意识到"他人"是"活着的"。"他人"的"生活"，是"我"的"生活"的前提条件，这个条件不光是逻辑的、思想的，而且是历史的、现实的。"他人"抚养着"我"，教育着"我"，"他人"是"善意"的，是"朋友"；"他人"也"限制着""我"，"危害着""我"，所以同时也可是"恶意"的，是"敌人"。"敌""友"、"善""恶"都是"他人"的"自由"，于是"他人"对"我"是有"恩"、"怨"的。凡活着的人都可与我有这类的关系，可以是"朋友"，也可以是"敌人"，在我们生活的基本的经验世界里，道理和区别似乎就那样简单。

康德的道德哲学，设定了一个绝对为善的"理性"，它的"命令"永远是

"善"的；但实际上"他人"并没有一定的必定性来"施恩"于"我","恩宠"之所以为"恩宠"，正因为"施恩者"是"自由"的，而在任何情况下，"他"都可以作出另一种选择。"恩宠"是"指望"不得的。这样，从康德的道德、实践理性的绝对命令，发展成费希特的"大我"，就是很符合逻辑的。"义务"本是社会的、科学性概念，因此士兵有士兵的"义务"，工人有工人的"义务"——"义务"即"本质"。依此逻辑推论下去，作为理智种属的最高层次——"人"的"概念","人"的"本质","人"的最高的"义务"，则是一道最高的"为善"的"命令"。"执行"这道"命令"之所以是"自由"，是因为"理性"听从"理性"自身的召唤，而不为感性欲求所左右。因而，在康德哲学中，"自由"为形式的、概念的，是逻辑推论（悬设）出来的。

事实上，"人"的"自由"是最为现实的东西，因为"人"的"现实"首先是由"他人"组成的"世界","他人"是"自由"的，因此"世界"是开放的。"我"（或"大我"）的"自由"是形式的、思想的，而"他人"的"自由"则是实质的、物质的，"他人"的"自由"对"我"来说，表现为一种可能的、开放的"物质的力量"。"自由"的"物质"力量，就是"活"的力量。这就是胡塞尔的学生马·舍勒在批评康德形式主义道德学时提出的一种"实质性道德学"的观点。

"活的力量"不仅仅是"命令"、"评价"、"判断"，而且是"现实"、"生活"、"实际"，不是"超越"的，而是"经验"的，而且是人人都能经验得到的。"我""体验"到"他人"的"活的力量"，并不是从"我"自己的"内心"中"比附"出来的，而是"他人"实际地表现出来的；正因为"他人"可以"自由地"对"我"施加某种（有利或有害）的"物质力量","我"同样也可以按照某种尺度作出"我"自己的选择，迎之以某种"物质力量"。"我"的"自由"是"他人""教"的，也是"他人""逼"出来的，"我""内心"的"自由状态"和"意识"正是"他人"所显现出来的"自由"的一种"比附"。不是"我"将"他人""大我"化，恰恰相反，正是"他人"将"我""人"化——"他人"化。不是"他人"为"（大）我"的一分子、一部分，而是"我"为"他人"的一分子、一部分。

"他人""笼罩"着"我","他人"的"活的力量"的升华和绝对化，就成为"神"和"鬼"。"他人"的绝对化，也就是"活"的原则的绝对化，是一切广义宗教思想在现实生活经验中的根源。

由此可以看到，宗教和科学都是一种抽象化的产物："科学"是主体性"我"的抽象化，是"死"的原则的"绝对化"，而宗教则是客体性的"他"的抽象化，是"活"的原则的"绝对化"；科学是永恒的"死"，宗教则是永恒的"生"，二者都是"永恒的"，但"人"，现实的"人"，恰恰只是"暂时的"、"有限的"。"死"为"自由"的丧失，为不自由，一切都归于必然，所以"认识了的必然为自由"是科学思想的信条："生"为"自由"的获得，"人生而自由"，但这种"自由"又首先是作为"他人"而存在，"我"的"自由"是"他人""分与"、"授与"的，因而是受限制的，"他人"的"自由"大于"我"的"自由"，因此对"他人"的"敬畏"和"膜拜"，是一切宗教思想的基调。

"他人"的自由，意味着"我"的自由，"我"只有在"他人"中才有自由，只有"他人"活着，"我"才活着；但"他人"的自由又意味着"我"的"自由"的限制，"我"的自由是有限的，不是无限的、绝对的。"他人"对"我"的限制也表现为一种必然性，"活的必然性"则表现为一种"命运"。"死的必然性"可以用概念知识体系来掌握，"活的必然性"则必须在实际的生活经验中体验出来。"知命"并不是说有一种关于"活的必然性"的概念式的知识，"知命"为"认命"，是生活中的一种"承认"和"肯定"，"承认""他人"的自由大于"我"的自由，因而决定着世界的进程。因此，所谓"乐天知命"实为"我"的"自由"的放弃，是一种"无自由"的生活，而"无自由"的生活又是一切宗教生活的基本特征。

这样，所谓宗教的世界，是一个信仰的、信念的世界，而不是知识的、概念的世界。这两个世界以及与其相关的生活方式和思想方式在我们基本的经验生活中是纠葛在一起的，而艺术则是这种纠葛和结合的产物。

艺术活动与宗教活动的关系，是许多学者感兴趣的题目，在实际上，正如一切科学知识和实际的活动都可以作艺术活动来看一样，一切宗教活动也都可以从艺术的角度来看，因为它们本来都在基本的生活经验之中，而为基本的区别和本源性的度。

宗教与科学都意味着一种"自我"的克制，但科学是克制"小我"而使之化为"大我",宗教则是克制"小我"而使之服从于"大他"。"大我"可以是概念的、理论的,也可以是实践技术的;"大他"可以是"超越的"、"思想的",也可以是"现实的",前者为信念和学说,后者为巫术和仪式。在科学中,"他"是"我"的工具,而在宗教中,则"我"为"他"的工具。巫术的世界,是第三者的世界,当"我"不能影响"你"时,则以"法术"召唤"第三者"来影响"你"。"我"和"你"都共同面对着一个"他","他"不仅支配着"我",也支配着"你","我"和"你"都是现实生活中的有限的活人,而"他"却是大于"我"和"你"的"永久性"的"活人"——"神"或"鬼";"我"和"你"是对等的,但"他"却是高于"你"、"我"的。术士、巫师固然"无我",而只是"神"或"鬼"(他)的"代表"或"化身";即使要想影响"你"的人,也并不以"自我"为中心,而是战战兢兢地听命于"他"。巫术固然也讲"应验",但并不像在科学里以实践为检验真理的标准;巫术的"应验"是极其偶然的,但人们仍然在很长一个时期内驱赶不了对巫术的迷信,而且认真地以一次性的极其偶然的巧合作为普遍"应验"的"证据",正是因为在这种思想方式中,概念性、主体性的"目的"并不占中心地位,而偶然的"奇迹"则是"绝对自由"的"他"掌握"你"、"我""命运"的关键。巫术的亿万次的失灵,并不动摇"他"的"权威性"。"他人"这种权威性有时表现为"自我"不能控制的现象,即"自我"的正常理智不能清醒地意识、掌握的现象,但又并不完全是一种动物性情欲的发泄,因而在表面上表现为"理性"与"非理性"的对立,但实际上这种"非理性"并不是"动物性",有时甚至是"他人"的"理性"对"我"产生的一种强烈的支配力量,如"他人"(神、鬼)驱使来表现某种意欲和做出某种行动,因而是一种不同于科学理智的另一种"理性",而对"自我"来说,表现为"迷狂"。

在艺术活动中的"迷狂"现象,是古人早已注意到了的。宗教活动中的"迷狂"到艺术活动中淡化为"灵感"。"灵感"是一种"不以自我意志为转移",而为"他人"所支配的一种创作活动,实际上是"他人"、"社会"、"历史"……对"自我"施加影响、由经验积累而形成的一个思想上的突破点。"灵感"表现为"如鲠在喉",不能自已,非表现不可的一种境地。这被柏拉图判定为艺术创作的上乘,而贬低他所谓"模仿"的艺术。

柏拉图不是非理性主义者，但他的"理念"论却也不是一种表象性的理论。所谓"表象性思想方式"，即把世界当作静观的"对象"，从"表象"、"概念"的方面去把握它，这种思想方式，被柏拉图批评为"影子的影子"，而并非真理的世界。柏拉图的"理念世界"不是这种"影子的世界"，不是"模仿的世界"，而是实实在在的、真实的世界。真、善、美就在这个"理念世界"中。"理念"不是科学的"概念"，不是抽象的、静止的，而是生动的、活泼的；一般人看不到这个世界，不是因为它太暗，而是因为它太亮。柏拉图的"洞穴之喻"说明他认为，只有在"猛回首"的质变点上，人才能被"理念"的光亮所照耀，事物才露出自己的"原形"——真面貌。柏拉图的"理念世界"不是"自我"的"理念"所建构起来的，不是"我的"，而是"他的"，是"我""看到"的世界；"世界"被"看到"，这个"世界"就是"他在的"，有时只有把"自我""抑制"下去，这个"他在的"世界才向"我"显现出来，"我"才能"看见"这个世界。"灵感"或"迷狂"正是这个真实、理想世界的催化剂。

然而柏拉图美学把"灵感"与"模仿"对立起来，已是希腊哲学性、科学性思想方法比较发展以后的事，按照波兰美学史家塔塔尔凯维奇的意见，古代希腊"模仿"最初是"音乐"、"舞蹈"中的现象，是"人"对"神"的"活动"的"模仿"。塔塔尔凯维奇这一很有意义的研究成果说明了"模仿"在艺术活动中带有"表演性"——这种情形，一直到亚里士多德的《诗学》残篇，我们还可以清楚地看到，亚里士多德的"模仿"，主要是指戏剧表演的动作和对话。

"神"是虚构、想象的产物，本是无从"模仿"的，但因为这种虚构和想象的根源在于"他人"的存在，因而必须把"神""还原"为"他人"，"我"才能"模仿""神"。这样，一切宗教的模仿神的活动中都蕴含着戏剧的模仿（他）人的活动的因素在内。我们可以说，戏剧活动来自宗教活动的蜕变，但似应更准地反过来说，戏剧（艺术）活动本就是宗教活动的现实的基础：它们在"模仿""他人"这一点上，是一致的，宗教活动是把"他人"升华、抽象到最高的层次，而巫师、神职人员则是"神"的"代言人"。

从这个角度来看，一切艺术家都带有"演员"的性质，他们的作品都不仅仅是他的"自我"的"表现",而是在不同的自觉程度上,传达、表达了一种"他在的"、"社会的""意蕴",艺术家只是"传达者"——他为世人带来了"消息"、"信息","预示"着某种变化的来临,而这种"消息"、"信息"和"预示"的准确"意义",艺术家本人(他的"自我")有时并不一定清楚地意识到,或有清楚明白的"知识",就像德尔斐神庙中的祭师们自己不能向人们清楚地解释那神谕的意思一样,她们只是"传达者"。于是,在艺术活动中,"作品"大于"作者","作品"中的"话",当然是"作者"自己要说的,但同时也是"他人"要作者说的,是各种"社会因素"促使作者说的,因为"作者"本就是这些"社会因素"的集合。在这种意义下,"作者"并没有"解释"自己的"作品"的"权威性";"作者"当然也可以是"作品"的解释者,但只是解释者中的一分子。"作品"始终等待着"解释者",等待着欣赏者。"演员"等待着"观众"。"他人"让说的"话",只有"他人"才能完全理解,而"他人"是一个开放的集合,因此"理解"也总是开放的、继续的。

"演员"的艺术活动,是自觉地模仿他人的活动,是在意象中——在舞台上塑造一个"他人的世界"的创作活动。社会生活中现实的交往本身就含有"演员式"理解方式的因素;"演员的方式"是理解"他人"的一种不可缺少的形式。"他人"的活动,"他人"的"事"等待着我们去理解,当"我"在意象中把"他人"的"活动"、"他人"的"事"在不同程度上重新"做"一遍时,"我"才有可能理解这些"活动"和"事"。这就是我们平时所谓"设身处地"、"将心比心"等话的意思。"演员"就是要把"他人"的"事"重复地做出来,公开地做出来,提供观众去理解。用理论的语言来说,就是使"他人"的"事""显现"出来,让观众去"看"。

很明显的,演员的艺术既是模仿的艺术,又是灵感的艺术。"我"不可能真的在事实上成为"他人","演员"不可能真的成为"角色","我"、"演员"只能设身处地、在规定情景中揣摩角色人物之心态并设计动作、对话,即"演员"必须通过"我"去体会、理解"他人"。虽然在"演员"(自我)与"角色"(他人)的关系上存在着表演艺术中体验派和表现派的区别,但对二者之间的基本关系的理解则是一致的。就戏剧表演艺术言,"角色"(他人)比"演员"具有更为基本的意义。演员要有模仿他人的技术,也要有模仿他人的灵感。

演员的艺术，不但要有形体锻炼的技术，要有模仿的技术的灵巧，同时也要有模仿的灵气。演员模仿的是（他）"人"，而不是"物"。"他人"是有活的思想感情的，而不是行尸走肉，所以模仿"他人"的演员艺术，不仅要用身体，而且更要用心思。所谓表演前和表演过程中的"进入角色"，事实上同时也是把他人的活的思想感情"请进来"，使"角色"（他人）的思想感情"附着"于"自己"身上，就其远古的来源言，和原始巫术中"降神术"和"神鬼附身"这类的迷信活动，竟有相当的联系，只是艺术的活动，实实在在地肯定其虚假的性质，作为一种表演、演习观；而迷信活动，则企图让人"相信"它是"真"的。

我们看到，模仿与灵感相统一的原则同样也适应其他一些非戏剧性的表演活动——如舞蹈与音乐。正如卢梭所指出的，舞蹈和歌唱（音乐）原本是一种节庆活动，是生活的一个部分，而不是为纯观赏而作的。然而，这种节庆活动不仅仅是自然情绪的发泄这一点，因为卢梭要把自然的纯真性与理智的虚假性相对立起来而被忽视了。不错，节庆的歌、舞并不具体地模仿"他人"（角色），但我们应该注意到这个欢乐（或悲哀）的人群正是把"自我"融解于一个集团（或部落、部族，或家族……）的大的"他人"之中，而"忘我"地、"尽情"雀跃歌舞。

参加节庆的人往往"身不由己"，在群情沸腾之际，人们如痴如狂，由音乐、舞蹈的节奏"支配"着"自我"。"我"不是"个体"，而是这个集团的一分子，"我"亦是"他人"。此时，"围观者"与歌舞者之间没有确定的界限，随时可以进入歌舞的圈子。"歌舞"为"他人"的化身，为"部族"的感召力，吸引着"我"，支配着"我"。"我"甚至可以癫狂到"自残"的地步，故又毕竟不是自然的情绪的流露。动物没有这种如醉如狂的境界；这是一种超越"自我"的"大他"的活的精神感召力和吸引力，种族、集团的情绪大于"自我"，使"我"如同着了"魔"一般。这个"魔"，就是大于"我"的"他人"——部族、阶级、集团、社会的精神，正是这种精神，使远古民族在节庆时互相"模仿"，一起跳，一起唱，直至筋疲力尽。歌舞使"我""宣泄"，也得到"升华"。

不难看出，这种节庆活动与宗教活动和宗教仪式有着千丝万缕的联系。原始部族的"图腾"乃是这个部族"大他"的象征，很可能是这个部族的"神"，围绕着"图腾"的原始部族的各种宗教仪式都带有贬抑"自我"、张扬"大他"的性质，而只有在压制着"自我"的清醒理智时——在醉、痴、狂、着魔、梦呓等"灵感"（"神附体"）的条件下，这个超个人、超理智的"大他"才能体验出来，"人"才能与"神"相沟通。

同样也不难看出，在原始的阶段，这种"大他"与"自我"的关系，在理解上是被颠倒、被掩盖着的。"自我"的清醒理智状态被认为是正常的、经验的，而那种为"大他"（神）所支配的"出神"、"着魔"、"灵感"状态被认为是例外的、不正常的、失去理智的。事实上，我们看到，"大他"——集体的存在是个人自我存在的先在条件，"大他"的经验、超个人的经验乃是最为基本的经验。种族的存在是个体存在的基本条件，这一基本经验，即使在原始的阶段，似乎也是被掩盖着的。在日常（正常）生活中，"自我"以工具性的科学手段来调节各种关系，来管理各种事务，特别是在阶级萌芽之后，社会有了分化，则"大他"也被"自我"化，成为"自我"（攫取各种权益）的"工具"，而只有在节庆的时候，在迷狂、着魔的状态中，"大他"才显示它的不可抗拒的威力，使帝王将相"与民同乐"。也只有在这个时候，人们被提醒："大他"的存在乃是"自我"存在的基本条件，而人人都被吸引、融化到这个"大写的""他人"之中。这种吸引力带有某种难于抗拒的性质，在群情激昂的时候，要想保持个人自我清醒的独立性是很不容易的。"迷狂"、"着魔"只是一个表面的"反常"现象，事实上，在骨子里面，是一种回到基本生活经验的召唤，是作为个人生活基本条件的"他人"、"集团"、"阶级"、"社会"的一种召唤，召唤"自我""回到""他人"、"集体"中来，而暂时放弃那种抽象的、概念式的"秩序"生活。因而，某种带有原始性的歌舞，在旁观者或文明人看来，甚至是一种"放纵"。

不错，在不少原始宗教仪式中，常常不仅是"放纵"和"迷信"，而且是"残酷"。古代俄罗斯有一种祭祀春天的仪式，以少女的生命来换得大地的复苏，斯特拉文斯基以此题材创作了他的著名的《春之祭》芭蕾音乐。这个乐曲如今已是公认的不朽名作，可是当年无论在题材和作曲方面都曾引起过很大的震惊甚至愤慨；这个乐曲也曾被法兰克福学派的阿道诺批评为"反动的"。然而这个乐曲中所蕴含的那原始的"奉献"精神则是一般甜美、优雅的曲调所无法比拟的。古今中外的文艺家以"春"为题材的作品多如牛毛，其中多数都渲染了"万紫千红"的气象，这原也是很真实的，但却不免是表面的，唯有斯特拉文斯基的《春之祭》在那蠢蠢而动、大地复苏的雷声中听出了人类为迎接这个春天的来到付出了严酷的代价。春天是那样的美好，繁"花"似锦，充满了无限的"生"机。那"无可奈何""落去"的"花"，又盛开了，但那被祭献的"少女"却一去不返；"生"是由"死"换来的。春天的来临，固然是大自然的"恩赐"，但却是有代价的，"人"要为大自然作出"奉献"，把自己的最美好的女子"奉献"给自然。"奉献"了"自己"的"青春"，换来了"他人"的"青春"，以"自己"的"死"，换得了"他人"的"生"。

20世纪以来，西方许多艺术家，不满足艺术作为一种"娱乐"的工具，常常从远古原始艺术中寻求灵感，来创造一个更高的境界，而我们知道，原始的艺术，又常常与原始的宗教不容易分开，原始部族的图腾，既可以作艺术观，也可以作宗教观，但其象征的作用，只是不能作科学概念观，因为图腾是"他人"的标识和象征，不是由"自我"（大我）主体立法形成的逻辑概念，因而不是知识性的。当然，由原始宗教的"信仰"到后来的艺术"观赏"的变化，其中科学性的知识的发展，也起了重要的作用。

应该说，"知识"与"信仰"之间有一种辩证的关系。"知识"的进展是无限的，因而并不能设想有哪一天"知识"可以完全取代"信仰"，但"知识"的发展，却可以使原先"信仰"的对象，转化为"欣赏"的对象。图腾作为信仰的标识，随着知识的进步，转化为艺术的作品，就是一个明显的例子。扩大开来说，过去一切的宗教的遗迹，都可以是人类艺术宝库中的展品，过去一切超自我的"他人"（他在），都由"膜拜"的对象，成为"观赏"的对象；当然，宗教膜拜的对象也可以是科学研究的对象，可以以概念、判断、推理的方式形成一门特殊的学科，但艺术的欣赏却仍保存了它的"他在"性，尽管这种"他在"，是意象性的，而不像在宗教信仰里被认为具有实质性。

艺术的"欣赏性"介乎"信仰性"和"知识性"之间，从这个意义也可以说，艺术中的模仿与灵感是统一在一起的。艺术不仅模仿"他人"（或神），而且也模仿"自然",而在远古的时候,"自然"往往比"他人"更为超越(自我),更为"异己"。"自然"是"他人"的遮盖物。远古时期的"物活论"、"万物有灵论"以及后来的"泛神论",都根源于"自然"与"他人"的契合这一观念。

绘画(和雕塑)是在各门艺术中认识性功能比较强的艺术部类,它以灌注生气的自然为"模仿"的对象,在绘画中,甚至"人"也是作为一种灌注生气的自然来表现,这在西方的艺术传统中,更是如此。

绘画当然离不开"表象",但就其创作方法的根源来说,绘画起于"乱涂"(scribble)。"刻"、"划"是一种"划道道"的活动,这种活动与"表象"(意象)结合起来,成为"画"(painting),逐渐有色彩填廓活动。无论"刻"和"画",作为一种"活动",都有某种灌注生气的意义在内,而不仅仅是客观形象的再现和模本。所以,尽管绘画的认识性功能很强,但它毕竟是艺术性的、审美性的,绘画艺术的再现性和表象性,并不能掩盖它的表现性和思想性。而正是在绘画的再现性和表象性中,我们看到绘画不可能成为纯粹的"自我表现",而和音乐、舞蹈一样,"自我"被吸收于"他在"的、"他人"的"自然"之中。绘画"再现"的不是"自然概念"的"例子";绘画"表现"的也不是"自我情绪"的"剩余"。

我们知道,不少学者认为原始洞穴绘画具有原始巫术的意义,原始人"相信"这些画能有实际的作用,像"符咒"一样。"符""咒"是只有"神鬼"才懂得的语言文字,掌握了这种语言文字,可以像驱使"人"一样驱使"神鬼";原始绘画似乎也有这种"神"、"人"的"交感作用",尽管这种作用不像科学知识那样具有普遍的有效性,但它以"技术"命中的"偶然性",维系着永远"期待"的"信念"。当"自我"在猛兽面前显得无能为力时,"他人"总有一天会"制伏"它。在这种原始的绘画中,不仅仅表现了人对科学知识的有效性的"信心",同时也保留了对偶然的有效性——即有利地、有效地利用已出现的偶然性的"信念",体现了人类实际的努力和自然本身的"恩惠"相契合的心情,即"他在"的自然总会有利于人的生活的一种信念。自然知识的无限性与他人自由的不可预测性在这里——在艺术中所发生的契合作用,则使绘画作为艺术观,也是一种模仿性的灵感和灵感性的模仿的产物。

这样，我们看到，绘画正是肯定基本生活经验的一种方式。绘画的客观描述性和客观表象性，正提示着生活的"他在"性。墙上的画，提醒着我们有一个客观世界的存在，这个世界一方面是我们的科学知识、概念系统可以掌握的，——这些"形象"只是我们科学理论的"例证"；但绘画坚执着它的表象性，说明这些形象是为我们的概念所不可能完全规范化了的，它是"客观"的，"他在"的，而我们正是生活在其中，绝不能凌驾于它之上或置身于它之外。于是，尽管在西方现代绘画流派中有所谓"抽象派"绘画，但绘画的基础，毕竟还是"有象"的，而"象"不是"概念"所能完全规范的，即使是那"抽象"的"线条"的几何图形的堆积，在绘画中居然也有一种"他在"的力量，而不能像逻辑的公式、科学理论以及真正的几何图形那样使人感到有一种概念上的可沟通性和明晰性，"抽象派""绘画"毕竟仍是"绘画"。

四 艺术天才

"艺术天才"作为一个美学概念加以着重研究，在西方是18世纪以来、特别是浪漫主义文艺思潮发展以来的事，这个观念，在现代西方已受到多方面的挑战，但它蕴含着的深刻的哲学问题，却仍有很大的理论吸引力，其原因之一在于这个观念说明了艺术与科学、宗教之间的复杂的关系，从宗教的巫师、先知与科学的创造发明家到艺术的天才，有一系列有趣的问题值得从哲学上深入探讨。

我们知道，在西方哲学史上，"天才"的概念曾是康德在他的《判断力批判》中着重地提出研究过的。康德关于艺术天才的思想，建立在他的科学与艺术的严格的区分上，而康德的"理性的宗教"思想，又使他将"天才"的观念完全限制在艺术的领域之中。这种趋势，随着理性主义思想体系在德国古典哲学中的加重，"天才"在艺术中的关键性地位也发生了重要的变化，在把艺术看作"绝对理念的感性式显现"的黑格尔哲学中，"天才"在艺术中已不再占重要地位；但在德国后来"非理性主义"思潮中，如在叔本华的哲学中，"天才"概念又得到了巩固和加强。这个历史事实说明，"天才"观念与理智性、概念性的思想体系——哲学有着复杂的关系，它在这个体系中时常作为一种

"例外"而被贬抑或重视，哲学家们曾从正反两个方面对这个"例外"现象作过思考。

在康德的学说中，"天才"概念集中反映了"艺术"与"科学"两种不同的思想形式的重要关键，在他对"天才"的分析中，保留了这个观念的许多重要的、原始的内涵。在康德思想中，"天才"是一种"自然的禀赋"，但这种"禀赋"并非功能性的自然"属性"，而是一种"宠惠"，是一个"特例"，因而并不是人人都可以得到的"天性"，也不是通过学习、锻炼可以企及的"习性"和"技能"。"天才"不是科学范围里的事，而是艺术的特有现象；"科学"是普遍的，"艺术"则是特殊的。"三年出一个状元，三年出不了一个演员。"大艺术家似乎是大自然的一种"恩赐"，是一个"礼品"。衣食住行的财富是自然必须给的，是人努力就可以得到的；但大艺术家却不是非有不可的，大自然不一定非生出一个梅兰芳、贝多芬不可，没有梅兰芳、贝多芬人们仍可以生活，只是减少了生活的趣味。生出了梅兰芳、贝多芬，是人们的一种"福气"，可以生活得更有兴趣、更有意义。既然是一种"礼品"，就不能保证非收到不可，送礼者（大自然）可以给，也可以不给。收到了，算是幸运，收不到，也无可抱怨。人们都"希望"得到"礼品"，但"礼品"是"可遇而不可求"的，并不是经过多少努力，就可以有"保证"的。因而，归根结蒂，"天才"并不完全靠学习和锻炼造就的。

这样，"天才"不是"（自）我"的事，而是"他人"的事。一方面，"天才"不是"自我"努力学习、锻炼的产物，另一方面，"（自）我"虽常请求"他人"的"赐予"，但并不能"保证"一定能得到这种"给予"，因为"自我"并不能完全用概念、判断、推理的逻辑系统来支配"他人"。"天才"不属于"自我"的逻辑的概念体系，而属于"他人"的自由的体系。"天才"不是"人为"制造出来的，而是自然而然地产生的；"天才"的产生没有"逻辑"的必然性，但却有很强烈的现实性，人们永不会丧失出现天才的信念和期待。

"天才"不是"科学"的事，只意味着"科学"不能按照逻辑概念体系"制作"出"天才"来，却并不意味着"科学"本身不会出现"天才"。事实上，我们看到，"科学"也是实际生活的一个部分，"科学家"也是生活中、经验中的"人"，而并不是抽象的、思想性的"自我"，因此，一切科学、技术内的创造性的发明者，都可以看作是"天才"的人物。在这一点上，"科学"与"艺术"是相同的，因为"科学"、"艺术"本都属于一个基本的、不可分割的现实的生活的世界，在这个世界中，人首先是活生生的人，而既不仅仅是"科学家协会""会员"，也不仅是"作协"和"文联"的"会员"。科学家的大量的工作固然是将知识和技术推广开去，使"他人"都"大我"化，使整个世界和社会都"大我"化，成为科学可以调节、管理、控制的"机构"；但科学的创造性的工作，科学的发明、创造，却是基本的生活经验中的事，是"他人"让"我"做的，而不是"我"按现成的公式、体系套用出来的。因此，人类一切重大的科学发明、创造，都可以作"艺术"观，是"自然"对"人类"的一种特殊的"给予"，使人的生活更美好、更有意义。人类幻想飞行由来已久，神话中神仙腾云驾雾，是艺术的天才想象，而飞机的发明则将这种幻想变成了现实，总不能说，前者是"天才"，后者反倒成了"模仿"。一切科学的发明者都是没有"先例"可以"模仿"的，他们同样是"创始者"。所谓"创始者"，即使在艺术中也并非真的没有"传授"和"学习"、"锻炼"，而是指并不能按"自我"的设计必定能"制造"出来，而表现为由"他人""给予"的一种现象。所以，在远古的传说中，一切的实用的技艺似乎都是"上天"的一种"赐福"。古代希腊的诸神，大都各有职司；中国远古的传说，开天辟地就有神农、伏羲，发明了耕种、稼穑、医疗、文字等技艺，科技的发明家被奉为"神明"，科技的发明创造活动都是"天才"的活动。不仅如此，在迷信流传的时代，甚至许多大政治家、大军事家以及经济家等等，都被目为"神人下凡"，因为他们在人民的生活中起过重大的作用而被看成"上天"（他人）加诸"人世"的一种特殊的"给予"。

由此可见，并不是只有"艺术"才出现"天才"，而是"艺术"之所以成"艺术"，必须期待着"天才"。因为，由于艺术的非实用功利性，使得在这个领域中没有创造性才能的劣等艺人越来越无立足之地。科学首要的事业是一种普遍性的工作。实用的知识、技术需要推广，应该也可以推广，以扩大受益面。甚至艺术的推广工作，同样是通过科学技术进行的。印刷术、声象技术的发展，使文学、绘画、音乐、舞蹈、戏剧等得到了普及；然而，这些技术的发展，却排挤了过去为起普及作用而得以存在的低水平的艺术品的地位，使得大艺术家的艺术得以藉科技的手段迅速而方便地得到传播，使劣等的代用品无立锥之地，使艺术的领域，真正成为"天才"的天地。

印刷术的推广，曾使"文学"成为"天才"的逐鹿场，使"作家"的小说代替了老祖母的故事。在彩色印刷还不发达的时代，小画家们因自身的技艺而填补了大画家作品不易填补的空缺；录音、录像技术未曾发展的条件下，各种低层次的舞者、歌者、演奏者、表演者得以跻身于"艺术家"之林，使这些本来技术性较强的艺术部门，以技艺为主要的艺术标准；但现在回过头来看，这些低层次的"艺术家"，实际上是在做着"科学家"的普及、推广的工作，固然也是功不可没的，但他们使"艺术"变成了"知识"，似乎只要下功夫学习、锻炼，人人都可以成为"艺术家"。

然而，实际上，"天才"自古以来似乎只是"少数"人的"禀赋"。

虽然"天才"不能脱离基本的生活经验，"天才"不是"超人"，而就本质的意义来说，恰恰是真正最普通的人，因为他能够透过表面的现象，看到人世的基本的本质，是最具洞察力的人，但并不是每个具有这种洞察的可能性的人都能将这种可能性转化为现实性。于是，具有这种洞察力的人，相比起来，似乎就成了"特殊"的人。

在远古的时候，语言固然是人人都会的，但文字就只是少数人的特权和特技。在西方，直到中世纪时期，文字还是僧侣手中的特殊工具。从中国发掘出来的古代甲骨文来看，远古的文字，也多是巫者的技能，服务于记录占卜的内容。这样一些祭师、卜士，都可以目为能与"神"、"鬼"相"沟通"的"天才"。西文中的"天才"这个字，原也有"精灵"的意思，它和一般的、普遍性的"能工巧匠"的"能者"不同，是一种不能普及、推广的"禀赋"和"技能"，因而不是一般的"科学"和"技术"里的事，有时竟带有某种"神秘"的色彩。

西方宗教的发展，走了一条学说化、理论化的道路，古代的巫师、术士长期而艰苦地演变为学问家、说教者，这样，"天才"的观念，逐渐地在西方宗教里反倒受到限制，从而使它在艺术中的地位反倒更加突出出来。在艺术中，那种不能公式化、概念化的创作活动，那种不可重复、不可普及化的独特个性的作品，都使"天才"的概念有一种实际的例证。

艺术中的"天才"概念是与"工力"概念相对应的，而中国的艺术批评对这二者之间的关系有着深切的体会。中国诗、词、曲、剧、画各"品"中，在众多的"妙品"、"逸品"……中，以"神品"与"能品"的对应最为基本；"能品"重在"工力"，"神品"则不是经验、知识和锻炼所能达到的一种境界。

"天才"是一种"天然的禀赋"，但不是一般的禀赋，而是特殊的禀赋。譬如歌者之嗓子，有所谓"天赋歌喉"。人人都有嗓子，人人都能歌唱，但"天赋歌喉"则是出类拔萃者，因而，只有少数人才具有歌唱的"天才"。同时，"天才"也不仅仅是"天然的禀赋"，不仅仅是某种特殊的生理机能，也不是什么"特异功能"，而重要的是要有一种透彻性的、思想性的"灵气"，有一种把握事物本质的直接性的能力，有着充满灵气和思想的"感觉"，而似乎不借助逻辑的推演、知识的积累和技术的锻炼。

"天才"是一种"禀赋"，"禀赋"是与"人"俱在的，因而不仅仅是一种知识性概念，同时也是一个存在性概念。"禀赋"说明了"天才"的活动的直接性。直接性是一种感性的存在；在艺术天才那里，最高深的道理和最困难的技术，似乎都有一种"与生俱来"的出自"天然"的直接性。"天才"的感性存在本身就是充满思想、充满灵气的。

"天才"并不排斥经验、知识和锻炼，相反的，"天才""需要""锻炼"，没有锻炼的"艺术天才"将一事无成，是为"流产了的天才"。世上有许多的艺术天才都流产了，因为许多的艺术天才都没有真正进行艺术的锻炼，而作了别的方面的训练。"天才"之所以不同于训练，只是说"训练"并不能保证出现"天才"，"天才"大于"训练"。所以，就某个社会、集团来说，"天才"是被（他人）"给予"的，甚至社会和集团的"努力"也并不能保证"天才"一定出现。

然而，"天才"不是"自我"（或"大我"——"我们"——集体）的努力所能保证，并不意味着"我们"（大家）对"天才"的出现完全无能为力，而"守株待兔"地等着上天真的掉下"神仙"、"天使"来。"我们"（社会）的一切努力都在为"天才"的出现创造条件。既然"天才"被理解为"他人""给予"的"礼物"，而"宝剑"赠与"烈士"，"红粉"赠与"佳人"，"礼物"的施授都是相称的。虽然烈士未必得到宝剑，佳人常无红粉，但要配得上宝剑和红粉这些礼物，则自身应是烈士和佳人。

　　扩大开来说，人类的一切成功，都与大自然的"配合"有关，辛勤的劳动可能得不到丰硕的收成，因而"丰收"不一定有"逻辑的必然性"，所以常是"喜出望外"的，不仅是一种劳动的"证实"，而且是一种"幸福"的"喜悦"。然而，只有辛勤的劳动才"配得上"这种丰收的喜悦和幸福，因此，人们并无理论上、逻辑上绝对的把握说今年一定丰收——尽管人们可以根据自己的科学知识和技艺作出相当近似的估计——但人们仍应努力劳动，而在劳动中充满了信心，相信丰收的喜悦一定会实现，幸福的时刻一定会来临。这是生活实际必需领域里的情形。在艺术领域中，要想得到这种"给予"就更无把握些，但人们仍是作出多方面的种种努力，所谓"敬业修德"，以期我们所生活的世界，配得上伟大的艺术天才的出现。"德行"并不保证"幸福"，"锻炼"并不保证"天才"；但人们仍然有一个坚实的信念：只有"德性"才配享"幸福"，只有努力学习、锻炼，才会产生艺术天才，尽管不乏"缺德"而"享福"之人，也不乏徒有虚名的"艺术大师"。整个集体、整个社会的各方面的治理和建设，为艺术天才的出现提供了客观的可能条件，艺术家本身的努力，也为这种天才的出现创造了主观的条件，大家过着勤奋、健康的生活，期待着真正的艺术家的出现，为集体、为社会、为民族"锦上添花"；"天道酬勤"，大自然不仅会为勤劳的人民提供物质的食粮，也会为智慧的人民提供精神的食粮。

　　"艺术天才"作为一种"礼物"观，则带来一些特殊的品质。一方面，"礼物"有轻有重，"重礼"固然是一种特殊的"恩宠"，是一种"殊荣"，但"千里送鹅毛"，也"礼轻情谊重"。"礼物"本不在它本身的商品价值或物质属性，"礼物"不是一个科学的、知识的对象，无论科技如何发达，也分析不出"礼（物）"作为"礼（物）"的属性来，因此，对"礼物"的评价，归根结蒂，不是一个知识的判断。对真诚的"礼物"，一般是不会受到"挑剔"的，"礼物"给人带来的大多是"喜悦"、"感谢"和"思念"。

　　真正的"艺术天才"也是"不受挑剔"的，"天才的作品"带有一种想象中的"完满性"而为人所"钟爱"。在远古的时候，尽管巫师的法术并未灵验过，知识未开化的民众似乎未曾动摇过对他们的信念；预言家的预言，或从未应验过，也不因此而使人丧失信心，更何况，艺术本无关乎当下眼前的实际，它按"礼物"自身的标准使人们满怀信心地相信它的"完美性"。

"艺术的天才"、"天才的作品",大多数情况下,是集体、群众或其中相当多的部分的人所"钟爱"、"崇拜"的东西,而不仅是对它进行科学研究的对象。任何的实用工具,都不可能是完美无缺、无可改进的,科技的发展,就是要不断改进它们,但并不能有一天宣布已臻止境、不能进步了。真正的艺术品,则本身有一种"自足性",人们并无意在它本身上加以"改进"。当然,艺术作品也在社会之中,它也是有变化、有发展和有进步的,但这种进步、发展之所以未能代替古典艺术作品的"永恒的魅力"(马克思),就是因为它本身并不是一种纯工具性的改进,而是艺术作品存在形态自身的改变和丰富。有各种各样的"礼物",但"礼物"的多样性并不能否定各个"礼物"本身的独立性。各种自身完美的"礼物"犹如一个大花园,春兰秋菊,各得其宜。

艺术创作的手段和内容,在某种意义上,当然也是有进步的、有发展的。古代希腊的戏剧表演形式比起现代舞台来说,当然是很简陋的;现代作曲的手法要比巴洛克时代不知丰富了多少,所以戏剧、绘画、音乐都有其自身发展的历史。然而,即使是最为原始的艺术作品,人们并不"挑剔"它的简陋,而同样可以被视为艺术的珍品。天才不是模仿,但莫扎特、贝多芬、柴可夫斯基这样一些公认的艺术天才,在他们的作品中,互相学习的地方固然有,在自己的不同作品中运用相同旋律的地方也并不少见,更不用说大的艺术风格和手法的相互影响了。所以,就科学的眼光来看,这些作品的客观属性的特点,并无"秘密"可言,就像任何精致的礼品,都可以被分析成各种物质的属性一样。但作为艺术品来看,它并不是那些物质属性的综合,而是体现了一种社会的、人与人之间的关系,是一种象征,象征某种"情谊"。

于是,我们不会用发展了的艺术技巧手段来"批评"前人的不足之处。从技巧手段来说,任何作品都不可能是无可指责的,但人们却常愿意以"天衣无缝"来形容一件真的艺术品。这种说法,并不简单地只是一种夸张,而的确反映了艺术作品本身的特殊性质,也反映了作为审美对象和作为知识对象的不同的地方。

我们知道,实际上并不存在"神","神"是人想象出来的,是人"造"出来的。尽管谁也没有见过"神","神"也没有在实际的生活中有过任何实际的作用，但要完全根绝"神"的观念亦非易事。不错，随着科学知识的发展，"神"的地盘越来越缩小，"神"与"人"的界限也越来越清楚。西方人的思想中，特别是基督教后来的发展中，明确地指出"神管神的事，人管人的事"。在实际的事务中，没有"神"，没有"偶像"，而一切都按科学办事，以实践为真理的唯一标准。在实际的事务中，没有绝对完满的事，一切都在不断变化、发展。实际事务变化发展的道路是曲折的、复杂的，有时会有暂时的倒退和美好的事业受到挫折。事情的好、坏固然是相对的，在阶级社会，其标准也有很强烈的阶级性，但人们总是相信事情最终总是向好的方向前进，这种"信念"，说明了"理想"与"现实"之间的复杂、辩证的关系。在实际事务中，"理想"应是建立在科学的预见的基础上，而不能流于没有现实根据的"空想"。然而，艺术作品则不同于科学的计划和方案，不同于对实际事务的预见和安排；艺术作品也不同于宗教，并不完全超越实际事务而悬设一个绝对完满的"神"。艺术不是"空想"的化身，它有着深厚的现实基础，它是以现实的方式、在现实的生活中维系着一种"信念"——鼓舞着人们为争取美好生活的信心和斗志。

艺术的"天才"不是"神"，它不被想象成对人类的事务具有最终的规定权威，也不是在超越生活之上悬设一个最高的存在者。艺术的天才以自身的独特的方式保持着自身的完满性。由"崇拜"宗教"偶像"和"神"到"崇拜"艺术的天才，实是人类精神文明进步的一种标志。

艺术的天才也是人"造"出来的。就实际而言，世界上没有"天衣无缝"的东西，所谓"增一分则肥"、"减一分则瘦"的"美女"，则完全是理想化了的，是实际上不可能存在的。但人们却时常愿意把艺术上的天才作品，"想象"成一件完美无缺的东西。同时，正因为"艺术天才"并不是一个科学性、知识性的概念，所以它并不是普遍的，而带有很浓厚的时代、民族、社会的气息。一般来说，在历史悠久的大民族中成为艺术天才要比在历史较短的民族中更为困难些。譬如科学发达水平很高的美国，由于历史较短，对于一二百年的艺术品他们就很珍爱，而这在有几千年文明史的中国来看，则是微不足道的。在这方面还有一些很极端的例子，如那些个人的"信物"，其意义只对个别的人起作用，但"信物"对这些个别的人来说，是不受挑剔、最可钟爱、最为"神圣"的。艺术的天才作品是一个民族，一个社会的"信物"。

在这个意义下，所谓"艺术天才"本就是"人为的"，持科学和知识立场、态度的人尽可以说，世上本没有什么"艺术天才"。然而，一个民族、一个社会却需要大艺术家，需要天才。应该说，建设一个社会、一个国家并不依靠"天才"，而是依靠具有各种技能、知识的"人才"。教育的发展，科学知识的普及，造就大批的、各个方面的建设、管理的"人才"，使国家、民族繁荣、富强，这当然是最为根本的，最为重要的。然而文明的民族并不拒绝"锦上添花"。古代希腊雅典城邦耗费巨资建万神庙，以作雅典的象征，他们当时所喜爱的艺术竞赛节，其中许多的作品成为天才的艺术珍品。中国古代唐太宗酷爱书法，把王羲之奉若"神明"，竟以王羲之的《兰亭序》陪葬，看作自身存在的一个部分，足见"文治武功"是中国传统的理想盛世。

一个民族、一个社会一方面以自己的辛勤工作使自己配得上艺术的装点，同时也要以自己的智慧，识别真正的艺术天才，不使埋没。"人才"是很难识别的，要有伯乐的眼光，才能识别千里驹，"和氏之璧"，历三朝才被发现出来；但比较而言，"艺术天才"是更难识别的。承认各行业的有学问、有技术的"人才"，带有一种知识上的强制性，实际成果的出现，迫使人人都应作证。然而，所谓"艺术天才"就不可能带有这种知识上的强制性。受各种利害关系支配的资本主义社会，最容易埋没艺术的天才，以至于黑格尔有"艺术之终结"之叹。资本主义社会是"庸人"的时代，不是"天才"的时代；而社会主义的"百花齐放，百家争鸣"的政策，则保障了艺术上各种风格的竞赛，为艺术天才的出现铺平了道路。不珍爱"礼品"的人，同时也说明他不配享有这个"礼品"；不重视艺术天才的人，真的就说明他不该拥有这种天才。"礼品"受到重视、爱护与否，不仅在"礼品"自身的价值，而且也反映了拥有者的品质和境界。

"礼品"之所以可贵，也是因为它并不是经常总能得到的。并不是人人都可以成为"艺术的天才"，虽然人人都可以参加艺术的活动。在形式上，"天才"异于"常人"，甚至被"常人"目为"怪"、"狂"、"癫"、"醉"、"痴"；然而，就实质来说，"天才"并不是"超人"，而是最为平常的人。"天才"生活在最基本的生活世界中，而且只生活在这个世界中。

从表面上看，"天才"似乎表现为一种打破"常规"的能力和活动，事实上，这里所谓"常规"却是些派生的"规则",是一些表面现象方面的"理",譬如在科学技术中一些习用的理论、公式、技术程序等,这些"理"总是会为一些更为基本的"理"、更为基本的"原则"所突破的。科学中的"创造性",不在于使"有理"、"有原则"成为"无理"、"无原则",而这个领域中的每一次的创造性的突破都表明了基本的原则和道理的又一次确证和胜利。"天才"往往是一些基本原则和道理的标志。"天才"之所以是"天才",不在于他的"不平凡",而在于他的"太平凡"、"最平凡"。

称得上"天才"的艺术作品,固然是"惊世骇俗"、"发聋振聩"的,但并不是任何"与众不同"的作品都是"天才"的。"天才"的作品是把那时常被掩盖着的最为基本的世界揭示出来,把那时常被遗忘的经验唤醒起来。正因为艺术的天才不是脱离基本生活经验的,因而,从根本上说,他也不是脱离群众的。人人都离不开最为基本的生活经验,只是世事纷繁,名缰利锁,人们常常会忘记那些最基本的经验,忘记在那纷繁的世事的最底层,尚有一个最为基本的世界在。艺术天才的洞察力,正是透过那纷繁的现象,看到并揭示这个基本的世界,而这个世界实际上又是任何人不能须臾离开的。这样,艺术的天才虽然有时为数很少,但却是可以而且毕竟会为多数人"接受"的。艺术天才把通常所谓"梦"、"痴"、"狂"、"醉"、"癫"……的关系颠倒过来,把平时一般人在"梦"中、"醉"中朦胧意识到的某些生活的真谛使其成为真实的、清醒的生活展示在欣赏者面前,起到"醒世"、"警世"的作用。在这个意义上,我们可以说,"哲学"是以理论的形式来"说"那个基本生活经验世界里的道理和原则,"艺术"则以天才的洞见把这个世界活生生地呈现出来。

第四部分 艺术作为历史的"见证"

艺术是生活的反映,也是生活的一个部分。现实生活是时间性的,因而是历史的,于是,艺术与历史又有一种复杂而密切的关系。艺术是生活的反映,因而也是历史的反映;而艺术又是历史的一个部分,自身亦有"历史",因而历史似乎是囊括了一切,就像西方的"哲学"似乎曾经囊括了一切的思想的东西那样,"历史"似乎至少囊括了一切的实际的东西,而思想的东西与实际的东西原本是不能完全分开的,是可以结合的,于是有"哲学的历史"和"历史的哲学"。在这个错综复杂的关系中,艺术处在一个什么样的地位,起一种什么样的作用,这是本书最后这一部分所要讨论的问题。

一 历史·科学·艺术

西方人自己承认,他们的"历史意识"发展得是相当晚的,这就是说,西方人自己意识到,比起东方人来说,对于"历史"的反思,是很晚近的事。当然,这并不是说,在古代,西方人没有"历史""著作"。古代希腊希罗多德和修昔底斯为欧洲史学之祖,这当然是谁都不能否认的事实。任何的民族,其文化方面的特点,只是相对而言,由其各自特殊的社会条件,在各门学科之中有所侧重。显然的,以希腊为代表的欧洲古代文化是以"哲学"为标志的。"哲学"是一种最为根本的科学性的思想方式,在最初,在早期古代希腊,是以"自然"为其观察、思考、研究之"对象",并以概念、判断、推理的方式,即以"逻各斯"的方式,把握那变动不居的"对象"(赫拉克利特之"活火")的"度"。"人"当然也是这种"对象"的一个部分,或一个特殊的部分。在早期古代希腊,直到智者学派,"人"还是一个"感性的"、"自然性的"存在物;虽然"人"是"有思想的",但"有思想的"与"存在的"是"同一的"(巴门尼德)。苏格拉底颠倒了"存在"与"思想"的关系,把"人"提到首位;但这个"人"是要在知识上寻求一个最为"本质"的概念——理念来作为它的理解的归宿;于是"人"成为"哲学"的核心问题,但并未成"历史"的核心问题。

在古代西方,"历史"和"哲学"是两门学科,"哲学"以概念式的、抽象的"自然"(包括"人")为"对象","历史"以概念式的、抽象的"事"为"对象",这样,"事"(event)就被理解为"事实"(fact)。"历史"为"事实"之"记录"。

在古代希腊文中,"历史"从"叙述"变来,"历史"与"说故事"意义相近。"说"是"叙述","故事"是"过去发生过"的"事实"。然而,"过去了的事"大都已不复存在,对"时间性""事实"的知识,比起表面看为"无时间"的"自然"的知识,在它们的可靠性方面,似乎又多了一层障碍。更何况,"自然"也是变动不居、充满矛盾的感性现象,"自然知识"本身的可靠性本就是古代哲学家们的一个难题。当这些哲学家们把"人"也作为一种客观对象来加以考察而发现只有"理念"(概念)知识最为确定时,"说故事"就不被看成哲学和科学的事,而与"神话"、"传说"相近。这也许就是在早期"神话"、"传说"与"历史"不易分开的原因之一。

世界上各个民族似乎都有自己的古老的"神话"和"传说",这些"神话"、"传说"往往成为人类文学艺术宝库中的珍品,但它们同样是一种"历史意识"的表现,是人对自身存在的时间性和空间性(地域性)的体验的表现,因而我们可以说,古老的"神话"和"传说"正是人们的基本生活经验表现出来的基本文化的特殊形态。尽管有一部分"神话"、"传说"后来被证明为有相当的真实性(如荷马的史诗),但"神话"、"传说"本身的力量并不在于它在知识上的可靠性。那些多数在知识上并无多少可靠性的"神话"、"传说"仍然揭示了一个基本的历史真实:人生活在时间中,时间并不是抽象的概念,而是具体的经验。历史上发生过的"事"的细节的真实,是难于穷尽的,大多数不可考,但基本的"事"却是颠扑不破的,必定是"真"的。中国古代可能并无"神农氏"这个人或这个部族,但稼穑之事,百草之味,必定是有人种,有人尝,作出试验、付出了代价,才得出来的"经验"。这种"必定",虽不像 1+1＝2 那样带有概念的明确性,尽管在另一个公理系统中 1+1≒2;"历史"的"必定性"却也不能更换公理系统,而只有在"人"这个系统中才有效的。在这个意义上,"神话"、"传说"等诗的艺术和"历史"又有着非常本质的联系。

然而,"历史"毕竟要成为一门"科学",所以希罗多德和修昔底斯的著作和荷马的史诗终究也是有区别的。人们认为,荷马所说的是一些"事件",而可以不是"事实";但史家的书当应作"事实"观。后者有"对"、"错"问题,而前者则不应以"对"、"错"来衡量其价值。

不仅如此,"历史"要成为一门实证性的科学,不仅要求记述"事实"的正确性、准确性和真实性,而且要求理解"事实"之间的规律性。"事实"的细节是不能穷尽的,历史知识的可靠基础在于历史事实之间的规律性的关系,即因果的必然的关系,与一切变动不居的现象的"度"一样,关于"度"、"规律"、"因果"的知识,才是可靠的、确定的。这样,历史知识的可靠性,就可以达到与自然知识可靠性那样相同的程度。作为一门经验科学的西方历史学,从近代以来,取得了长足的发展。

随着现代高科技、计算机以及社会学、人类学的发展,西方的历史学也在改变着自己的面貌,用他们自己的话来说,西方历史学正在经历着从经验"描述性"向着科学"分析性"发展。在这个发展趋势中,相当重要的一个环节就是计量工具的发展使经验的历史学成为"数学化的历史学"。这个理论,以"时间"的"大量化"为基础,使历史学的研究摆脱了不可穷尽、不可考的个别"事件",而以"中长程"(la longue durée)的"社会时间"——"局势"(conjunction)为依据,以此来具体化"无限连续性"中的大的因果性的确定性。这种研究方法上的转变,终于使西方的历史学家摆脱了研究"个别人事"的局限,而面向更为广阔的"社会"的"人(群)"和"事变"。

历史学与社会学、人类学、数学、经济学以及心理学等各种学科的结合所产生的积极的效果是非常明显的。这种结合，使历史倾向更为注重历史的"基本因素"，由个别的"事实"转向"事实群体"，在"饥荒、战争、瘟疫"以及"社会组织"、"土地所有制"……这些"基本事实"中求（经验）概念的稳定性，而避免纠缠于偶然的事故和因素，把事件之间的因果关系和结构模式结合起来，以"常规"（一般）求"例外"（个别），使历史学奠定在实实在在的理性分析甚至数学（统计）计量的基础上，增加了历史知识的可信程度。这是西方现代历史学家，特别是现代以布洛赫、费弗尔等为代表的法国历史学派所作出的成绩。

然而，我们在这里想要指出的一个不应忽视的事实是：尽管扩大了的"人"（社会）的概念能够使历史学取得更为坚实的科学基础，但对如何理解"社会的人"仍还需要作出进一步的探索。其实，早在这些历史学家作出这种方法上的变革很久之前，马克思已经提出了以社会的人为基础而紧密结合着经济学的历史唯物主义的观点。马克思历史唯物主义观点的优点在于并不把"社会的人"当作一个抽象的概念，而是十分强调作为社会的人之间的区别、矛盾、冲突和斗争，"社会的人"是具体的、有阶级的、划分为集团的，因而也是有特点、有个性的。我们并不能从"社会的人"中"抽象出"、"归纳出"一个普遍的"人性"（作为"人"的"理念"或"本质"）来。马克思关于历史的观点，是和他的哲学观点分不开的。然而，正是"哲学"对"历史"的思考，常常为西方的历史学家所忽视，或者被认为"已过时"应加以"舍弃"和"克服"的东西。

不错，对西方哲学的发展言，它对"历史"的思考亦有一个过程，甚至有一个较长的过程。

西方自近代以来，就"哲学"对"历史"的思考言，从康德到新康德主义的发展，是一个比较关键的时期。

大家知道，康德限制知识于经验的现象，而"人"作为实践理性的主体，在康德看来，本不是知识的对象。这样，康德的所谓"知识"，当然也包括了在时间和空间中进行活动的"人"的"历史"，"历史"成为真正的经验的科学，而那个"超时空"的"人"，则是"神"，是宗教、信仰方面的事。康德这种割裂的做法，固然是很明快的，但却在理论上过于简单化，在实际上也有许多问题讲不通，尤其是他限制知识（实际上亦即限制"哲学"）的做法，与西方自古代希腊以来的崇尚哲学、知识的精神相违背，过多地渗透了基督教和拉丁文化的作风而显得守旧，于是康德以后整个德国哲学沿着文艺复兴、启蒙主义开辟的方向发展而力图恢复哲学与知识的至高无上的地位，但又与历史的具体的发展过程协调起来，于是经过费希特、黑格尔，"时间"不仅被引进知性科学领域，而且为引进"理性"概念领域作好了预备性的基础。在黑格尔哲学中，思辨的"概念"不同于知性范畴，不是抽象的，而是具体的，有变化、有发展的，因而是有时间、有历史。"历史"不是"自然的"，恰恰相反，它正是思想的、精神的、理念的，而"自然"是否有"时间"、"历史"似乎反倒成了问题。黑格尔的奠基性著作《精神现象学》，第一次一反康德的论断，把"精神"与"现象学"联系起来，"历史"不是自然或人种的、社会的进化，而是"精神"在"历史"发展过程中的"显现"。

不难看出，黑格尔的这种哲学上的变革不是很彻底的，他承认了康德学说的许多前提，只是在最后的阶段，在总体的层次上，把"哲学"与"历史"统一了起来。"人"在黑格尔那里仍被设定为一个思想性的绝对的理性主体，而不是现实的、历史的存在。"人"的现实性只是"理性"本身的一种"要求"，是"理性"的特性所决定了的。这样，作为"理性"的"人"，仍是作为"现实"的"人"的逻辑的条件，"本质"与"现象"仍是分立的，它们之间的统一的过程，形成了"时间"、"历史"。

与黑格尔这种古典式的现象学不同，现代的现象学认为"人"并非绝对概念式的，不是纯粹理性式的，而正是现实的、经验的，因而是时间性的，历史性的。"人"与"世界"的关系，并不是"基督入世"式的转化关系，不是一个"理性的存在"、"精神的存在"降入"凡尘"；事实上，"人"本就是"在""世界"之中，"人"是"世界中"的"人"，"世界"是"人""生活"的"世界"，这是最基本、最纯粹的关系。"人""生""世界"中，就是"时间"，就是"历史"，因而"历史"、"时间"并非抽象的"理性"的特性，而是具体的、实在的"人"的特性。"时间"与"历史"是"人"的最基本的存在方式。

现代西方现象学对黑格尔现象学的变革，是由新康德主义诸家作好了准备的，因为新康德主义不满意黑格尔的绝对唯心主义、理念主义体系，不赞成

"绝对"之悬设，而主张以文化学和人类学扩充康德的知识论，企图把"哲学"从黑格尔"绝对理念"的"天上"，拉回到实实在在的尘世中来。这个思潮中的卡西尔、文德尔班、狄尔泰，都对文化哲学、人类哲学以及历史哲学有不少贡献，而且都对当代现象学以及由此发展出来的解释学（释义学）有重要的影响。

把普遍的、绝对的、理念式的"人"还原为现实的、文化的、具体的"人"，迫使新康德主义者重新考虑对"历史"的理解，于是新康德主义有所谓"自然的世界"和"历史的世界"的划分，前者以普遍的规律为旨归，后者则以个别的、具体的事件为核心，从而有"普遍的科学"与"个体的科学"之分，而后者与其说是"科学"，不如说更像"艺术"。

这里应该指出的是：新康德主义的历史观——以及与其相接近的新黑格尔主义（如克罗齐）的历史观，正是现代许多历史学家和史学理论家大力反对并宣判为早已"过时了"的"思辨史学"的残余。我们这里所要补充的是：史学家和史学理论家固然有各自独特的工作和贡献，但恰恰是他们所视为已不值一顾的哲学上的新康德主义对当代现象学、解释学以及目前尚非常活跃的诸家有深刻的影响。一个似乎相当奇怪的事实是：尽管西方当前哲学界——尤其是欧洲大陆诸家，大部分人都以"历史"作为自己哲学研究和思考的核心问题，但西方的史学界对哲学家们这种思考似乎觉得可以置之不理。

在西方，当各门具体学科在努力摆脱哲学——形而上学的羁绊而寻求自身独立的发展时，哲学则要迎接各种的挑战，为自身的存在寻找辩护的理由。哲学最初曾为迎接"物理学"的挑战而把自己说成为"元物理学"——"形而上学"，而当"逻辑学"、"心理学"都相对地发展了起来时，哲学求助于社会学及文化学、人类学、符号学……然而，当这些学科也都发展成熟起来之后，人们才深刻地感到，哲学用不着向其他学科"争夺地盘"，哲学的思考植根于基本的生活经验之中，是任何其他分门别类的学科所"争夺"不去的"地盘"；恰恰相反，没有这个基本的"地盘"，没有"生活"，没有"经验"，任何分门别类的学科都无从生长。哲学的根基是人类生活的活树，这就是自然，也就是历史。因此，自然科学与历史科学（人文科学）是人类知识的活树上生长出来的基本果实，哲学与历史为其基本的形态，而艺术为二者的活的结合。

在西方，作为知识的形态言，哲学中的"元物理学"以自然科学为雏型，成为一个很大的传统，就这个传统看，现代现象学是这个传统的背离，而以生活的、历史的知识为雏型。这个现象学的奠基者胡塞尔为了与黑格尔的辩证的、发展的思辨理性划清界线，强调生活经验的直接性，"人"与其"生活的世界"有一种直接的关系。这就是说，在这个意义下，胡塞尔保存了"时间"、"空间"作为（先天）感性直观形式这一康德主义的说法：这种非概念性的时空观，在他的学生海德格尔那里得到了肯定和发挥，由"直觉的形式"，成为"人"的"存在的形式"。"时间性"、"历史性"都是"人"作为一个特殊的"存在者"的存在方式。这样，"历史性"、"时间性"就成了人类生活经验中的最为基本的方面。于是，"历史"、"时间"代替了过去"逻辑"、"理性"在哲学中的核心地位，"逻辑"、"理性"同样也受时间、空间、地点、环境的制约，因而不是非时间、无限的，而是有限的。这个观念上的变化，应该说，是很深刻的。

"有限的存在"——这就是海德格尔那个不易翻译的"Dasein"的实际含义。就这个意义来理解他的"Dasein"，是和德文这个字的传统用法很一致的，只是有时人们把它想得太复杂了，反倒难以弄懂。"Da"意谓"那里"、"这里"，加在"Sein"前面，表示给"Sein"有一个限制和限定，是谓"具体的"、"有限的""存在"，而不是亚里士多德那个"抽象的"、"普遍的"、"一般的""存在"，或"存在的""存在"。亚氏这种"存在"只是一个"概念"，而"有限的"、"具体的""存在"才是实实在在的"存在"。海德格尔的特点在于把"Dasein"置于"存在论"的一个核心地位，从这个角度来理解"人"。"人"是一种特殊的"存在"，是"有限的存在"，而这个"有限的""Da"，就是指具体的"时间"和"空间"。"Dasein"就是有时间、有地点的具体的存在。在海德格尔看来，只有世界上出现了"人"这种"Dasein"后，"万物"的意义才有了改变；正因为"人"原本是"Dasein"，才能向"万物"、"万有"和"世界"提出一个存在论的问题：关于"存在"的意义问题。如何理解"存在"的意义——这是传统存在论的问题，关键在于首先要正确理解"有限的存在"（Dasein）——这是传统存在论所忽视了的。"万物"皆有"性"，独"人"无抽象的"性"，它只是具体的"Dasein"，而却是出现了这个"Dasein"，才使

"万物"皆成"Sein",有各自的"性"。

"有限的存在"就是"历史的存在",就是生活在时间、地点与具体的历史条件中的"人"。"我在世界中",就是"我在历史中"。

"人"是有"思想"、有"意识"的(动物)存在,这当然是不错的,但如果把"思想"、"意识"夸大到独立的、绝对的地位,以"思想的主体"("我思")来作为理解"人"及其"世界"的立足点,则是旧形而上学的失误之处。"人"作为"有限的存在",不仅"我"的"身体"在"世界"、"历史"中,而且"我"的"思想"也在"世界"和"历史"之中。"我"的"思想"和"意识"是受"世界"和"历史"所"限制"的。在这个意义上,"思想"不是抽象的、永恒的、绝对的、无限的、形式的"逻辑",而同样是具体的、受时间、地点、条件限制的历史性的思想。

于是,我们看到,海德格尔在"有限存在"的基础上,把思、史、诗统一了起来。非概念性的、具体的、历史性的"思",就是富有"诗意的"、"瞻前顾后"的、"流连徘徊"的、"诗情画意"的"思"。"具体的思",就是"诗"。所以,我们前面提到过的海德格尔所谓"人诗意地存在着",就和他的"Dasein"的"有限性"、"历史性"统一了起来。"人诗意地存在着"就是"人历史地存在着"。在这里,我们也不难看出,这条被历史学家认为是"思辨的历史观"的思路,从新康德主义的"现象学"到海德格尔的存在论"现象学",竟然都有一种共同的倾向:因强调历史的具体性和个别性,而不可避免地把"历史"与"艺术"联系了起来。

正当现象学,特别是存在论的现象学以历史性原则对逻辑性原则进行猛烈的攻击而发展成为当代"解释学"的时候,在法国兴起了一种结构主义的思潮。这个学派最初以更为实际的语言结构代替思想的结构——逻辑,然后运用于文学、艺术、心理、社会等各个方面,以与历史性原则相抗衡,对现代西方的哲学思潮有非常深刻的影响。结构主义以共时性涵盖历时性,在历时性的"现象"中寻求共时性的深层结构,这种倾向发展成:不仅重视各种文化现象的时间上纵向关系,而且更为重视空间上横向关系。我们看到,这种思想,迫使法国的哲学家,特别是深受现象学和存在主义影响的哲学家改变自身的形态,以对"历史"和"文学"的另一种看法,来创建所谓"后结构主义"的新学派。

西方的思潮，从大陆理性派和英美经验派的发展至今出现了许多复杂交叉的局面，这种局面进而演化为当代"解释学"和"结构主义"的对峙。在迅速发展变化的西方论坛上，法国新思潮的出现，既可称之为"后结构主义"，也可以称之为"后现象学"或"后解释学"，而又能努力将这两种对峙的思路衔接起来，使它们讨论的问题得到沟通。就问题来说，仍然围绕"意义"展开对"历史"和"文学（艺术）"的理解阐述。

"后结构主义"整个的思路在于进一步否定"纯粹的""意义"，从而否定欧洲传统的以"纯意义"和"纯思想"为对象的"哲学——形而上学"的影响，而这种传统的影响曾形成了顽固而致命的"逻辑中心论"。现象学以讨论"意义"为重心，从"生活的意义"（胡塞尔）到"历史的意义"（海德格尔）固然有相当的进展，但甚至海德格尔本人也是不彻底的，致使他的"基本存在论"仍然在探讨"存在的意义"，而在"意义的存在"和"存在的意义"之间划上了等号。他的整个学说的宗旨就在于使"存在"——也就是"意义""澄明"。而这种"澄明"，亦即"真理"。在"后结构主义"看来，海德格尔的"真理澄明"论在根本上也违背了他自身最初的立足点——"意义"、"思想"、"意识"都是"历史性"的。从这种"历史性"的"思"、"史"、"诗"统一的立场，不难看出有"透明的"、"纯粹的""真理"存在。正因为海德格尔把"存在的意义"等同于"意义的存在"，从这里很容易导向把"历史的思"与"思的历史"也等同起来，而由他的学生伽达默尔所建立起来的"解释学"正是在历史中探求"意义"的基本形态，从而接续了自狄尔泰以来的"精神文化学"——"精神文化史"的工作，成为强调"传统"、"偏见"的"有效性历史观"。

事实上，"思想"、"意识"、"精神"当然在"历史中"，但"历史"却不在"思想"、"意识"、"精神"中。"精神"没有自身独立的"历史"，这是结构主义很强调的反对"思辨的""历史主义"的立场。结构主义者强调人类各种文化现象都像语言一样，有受各种因素综合影响下形成的一定结构，这种结构，不是历史性的，而是共时性的，就连"历史"本身，也是由一些特殊的"结构"构成，只有在"结构"中，人类各种文化的"意义"才能被"理解"。在这种"结构"意义下的"历史",具有明显的"非连续性"。

从这里,产生出福柯的"知识考古学"。福柯在长时期内被(特别是美国人)误解为结构主义者,事实上正如他强烈表白的,他的学说虽然不自觉地运用了一些结构主义的用语,但在旨趣方面是不同的。结构主义意义下的各种文化形态的结构,同时也是"意义"结构,以"理解"为依归;但福柯的"结构",是实际的"结构",而所谓"文化(知识)的结构"不能自身独立出来,而只能存在于实际结构之中,因而福柯强调的"历时性",又不是"思想史"、"意义史",而是实际的关系网。"思想"、"意义"重"理解",而"实际"则重"记录","思想"的东西成为"档案"。

围绕着"历史"与"意义"问题,福柯提出了一个相当重要的观念,即要把历史的"文件",如实地退回到历史的"纪念碑"(档案)来看,于是"知识(广义)的历史学"("思想史")就应是"知识的考古学"。所谓"考古",就是把各种遗留下来的文献、实物当作当时存在于特定社会组织中的具体文物、档案来看,而不仅仅限于这些"文献"之间的思想上的联系。在知识考古学中,"文化史"就失去了自身的独立性,而必须依附于实际的、社会的历史结构,用我们的话来说,我们似可以把福柯的意思理解为:不是在物质的文明史中寻求"精神文明史"自身的"线性"的发展线索,而恰恰相反,要把精神的文明史如实地还原为物质的文明史来理解,才能恢复(记录)出这些文化、精神产品的实际地位。

从这个前提出发,福柯进一步指出,物质的文明固然是代代相传,是有连续性的,但所谓精神文化的各形态,恰恰是断裂的、不连续的。这里,福柯的立论,亦不仅仅是结构主义的,而是引进了那种"人"作为"有限的存在"的观念所产生的看法。人是有限的、"要死的",任何伟大的精神产品都不能使"人""永恒",因为无论多么杰出的作品,都是一定时代、一定社会制度的产物。写出来的书,不能保证作者不朽;"文学"不能保证"历史"永存不朽,因为任何"文学"(广义的文学作品)都不仅仅是"文件"和"文献",而且同样是"实物"、"文物"。

于是,在福柯影响下,出现了当代法国相当激进的、德里达所提倡的"解构学"。

德里达的"解构学"(de-construction)广义地指"解"一切现成的思想、理论体系和结构，具体地却处处针对着"结构主义"和"解释学"。所谓"解构"，即"解散""意义"的"结构"。天下一切的理论、学说都号称揭示了宇宙、生活的"意义"，但事实上，这些"意义"本是"人为地""结构"起来的，而这些人为地构架起来的各种"意义"体系，自身都充满了矛盾，不断地被"解体"。"解构学"要"解"的，就是那些本身已经在"解"的各种学说体系。历史本身在做这种"解构"的工作。"历史"是"人"写的，但"人"总是在"前人"已写过的、字迹已模糊的纸上"重新""写"自己的"历史"。

"思想"、"意义"当然是"历史性"的，而正因为这种"历史性"，因而"思想"和"意义"是不可能真正的"澄明"的。人们写下来的是实实在在的"字迹"，而不是一些空灵的"思想"，"对话"、"讨论"也不仅仅是思想的、逻辑的辩论，而是一种实际的行为，有实际的效果。"文字"是实实在在写上的、刻上的，数不清的"重写"使字迹模糊，而"记忆"和"刻痕"本身也会淡化、消亡，"意义"不是一眼就可看穿的，而往往是难以辨认的，埋藏在层层的陈迹之中。

在德里达的思想中，"历史"的真正作用在于以自身的实际性打破（解散）了在欧洲传统中根深蒂固的"逻辑中心论"，而他本人在这方面的一项工作正是在于揭示这种"逻辑中心论"与"语言（音）中心论"的内在矛盾。

无论海德格尔的现象学或索绪的结构主义，都把"语言"看成一种透明的、精灵似的东西，好像在"语言"的"结构"中，"意义"是"澄明"的，因为"声音"似乎是"羚羊挂角""不着痕迹"的精神性的东西。事实上，"说"不仅仅是学术讨论、交流思想，而是要起到实际的作用的，在这个意义下，德里达认为"说"已包括在广义的"写"之中。正是在这个意义下，德里达曾提出"文（字）学"与"语言学"相对立。

所谓"文字"，从广义来说，就是"刻"、"划"、"写"、"文"，所以"文（字）学"可以理解为"轨迹学"。"世界"作为"课本"，原已有各种"道道"，"道道"（"文"）是"现时"，也是"过去"和"未来"。"道道"是历史性、时间性，不是抽象的、孤立的"现时"。"说"是"言"，"写"（刻、划）是"行"，但"说"是广义的"写"，"言"是广义的"行"。"历史"是实际的、实践的;"历史"是"写"出来的,不是"说"出来的。"说"(思想、意识、理论……)在历史的实践之中,是广义的历史实践(行)的一个部分。这样,"历史"已不再像海德格尔所理解的那样,仅仅是限于"诗",而进而为广义的、实践性的"文",是"写"出来的"文学"。反过来从这个意义来看"诗",则同样是实际的历史的一个部分。在古代希腊,"诗"原是"做"、"制作"之意,至今我们中国人还总在说"做诗",所以,同样的,"诗"也属于广义的"文学"。于是,我们可以说,"思"、"史"、"诗"相统一,即"思"和"诗"都统一于"史"——统一于实际的"历史"。"哲学"和"艺术"都是"历史"的一个部分,只有把"哲学"和"艺术"放在具体的时间、地点、条件中,即放在现实的历史背景中,才能真正"理解"它们。

西方旧形而上学传统把"人"的"本质"理解为"思想的实体",这意味着,在这种传统看来,"人思想地存在着",所以笛卡尔说,"我思故我在"。这个传统,自从康德指明不能以"思想""证""存在"后,从根本上发生了动摇;随着这种信念的破灭,"什么是'人'"则成了困惑康德的大问题,直到海德格尔,提出了"人'诗意地'存在着",似乎有了一个新的、美好的立足点。"人'诗意地'存在着"与"人'思想地'存在着"针锋相对,结合着"思"、"史"、"诗"的同一性来考虑,在理解"人"的问题上,的确有一个新的境界。然而,"诗"与"思"的对立,如只限于"具象"与"抽象"、"形象"与"概念"、"情感"与"理智"等方面,则"人'诗意地'存在着"仍不脱"人'有意义地'('有思想地'、'有意识地')存在着"的范围。认真说来,"人'诗意地'存在着"就是说"人'历史地'存在着",这里的"历史",就是平常我们说的"实际"、"实践"、"经验"等等,而又蕴含着某种"价值"、"意义"在内。这就是说,"人"不仅是有思想的、有意义的,而且是实际的、现实的;但"人"又不仅仅是"现时的"、"当下的",而且是"时间的"、"历史的"。"人"不仅有"理解",而且有"记忆",在"记忆"中"理解",在"历史"中有所"思",有所"想",有所"为","兴"、"观"、"群"、"怨"都离不开"历史"。

"历史"是"时间"和"空间"的"世界",因而"历史"不是"自我"或"大我",也不是"大他"——绝对的世界。"大我"或"大他"严格讲来都没有或不是"历史","概念"和"天国"是无时空性的,而只有现实的、实际的"我"、"你"、"他",才是"历史"的共同的主人。

二 作者·作品·读者

"历史"首先是"他人"的"历史",不是"我"的"历史","我"的"历史"必定要在"他人"的"历史"之中。因此,在"历史"的长河中,"他人"是主位,而"我"是宾位,"我在历史中","历史"大于"我"。在这个意义上,"他人"、"历史"是"作者","我"永远只是"读者"。"我"永远在读"历史"这本大书。

"作者"、"作品"、"读者"之间的关系,从现代现象学以来,就成为西方文学批评的重要的问题,而这个问题之所以和哲学有密切的关系,正在于它同时也涉及到如何理解"人"这样一个关键问题。

按包括现象学在内的西方哲学传统来看,"人"很容易被理解为一个"作者",而这个观念又和宗教上将"神"看成"作者"——"创造者"相对应。"人"被看成一个纯粹思想、纯粹精神的主体,于是,正如胡塞尔所说的,就本质而言,人人都是"创始者",而世上之一切,都可以看成为人之"作品"。这样一种"作者中心论"产生了两个方面的结果。一方面,既然"作者"的思想、感情起主导、决定性作用,则"读者"的任务是要通过"作品"努力去体会"作者"的"原意",就像宗教的膜拜者体会"神"的"意思"一样;另一方面,这种"作者中心论"如果贯彻下去,则世上并无所谓"读者",因为人人都是"创始者"、"作者","读者"也是"作者","读""作品",只是一种"再""创造",于是有"一千个读者,就有一千个'哈姆雷特'"之说。在这两种发挥中,前者是早期的解释学,如施来马哈、狄尔泰所提倡的,认为"读"就是努力从思想上、心理上、时间上去"设身处地"地"体验""作者"之"原意",而这种"原意",在他们看来,当然是指那些"天才作家"们的、值得人们去体会的"意思"。后一种说法,则是当代解释学所讨论的热门话题,他们主要是强调"作品"对"作者"的独立性,而为"读者"留下发挥、"填充"、"创造"的余地,从而也为他们的"有效性历史观"提出一种佐证,可以肯定历史传统的影响，而又可以解释历史的新东西和新发展。

"读书"就是体会作者之"原意"，这是一种很普通的观念和方法，但在这种观念和方法的背后，却有一层哲学的道理：所谓"原意"，即"原始的、本来的、起始的""意思"，因而"原意"就是"作品"的"起源"，"作者"就是"创造者"。与此相对应的，所谓"读"，就是要通过"作者"的"作品"，体会"作者"的"原意"。"作品"不可能面面俱到地、全面地把"作者"的"原意"表现出来，所以读者不光要仔细研究"作品"有关材料，而且要依靠别的方面的材料，把"作者"的"本意"——"作者"的思想、感情弄清楚；而要弄清"作者"的思想、感情，就有必要弄清"作者"的"生活"以及他生活的社会历史背景等等，但这些客观的材料本身又是难以穷尽的，于是导致了文学批评中的一种历史主义的、心理主义的考据方法。

然而，"作者"在写作时，是一个活生生的"人"，他的思想、感情固然受一定的社会历史条件和个人生活的支配，但面对着社会、家庭、个人的各种复杂的矛盾，面对各种形式的"问题"，他的"选择"和"态度"，却不容易完全靠经验或形式的方法计算出来的。这就是西方现代现象学以来常说的，"人"是一个"主体"，"作品"是"作者"的"主体性"的表现，是"类主体"，而"主体"不完全是知识的对象，是"科学"和"知识"所不能完全穷尽的，这样，所谓"作者"之"原意"，则也不是用经验和形式的方法"计算"、"推演"或"归纳"出来的。"读者"对"作者""原意"的把握，多少带有几分"猜测性"。这种"猜测性"的阅读方法，使人想起那宗教式的"解释""神谕"的方法。在原始宗教的范围内，只有那种具有特殊聪明、才智和灵感的人，才能"读出""神谕"中"上帝"的"原意"来。

这种"作者"中心论，当"读者"和"作者"处于同一个层次时，"读者"就会自行消失，"读者"也成了"作者"。所谓"作者""原意"既然只能是一种"猜测性""对象"，"读者"就可以有权发挥自己的想象力来"再造""作者"的"意思"，而不必受到任何严格的审查和检验。"天才的作品"提供了"天才的读者"，使"读者"的"再创造"提高到"天才的"水平，即"天才的读者"亦即"天才的作者"。

然而，"作者""原意"不仅似乎永远是一个"秘密"，而且有时竟是与

"作品"关系不大的偶然的契机,譬如巴尔扎克勤奋写作为了挣钱,某些戏剧的编撰是为了个人讽刺、报复的原因等等,这些情形古今中外都有,像阿里斯多芬的名剧《云》就是揶揄苏格拉底之作,这样,所谓"原意"不仅是"不可知的",甚至是"不必知的"。因此,尽管不少"作者"尚活在世上,我们可以直接"采访"他们而让他们"说明""原意",但这种"作者"直接的陈述如书中之"作者自序",固然可以提供不少有关的材料和知识,但能否提供真正的"原意",仍然是可以怀疑的,而"作者"自己提供的"证词",有时甚至是无关紧要的。"作者"并不能保证是"作品"的最佳和最公正的评论者,更不具有评论的"权威性"。

于是,人们把目光转移并集中到"作品"上来。"作品"显然比"作者"有一些明显的"优越性"。首先,"作者"是"要死的",我们所读作品的大多数作者都已"作古",无从直接"采访",而"作品"似乎倒具有某种程度的永久性。"人"靠各种形式的"作品"把自己的所见、所闻、所思记录下来,传诸久远。"人"以"作品"使自己"不朽",因而"人"只有"死去",才能"永生"。

"人"的"作品"是"人"的存在的"证据",而"人"本身又是这些"证据"的"识别者"、"保持者"和"见证者"。"后人"通过"作品"为"前人""作证","读者"通过作品为"作者""见证":既有"作品",必有"作者",既有"作品",必有"前人",必有"过去",必有"历史","作品"为"历史的""纪念碑"。而有"什么样"的"作品",就有"什么样"的"作者","作品"又是"作者"是个"什么样"的"人"的具体的"证据"。

然而,"作品"又把"作者"和"读者"都虚拟化、理想化了,而具有一种更为普遍的意义。"作者"、"作品"和"读者"好比历史上的"过去"、"现时"和"未来","过去"和"未来"都不是"现在",是"虚拟的"、"理想的"、"间接的",只有"现时"是"实在的"、"直接的"。"作品""设定"了一个理想的"作者",也设定了理想的"读者"。"作品"对任何"读者"都是开放的,人人都可以"读","作品"对任何"作者"也都是开放的,人人都可以"写",事实上,人人都参与了"写"和"读",就像那高楼大厦、飞机大炮一样,是集体的智慧和劳动的产物。文学作品亦复如是。"作者"必是在各种层次的意义上有教养、有知识的人，"我"写进"作品"中去的内容，绝不可能全都是"我"的，而可以说绝大部分是"他人"的，是"他人""教""我"、"告诉""我"的。"我"所用的"语言"不是"私人的"，而是"公众的"，是可以交流的，因而是大家都可以"读"的。"我"要"说"的"事"和"意思"，也都是大家可以通过各种途径和方式、经过不同程度的努力可以理解的。不仅如此，"作品"——广义的"写"出来的作品还摆脱了"人"与"人"之间直接"对话"时的那种主观的情绪式的背景环境，而使"对话"双方都集中到"作品"所提供的背景中来，即都围绕着"作品"的内容结构来展开对话。"作品"使"作者"和"读者"的"我"都转化为"他人"。无论"写"和"读"，都要求暂时地、至少部分地"改变"或甚至"放弃""自我"，而投身于更为广泛的"他人"之中，暂时地转换"现时"的、直接的背景，而置身于历史的规定的背景中去。在目前社会高度复杂化的系统中，事实往往是：直接的"现时"竟然是非本质的、非基础性的，常常是"过眼云烟"，而经过"时间"推移的"过去"、"历史"却展示了某些生活的基本的方面。在这个意义上，"作品"说的虽是过去的、想象的，甚至是虚构的人和事，但却吸引人、迫使人进入一个基本的生活经验的世界，进入历史的"过去"的世界。

"作品"似乎提供了与"现时"、"现实"世界不同的另一个"现时"，而这个"现时"对当前的现实世界来说，是虚拟的，可能是"过去的"，也可能是"未来的"，因而是真正的"历史的"。

"写"为"提供"一个"他在世界"；"读"则"享受"这个"他在世界"，而无论是"写"和"读"，都是令人"回忆"、"想起"那个基本的生活经验的世界，那个历史的世界，从而扩充我们的眼界，而不局限于眼前的声色货利。

从这里，不难看出，既然"他在"早于"我在"，于是我们也可以说，广义的"作品"早于"作者"，"佚名"的"作品"、"无作者的""作品"早于"有名的""作品"。"作品"而"无作者"，这样就把西方传统的"作者中心论"从根本上加以否定了。"无作者"不等于"无人"，"无人的世界"不是"作品的世界"。但"人"不等于"作者"，从某个意义上来说，"人"首先是"读者"，然后才是"作者"。

应该说明，所谓"读者"、"作者"都不是一种定义式的概念，它们之间的界限是难以截然划分的。就每个具体的人来说，总是既是读者又是作者。然而，我们也不能像过去现象学所坚持的那样，"读者"同样是"作者"，因为"读"是一种"再创造"，所以也是一个"创造者"。相反的，我们却要说，任何的"作者"，首先总要先当"读者"。"学生"是"老师"培养出来的，但要当"老师"，必先当"学生"。"读"就是一种"学习"。

"学习"，首先要向大自然"学习"，"读""天地"这本大书。世上自从有了"人"之后，"天地"、"自然"就成了一本必读的大书，而"他人"教"我"如何去"读"这本书。因而，从总体来讲，天地这本书不是"自然课本"，而是"历史课本"。当然，"我"也"写"书，为天地这本大书增添篇章，但毕竟"我"是先"读"后"写"，而不是先"写"后"读"，就像我们总是先"听"到"话"，然后才"有话""说"的。

这里的问题在于："话"不可能孤立地、抽象地、精灵似地存在，或附着在某种符号、记号式的"载体"上存在，"话"存在于"写"和"说"中，"话"本就存在于山山水水之中。世上只要有"人"存在，山山水水都在向我们"说话"，都在"告诉"我们一些"什么"。从这个意义上说，对我们人类言，"天地"这本大书，早已经是"写"出来了的，只是这本大书没有"作者"——没有"神"，也没有"字"——"字"是"人"后来发明的记号，因而是一本"无字（天）书"。因为它"无字"，连"文盲"也要读，也应该读，也能够读。在"文字"记号发明之前，大家都是"文盲"，但都在"读书"，因为这是一本地无分中外，时无分古今，而人人都需要、也应该"读"的"书"。这是一种基础性的"文化"、"文明"，反映了"人"与这个世界的基本的关系，而以后的进步和发展，都不应离开这个范围。

"书"离不开"话"，"话"归根结蒂是要"说"出来的。"人"的"语言"功能，使"世界"不仅仅是提供物质生活资料的环境，而且是需要"理解"的"对象"。"人"的"语言"使"世界"有了"话"。然而，"话"不仅是"听"来的，而且也是"看"来的，"无声"的"话"比"有声"的"话"更深沉，"无声"的"话"早于"有声"的"话"。在完整的分音节语言完善化之前，人类早就有了"话"，"话"就"写"在"天"、"地"、"人"之间。那是一些"念"不"出声"的"话"，就在那高山流水、风声鹤唳之中，就在那"他人"

的活动之中,在实际的实践之中。这些"话"在文明人眼里,是很不完善的,但却仍是最为基本的。

所谓"话",当然是指"意思"、"意义"这类的含义,"说"总要说点"什么",这个"什么"被理解为一些"观念",但这个精神性的"什么",与物质性的"什么"本是统一在一起的,并没有什么独立的、抽象的、精神性的"什么""存在"。山山水水的"话"、"意思"、"意义"是和山山水水的物质的存在不可分割的。人的世界,本是一个充满了"诗情画意"的世界。"物质的世界",也是"美的世界"。这样的世界,并不是只在人类原始、野蛮的初期才有,而是一种最为基本的现实的关系,只是在早期阶段,这种关系有时反倒表现得相当明显而已。

自从世上出现了"人",早已存在的物质世界增添了自身的"意义",成为一本早已"写"好的"无作者"的"大书","世界"成为一个"课本"。于是,那些山山水水就具有笔划、道道的意义,"世界"向"人"显示出无穷的相互区别的"痕迹",通过这些"痕迹","世界"向人"说""话"。"人"作为这个物质世界的一个部分,有着自己的物质性活动,改变——增、删着世界的"道道"和"痕迹","人"也在"写""书"。但,人的"写"和人的"说"一样,不是想"写""什么"就"写""什么",想"说""什么"就"说""什么","写"和"说"都不是人的主观随意性的表现,而是按照世界所提供(教导)的"痕迹"来"改造"——"改写"、"重写"。因此,"人"首先要"读"那些原已"写"好的"话",来"写"自己要"说"的"话"。从这个意义来说,我们自己说的"话",绝大部分是"他人"已经说过的"话",只是在不同的背景条件和目的意图下起着不同的实际作用。譬如战场上"冲啊!"是战争中常喊的口号和命令,但各次战争的性质不同,每次战役的情况不同,作用当然也就不同,但我们之所以会在特定条件下高喊"冲啊!",当是别的战争"教"给我们的,我们是从"他人"(别的战争中的战士)"学"来的。从如今时兴的"认知发生学"来说,人有一种按照自己的意图灵活运用、组合语言(话)的能力,发生语法(生成语法)就是研究这方面的问题,但语言的普遍性当要由经验的普遍性、可沟通性来保证。我们说的"话"之所以能有这种可沟通性,不在于我们有组织语言的能力——这一点当然是必不可少的,而在于我们在说

"话"之前,早已经"听"到过别的"话",这样才能保证我们所说的"话"既是自己的"意思",又有与"他人"的可交流性。

对于"意义"的理解形式,胡塞尔强调"看",海德格尔侧重"听",而这二者本又是统一的。胡塞尔认为"世界"本就是"理念","理念"是视觉性的,是"看"出来的,他叫做"本质的直观","本质"不是抽象的、概念的"基本特征",而是具体的、直接的,"本质"不需要绕大弯子通过概念、判断、推理或者归纳出来,而是一下子就可以"看"出来的。在这个意义上,"看"是"看"已经"写"出来的东西。作为一个活生生的生活中的人,我看出来的"世界"并不是一些原子、中子、质子……的组合,不是物理、化学、生物……各门科学里的概念和范畴,也不是无概念的纯物质的世界,人的眼光不同于动物的眼光,我"看"到的就是这样一个直接显现在我面前的具体的世界,是一个"无名"的而又有具体区别、不是混沌一片的世界。"名"不是最原始的,也不是最稳定的,但实际的"区别",对生活的人来说,则是最基本的经验事实。远古时期"象形文字"的存在,说明了"意义"离不开"看",即使最为发达的拼音文字,也不能完全排除形象的想象。

然而,语言毕竟不是"象形"的,把"可见的意义"转化为"可听的意义"对人类文明来说,是一个很重要的进步。分音节的"声音""说"的是"可见的世界",但却脱离了这个世界,出现一次总体性的大抽象,对这种"抽象"的可靠性,一直到智者学派时代,都还受到怀疑。这个怀疑当然是很有根据的,因为这种"脱离"和"抽象",就增加了人类的"知识"犯错误的可能性。"意义"本来是在"世界之中"的,现在似乎"脱离"了这个世界,而自己成了一个系统——声音的系统。"语言"似乎成了"意义"存在的纯粹的、独立的系统,与实际的世界系统相平行。

自从"语言"成了一个独立的系统之后,"思想"就更加自成体系了,因为"语言"经常被理解为"思想"的直接实现。"语言"、"思想"、"意义"已不是"世界"中的一个部分,而是与"世界"相平行、甚至"超越""世界"的"另一个体系"。记录"语言"的"文字"的发明,最终促成了这一系统的独立,使原在"时间"中的"内在的""语言",有了一个"空间"的、外在的存在形式,而这种形式又不同于其他的物质空间存在形式,是一个"记号"形式,从而维系了思想、意义系列的"独立性"和"纯洁性"。

狭义的"文字"的发明,使人类历史进入"文明史",即人类的"思想"、"意义"不再寄生或埋藏于实际的物质的世界之中,而依靠"记号"系统,自身得到了一种特殊的存在和保存形式,而这种特殊的保存方式,又反过来深刻地影响着人对那个物质的世界的看法。来自"文字"的"教育",使人类的"视"、"听"以及一切感官,都发生了革命性的变革。

在这种影响下,"历史"似乎被分割成两个部分:物质文明史和精神文明史。"思想"、"意义"……似乎也有了自身独立的"历史"。"交往"不仅仅是实际性的,而且也有思想性的,"读书"与"做事"被分割了开来,"读书"不是"做事"的一个部分,不是一种特殊形式的"做事",而是与"做事"不同的活动,甚至成为与一般"做事"不同的另一种"事","思想"与"实践"被分割了开来。

这时候,一方面,"哲学"、"文学"、"艺术"……在社会中成了专门的、独立的"行业",可以有专门的人才来从事这种"工作";另一方面,这些"行业"也就有了自己的"历史",在"时间"上也有自己的连续性和继承性。于是,在人们的现实的、实际的交往中似乎分化出了一种纯粹思想性的交往关系,"历史"不仅仅被理解为实际的历史,而且也被理解为思想的历史、理论的历史。只有在这种分化的前提下,人们之间的实际的对话、讨论,才被明确地分为"作者"和"读者"两个阵营。

在出现了这种分化的现象之后,人们似乎又增加了一项任务:如何来理解这种"纯思想性"的关系。对于这个问题,我们首先看到的是:"作者"和"读者"摆脱了那种"说"与"听"的直接的、生活的关系而成为一种间接的关系。"作者"与"读者"之间隔着一本"书"。"书"当然也是"物",但它又不是一般的"物",它直接"记录"着"思想","书"之所以成为"书",是在于它上面"写"着的"话"。"书"是"写"出来的"话"。"话"的组合,成为书的"文本"。"读""书"就是"读""书"上那些"话",所以"读"是一种思想性的、理论性的活动,而不是现实性、实际性的活动。

就"作者"来说,一切的"写"都是为了"读",因而是一种社会性、历史性的活动。"书"为"他人"、"后人"而写。这个事实,似乎容易造成这样的观念："人"是"要死的"，但"思想"——写出的"书"——是可以不朽的，"话"可以比"人"活得更长。"写"下的"话"可以影响千百年以后的人。"书"都有某种"遗嘱"的意味，而且这种"遗嘱"代代相传、自成体系，似乎不是"世界"产生"书"，而是"书"本身产生"书"。文明史成为"书史"，成为"遗嘱史"；思想的"遗嘱"不是根据实际情况写的，而是根据祖宗的法规、前人的遗训定的。而"遗嘱"的存在，说明人对思想的必然性、普遍性、永恒性和久远的有效性抱有相当大的信心。"遗嘱"的"作者"相信，未来的读者必定接受它的"遗嘱"，按照"遗嘱"中的"话"去办事。

"哲学"似乎是人类所能作出的最高的、最强有力的"遗嘱"，至少在西方人传统中"哲学"居于这样的地位。"哲学"是"纯思想"的学问，是"纯意义"的体系，"哲学"以最高的永恒性、必然性为自身的特色。

然而，"哲学"毕竟不是"宗教"。《圣经》只有一本，"哲学""书"则不计其数，永恒的、必然的、普遍的"哲学"居然也有自己的"历史"。"哲学"的"历史"，是"思想"的"历史"。历代哲学的书，都是"作者"首先"读"了前人和同代的"他人"的书重新"想"了一"想"之后，"写"出来的。"写"是"读"的结果，是"听"了"他人"的"话"之后，"说"自己的"话"。这里的问题在于：这两种"话"之间，是有相同的地方，又有不同的地方。所以，哲学的"书"，都是一些相同而又不同的话，在总体上说，是一些不同的"书"，不同的"话"，不同的"思想体系"。就哲学来说，"书"与"书"之间，后人与前人之间竟然有许多否定的、矛盾的关系，不同的哲学家，不仅说着不同的话，而且说着相互冲突的话。"哲学"本身的"历史"揭示了"哲学"本身的不完善性和非永恒性。

不错，在西方人眼里，"哲学"是一个纯意义、纯思想的体系，但这个体系是人（作者）建构起来的，"世间"本无这种"建造物"。你可以建构起这个体系，我也可以拆去这个体系，拆、建这种"纯思想"的建造物，本无当下实际的影响。所以，所谓"读"哲学书就是指把书中的思想体系"解"散开来，重新"理"（想）一遍，这就叫"解读"或"读解"——"理解"。中文里"解"、"释"……都有"散开"的意思，而"理"则为（重新）"整理"、（重新）"建构"的意思。在这个意义下，"读者"就不完全是被动的，或者说，完全不是被动地接受"书"中的"理"(体系,建构物,文本),而是利用"书"中的"材料"——即将"作者"的"话"当作"材料",重新"建构"自己的"文本"。"解读"是一定要"打散"原来的文本的,当然这里并不意味着对这些"材料"可以"任意"运用。尽管我们可以说,两个活生生的人不可能有完全相同的"想法",但哲学的历史毕竟还是承认那些大家们的书,只是我们不应将这些"书"仅仅看成一些思想的"文件",使哲学的历史成为脱离实际生活的纯粹的思想的历史。哲学的"书"和"文件",必须放回到它所得以产生的生活和历史中去。"作者"不是抽象的"思想者",而是活生生的现实的人,他"写""书"固然有自己的特点,但归根结蒂,也是在"做""事","书"也是"事","文件"要还原到"纪念物"和"档案"去理解,表面上看来非常抽象、非常概念化的"哲学"著作,却都是有实际内容、受社会历史条件制约的,不是"历史"在"哲学"中,而是"哲学"在"历史"中。"读"哲学书似乎可以看成一种"思想"的"回忆",把历史上"他人"对这个世界的"想法",重新温习一遍,重新"想"一遍。"哲学"(书)的"作者"一个必要的设定是:"他人"(前人、后人、读者)也会"思想",因此他要和"前人"、"后人""讨论","理解""他们"是怎样想的。他要"读""他人"的"书",以他人的书来自己思想,他"写"的"书"也是要帮助、启发"他人"(后人、读者)自己去思想。在哲学领域中,大家们的书都不是封闭式的,都是启发式的,即使是热衷于建立完善体系的哲学家——如黑格尔,他的书仍是具有启发性的。这就是说,他们的那个"体系"实际上自己已经在"解体",是一个充满了内在矛盾的体系。大家们的书之所以具有启发性,就在于它们不回避矛盾。"矛盾"迫使"思想"回到"历史",使"思想"不至于停留在形式的同一律上,从而"打破""思想""自身完满"的"自我陶醉"。

在各种思想形式中,文学和艺术是最富有历史性的形式。"哲学"迫使人回到"历史"的"思想";"艺术"则迫使人回到"历史"的"生活"。

三　艺术作为"活的"历史的存留

历史是有时限性的,所谓"有时限性"就是指有时间的和有限的。历史是一种"绵延",但不是"无限的"、"无时限的",而是"有限的绵延"。"历史"不能使"人"永存,相反,"人"在"历史"中就意味着"人"是"有时限的"、"有限的"。"历史"当然是"活人"的"历史",但同时也包含了"死人"的历史。"历史"为"过去",而"过去"则充满了"古人"、"死人"。"古人""死了",但他们都曾经"活过",都曾经是"活人"。"历史"的发展不能使"死人"复活,历史的著作、文献,考古的文物、遗迹都不能使"古人"复活。同样,任何的"艺术作品"也都不能使它所涉及的"人"和"事"在实际上真的"重复"出来。"作品"同时也不能使"作者""永生"。不仅作品的内容和作品本身都在"时间"中,"作者"也在时间中。"人"作为有限的存在,他的一切作品(包括艺术作品)都是有限的;只有"宗教"才把"活"的原则无限夸大为"神"。

"历史"作为一种知识,面对着"死人"、"死事","时间"成为一种"计量工具",年月日时刻分秒,用以计量过去了的"事",这个"事"已成既成"事实",无法变更。谁也不能改变"历史",而对"事实",人们只能加以承认,对这些"事实"的"理解",只能是"理解"它们之间的前因后果。就连历史上"古人"的"思想",我们也有一套逻辑的工具,来"理解"它们之间的"结构"。这就是各种分门别类的"历史科学"以及各种分门别类的"思想史"、"科学史"的任务。

然而,"死人"毕竟不同于"死物","死人"虽已"物化",但它(他)们毕竟"活过"。"历史"之所以能成为一门真正的科学——研究那早已"不存在"的"人"和"事",正是基于这样的一个基本的经验:"古人"虽已"不在",但它们确确实实"在"过。这里的"在",就是"活",古人已死,但曾经活过,这是人类作为有限的活的存在的基本的生活经验,因而人对自己的种族有一个"历史"这一点坚信不疑。近代西方某些学者对历史知识和历史科学的可靠性的怀疑,是离开了人的基本的生活经验,而作一种抽象的、理论的思考的结果。从脱离实际的"纯理论"角度来考虑、怀疑一门以"不存在"为对象的科学的可靠性,表面上是很有理由的;但这种抽象的、纯理论的讨论,丝毫动摇不了人们对历史知识的信心。当然,"信心"不等于具体知识,作为生活的人的基本经验也不等于专门的科学知识。历史科学自然也会像考证地球上哪一个时期出现恐龙一样去考证人类作为一个生物种类的起源，对于过去的人和事的具体的真实性，当然也是史家研究工作范围内的事，只是这一切的研究工作都是建立在人对自身历史的基本信念的基础上。"人"本是一种"历史性的存在者"，即"历史"是"人"的基本存在形式。

历史知识和科学的特点在于它以"不在场"或不可能"在场"的"人"和"事"为"对象"，这种知识的可靠性只能依据"证据"，即文件、档案和文物、遗迹。"证据"即是"见证"，即"看到了（看到过）"那个"人"和那件"事"。"我"不是"古人"，"古人"所作所为，"我""不在场"，但通过"证据"，"我"也可以"看到"那些"事件"。从这个意义来说，"历史科学"就是要揭示那些历史的"证据"，以便人人都可以作"历史的见证人"。而从这个意义来说，"史家"似乎又像"法官"，在"证据"的基础上作出"判断"。"史家"这种"法官"的身份，在中国的传统的观念中，倒也不是很奇突的。"历史"并不是"事实"的罗列，也不仅是客观因果的叙述，而是"功"、"罪"的论定，是根据"历史的证据"评定"历史的功过"。

这种按证据、事实论功过的历史观，说明了人的历史与自然的历史之间的不同的特点，说明了历史科学作为一门人文科学与自然科学的不同的特点，尽管二者在把"对象"作为"事实"来看这一点是一致的。这说明了人的活动，不仅是因果系列中的环节，而且也是道德系列中的环节。人对自身的活动是"有责任的"，因为人在活动时，人是"活的"，是"自由的"，因此人对自己的一切活动都负有无可推卸的责任。这是评定功、罪的一个必要的前提。

然而，"人"是有限的存在，人的"活"的原则也是有限的，不是无限的，因而"人"没有"无限的自由"。"人"的"自由"也是"有限的"、"历史的"、"时间的"。因而道德、责任、功罪也都是历史的，不是抽象的。"自由"为"选择"的"自由"，"无可选择"在理论上是不易成立的，但在实际上是容许辩护的。

西方的形而上学哲学传统，强调一种纯粹的、抽象的"自由"，这是和近代资产阶级在政治上所提倡的观念相呼应的；在古代希腊的哲学中，并无"自由"这个范畴的地位。在西方哲学中，所谓"自由"归根结蒂是指"思想"的"自由"，而"思想"又被设定为纯粹的精神性的形式，因而"思想"被理解为存在论上的"无",在现实的世界"找不出""思想"这个东西(物)来。在这种哲学看来,"人"被设定为"无",是一个"创始者"、"始作俑者",因而是"自由者","世界"对这个"无者",只是"可能性",不可能"限制"这个"自由者"的"选择"。这种哲学认为,只有这样,只有把"人"设定为"自由者"、"无",它对自己作出的选择所负的责任,才是"无可推卸的",而不是"有所推托的"。

我们看到,这种哲学,甚至自称为"存在论",实际上是把"人"仍然归结为纯粹的"思想者",而不是有血有肉的、活生生的"存在者"。

"人"作为有限的存在者,只能享受由历史提供的有限的自由,人的选择也是有限的,不是无限的。我们可以承认有"思想的自由",但"思想的自由"同样是"历史的自由"。因为"思想"是有内容的、具体的,有"你"的思想、"他"的思想,而"我"的思想,不能不受"你"和"他"的思想的影响,因而"思想"本是历史性的,"思想的自由"原本也是历史性的。从这个意义说,"自由"是历史性的,"责任"也是历史性的,"功罪"也是历史性的。

"历史"是一种"知识",同时也是一种"理解"和"批评",但并不是说,"知识"必是抽象的"纯客观的",而"理解"和"批评"则又是抽象的"纯主观的"。因为在最基本的生活经验里,知识的"见证"和道德的"见证"原本是不容分割的基本要求。

科学和道德"需要""证据",而"艺术"本身就是"证据","艺术"本身就是"历史"的"活的见证"。

"艺术"不"需要"另外的"证据",它本身就是历史生活的"见证",这样,"艺术"作为一种基本的文化形态就和"科学"和"道德"都有所区别。艺术作品原则上不要求"事实"的真实性,因而它不需要一种非艺术的证据来证明这种真实性。艺术有其自身的真实性。艺术作品内容可以有现实的(以及历史的)真实性,也可以是虚构的,但它作为"故事"——即历史的事件,却展示着过去了的生活的图景,提供给人们"看到"那种生活。艺术作品不是历史教科书。"教科书"的内容符不符合历史"事实",当有别的"证据"来证明,但艺术品本身就是一种证明。当然,艺术品也可以是"伪证",但这种"伪证"并不在于它所说的"事"不是"事实",而在于把"有限的可能性"歪曲为"无限的可能性",即虚构了历史的"不可能性"。

艺术的虚构,显示了艺术承认历史的可能性,即历史是活人的历史,而不像(历史)科学那样,把历史事件当作已然过去了的古人所作"事实"之间的关系来研究,艺术以努力恢复"古人"的"活人"、"自由的人"的历史面貌来表现。但既然人的"(生)活"、"自由"是有限的、历史的,因而艺术的这种虚构也是历史的、有限的。

从某种意义上说,"历史科学"是历史"事实"的见证,而艺术作品则是历史"生活"的见证。科学家看到的是铁板钉钉的"事实",艺术家眼里则是活生生的"人"和"事"。他们的眼光虽然各有不同,但"看到"的都是"历史",而不是"非历史"。

艺术的真实与历史的真实是一致的,但又是有区别的。历史的真实是以(历史)"专门家"的身份来考证、鉴别历史的事实,艺术的真实则只是作为最为普通的人的经验就可以鉴赏。中国的戏剧(戏曲),扮演各朝各代的故事,在基本上,它要符合各朝各代的大的历史真实性,但并不要求绝对地符合历史的事实。戏曲的服饰,有一些基本的规定,这些规定曾很严格,但"理由"是多样的,有因为时代的,有因为民族的,也有因为社会阶层和个性上的,但却不必也未曾严格按各朝代的"时装"作出设计。戏曲的服装设计,只是基本上指出了它是"历史的",而不是"现代的",就可以给人一种艺术上的"历史感",而无待详尽的考证。这固然是中国传统戏曲的一种独特的艺术风格,但也可以扩大开来,用以理解一切艺术作品,因为它符合艺术的基本要求,因而即使我们已拥有大批的历史服饰专家,也有一批在这些专家指导下新设计的历史剧(如历史题材的话剧、电影等)的服装,但观众不妨兼容并蓄地同时接受新旧两种设计,这就是因为艺术只要求一个基本历史的真实性,是普通人的事,而不是专家的事。举凡艺术中的一切细节,之所以有虚构而不必也不可能尽为"史实",就是因为艺术品的作者和观众,都不以科学专家为标准,而是以普通的、日常的经验中的人为标准。在基本的生活经验中,"我"并不可能、也无必要知悉"他人"的一切生活细节和故事隐私。从事特殊职业的人(如侦探),根据某种需要去获得某些信息知识,这已是"专家"的行为;爱好饶舌的人,则以"道听途说"甚至"流言蜚语"来填补知识的空白,生活里时常有一些"风言风语",流传着一些不尽真实、也不必"核实"的"故事"。事实上并不能排斥在这些有损当时人与人之间关系的"谣言"中可能会有一些具有艺术性的作品,虽然我们并不赞成某些西方学者说的"知识"源于"流言"。古代希腊的喜剧家把街谈巷议编成故事,讽刺伯利克里、苏格拉底这些有争议的人物;契诃夫的一些短篇小说,是朋友聚会时听来的,作家感到它们表现了某些基本的东西,激起了摆脱不掉的思绪,换一些名字便成佳篇。《红楼梦》故意把"真事隐"去了,但它却比那细微末节的"真事实"更"真",因为它描写的是基础性的基本的真实,是那个时代、那些人物所摆脱不了的真实。

　　人在成为科学专家之前首先生活在一个普通的、日常的世界中,即使那最为专心致志的专家,也不能脱离这个日常的世界,"科学的世界"在"经验的世界"之中。作为普通的人,他的"知识"可能是经不住推敲的,相当一部分来自"道听途说",根据这种"流言蜚语"来指导行动,引起"伤害""他人",在文明的世界当然是要负责任的;但"传说"有其另一面的作用。我们说过,在远古的时代,"历史"与"传说"是不大容易分开的,许多民族关于自己的最为远古的历史,大多为一些"传说"。"传说"是基本的"文学",也是基本的"历史",而所谓"史诗",正是由行吟诗人说(唱)的"历史故事"。现代的考古挖掘证明,荷马的史诗有相当大的历史真实性,但这同样是一种基本的历史真实,所以史诗仍是史诗,而不是历史科学著作。许多"民间文艺",包括"儿歌",都能在某种程度上反映出基本的历史真实,并不是这些"作者"(有的是集体性的)有多少专门的历史知识,而是他们在生活中把握住了它的基本的脉搏,反映了历史生活的基本真实。

　　不仅如此,艺术还迫使"专家"回到历史生活中来,使"专家"从"概念世界"回到"生活世界"中来,使"专家"恢复其普通人的本来面貌。

　　"专家"作为"专家",生活在"理论体系"中,生活在实验室中。"历史学家"在一个无形的、意象的"实验室"和"理论体系"之中,要把"过去"的"事实"揭示、复现它们之间的因果联系,他的著作,就是他这个"体系"的成果。但即使是最有学问的历史学家也不会对艺术品中某些不合"史实"之处过多地加以挑剔。"史家"可能会带着他的职业的特点来看"戏",但"戏"

却坚持地迫使"史家"面对一个充满矛盾斗争、也难免有错误的活生生的世界，以自身的细节的、详尽的"真实性"，迫使"史家"作为"专门知识家"暂时"沉默"。"戏"迫使"史家"承认：历史的知识固然十分高贵，但知识之树扎根于生活的泥土里；而"泥土"虽不是"纯净"、"干净"的东西，却是生命之源泉。

"史家"作为"史家"要揭示一个既成的、过去了的世界，一个已经"死了的"世界，而艺术家则要努力再现、复现、保存一个活生生的世界。当然，艺术家不是巫师，不可能、也不相信有"起死回生"之术，只有宗教才"迷信"这种永恒的"活"的原则。艺术家只是要揭示：他所说的这些"人"都"曾是""活"的。所谓"曾是""活"的，就意味着这个"活"是"有限的"。"有限的活"、"历史的活"，即是说，在那一段"历史"中，是"活"的。

秦始皇命建阿房宫，"始皇帝"及建宫工匠虽然早已亡故，阿房宫也已片瓦无存，但"秦始皇命建阿房宫"这件事作为"历史""事实"，却永远"在"那里；秦始皇帝命筑长城，长城固尚存留，但历经风霜当已非昔日风貌，然而"始皇帝命建长城"是为历史"事实"，不可变更。史家们研究这些"事实"之间的前因后果，分析它们在当时和长远的意义作用，作出功罪的评论……因为这些"事实"都是"人为"的，不是"自然"的，因而史家在探究它们之间的因果关系时，必定要涉及到"作者"的"动机"，譬如建阿房宫是为了享乐，而筑长城是为了抵御外族侵略，等等。

然而，一切过去了的"事实"都曾是活人做的。所谓"活人"不仅是指"有胳膊有腿的人"，也是指"有思想、有感情"、"有七情六欲"的生活中的人。"活人"要"做事"，首先必须面对既成的"事实"，而要"做事"，就是要做另一些"事"来"改变"既成的"事实"，因而人所面对的那些"事实"又提供了一定的可能性，可供人作出"选择"。在具体的时空条件下，人的"选择"是"自由"的，他可以"做"一件事，也可以"不做"一件事，但这种"自由"又是有限的、有条件的，因而它的可能性是规定好了的；人"做事"是"自由的"，但又是规定好了的，所以人的"自由"是一种"命定了的自由"，这就是历史的"命定"和"命运"。

生活是复杂的，"做人"和"做事"是很复杂的，如何运用人的这种"命定的自由"也是很复杂的。人们面对"大军压境"、"兵临城下"的抉择不是一种抽象的"自由论"所能理得清楚的困境。"兵临城下"决一死战固然不失英雄本色，但为了保护城池以及平民百姓的生命，而避免一场恶战，不顾自己背上"懦夫"、"叛徒"的罪名而决定"投降"，也还需要相当的勇气，于是历史上有些"投降"，就可以叫"起义"，叫"弃暗投明"，凡"（人）事"似乎都有"褒"、"贬"两顶"帽子"。是非功罪当有历史的公正的裁决，这里只是想说明，人所作之事，必要承担"责任"，但也不是不容"辩解"的。"人"是"自由的"，因而是要负责的，但"人"的"自由"又是"有限的"，对这种"自由"的运用是受时间、地点、条件限制的，因而对历史的"命运"又是容许"辩护"的，就像任何"犯人"都应容许律师的"辩护"一样。艺术正是要把这种历史生活的复杂性，把人的自由的有限性、相互制约性，把人的历史的命运揭示出来，向包括史家——法官在内的观众揭示出来，请他们在作出公正、无情的裁决时考虑到这种复杂性。

当然，法律不讲情面，历史的事实是铁板钉钉的，人一旦作出决定便只能化为现实，就在因果系列中增加了新的因素，必定要承担一切由此产生的后果，因而，史家的工作面对的是铁的事实，他笔下的褒贬也是无情的。但是，生活是有情的。前引席勒说，生活是严酷的，艺术是温柔的，但事实上，艺术之所以是有情的，正因为生活——一种基本的、日常的生活原来是有情的。这并不是说，艺术没有褒贬。艺术家并不是"悲天悯人"、"普渡众生"的"仙"、"佛"。艺术家像生活里的人一样，有强烈的爱憎。艺术是道德的象征，艺术家的褒贬是生活本身的褒贬，因而是更为基础的、更为普遍的褒贬。艺术家的褒贬，不是专家（史家、法官）的判决，而是普通人的判决，从专家的眼光来看，它具有普通人的判断所具有的一切优点和缺点。

于是，从思想形式来看，我们似乎有两部历史：一部是史家们写的历史，一部是艺术家写的历史。它们二者当然都是植根于历史的实际生活，但侧重点似乎是不同的。史家侧重过去的既定性，艺术家则侧重于过去的可能性。艺术家和史家都在说过去的"事"，史家把这些"事"当作既成"事实"来说，艺术家则把它们当作当时曾活着的人的"作品"来说。史家笔下的重点在"事"，"人"是"做事"的"人"；艺术家的笔下重点在"人"，"事"是"人"做的"事"。

"作偷窃之事""者",必为"贼",就像"写史书""者"为"史家"一样明白。然而为"盗贼"者中亦有各种不同的情形,亦有各种不同的"人",更不用说,历史上竟有身为"犯人"而又兼为"史家"的。"人"的一生,必定会作很多的"事",其环境、条件、动机因而作用和性质可以是很不相同的。这种情形,在生活中总是有一个基本的标准,并不常常引起太多的麻烦,因为一条最基本的生活真理就是:人不是神,人总是会犯错误的。一些人主要从事某些工作,而在做另一些事时,则时常犯错误,这方面错误大了,也会受谴责,甚至判刑坐牢,但他主要从事的工作当有公正的评定。譬如当代著名音乐指挥家卡拉扬,据说年轻时曾参加过纳粹党,但他一生主要做的事为卓有成效地把音乐奉献给人们,因而受到广大普通人的崇敬。类似的例子,古今中外皆有,因为他们所做之"事"主次比较分明,史家与艺术家的看法比较一致,未曾引起问题。但这里的问题在于:从知识上说,我们只有通过一个人的所作所为——"事"来"认知"这个人的特性——是忠,是奸,是史家,还是指挥家……但就生活中的复杂情形来看,同一件"事",或相同的"事",在不同的"人"做来,则可以有不同的意义和性质。艺术就是要把这种复杂性揭示出来。所以,从这个意义来说,即不是从纯粹的知识角度,而是从生活的角度来说,史家笔下的"历史"给人以规律性的知识,而艺术家笔下的"历史",则给人以活生生的生活的体验。

艺术家笔下要写出历史人物选择的可能性,也要写出"决断"的严重性。"无可选择"的"事"除非在特定的背景下,才成为艺术的典型题材。扑灭火灾,当义不容辞,是一条道德的命令,非救不可,一般说是不容选择的,抽象地以这种"事"为艺术题材,则不免有"道德说教"之感。但是在特定的情况下,"救火"面临着生死的抉择,或者是"仇人"家着了火,"仇人"落了水,救与不救,则就不那样简单,就有"活思想"。这是一个时有讨论的老问题,但并没有一个现成的答案。在类似的情形下,即在多种可能性的情形下,作出的决断,则其选择的"理由",是由具体的"人"和"事"规定的,什么样的"人",作出什么样的"选择",带有历史的决定的性质,虽然我们并不能在知识上推断该人在此种情况下"一定"会如何行动,但按照"这一个"人的"特点"，在某种条件和情况下他会作出何种选择和决断，是可以在情理中作出预测的。这正是文学戏剧中常常谈到的莎士比亚笔下哈姆雷特的所谓性格的悲剧：哈姆雷特只能作出那样的选择而承受那样的后果，否则就"不是"哈姆雷特。

不错，"知人知面不知心"，在生活经验中，要想准确无误地预测到对方（他人）的行动，在理论上是不可能的，但在实际上，我们总是在"审情度势"，根据主客观的条件来预计对方（他人）会怎样做。这不是理论上的科学性知识，而是存在论上的基础性的知识，即根据"这一个人之所以为这一个人"——哈姆雷特之所以是哈姆雷特，会作出怎样的选择，做出何种的事情。艺术家、文学家正是以这种最为基础性的生活经验的"逻辑"来展开他的人物的活动，在这种活动中，显示"这一个"人的性格，在人物的所作所为中展示这种生活的必然性，即"这一个"人的"历史命运"。这样，艺术中人物（历史人物）的思想、感情是活的，"人"不是"概念"、"种类"的化身，但也不是偶然的"闪念"。

艺术中的"人物"是在艺术虚拟的时空中活动的，生活中的"人"是在实在的时空中活动的。艺术之所以要把时空虚拟化，在于要保留"人"的活动的实在的规定场所和情景，而不至于成为历史记载中的概念的时空——时空的序列成为逻辑的次序。作为知识形式的时空概念是知识的条件，即使说它是一种"直观"，也是经验直观的"先天条件"；但生活的时空，是人的活动场所，是和人的活动分不开的。生活的时空，就是人的"世界"；"世"——时间，"界"——空间。"世界"不仅仅是"环境"，"环境"是知识和实用的"对象"，"世界"则与"人"同"在"。戏剧中写实的背景（布景）和虚拟背景的区别常引起争论，终于被承认为两种不同的戏剧风格，二者都得到了肯定。中国传统戏曲只设定一个非常"虚"的活动时空，甚至它的时空是演员表演（人物活动）所"创造"出来的。演员不是魔术师，不需要变幻海市蜃楼，他是通过自己模仿（或舞蹈化的动作）人物的活动来"提示"（显现）这些"活动"所需要的时空。"开门"的动作，意谓着"门"的"存在"，马鞭的飞舞，意味着马的奔腾。灯火明亮的舞台，却完全可以"创造"出"漆黑一团"的情景。戏剧艺术经验本身的日积月累，戏曲的程式，似乎成了一套特殊的"语言"（符号），需要一定的文化"训练"，才能看懂。然而，今日看到的那些虚拟化、程式化的戏曲动作，实在仍是未脱离生活本身的形式，因而毕竟不是"概念"，或特殊的、约定俗成的"符号"。在我们的实际的基本生活经验中，我们的世界是与我们的活动分不开的，我们的世界，我们的时空、眼界，随着我们的活动而不断地变化、发展和扩大。即使是最为写实的戏剧——话剧，也不可能把哪怕是室内的背景真的布置得如同真实的家庭完全一样而毫无选择，甚至电影也难以并不必做到这一点。艺术要求的"背景"是一个"世界"，而不是一个"环境"。契诃夫说过，他的戏如果在第一幕的墙上挂上一支枪，到了最后一幕总是要让它响的。

在以往的艺术形式中，"戏剧"与"历史"的关系最为密切，它好像是一部"活的历史"。"演员"似乎有点像"哲学家"。"哲学家"是把"他人""想过"的"问题""自己"重新"想"一遍；而"演员"则是把"他人""做过"的"事"在虚拟背景中"自己"重新"做"一遍。

"演员"要把"他人"的"事"虽虚拟但又真实地重新"做"一遍，则要"设身处地""揣摩""他人"的性格以及在规定情景中的活的思想感情和据此而作出的决断，即"演员"要深刻地体验、理解、掌握"角色"的历史命运。中国传统戏曲的表演艺术中有许多大演员被誉为"活曹操"、"活张飞"、"活周瑜"……就是称誉这些演员对"他人"的性格、思想、情感有很高的体会和理解以及与之相应的灵感和表现技巧。

这样，人作为一个读者、欣赏者，或一个普通的人，不光要读史书，而且要看戏，读"演义"，听鼓词和说书。人不仅要回忆、理解历史，而且要体验历史。"演义"似乎是根据"正史"敷演而成，似乎在"正史"之后；但"演义"比起"正史"来，更接近历史的生活，是更为基础的、更为基本的，因而是更为生动的历史，从这个意义来说，"演义"又在"正史"之前。

"电影"是一项伟大的发明，它似乎正在泯灭"历史"与"艺术"的界限，永远保存"历史"的活生生的画面和场景。"电影"当然也不能"改变""历史"，但却尽可能在很大程度上把"活的历史"保存下来，因而是"历史"的不易争辩的"活的见证"。尤其是近几十年来电视、录像技术的发展，在很大程度上改变着人们的知识结构和艺术趣味，迅速地扩大着人们的知识面，增加着信息量，陶冶着人们的审美情趣。

然而，电视、录像的发展和普及最重要的结果还在于更加经常地提示着一个基本的生活世界的存在，一个生动活泼的历史世界的存在，一个有血有肉的"他人"的存在，而不至于误认那"概念"的、"逻辑"的"字"和"书"的世界为真实的世界。

音乐原是将"语词"的概念的世界"还原"为"声音"的世界，使"声音"本身富有"意义"而为"诗意的世界"。这样，"音乐"和"诗"一样使那个"寂静"的概念世界（"纯意义世界"）喧嚣起来。"生活的世界"本来就是吵吵嚷嚷的，是一个"有声"的世界。"音乐"提示着那个世界的存在，从而使人们从"概念的世界"回到有声的生活中来。录音技术的发展，使得"音乐"成为可以普及的艺术享受。人们固然不必先为贵胄才得在宫廷中享受那美妙的莫扎特的乐曲，甚至也不必到音乐厅去聆听那贝多芬的宏伟乐章，音乐作品也和小说一样，几乎可以成为"案头"之物，随心所欲地将世界最有名的乐队请来演奏，如同随时可以翻阅莎士比亚的作品一样。

作为一种工具，科学与技术的发展可以有多方面的意义。西方的思想家长期以来为他们那种高科技发展给人类带来的问题和危机深表忧虑，这当然也有他们的理由。科技的发展必先将活生生的生活世界分割开来，以这种手段，来控制自然，控制生活，使人类"迷信"自己的力量，而无限发展自己的意志和欲望，以致使世界的生态失去平衡，科技上的一点微小的错误，也许会带来相当严重的后果，而人却不能保证一点错误也不犯。这个道理，由一些有远见卓识的、深思熟虑的思想家、哲学家出来提醒人们，是很必要的。然而，高科技的发展，仍有另一方面的意义，即它可以被利用来更为生动、更为普及、更为广泛、更为强烈地保存并经常提示一个基本的生活世界的存在。声像技术的发展，就极大地提供了这种方便，使人们更容易地回到这个世界，更主动地体验这个世界。只要在正确的引导下，高科技的发展，同样也有利于生活的艺术化。

记录语言的文字的发明，固然已经促进了科学技术的发展，从而训练了人的抽象的、概念的思维能力，但同时也有利于创造无数优秀的文学作品，在中国还促成了一种特殊的艺术部门的成长——书法艺术，它和歌唱一样，使概念的语词符号（文字）永远挣脱不了那诗的意境。

简短的结束语
——让生活充满美和诗意

生活充满了斗争,斗争给人带来乐趣;生活必有生、老、病、死,但生活的意义和价值不会永远失落,因为"他人"在时间和空间中延伸着这种价值和意义。"他人"是这种价值和意义的历史见证人。历史包含了过去、现在、未来。不仅"过去"规定着"现在","未来"同样也影响着"现在","过去"和"未来"都在"现在"之中,"现在"不是一个几何"点",而是一个"面",人们每天都在"过去"的规范下、在"未来"的吸引下生活着、工作着。"往者"未逝,"来者"可追,"价值"、"意义"不是碎片,而是延伸。

科学不断地变换并丰富着这种价值和意义的内容和形式,而宗教曾被认为是这种价值和意义的依据和保证。西方人从尼采开始就为失去神、失去宗教、失去信仰而如何使生活有"意义"而发愁。实际上,生活的意义不是"神"给予的,不是一个超时空、无时空的"精神实体"所赋予的,而是在时空中、有时间性的人自身创造的,是"历史"所存留下来的。因此"意义"也不是无时空的"概念",不是学说、教条和理论,而是在那历史的事迹、生活的轨迹之中,就在那山山水水、高楼大厦之中,就在那最平凡、最基本的生活之中,在那最为普通的人民的劳动和生活之中。

"人"本是"诗意地"存在着,"历史地"存在着,"实际地"存在着,"人"按照"美"的规律来创造,来生活。生活中本充满了"美"和"诗意"的"标帜",等待着那配得上"诗人"的"人"去"识别"。那崇山峻岭、小桥流水、画栋雕梁、茅屋鸡舍固然充满了诗情画意，那隆隆的机器声、风驰电掣的飞机汽车，无不有一种现代生活的气息和情趣，甚至那路边的野草小花，也是那样生意盎然，可以触发人们的情思。人生充满了喜怒哀乐，那无情的灾祸，使普通人民流离失所，但那饥荒、瘟疫、战争……无不非常强烈地提示着一个基本的生活的世界的召唤，洗涤着人们的自私、贪欲、奢侈和独断。灾祸提醒人们想起那已然失去的美好世界，去努力克服灾祸，去重建一个美好的世界，为争取一个基础的、基本的生活世界而奋斗。因此，艺术和美也并不是排斥斗争，沉醉于"无差别的""绝对"之中。我们喜爱莫扎特的甜美的小夜曲，也喜欢贝多芬的交响曲，就在恬静的田园风光中，也不免有暴风雨降临。

英雄是很值得崇敬的，但英雄之所以为英雄，正在于他是为一些基本的原则而斗争，从而使人民不失去基本的生活世界，就像"天才"并不是"超人"，而是最为基本的人一样。英雄仍在历史和生活之中。英雄当然也有失落基本原则的时候，以天下为"己用"，称雄一世，而最终为生活所抛弃，这是一种悲剧的英雄。英雄时常"失控"，以"自我"凌驾于"他人"之上，所以历史上的英雄常常有悲剧性质。苏东坡的一些词和赋，很好地写出了历史英雄的悲剧性，是很好的"清醒剂"。"悲剧性"不是悲观主义，英雄的悲剧性，是普通人的生活的肯定，是基本的生活的肯定。英雄的悲剧性在于：称雄一世的公瑾、孟德，在基本上原是和普通百姓一样，他们也都是历史性的、时间性的，而不是不朽的、永恒的。"如今安在哉！"不错，他（们）"在""记忆"、"思想"以及这些"记忆"、"思想"的"记录"中，在"书"中，在"符号"、"记号"中，而"不在"实际的、现实的世界之中。甚至他们（所作所为）的"意义"，也不是一个无时间的"概念"，不是知识性的"定理"迫使人人都要接受，而是同样在时间、历史之中，功罪都由后人评说。

英雄同样是人，同样要过普通人的生活，只是在蓬勃的野心和纷繁的事务中常常忘记了这种生活。英雄和想当英雄的人常常有那种海德格尔叫做"存在的遗忘"的毛病。科技的进展，社会的发展，想当英雄的人越来越多，这种"遗忘症"也就越来越流行；但是当英雄回到了生活时，生活对他就立刻显得美好起来，就会对他显示"诗意"。曹操也作诗。说来奇怪，这样一个驰骋疆场不可一世的英雄，写出来的诗却充满了悲凉的意味。"譬如朝露，去日苦多"、"绕树三匝，无枝可依"。一方面，他的基业显示了他统治四海的雄心和野心，另一方面，他也深深懂得人的有限性和"四海"太大反倒无以为"家"这样一些最基本的经验和最基本的道理。在这些经验和道理面前人人平等，帝王和百姓一样，只是帝王将相要想起这些道理、体会这些经验则需要多作努力，需要有更多的自觉性和更多的洞察力。曹操就是中国历史上具有这种穿透力和洞察力的一位英雄人物。更为普遍的情形是那些帝王将相在相当失意的时候才想起一些为人的基本道理，想起那基本的生活经验。宋代政治不稳定，宦海沉浮，苏东坡在贬谪时写出了不少好作品，体会出赤壁鏖战亦成过眼云烟，而与渔樵于江渚之上也一个样子，固为传世之作，但比起曹公的诗来，却多了点"牢骚"的味道。

人民群众是历史的主人，对"我"来说，"人民群众"是"他人"，"他人"是"主位"，"我"只在"宾位"，"我"生活在群众之中，生活在"他人"之中；"我"的眼睛里有"他人"，"我"的眼睛里也就有"美"，"我"的"世界"也就有"诗意"。"我"的"世界"是一个"生活的世界"，是一个"活"的"世界"，因为"他人"是"活人"；"历史"是"他人的历史"，因而也是"活（人）的历史"，或曾是"活（人）的历史"。残垣断壁已不避风雨，但那里曾住过"活人"，"我"看到这些陈迹，似乎就"看到"曾住在那里的人。风花雪月不仅与"我"有关，而且更与"他人"有关。天边的月亮，照着"我们"，也曾照过"他们"（古人），也还会照"来人"，尽管在知识上并不否认月球会有何种变化，然而"不废江河万古流"，是生活世界给我们提供的视野，而不是一个知识性的判断。生活的视野展示了的"未来"，天边的月亮已为"古人"作"见证"，也会为"今人"向"来者"作"见证"。从这个角度看世界，看自然，无处不可发现美，无不富有诗意。

"忘记""美"、"失落掉""诗意"，就是"忘记""他人"，"忘掉""我"与"他人"原本是一样的。"物我两忘"、"物我交融"常被用来说明诗的境界，然而"我"不可能真的与"石头"、"树根""相融"，但"我"却可以而且应该与"他人""相融"，"他人"是"我"与"自然"交融的契机，因为"我"与"他人""同在""一个世界"中，"同在""历史"的长河中。通过具体的交往——包括各种形式的"斗争"，"我"与"他人"的和谐一致，就是美，就是诗。至此，西方古典主义美学关于"美的和谐论"，当有一种新的解释、新的内容。

"我"投身于"他人"之中，"我"因和"他人"一样，所以是一个"平常的人"，表面上看，可能是"平庸的人"，但绝不是"庸俗的人"，就其以"他人"为"主位"的态度言，恰恰是"高尚的人"。"诗人"当是这样的"高尚的人"，也是"平常的人"。只要人们不会完全"忘记""他人"，不会完全"忘记"自己原本是"平常的人"，美和诗意就不会真的失落。

1989年8月5日于

中国社会科学院哲学研究所完稿

主要参考书目

马克思、恩格斯:《德意志意识形态》。
马克思:《经济学——哲学手稿》。
毛泽东:《在延安文艺座谈会上的讲话》。

亚里士多德:《诗学》。
康德:《判断力批判》。
黑格尔:《美学》第一卷。
海德格尔:《存在与时间》。

钟嵘:《诗品》。
王国维:《人间词话》。
李泽厚:《美的历程》。

作者附言

感谢人民出版社的朋友使我有一个机会把平时的一些零星想法贯穿起来，一口气地把这些想法写（说）了出来。为了不打断自己的思路，这本书没有引文；为避免"掠美"之讥，则尽量把什么意思是什么人说的指明出来，但不管是谁说过的话，也都是我自己思考的一个部分，用得对错，当然都由我自己来负责，因而虽把别人拉扯上，也并无推卸责任之意。这样的写法，固然是为了不打断自己的思路，同时也避免用一些引文来打断读者的思路。

对于"哲学"来说，"思"是最重要的，关于"美"的"哲学"也不例外。"哲学"的"思"，不是空想、幻想，虽是理论的，同时也是很实际的，是根据实际的"材料"来"思"，而实际的"材料"只有通过"学"才能得来。我们要"学"他人""何所思"、"如何思"，"思"要有"内容"，"言"要有"根据"，不是"胡思乱想"。"思"要有"史"的根据，对"诗"的"思"，也不例外。这是本书作者自己努力遵守的一个原则。

通俗化是一个困难的问题。一方面，从学科言，一门学科要相当成熟后才能以通俗的形式出现，而"美学"是比较新的学科，其成熟程度似乎尚不能达到可以通俗化的层次；另一方面，"哲学"又常被认为很艰深、玄奥的，似乎注定不容易通俗的。其实，读了本书，读者就会发现，哲学本是讨论最为基本、最为普遍的道理的学科，所以哲学的难处在于它本就在"通俗"的层次上，因而无法"再""通俗"了。"哲学"是最普通的、最一般的"思"，只有对那根本不愿意"思"的人，才是玄奥的。

当然，虽然人人都有"思"的能力，但对"思"的兴趣有时却是要大声疾呼地去"唤醒"的。本书如能在这方面发出一点声音，起一点作用，也就别无奢求了。

任何别人的"思"都只是你自己"思"的"材料"，别人代替不了你自己"思"，本书也是读者思考的材料，读者要有自己的"思"。本书作者特别欢迎读者把自己所"思"、所"得"告诉作者。

作者
1990 年 1 月 11 日于
中国社会科学院哲学研究所

| 无尽的学与思 |

作者简介

叶秀山

1935年生。祖籍江苏镇江。1956年毕业于北京大学哲学系,现为中国社会科学院哲学研究所研究员。主要著作:《前苏格拉底哲学研究》(三联、人民出版社1982年)、《苏格拉底及其哲学思想》(人民出版社1986年)、《思·史·诗——现象学和存在哲学研究》(人民出版社1988年)、《美的哲学》(人民出版社1991年)、《书法美学引论》(北京宝文堂书店1987年)。

代前言

光阴似箭,算上北大哲学系的四年学习,我与"哲学"结交已经整四十年了。四十年对研究"哲学"这门深邃的学问言,是很不够用的,但对一个人的生命来说,也不算太短了,所以有的朋友要我写点小结性的东西。想了一下,用时间顺序来带动问题的讨论,也许是一个比较方便的办法。下面就是按这个路子写的一篇工作小结。

一、初次结识"哲学"

现在一些认识我的朋友都说我"很用功",我自己也觉得在像我这个年龄的人中,我大概算得上是"勤奋"的;但我从来都不是一个用功的学生。这就是说,我上学时期从不是一个"好学生"。

我是独子,上学时没有兄弟姐妹比着,但我和表姐表兄住在一个楼里,一起上学,他们的学习成绩一直比我好,我常常因不如他们而受到父母的训斥。我读中学时的成绩一直是勉强"过关",最佳纪录考到"乙班"(成绩最差的那一班)的第六名,父亲就高兴得不得了,给我到大商店量体裁衣地定做了一套小西服以资奖励。不过,我那时并不调皮,之所以不用功,我后来解释为"开窍"开得晚。

然而,就在那些糊里糊涂的日子里,有几件事可能与后来的发展有关。譬如，有一个时期，我竟会对"平面几何"这门课有些兴趣。也许是老师好，讲得清楚，总之我很爱学，常设想些问题去问老师，老师当然很喜欢，曾在班上表扬过我。我想，这对训练推理有相当的帮助，可是当时并没有意识到，这个思想途径竟有与古代希腊人相契合的地方呢。

另一件事是和哲学有直接关系的，就是我高中时的一位老师竟是从德国留学回国的一位哲学博士，而且主科就是学哲学的。因为刚解放就回国，当时周恩来总理关于知识分子的报告还没有做，就被分到中学教"解析几何"，但毕竟是学哲学的，所以就在教员中组织起了学习毛主席《矛盾论》的学习小组，我被吸收旁听。那时尽管我一点也不懂书上和老师们说的是什么意思，但觉得挟着两大本《列宁文集》作参考，非常神气。

就这样，我才在大学所考志愿上填上了"哲学"。

我1952年入北京大学哲学系，那是院系调整的第一年，当时系里集中了全国绝大多数的哲学教授，但他们却很少直接授课，有些课请一些比较年轻的老师讲，有的还是从外校请来的。我在一、二年级时仍是稀里糊涂，课堂讨论很少发言，因为我弄不懂为什么"无产阶级专政的必要性"这样天经地义的事，也要"论证"它。到了三、四年级稍好些，学得了一些考虑问题的"方法"，应付测验、考试这类的事，不太困难了，但要问起到底对"哲学"有什么兴趣，仍是说不上来。

不错，那时我认定了我喜欢"美学"，因为我自己觉得我喜欢文学艺术，实际上这种"兴趣"很主观、很抽象。现在我很庆幸我在完全没有思想准备的情况下，选了一个"康德先验论批判"作为毕业论文的题目。因为尽管这个题目没有做好，但却把我拴在了"西方哲学"这个专业的"战车"上，而且因此被贺麟先生选到了刚成立一年的哲学研究所工作。

贺麟先生是我哲学研究上的最重要老师，他对我的影响是永久性的。一方面，贺先生在许多具体的问题上，甚至包括像专业外语学习这类技术性问题上，都给予了我直接的帮助；另一方面，也是更为重要的，他给我树立了一个学人的榜样，即他研究哲学不仅仅是专业性的，不是将哲学作为达到另一个目的（专家、学者、教授、名人……）的工具，而是对哲学问题本身充满了兴趣，哲学成了他的生命的一个部分。

应该说，我的老师们中有许多成就很高的哲学家，其中有些学术地位不在贺先生之下，但作为学人风格并不相同。哲学对这些老师来说是"工作"，是"专业"，因为他们同样并不把它当作一种手段，而对它持一种敬业的认真态度，也保持着一种神圣性，但和贺先生的风格和境界不同。我似乎更自然地就倾向于贺先生那种态度，所以我一直很注意将专业和生活分开来，拉开一点距离，免得再像贺先生那样说出"可以和妻子离婚，不能和黑格尔离婚"如此重感情的话来。

不过，尽管如此，我仍觉得对于专业本身要有一种出自内心的兴趣，因而专业本身应该就可以构成一个目的，而不是达到另一个目的的手段。"哲学"有那样浓厚的历史基础，有那末多有大智慧的人对它作过研究、思考，是很值得我们去追求、去爱，对它发生兴趣，"哲学"本身就可以有"吸引力"。

现在一些哲学流派指出，"人"是不可规范的、活生生的，一切想把活生生的"人"规范为某种"类型"的，总不免过于简单化，这当然是有很深的道理的。不过，我觉得，"人"是"活"的，"哲学"同样是"活"的。"哲学"不是一门"死学问"。过去西方哲学传统形而上学，不仅把"人"看"死"了，而且把"哲学"也看死了，想构造一个（或各种）概念体系一劳永逸，或在概念中变化体系，则走入歧途。如今揭发这种错误，是很有意义的；但因为它"活"就觉得"不可把握"，甚至否定"哲学"，或使之"终止"，则窃以为不然。

"哲学"的问题,都是"活"的问题。即不是封闭的问题,是可以长久问下去的问题,所以"哲学"不仅可以进入"人"的"工作",进入"人"的"专业",而且可以进入"人"的"生命";"哲学"可以是一个人的"活"的"存在方式"。

"我"是"谁"?"哲学""塑造"了"我","我"与"哲学""同在";"我"的"生命"的历程,也就是"我"研究、思考"哲学"的过程,是"哲学"如何"塑造""我"的过程。

二、想有一个"体系"

我们这一代人,学习西方哲学,主要是学习西方的古典哲学,特别是德国古典哲学,因为它是马克思主义哲学的来源,集中研究它,不会被认为在选题上就错了。到哲学所后一个相当的时期内,我跟贺先生学德国古典哲学,因为我毕业论文是康德,所以除了读黑格尔的书、听贺先生讲黑格尔的课外,我的重点仍在康德。

不过,最初我学德国古典哲学同样很不用功,我当时的兴趣仍在美学,只是听了贺先生的话,已经意识到应该将古典哲学的学习,与艺术问题的思考结合起来。正好那时贺先生在《人民日报》发表一篇批判朱光潜先生的文章,他批评克罗齐的直觉主义比起别的文章来,就更多哲学理论的深度,我觉得自己也应该向这个方向去努力。

这个思想基础是贺先生给我打下的,但真正按这个方向去做,则是1961年以后的事。那时我参加高校教材《美学概论》的编写工作,在四年的编写教材的工作中,使我进一步看到了"哲学"的力量,无数的讨论、辩论、修改,更加印证了贺先生的话。那个阶段我看到美学离开哲学,离开哲学的美学,不容易深入下去。

按当时的理解,哲学的强处在于它有一个"体系",这个"体系"的各个"环节"之间,都有很强的逻辑联系,因而各环节有一个坚实的地位。艺术、美学问题当然是这个哲学体系中的一个环节，从总的哲学体系来理解它们，就会更清楚、更深入。

譬如康德①，他并没有多高的艺术修养，但从他的"哲学体系""引申"（推论）出来的那些美学思想，不管同意与否，都有很持久的影响，是研究美学问题所不能忽略不计的。这显示了哲学本身的力量。更不用说黑格尔，他对造型艺术和戏剧艺术本身亦有较多的研究，他的"美学讲演录"是我们当时经常阅读的参考书。

当然，既然要谈美学，懂一两门艺术还是很重要的，我一直不赞成"身无一技之长"地来搞美学。我当时以"戏剧"为基础，围绕中国古典戏剧——主要是京剧，来搞一个小的"美学体系"，于是在这方面写了一些文章，集了一个小册子，现在还有些朋友记得它，我感到欣慰。

那个阶段，有两篇论文可以谈谈：一篇是1963年2月23日在《文汇报》以整版篇幅发表的《论话剧艺术的哲理性》，另一篇是本拟发在《哲学研究》杂志但被压下来直到1981年才发表的《中国戏曲艺术的美学问题》。这两篇文章是一个思路，即试图用德国古典哲学的精神来理解戏剧中的问题，特别是话剧与中国戏曲的区别问题，提出一些理论上的说法，现在看有明显"生搬硬套"的痕迹，融贯的功夫很浅，但在当时是一种"奇谈怪论"，而且把中国戏曲看作"古典"类型，已违背"现代戏"的原则，差一点挨批。

现在之所以提到那两篇文章，只是看重那一点尝试的精神，即从一个哲学的体系去理解艺术，从而使对艺术的理解本身也体系化。这样，艺术就不仅仅理解为一种独特的现象，而且成为人类精神文明系统中的一个环节，是人的精神生活的一个部分，从而同样是人的"生命"的"存在形式"。

---

① 康德是不是一个"体系哲学家"现在可以有不同的理解，但当时普遍认为康德有一个"哲学体系"是确定无疑的。

我们将会看到，从古典哲学、古典精神入手研究哲学，也会有些局限，即对西方哲学的现代发展，注意不够。回想起来，当年我们这代人中最先进的人物，可能也就是跟踪到"新康德主义"，或者兼通一些逻辑实证主义，我们对西方哲学五六十年代的情形所知甚少，这当然是个很大的局限。不过，凡事有一利就有一弊，有一弊也就有一利。我觉得，我们这代学哲学的人对古典哲学的基本功夫，是下过一些的，特别是对18—19世纪德国古典唯心主义的功夫，可能比英语国家的某些哲学家还要好一些。这也是长期让环境逼出来的好事。

三、钻进古代希腊

这已是"文化大革命"里的事了。这场"大革命"，是中国历史上一个非常奇怪的时期，因急剧的旋转，许多人在一昼夜之间可以折几个跟头，变几回面孔。一些身心强壮的人，不怕折腾，折腾一次增长一次见识，仍然"根正苗红"；我自己经受不起，就想偷偷做点自己的事。自从起了这个念头，"文化大革命"对我却展显了另一种"意义"：它为我提供了一个相当长的"空白（余）时间"。这次"文化大革命"的时间，足够上好几次大学的。

首先，我的外语得到了充裕的时间自修。

现在大家都认识到，学习哲学——无论学习哪个分支，都需掌握至少一门外语。可是我们学习的那个时代，哲学系的学生并不重视外语，社会上研究哲学的，也不重视借助外语，甚至研究西方哲学的，也有不太懂外语的。倒不是大学哲学系没有外语课，也不是进了哲学研究单位没有条件学，而是没有感到一种迫切的需要。所以，尽管贺先生等所里一些老师们为我们讲过专业英语，开过德语班，所里还出资到外面找英语老师进修，前后花去不少时间，但一直没有"过关"——当时只要求"阅读"过关；直到"文化大革命"腾出了"空白时间",才将这一课补上,英语也有了一些基础,并学了古代希腊文和一点拉丁文,虽然都谈不上"好",但对于中国人研究西方哲学来说,也勉强说得过去了。

我研究古代希腊哲学是和学习古希腊文分不开的,同时在学术上也有一个"专业化"的过程。

"哲学"本是一门"思想性"的学问,但迄至"文化大革命"的"经验"表明,光搞"思想性"的东西是很危险的,因为你认为很有"思想"的东西,很可能被批判为"错误"的,甚至"反动"的;"哲学"作为一个"专业"来搞——作为一个"工具"来搞,似乎更稳妥些。"工具"甚至比"目的"更长久。以"工具"作"目的",作自身的"存在方式",以谋求自身的"存在",是"保护性"的,在当时不失为一个较为"聪明"的选择。"哲学"中,或"西方哲学"中,"专业性"最强的,大概要算"古代希腊哲学"了。一方面,"西线无战事",因为当时最高层次的政治领导不太注意"西方哲学",特别是"古代西方哲学"的问题,所以这方面的专业学术问题不容易变成"政治运动";而"中国哲学"则是他们所熟悉的,所以"儒家"和"法家"这样很专业的问题,竟然也会成为一场"批判运动"。我觉得,"古代希腊哲学"离当时中国政治实在太远,做这方面的工作可以避开政治锋芒。我这样做只是当时"逃避政治"这个学界的普遍风气的一个例子。

不过,对古代希腊哲学的研究使我尝到了当"专家"的甜头,我的第一本研究古代希腊哲学的书(《前苏格拉底哲学研究》)出版后,一般认为够得上专业学术水平。

这本书我的功夫下在对原始材料把握方面。好在前苏格拉底哲学都是些残篇,数量不是很大,我可以根据Diels的书作底本,对照当时能找到的别的本子,包括英文、法文的译文,逐条核对,有了一些想法,然后再读当时能找到的参考书,看看德国、英国、法国、美国的学者是如何谈论的，再修正、补充我自己的看法，力求使自己的说法言之有据。

应该说，这本书在思想、理论上的树建较少，它的立足点是历史主义的，力求从古代希腊的历史背景和原始材料体会古人的"本意"，所以我也注重古代希腊社会方面的材料，阅读了一些记述希腊社会的书，对古代希腊的奴隶主民主制有些分析。我觉得不要过于美化那个奴隶主民主制，否则对苏格拉底、柏拉图哲学的社会意义就不容易有持平之论。

在这本书中，我当然也要处理一些理论上的问题，像古代早期的一些哲学范畴，阿那克西曼德的 ἄπειρον，赫拉克利特的 λόγος，巴门尼德的 ειναι，ουτος，还有芝诺的那些可恶的悖论等等，都是很困难的问题，在这本书中我所能做的，也只是历史性方面的，还谈不到什么理论深度。这本书出版后，有两位同事含蓄地有过批评，都是觉得理论性、思想性不够意思，他们的眼光很敏锐，也很严厉。

其实，我自己心里也很明白，我也正在努力弥补这个缺陷。这是我在写《苏格拉底及其哲学思想》这本书时所要加强的方面。可是这本书远未完成，我就到美国进修去了。

四、涉猎西方现代哲学

我在美国两年，刚去的时候可说"两眼一抹黑"，因为那才是改革开放的初期，到外国要花很多时间去适应环境，专业方面的进步觉得很不理想。在那里我仍学习古代希腊哲学；后来觉得，既然来了，似乎也应该学点当代的哲学，所以就念起维特根斯坦来。这是我接触现代西方哲学的开始。

维特根斯坦的书当然是很吸引人的，我读了他的《逻辑哲学论》和《哲学研究》，被他那种快刀斩乱麻和穷追不舍的精神与勇气所慑服，感到现代哲学中也有好东西，于是就从历史角度写了一篇文章，主要是把维特根斯坦和康德比，说他的《逻辑哲学论》像康德的《纯粹理性批判》，《哲学研究》像《实践理性批判》，回国后用中文改写，发表在商务编的《外国哲学》上。这篇文章当时就有同事批评说对比不当。这个批评当然很正确，现在看这篇文章的观点已不足取，只是我从此就喜欢上了维特根斯坦，并开始更广泛地接触西方现代哲学。

从美国回来，一方面我把关于苏格拉底的研究做完，出版了《苏格拉底及其哲学思想》。这本书在理论方面有所加强，像对"辩证法"的研究，就在历史与逻辑统一的探索方面进了一步；但总体说来，仍然是侧重历史性的研究方面，这明显地表现在关于"理念"问题的讨论上。另一方面，回国后我多了一件事，即想了解现代的西方哲学。这本来只是多了一个兴趣，没有觉得和希腊哲学、古典哲学有多少联系。

起初，我想从维特根斯坦这个路子搞下去，因为觉得这部分较难，不如先从大陆哲学晚近思潮入手，想较快地把这个系统过一遍，然后集中力量攻分析哲学这个系统。于是就改读从新康德主义以来的现象学的书，不想，这一发就不可收拾，至今还没有回到原先的计划上来。

新康德主义的书比较好读，因去"古典"不远，到了胡塞尔就感到有很大的阻力，觉得难以接近。可能我入手有点问题。我先读他的《逻辑研究》，因难太大，所以现在我让学生先读他别的书，可能容易得要领；但我不认为胡塞尔《逻辑研究》像康德"前批判"时期的著作，因而是必读的。

这样，我循序读了现代现象学的一些书，读一部分，写一部分，后来写成了《思·史·诗》出版。

写完这本书后，我感到自己的思想有了一些依傍，有了一些自己的心得。起初，这本书我想把它用两种方式写，一方面介绍哲学家的生平学历及有关著作的学术活动，用小字排印；另一方面写自己的研究心得，用大一点的字形排印。可是实际上没有这样做，原因是我没有耐心去做第一项工作，所以就写成了现在这个样子。这个情形说明我已失去在做古代希腊哲学时那种"专业"化的兴趣，而更愿意讲述自己的意思。这两年来，这种倾向更是变本加厉。我写文章不大愿意用引文，以致在港台的学术会议上有人觉得我的论文不合"国际惯例"，所幸他们都还看重我论文的内容，并不拘泥于形式。这是我这几年来思想和文风方面的一个变化，似乎并不是故意要这样做的。

这本研究现象学的书之所以取书名"思·史·诗"，是因为我觉得西方哲学自现代现象学即胡塞尔现象学后，特别经过海德格尔，"思想"、"历史"、"诗"就更加明显地被置于同一个层次来理解。我们知道，现象学的思路在黑格尔那里就很明显，但他的绝对理念论是有等级的，"诗"处于最低的层次——当然，我们可以理解为处于最"基础"的层次，这可以开出另一番境界；而海德格尔才真正将这三者统一起来，并将三者统一的基础置于"历史"。Dasein 是历史性的存在。西方哲学传统理解的"存在"是抽象出来的"概念"，而海德格尔的 Dasein 虽亦是 Sein，但却不是抽象的，而是具体的、历史的。这是海德格尔从胡塞尔现象学的基础上创造性地开发出来的思想。

海德格尔的"历史性"思想本身亦有两面：一方面它是摧毁性的，它强调思想的具体性、有限性；另一方面却也有继承性，有限的思想逃不出历史的"命运"。前者发展出法国"后现代"哲学，特别是德里达的哲学，后者则有海德格尔的学生伽达默尔的"解释学"。在完成《思·史·诗》后，我对这两方面的发展都作过一些研究，写过一些论文。

比起"后现代学派"来，"解释学"显得传统一些，我在《评伽达默的美学观》这篇文章中谈到伽达默尔把海德格尔的思路拉回到康德的《判断力批判》，固然很有见地，使海德格尔的"诗"有了一个坚实的历史思想基础；但原本颇有黑格尔"具体共相"的"思"，则失去其光泽，我想这亦非海德格尔之初意。

以德里达为代表的"后现代派哲学"态度非常激进，他们批评海德格尔自己对传统形而上学否定得仍不"彻底"，"思想"和"艺术"仍可有自己的独立的系统，即"意义"自身的系统，而在他们看来，"意义"本身是断裂的，只有横向的关系，纵向的系统只是一种人为的"假象"，哲学的任务就是要将此种人为的"结构""解"掉，还其本来面目。

德里达的书很难读，我费了很大气力才写了一篇文章《意义世界的埋葬——评隐晦哲学家德里达》。后来我又读福柯的书，研究他的"知识考古学"，认为他解释"考古学"和"历史学"的关系，很有启发，就写了一篇文章来讨论它。写完这两篇文章后，我发现，我应该再写一个叫"在思·史·诗之外"或"超越思·史·诗"这类题目的书。

可是，我没有写这本书，除了实际上我挤不出时间外，我的思想上也有另一些考虑。

五、重新重视古典哲学

还在我集中研究希腊哲学时，我就感到西方的学者也有顾了史料顾不上思想的偏向。专业的古典学者侧重史料考订，而瞧不起哲学家从思想理论上的探讨，尼采是一个被批评的例子；海德格尔对希腊哲学有大量的研究，却很少被古典学者重视，也是一个例子，我曾就这个问题写过一篇小文章，希望二者能够结合起来。

逐渐地，我感到不仅是研究希腊哲学有这个问题，整个西方哲学本身确实存在着一种"问题"之"延续性"，即观点、理论可以对立、否定，但讨论的"问题"却是相当"同一"的。这就是说，历代的西方哲学家，在"继续"讨论着他们的"问题"。这个想法，在我读到胡塞尔说他的"理念论"正是说了柏拉图当年想说而没说清楚的问题时，更加受到鼓励。正是在这个思想下，我才决心集中一段时间研究西方的现代哲学，而暂时不接着写希腊哲学中柏拉图、亚里士多德部分。我相信，在我把握了西方现代哲学精神之后，柏拉图、亚里士多德部分会写得更好一些。

这样，我的眼光就从"后现代"的"断裂层"又回到思想的"贯通"方面，从而发现当代西方除"后现代"那些激进的思潮外，尚有列维纳、利科诸家，沟通着哲学的历史和现状，并且同样与海德格尔有密切关系。

海德格尔的思想是"批判"的，同时也是"解释"的。说它是"批判"的，是因为它强调 Dasein 的有时限性，即有限的；说它是"解释"的，是因为 Sein 不是 Seiende。海德格尔的 Dasein，就其为"有死的存在"言，是典型的希腊传统。我觉得，古代希腊民族是世界民族中最能看透"人是有死的"这一真理的民族。当然，希腊及其影响下的西方哲学传统着眼于以"科学"、"理智"来维系"有死的人"的延续问题，而海德格尔则直面"有死者"的"死"的问题。希腊传统认为"死"是"自然"的，因而甚至对"思想"（灵魂）是一种"解放"；海德格尔则强调"死"只有"人"才有，所以"死"是一个新问题，现代的问题。

以希腊哲学为基础的西方传统相信，"科学"、"知识"可以弥补"有死的""人"的局限性，任何"科学"都具有普遍性、永久性；"哲学"是最基础的科学，所以它也是永恒的科学。现代西方哲学某些思潮，特别是"后现代"思潮认为一切"科学"都只能是"死"的，因为"科学"离不开"概念"体系，"概念"体系是先分割开来，然后再联系、组合起来的。"概念"体系用以研究"自然"，因为"自然"是"死"的，故颇为有效；但"人"却是"活"的，"人"不可"概念化"，因而不可能有一个"概念"体系来把握"活生生"的"人"。于是就有"人文社会科学"如何可能的问题。我写了一篇《"现象学"和"人文科学"——"人"在斗争中》的论文，试图讨论这个问题。我认为应该肯定"人文科学"的可能性，试图用"科学"的形态来占据那被"宗教"占据的地盘，因为那知识、科学之外"活的存在"则为信仰性、宗教性观念之避风港。

当然，承认"思想"、"科学"的普遍性、永久性，并不一定要回到传统的形而上学体系，只是不主张把此种体系完全当作错误而抛弃，而对它提出的问题重新加以认识，这种"重新认识"，自然也应考虑到从康德《实践理性批判》以来包括实存主义、海德格尔以及德里达诸家的问题在内，即，我们如何使"自由"（活）也有一种特殊的学科来加以讨论、研究，使人们有一门关于"自由"的讨论、研究的历史。

在这个思路下，我对于"生"、"死"，"时"、"空"等问题有一些自己的考虑，借题发挥，写了一篇文章《关于"文物"的哲思》发表在《哲学研究》杂志1993年第3期上，主要是强调"时间"、"生命"之"延续性"，而这种"延续性"对于"有死的人"来说体现在"思想"、"意义"在讨论、对话、否定、肯定中得到"存留"，所以"文物"、"文献"（包括哲学的书籍）都"可以"是"活"的。

生命之"延续性"的角度看，"否定"、"批判"是"生命"的表现形式，所以我们可以从哲学史上各种论争中看出其中的"继承性"和"延续性"。费希特批评康德，但他最初的著作被误认为康德所作；黑格尔、谢林又批评康德、费希特，提出"绝对"来"统一"主客，而黑格尔《精神现象学》却是那个在康德那里不可显现的、纯思想的"自由"的"精神"的历程。海德格尔与胡塞尔分道扬镳，但始终承认与现象学的关系。就历史的眼光来看，胡塞尔有点像康德，而海德格尔有点像黑格尔。

思想走到这一步，我觉得整个西方哲学，只要是认真的、有水平的、不是胡说的，则都是可以"贯通"的。所以，除了目前手边工作必须重新研究希腊哲学外，我总想再重新好好阅读德国古典哲学的书。不仅西方哲学本身是"可以""贯通"的，而且中西哲学、文化也是"可以""贯通"的。

我不敢说自己也要研究中国哲学，有一位朋友几次问我是否也要搞中国哲学，我都回答说"谈何容易"。中国的学问，博大精深，一个人精力有限，何敢谈"研究"。不过作为一个中国人，我当然也很关心中西文化沟通的问题，而且我认识中西两种文化固然有许多很重要的不同处，但就其基础而言，仍是可以沟通的，亦即双方对其"不同处"，都是可以"理解"的。

中国人能理解"西方文化"，现在大概已无多少疑问，当然深度、广度或有不够的地方；西方能够"理解"中国文化，或"需要""理解"中国文化则要有些论证。

譬如，西方没有"书法"这门艺术，中国人如何说得西方人也能"理解"它，就要下点功夫，用他们能懂的语言、思路来向他们"解释"。我写过一本书《书法美学引论》，试图做这方面的工作。近来应一个杂志的邀请，写了一篇短文章叫《有人在思》，用以阐发中国书法的"意义"。一位美国朋友说，中国的书法就像他们的"抽象派画"一样，我说抽象派画是几何学式的，而中国的书法则不是，就其作为"刻痕"（用海德格尔、德里达的词语）言，却是很"具体"的，我的文章题目叫"有人在思"，你看，"有"、（"人"、）"在"、"思"这些海德格尔等常用词都有了，就是那"思""什么"的"什么"还"虚"着。可惜这些文章不容易译成英文，否则就更容易交流了。

我这方面的工作因受到一些朋友的鼓励，以后或许还再做一些，以尽一个中国学人的责任，不过仍然不敢自称"研究"。

※　※　※　※

"人文科学"德文叫 Geisteswissenschaften，Geist 是活泼的，不

安定的，它不断地提问题，不断地探索。希腊人告诉我们，ψυχή-Geist 要与 νοῦς-Vertehen 相结合，Geist 要受 Wissenschaft 之制约，是为 Vernunft-reason，则是古典之精神，是古典哲学之精髓处。

"人"是"有死的"，但"精神"却可以"长存"，这不是迷信，不是宗教的"灵魂不灭"，因为"精神"凝聚在"理智"、"科学"的形态中，"智慧"的产品可以"存留""精神"，并"激发""另一个""智慧"。"我"自己的工作（理智性工作），都是在"别的""智慧"的激发下做的，所以首先是"学"，至于是否也能做出一些"智慧"的工作来激发"别人"，则非敢妄断。不过"生命"既然与"思"不可分，则有生之年当继续"学"与"思"，"学"如何去"思"。

在我来说，"学"、"思"之间，"学"为先。我做学术工作也像我写字一样，我写字绝大多数时间是"临帖"，不大自己乱划；同样，我的工作大部分时间是"读书"，读到真的"有话要说"——"话"让我"说"时，才写点什么。这也是因为我读书少、临帖少所造成的习惯，不足为说也。

"现象学"和"人文科学"
——"人"在斗争中

一

西方哲学的最初形态被亚里士多德称作"自然哲学",就是泰利斯、阿那克西曼德等人的学说,到苏格拉底才把那"认识你自己"(知己)作为哲学的原则来思考,他思考的结果,是把这个"自己"理解为一个普遍的、抽象的、概念的原则,这就是他和柏拉图的理念论。那么,实实在在的"人"在哪里?有血、有肉、有思想、有情感的"人"在哪里?就古代来说,在宗教里;或者还可以说,在艺术里。西方的由希伯来人为源泉的犹太-基督教精神里以"人"为核心,有自己一套思路。"上帝"是"人"的"升华","他"不是一个概念,不是抽象的,而是具体的、人格的。"上帝"必定是一个很特殊的"人"。而在古代希腊世界,当哲人们在讨论"自然"、"心灵"、"辩证术"时,诗人们却在体验并表现着"人"的自身的自由和历史的命运问题。

以批判中世纪神学为己任的近代哲学家要把那个"人"从宗教中解脱出来,成为哲学思想中的一个环节——或者是核心环节,产生了许多积极的成果。所以福柯说,尽管人们说了一千多年的"人"的问题,但作为一个实实在在实体性"人"的"问题"的提出,不足两个世纪。这话就哲学来说,自然有些道理,因为在宗教里,"人""升华"成的"上帝"是信仰、崇敬、爱的对象,不是一个理智性的问题。

笛卡尔是欧洲近代哲学的奠基人,至今西方哲学尚未能完全绕开"我思故我在"这一命题。"我思故我在"应完整地来理解,不是纯粹的"我思","思"是"在"的逻辑条件,是"在"的保证,笛卡尔的着眼点不仅在"思",而且在"在",这一点是和康德不同的。康德不赞成以"思"论"在",把"思"和"在"分开来说,"在"成了"物自身","我思"也就成了抽象的、空洞的"先天原则"。所以那个实实在在的"人"的"问题"使康德很困惑,他在"能够"、"应该"、"希望"之后,提出一个"什么是'人'"的问题,而这个问题在康德思想中不可解;不过在《判断力批判》中我们看到这个问题的展开。"美"和"目的"使"我自体"和"物自体"成为人们生活的"世界"。我感到,一切称得上"现象学"的学说,都不能忽视康德的《判断力批判》。在"美"和"目的"世界中,"本体"和"现象"(表象)的坚硬对立消解了,"人"不是抽象的先天原则的化身,也不是抽象的道德命令的化身,而是有喜怒哀乐的生活在世界上的"活人"。"美"和"目的"就是现代现象学所说的"意义"。

"意义"不是"概念",也不是"感觉",而是世界向人显现出来的那个"样子"(models, forms, 等)。在这个理解下,"意义"也不是一般的价值,不仅仅是实用的或道德的关系,因为实用侧重于感觉,道德侧重于概念,"应该"也是一种"概念"式的思想方式。

"意义"的世界就是"人"的世界,是"人""看出来"的世界,而"人"是按世界向我们"显现"出来的那个"样子"来"看"它的。如何理解这"样"的世界,是现象学要思考的问题。

"现象学"是黑格尔创体系著作的书名,也是他批判康德哲学、改造谢林哲学的成果。黑格尔的"世界"已不限于康德所谓"艺术"和"目的"的世界,而是人的"精神"的历史世界。黑格尔赋予了"精神"以具体、活泼能动的意思,但这个"精神"在他的学说中其归宿仍然就是概念式的普遍性——绝对理念。

为挽救"精神"这种活泼的性质,狄尔泰以"生活哲学"为基础提出"精神科学"(Geisteswissenschaften),这个"精神科学"后来被中文和英文译成"人文科学"(human sciences)。人文科学和自然科学不同,前者是"活科学",后者为"死科学",德文的Geist原本有"生动活泼"、"活跃"这类意思在内,像我们中国人说的,是"活泼泼"的东西;或者当我们说"一颗跳动着的心"时,也含有那个意思。

"活泼泼"的东西能不能成为"科学"?这是西方哲学进入现代以来的一个大问题。

现代西方是一个科技发展的时代,"死科学"的蓬勃兴盛,把"人"挤到了一个微不足道的地位。人成了"机器"的附庸,但机器却是人造的。有鉴于这种困境,胡塞尔提出了一整套方案,以重建人文科学,这个方案就是现代的现象学。

胡塞尔要恢复人文科学的核心地位,所用的方法,借重于笛卡尔的"怀疑"(悬搁),因而他在巴黎演讲中竭力推崇笛卡尔并非全是因地制宜,而是借题发挥他的由衷之言,然而细察他和笛卡尔的方法,虽都用"置疑",其侧重点也有不同。比较而言,笛卡尔更带有进攻性,而胡塞尔则更多防御性。笛卡尔主动出击,批评自然科学知识(常识)之不可靠;胡塞尔则步步为营,退却到无可退却的地步,宣称自然科学不可能把世界"瓜分"完毕,有一个"现象学的剩余者",就是那包括经验心理学在内的一切自然科学不能分割去的"生活世界",我愿意把这个世界叫做"活的世界"。"死"东西可以"瓜分","活"东西是不能分割的。

然而,这个"生活世界"既然是"活的",也就不是十分固定的,再说,"活东西"总是要"死去"的,"活"只能是一个短暂的时期,以"过眼云烟"为对象的科学是否可能,如果可能,又有多大意义?我想,这正是胡氏学生海德格尔心中的一个问题。

胡氏现象学侧重精神、心理,尽管它不是纯概念,但毕竟侧重于知识性的人文和文化,海德格尔说,这种文化现象固然可有其表现的相续性,可以传诸久远,但就"实存"(实际存在)言,"人"则是短暂的,是一个具体的、有时限的、历史的Dasein(在)。如果说,"人"和"万物"有什么不同的话,就在于"人"是"会死的"。

海氏的思想在西方哲学中有很大的摧毁性,现在很活跃的所谓"后现代派"哲学思潮大都和海氏有关。不同只在于:海氏说"人"是"会死的",现在诸激进派说,"人"是"已死的"。把"活东西"当作"死东西"来看,这是福柯、德里达诸家的本领。

福柯说,"上帝"死了,"人"也死了;过去人们让"考古学"为"历史学"服务,似乎各个断代的实际生活,都可以连贯成一个自成体系的"(文化)史",而他主张"历史学"应还原为"考古学","知识"史(哲学史、文学史、艺术史等)也概不例外。德里达说,欧洲人陷在"逻各斯中心论"里太久,以为有一个"意义"的系统,自相承袭,"历史"似乎就是"意义"的历史;他认为,实际上并没有纯意义的连续性,"意义"是"重叠"的,因而断断续续,不能自成体系。他批评海氏自身的不彻底性,把"存在"归结为"存在的意义"。

这些思想在打破欧洲哲学传统方面,有发聋振聩的作用,而且也有相当深刻的理论根据,它们已在当代西方世界发生了很大的影响,这的确不是没有原因的。

然而,他们这种把"活东西"当作"死东西"的办法,并不能使活着的人得到心理的平衡,也是可以想见的。被宣判"死了"的"人",仍然要为自己的"生存"而斗争,则更是自然的事。福柯说,"人"在"消失中",我想说,"人"在"斗争中"。就哲学来说,这个"斗争"并不全是实际上(政治上、经济上)的,而且更多是"理解上"的,正像福柯的"消失"不是指"实际上"而更多是"理解上"一样。"人"要"理解"自己是"活着的"。"人"当然是"会死的",但古人是"曾经活着的",后人是"将会活着的",而"我"则是"正在活着的"。"我"是"活的","你"是"活的",与"你""我"同时的"他"也是"活的"。这是一个在理解上、解释上的取向和立场问题。

什么叫"活着"?这里的"活",不完全是生物学、医学的意思,当然我们也不必把科学上的"活"的意思"悬搁"(括)出去,而是囊括了这层意思在内的一种最为基本的、最为本质的意思。就这个意思说,"活着"就是"斗争着";"斗争"是一切"意义"的源泉。"斗争"是"活人"的事。我们的斗争是为现在活着的人,为将来要活着的人,也为过去曾活着的人,但不为"死掉"的"人"。我们说"死人",是因为他曾经活过,除了这个意思外,"死人"不是人。因此,与福柯、德里达相反,我们不但不能把"活东西"当作"死东西"看，而且要把"死东西"当作"活东西"来看。把过去死了的人如实地当作曾经斗争过的人看，把"古迹"当作"古人"的"创造物"（产品）来看，把"过去"当作"现时"（过去了的"现时"）来看，把"自然"当作人的"世界"来看，这是一种人文的态度，是活生生的、活泼泼的态度，是一切睿思智慧（思）、说古论今（史）、诗情画意（诗）的生活源泉。

这样，我们仍不得不回到胡塞尔的现象学，重新重视他建立"人文科学"的思路。这就是说，胡塞尔固然已死多年，但他的思想中仍有活的东西、活的问题在，需要我们认真考虑。我甚至认为，要从胡塞尔的发展来看海德格尔的思想，才能看出海氏思想中的积极的东西来。

不错，海氏在构思自己的基本存在论时，借助过实存主义（存在主义）的说法来帮助理解他的 Dasein，后来放弃了这个做法；且不论这种放弃的得失，但"人"不必借助"实存"就可以有自己的位置，这一点胡塞尔仍是一个例证。所以，尽管海氏不主张用某一种"主义"（论）来说他的思想，但他始终确认他的思路是在"现象学"这个大范围内的。在理解海氏思想方面，我感到与其重视-sein，不如重视 Da-。正是这 Da-意味着"活的东西"，意味着活的思想、感情，活的历史、文化，活的思、史、诗。Dasein 就是"活的人的存在"，就是"是活人"，是笛卡尔、胡塞尔的"我思"和"我在"的综合，是"思"和"在"的同一。

二

一般来说，海德格尔的思想中，"意识"这个度比较弱，他强调"思"，从"思""在"同一这个传统来强调"思"，然而他的"诗思"和"史思"实际上仍是"意识"，而不是"无意识"，是"知"，而不是"无知"，因而仍在"Da-"的维度之内，是具体的、历史的、存在性的"意识"。这个"意识"，在胡塞尔那里，被理解为"理智的直观"和"直观的理智"。

"理智的直观"和"直观的理智"是近代传统的说法，康德在基本的层次上反对这个说法，因而被称做"不可知论者"。康德讲"纯直观"（时空）和"纯理智"（概念），都只能是"形式的"，而缺乏"实质"。通过费希特、谢林，特别是黑格尔,"理解"和"直观"在高层次上结合了起来,"形式"有了"实质",有了"质料",有了"内容"。这种"结合",在黑格尔那里是辩证的,在胡塞尔那里是直接的,"世界"直接"显现"在"人"面前;而黑格尔则要人在"世界"中"把握"住"理性"本身的辩证特质。胡塞尔的"理念"是"看"出来的,黑格尔的"理念"是"想"出来的。从这个意义上来看,要把握"真理"(真理念),对黑格尔来说,需要一个"哲学家";而对胡塞尔来说,则只要一个普通的、活生生的"人",就行了。

黑格尔的"意识"其核心处为"理性",胡塞尔的"意识"其核心处为"看"——不是纯感官的视觉,而是"理智性的看";那末,海德格尔又如何?如果把海德格尔的 Da-理解为具有"意识"的度,那末,在这个"度"中,海氏增加了"语言"的层次。这就是说,海氏的"真理"(真在)不仅是"看"出来、"想"出来的,而且是"听"出来的,"语言"是"存在"的"家"嘛!进入了"语言",就进入了"存在"的"家",在这个"家"里住着"存在",因此我们就能"找到"(遇到)"存在","看到""存在"。"语言""邀请"(呼唤)我们进入这个"家","语言"把"存在""揭示"给我们"看"。"语言"像一道"光",照亮大千世界,使它呈现在我们面前。

然而,海德格尔的问题不在于那个大千世界是些"什么",而在于那些"什么"之前的更为本源的"是"(在)。Dasein 原就是理解"在"(Sein)。可是,-sein 却往往使 Dasein 的 Da-处于"隐蔽"的地方。四海为家,则常常无以为家。深刻揭示这一层意思的,是法国的列维纳。我们很高兴地发现,当代法国除了十分活跃的德里达以及福柯诸家外,尚有利科、列维纳等人,当然也还包括萨特、梅洛-庞蒂等,在很深的学理层次上维护着"人"的生存、斗争的权利。

列维纳说,只是"有"(存在)(il y a, there is)仍然是"暗",而不是"明",像在茫茫黑夜一样,不辨东西。列维纳很崇敬海德格尔,但他对"明"、"暗"的对比和对"黑暗"的那种深刻体会,是海氏所不及的。"暗"不是"无",恰恰是"有","黑夜"并不意味着"虚无",而反倒是实实在在的"有",是一种巨大的"物质性"的压力,使"人"感到窒息、恐惧。凡有"黑夜"体验的人,都能认同此种感受。当你长夜不眠时,周围一片漆黑,而黑夜行舟，如同驶入"坟墓"。不是说，人不能真正"体验""死"吗？但这黑夜的体验，就是"死"的体验，不过不是"归于无"的体验，而恰恰正是对"有"的体验。"坟墓"也是"有"，是永恒黑暗的"有"，是"遮天蔽日"的"有"。"归于无"的"死"并不能使"人"惧怕，"归于有"的"死"却倒有这种效果。我们看到，这种效果和体验不是"无意识"，不是对"无"的"意识"，而是"有意识"，是对"有"的"意识"。

因而，隐匿了 Da- 的那个 -sein，恰恰是一种巨大、沉重、压抑的"混沌"和"黑夜"，一切现代被歪曲了的艺术品——高耸压抑的建筑、混乱的绘画、巨大体积的无形状的雕塑，都迫使人进入这种黑夜的状态，体验那"不死""不活"的心情。人类所遭遇到的一切巨大灾祸：洪水、大火、战争、瘟疫，也都同样迫使人进入这个状态。这是一种"原始"、"洪荒"的状态。

黑暗的 il y a，是一个"死寂"的世界，"沉默"、"无声"的世界。"寂静"并不总是给人以"安详"的感受，而有时是"静"得令人可怕的境界，所以"静穆"才可生畏。

il y a 不是一个"时空"的世界，而是一个"永恒"的世界。向来哲学家喜欢讲"永恒"，可是这种"永恒"却绝不令人喜爱。"人"的"斗争"正是要打破这种"永恒"，"创造"一个"（宜）人的世界"，尽管这个世界是有时限的，比起那永恒的黑夜来说，只是"一刹那"的闪光，但人珍爱那"一刹那"。

"（宜）人的世界"是"人""创造"的，也是"世界"本身"提供"的。"世界"不会总是"黑夜"，人总是可以"指望"（希望）着"明天"，"等待"着"光（明）"的来临。人发明了"（取）火"，"世界"也"提供"了"火"。"水"是"暗"的，"火"是"明"的。古代希腊的哲人们，面对着无涯的大海，以"水"为"始基"，"万物"（包括"人"）出自"水"，又得归于"水"。"水"是无涯、无度的；而"火"则给人以"尺度"（logos），给人以光明。

世界上许多古老的民族，都有各种有关"光明"与"黑暗"的斗争的传说，希腊以哲学学说之形态表现得非常明白，波斯则在宗教传说方面很突出，我们中国更有儒家与道家在学说上的对立。儒家尚"明"，道家尚"玄"（黑），各自说出自己的道理。

现象学尚"明"这自是无可怀疑的，因为它必须让万物自己向"人""显现"出来，没有"意识"、"理性"之"光"，是不可能的。在这个意义上说，现象学不会只承认一个光秃秃的"有"字。"有物混成"，只能"惚兮恍兮"，不能只有一个无名、无形、黑糊糊、深沉沉的"无限"的世界，现象学需要那个 Dasein 的 Da-。这个 Da-就是意识、理性、精神、文化和文明。

　　从中国人的眼光来看，"文"和"明"是联系在一起的。"文"是"文饰"，"饰"而后"明"，是使这个世界"增加"、"多"点"什么"才使它"明"起来。"太阳""给""世界"以"光"，才使万物"明"起来。"给"而后"明"，这个旨趣是和海德格尔不同的。

　　海氏告诉我们，"真理"是"揭蔽"，这自有很深刻的哲理，在针对西方世界科技之畸形发展方面，是有意义的；但这仍是胡塞尔把自然科学"括出去"的办法，以为"抛弃"了各种自然科学的学说，就会"返朴归真"，殊不知那个"赤裸裸的""真"，恰恰是"黑暗"，而不会"明"起来。所以在海氏看来，与此相应的德语"es gibt"是"既定的"，是历史的"命定"（Geschick, destiny）。

　　要使世界"明"起来，就要"给"世界一点"什么"，这种"给予"就其根本来说，就是"斗争"、"创造"、"改造"的活动，所以，"人"的第一要务，就在"给"这个世界作出"奉献"。"人"是"奉献者"。

　　其实，在这个"给"点"什么"上，胡塞尔比海德格尔更接近"真理"。这样说，是因为胡塞尔的现象学首先的问题是可以问："世界""是""什么"？胡塞尔说，"意识"、"想"以及"说"，总要"意识"……到些"什么"，这个"什么"，就是现象学要研究的"世界"，只是现象学不同于本质主义，本质主义把这些"什么"归结为一些抽象的概念，而现象学要问的，则是"是'什么'，就是'什么'"。这就是说，我们生活在这个"世界"上的"人"，"看"出来这个"世界"是"什么"，就是"什么"。日、月、山、川就是日、月、山、川，你叫它们 sun、moon、mountain、river 也好，反正就是那些"东西"，外在的语言符号对哲学思维来说是不太重要的。可是，海德格尔在问这些"什么"之前，认为还要问那个"是"（存在）本身，殊不知，这个"世界""是""什么"的问题，如果没有后面那些"什么"，光有那个"是"则是"明"不起来的，有了那些非概念的具体的"什么"，"世界"才向"人""呈现"那些丰富多彩、万紫千红的"意义"来。说单纯的"是"是"黑暗",并不是真的在视觉上或听觉上一点反应也没有,而是指那种"视而不见"、"听而不闻"的"蒙昧"状态,而分辨不出声音和形象的"意义"来。动物不知道飞机的声音"意味"着"什么",也看不出高楼大厦有什么用处。"人"却能通过感官"识别"自然对我们"意味"着"什么"。而我们之所以有这种"本领",并不完全是天生的,而是在与自然"斗争"中"(获)得来"的,不过,自然对"人(类)"的这种"恩宠"则是以人(类)对自然的"奉献"为代价。先是"付出"、"奉献",然后才是"得到"、"接受","劳动"才能有"收获"。所以人(类)的"斗争方式"支配着"人"如何来"看待""世界",支配着人(类)的文化和文明。

这样,在我看来,人(类)文明和文化之根本在于人(类)自身的"奉献",而不是人(类)向自然的"榨取"。在前一场合,人与自然仿佛是"邻居"、"朋友"的关系;在后一场合,则是"主""奴"关系。人(类)有时向自然"榨取"财富,把自然当作"奴隶",因而产生种种弊病,这是非根本的、第二位的事,特别是近代工业社会和资本主义发展以后的事。人与自然的这种"奉献"和"恩宠"的关系,我们从原始的宗教和艺术中可以很清楚地看出来,但并不一定非到"原始的"部落那里才能找到,恰恰相反,这种关系正是文明关系的根基,是随时都可以遇到的。

三

"人"与"世界"的这种"邻居"、"朋友"关系是海德格尔所揭示的,然而这种平等的关系,首先见于"人"与"人"之间的关系上,因为世界首先是"人群"的世界。太阳的光辉,照亮了日月山川,同时也照亮了"他人"。"人"入世第一眼看到的不是"自己",而是"他人"——"母亲";即使是万能的上帝也不能老让世界上只有"亚当"一个人。

"人"跟"人"之间的关系是一个很广泛的、包括了社会学、政治学等各个方面的复杂问题,就现象学来说,胡塞尔把它叫做"主体际"问题,他在《几何学起源》和《笛卡尔的沉思》等著作中着重谈了这个问题,但主要是解决为什么原本是"主体内"的个人"经验"却能在各个人之间有一种普遍性，可以互相沟通。海德格尔以 Dasein 为立足点来理解"人"，他对人际关系的分析主要在于 Mit（da）sein 的问题上，显得比较单薄。就哲学言，这里需要借助于其他学说作为参考系。

1923 年马丁·布伯发表了他的小书《我和你》。这是一本很有趣、很重要的书，他的理论的根据说明了他的实存（存在）主义的倾向，而这个主义对现象学的影响是不易摆脱的。布伯的思想在着重指出"你"的关系的本源性，而把"你"向"他"的转化看作一种疏远化、对象化、客观化的必然趋向。依我看，"你"的关系的确是很基础的，它是文明的根基，但又是文明所揭示的，是文明所养育的、要维护的。"他"不仅可以使"你"疏远，而且可以使"你"在更高的层次、即由"私人"到"公众"（社会）的层次上更为"亲近"。"私人的""你"总是少数，"他"使"你"更广阔、更深刻，"文明"通过"他"得到"进步"。

所以，就哲学史看，"人"首先是被作为"他"——作为一个客观的"对象"来思考、研究的。中国古代这个"人"字，首先是指"他人"，至今我们还说"人（家）"怎样怎样。古代希腊智者研究的"人"，是一个感性的存在物，而苏格拉底的"认识你自己"的"你"，则仍具有泛泛的意义在内。哲学上"我"的发现，是一个很大的进步。笛卡尔的"我思（故我在）"被看作哲学上近代"主体性"原则的奠基之论。于是，我们在"人"这个问题上已有了一个"远称"的度——"他"，又有了一个"近称"的度——"我"，但恰恰是那个"中称"的度——"你"，是最基础、最为活跃的。"生活"向来走在（哲学）"理论"的前面，任何民族的语言，大概都有"我"、"你"、"他"的区别。

比较而言，我们中国人对"你"称的觉悟要比西方人早得多，即使在学理上也是如此。我们孔子创立的儒家学说最基本、也是最普通的概念——"仁"似乎就是以"你"称为理解的基础的。"仁"的基础是两个"人"之间的关系，不包括"第三者"。先有"我"，是"私"。"私"和"仁"是对立的，自私者寡仁。对儒家的"仁"的理解是我国许多学者发挥自己聪明才能的地方，真可谓"仁者见仁"、"智者见智"。牟宗三先生提出"麻木不仁"为理解"仁"的一个依据，或许过于偏重内心世界的状态，但却很有启发作用。"他人"（第三者）

的"事""我"可以袖手旁观,但"你"的事"我"就不能无动于衷。"仁"的基础在于"我"和"你"的关系,"仁"之大者,可将"天下"之"他者"都作"你"来观,所以有"以天下为己任"之说,即把"天下"之"人"都作"你"来对待,对"天下"之事,都"有动于衷"。这是儒家的思想,在古代是一种空想,也有一定的欺骗性。

西方的思想传统中也蕴含着这种思路,但主要不是来自古代希腊,而是来自古代希伯来人所创立的宗教思想。犹太-基督传说中的上帝造人,也就是造了亚当和夏娃两个人,其他的"人",都是他们两个繁衍出来的。他们不仅繁衍人类,而且繁衍出人类的一切思想情感,而这种思想情感的核心是一个"爱"字。犹太-基督思想中的"爱"字,其地位相当于中国儒家的"仁"字,其根源都在于"你""我"关系。

"我"和"你"的关系与"我"和"他"的关系不同,"我"和"他"可以是主奴、上下、师生、医生病人……"他"是一个"对象"或一群"对象",客观地存在于"我"之"外",可以是科研、实验、思考、分析以及管理的"对象"。但"我"和"你"却"亲密"或"直接"得多。"我"不能完全把"你""对象化"、"客体化"。列维纳根据布伯的说法,把"我"和"你"叫做"面对面"(vis à vis, face to face)关系,我想叫它为"活"的关系,"活"的关系不能完全彻底地"对象化"、"客体化"。但我也不想用"主体际"来说它们,因为"你"仍然可以是一个很特殊的"对象","你"明明就在"我"的"面前",或许这个"你"才真正是"我"的"对象"!对这样复杂的、活生生的关系,我曾经举过一个不很妥切的例子,譬如我们中国人近几十年来把"搞恋爱"叫做"搞对象",有"找对象"、"介绍对象"、"对上象了"等等的说法,但等结了婚后反倒不叫"对象"了,成了"夫妻"的关系。可见,这个"对象"的关系孕育着"夫妻"关系,是这种"伦理"关系的基础。扩大开来讲,这种"你"和"我"的"对象"关系,也孕育着一切人伦关系,可以"发展"成人伦关系。

"他"可以是活的,也可以是死的,"他人"包括了"古人";但说到"你"时,则一定是"活"的,即使是已经死了的,当"我"和"他""对"上了"象","对"上了"话",面对面时,也是把"他"当作"你"来对待,因而是

"活"的。"他"可以"不在场","你"却必定是"在场的"。一切的"你"都有一种不可抗拒的"在场性"。无论"你"远在天边,"上穷碧落下黄泉","我"都在"找""你",也都可以"找""你"。一切"怀念"、"悼亡"……都在"寻找'你'",把远离、逝去的"他(她)"找回来,成为"你"。放大开来说,一切的艺术创作,都是要把"他(她、它——包括自然)"转化成"你",保存下来,"固定"下来,使别人、后人也总是当"你"来"看""他(她、它)",也就是说,使"他(她、它)"永远成一个特殊的"对象",而这个"对象",或许真的才是"对象",值得"我""对着""他""看"——欣赏、吟诵。这就是"艺术"的作用。

"你"不完全是一个知识对象,也不完全是一个管理对象,"你"总有一点"秘密"保守着,尽管"你"就在"我"面前,比"他"近得多。"我"可以不去管"他",但却非管"你"不可。我"知道""他"是个"中国人",是个"教员",是个"高个子",是个"有文化的"……就够了;甚至"他"可以像个"路人"那样擦肩而过。如果"他"骑自行车,"我"就躲得远一点,以免被撞上,这就够了;但"你"却是所有这一切加到一起都不能"足够"的。待人接物、处世交友,更不用说"搞对象",一张履历表是很不够的,"我"一定还要继续"理(了)解"下去。"理(了)解""你"的唯一途径是不断地和"你""交往"下去。

"你"有"你"的"秘密",和"我"保持着"距离",但"你"却又是"在场"的,"呈现"在"我"面前的。"秘密"增加了"你"的"吸引力"。正因为有了这种"秘密"才能把"你"固定在"你"的位置上,"要""我"去"探索",而不致使"你"成为"他"。这是一个"公开的秘密",是"呈现"出来的"秘密","秘密"不在阴暗的角落里;"秘密"不是漫漫的黑夜,而是朦胧的晨曦。

"你"当然也会"远离""我"而去,"你"会成为"他",成为"路人"、"陌人"。"你"成为"主人"了,成为"大人先生"了,"我"就得管"你"叫"您"。

大概不少民族的语言中都有"你"的"尊(敬)称"。法语中 tu 和 vous,采用"你"的复数形式。德语中"你"的敬称干脆用"Ihr",和"他"是一个字。英语中没有"你"的敬称,缺少从"你"到"他"的过渡环节,或许反倒使这种区别不能明朗化。我们汉语中至少在近现代这种区别很明显。张惠英《第二人称"贤、仁、恁、您"语源试探》(《中国语文》杂志1991年第3期)一文论之甚详。北方话"您"可能由"你们"转化而来,其意旨与法语相同,把"你"扩大化、普泛化、虚拟化,以求对方地位之升华。这乃是"他"化的一种办法,"您"是向"阁下"、"大人"、"先生"等伦理关系称谓的一种过渡形式,是"礼"不是"仁"。"仁"不是"义"。"义"是在"礼"的范畴制约下的一种"义务"和"命令"。帝王有帝王的"义",臣民的"义"就是替帝王去卖命等等。但"仁"就不论这些"名分"。我国古代儒家曾设法把这二者协调、融合起来,从而失去"仁"之初衷和本意,成为数千年封建"礼教"的始作俑者。

然而,儒家思想核心在"仁","仁"是以"爱称"、"俗称"的"你"为基础。儒家理想的"君子国",是"你"的王国,本不应是一个封建的"等级"王国;但为了抑制"你"的"王国"的空想性,才有"礼"、"义"出来制定"他"的等级制度,将"你"伦理化、制度化。这是我国古代儒家的实际的办法。而任何要治理社会、国家的统治阶级,都要把这种基本生活中的"你"转化为"他"来治理。在这种情形下,"人"成了严格分等制度中的治理对象。

然而,"你"并未消失、泯灭于"人群"(他人)之中。文明和科学文化的成长进步,不但不会把"你"深深地埋藏起来,而且会不断地把"为他"的东西,转化为"为你"的东西。文明和文化将使"你""拥有""整个""世界"。

"你入世时确是一无所有","你""要""吃","要""喝",这些都是"母亲"和"大地"(对"你")的"奉献"。这种"奉献"本质上是"无私"的,"我"是"为""你"的。"我"的"奉献"固然是"你"的"要求"("要"和"求")和"需要"("缺乏"),但我并不"需要"(缺乏)"你"的"报答(酬)"。大地母亲的哺育不是"交换",不收"报酬"。"你"的"成长","你"的"反哺",不管"你"和"社会"("他人")持何种态度,或有什么法律来予以保障,但就"我"来说,就"我"和"你"的关系来说,"你"只是给了"我"一个"礼物",是一个"恩宠"。"我"绝不把它只当作一个"应该"来接受,像从商店的售货员手中接过商品那样,而是充满了"感激"之情。

"你""为我"所做的一切，都只能是一系列的"例外"，是"我"的"殊荣"，而"我"唯一要做的，只是不断地"为你""奉献"。

"我"为"你""奉献"了一切，"我"就成了"一无所有"，但"你"却"拥有"了"一切"。"我"曾经像"你"一样，赤裸裸地来到这个世界，如今"我"把拥有的一切都"奉献"给"你"，仍然赤裸裸地离开这个世界。真可谓"赤条条来去无牵挂"！文化、文明是"我"作出的"奉献"，但它的"拥有者"却永远是"你"。文明、文化永远是"你"的文明、文化，不可能是"我"的。

然而请"你"记住，"你"要保持在"你"的位置上，"我"才这样对待"你"；如果"你"不许我用"你"来称呼"你"，要说"您"而以免冒犯，甚至或要称"大人"、"阁下"、"陛下"、"皇上"，那末，"我"就要以"交换"和"应该"的态度来对待"您"，"您"就成为"他"。"我"和"他"就不必"客气"，要按社会的一定制度来分配各种实际的利益，主人与奴隶就永远处于一个难解的"二律背反"中。"正义"、"公正"就会成为调解这些两极（或多极）关系的工具。

但是，在"你"和"我"的关系中，"你"拥有一切"权利"，之所以如此，正因为"你"原是"一无所有"，而"历史"注定"你"会拥有一切；相反，"我"却注定要"为你""奉献"一切，甚至"你"的"权利"也是"我"给的，不是"自然"给的。不是"天赋人权"，"人"的"权利"是"人"自己赋予的。"我"奉献了包括"权利"在内的一切"所有"，"鞠躬尽瘁、死而后已"。在"我"和"你"的关系中，"我"只有"义务"，没有"权利"。"我"当然也保留着自己的"权利"，但这种"权利"是对付"他（人）"的，不是对付"你"的；"我"对"他（人）"也尽义务和责任，但这种义务和责任总是有报酬的，有偿的，或至少是"要""索取报酬"的，而"为你"的义务，则是无偿的。只是在这种时刻，我们才能理解康德道德学说的真正意义所在。在"我"与"他"的关系中，一切"权利"和"义务"都是可以转让的，可以讲价钱的，是双方面的，相对的；唯有"我"面对"你"时，"权利"和"义务"才是不可、也不必转让的，因为它们不是双方面的，而是单方面的，因而在这个意义上可以说是"绝对的"。"他（人）"可以"剥夺""我"的"权利"，"命令""我"尽"义务"；"你"不必或不能"剥夺""我"的"权利"，因为对"你"而言,"我"本无"权利";"你"不必、也不能"命令""我"尽"义务",因为"我"唯一能"应付""你"的,只有"为你"的"义务"。这就是在"你""我"之间的"公正"和"正义"。"你"注定会"富有","我"则注定会"赤贫"。

"你"赤裸着来到这个世界,"你"第一个"拥有"的东西,是"我"。"有"了"我","你"就"有"了一切。一切的文化都是"为你"的。"他(人)"可以"分享"文化,但"你"却是"天之骄子","你""拥有"一切文化。"你"是这个"世界"的"现实"和"希望"。"你"为这个世界"锦上添花","你"是这个世界的"花朵",是这个世界"多出来的"东西;"我"却是这个世界的"多余的"东西,早晚要"消失"的东西。"为伊消得人憔悴"、"引无数英雄竞折腰",也许,"你"就是那海德格尔所说的"Dasein",德里达所说的"原始的派生性"(原始的流)。

四

如果说,真的有那种胡塞尔所说的"人文科学"的话,那末我以为这个"科学"是以"你"为核心"对象"的。当然,人文科学研究"人",所以也研究"我",也研究"他"。也许,我们可以把研究"我"的学问叫"心理学",把研究"他"的学问叫"社会学",但其核心部分是研究"你",因而人文科学包括了艺术、宗教甚至哲学和科学。这里的"科学"也可以指自然科学。自然科学以狭义的"自然"为研究"对象",在这一点上,与人文科学当然是有区别的;但自然科学同样是"人"的"奉献",作为"科学"本身言——而不作为研究"对象"言,同样是最广义的"文明"、"文化"的一个部分。就"自然科学"同样是"人世间"的"事"来说,它的基础则是"人文科学"。

当然,就研究"方式"言,自然科学是知识性、技术性的,它本身是一种特殊的文化现象,但就其"对象"言,它可以叫做"裸科学"或"朴素科学",而人文科学则是"饰科学"或"'文化'科学"。

自然科学以物质的自然现象为"对象",研究它的规律,把握其必然性,它的"对象"为赤裸裸的物质自然界。"人"也是作为一种特殊的"自然存在"

或"自然"的组成部分来研究的,于是有医学、生理学、实验心理学等。这样的"人",不分"我"、"你"、"他"。就科学研究的工作程序来说,只分"我"和"他","我"在"研究""他"。这就是为什么康德在他的《纯粹理性批判》的前半部分强调了"我思"中的"先天直观"和"先天范畴"的主体制定规则的作用,而经验主义者们又强调"观察"、"归纳"作用的缘故。于是出现了这样一个奇怪的现象:最为"客观的"自然科学,有时竟有人强调"主观"的作用;而最为"概念"化的科学,却又可以强调"印象"、"观察"的接受作用。

人文科学在原则上并没有这种"分化"。自从黑格尔以来,西方哲学知识论中这种两极分化的倾向就不断有人来加以"克服"和"扬弃"。现象学的任务就在于用各种方式来协调这种"主体"和"客体"分立的局面,这种努力的结果,正是人文科学的建立。

作为人文科学"对象"的"人",不是"赤裸裸"的"主体"(我),也不是"赤裸裸"的"客体"(他),也不是赤裸裸的主体和赤裸裸的客体的"结合",因为那是"自然"的事,而尚未构成"人文"的事。人文科学也研究"我"和"他",但并不是"赤裸裸的",而是"穿着衣服的",不是"自然的""人",而是"文明"、"文化"的"人"。在"人文科学"中,"我"不能完全转化为"他","他"也不能完全转化为"我",并不是用一句"主体性"就能解释清楚。人世之间,"我"和"他"之所以不能完全"归结"于一方,是因为在"我"和"他"之间还有一个"你"在。"你"固然可以被忽略、被冷淡,或者也被"悬搁"起来,但永远不能被泯灭。"你"不会"消失"。"消失了"的"你",已不是"你"。"消失了的人",不是"人"。罗马的奴隶主在"观赏"奴隶和野兽搏斗时,尽管可以把这场格斗看作与"斗鸡"、"斗狗"一样,但耶稣却使将要被处死的妓女恢复到"你"的位置来,而使鼓噪的"人众""面对"这个可怜的女人。基督教能在罗马这个奴隶主大国的民众中生根、发展起来,绝不是偶然的。

不错,在西方,长期以来基督教占据着人文科学理应占据的位置,把人世间"活"的问题都交给了"上帝",交给了一个"绝对的""你",使这个"绝对的你"有一个很奇怪的"人格",把许多的本应属于人文科学的问题,都"归入"宗教的范围内,从而产生了不少不良后果。

本来，"我"可以被抽象、被绝对化为"我思"，"他"也可以扩大化为"众人"，而只有"你"是具体的、现实的、面对面的、活生生的。可是，"上帝"却是一个"抽象的""人格"，"抽象的""活人"。就凭这种"自相矛盾"的状态，黑格尔就有理由把宗教压在哲学的下面，虽然他承认宗教也是"绝对理念"的体现，但却是比较低层次的体现。这样一个矛盾的、无所不在、无所不能、无所不知的"上帝"（"大你"）只能是人类"想象"的产物，是蒙昧的痕迹，而不是文明的标志。

"我"不是"神"，"他"不是"神"，"你"就更不是"神"，"你"是最为实实在在的、最为具体的、活生生的"人"。过去归于"神"的"一切"，都可归于"你"，然而，"你"比"神"还"多"出一点："你"是活生生的、可感的、可以实际打交道的；"你"在"地上"，"神"则在"天上"；不错，基督教"教导"我们，"我"自己就是上帝的见证，"我"（摩西）"见到了""神"，"听到了""神"的"声音"，但"我"不能真的与"神"交往，而"我"却每天都和"你"打交道。

"神"是"天上"的"父"，"他"（或"你"）永远是"父亲"，"我"则永远是"儿子"。可是在人文科学中的"你"却首先是"儿子"，"我"才是"父亲"。我们只能武断地说"父（亲）"永远不老、永生，但我们却可以合理地说"（儿）子"才是生活的、生长的、有前途的"永存"。"未来"不属于"父亲"，而属于"儿子"。"儿子"是世界的"希望"，因而人文科学是一门"希望"的科学。

自然科学的发展，与宗教有非常严重、有时甚至是相当残酷的斗争，宗教最终不能阻挡自然科学的发展，这是无可否认的事实。但自然科学与宗教的斗争固然大大缩小了宗教的地盘，但并未、也难于完全消灭宗教。之所以会这样，并不是说宗教还有什么"生命力"，或自然科学还不够发展，而是说明人们需要另一种学问来占据宗教的地盘，才能把宗教"赶走"。人文科学在各种"学说"（学问）中的地位，正是宗教长期以来窃据了的地位，因而只有人文科学的发展才能真正取代宗教，使宗教在"学说"、"学理"上无立足之地，而回到它曾住过的蒙昧、愚氓的处所，从而与"文明"、"文化"无缘，不能再打着"学说"、"学理"的幌子招摇撞骗。人文科学对宗教的批判，当然是学理性的，而不是把它一棍子打死。所谓"学理性"的批判，就是把宗教所涉及的问题，以科学（人文科学）的、知识的形式解释出来，而不把它们推到"信仰"的领域就算了事。康德说，理性要对知识作出限制，以便为"信仰"留有"余地"。这就是说，在康德看来，"信仰"是"知识"的"剩余物"。在这个问题上，胡塞尔的贡献在于：康德所谓的"知识"只是实证的自然科学知识，把这些知识"括起来"（悬搁起来），必有一个"现象学的剩余者"，但这个"剩余者"已不是宗教性的"信仰"，而仍然是"知识"，是"科学"，是一种不同于自然科学的知识和科学，这就是人文科学，也就是现象学。

只有"你"才在完整的意义上"显现"出来，"我"和"他"的"显现"都离不开抽象"概念"的形式，尽管我们可以把这抽象概念缩小到很低的限度，但这种缩小与限制，只有通过"你"的借鉴才能做到。"你"是胡塞尔意义上的"理智的直观"、"直观的理智"，"你"是黑格尔意义上的"具体共相"。但迄今所有的这些说法，还都不足以完全表达出"你"的活生生的"意义"来。人文科学以活生生的"你"为核心"对象"，它那丰富的，不同于自然科学的许多特点和内容，尚待进一步探索，但这种探索绝不是在黑暗中进行。人文科学是一门"明科学"，它不是"玄学"，不是"玄而又玄"，用一个"妙"字可以道尽其意蕴的。相反，在某种意义上说，作为自然科学的"对象"的物质自然，倒是常在黑暗之中，要理智之光来照亮它，所以自然科学的主旨在探究宇宙之"奥妙"；人文科学则是在"光明"中探索前进，它的前景也总是光亮的。人之有时感到人文科学的"问题"有点扑朔迷离，不是因为这些问题太"玄奥"，而是因为它们太"平实"，不是因为它们"太黑暗"，而是因为它们"太光亮"，这使人想起柏拉图的"洞穴之喻"，"真理"因"太亮"不能逼视；而基督教圣经中所说的"神""显现"时那种耀眼的光亮，也正是这种心态的描写。总之，一切的知识、科学都使世界"光亮"起来，而人文科学则以"光亮"为自身的"对象"。

（原载《中国社会科学院研究生院学报》1992年第2期）

论福柯的"知识考古学"

福柯（Michel Foucault, 1926—1984）对当今法国哲学、甚至对整个欧美哲学的影响似乎正在加强，但他的书却很难读。一方面，他似乎可以被看作所谓后现代思潮的主要代表和创始人之一，要弄懂他的意思，首先要对这种后现代思潮有一个精神上的总的把握，这样，就不仅要读他的书，还要读在他前后的一些与这种思潮有关的书，如德里达的书，而这些书也都不是好读的；另一方面，福柯书中所涉及的具体问题，大半都是正统哲学工作者所不太注意或不太熟悉的，如医学、犯罪学、性问题等，要深入弄懂他书中意思，还得对这些具体学科有相当的知识才行。当然，对于福柯的这种"博学"和"冷僻"，人们未必可以用"故弄玄虚"和"钻牛角尖"来加以贬斥，因为他注意研究这些部门的问题，有思潮上的背景，也与他自己的整个思想态度有关。甚至可以说，他把这些学科引入哲学的视野是对哲学的一种贡献。

一、还是从康德说起

福柯的思想固然新奇独特，但它并非无源之水、无根之木。从传统的哲学史角度来说，我们可以在西方哲学的历史发展，特别是西方哲学从近代以来的历史发展中找出它的渊源；从他自己的"知识考古学"的角度来说，则也可以探究出它的"考古的"层面来加以理解。

就传统哲学史而言，在西方近代哲学初创阶段，有三个人不可忽视，即英国的培根、法国的笛卡尔和德国的康德。由他们三位确立了"经验世界"为知识之对象和领域，而不必像中世纪神学哲学家那样，把宗教问题也设法构造成一种知识体系。这又是西方哲学史上说的由本体论（存在论）向知识论的转化过程。这种转化，并不是说本体论（存在论）问题真的被取消了，而是说这些人要从知识的角度来看存在。他们认为，只有这样，存在才是知识的对象，才是可知的、可理解的、可以证明的。对于用知识可以证明存在这一点，培根并不怀疑，他认为只要改造亚里士多德的（知识的）"工具"，就可以把握事物的本质，而事物的本质就是事物的存在。笛卡尔的态度与培根不同，他采取的是一种怀疑论立场，但他却相信"我的存在"是不可动摇、无可怀疑的，因为它有"我思"作为坚实的明证。康德虽然狠狠地批评了笛卡尔的"我思故我在"，指出不能用"思"来证明"在"，但实际上他在自己的"现（表）象论"中却不可避免地容忍了这个命题。我们看到，笛卡尔"我思故我在"已孕育了康德的那场"哥白尼式的革命"，即把立足点从客体（在）转到主体（思）上来，知识问题才能解决。在康德的"表象论"、"知识论"中，"思"和"在"是统一的，因为经验的对象（在）原是经验的主体（思）所建立起来的。

从某种角度来看，康德的贡献不完全在于他自称的那场"哥白尼式的革命"，而在于他指明了"经验知识"的有限性，而这种有限性否定了那种以建立无限知识为目标的"形而上学"。

然而，康德的知识论仍有一个矛盾："经验"是"我思"建立的，但"我思"不在"经验"之中，而是"经验"的先天条件——时空和范畴，于是，这里的"我思"是空灵的、精神性的。正是在这里，福柯找到了康德思想在他的考古学上的层面。

福柯说，康德的思想是欧洲思想从古典时期到现代时期的过渡环节，而所谓十八世纪欧洲古典时期对思想的理解正是表象性、符号性、代表性的，即思想本身为空无，它只表象（代表）它所蕴含内容之所指。因此，从这个意义上来说，康德的先天范畴只是一些无实体性的功能。就表象性、代表性而言，康德的思想属于古典时期。

然而，康德又指出这种表象性的知识是有限的，无限的表象性知识就是形而上学，这样，就为知识以外的领域留下了问题。我（人）不仅仅是空灵的、精神性的"思",既不是空灵的知识主体,也不是空灵的、形式的道德主体。作为一个严肃的学问家,康德并没有回避这个问题,而明确承认"什么是人"的问题经常困惑着他。福柯认为,对这个问题的进一步探索和理解正是现代思想的一个特点。①

福柯之所以认为康德处于十八世纪古典时期和十九世纪现代时期交替之际,是因为康德关于"我思"有两个矛盾的观点:"我思"是"空"的,但又是有限的(finitude)。十九世纪的思潮正是用各种办法以"有限性"来充实那个"我思",从而克服福柯所说的人之"经验-超越双重性"。于是,康德以后,有黑格尔将经验与超越统一于意识中的"精神现象学";有扩充康德有限知识学使之成为"文化学"的新康德主义;有非表象性、非代表性的生命哲学,一直到晚近的胡塞尔以先验主体性代替空的"我思"。②这一切的努力,都是要使人"实"起来。

二、关于人的理解

人"实"起来,才能成为知识的对象,空的人不能成为一门学科的对象。福柯说,十八世纪古典时期的人,只被作为"活的生物"之一种来理解,因为"思"是空的,是它所反映的外物之代表,因而"思"本身不成其为对象,除了"思",人只是"活物"(living being)。只有到了十九世纪现代时期,人才真正被理解为人,因为它已不是空的"思"的载体,而是实的、有限的人。所以,尽管人作为一个族类已存活了许多万年,但只是到了十八世纪末、十九世纪初,才作为知识的对象出现,这似乎就是福柯在《字与事》英译本(《事之序》)前言中,所讲的那句初看好像是"危言耸听"的话的意谓所在。他说,似乎从苏格拉底以来就被人们研究的人,却原来竟是最近的"发明",它的产生,不足两个世纪,而且随着知识采取新的形式,它也会消失。③这个骇人听闻的结论,是福柯主要的思想归依。从某种意义上说,它正反映了欧洲人文科

---

① 福柯:《事之序》(The Order of Things)(《字与事》,Les Mots et les Choses 之英译名),Tavistock 出版社 1970 年版,第 341 页。
② 参阅福柯:《事之序》,第 243—248 页。
③ 福柯:《事之序》,第 xxiii 页。

学之深刻危机的进一步激化,这已为胡塞尔晚年所言中。

不错,在苏格拉底时期,"认识你自己"的"自己"仍是一个空的"思",苏氏之所以重视这个铭言,也在于它指出了"思"之有限性,因而苏格拉底以辩证法著称。但"理念"又是"超越"的,因而"思"是"超越"的,"自己"成了"非己"。双重的人到十九世纪才统一起来,成为完整的人,即我们通常所说的,从黑格尔以来谋求主体与客体、思维与存在相统一的努力;但现代思潮在这种努力的同时要保持着人的有限性,而不像黑格尔那样把人(之"思")最终理解为"绝对精神"。胡塞尔现象学与黑格尔"精神现象学"之不同,正在于胡氏强调了现象显现之直接性,而不必设定绝对、无限经辩证矛盾过程发展出来。从这个意义说,胡塞尔的现象学可以叫作"有限的现象学",即人的"现象学",而黑格尔的现象学是"无限的现象学",只能叫"精神现象学",从而只有胡塞尔才能强调"人文科学"——即"人的科学"(sciences of human)。

这样,人在胡塞尔那里就不再是抽象的、空灵的概念式的主体,而是实实在在的主体。尽管它还是先验的(对自然科学而言它是先验的,即先于、超越于一切自然科学经验的),但却是最基本的、在最根底处的"经验",是活的、体验着的人。只有在这个活的根底中才能生长出各种分门别类的自然性的科学知识来。

现象学意义下的人不是抽象的"思",而是具体的、生活中的、经验中的"我"。它固然不是自然科学研究的对象,但却必定可以成为人文科学研究的对象。在这里,已经有了"在"的意义。从"在",从"实存"(existence)来理解人,把现象学与"实存论"(存在主义)结合起来,是海德格尔的事。

海德格尔把人理解为"Dasein",在西方的哲学思想中很有点反传统的意味,它对西方现代思潮的影响是不可低估的。海德格尔的"Dasein"威胁着从笛卡尔、康德以来的所谓主体性原则。他认为,人只不过是各"存在者"中一个"特殊的"(Da)"存在"。过去旧形而上学本体论(存在论)以从诸存在者概括出来的抽象的"存在"为对象,实际上是以一个空无为对象。殊不知一切"存在"之所以有"存在"之"意义",皆因世上出现了一个特殊的存在者——Dasein,人。Dasein使万物皆为"Sein",人使万物成为"有",万物存在于世界之中，只有人才"有"一个世界。

在《存在与时间》中，海德格尔主要的工作在于阐明人作为"Dasein"有什么特殊性，即人以何种特殊方式"存在"。这就要着重分析"Dasein"那个"Da"。

三、逻辑学的人、历史学的人和考古学的人

海德格尔提出"Dasein"，使西方哲学对人的理解从"逻辑的人"真正过渡到"历史的人"，海德格尔这个"Da"就是"历史的"。

关于人的历史性的理解，是十九世纪以来西方思想界的一个特点。在早期代表人物中，黑格尔仍是不可忽视的一个，只是他把人的历史性包容于精神的逻辑性发展过程中，使他的学说带有较多的过渡性色彩。新康德主义使这种倾向更加经验化，狄尔泰以解释学的历史性理解突破黑格尔的逻辑框架，对包括海德格尔在内的现代解释学有很大的影响。解释学就是历史的解释学，即人作为一个历史性的"存在"早于思想性、逻辑性的"存在"。于是解释学的问题就在于：在没有逻辑的条件下，人如何相互理解。这是海德格尔的学生伽达默尔所要解决的首要问题，而解决这个问题的关键则仍在于海德格尔将思考的重心从知识论转向存在论，以存在方式之特点来理解人的思想、语言，以避开逻辑的、抽象的"思"之主体，而使人成为具体的、历史的"存在者"，主体与客体一起消溶于"这个存在"（Dasein）之中。

海德格尔使胡塞尔的"先验的自我"、"生活的主体"有了一个历史的归宿，也使新康德主义以来关于人的人类学、文化学方面所作的努力，在一种非形而上学的存在论思路中得到改造。海德格尔 Dasein 的出现，在包括福柯在内的所谓后现代主义者看来，应意味着十九世纪历史主义思潮之完成和终结。

在福柯看来，海德格尔尽管把人降格为 Sein 之一，但他的"Da"仍使人为万物之灵，只是这个灵不是抽象的、共时性的，而是历史的、时间性的。这个立场使得海德格尔不能旗帜鲜明地反对人本主义（人文主义，Humanism）。

人本主义、人文主义是一种人类中心论，这在逻辑的、思想的人那里表现得很突出。人为万物之灵，灵就灵在人是有思想的，而思想、精神是神圣的。

精神与肉体之分化，是西方古代自苏格拉底以来就确立的一种传统。灵魂一直被认为可以和神打交道。事情发展到近代，所谓纯精神之"我思"亦是"人性"中"神性"的表现。康德限制"我思"于现象、表象界，实际是排除将信仰转变为知识的可能性，使人、神彻底分离开来。然而，康德为信仰留下的地盘，仍是人的理性的纯粹的思和想，"我思"在不受感性（对象）制约、规定和刺激时，则为意志自由，则为神性。于是，理性仍是人性中神（圣）性的部分。

胡塞尔批评康德抽象的"我思"，他的"先验的自我"不是概念式的理性，而被看成前科学之"活的体验"（living-experience）；海德格尔的 Dasein 是更为有力的对抽象"我思"和"自我"的否定，它是实实在在的"Da"，是历史的、具体的。然而现象学的基本原则是要将意义显现出来，尽管这个意义不是抽象的、科学式的概念，但毕竟是心理的：在胡塞尔那里是"纯（即不杂经验、自然科学）心理的"，在海德格尔那里是"存在性的意义"。因而，在后现代派看来，现象学的人仍可以从"意义的载体"——"意义之见证者"、"意义之保持者"——方面来理解，而意义又是自成体系、独立于个人之外的，人只是意义的传达者。所以现象学本就是一种解释学，而人仍与神相沟通。

在福柯看来，逻辑的人是符号学（semiology）意义下的人，历史的人是解释学（hermeneutics）意义下的人，而这种分化是近代以来的事。[①] 解释学的人固然力图克服符号学那种抽象意义的空灵性，而充实以具体的历史内容，但两者都要将"意义"显现出来。抽象的真理结构和具体的意义结构都是一种超越性的东西，是黑格尔所谓的具体的共相。于是，符号学和解释学都有自己的真理系统，只是前者的真理性是由记号（符号）与其所代表的事物之间的关系决定的，后者则自成体系、独立运行，将符号性、记号性真理——科学性真理置于自身的控制之下。

从对人的理解的角度来看，解释学仍将人置于与神相沟通的地位，人是神的意义（思）的传达者，尽管这里的神被理解为自然或他人。历史首先是他人的历史，我说的话首先是从他人那里听来的，我在历史中，亦即我在他人之

---

① 福柯：《事之序》，第 27—33 页。

中。列维纳（Levinas）说，他人的绝对化就是神。我和他人是可以交往、沟通的，因此我也是可以和神交往沟通的。我的意义来自他人，来自神。历史被理解为这种意义的延续。我是要死的，但只要他人存在，意义是会绵延、永存的。他人、历史代替了过去的宗教信仰，给人以慰藉、寄托，给人以价值、意义。这是西方思潮中一直到海德格尔还表现出来的一种非常坚定的信念。

在福柯眼里，只有尼采是后现代思潮的先知，因为尼采宣布神死了，以神为寄托、为依附的人也死了，未来由处于无价值、无意义而自身创造价值和意义的"超人"所支配。而后现代意义下的人，就是这种"超人"。"超人"绝不是神，也不是神的宠儿或更接近神，恰恰相反，"超人"是神的杀手，是只承认自身价值和意义的真正的人。

应该说，福柯的学说并不是以尼采思想作立足点推演出来的。他只是自觉地承认他和尼采的学说处在同一个断裂的层面上，即后现代的层面上。那个以抽象逻辑思想为核心的"自我"（人）已经死了，那个以肩负历史性意义为使命的"自我"（人）也死了。对"Dasein"来说，不但那个"Da"是有限的、要死的，而且那个"Sein"也同样是要死的。并没有像海德格尔所说的那种"存在"的意义和意义的"存在"，或者说，意义本来就是会被遗忘掉的，不必提醒人们记忆那意义来充实人的生活——人本来就生活在意义的断裂层中。各个时代的意义都是被埋藏起来的，要用考古学的方法将它们挖掘出来，而不是靠文献的记载将它们"敷衍"、"演绎"、"补缀"、"编纂"出来，似乎这意义自成体系似的。

西方民族的历史意识发展得相当晚。他们从科学意识长期积累而后发展出历史意识，很容易将实际的历史归结为知识、思想、意识、精神的历史，历史在精神形态（文献、著作……）中，像科学在精神形态（文献、著作、公式……）中一样，以科学的模式来看实际的历史，使历史成为思想史（history of ideas）。这种倾向被批评为历史主义的梦。考古学当然是广义的历史学的一个部分，但却以历史实物、遗迹为对象，即使是挖掘出来的文字记录、文献材料，也是作为文物来处理的，同样是考古学的"档案"（archive）。

在这里，福柯提出他的知识考古学的一个重要思想：过去，考古学为历史学服务，将考古挖掘出来的遗迹、文物都当作历史学的文献看，去研究这些文物所体现出的意义关系；而如今要将关系颠倒过来，要将历史学的文献当作考古学的遗迹、文物来看。过去是纪念物（monuments）为文献（documents）服务，如今要文献为纪念物服务。① 这就是说，在福柯看来，考古学是基础性的，而历史学则是派生出来的。

历史学把一切过去的东西都看成古人的思想、精神、意识的体现，故须努力探究这些东西所蕴含着的意义，使过去了的东西复活过来，成为现时性的东西。而文献所记载的正是人的思想、意愿和精神活动，所以历史学把一切过去了的东西都看成可以体现古人活思想、活精神的文献。在福柯眼里，这正是十九世纪历史主义（以及精神分析学和社会学）的梦。今天无法使古人复活，在肉体上和精神上同是如此。历史主义认为人的精神有自身独立的发展，因而可以无限绵延下去，这仍是灵魂不死学说的一个变种。历史主义的看法是精神自身连续性的发展，形成精神史、文化史、文明史，即知识史、思想史——意义史；而福柯的考古学则认为精神、知识、意义固然有其自身独特的存在方式，但各时期的思想、学说、知识之间的关系不是线性的、连续的，而是断裂的、不连续的、空间的，因而是被分割开来的实体——实物、纪念物。正像没有独立的纯空间一样，也没有独立的纯时间；人们并不能说肉体是空间的，精神是时间的，事实上时间、空间交错在一起。知识亦有自身的层面和方位——这就是知识考古学所要研究的问题。过去，历史学总要把那些实物还原为它们的意义，殊不知就连那些知识形态的东西（文献）也应被看作过去的实物，要考察它们处在哪个考古层面上，它们和其他实际的东西（如社会制度、组织结构等）有什么关系，研究它们何以能够在那个层面中出现和存在。这是一种比历史学更为基础性的方法。

考古学（archaeology）以希腊文 ἀρχή 为字根，这个希腊字可以译为中文的"本原"、"始基"，它是古代希腊哲学史上很早提出来的一个基本概念。当泰利斯将这个字引入哲学时，它与物质性的东西相结合。泰利斯说，万物的"始基"是"水"。但作为自然的形态，它也可以是复数的形式，"始基"可以是"水"、"气"、"火"、"原子"、"虚空"等等。后来，苏格拉底、柏拉图以"理念"

---

① 福柯：《知识考古学》，英译本，Tavistock 出版社 1972 年版，第 7 页。

代替了这些"始基",这样,"始基学"(archaeology)也就为"理念学"(ideology)所代替。"始基"又有原理、原则的意思,这在德谟克利特那里已很明显。亚里士多德重新重视 ἀρχή 时,主要发挥了这一层意思,指的是一些基础性的规则,于是人们用拉丁文"principia"来译它。历史(学)、史料学(history, historiography)来自希腊文"ἱστορία",是为叙述、讲述之意。archaeology 与 historiography 相对应,即指在没有或缺乏文字记述的时期,以 archaeology 为依据。因而 archaeology 在时间断层上总是早于 historiography,而侧重点在于注重实物分析。在十九世纪历史主义笼罩下,考古的实物都要以探究出它的叙述性意义为依归,在没有史料的情况下,要建构出史料来。福柯则主张,应将一切历史性的记述(文献、史料)看作实物,即像考古学对待其他实物一样,研究它在那个时期如何可能产生和存在。实际上,福柯要把"理念学"(史料学)还原成"始基学"(考古学)。在这个意义下,福柯的考古学是一种"解-历史学",[1] 即使历史学建构起来的意义系统——史料系统、文献系统解体,使"理念"解体,还原为"始基"。

福柯认为,只有在考古学的意义下,"人"才真的被理解为有限的。历史学的人固然使人的存在有了具体的历史的内容,受到历史条件的制约,但人的活动所创造出来的价值、意义,人记载下来的思想,却代代相传,从而具有永久的价值。在这个意义下,人仍然是无限(制)的。这时人仍未曾完全摆脱那种"我思"的萦绕,尽管它已经充实了历史的、心理的、社会的具体内容,但仍然是意义、价值、真理的保存者。

考古学意义下的人,是实实在在的人,连其思想产品也是实实在在的产品的一种。这种产品并不都是真理、意义、意识的表现,也可以是错误、荒诞、无意识的表现。因而考古学不是研究真理、意义、自我完善的历史,不预先为人的历史设定一个完善的、最终的目的。而相反地,在一定考古层面的人所留下的文件,常被后人认为是错误的。所以,福柯甚至说,"知识考古学"研究的是与科学相对的东西,"不研究'知识',而研究'意见';不研究'真理',而研究'错误';不研究'思想形式'(forms of thought),而研究'心意类

---

[1] 福柯:《事之序》,第369页。

型'(types of mentality)。"① 福柯的整个学术工作的侧重点正说明了他自己的这个信念。早在 1954 年他就出版了《疾病和个性》，1961 年出版了《古典时期"疯"的历史》（英译《疯狂与文明》），1963 年出版了《病院之诞生》，然后才是他的概括性的著作：《字与事》和《知识考古学》。

应该说，研究变态心理和病理，自十九世纪以来是甚为流行的，弗洛伊德精神分析学的建立起到推波助澜的作用。如何从哲学上、理论上来理解这些"非正常"的精神现象，是一个新的课题。

弗洛伊德以"无意识"为自己的研究重点区域，但他仍然运用经验科学的方法，要这种沉默的无意识"说出来"，成为有意识的，以得到治疗。福柯的问题不在于治疗这种精神上的病态，而是要弄清对这种病态的知识如何可能，从而进一步理解这种病态。他认为，弗洛伊德用那种经验科学的方法——包括历史主义的方法，使病人回忆并说出过去的经历——是无法真正理解这种病症的。当然，我们也不能说，只有疯子才能理解疯子，而是更进一步追问关于疯的知识和科学是处于何种断代层里，即关于疯的科学知识在何种断代层里成为可能。比如，自古以来就有疯子存在，但很长时期以来并没有把这些人隔离开来，关进疯人院，并由医生给他们戴上疯子的帽子；对于罪犯亦复如是。犯罪的人即使在远古也会有，但犯罪者之所以被定性为犯人，是有了法律、法官、监狱以后的事。医院和监狱之所以出现，并不是因为犯疯病的人和犯罪的人增多了，从而使人们对这些现象的知识加深了、完善了；而是由知识以外的因素决定的，是社会组织、制度的因素决定的。而要了解这种社会的组织和制度，则是考古学的任务，因为这是人们的一种基本的实际活动的组织形式，由于有了某种实际的组织形式，才能使病人、犯人这类学科的知识系统成为可能。知识考古学就是要揭示医学、犯罪学等等一切科学知识之所以得以产生的可能条件。

当然，福柯并不认为过去的"我思"只注重理性的一面，而如今要强调非理性的一面才能真正理解人；并不是非把"我思"、"我想"改成"我疯"、"我病"才行，而是要人注意在人形成科学的、概念式的、思想性的、形式性的知

---

① 福柯：《知识考古学》，英译本，第 137 页。

识、意识之前,人已经是人。用他的话来说:要研究一种"非形式的知识"和"积极的无意识"体系。① 他既反对现象学的"先验的"、"起始性的"意识,又不同于弗洛伊德的"消极的无意识",而要用积极的、正常的意识来治疗它。

考古学的任务不在于治疗各种病——包括身体的和精神的,将它们纠正为真理,而在于识别出它们所处的时代层面,寻求关于这些病的知识在不同层面的不同形态,追究其之所以可能的理由。这种考古学的方法不仅运用于有关病的知识,对于一切有关人的知识——"人文科学"(关于人的科学、人学),都可以作考古学的考察。所以福柯的注意力亦不仅在于疯、病、狂、愚,他的《事之序》着重研究了人学中的三个主要方面:语言、生命、劳动。

在《事之序》中,福柯以近代十九世纪为轴心,上承十八世纪古典时期,下接当今时代,对人们关于语言、生命、劳动的知识,作了一次考古学的探测。他的这种探测,由于立足点和方法的新颖,所提出的许多具体看法,对思想史的研究有相当的震动。福柯说,对语言的理解,在十六、十七世纪还受一种相似性(resemblance)原则所支配,认为"字"同样为世上的一件"事",故与"事"一样需要解释。在这种原则下,所谓知识,总带有几分猜测性(divinatio),因为"字"作为一种"事"与其所指的"事"之间的关系是不确定的。② 《事之序》一开始对十七世纪画家维拉斯克(Velázquez)的名画《宫中侍女》的分析,以及他后来对超现实主义画家马格利特的《这不是烟斗》所作的解释,说明在福柯的心目中,语言、文字与外物图像之间的关系,在一定的考古层面上,如十七世纪和现代派中,可以是不确定的,即语言、文字亦为一物,有自身的意谓,有自身的解释;而画中或实际中的物象,则又可以有自身的解释。从十七世纪末、十八世纪初开始,语言、文字被认为只是外物的表象,而失去自身作为一"事"(其所指"事物"之"相似物")的独立性。在新旧交替之际,如果有人坚持"书"(语言、文字)与"现实"同样为"事","书"中所说皆为"实事",而不是"实事"之代表、影子,则被目为疯子。福柯说,唐·吉诃德正是这种尽信书的疯子、呆子。③ 他不承认语

---

① 福柯:《事之序》,第 ix—xiv 页。
② 福柯:《事之序》,第 33—37 页。
③ 同上书,第 49 页。

言、文字原只是空灵的东西。而与唐·吉诃德相反，培根、笛卡尔成为古典时代的真正的英雄和智者，因为他们反对偶像，怀疑（由语言、文字组成的）知识。此时，语言、文字已不是真理的标识，而是透明的、中立的。① 事实上，在这个时期，语言本身并不存在，它只是一种代表、一种符号，② 一种功能。③ 作为表象、代表的语言，与思想有直接的联系，"语言是思想之分析"。④ 此时，语言没有自身的历史。

然而，十八世纪末、十九世纪以来，关于语言的知识结构又发生了变化，语言恢复了自身的厚实性（density）；它不再是空的，而是实的，即有了自身的独特的存在方式。用福柯的话来说，此时语言又恢复了文艺复兴时期的"谜一般的厚实性"（enigmatic density），⑤ 它与现实世界的关系又变得不确定起来，而它本身也需要另一种语言（一种更专门的学说、科学）来加以阐释（exegesis）。于是在这个时期出现了方法学和文学。福柯说，尽管人们早已有了荷马、但丁，但只是到了十九世纪，才出现了"文学"。⑥

循此，福柯对生物学和经济学也有类似的详细考察。他认为，在古典时期，生命就像语言一样，并不存在，存在的只是活的东西（living beings）。人只是活的东西中的一种，因而只有自身的自然史（natural history），而不是自身的本性的历史（history of nature）。福柯说，经由康德到狄尔泰、到柏格森，从指出知识的限制，到出现了生命哲学，生活体验、生命才有了自己的厚实性，而成为独特的知识对象。同样，在经济学中，古典时期并没有真正的政治经济学，而只有财富的分析。这个时期，货币像语言一样，只是一种记号，它代表财富，而不是财富本身；价值只有通过货币在流通中才能表现出来，就像真理只有通过语言在交往中表现出来一样。然而十九世纪的政治经济学就使价值有了自己的存在形式——劳动，劳动有自身的厚实性，成为一个独特的对象。

于是，十九世纪使人作为说话者、生活者和劳动者厚实起来，人似乎找到

---

① 福柯:《事之序》，第 56 页。
② 同上书，第 78 页。
③ 同上书，第 81 页。
④ 同上书，第 83 页。
⑤ 同上书，第 298 页。
⑥ 同上书，第 329—330 页。

了归宿，这个归宿也是终结，是人的人类学的终结。十九世纪的人（文科）学家曾指出十八世纪关于人的知识的有限性，在古典时期知识的空白处建立了人（文科）学，使人成为一个厚实的对象。在这个意义上，人（文科）学回避不了人类学（anthropology）的问题。

然而，十九世纪将各种人的特性厚实起来的做法反过来又使人类学只能保持沉默。因为，将语言、劳动、生命厚实起来，成为不同学科的对象，同时也就将人分割成了碎片，从而打破了人自身历史的统一性，①人反倒没有了自身的历史，②从而人类学对自己的基本问题——"什么是人？"却只能保持沉默。

把人看作说话者、生活者、劳动者的做法的本意在于以此更好地建立一个以人为中心的知识体系，然而这种做法本身既已将人的科学分割成了语言学、哲学、政治经济学，也就威胁到人作为中心的地位，从而威胁到人（文科）学本身。③

人被分割成碎片，压在各个时期的地层中，考古学的挖掘，找不出人，而只能找出人的各种实际的遗迹、人的实践的产品。考古学老老实实承认这个事实，研究、分析这些产品，而不求塑造、建构起一个作为中心地位的人的形象来。所以，福柯清楚地承认，人的有限性说明人是有死的，任何理论、思想、学说不能使人永生，"'人'在消失过程中"。④

考古学不企图建立一个不同于历史学、人类学的人（文科）学，而承认这种科学之不可能性，因而，考古学并不像十九世纪人类学家那样要在十八世纪古典学科留下的空白处建立一个厚实的新学科，而是承认这个空白，对"什么是人"的问题永远保持沉默。

历史的文献固然是一些话的记录，而考古学的方法仍然是先让这些话保持沉默，对沉默的话的研究，是知识考古学的主要任务。

---

① 福柯：《事之序》，第367—368页。
② 同上书，第368—369页。
③ 同上书，第348页。
④ 同上书，第385页。

四、"话语"作为"推理式实践"

对于考古挖掘出来的碎片,我们当然可以分辨哪些是人类的作品,哪些是自然的产物,但对于绝大多数碎片,我们不可能也不必知道它们的作者为谁。谁是作者对考古学来说,不是中心的、首要的事情。我们只要知道,作者已经死了,然后集中力量来研究这些碎片作为实践产品与其他实践产品之间的关系。福柯认为,对于实际的产品应作如是观,对于知识的、思想的产品,也应作如是观。

不少人写书,希望借以使自己不朽。然而我们的语言限制了我们的思想,我们的劳动限制了我们的财富,我们的生命限制了我们的行为与意志,我们只是言者、劳动者和有机体,我们的书不可能使我们不朽。不错,书或许可以使我、我们留名百世,但名不是我、我们自己,书中的思想、话也是一个时期、一个断代的产物,后人不能使"自己"活过来,也不能使书活过来。书只是知识库、图书馆中的档案。

我说话,不仅仅是表达我的思想,而且是一种实际的活动,因而不是主体的自由的表现,而是处于其他别的实践活动的关系网中,话("话语"——discourse)是关系中的网节(net-work)。福柯把这种特殊的实践活动叫作"推理式的实践"(discursive practice),对这种实践活动的具体分析,构成他的《知识考古学》的主要内容。

《知识考古学》与《事之序》在内容上有着承续关系。《事之序》的附题为:"人(文科)学之考古学",意在揭示"人(文科)学"之考古层面,探究其所以可能的条件,以及这些条件之非永久性。在这本书中,福柯指出了十九世纪以来西方哲学将抽象的、空灵的"我思"变成了具体的、厚实的人,从人类学(历史学、心理学、社会学)角度来加以理解,而不把它归结为"先验的主体";而所谓后现代的思潮则指出这种厚实而完整的人,原是一个发明(创造)。人的文字、语言、思想作品,不但不能归结为一个空灵的"我思",同样也不能归结为那所谓厚实的"我在"。人们曾用"我思"来论证"我在",在否定这种论证后,人们又用"我在"来涵盖"我思";然而,当人们发现"我在"

作为历史学、人类学、心理学、社会学的人仍是人们的一种梦幻之后，就不应该再沿着"我在"与"我思"这种循环反复地"轮回"颠倒，再回到古典式的"我思"的轨道上去，①而是要"跳出"这种"轮回"，另辟新的理解途径。《知识考古学》就是这条新途径的指南。

前文已经指出，在考古学的思路下，"人"正在消失中，人只是医生、法官、物理学家、工人、农民……而不是一个抽象的、概念的人。人不是完整的单元，而是残缺的碎片；人也不是永久绵延的。人在空间上是被分割的，在时间上也是断续的。历史学将空间时间化，考古学则将时间空间化。人的有限性说明了人的非连续性。现在进一步的问题是：如何使考古学这样一个基本立足点贯彻、运用到人类精神文化中那些被认为只在时间中存在的产品中去，使它们也有一种空间的扩散作用，而不以线性时间观念来维护其自身封闭的中心地位。福柯在做这项工作时，一方面避免使这种产品只作为一些符号、记号来看的那种古典式的表象论观点，同时也努力把这些产品放回到现实生活的结构中去，找出它们在实际的关系网中的地位，以便真正理解这些产品之能够得以产生的可能条件。

"话语"（discourse）是语言学发展中的一个新单元，它比"句子"（sentence）的意思和范围更为广阔，是更具有独立性的意义单位。福柯的立论也以"话语"为基点加以展开。然而福柯并不将"话语"局限于语言分析的范围，而是作为一种"推理性实践"来看，即这种"话语"作为一种活动，既有语言的一面，也有非语言的一面，因而"话语"不仅有其语词内容方面的意义，而且是一个"语言事件"（speech event），本身也有一种"物质性"（materiality），即有自身的时间、空间来支撑它。这一切，都对"话语"的特点和含义起着作用。②

"话语"作为一种特殊的实践活动与其他的实践活动有一种关系，这种关系既不是表象、符号式的，也不是自身独立的语言式的，而是像一切实际的实践关系一样，是相互制约、相互作用的。在这个前提下，我们可以说，推理式的实践必定要通过"非推理式"的实践活动来实现，因为做推理式的实践活动

---

① 福柯：《事之序》，第338—339页。
② 福柯：《知识考古学》，英译本，第101页。

的人，不是超越的主体，也不是心理学的主体，而是具有社会身份的具体的活动中的人，即在变化中、消失中的人。病理诊断是一个推理式的实践产物。作出这个诊断的是医生。但医生只是写那个诊断书的人的一个碎片。写完那个诊断书，他去做别的事，或许他去接他的女儿，则他又是父亲。因此，诊断书的作者只是一个身份，而不是像现象学、人（文科）学所理解的大写的"人"。从这个意义来说，"推理式实践"的主体、作者原是一个空集，不是作者决定这种实践的性质，而是实践本身指明作者的身份。诊断书当是医生作的。在福柯看来，那个似乎独立不羁的大写的人，却正消失于各种各样的实践活动之中。医生作为人固然是会死的，不是永恒的；而诊断书也不能使它的作者、那个叫医生的人永生，因为诊断书的作者原是一个空集，是要后人、后来的医生去补充的。每一代人都在前人实践基础上继续实践，每代人都在前人留下的空白处写文章，在前人沉默的地方说话，所以尽管非推理性的实践可以是连续的，但推理性的实践却是非连续的。

五、"话语"作为"档案"

不是探本、求源，而是揭示知识的堆积层，这一点对福柯的知识考古学来说是很重要的。而这个观念对西方传统的哲学思想来说，当是相当严重的背离，因为自古希腊以来，探本、求源就是西方哲学坚定不移的目标，尽管对这个本、源可以有始基、理念、原子、存在、神、绝对、全、无限、生命、变异……等不同的理解。没有本、源，也就没有末、流。对于考古学的每一个层面来说，都具有一种"原级性"（positivity）。① 前人的用具，相当一部分我们还在使用。前人说过的话，相当一部分我们还在说，除了有特殊学术兴趣和训练的人，大多数也不去追根寻源。前人的东西，也就是我们的东西。东西就是原级性的东西。因而"原级性"不是"原始性"（originality）。后一个层面的东西不是前一个层面的东西的流，前后两个层面的东西都是原级的、实证的、积极的。

---

① positivity 是福柯知识考古学的关键性词，可以译成"实证性"、"积极性"，都能说得通。这里之所以译为"原级性"是因为"原级"不是"比较级"，是简单的、基本的形式。

前一个层面的东西固然不是源，但却是后人生活的条件，是后人生活的历史的先决条件。我们都是在前人创造的世界中继续生活下来的。物质世界如此，精神世界亦复如是。"话语"也有一种"历史的先决条件"——"历史的先天性"（historical a priori）。"原级性"就是这种"历史的先天性"。福柯说，"话语"的"原级性"形式规定了一个领域，"在这个领域中可以展开形式的同一性，主题的承继性、概念的转换和争议交锋，原级性起着我们叫做历史的先天性的作用"①。这就是说，"原级性"是历史得以存在的先决条件，并不是因为有历史的连续性才有"原级性"，而是因为有考古的"原级性"（之非连续性）才有历史的连续性。

在这里，我们看到，福柯的"历史的先天性"是和康德的"逻辑的先天性"相对应的。康德以"逻辑的先天性"作为知识普遍可理解性的条件。在这种超越的知识被历史主义否定后，要重新建立知识的普遍必然性，则要为历史本身找出它可能之必备条件。福柯认为这就是他在《知识考古学》中所揭示出来的那种考古学的"原级性"。"原级性"不仅不是超时空的（逻辑的），而且不仅仅是时间的（历史的），它是时空相统一的。

"起源"（origin）是一个理念，是要无限地接近它的，关于"起源"的真理是永远未曾说出来的；但"原级性"的"知识"是实际上已经说了的"话"。从这个意义说，"真理的先天性"是"未曾说出"的，而"历史的先天性"是"已然说出"的，事实上已然说出的东西是一种实际的档案（archive）。② 过去的一切语言、文字、思想的材料，一切的书，都应看作是已然说出来的档案。

"a priori"是"由前提推出结论"的一种必然性，原是逻辑的用语，"话语"、"陈述"之间的关系，也表现为一种推理的关系。为使各个"陈述"之间可以相互沟通、相互交流，仍像逻辑命题一样，有一种先天的条件，但这个条件不是使知识的逻辑性成为可能，而是使知识的历史性成为可能。这样，知识考古学就使知识的历史学成为可能。

然而，问题的关键还在于：知识考古学的任务并不是把自身看作一个过渡环节，并不是要把考古学引向思想史，在这些思想的档案中寻出思想的内在联

---

① 福柯：《知识考古学》，英译本，第126—127页。
② 福柯：《知识考古学》，英译本，第127页。

系，从而使档案成为著作。作为著作来看，则有文本和写出文本之作者，于是有文本的意义和作者的意义之间的关系。关于这两者之间的关系的争论，在福柯看来，本身是没有多大意义的，因为知识考古学的问题既不在于语言所说之事，也不在于说此事的人，而是要问推理性系统之所以有"陈述的可能性与不可能性之直接的理由"。①

在福柯看来，我们不仅不能把档案库归结为知识史，相反，我们应该把一切知识史都看成档案库的档案材料，来研究它们之所以能成为知识的可能条件。不能把药方归结为医药史，而医药史倒可以看成是药方之总和；不是医药史使药方成为可能，而是药方使医药史成为可能。药方是原级性的，每一个药方都是根据实际的病情，按照特定的规则开出来的。研究药方不是研究医生思想的内在联系，而是研究药方与病情特征、药物特性以及社会、经济等各个方面的多层面的关系。对这种关系的分析研究，考订出开这张药方的可能的原因和规则，对后人是大有帮助的。我们可以运用这些被研究出来的规则，对症下药地作出自己的诊断和处方。作为档案的药方，自然是"他者"，它对"我"起限定作用，并切断（割断）"我们"的连续性。② 我的药方与他的药方，即使是老师的药方，都是非连续性的；但他的，特别是老师的药方，对我却有很大的参考价值。"他者"是"自为"的，它不必转化为"为我的"，就可以有知识的作用。即知识的档案库不可能归结为一个大写的"我"，恰恰相反，这个知识的档案库是由无数个"我"转化出去的"他"组成的。知识考古学所关心的规则是他律，不是自律，是必然，不是自由。我说的话许多都是别人也说的话。不错，我的话与他的话会有矛盾，我与他可以有争论，考古学并不要平息这些矛盾和争论。考古学恰恰要问，人们为何会在同一个说话规则下发生矛盾和争论，③ 正如医生会对同一种病情，按同一种原则，却开出不同的处方来。

在知识考古学看来，"话（语）"的基本单位不是作品，不是作者，而是推理式形式、原级性和档案。④ 它不把书、著作当作观念、思想的载体，因为书、著作自身只有比喻（allegorical）的意义，代表着另一些东西。知识考古

---

① 福柯:《知识考古学》，英译本，第 129 页。
② 同上书，第 130—131 页。
③ 同上书，第 200 页。
④ 同上书，第 135 页。

学不承认作品及其作者有最高的权威性，也不研究作者的希望和意愿，[①] 而把一切前人的作品都看作在某种规则指导下提供的例证，通过这些例证，人们可以了解这些规则，从而书写自己的作品。考古学分割并冻结历史，但并不以共时性来代替历时性，[②] 不以逻辑代替历史，而是探究时间中的空间关系，探究时间中的各种层次和层面的规则性关系。

最后，福柯终于为他的知识考古学所要研究的不同于思想、观念、科学的对象，找到了一个词——"episteme"，这是一种非逻辑性、非历史性的规则性知识（savoir，knowledge），而不是分门别类的具体的科学知识（sciences），也不是某个时期的历史的思想特征。这个字正是古代希腊哲人们所追求的坚实可靠的知识——既非最高的智慧（σοφία），又非单纯实利的明智（φρονις）。

福柯的知识型态，是一种更为宽广的知，是无作者、无说者、无思考的作品、话语、思想。我们从中可以看出他的学说和古代希腊诸家在精神上的相通之处，尽管在许多具体问题上，福柯是个很突出的背宗者。从福柯的知识考古学来看，这种相通的地方也正是整个欧洲思想传统作为一个"断代层"来看的共同特点——知识高于人，独立于（具体的）人。知识作为档案而保存，尽管这种保存，在时间上是不连续的。在我们东方人、中国人从自己的文化传统或"考古层面"看来，福柯似乎真的回到了希腊：人没有了，留下的是知识；但在福柯那里，知识是作为考古档案的知识。福柯说，语言、文字、著作都不能使人（作者、自我）永生。我说话，不能让我不死，相反的，正是建立我之死。[③] 我写的书，是我的谋杀者。知识档案的保存，并不是让死人支配活人，更不是让死人复活，而是提供例证，供活人参考。档案当是为了防止遗忘，但却不是为了回忆、怀念死人，体会传统的意义。档案处于传统与遗忘之间。[④] 规则有传统，是为防止规则的遗忘。我们必定会遗忘掉许许多多的人，但我们却记住了伟大的科学家、医生、艺术家、政治家，因为他们提供了规则的例子。正如康德说过的，伟大的艺术家为艺术建立了典范，为世人立则，但这些

---

① 福柯：《知识考古学》，英译本，第 139 页。
② 同上书，第 166、169 页。
③ 同上书，第 210 页。
④ 同上书，第 130 页。

"则"又是模仿不得的,它们本身不能成为一门科学;他们作为作者,只是一个空集。后人必须从他们存留下来的伟大的范例中去探知这种范例如何成为可能的先决条件,从而根据自己的时空来树立自己的范例。

(原载《中国社会科学》1990年第4期)

意义世界的埋葬
——评隐晦哲学家德里达

六十年代,当美国哲学界一些人正要"引进"法国的结构主义时,德里达(Jacques Derrida)向美国的同行宣布:结构主义在法国已经终结。这引起了许多人的关注。此后,美国哲学家展开了对德里达的研究、评论和对话,至今美国人仍在写"如何理解德里达"这样的题目。

的确,德里达的书很难读,加上他的博学和多产,使想弄清他的思想的人应接不暇。但我称他为"隐晦哲学家"不仅是因为文字上的原因,而且还有学理上的理由。

我们知道,古今有许多大哲学家的思想被认为是"隐晦难懂"的,但在学理上有根据的,在西方大概只有古代的赫拉克利特和当今的德里达两个。苏格拉底、柏拉图、亚里士多德都不能说是"隐晦哲学家",康德、黑格尔、胡塞尔、海德格尔也都不是;尽管他们当中有些人的著作也是出名的难懂的,但他们的学说,却是"现象学"——"显现学"、"明学"、"显学",而赫拉克利特却说:"自然常欲隐藏起来。"

当然,"隐晦"主要是学说上的一种主张,并不是真的不可懂,所以,赫拉克利特是"可理解的",德里达也是"可理解的"。

一

开门见山地说,德里达的理论上的秘密始于他那本不很受人注意的早年著作:《胡塞尔几何学起源引论》。胡塞尔的《几何学起源》手稿写于 1936 年,死后由比麦尔(W. Biemel)作为附录编入《欧洲科学之危机与先验现象学》。这篇文章的篇幅不大,但德里达却为它写了足够一本书的"引论",其原因在于这篇文章开启了德里达对整个欧洲哲学传统的一种态度,一种革新的态度。这种态度转变的关键性问题,是"活的现时"(living present)问题。应该承认,德里达为《几何学起源》作引论,是很有眼光的,因为这篇文章虽短,但很重要,它相当集中地表现了胡塞尔晚年的一些基本想法。

根据伽达默尔的说法,胡塞尔《欧洲科学之危机与先验现象学》中的文字是有很强的针对性的,因为那时海德格尔的《存在与时间》已发表多年,而且有了相当的影响。这师徒二位的理论倾向很不相同,为了抵制海德格尔的倾向,胡塞尔一方面要坚持住他早年所创立的现象学的基本原则,同时也要"引进"他以前未曾充分注意而为海德格尔大加发挥了的一些问题。这些问题中最主要的是历史性问题、时间性问题。

《几何学起源》是运用现象学原则来解决"历史"、"时间"、"起源"问题的一个范例。"几何学"本来是"共时性"的、推理性的科学,它如何又具有历史性、历时性呢?胡塞尔在解决这个问题时正好与海德格尔的态度相反:海德格尔认为"历史性"、"有时限性"是几何学的"共时性"、"无限性"的基础;但胡塞尔认为,正因为几何学的这种普遍性、共同性、理想性,才使历史性成为可能。

胡塞尔说,问"几何学如何起源",并不是问第一个几何学家心里如何想的,而是问几何学如何成为一门科学,如何由纯属人心内在之想法成为人们之间可以交流的一门科学,即如何由"intrasubjective"成为"intersubjective"。在胡塞尔心目中,"客观性"、"理想性"、"科学性"保证了"主体间"的可交往性;而只有"主体间性"才又保证了"过去了"的东西不成为"无"

(nothing），因而"历史"才成为"有"，才"有""历史"。

不错，几何学里抽象的、共时性的原理，无论如何重复其意义不变；但所谓"共时性"只是指"可以普遍运用"（once and for all），所以几何学并非空的传统，而是可以随时恢复它的生命力。一切演绎性的推理科学都有一个"兑现"（cashed in）的问题；一切历史之沉积（sediments）都会被重新唤醒（reactivate）其活的意义。

抽象的、公理式的几何学为什么会有这种可以"兑现"、可以"被唤醒"的特点？胡塞尔说，几何学在形成"公理"之前必定属于一个更为本源的语言的世界，即几何学最初也是"说"出来的。这个以"说"、"语言"来交往的世界，是活的，又是共同的。这就是胡塞尔晚年十分强调的"生活的世界"（Lebenswelt）。在这个世界中，永远保持着"活的现时"；理想的科学（如几何学）保证我们的"生活的世界"、"活的现时"不会永远成为"历史的积淀"沉沦下去，而将历史的原始性（起源）和现实的原始性（起源）统一起来。问几何学如何起源，不必完全回到"过去"；这种"起源"在我们自己的"生活的世界"、"活的现时"、活的语言中就能体验出来。因为在一切实证的知识之前，我们必定知道：有一个未知的但我们生活于其中的世界，不断地会成为我们专题的（thematic）、专门的科学。

胡塞尔说，这种早于专门科学的知识，是一种"视野-确定"的知识，它并不是"含糊的"，而是最明晰、最确定的。各种专门知识都以"有限"为对象，但"视野"永远是开放的（open），是最本质的"无限性"（infinity）。正是这种"无限性"保证了"历史性"。

我们注意到，就是在这篇短文中，胡塞尔指出了"写"的作用。几何学是从"语言"、"说"到"写"出"公理"，"写"使"交往"虚拟化（virtual）。一方面，"写"的东西可以成为"沉积"；另一方面，它又可以被重新唤醒，使之自明。在胡塞尔心目中，历史就是不断地唤醒那"活的现时"，使各种"沉积""活"起来；而且，只有"科学"、"科学家"才可以避免"历史的积淀"永远"沉沦"下去。

这就是胡塞尔在《几何学起源》中所表达的基本思想。

二

不难看出，胡塞尔的以上思想是要强调推理性、理想性的严格科学（如几何学）在使"活的现时"成为可以相互交流的"共同体"方面的关键性作用。其实，关于"活的现时"的思想在胡塞尔写这个手稿的前四年，已被雅斯贝斯在他的三卷本体系性著作《哲学》中充分阐述过。雅斯贝斯把"活的现时"理解成"活的自由"，这使西方哲学中的"自由"观念在现代的哲学体系中获得坚实的基础。而我们知道，这个思想是和海德格尔的"历史性"观念针锋相对的。

我认为，不论自觉到什么程度，德里达在理论上的主要立足点是在反对这种"活的现时"的观念。

德里达仔细剖析、分解了胡塞尔的《几何学起源》，并用了许多篇幅发挥胡塞尔的思想。他认为，胡塞尔以几何学为范例研究以理想性为对象的纯科学在历史中的作用，是很有意义的；因为这个范例的理想性、观念性，补充了胡塞尔早年"本质直观"的理论。几何学研究的对象不是"本质直观"，而是康德意义下的不含直觉的"观念"（idea）；但它一旦建立，则可以"兑现"为"本质直观"。这个"观念"，由于没有直观，因而是绝对主动的，是"创造"出来的，因而也是"历史的"，有一个"起源"。几何学的普遍性，保证了"起源"的普遍性，历史就是这种"起源"、"创造"的不断重复。因此，"活的现时"是"超时间性"（supratemporality）的，也是"全时间性"（omnitemporality）的，它和康德的"观念"一样，是永远"开放"的，也是"无限"的。"无限"的"理念"（观念）不能归于任何种属（eidos, essence）之下，所以是一种"无以名状"的"ἄπειρον"（古希腊语，意为"无限"或"无定的"）。

然而，德里达下面的问题则不是康德式的。他认为，正因为"无限"不是 eidos，而是 ἄπειρον，所以它不是精神性、概念性的，而是"纯物质性"（pure materiality）的。这样，几何学就不仅是思想的"记号"，而且有自己的物质性的基础。几何学在形成自己的公式系统之前，是"地理学"（geography）。

在德里达心目中，没有那种空灵的、精神性的"活的现时"，所谓"现时"都是"过去""传"下来的，而且必定要向"未来"伸展。"现时"不可能驻留在一个"点"上，现实生活中没有"零点"(zero degree)。"现时"是"过去"的"继续"，是"未来"的"预设"(anticipation)。"过去"、"现在"、"未来"表面上看是"区别"(difference)，实际上却是 différance。"différance"是德里达的关键性用语，它的意思很难说清楚，因为它既不是"物"，也不是"心"，而是把"心"、"物"凝聚在一起的关键性状态。如果我们不怕过于简单的话，也许可以把它理解成"历史环节中的现时"。

"历史环节中的现时"不同于"活的现时"，它不是"点"。在这里，德里达离开了胡塞尔、雅斯贝斯，而接近于海德格尔：曾在、现在、将在都是"存在"的历史性状态（方式），而历史不是由一个个孤立的"点"连起来的。

基于这样一个出发点，人们将会在"传统"和"自由"二者之间作出抉择。海德格尔的学生伽达默尔对"传统"、"成见"、"有效性历史"的发挥，竟然最终形成了当代的"解释学"。尽管这一"学科"的建立，与他老师的原意大相径庭，但就西方哲学之倾向来说，毕竟也是一种发展和完善。

然而，德里达从这个"历史"的"传统"出发，却走上了另一条道路。

三

在德里达的《胡塞尔几何学起源引论》中，"différance"这一基本用语已经出现，这说明他已经有了一个相当坚实的出发点。同时，"纯物质性"概念的出现又说明了法国哲学从萨特以来将"有灵性的""身体"（Köper）观念吸收进来，从而与海德格尔发生了分歧。

我们知道，différance 是"活的现时"的对立物，"现时"不是"活"的，而是"过去"向"未来"的"分延"（différance）。德里达的思考并未停留在此处，他继续说，"现时"既然是从"过去"向"未来"的过渡，而"过去"和"未来"都是"absence"（"不在场"），因此，"现时"不是"自明"（self-evidence)，不是"显现"（presence)。由此我们看到，德里达把自己同包括海德格尔在内的一切现象学者尖锐地对立起来。他甚至把一切关于"显现"的学说,都称作"形而上学"——即借助某种记号或符号来"显现"某种"意义"。因此他说,海德格尔称尼采为欧洲最后一个形而上学者,但同样的帽子也可以给海德格尔自己扣上,因为他的学说同样承认世界呈现(显现)为"存在"的"意义"。德里达认为,一切"显现"的学说,都是抓住"现时"的独立性;因为只有在"现时"、"眼下","意义"才"显现"出来,而"人"为这种"意义"的"见证",事实上,"现时"只不过是"分延",是一个综合了"过去"、"未来"的复合体,而不是一个纯净的"意义"的"境界"。

四

在这个意义下,德里达的"时间"观念又和海德格尔有了相当大的区别。我们知道,虽然海德格尔认为"时间"和"空间"不可分,但他所谓"空间"是存在的意义的"心境","时间"是"有限的绵延"。这就是说,"时间"在海德格尔那里,是"线性"的。但在德里达那里,"时间"则是"多面"的、"多层次"的,因而是与实在的"空间"相统一的实在的"时间"。我们应该注意,这种"面的时间观念"在德里达本人的思想和西方哲学思想的发展中都具有重要的意义。就西方哲学来说,这是具有变革性意义的观念。

"时间"与"空间"相统一的"différance"虽不是具体的"物",但却是实实在在的东西,它是真正意义上的"生活的世界"、"历史的世界",而不仅仅是"意义的世界"、"视野的世界"。从某种意义上说,它有相当的"物质性",甚至是"纯粹的""物质性";它是历史传下来的"有灵气"的"物",是埋在土里的、孕育着未来的"种子"(seeds)。

德里达的这个思想带有变革性。尽管海德格尔的"Sein"不是概念性的、精神性的,而是存在性的(ontologisch, existenzial),但他把"存在"的问题归结为"存在"的"意义",因而很容易地被伽达默尔把"存在的世界"发展成"意义的世界",将"存在的历史"发展成"意义的历史"。所谓"意义的历史"就是"显现的历史"或"历史的显现",总之是"presence"。这种态度,在德里达看来,仍然是将"历史"归结为"思想的历史"、"意义的历史"、"精神的历史";而事实上,"历史"是实实在在的历史,而不是"哲学史"。历史不仅是思想、理解，而且是"记忆"。

这个"多面"的、纵横交错的历史观，使德里达的思想与胡塞尔、海德格尔的现象学以及伽达默尔、利科的解释学区别开来，尽管他在相当的程度上利用了他们的成果。我们由此可以说，德里达的学说，不仅是法国战后结构主义的对立物即所谓"后结构主义"，同时也是方兴未艾的解释学的对立物；如果把"解释学"也理解为"现象学"的一种，那么德里达的学说也许可以叫做"后现象学"。

五

德里达认为，追求一种"纯净"的意义、真理、思想的"知识"，这是西方人连海德格尔也在所难免的一种形而上学顽症；这个顽症的病根在于西方人有着一种单纯记录语言的表音文字，它使"语言"上升为第一位，而使"文字"处于附属的地位。一切思想、意义、真理都离不开"语言"，"语言为存在的家"（海德格尔语）；殊不知表音文字不是唯一的文字，在表音文字之外，还存在着很高的文化。德里达要在西方世界破除"语音中心论"（phonocentrism），而强调"写"（l'écriture）的作用。

我们已经说过，关于"写"的作用，胡塞尔在《几何学起源》中就已指出过。这个思想后来被解释学所发挥，伽达默尔就曾指出"书写"早于"语言"，法国的利科在这方面更有相当完整的说法。一个基本的事实是："写"使"作者"（主体）处在次要的地位，而且同时使"读者"（另一个主体）也普遍化、虚拟化了；"写"摆脱了直接交谈时两个主体的心理和环境的偶然因素，从而使"写"的内容成为普遍可以理解的"意义"。用利科的话来说，"写"摆脱了"说"的"事件性"（event），而突出了"意义"（meaning）。这样，"解释学"才成为一门（人文）科学。

然而，解释学的以上说法，正是德里达所要批评的西方的"语音中心论"，即在"事件"之外去寻求"意义"的纯粹的"显现"。在西方人眼中，"写"是要把"思想"记录下来，要"他人"通过"读"去唤醒、恢复那共时性的思想，即要将"他人""自我"化，将"过去""现时"化，从而使"意义""显现"出来,"兑现"出来。

德里达认为,西方人习惯于将"能指"(significant)与"所指"(signifié)分割开来,降"能指"为次要地位,以"所指"为本质、为思想、为真理。"能指"是历时性的,"所指"则为共时性的;语言学的唯一对象就是研究"所指"的共同结构,而置"能指"于不顾。在这里,大家看到,德里达以法国结构主义的理论奠基者索绪尔为主要批评目标,当不是偶然的。

为了从语言学内部揭示这种"语音中心论"的虚妄性,德里达指出,即使是西方的表音文字,也并不是绝对的、纯粹的;数学的一些符号、几何学的某些图形、古代商人所用的一些记号以及普通文句中所用的标点符号,都是"念"不出声音来的,但它却有"意义",这个"意义"不能存在于声音之中。最为有趣的例子是德里达的关键性概念——différance,在法文中发音和difference完全一样,但意义却不同,这种不同如果不"看"文字是"听"不出来的。更何况,世界上还有象形文字、楔形文字,还有中国的表音、表意相统一的文字,这些都不仅仅是语言的记录。表音文字只是西方人的传统,这种文字掩盖了文字自身的独立意义,助长了语音中心论,同时也助长了逻辑中心论。

语音中心论就是逻辑中心论,因为语音及其记号是世上唯一不必或不可问"这是什么"的"东西"(物,chose)。它本身没有意义,它的"意义"在于它的"所指"。正如胡塞尔所言,"说"总要"说"点"什么","说"并不重要,重要的在于那个"超越的""什么",这个"什么"即为"意义",即为"思想"。因而"语言学"离不开"逻辑学"。

逻辑中心论将"能指"和"所指"割裂开来,把"能指"归于感觉性的,而将"所指"归于理解性的。这种割裂的办法是架空"思想",以使思想"纯净化"为借口,实际上却使其"空洞化"、"神灵化"。德里达说,逻辑中心论必定会导向神学,设定一个纯精神、纯思想的上帝。

为了纠正逻辑中心论和语音中心论,德里达将"写"的意义扩大化,使其不限于作表音的符号、"说"的"工具",不限于"记录"和"再现"。在德里达看来,广义的"写",在"语言"之前和在"语言"之中。所谓"在语言之前"是说人的最初的表意方式,不仅变换声音,而且变换视象,不仅有牙牙学语（babble），而且有乱涂（scribble）。① 德里达把乱涂叫作"faire des raies"（划道道）。② 划出来的道道为"痕迹"（trace）。"痕迹"不是"纯思想"、"纯意义"，不是 presence，它会被"删去"、"抹去"，会"退色"。而"划道道"的"痕迹"早于"字母"（avant la lettre）。

"痕迹"不是"符号"，而是完全任意的。在这一点上，它和语言一样；最原初的语言，即海德格尔"存在"意义上的"语言"，同样可以作"痕迹"观。原初的语言不仅仅以"字"来表达意思，声音的"物质性"同样也有意义。"诗"也是"痕迹"，"诗"不仅是"思想"，而且也是"历史"。

"痕迹"没有超越的"所指"（signifié），不是"在场"（presence），但也不是"不在场"（absence），所以它不是"差异"（difference），而是"分延"（différance）。德里达的"痕迹"不是海德格尔的"存在"；"分延"既非"有"，又非"无"，而是"变"（devenir）——人们不断地"划道道"，将前面的"道道""删去"、"划掉"。因此，关于"分延"的学问，就不是存在论和本体论，而是"经济论"（économique）——这是德里达的一个很特别的思想。

这个"经济论"的思想，说明德里达所提出的"grammatologie"具有一种任意、实际而又普遍的特点。

六

德里达在 1967 年提出"grammatologie"，为此写了很厚一本书。这个字一般译成"文字学"当然是可以的；但广义的"写"是在狭义的、记录语言的"文字"（words）出现之前就已有了。"grammatologie"以 trace、différance 为思考问题的基点。希腊文中γραφή有"刻"、"划"、"画"的意思，很像中文的"文"（纹），grammatologie 可谓本来意义上的"文学"，为与通常意义的"文学"相区别，不妨将其译为"文（字）学"。

据后来德里达自己的解释，他无意建立"文（字）中心论"

---

① 这是我受苏·兰格所谓"babble"的启发而作的一种发挥。
② 我在《书法美学引论》中曾提出"划道道"之说，当时尚未读德里达的书。中国书法艺术可能是德里达思想的一个很好的佐证，因为书法艺术的意味是"念"不出来的，它为声音所不及，非"看"不可。

(graphocentrism)来与"语音中心论"相对立,因为他并不承认有什么"中心"。但我们看到,德里达的"grammatologie"是针对"Sémiologie"、"Linguistics"提出来的。尽管他从根本上反对以 Logos 为中心,在反对逻辑中心论上比海德格尔走得更远,但他仍用了"logie"。无论如何,"grammatologie"只能被理解成对"trace"、"grapheme"、"différance"的一种"说法"。事实上,德里达的 grammatologie 给出过不少的"界说",如"science de l'arbitraire du sign"(人为记号的科学),"science de l'écriture avant la parole et dans la parole"("说"之前和"说"之中的"写"之科学)等等。

我们知道,建立一种不同于"自然科学"的"人文科学"(Human Sciences),是新康德主义以来至现代以胡塞尔为代表的一些哲学家的共同目标;海德格尔揭示了这个目标的虚妄性,从现象学走向了本源性、历史性、存在性的"思"。海德格尔之后,伽达默尔又为这个"思"建立了一门学问——解释学或释义学。

德里达不承认有一个本源性的、存在性的、纯净的"思",反对一种超越性的纯意义的"显现",这样就必定要把自己的学说建立在一种综合性的而不是单纯性的立场上。这种综合性的立场使他的"文(字)学",不同于其他一些"学"。

首先,它不同于"符号学"。因为它一方面是完全任意的,另一方面又不把"能指"与"所指"分割开来。其次,它也不同于(知识)考古学。因为"痕迹"无头无尾,不是一种"现时"的"状态"(état),而是一种"活动"(opération)。

在德里达的思想中,"现时"当然是"活"的,但同样也意味着"死"。"写"既意味着"生",也意味着"死"。一切的"写"都有"遗嘱"的意味,表现了对"生命"、"现时"的"限制"。因而,"记忆"原则上是对"无踪迹"的东西的"记忆"。"记忆"的保存,同样也是为了"现在""尚无踪迹"的东西。所以,在德里达看来,"痕迹"没有"起源",因为"痕迹"永远有个"无痕迹"(non-trace)相伴。不错,诚如胡塞尔所说,"起源"就在"现时",人人都是"创始者";但既然"眼下"即是"起源",则"起源"就不可"追",不可"问"。这说明"痕迹"本无头尾,"痕迹"为"分延",而"分延"为

"变"（devenir）；"变"中之"驻"，"驻"中之"变"，这才是在一切计量、实证的"动""静"以前就有的原始的"变"、原始的"写"。

在德里达看来，"文（字）学"这门学问——如果可以叫"学问"的话——可以不问"本质"，不问"起源"，而只是一种"经济之道"（l'économie），是一种"策略"（strategy），当然是一种最基本的、先于一切实际策略之前的策略。①

在这里，我们看到德里达学说中的一个很严重的问题：似乎在德里达那里，"死东西"早于"活东西"，因为他的普遍的"写"，当作遗嘱看的、异己的"写"，早于胡塞尔的"活的现时"，早于海德格尔的存在性的、活的"对话"。果然，德里达竟称"写"为"死的经济学"（l'économie de la mort）。

七

当然，德里达的本意并不是要把"死东西"和"活东西"对立起来，而是要探讨"死"、"活"分化之前的更为基本的世界。因此，他的"写"并不是机械的、命定的活动，而是一种"游戏"（jeu）。"游戏"并无一定之"目的"，因而没有"终极"；"游戏"也没有一定的"动机"，因而没有"起源"。"游戏"没有"前因""后果"，无头无尾。这种游戏式的"写"，正是 différance，一种基本的"度"。游戏既非"在场"（presence），又非"不在场"（absence），"游戏者"因"游戏"而"在"，但这种"在"不是"显"，而是"隐"。所以，这个"游戏"是形而上学和存在论所不能及的。

德里达认为，作为"游戏"的"写"的作用，西方人没有充分认识过。他通过对卢梭的批评来发挥这方面的思想。

卢梭的启蒙主义带有鲜明的反文化传统的特色，至今仍保持着正反两面的新鲜活力。卢梭指出，科学、文化并没有给"自然""增加"任何东西，"文化"只是一种"表象"、"代表"；"代表性"的、"附带性"的"文化"压制了本源性的、自然的人的本性，是历史发展的悲剧。很明显，当今现象学派对

---

① 我曾把此"策略"称作原始的、本源性的"度"（original measures）。

"生活的世界"的向往,在卢梭那里可以找到相当质朴的表述。卢梭认为,"语言"应是自然情感性的,不是概念性的,而"文字"则是概念语言的"附属品"、"补充物"(supplémentaire)。"语言"为"源","文字"为"流";"语调"(accent)为"本","文法"(gramma)为"末"。

不难看出,德里达是和卢梭的这种态度针锋相对的。在德里达眼里,卢梭也像柏拉图、黑格尔一样,是一个"显现"论者、形而上学者。

我们前面说过,德里达认为普遍性的"写"早于直接性的"说";套用卢梭的话来说,即"补充物"早于"物本身"。这个"补充物"为"原始的补充物"、"原始的附属物"。出现这种"矛盾",说明"语言"的"起源"——推而广之,一切"起源"问题——是一个虚假的问题。之所以会出现这样的虚假问题,乃在于"写"出来的"道道"(trace)是要退色、被划去的;"痕迹"被删去、退了色,"起源"问题就出来了。"痕迹""隐"则"起源""显"。

八

"痕迹"必定会"隐"去,因为"世界"就像一个大"本子",你也写,我也写,他也写,今天写,明天写,天天写,都重叠到一起去了;后写的把以前写的"划掉"、"杠掉"、"删掉"——掩盖起来了。如果像胡塞尔、雅斯贝斯那样认为第一次写都是"活的现时"、"现时的自由"的话,那么这个"现时"、"自由"是必定要被"掩盖"、"埋葬"起来的。如果"现时"、"自由"为"起源",那么这个"起源"也是要被"删掉"、被"埋葬"的。这是"隐退了的起源"、"被删去的自由"。"痕迹"就像"考古学"的"地层"那样,一层层堆积起来。但痕迹总是"隐"去的,"考古学"并不能找到真正的源头,不能使它"显"出来。"考古学"所找到的,不是真正的"源",而只是"流",是"附属物"、"补充物"的原始性。

德里达曾引用弗洛伊德的"魔簿(本)"来说明这个问题。弗洛伊德说,人的无意识、梦就像一个深色涂蜡的本子,蒙上一层玻璃纸膜在上面写字,写后揭开那层纸膜,字迹就没有了,但在蜡上留下了"痕迹",然后蒙上再写,蜡板上的痕迹就重叠上了。纸膜上的字是有意识的、清晰的;蜡板上的痕迹是模糊的，其意义被埋葬在无意识里。人不断地在纸膜上写，纸膜上的字每写一次都很清楚，但蜡板上的痕迹却越来越难辨认。德里达说，"痕迹"的确是被"删去"、"涂改过"、"隐"去了；但"隐"去的恰恰不是"无意识"的区域，而是"有意识"的区域。因为每次的"删改"、每次的"重写"都是"有意识"的，"隐"去的"写"并非"无意识"，恰恰正是"有意识的写""隐"去了。

"道隐无名"，"道道"、"痕迹"不光是"字"。按德里达的说法，一切绘画、雕塑、音乐、舞蹈、电影、戏剧等文化形式，都可以作如是观。"痕迹"是"字母"之前的原始的"写"，是"字"（words）之前的写，"写"出来的是"无字书"。

在这里，我们可以看出，德里达的思想虽然很接近于海德格尔，甚至连"痕迹"的说法也是海德格尔提出来的，但他的"道道"、"痕迹"与海德格尔的"存在"、"隐"、"显"相比，另有一种境界。这就是我称他为"隐晦哲学家"的学理上的理由。

同时，从这个意义上说，德里达的"痕迹"比海德格尔的"存在"似乎更加接近于中国老子的思想。我曾经有一个想法，中国老子的"道"和海德格尔的"存在"之所以有"隐""显"的不同，是因为中国老子缺少"Dasein"这样一个度，即没有和"存在"处于同一层次的"人"。经验的、平常的"人"囿于声、色、货、利，"道"对他们就"隐"去了。德里达的"痕迹"之所以为"隐"、为"晦"，也和他对"人"的理解有相当的关系。

九

我们看到，正是在"人"的问题上，德里达相当充分地表现了法国哲学的特点。法国曾是"我思故我在"这一思想的故乡。自从这一思想在近代受到批评以后，哲学家、思想家们曾用各种方式来理解、改造这句话。从胡塞尔的"先验的自我"到海德格尔的"我在故我思"，人们的文章都做在"思"和"在"的关系上；而现在的法国人则认为，问题恰恰出在"我"字上。"人"分"我"、"你"、"他"，但"你"和"他"不是"另一个""我"；"人的世界"并不是一个个"我"组成的，相反，是一个个"他"组成的。这就是说，连

"我"也是"他",因为今日之"我"已非昔日之"我";正因为"我"成了"他",才有"时间",才有"历史"。

当然,"他"的思想并非法国人所独有。但在法国人那里特别盛行,思考得相当彻底,这不能不说是法国人的特点,也是他们的一大贡献。对于"他"的问题,萨特、梅洛-庞蒂都曾有相当深刻的看法和相当充分的阐述。德里达在《写与区别》一书中还曾集中评价了列维纳(I. Levinas)的学说:"他"与"我"是对立的,"他"不能融于"我"之中;"他"对"我"有一种"不可回归性"(irreducible),"他"不能归结为"我",因为"他"与"我"不是"同"(same),而是"异"(difference);"他"不是"我"的知识的"对象"(object),"他"永远对"我"保持着相当的"神秘性"。根据这个前提,列维纳批评了海德格尔的"共在"(Mitsein, Mitdasein)说,指出海德格尔把"他"亦当作"Sein",使"他"与"我"处于同一层次(same),这意味着化"他"为"我",从而取消了"他"。列维纳甚至说,海德格尔的这种思想是一种"权力哲学"(philosophy of power)、"暴政哲学"(philosophy of tyranny)。我想,这是对海德格尔的最为严厉的批评,并可以部分地解释他为什么能在短暂的时间内与纳粹合作,尽管这种合作的实际原因要比思想的原因大得多。

法国人的民主、自由的传统,不允许忽视"他人"的存在和权利,"他人"就是"他人","他人"不是"另一个""我"。这当是在对"他人"的独立性有极为充分的认识和足够的尊重之后,才能说得出来的话。

关于"他人"的思想,同时又和法国人不仅重视"我(他)思",而且重视"我(他)在",并将这种"在"实实在在地理解为"身体"的观念分不开。"心"、"身"在现代法国哲学中经常是融合在一起的。"人"不是"神仙精灵",更不是"行尸走肉","人"是有血有肉、有思想、有感情的现实的"人"。

"人"为"身"之"心"、"心"之"身"。"纯粹的""心"是"透明"的,是"显现",但是"身"离不开"物质性"(materiality),是"不透明"的,因而"身"之"心"、"心"之"身"也是"不透明"的,最多是"半透明"的。"身"与"身"之间,因而"人"与"人"之间,既不能真正做到"心心相印",也不能真正做到"肝胆相照"。

十

由于确立了这样一个绝对的"他",列维纳就不可避免地要面对这个"他"如何与另一个"他"交流的问题。为了回答这个问题,列维纳提出了"vis-à-vis"(面对面,face to face)的观念。

首先,"他"不可能为"知识"所穷尽。心、身同一于"他"中,所以"他"与"他"的交往不能是纯精神性的"交流"(communication),而是一种实际的接触、相遇(encounter)。只有在实际的交往中,才能"理解"对方(他);"相遇"应是具体的、实在的,不能"概念化"、"思想化"。

"他"既是绝对的"异",因而形不成一个"视野"(horizon),因为"视野"的前提为"相同的"世界。

"面对面"不是静观的"看"(regard),"他"与"他"之间不是一种理论的关系,不是"思想"的交流,而是"目光"的"交换"。

然而,尽管列维纳认真地强调了"他"的意义,但他对"面"、"目光"的理解,在德里达看来仍带有"显现"的色彩。因为列维纳认为,"面"、"目光"是"人"的实体实质(substance),是人的本质的体现(express),而写出来的著作(written work)则不是表现而只是记号(signs)。因而"面"、"目光"为"显现",而"写"、"作品"是居于第二位的"再现"(representation)。

德里达指出,应将列维纳所说的重点颠倒过来,即承认"写"、"作品"、"文本"(text)不是"自我表现",而的确是"他",是占主要地位的;所谓"面"、"目光"也是一种"写","作品"和"文本"是"他"而非"我",是"隐"而非"显"。因而,"面"、"目光"和"写"、"作品"、"文本"一样,不可能有"现象学"(显现学)。

我们看到,列维纳保留了"面"、"目光"的"显现"的性质,使他所理解的"面对面"、"交换目光"仍是一种精神性的交流。因此,尽管他强调"他"之不可回归性而将"伦理学"定为"第一哲学",但却又认为"面对面"的关系是一种"宗教的关系"。德里达说,如果将"面"同样理解为具有一种不可回归的外在性,那么列维纳的"面的形而上学"则不攻自破。

只有克服了"显现"的观念,才能把"他"和"我"统一起来,才能认真承认"他"是"我"的一种"形式",因为"他"不是"我"的"显现",但却也不是无"我"之"物",只是"我"被"隐藏"了起来,没有一种显现出来的纯粹的"我"。"我"就像"活的现时"、"活的自由"一样,始终处于"缺席"(不在场,absence)的状态。"我"在"他"中,"他"有一种外在的不可回归性;"活的现时"在"历史"的"分延"之中,"活的自由"在"死的必然"之中。因此,古代文明有两本书:基督《圣经》为"活(生命)之书",埃及有《死(死亡)书》,而后者早于前者。"活的哲学"成为"死的经济学","活东西"永远被"死东西"层层覆盖着,"死"和"活"纠缠在一起,人每活一次,就意味着死一次。德里达说,"死"是"活"的"标志"(mark),因为只有"生"的"限制"(死)才将"生"指示出来。"考古学"穷尽不了生(活)的源头;人间的书——不是"天书"——"读"不出"作者"的"活的思想",因为"读"本身亦非"活的现时",而是另一种形式的"写","读"即"改写"。"读"不是"视野"的"融合",而是"轨迹的重叠"。

"文本"(text)不是"书"(book),"书"为作者之作品,而"文本"隐去作者。"文本"没有自身的同一性,它是同中之异,异中之同。"文本"之所以是开放的、可以重复的,正因为在"文本"中"活的语言"(living speech)已经消失。"读"并不是去"求解"(decipher)其原始的意义,而是承认"原意"已"隐"的一种"游戏"。"游戏"不是消极的,恰恰相反,它是积极的。"游戏"式的"读",不是"文本""意义"的"见证",而是"干预"。"读者"不是"见证者",而是"干预者"。

"文本"作为"痕迹",将作者、起源、"活的现时"隐藏了起来,也将"意义"隐藏了起来。"道道"、"字迹"都可以删改,"意义"也在变化。"变化的""意义"并非"失去的""意义",亦非"意义"的"失落",而只是使"意义"成为一个"问题"。因为"意义"之"缺席"而成为"问题"。

"意义"成了"问题","理解"也成了无穷的"问题";"意义"被"隐"去,"理解"被蒙上"隐喻"(metaphor)的色彩。

于是,研究纯意义、纯思想、纯概念的学问(这种学问最初是西方特有的)——哲学,就让位于广义的"文学"(literature)。

十一

"起源"已被隐去。"文字"的"起源"也就是"历史"的"起源",因为"历史"是"(有)文字的历史"。然而,"文字"不是"思想"、"意义"、"真理"、"逻辑"、"理性";"历史"不是"哲学史",不是"理性"的"逻辑"展现。

"哲学"离不开"文字",因而它也有自己的"历史";但"哲学"的"历史"是"历史"的"遗忘"。"哲学"是"白色的(退了色的)神话",是(欧洲)"白人的""学问"。因而"哲学"——形而上学的"文字",包括那些抽象的范畴、概念——都带有历史的"隐喻"性质,它们曲折、迂回地提示着原古的历史的"神话"。"读"哲学著作,并不是要使那些范畴、概念"复活",而是要使那些被形而上学隐喻磨损的原初的文本——那些写在羊皮纸(palimpsest)上的东西——重新活跃起来。

"文学"也不是一般意义上的"诗","文字"保持着它最为基本的、最为广泛的"写"的意义。"文学"不仅包括"诗",而且包括"戏剧"。"戏剧"高于"诗",因为"诗"是语词性的(verbal),"语词"不能代替场景,"诗"必须退回到"戏剧"。

然而"戏剧"又不像"严峻戏剧"论者阿尔托(Artaud)所说是"活的场景"(活的现时)的显现——因而是不可重复的;"戏剧"仍应看作是普遍意义的"写"的"文本",它在不断的删改中"重复"(重写)。

这样,无论"哲学"或"文学",都要从历史的"痕迹"的"分延"中来理解。它们的不同只在于:"文学"是历史的"记忆",而"哲学"是历史的"遗忘"。

"文学"不仅要"想",而且更要"记"。"想"固然离不开抽象、虚构,"记"也不是完全真实,因为作者的、主人公的"活的现时"是不可能"显现"的;"记"总要有所"不记",或者说,有"可记者"必有"不可记者"。因此,一切之"思"都是"再思",一切之"忆"都是"再忆"。一切之"思"和一切之"忆"都是 différance。

十二

  概括起来说，德里达的学说固然未脱离法国结构主义的"家门"，但接受了现象学、特别是海德格尔思想的挑战，使之有了一种新的面貌。他的立场（position）就是向海德格尔的"存在的意义"提出质问；他认为，他的différance 早于一切存在论的"区别"（difference），他的"痕迹之游戏"（"划道道"）早于"存在的意义"；广义的"写"早于存在论的"说"。

  的确，德里达的学说有相当深刻的地方。他的"道（道道）隐无名"的思想可补现象学（"显现学"）之不足；同时，这也说明了西方人对他们几千年来所崇拜的、确信无疑的"真理"、"思想"、"理性"、"意义"，有了一种更为切实的、历史的态度。

  然而，关于"隐"、"显"的辩证关系，似乎还应进一步探讨。现象学之"显现"的思想仍应有其思考的价值。随着时间之推移，历史的积层越来越厚，但并不能因此说那最为基本的、最为本源性的生活永远被压在十八层地狱，永远不得见天日。的确，"考古学家"用"考古学"的方法并不能真正"考"出那远古的、原始的生活，但生活中的、现实的人却有体验出那种生活的可能性。

  的确，"现时"原非单纯的"现时"，它同时也是"过去"和"未来"。"过去"和"未来"支配着"现时"，但"现时"也"创造"着"过去"和"未来"——"现时"不仅"创造"着"未来"，而且也"创造"着"过去"，因为"现时"同时就是"过去"。"过去"和"未来"不仅使"现时""隐藏"起来，而且也使"现时""显现"出来。

  的确，"存在""隐藏"在"诸存在者"之中；"自由"一旦投入"存在者"就成为"必然"，单纯的"自由"为"无"。然而，"历史"毕竟不同于"自然"，"历史"的"必然性"是"自由"的"必然性"，是"自由者"的"必然性"。因而"历史"是"辩证的"、"矛盾"的。

  无疑，"历史"不等于"哲学史"、"思想史"；"哲学"、"思想"也没有自身完全独立的"历史"。但"哲学史"、"思想史"又是"自由的历史"；"哲学"

是"自由"的学问。否定"哲学",就是否定"自由"。

"起源"不是一个经验的事实,也不是一个抽象的概念——"起源"不能成为"对象"。但"起源"却是"生活"的基础,是"人"的"生活"的源泉。"起源"常被"遗忘",但永远不会"失落"。"哲学"与"起源"同在。

"写"不是"说"的附属物,"写"和"说"都是文明的"种子","哲学"正是对"种子"的思考。"历史"固然要"记忆",但也需要"理解","历史"与"哲学"同根。"哲学"无"历史"为"空","历史"无"哲学"则"死"。

"写"的确有"遗嘱"的意味,可谓"死"的"经济学";但因有广义的"后来的""活人","遗嘱"不会如同废纸,所以"写"同时是"活"(生)的"经济学"。

的确,"我"不是在"白纸"上"写","我"的"心"也不是"白板","我"在"继续"着前人的"事",但"我"毕竟有所"增"、"删","我"也在"做""事","我"在"写""新篇章"。果真世上并无"白纸",那么"哲学"只能是"眉批"和"夹注"(德里达的"边缝",marge);就中国人的眼光来看,"眉批"和"夹注"有时也是很重要、很有价值的。

(原载《中国社会科学》1989年第3期)

哲学的希望与希望的哲学
——利科对解释学之推进

战后法国哲学在接受德国和英美哲学影响的过程中，走出了自己的道路。它不像德国哲学那样"超越"，也不像英美哲学那样"实证"，但它又不是摇摆于二者之间，或简单地兼容并蓄，将二者拼凑起来，而无自己的特色；它是在自身传统的基础上批判地吸二者的长处，而走出了自己的独特道路的。

法国本是有深厚的哲学传统的。笛卡尔被认为是欧洲近代哲学的创始者，他的作用大大超过培根，而和他有相同影响的康德，比他晚了一百年。尽管笛卡尔的思想后来不断遭到批评、否定，但当今谈哲学，他仍然是一个不容忽略的人物。不但英国的赖尔（G. Ryle）曾大力破除笛卡尔心物二元论之"梦"，胡塞尔更有重要的讨论、发挥和匡正。出现过笛卡尔这样独立、勇敢、深刻的思想家的民族，在哲学上决不会甘心长期居人之后。经过一段较长时期的酝酿，果然出现了一个群星灿烂的局面。当代法国哲学，以其活跃的生命力、犀利的批判眼光、执着的实际感以及新颖的思想而使人应接不暇。当英美哲学界力图改造维也纳学派的传统，扩大分析哲学的范围，从而使自身得到推进时，法国的结构主义则从更为广阔的层面上推进"共时性"研究的深度，使得逻辑实证主义者辛苦经营的局面一下子显得豁然开朗。语义学、语用学与记号学（semiotics, semiology）有了一个更为广泛的基础，而句法学［语形（位）学，syntax］也被包容在"结构"这样一个更深层的问题之中。另一方面，德国以现代现象学为基础的存在哲学在法国引起了一场哲学和思想方式的变革。

萨特以惊人的力量推动了这个思潮的发展,他的实际影响,使得那尽管很有深度但略带学究气的雅斯贝斯相形见绌。

存在主义的风行,不仅使丹麦基尔克特的思想得以流传,而且使胡塞尔现象学在法国受到重视,特别是那些在三四十年代受过柯什耶夫对黑格尔哲学的独特解释之熏陶的哲学家们,更使胡塞尔的现代现象学与黑格尔的古典式现象学接续起来,产生了一些积极的成果。相比之下,在现象学故乡的德国,除了像海德格尔这样的大家之外,黑格尔的哲学并不为"正宗"的胡塞尔学派所重视。

德国的种子,在法国生根发芽、开花结果了。当然,从我们中国人的眼光来看,欧洲的国家都不大,尤其在现代通讯媒介如此发达的条件下,再谈什么法国哲学、德国哲学……似乎是没有必要的。但是,我们应该看到,哲学虽然是最为普遍的学问,却又是很具个性的;原理尽可相同,体会却各有特点。本文要讨论的利科的思想,在当今法国哲学中就颇有自己的独特性。

保尔·利科(Paul Ricœur)生于1913年。他在当今欧美哲学论坛上的活跃程度不下于德里达,但他们两位法国哲学巨星,无论在思想方式或文字风貌上都不相同。

当然,利科和德里达在哲学上的大背景是相同的。他们都处于欧洲自胡塞尔现象学以来的大趋势之中,也都涉及结构主义、心理分析以及语言哲学等等方面,但比较而言,利科更为传统一些,德里达则更新一些。德里达通过海德格尔,并且进一步推拓了海氏思路,向欧洲哲学传统继续挑战而显得斗志昂扬;利科则倾向于变革这个传统,使之达到新的层次。利科没有德里达那种决裂的态度,但也不乏创新之处。

利科始终承认他是在胡塞尔现象学的大系统之中,但他是以自己的独特方式来发挥现象学的,而又比在美学范围内贯彻、发挥现象学原理的杜弗朗更具创造性和广泛性,利科也以接续解释学(hermeneutics)传统自标,但比起伽达默尔来,利科又有许多重要的推进;正是与这些推进相比,伽达默尔的解释学就显得有些陈旧。利科的观点对旧英美语言分析学的兼容性,又使伽达默尔在理论视野上显得有些闭塞。所以,尽管伽达默尔的解释学在德里达那里受到直接的挑战,而在利科的著作中受到了应有的礼遇,但伽达默尔在法国遇到的对手至少是两个，而不是一个。

一、"意义"与"事件"

　　解释学就是"释义学"，"意义"（Sinn，meaning）自然是它的主要论题。"意义"不仅是感觉，也不仅是概念，它是从实际的生活中体验（经验）出来的。然而，"意义"又不是主观随意的，不是心理的，也不是个别的，所以伽达默尔才有"真理"之论，即"意义"也有真理性，有一种"真理（真值）"的要求；而"真理"离不开"存在"，"意义"的"真理"就是"意义"的"存在"，"真理（真实）"的"意义"就是"存在"的"意义"，"（有）意义"的"存在"。从"存在"来讲"意义"，是伽达默尔发挥海德格尔思想的结果，这是比施莱尔马赫和狄尔泰的解释学进步的地方。从"存在"来看"意义"，就是从"事件"（event，Ereignis）来看"意义"，把"说"看成一件"事"，而不是看成一种空灵的、纯精神的活动，这也是伽达默尔进一步发挥了的。从这个思路出发，伽达默尔强调"说"的对话性、讨论性及其生动活泼性，因而他的《真理与方法》第一个环节是"审美的（感情的）"，从而把解释学与康德的判断力批判的传统接续起来。

　　在"意义"与"事件"的关系上，利科和伽达默尔的基本原则是一致的，即他们都力图将二者调和起来，使"意义"不成为空灵的东西。但是，伽达默尔强调"事件"的直接性，从活生生的"事件"来看"意义"，因而他特别重视解决康德在审美判断中提出的问题：为什么原本是个别的趣味判断却有普遍性？利科的侧重点则在"意义"本身："意义"固然离不开"事件"，但"事件"只有通过"语言"才获得"意义"。这就是他在《解释之冲突》（1969年）一开始就强调的问题，也是他后来在《解释之理论》（1976年）中相当完整地加以发挥的思想。

　　利科在《解释之冲突》中一开始就列出了"实存（Existence）和解释学"的标题，而紧接着下一部分的大标题为"解释学与结构主义"。把"实存"与"结构"分别对应起来与解释学讨论，表明他立意要在这两种不同的倾向中采取某种方式，使其统一于释义学之下。考虑到结构主义的历史背景，利科这种解决方式是很富有法国意味的。

我们知道,"实存"乃是基尔克特针对黑格尔的"绝对理性"而提出的独具个性、富有生命力的概念,以指示人的存在的特点。这个概念,被海德格尔用来阐述他那不易翻译的"Dasein"。海德格尔认为,从"实存"上来理解"Dasein",和从"存在论"(ontological)上来理解它是一个意思,即不同于从一般经验的"存在"(ontical)上来理解;前者是本源的,后者是派生的。然而在这里,尽管"Dasein"中的"Da"已具有"语言"的意思,但"语言"对于使"实存性"表现出来的意义和作用,尚未完全揭示出来;而在利科看来,所谓"实存性的理解"都要经过"语言"才能得到"表现"(expression)。正如弗洛伊德所指出的,"梦"在由语言作出描述之前,其"意义"对我们是"封闭"的。①

这样相比之下,利科在解释学、释义学中更加强调了"语言"和"意义"的作用,强调以"意义"、"语言"来澄清"实存",而不仅仅是以"实存"来理解"意义"和"语言"。

由于更加侧重于"意义"、"语言",利科必须面对在法国有很大影响的结构主义思潮,因为结构主义正是以"结构"来使对"意义"的"理解"成为可能。这样,在某一种关系中,"实存"与"结构"就形成了两个对立的概念。虽然在这种对立的关系中,利科明确指出,人类在语言出现之前没有实存性的象征(symbol),但他仍然批评结构主义的语言学、人类学、社会学缺乏"时间"的度,因而只是经验科学,而不是哲学。譬如列维·斯特劳斯的《野性的思维》所研究的就不是"前"逻辑阶段的思维,而是与逻辑思维在同一层次上、又有不同特点的思维方式,本无前后可分,没有"时间"的度,因而只是作为"对象"(object)问其"结构",既不问"历史",也不问"意向"(intention),研究"语形(位)"重于研究"语义"(semantics)。② 而利科所谓的"解释学",恰恰是一种"语义学"、"意义学"。

结构语义当然也讲语言的"意义",但只是限于语言本身来讲"意义",是在"记号学"范围内来讲"意义",因而还不是真正的语义学。真正的语义学

---

① 见利科《解释之冲突》,美国西北大学出版社,英译本,第11、13页。
② 同上书,第13、34、40页。

不仅讲"记号"(sign),而且要讲"象征"。象征除了"语言"的"意义"外,还有"非语言"或"语言外"(extralinguistic)的"意义"。这种"意义",就不仅仅是语词的,而且也是现实的。所以,包括了现实性、实存性在内的解释学的"意义",就不是一义的,而是多义的。"多义性"不仅是"共时"的,也是"异时"的,是综合了二者的,所以叫做"全时的"或"泛时的"(panchronic)。①

正是在这种理解下,利科才提出,解释学所侧重的"理解"固然具有普遍性,是可以交流的,但"解释"所借以进行的"解释"却是有冲突的。这样,"理解"才又是开放的,有历史的。

在利科看来,"解释"是联接"意义"和"事件"的关键。在《解释之理论》中,利科一开始就把自己的"解释论"与亚里士多德的《解释篇》联系起来。亚里士多德说,话语(Logos, discourse)由名词和动词组成,名词表示"意义",动词则引进"时间"成分,只有这两者的结合,才有"所述"(predicate)。利科正是从这种"综合"(synthesis)的关系来看"话语"的完整的意思的。

这种"综合"的关系是利科解释学的主要基石,他把这种关系叫做"辩证的"(dialectic)关系。② 从这里,可以看到利科从柯什耶夫诸人那里所受到的黑格尔的影响,以致他将现代西方很少有人重视的辩证法问题重新提到哲学的核心地位。"意义"是"分析的"、"逻辑的","事件"是"直接的"、"存在的",而只有将这两者结合起来,综合起来,虚拟的(virtual)"译码"(code)才转化为解释学意义下的"信息"(消息,message),"话语"(discourse)才转化为"叙述"(predecation)。③

按利科的意见,光是名词,则只有"指示"(identification),如这是椅子、桌子等等;作为"话语"的"语句",只有增加了"叙述",意思才能完整。经"指示"与"叙述"之结合后"意义"才不是虚悬的,"叙述"也才不是偶然的、抽象。譬如说,"桌子是方的",就是将"桌子"这个名词、主语与"方

---

① 见《解释之冲突》,第 66、90、94 页。
② 见利科《解释之理论》,德克萨斯基督学院出版社 1976 年版,英译本,第 11 页。
③ 同上书,第 10、11 页。

的"这个"述语"结合起来,使二者都有所依托:"桌子"得到了规定性,"方的"也有所指(identify)。这里要指出的是,黑格尔在《精神现象学》中已经提出了主词与宾词的相互依赖关系:主词"等待"着宾词;主宾的结合才不是"同语反复",才能有具体的意义。这样,他那个最大的主词——"绝对",就要"等待"着全部的宾词,全部的"历史",才能"回到"自身,即成为"真(实)"的"绝对"。所以黑格尔说,"真(理)"是一个"全"。

在这里,思想的脉络联系还是很清楚的。但是,利科毕竟是受过胡塞尔现象学和海德格尔思想洗礼的哲学家,他的"宾词"、"范畴"、"叙述(述词)"都不是单纯的语词和思想性的东西,而是存在性的东西,即"叙述"不仅仅是语词(宾词)的"意义",而且是一种"意向",一种"生活",因而是一种"存在"或"实存"。这样,不但黑格尔的"大全"不是"绝对精神",而且连胡塞尔的"认知活动"(noesis)也都包括在这个"宾位"上,不能被"括出去"。"话语"是一个实存性的"活动"、"过程",是一个"事件",这一点是不可否认的,是海德格尔特别是伽达默尔所着重强调过的。这种实实在在的 noesis 活动,对于"所知者"的内容(noema)和意义不是无关的,因而不是可以被置而不论(悬搁)的,而是参与到对于认知内容和意义的规范中去的。因此"话语"从本质上说是一种"对话",而"对话"都有具体的时间、地点、条件、环境,这种"语境"(context)不仅仅是上下文的关系,而且有具体的背景。因此,在利科看来,"指示"、"名字"、"主位"(subject)、"语言"(locutionary)与"叙述"、"动词"、"宾位"(object)、"非语言"(illocutionary)的综合,就是 noema 与 noesis 的综合,也就是"意义"与"事件"的结合。

"事件"使"意义"有一个现实的、存在的基础,"意义"使"事件"凝结为一种结构,而将直接"对话"时的一些偶然因素排除出去,"括起来"。因此,比起伽达默尔来,利科的解释学又增加了"意义"相对独立的因素,而打上了法国结构主义的烙印。"事件"使"意义"具有"时间性",而"意义"又使"事件"具有"方位性"(Topos, Topology),成为"有意义"的"结构"。有了"事件","意义"才是具体的,不是抽象的,"语词"才不光是"记号",而且也是"象征";有了"意义","事件"才有了"结构",才是可以理解的,而不是纯粹偶然的。这样,"文本"(text)才既是可以理解的,又是可以讨论的、开放的,为不同的"解释"留有余地。

例如,在《解释之冲突》中,利科着重比较分析了弗洛伊德和黑格尔关于"意识"的思想,指出他们的解释正好朝着相反方面行进:弗洛伊德认为,"意识"的"真理"在"起源"处,而黑格尔则在"终结"、"大全"、"绝对"之处发现"真理"。他们都认为"意识"本身并不是"自足"的"真理",而是需要被"追问"的"问题",它"需要"、"等待""解释"。但是,在弗洛伊德看来,"揭示""意识"的"秘密"在于原初的那个"无意识";黑格尔则认为"意识"的"秘密"只有到了"终结"处,在那"绝对"、"大全"中才能暴露、显现出来。弗洛伊德对"意识"持"始基论"(archaeology)的态度,而黑格尔则是持"终结论"(eschatology)的态度。在黑格尔看来,拿破仑之所以成为拿破仑,只有在他做"完"他的一切事业之后,才能"盖棺论定";而在弗洛伊德那里,拿破仑之所以成为拿破仑,或许在于他小时候做了一件什么"事",系下了什么"情结"。这种对立的"解释",应该得到解释学的肯定,因为这不但不妨碍相互的理解,而且必将促进进一步的理解。

"结构"与"事件"的对立,本身也在这种"解释的冲突"之中。这种"二律背反"(矛盾、辩证法)正是"解释学之循环"(hermeneutic circle)[①] 的特点;没有这种"循环",就不成其为哲学。哲学不同于其他实证、经验和逻辑(形式)科学的地方,正在于这个"循环",这个"辩证法"。

从这种综合的、辩证的立场来看,法国哲学从笛卡尔以来的"我思"与"我在"的关系,也得到了一个综合、辩证的解决。"我思"与"我在"之间不是一种分析性的关系,既不能从"我思"推出"我在",也不能从"我在"推出"我思";只有在二者辩证的综合和统一过程中,"我思"才不是空灵的,"我在"才不是偶然的。这样,才能像海德格尔那样,将这个问题与古希腊哲学中"思"与"在"的"同一性"传统接续起来。

二、看、听、写(读)

从综合和辩证的角度来谈"意义"与"事件"的关系,是利科的出发点和

[①] 见《解释之冲突》,第33、34页。

基础，意在改进解释学，使其与法国的传统以及结构主义中积极的成果衔接起来。但利科这个理论基础的意义，并不局限于对某种学说的稍加改善，而是对西方文化与哲学的整个传统提供了一个新的视角，有一种新的理解。

我们知道，西方从近代以来，就对"表象性"（representational）的思想方式提出了挑战。笛卡尔的"我思故我在"，实际上已经蕴含着以"非表象性"的"我思"来"论证"（证明）"表象性"的"我在"这个意思在内。康德否定了这种做法，而以"非表象性"的原则来谈他的"理念"（Idee）部分，并以"非表象性"的"理性"来谈"实践理性"的"无条件命令"。但在他的知识论中，却保存了"表象性"原则的核心地位；这种地位，直到黑格尔建立了绝对的知识论，才最后被取消。黑格尔的"绝对真理"，乃是理性、精神经过矛盾发展的过程回到自身，是理性、精神自己把握自己，而不是"表象性"的"主观"与"客观"的"符合"。然而，黑格尔的"真理"仍是一种"显现"，所以他首先将现象学（显现学）提到哲学的角度来考虑，成为"绝对理性"和"绝对精神"自身"显现"的过程。这就是说，"真理"和"意义"是"看"出来的。

西方文化首先是视觉的文化，这个传统，在它的发祥地——古代希腊已相当明显。希腊早期哲学从自然哲学、原子论到理念论的发展，已经显示了这一文化的成熟过程。古希腊文"理念"（eidos）就是从动词 eidō（看）变化而来，本有形状、形式之意，而另一个字 idea 当也与视觉形象之类别有关。[1] 在智者高尔吉亚的驳难中，已经指出了"可感的"、"可视的"与"可听的"（语言）之间的矛盾。[2] 古代希腊固然早有"逻各斯"（Logos）之说，但最初只是采集、综合之意，所以从 Logos 发展出来逻辑学，语言学却并不发达，而逻辑学和早期语言学似乎又都与"方位学"（Topos, Topics）有关，仍侧重于一种空间性、方位性、结构性的关系。

西方人在"视觉文化"的"控制"下生活得太久了，以"表象性"思想方法为基础的科学、知识，是西方人几千年来追求的崇高目标。为使这种思想方式稍加改变，人们付出了很大的代价，其中最为极端的，当属劳伦斯在小说中

---

[1] 参阅拙著《苏格拉底及其哲学思想》，人民出版社 1986 年版，第 105 页以下。
[2] 参阅拙著《前苏格拉底哲学研究》，人民出版社 1983 年版，第 334 页。

所作的尝试。

利科把这种"视觉中心论"推迟为近代主客体分化的产物，这恐怕更多带有福柯的色彩。海德格尔认为早期希腊坚持着"思"与"在"、主与客的同一性，但自苏格拉底、柏拉图之后，欧洲就被片面、分裂的倾向所统制了；福柯则强调，"人"作为"主体性"的"对象"，不超过两个世纪。具体的分期可以不同，其基础性的思想则为一：所谓"表象性"的思想方式，是主与客、思与在分化的产物。利科在分析"主（体）"（subject）时指出，"主体"的设定，是与"表象"（representation）的设定同时进行的。他说，拉丁文"subjectum"最初并非指"自我"（ego），而是与希腊文"hypokeimenon"相对应，指"集聚成为基础（根基，basis）"的意思，故本非指"人"，更非指"我"。在利科看来，直到笛卡尔，出现了以"我思"证"我在"，"subjectum"才成为"我思"（cogito）的"我"和"思"。这就是说，一切都是变幻不实的，只有"我"的"思"和"思"的"我"才处于不变的、可靠的"基础"（subjectum）地位。之所以有"我""在"，正因为有"我""思"；"我""在""思"，因而"我""存在"，这是唯一无可怀疑的事实。与 subjectum 相对应的是 objectum。"ob-"在拉丁文中有"投射"、"设置"的意思，objectum 就是被投射、被设置的东西，因而是在"我"面前、对面的东西，是"我"所面对的东西。中文以"主位（体、观）"和"客位（体、观）"来译它们，也是妥切的，实际上它们是指一种"位（置）"的关系。在"我"面前的"世界"，有一种"图画"（Bilde, picture）的意味。因此，利科说，主、客的分化，是与对"世界"的这种"图画"般的观念分不开的。① 所以人们才把这种思想方式叫做"表象性"的。而"表象"在英文为"representation"，在德文则为"das Vorstehen"，恰恰就是"站在面前"的意思。object 是"看得见"的东西，而 subject 作为埋在下面的"基础"，是"看不见"的，就像一幢房子一样，最要紧的"基础"是看不见的，看见的是露在地面上的房子。subject 是屋之基、树之根、水之源。

subject 和 object 这种方位性关系，也被运用到语法结构中来，而所谓

---

① 参见《解释之冲突》，第 228、229 页。

"结构"和"法（则）"，本也是一种"方位"的规则。词之分主、客，全以其在语句中的方位、作用来定，同样是"人"，在"苏格拉底是人"和"人是社会关系的总和"这两句话中的语位、作用完全不同，前者是宾位，后者是主位。主位词是要（被）"说明"（描述）的东西，宾位词则是用以来"说明"（描述）的东西。如没有宾位词，主位词就只是一个抽象的"概念"，是看不见的，至少是看不"清"的；只有通过宾位词，主位词才能被"阐明"，被"看"到。这是通常语法中语位的关系。然而，宾位词并不能完全代替、穷尽主位词，"房子"不等于"宅基"，"树"不等于"根"，"流（水）"也不等于"源"，那个看不见的主位上的东西，永远是一个"问题"，一个"论题"（subject matter），引起不断的探索。这样，宾位的东西可以无穷无尽，变化万千，主位的东西却是那基础性的东西，不变的东西，因而"subject"亦即真正的"substance"（实体）。这是黑格尔已然揭示出来的道理（"实体即主体"），而这个道理更早蕴孕在笛卡尔的"我思"之中。

一切（经验）"科学"的努力，都在于以"客位"的东西来揭示"主位"东西的"奥秘"，是用可感觉的、可视的表象的方式，"对象性"的方式，来把握那处于"主位"的东西。然而，西方哲学经过康德到黑格尔，已经逐步地揭示了，那处于"主位"的东西永不会为"客位"的东西所穷尽。不仅"神"、"意志自由"、"灵魂不朽"这类"论题"超出可视的经验范围之外，因不可表象而"不可知"，世上的任何一"物"，就其处于"主位"来言，都是不可穷尽的，"物本身"永远处于"主位"之上，成为不可感、不可视的东西。康德的"现象"与"本体"的分离，同时意味着"客位"与"主位"的分离；"主位"的不可视、不可知性，为西方文化留下另一个地盘——"信仰"。尽管黑格尔将"主位"的东西融于"无限的""客位"之"全过程"（全方位）中，将"信念性"问题最终归于"知识性"问题，将"主位"归为"客位"，所以他的学说也被叫做"客观唯心主义"，但西方文化除了"看"的文化外，还有"听"的文化，这一点，是融化不了的。

西方"听"的文化的发展，是出现了另一种新的文化因子促成的。我们看到，这种文化是希伯来精神所蕴孕、培养出来的。古代希伯来人流离、迁徙的生活方式，使他们感到必须在变化的时间中保持自身的统一，于是就把"过去"、"凝聚"下来,而"指引"、"预示"着"未来";将"过去"、"现在"、"未来"联系起来,从中得到一个"安身立命之所"。在他们看来,"现在"是不可靠的,而"过去"和"未来"反倒是确定无疑的。古希伯来人的这种心态,和古希腊人是不相同的。

在远古时代,许多民族都自认为是"上帝"(神)的宠儿,是一个"特殊"、一个"例外"。古希腊人"得天独厚",在伯利克里黄金时代,万邦来朝,文治武功,盛极一时,连归化来的外邦人都宁可不要徒有虚名的"权利",而求殷实的生活。他们坚信世上有"确定无疑"的东西,水、气、火、理念、原子……似乎就是那万古不移的"始基",固亦有千变万化,但"万变不离其宗"。这些"始基"是确定的,是最基础的,但又都是可见的;虽不一定立即就可以看到,但总会"显现"(epiphaneia)出来的。这样,希腊智者的任务就是要教导人们去把握那不变的、基础性的"始基",得到"真知识",以应付瞬息万变的世界。在他们看来,"变"也是从"始基""演化"出来的,是逻辑性、科学性、知识性的,而"始基"本身则是"永恒"的,也就意味着永远是"现实的"、"现时的"。从这个意义上,我们体会出古代希腊人的思想倾向是结构式的、逻辑式的、知识性的,而对于历史、时间和变化,也都是从现实和结构的角度来理解的。相比之下,古代希伯来人的思想倾向则是历史性的、时间性的,他们倾向于从"过去"和"未来"的角度来看现实的结构。尽管"现在"这种结构并不稳定,但既然"过去"支配着"现在",那么也一定支配着"未来",而"过去"的历史已"表明"了"上帝"对希伯来人的恩宠,那么"未来"也一定不会被"上帝"所弃。尽管"现在"充满了动荡、不安、悲伤和不幸,但"未来"一定承续着"过去"的光荣和幸福。靠"慰藉"维系着精神信念的古希伯来人固然未曾得到现实生活的宁静和温暖,但他们的内心世界却很充实,对未来充满了"希望"。古代希伯来人以深沉的历史、时间的意识,填补了希腊人的空白,加强了西方人精神生活中的薄弱环节。从我们中国人的眼光来看,西方民族不但得力于古希腊人务实的、科学的精神,而且也得力于希伯来人历史性的、信念性的精神。

"现时"靠"目击"(witness)"证明","过去"则靠"叙述""保留",而且即使是"目击者",也要以其"证词"的"叙述"来"作证",因而"现时"

也就是"过去"。"圣经"的传说是"目击",也是"叙述",古代希伯来人都是从"圣经"的"叙述"中"听到""过去"的"历史","相信""上帝"是如何施恩于他们的。这样,在古希伯来人中,"语言",而不是希腊人的"思想"、"精神"、"逻辑"那些空灵、形式的东西,才是最为重要的。赫拉克利特的 Logos 到了普洛提诺成为与"神"同一的东西,而对早期基督教理论(神学)产生巨大的影响,Logos 成了"上帝之言"(the word of God)。

"过去"、"未来"都只能是"听"出来的。我们虽然"看"不见"过去"的"历史",却可以"听"得到关于"过去"的传说、故事,我们"相信"那是"真"的;我们尚未"看"到"未来",却可以"听"到关于"未来"的预言、设计,我们"相信"它会是"真"的。

虽然,这并不是说,古代希腊人就不"听",希伯来人就不"看",而是说他们的侧重点不同,因而理解也就不尽相同。古代希腊的世界是"沉默"的世界,它把自己的"意义""显示"在希腊人面前,水、气、火、理念、原子……似乎是一些"概念",可以用"概念"体系来把握它们。古代希伯来的世界则是"喧嚣"的世界,"神"不断地向希伯来人"说"些什么,那些山山水水似乎都会说话,"告诉"人们一些不同于山山水水本身的"另一些"东西,而只有"得天独厚"的"人"才能直接"听到""神"的话。古代希伯来的世界是"象征"的世界。

利科正是从这个角度批评法国的结构主义特别是列维·斯特劳斯的理论"缺少希伯来文化",只讲结构,不讲历史,而他认为,希伯来的精神是历史的精神。①

世上出现(狭义的)文字以后,人类文化发生了很大的变化,其中很要紧的一个方面是:"听"和"看"直接地结合了起来。"写"连接了"听"和"看",而"读"就是一种既"看"又"听"的活动。"文字"这种综合二者的能力,不仅使人类的科学性知识得以保存、流传,而且使人类的历史性传说也得到一种更为耐久的保存方式,这两种倾向,都凝聚于一种形式中——读和写。"写"把"看"到的东西保存了下来,"看"本身也在"历史"之中;"写"

---

① 见《解释之冲突》,第42、47页。

又使"过去"、"未来"都能"看"到，通过"读"而"看"到。"科学"也成了"历史"，"历史"也成了"知识"。"写"使人类文明统一起来，成为广义的知识形态。这种统一的知识形态固然远未消除、泯灭其根基处的分歧，因而对于"文字"也有"记号"观和"象征"观两种倾向，但毕竟有了沟通的环节，使原来主要是一种科学形式的哲学也渗透了历史的精神。

西方的哲学起于古代希腊人的智慧结晶，以知识论与存在论为核心，讲的都是"现时的"、"永恒的"道理，少有"时间"这个度的地位。希腊人这种科学性、知识性的精神，与希伯来人历史性、宗教性的精神斗争了许多年，其中不乏诺斯替教派那样的混合物，但这两种精神倾向的不同，总还是有迹可循的。

西方哲学到近代以后，有了很大的进展。按海德格尔的说法，康德把"时间"引入知识论作为直观形式，这是很大的进步，但他在知识论部分仍以"表象"为基础，只有到了"理念"部分，才完全没有现实的"表象"，因而他的理念论离希腊精神已远。胡塞尔已指出了这一点，并由此认定，只有现象学——即不光是"神"、"灵魂"、"自由"，而是"理念"，一切皆为"理念"之"显现"——才是真正希腊精神的发扬。

这就是说，康德哲学中包含两种不同的倾向，一种是希腊的科学精神，一种是希伯来的历史、宗教精神，而他并不想将这两种精神协调起来，所以被称作"二元论"。

康德以后的西方哲学出现了复杂纷繁的局面，但希伯来精神并未因强调知识而窒息；相反的，它竟然不是像中世纪那样以宗教形式强加于哲学，而是以哲学自身的形式得到了接纳和思考。利科所属的那个解释学传统固然可以远溯古代对"圣经"的解释学派，但近代却始于新康德主义，倒也不是偶然的。

解释学不是心理性的知识论，也不是物理性的存在论，它用的不是一种概念性的思想方式，而是时间性的具体的思想方式。解释学侧重"语言"的分析，但它所理解的"语言"，不是分析语言哲学的"语言"，也不是结构主义的"语言"。它不把语言只看成"记号"，而强调它还有"记号"以外的"意义"，即语言不仅是纯形式的，而是本身作为"一物"，"指示"着"另一物"。作为"记号"的语言，当然也是"听"出来的，但重点在"听"其"意思"而形成

"心象"。所以在这个系统中,"文字"(写)只是"语言"(说)的记录性、辅助性手段,本身没有多大意义;但在解释学中,"听"到的不仅是"记号"所"指示"的"意义",而且还是一种"信息",一个"消息",至少是与言者的语气、情感等非语言因素不可分的。在这个意义下的"语言",就不仅是"工具",而且是一种"存在方式"。这样,"写"出来的"文字",就更不是一种"工具"或"工具之工具",而是另一种"存在方式";"文字"不仅是"记号",而且也是"象征"。所以,一切解释学家都非常重视"写"的重要作用。利科在《解释学之理论》中,着重强调了"写"使"意义"与"事件"相互结合、相互制约的巨大意义。"写"出来的"文本",既排除了直接"对话"时的偶然因素,又规定了一个具体的"世界",因而使读者"读"出来的既不是偶然的"事件",也不是抽象的语言的"意义"。这个"意义"是有规范的,但又是开放的;"文本"的"现时"性有一个"过去",也有一个"未来"。

开放的"未来",是一个"希望"。这个"希望"不是空想,因为它是"过去"所提供和启发出来的,是可爱的,也是可信的。

三、"希望"之光

从"意义"与"事件"之综合、希腊精神与希伯来精神之综合出发,利科在《解释之冲突》中提出了一种对"希望"的思考方式,这对当代西方哲学的发展是很有意义的,应受到足够的重视。然而奇怪的是,利科本人此后的思想发展,却主要在于努力把解释学的原则与英美语言学及法国记号学的传统协调起来。从他最近出版的多卷巨著《时间与叙述》(*Temps et récit*,第一卷出版于 1983 年),以及他 1983 年特为牛津大学出版的英文版《今日法国哲学》(*Philosophy in France Today*)所写的专稿《论解释》(*On Interpretation*)中,都可以清楚地看出,他并未进一步发挥他在《解释之冲突》中作为一个重点和关键问题来讨论的关于"希望"的思想。[①]

"希望"的确是古典哲学中常被忽略的一个问题。康德在提出"人能认识

---

① 这个问题为法国另一哲学家德罗兹(Deleuze)所发挥。

什么?""人应做什么?"之后,还提出了一个"人能希望什么"的问题。"人能认识什么?"康德在《纯粹理性批判》中作出了界定;"人应做什么?"康德在《实践理性批判》中提出了原理;而对于"人能希望什么?"利科则很重视康德的《只限于理性范围中的宗教》这篇论文。利科将解释学与宗教问题联系起来考虑,这同伽达默尔侧重将它与艺术、审美问题联系起来考虑从而更加重视康德的第三批判,在倾向上显出了分别。利科的这种倾向,可以看成是在古典或现代解释学传统中希伯来宗教精神的加强。

"希望"是一种历史性思想方式的产物,它作为一个哲学的范畴或观念,是古代希腊所欠缺的,即在古代希腊哲学思想中它没有突出的地位,就像"自由"这个概念,虽然在近代西方是很重要的,但我们在古代希腊哲学思想中并不感到它有多么重要。这不是偶然的现象,更不是古希腊人的水平或疏忽所致,而是与某种思想方式分不开的。正如利科所指出的,犹太人讲"许诺"(promise),希腊人则讲"永恒之显现"(epiphames of eternity),所以他们重视"现时"(在场)(presence)。而"现时"是"封闭"的,"许诺"则是"开放"的。① 这样把思考的重点放在对"未来"的"预言"和"许诺"上,显然是和海德格尔对 Dasein 的存在方式之分析有联系。Dasein 是一种时间性、历史性的存在,也就是"有""过去"、"现在"和"未来"的存在。

然而,利科的"希望"和"许诺",不仅仅是海德格尔意义下的"设计",因为"设计"是"命定"的,而"希望"和"许诺"则是"自由"的。只有"自由"和"设计"结合起来,即"设计"是"自由"的而不是"命定"的,"自由"是有具体内容的而不是空洞的"自由意志",这样才谈得上"希望"和"许诺",从而"自由"才是一种实际的"能力","能说(出什么来),能爱(什么)"。②

人抱有"希望",要作出"许诺"和"预言",要有一个"未来",这就意味着人的现实世界还不够好,人间有"恶",而关于"恶"的问题,希腊人和希伯来人的传统看法也是不同的。希腊人相信人的理性本是善的、永恒的,而现实的、感性的生活则使这种善的理性发生偏离,人的善恶与这种偏离程度成

---

① 见《解释之冲突》,第406页。
② 同上书,第192页。

正比。希腊人和埃及人一样，相信灵魂不灭和轮回，这从柏拉图的《费多》篇可清楚地看出。希伯来人则不侧重于灵魂与肉体的绝对分离，而强调完整的人的"再生"（resurrection），因而基督教面对的"恶"的问题，就不是感性的、肉体的，而是完整的"人"自身的。"恶"不来自"自然"，而来自"自由"。

利科指出，基督教问"恶"之"起源"，既然有一个"起源"，可见"恶"不是自然的、天生的。世上本无"恶"，有了"人"才有"恶"，"恶"是"自由"的产物，① 于是有亚当、夏娃的传说。"原罪"说表明了希伯来人"无中生有"的一种"自由""创造"观念，与希腊人"有中生有"这种"永恒"观念正相对照。"自由"即是一种"无"中生"有"的"创造"力量。"神""创造"了"人"，"创造"了世界。"创世"说即是"自由"说，而"创造"的根源、基础竟然是"无"。但知识必以"有"为对象，"无"不可能成为知识的对象，因而关于"罪"、"恶"的"起源"，本不是知识所能把握，希腊人以"知识"囊括一切的野心显然不够周全。所以诺斯替教派尽管对西方哲学有相当影响，但只是基督精神与希腊精神的混合，是一个变种，被基督教认为是"异端"。

"恶"既然起于"人"的"自由"，这个"责任"就在"人"本身，而与"神"无关。"人"是"自由"的，因而也是要负责的；不但要为自己的行为负责，而且要为祖先的行为负责。人类永远承担着亚当、夏娃的"罪责"，因为"人"永远摆脱不了"自由"。人被"注定"是"自由"的，因而也"注定"是"有罪责"的。在这个意义上，就个人言，"我"既"创造""恶"，又"继续""恶"。② 既然恶有"继续"的一面，那末对这种"恶"的"惩罚"，在理论上固然是"绝对的"，在实际上却是"可以宽恕"的。"恶"自身也是有时间的，有历史的，既有起源，也有终结。"人"不仅"有罪"，也可"赎罪"。逝者固不可变，来者则尚可图。人类的"父亲"（亚当）或可有罪，并迫使他的子孙也有罪，但他作为"父亲"尚有一种"保护"、"庇护"作用；况且他毕竟是要死、已死的，他死后"再生"的子孙们，在他的"庇护"下是有"希望"的。"父亲"的一切"历史"，也向他的子孙们"许诺"了他们的"幸福"。

---

① 见《解释之冲突》，第273页。
② 同上书，第284页。

这样，在基督教意义下的"罪"，就不等同于一般道德意义的"恶"；希伯来人心目中的"自由"，也就不仅仅是康德学说中的"意志自由"。"神"不仅是"法官"，而且是"庇护者"；即使在康德的学说中，"神"也不是"（负）责任"、"（尽）义务"的"英雄"，而是所谓"最高的善"的范例。由此，宗教与道德就在有无"希望"这个环节上区别了开来。① 这就是为什么康德在问完"人应做什么"之后，仍可提出"人能希望什么"的理由。

与"希望"相联系的"善"、"恶"（罪）是宗教、信仰上的，而不是伦理、道德上的。"希望"是一种"满足"（fulfillment）或非知识性的"满足"。② "责任"是分析性的，是按照"理性概念"分析出来的，如士兵应当"服从命令"；但"希望"则是综合的、辩证的，它综合了"德性"与"幸福"的关系，③ 是在康德意义上的"最高的善"（至善）的问题。

"至善"不是"知识"，也不是"道德"，而是"信仰"（信念）。"过去"不仅仅给人以"知识"，也不仅仅给人下"命令"，而是展开一种"预示未来"的"信息"（消息），是一种"预示（言）"（kerygma），因而对"历史"的"叙述"（narration）就不仅仅是由作为"知识"的语词记号组成，而是由"象征"组成。语词具有"象征"的意义，也就带有"神圣性"（sacred），如福柯所指出的，直到十六世纪，在西方人眼中，"语词"（字）仍为一"事"，而不光是一种本身没有意义的"记号"。

"记号"是思想的表现和工具，其本身是形式科学的"对象"，而在存在论上是"无"；但"象征"则引起"思想"，是哲学思考的"对象"。这样，"语言"（字）本身也就有了存在论的意义，哲学也就不是纯概念性的抽象思考，而有了历史的、时间的、存在的意义。"恶"虽不可知，但并不能平息对它的思考，而"智慧"（wisdom）恰恰正是对"邪恶"和"不幸"的沉思。④ "恶""预示"着"最高的善"，因而"恶"的作用不光是消极的，而且也是积极的。从"恶"中体会出"至善"来，正是哲学思考的目的和归宿。在这里，"始基论"和"终结论"是结合在一起的。

---

① 见《解释之冲突》，第 346、437 页。
② 同上书，第 346 页。
③ 同上书，第 344 页。
④ 同上书，第 299、310、311、351 页。

利科认为，西方的古典哲学已蕴含了这个传统，黑格尔的"绝对"之"调和"已是一种"终结论"的表现，而这种"调和"、"和解"已显示着"希望"的力量。只是黑格尔把这种"和解"理解成"思辨"的"知识"，因而仍像一切"神正论"（theodicy）一样，是一种"伪知识"（false knowledge）。① 相比之下，康德的思想就为"希望"的"信念"留下更多的余地。利科认为，康德《纯粹理性批判》中"先验幻觉"所涉及的，正是"希望"的领域。"先验幻觉"讨论的是灵魂、自由和神的观念（理念），但并非将"人"神化，而是以"人"的"经验"来补充对那些"无条件者"的思考。② 康德指出这种思考的"虚幻性"，一方面显示了人的知识的限制，同时也显示了人的"力量"的限制。对于这后一种限制，康德在《实践理性批判》中作了进一步的发挥，指出了"人类意志"的形式性。康德的思路表明，如果不把"人"提高到"神"，则对那些"无条件者"的思考只能是一种"反思"（reflection），即在"他者"中思考"自己"。

为"象征"所引起的思考，对"希望"的思考，既不是"知识"，也不是"责任"，而是一种对"信念"的思考，是把历史的"事件"当作"预示"（advent）来思考。③

这样，"希望"和"许诺"就不是一些抽象的"概念"，"非对象性"的"观念"（理念），而是在更进一层意义即非知识意义上的"表象性"的思想。"希望"、"许诺"都蕴含着将要出现的"事件"，因而不仅是逻辑结构性的，而且是"叙述性"的；不仅是语形学的，而且也是语义学的。

这样，利科就在现代解释学的意义上，重新接纳了"表象"这个观念，而使康德的道德学说充实了现实的内容，同时又使黑格尔的"绝对"摆脱了"思辨知识"的封闭性，从而把西方哲学的思想方式，从逻辑的结构式的推向了历史的叙述式的。

利科在《论解释》一文中说，"生活是生活，历史则是复述。"④ 他的"反思哲学"，就是为透示那复述的历史所"象征"的"未来"的曙光而作的思考。

---

① 见《解释之冲突》，第 314 页。
② 同上书，第 415 页。
③ 同上书，第 384 页。
④ 见蒙特斐尔编《今日法国哲学》，牛津大学出版社，第 179 页。

"希望"是"看"到的,"许诺"是"听"到的,但"希望"和"许诺"又都是"读"出来的。"世界"不仅是"知识"的对象,"人生"也不仅是"德性"的丰碑;"人世"本已作出了"许诺",闪烁着"希望"。请"读""人世"这本大书:它不仅"告诉"你"过去",也向你"预示"着"未来";"未来"作为一个"许诺",总能增加你的"信心"。

(原载《中国社会科学院研究生院学报》1991年第4期)

"哲学"面对"历史"的挑战

科学家、艺术家、文学家,甚至实业家、政治家都在用不同的方式写不同形式的"书",这些"家"都实实在在地承认他们的"书"不是在"白纸"上"写"的,他们是在别人早已写过多次的纸上"重新"写自己的作品,因而他们的作品认真说来,是"他人""作品"的"改写"、"重写";唯有"哲学家"总觉得他是在一张洁白的纸上写自己的"书",因为"哲学"是"思想",是"精神",而"思想"和"精神"是独创性的,"前无古人","后无来者"。哲学的这种"僭妄"和"野心",被法国的德里达(J.Derrida)尖刻地揭露了出来,说如果这样,那么哲学家是在"书"的空白边缘上写自己的"书",他的"书",只能是"眉批"、"夹注"。

不错,从某种意义来说,"哲学"只是"历史"的"眉批"和"夹注","哲学"并无自己绝对独立的"历史",而是现实历史的曲折、间接的"反映"或"反射",但这种关系,在西方,至少在西方哲学史上是被颠倒了的,马克思主义把这种被颠倒的关系颠倒了过来,当今有些哲学家、思想家仍在做这个颠倒的工作。然而,颠倒这种关系实际上就是要使西方的文明传统有一个根本的转变,所以是一项非常艰难的工作。

一、西方"哲学"之传统和古代"历史"观念

"哲学"产生于古代希腊,是欧洲文明的核心。"哲学"在希腊文原为"爱

智"的意思，但据海德格尔说，这个字原初是指"爱智者"（φιλόσοφος），后来稍变词尾才成了一门学问的名称："爱智学"、"智慧学"、"哲学"（φιλοσοφία）。我们看到，"爱智"有一层很重要的含义是从远古时代就建立起来的。

现在许多学者有一个共同的认识，世界上许多民族在真正的科学知识产生之前尚有一个神话、假说、原始宗教的阶段，而无论如何，原始宗教的"神"都是现实的"人"的想象的产物；但我们看到，古代希腊的这种"想象"的过程——或希腊民族的"集体想象"的过程，在世界各民族中表现得是相当明显的："神"由"人"逐渐"升华"上去，所以最初的"神"离"人"相当的"近"，当中还有一个"英雄"的环节，介于"神"、"人"之间，而正是"科学知识"的产生，把"神"推向了"全知"、"全能"的"理想境界"，在原则上划分了"人"、"神"的界限，奠定了欧洲和西方文明的基础。

"人"做"人"的"事"，"神"做"神"的"事"，这是西方人坚定不移的信念，而建立这种信念，"哲学"、"爱智学"起了相当关键的作用。

"哲学"研究什么问题？"哲学"研究"宇宙"、"世界"、"人生"的最根本的"本质"、"本源"、"始基"……"哲学"一开始就要碰一碰那个"源""全"，似乎要做"神"才能做的"事"，要有"神"才有的"智慧"。然而，事实上"哲学"堵死了这种奢望。"哲学"只是"爱智"，"爱"者，心向往之，努力追求之；"哲学家"不是"神"，而只是"爱智者"，做的仍是"人"所能做的"事"。所以，即使是柏拉图的"哲学王"的"理想国"，也不是"上帝"的"天国"，而是人间政治体制的一种"设计"。

"人"不能有最高的"智慧"，而只能有"科学"的"知识"，寻求那可靠的、有效的"知识"——真理，才是"人"的天职。"科学"、"知识"是以感觉经验为基础的概念、范畴的体系，形成这种体系，既需要感觉经验的积累，更需要逻辑工具的规范整理，于是古代希腊的"知识"包括了广义的"物理学"和"数学"。最初的"哲学"也都打上了这两种学科的烙印：小亚细亚伊奥尼亚学派侧重物理学，南意大利学派侧重数学。

于是，我们看到，在这种思想方式下，古代希腊人把宗教神话转变为"科学"，而且把"历史"转变为"哲学"。在宗教神话阶段，"历史"为"神谱"，"起源"为"诸神之起源"；在"哲学"的阶段，"起源"成为"始基"（ἀρχή）；

生命的、血缘的关系，成为"因果"的系列。"时间"由"掷骰子的小孩"（偶然性）成为"正义"之实现（必然因果），"正义"本身也由"复仇"成为"法律"。

"历史"成为"哲学"、"时间"成为"因果"这样一个过程蕴含着一个相反的趋向："现实的"转化为"思想的"，"时间的"转化为"非（或"超"）时间的"。自从"哲学"诞生以后，希腊人的"时间"、"历史"观念淡薄了下去，而"逻辑"、"推理"的观念增强了起来。"永恒"、"无限"、"绝对"成了西方"哲学"的重要问题，则不是偶然的。欧洲的文明，吹响了"哲学"向"历史"挑战的号角。

"哲学"是什么？或如何理解"哲学"？"哲学"是将"历史""科学化"，即将"历史""非历史化"。西方"哲学"传统的两大支柱：逻辑和经验，即先天的逻辑形式和经验的内在联系——因果律都是推理式的，概念、范畴式的，因而是非描述式的，非历史式的。

西方"哲学"这个传统，经过前苏格拉底诸家、苏格拉底、柏拉图到亚里士多德，成为一门完整的、相当独立的学科——"形而上学"（或"原物理学"）；而从早期"数论"、"始基论"到柏拉图"理念论"和亚里士多德"存在论"说明西方"哲学"自其诞生以来的内在的矛盾："哲学"是"人"的"学问"，而不是"神"的"学问"，尽管它讨论的是"本源"、"始基"、"本质"、"大全"、"绝对"等"永恒""不变"之"真理"，但它本身却永不是"完善"的，它所研究的这些"对象"，永远只是一些"问题"；"超越历史"的"哲学"，仍只能在"历史"之中，为"历史"的一种思想的精神的"存在方式"。"哲学"存在于"非哲学"之中。由于"哲学"的"不完善"，由于"哲学"本身充满了内在的矛盾，所以"哲学"本身也有自己相对独特的"历史"——"哲学史"。

二、近代西方与"人"的自然史观

"哲学"在"历史"中是因为"人"本就在"历史"中；但在"历史"中的"哲学"却长期以来做着一种"超历史"的工作：构建一个永恒的、不变的

"科学体系"。近代西方哲学的特点是对这种不同于其他经验科学的"科学体系"——"形而上学体系"的怀疑,但却并未使"哲学"真正回到"历史"中来。

近代西方哲学以笛卡尔的怀疑论和康德的不可知论为标志,他们都是二元论者,这种二元论比较清楚地暴露、揭示了哲学本身的矛盾,从而在哲学史上是很有启发性的。

"哲学"既以"科学"的态度来研究"本质性"、"本源性"问题,则它的基本的内在矛盾就在于从古代希腊早期数学性与自然(物理)性对立留存下来的主体性、客体性、思想性、存在性之间的矛盾,即我们通常所说的"主客观对立统一"、"思维与存在的对立统一"问题。这个矛盾是与"哲学"俱生的,因为西方哲学传统中的"人"是思想的"主体",是"科学家",是"能思者",而不是活生生的、有血、有肉的"人",即是"哲学"中的人,不是"历史"中的"人"。

然而,"人"不是"神仙"、"精灵",不在虚无缥缈之中,而是实际"存在"的,但在"哲学"中,"人"的"存在"成了"问题",需要一个科学的理论的"证明"。于是,笛卡尔提出了著名的"我思故我在","哲学"(思)是"历史"(在)的"证明"。"哲学"使"历史"无可怀疑,"哲学"使"历史"得到"明证"(evidence),"哲学"显现(presence)了"历史","哲学史"即"历史"。我们将会看到,在西方的文明传统中,在西方的思想方式中,这个观念是如何顽强地坚持着它自身的传统影响的。

不错,康德批判了"我思故我在",在某种意义下,他可以说是欧洲传统思想方式的一个很强有力的突破者,也是对欧洲"哲学"传统内在矛盾揭示得相当深刻的思想家。

我们知道,康德在"思(维)"和"(存)在"之间划出了一个原则的界限,我们"人"的一切"科学知识"只限于我们的"思(维)"所能达到的范围之内,即我们所能"经验"的范围之内,因而我们只能有经验、感觉所能提供给我们的各具体"存在"(诸存在)的知识,超出这个可能的经验的界限,则也超出了"科学"、"知识"的界限。之所以有这种"界限",正因为"人"并不是纯精神性、思想的存在,"人"不是"神",而同时也是感情的、现实的存在，因而人的"知识"，只能限于"感觉"所能提供的"经验"范围内。"形而上学"的传统，要"超越"这种"界限"、"范围"而达到"完全"的"知识"，是人的理性的一种"僭妄"，它所建立的，本不是"科学"、"知识"，而只是通过"想象""推论"出来的一种"全知"、"全能"的"象征"。

  作为经验知识对象来说，"存在"只能是具体的、直观的，从"思想"、"概念"、"普遍原则""推导"不出"存在"来，因而"存在"在"时间"和"空间"的感性直观之中，而"形而上学"所谓"存在之存在"，所谓"本体"（Noumenon）则是"超"时空的，不是"经验"所能及的。按照海德格尔在《康德和形而上学问题》中的评价，康德把时间和空间问题与"存在"问题结合起来，把"时间"概念引入"存在论"是他的一大贡献。但康德的变革，只限于经验和科学知识范围内，在这个范围内，时间和空间是感性直观的形式，亦即经验、知识对象的存在形式。然而，按照康德的学说，时间和空间这种直观形式本身是人的直观的条件，因而是"先天的"，时空使感觉进入我们的科学知识的领域，使感觉成为我们科学知识的"对象"，时空同时也使我们的科学知识与无限的理性信仰分割开来。在康德看来，"人"固然没有"认识"那个"经验之全"的"绝对"的"权利"，但却有"思想"那个"绝对理念"的权利。"人"不能在"科学知识"中得到那个"大全"，但却在"实践道德"中必定要"悬设"那个"大全"，因而，尽管作为"科学家"的"人"，作为"知识"的"主体"，可以成为"知识"的对象，但作为"实践理性"的"主体"，"人"则不可能成为"知识"的对象。

  这样，就康德的思想实质来看，他已经把关于"人"的"时间性"的"知识"限于他所设定的"经验的科学的知识"范围内，和其他一切知识同样属于（限于）"表象"和"现象"的限界之内，"历史学"必定成为一门"经验事实"中的因果关系的科学。但实际上"经验科学"和"表象、现象界"并不能穷尽康德的问题。康德那种相当彻底的科学的、甚至带有工程师性质的思想方式，使他很认真地承认一个"超时空"、"超历史"的"本体界"的存在，使他老老实实承认，"经验科学"不能穷尽"人"本身的问题，于是他说，"理性"的更高的任务不在"知识"，而在"信仰"——对那个"本体"、"大全"有一个非知识的、纯精神的、摆脱一切感情直观（包括时空形式在内）的把握。

这样，我们看到，"人"同样被康德的二元论分割了开来：一方面是作为科学家、知者的"人"，作为"知性"的"人"，另一方面是作为"道德家"、"行者"的"人"，作为"理性"的"人"。康德晚年时常为"什么是'人'"（如何理解"人"）的问题所萦绕，正因为他把"历史"的度和"理性"的度分裂开来而发生矛盾的缘故。

就"经验知识"而言，康德学说并不是没有"历史"的"度"，因为"人"作为"经验对象"同样存在于时空之中，受着因果律的支配，因而"人"的"历史"和"自然"的"历史"一样，可以找出它的客观的、必然的规律，因而在康德的科学生活中，不仅有自然科学的地位，而且对人类学、民俗学等都有相当的重视和研究。但作为纯粹理性的主体，作为道德的、实践的主体，康德的学说，恰恰缺少"历史"的度，因为这个主体是"无对象"的、"绝对的"、"超时空"的。

在道德实践世界，理性摆脱了感性世界的束缚，也就摆脱了支配感性世界的因果的必然性，理性行使着自身独立自主的权力。"自由"不是"放任"，"放任"是任凭感性、情欲的支配，"自由"只服从"理性"的独断——因而对感性的人来说，表现为一种"命令"。因而，"自由"是在"人"的"历史"环境、因果、条件支配下，"人"所能保存的唯一独立自主权，正因为有这种"自由"，人对自己的行为才有一种不可推卸的道德上的"责任"感。这样，在康德看来，科学知识固然要求达到一种概念的普遍性和必然性，但却是在时空之中，为"历史"所制约，因而科学知识必定要不断地进步；知识要不断地积累；但道德的"责任"、道德的"命令"却不在时空之中，不受"历史"的制约，是终古永恒的。"道德的自由""超越"了"历史"。

我们将会看到，西方的哲学思潮如今虽离康德已远，但康德所提出的尖锐的问题，对当今思想家来说，仍有相当的强制性。

三、古典式的"哲学"观和"历史"观的变化——从康德到黑格尔

毫无疑问，康德的学说发生了巨大的影响，也很容易引起人们的不满，不仅他的"物自体"使哲学家感到无所归依，同时他把现象（表象）和"本体"、

"感性"和"理性"、"必然"和"自由"、"历史"和"道德"绝对割裂开来的方法引起了后来人的许多批评。就在康德生活的时代，同为德国人的赫尔德（J. G. Herder）于1784年发表题为《人类历史的哲学观念》的专著，以康德早年《天体进化史》为范例，将人类文化史作了经验科学的研究，企图补充康德学说缺乏历史的度之不足。但我们说过，康德的问题主要不在"历史"作为经验科学问题上，而在于在本体论、存在论上，即在人作为纯理性的主体意义上，有无"历史"、"时间"问题。

在这个问题上，从费希特、谢林特别是黑格尔以来，思想家、哲学家们的任务就是要"扩大"康德的"经验"、"科学"和"历史"的范围，使之与他的"纯粹的理性"的主体协调起来，其中心思想恰恰是："理性"本是"科学"的、"历史"的、"经验"的，但为使它们适应"理性"的"绝对性"，人们对它们的理解也要有相应的变化。"历史"、"经验"、"科学"已不局限于一般的具体的"经验科学"，不是一般的表象性的知性的意义，而具有了本源性、绝对性的内容，"历史"进入了"理性"的殿堂，"哲学"成了高层次意义的"知识"、"科学"和"真理"。

"历史"进入"哲学"的殿堂，一方面是西方人"历史"意识增强的结果，同时也是他们的"哲学"观念变化的结果。

我们看到，西方人执着追求确定知识的精神在康德那里一方面得到了鼓舞，同时也受到了压抑。康德贬损"知识"的做法，在西方是不能持久的。费希特已经把主体的道德实践理性和全部知识学联系起来，由康德的二元论走上了哲学的一元论，到黑格尔那里，"知识"、"科学"已被明确分成两个原则不同的类型——知性知识和理性知识。这就是说，康德所批评的"理性的僭妄"，又恢复了自身的权力，"范畴"被接纳到"绝对"、"理念"领域里来，但已非"时空直观"，又非"因果关系"，而是高出它们之上的自身同一的"辩证的"、"思辨的"范畴，思辨范畴的演绎——逻辑形成了不同于经验科学的哲学的知识。哲学的知识，是关于"绝对"的知识，"绝对"为"理性"的特权，因而哲学的知识是关于"理性"本身的知识，"理性"以自身为"对象"；哲学的逻辑，即思辨范畴推演的逻辑，是辩证发展的逻辑，因而逻辑、知识、历史在"哲学"中统一了起来。经验的科学以"哲学知识"为根据，经验的历史学以

"历史哲学"为基础。

于是,在黑格尔的哲学体系中,各种经验科学都找到了自己的哲学基础,"历史哲学"成为他的哲学体系的一个环节。不仅如此,"历史"对黑格尔来说不只是一个环节,而且是一个过程,他的《精神现象学》说明了"哲学"、"理性"、"绝对"和"历史"的内在的联系。"精神现象学"实际上是"精神历史学",是"精神"——"绝对"如何在历史的辩证发展过程中"显现"自己。"精神"的这种"历史的显现",后来成为"逻辑范畴的演绎","逻辑学"与"历史学"是完全一致的,因为无论"逻辑"或者"历史"都是变化的、发展的、辩证的。

应该承认,尽管黑格尔哲学在现代受到了许多理所应当的批评,但它对西方哲学的贡献是无可怀疑的。"历史"进入了"理性"的领域,"理性"已不是纯形式的逻辑概念,不是那虚无缥缈的"理想境界";"理性"有一种能动的、现实的力量,进入到实际的世界,改造着实际的世界,推动着实际的历史。

然而,"理性"毕竟是"绝对",只有通过分化的、外化的、辩证的过程,才能在"历史"中间接地、逐渐地"显现"出来;而"人"的本质,仍被定为这样一种绝对的理性的实体。这样,黑格尔的"绝对"和与此相适当的"(唯心)辩证法"成为当今西方许多哲学学派攻击的目标,但他把"理性"与"历史"结合起来的工作,则得到相当的肯定和发挥。

四、人文科学和精神文化史的建立

我们看到,黑格尔把"哲学"和"历史"结合起来的辩证方法,无论对"哲学"还是"历史"都有重要的意义。"理性"虽仍然是"绝对"的,但毕竟已是"历史"的;"历史"仍然是现实的、事实的变化和发展,但毕竟具有了"理性"的意义,"历史"是合乎逻辑的,有规律的。"人"的"历史"已不是"人"的自然进化史所能穷尽的,而首先是精神、理性的历史,是文化史、文明史。哲学上的新康德主义、新黑格尔主义正是沿着这个方向推进黑格尔哲学的。这个倾向中,就目前说,对当代哲学影响较大的,可能是狄尔泰;对历史学影响较大的,可能是克罗齐。

克罗齐（1888—1925年）在他的理论活动的早期已经对"历史"有一种不同于实证主义的看法，他觉得"历史"与其说是一门"科学"，不如说是一门"艺术"，因为"历史"的领域并不是死的"事实"的领域，而是"创造"的领域。克罗齐称自己的"哲学"为"精神哲学"，这个"精神哲学"分为四个部分：美学、逻辑学、实践哲学和"历史（性）学"（Storiografa, historiography）。"审美"是克罗齐"精神"活动的最初阶段。大家都知道，克罗齐这方面的理论影响是很大的，他的"直觉—表现—美"的公式至今还是美学界讨论的题目；"逻辑"与"直觉"对立，是"纯粹的概念"，为他的"历史"提供方法论基础；他的实践哲学分成伦理道德和社会经济两个部分，而这三方面又都是为他的总的"绝对历史主义"服务的。

克罗齐的中心思想是："精神"是"创造性"的，"历史"也是"创造性"的。"创造"什么？"创造""价值"（value），因此，"人"作为"精神"的实体，是"价值"的创造者（creater）。克罗齐的绝对历史主义在英国出现了一个杰出的承继者——柯林伍德（Collingwood），他是在一度盛行于牛津的新黑格尔主义的环境中成长的，同时又具有英国博学、严谨的传统，这使他的著作始终保持着相当的影响。

克罗齐的历史主义固然强调"精神"的独创性和创造性，但他反对黑格尔的辩证法，因而他的"精神"归根结蒂是"反思的"。作为"反思的""普遍性"的"精神历史"如何真正和历史的实证主义划清界限，则是一个问题。这样，我们将回过头来讨论早于这个历史主义的、在德国环境下成长起来的一代哲学家。

十九世纪德国哲学有两个倾向值得注意，而这两种倾向都以反对黑格尔的"绝对哲学"为出发点。一方面因不满于黑格尔而要求"回到康德"，但将康德的"经验"概念"扩大"，使"哲学"成为不是"绝对"的，但却不同于自然科学的知识体系。在这方面，我们有出自马堡学派柯恩门下的卡西勒（E.Cassirer, 1874—1945年）的"符号哲学"；另一方面，有强调从"个体性"（Individuum）方面来理解"精神"、"理性"的温德尔班（1848—1915年）等弗莱堡学派，提倡建立以"个体"为核心的"文化人类哲学"。

很明显，"个体"是针对黑格尔的"绝对普遍"的"理性"提出来的，这个时候,在新康德主义范围内,"个体"虽然仍是"理性"的,但毕竟不同于黑格尔的"思辨的""概念",而是活泼的、活生生的思想。

为了进一步理解、发挥这个"个体"的思想,施莱尔马赫(Schleiermacher)提出了侧重个人"心理"方面的学说;狄尔泰则提出了侧重"历史"方面的学说,而这两个人的学说,与现代早期的现象学和解释学有着密切的关系;虽然他们两个都被当代西方哲学家批评为"心理主义"和"历史主义"。

关键问题还在于对"人"的理解。"回到康德"是指摆脱黑格尔的"思辨精神"而"回到"康德的"科学精神"(批判精神),而康德学说本身是有缺陷的。狄尔泰(1833—1911年)认为康德哲学缺乏"历史"这个"度",因此他计划写一部"历史理性批判"补康德三个"批判"之不足,但这本书狄尔泰生前并未完成,而他的《人文科学引论》(Einleitung in die Geisteswissenschaften)至今仍被广泛阅读。

狄尔泰不满意康德把"人"理解为"纯粹"的"知识"(Erkenntnis)的"主体"(Subject),理解为"纯粹"的、形式的"我思"。他认为,"人"应作为一个"总体"(Totalität)来考虑,因而它就不仅是一般的"知识",而且是"社会的"、"历史的"(gesellschaftlich-geschichtlich),因此,我们要问的,不是康德的"知识"的"先天条件"(a priori),而是"社会"、"历史"的条件。

当然,我们知道,康德除"知识"之外,尚有"实践"、"道德伦理",但"实践"领域在康德是纯形式的、"非经验"的"本体界",而在狄尔泰看来,包括实践领域在内的一切科学、哲学,都是"经验"的。"经验"不是概念、范畴式的,而是活生生的,是"生活的经验",于是后来狄尔泰提出了"生活哲学"(Philosophie des Lebens)。"生活"不是"科学家"的生活,不是科学活动,而是普通"人"的生活,"生活"是具体的、独特的,所以,"人文的科学"是"个体的科学"。这样,"科学"(Wissenschaft)就和"历史"(Geschichte)在更高的层次上结合了起来,"人文科学"就是"人文历史",是"人"如何认识自身的创造物——社会、历史的过程,是关于"人"及其"创造物"的知识。

这样,我们看到,狄尔泰虽然仍把他的哲学称作"Geisteswissenschaften",但这里的 Geist 已不是黑格尔意义上的"绝对理念",不是抽象的概念,因而"历史"不是一种"抽象的"、"普遍的""理性"的"具体化"(外化,历史化),而狄尔泰的"Geist"本身就是具体的、个体的、历史的,因而是活生生的、生活性的。"精神"无待"外化"、"历史化","精神"本身就是"历史",因此,"精神"即是"文化",即是"人性"(humanity)。

五、胡塞尔现象学及其"历史"观念

我们看到,尽管胡塞尔创立当代现象学时并不是以狄尔泰的学说为立足点,但他们之间的相通处是很明显的。我们也许可以说,当其时也,几乎人人都通过黑格尔"回到了"康德,重新思考康德所提出的问题,但也许我们还可以说,比起狄尔泰来,胡塞尔似乎更加接近康德。

不过,胡塞尔当然已是一个划时代的人物了,他的现象学,已不是古典式的、黑格尔式的"精神现象学",而是现代的,其标志在他是以完全不同于古典式的方式来重建西方哲学的传统。这种方式是直接的,而不像古典哲学那样要通过概念、范畴的逻辑体系,因而当代现象学是在反对包括黑格尔在内的一切古典的旧形而上学的基础上建立起来的现代哲学学说,在这种学说下,如何对待"历史"问题,是胡塞尔,特别在他晚年,所着重考虑的一个难题。

胡塞尔(1859—1938年)在建立当代现象学时首先针对的不是"历史主义",而是"心理主义",这当然也是有其历史原因的。自从新康德主义将康德的"经验"、"普遍化"、个体性原则逐步展开以来,"心理"的问题引入了哲学。哲学已不仅面临着"物理学"的挑战,而且也要面对"心理学"的挑战。如果说,新康德主义初期还在讨论是否一切心理现象都可以还原于物理现象,因而心理学可以归结为物理学这样一个问题,那末胡塞尔的老师勃兰塔诺(Brantano)对这个问题的否定已经有一个相当令人信服的根据。勃兰塔诺指出,心理学不可能完全归于物理学,它有自己的独特的研究对象——意向性对象(intentional object),是物理学所不可能有的。据此,胡塞尔严格地划分了"心理的内容"和"心理的活动"的界限,指出前者是"纯粹的",后者为"物理的"、"自然的"。

这里,我们看到,胡塞尔哲学的出发点中,就有一个新的东西:"纯粹的",不是"形式的",而恰恰是"内容的",因而"纯粹心理的"就既不能归于"物理的",也不能归于"逻辑的"。"意向性的对象"是"有对象"、"有内容"的,不是纯概念的,但又不是感觉式的。"思想(所思)的对象"不是"感觉的对象",不是"思想"(所思)这一活动;"想"的活动是物理的,但"想"总要"想"些"什么",这个"什么"乃是哲学所要探讨的"纯心理"(即不同于物理的)的"对象"。

这样,从批判"心理主义",严格划分"所思活动"(noesis)和"所思对象"(noema),在胡塞尔面前就出现了一片透明的、纯粹的"心理的世界"。"心理"既不是无对象的道德实践的绝对命令,也不是需要经过矛盾斗争"外化"、"对象化"出来的"绝对精神",而就是"直接显现"出来的"理念世界"。所以胡塞尔有时把他的"现象学"(显现学)(Phenomenologie)的基本思想概括为"本质的直观"和"直观的本质"。我们"看"到的面前的这只"杯子",既不是由各种感觉材料组合起来(感到形状、颜色、以至光子、粒子……)的,也不是一个"杯子"的"概念",我们所"看"到的直接就是那只"杯子",这正是古代柏拉图所要说的那个既非感觉又非概念的"理念"。我们作为"人"睁眼"看见"的最为直接、最为基本的"世界"正是这个"理念的世界",而为物理学研究对象的"自然的世界",则是在"物理学"分门别类地发展起来以后的事,"现象学"是一切"自然科学"的"根"和"源"。

"理念的世界"就是"意义的世界"。自然科学"概念"的"所指",乃是物理的、感觉的世界,而现象学的"观念"(理念)乃是普遍与具体同一的"意义世界"。日常所谓"说",有两方面的含义:一方面它"传递"(kundgibt)一些东西,言者的声音可以"给""听者"一种感染,但"说"的更为基础的含义是"指谓"(bedeut, sinngibt)某种"意义"(Sinn)。比如言者说"我头疼",言者所要"传递"的"疼"并不能真的"给予""听者",但这句话的"意义"却是人人都能理解的。唯有"意义"的世界才是最为基础的、人人都是共同的,虽为"理想性的"但却是最为真实的世界。"意义"不是"推理""推"出来的,而是"显现"出来的,"指示"出来的。因此,一切感觉的、经验的科学都来源于"理想的科学"(eidetic Science)。然而,由于"理想的科学"——"现象学"已经派生出各门自然的科学,因而这个最为基础的、最为纯粹的、最为严格的科学却被掩盖了起来,而要让这个本源的"意义世界"显现出来，则需要将一切经验的、自然的、感觉的科学"搁置"（"存疑"ἐποχή）起来，这种"搁置"、"存疑"的工作，即是"现象学的回归"（phenomenologik Reduktion）。正是在"搁置"、"存疑"的意义下，胡塞尔强调"先验主义"（Transcendentalismus）即"先于""一切自然、经验科学"的重要性，而认为包括康德在内过去的一切哲学在坚持"先验主义"方面都不够彻底。

这样，我们看到，尽管胡塞尔也提到所谓"现象学的时间"来与"宇宙论的时间"对立，但他的现象学的先验性、内在性使他不容易将"现象学的时间"与"纯心理的'赋义'（Sinngeben）过程"真正区别开来；而他对康德"先验主体"之不彻底性的批评，更表明他倾向于否定这个"主体"在时空之中，据此他尖锐地批评了康德知识论对感觉刺激作为一个独立的来源的自然主义、经验主义缺点。

由此看来，胡塞尔的现象学比起康德哲学来似乎更缺少"时间"的度。

不错，我们知道，胡塞尔后期对他的现象学作了非常重要、非常有意义的发挥，在他死后发表的讲稿《欧洲科学危机和先验现象学》中他提出了"生活的世界"的观点，指出为这个"世界"建立一门完全不同于"自然科学"的"人文科学"对欧洲的迫切性。应该说，"生活世界"的提出，是胡塞尔现象学基本原则——"本质直观"、"直观本质"的"理念世界"的继续和发挥，但"生活世界"比"理念世界"更具有现实性和真实性，不能否认，促进这个发展的有他的学生海德格尔发表《存在与时间》的因素，而我们将会看到，所谓"危机"，正是针对海德格尔而发出的呼吁。

"生活世界"与"自然世界"的对立，表明了"人"与"自然"的对立。"人"已不是"自然"的一个"部分"，也不是比其他动物多出某种功能——如语言、符号、思想等——的特殊动物。"人"与"自然"的关系，既不是向"自然"索取物质资料的实用关系，也不是为这种关系服务的抽象的理论、概念的关系；我们生活的世界，不仅是我们衣、食、住、行的"环境"，也不仅是我们科研、静观的"对象"，我们就生活在这个世界中，实用的、概念的世界都是按各种功能、标准被"分割"、"割裂"开来的"死的世界"，而我们生活的世界，则是一个"活的世界"。

"生活的世界"之所以被理解为"活的世界"并不是"世界"真的活了;"世界"之所以是"活"的,是因为它和"我"有一种"活"的关系,"世界"不仅是我"生活"的"环境"和"条件",也不仅是我"认知"的"对象","我"既不是与"世界""混成"一片,也不是脱离它在"世界"之外,因为"我"是"活生生的"、"生活的""人",才使"我"的"环境"成为"世界"。所以,说"活的世界"并不是"物活论",而是"人活论"。

"生活"是一个"过程","生活"即"经历",即"历程",因而"生活的世界"理应是一个"历史的世界",但胡塞尔却因他强调"理性的直观"和"直观的理性"的"直接性"而把"生活的世界"理解为"现时的世界",即当下向"我""显现"的"世界"。胡塞尔当然不会否认"生活的世界"有它的"过去"和"未来",但他认为"过去"和"未来"都凝聚在"现时"之中,"现时"改变着"过去",规定着"未来",因而我们"生活在""现时的世界"中,人人都是"创始者"。

从这个观点出发,胡塞尔对"历史"提出了一种极有意义、影响深远的解释,鉴于他的这种理解在当时很可能是直接针对海德格尔的,所以尽管海德格尔的学说总的讲是晚于胡塞尔的现象学,但胡塞尔关于"生活世界"的"历史性"的解释,不妨看作是比海德格尔更新的学说。

关于这个问题,胡塞尔在他晚年(1936年)所写、后来作为《欧洲科学之危机与先验现象学》附录发表的一篇短文《几何学起源》中提出了关键性的观点。在这篇短文中,胡塞尔说,问几何学的"起源",并不是问第一个几何学家心里是怎样想的,一个基本的事实是:几何学是一门推理的、理想性的科学,它的概念(点、线、面)可称得上是真正意义上康德的"观念"(理念,Ideen),因为它们完全缺乏相应的直观,尽管它们可以"兑现"(cashed in)到直观中去。在这里,胡塞尔要说的是:理想性、普遍性、观念性的科学保证了人们之间的可理解、可交往性,使原本是"几何学家"心里、头脑里的观念成为普遍的、共同的。这就是他所谓从"主体内"(intrasubjective)到"主体际"(intersubjective)的转化。"理想性"、"观念性"保证了"可理解性","科学性"保证了"历史性","无时间性"保证了"有时间性"。

"科学性"保证了"过去了"的东西,不会成为"无"(nothing),尽管一切"理想"、"观念"的东西都会被"实际"的东西掩盖而成为"沉积"（积淀，sediments），但"科学"却可以"消解"这些"积淀"（desediment）使其永保"现时"的活力。在这个意义上，"生活的""人"由于有"科学"而成为"历史"的"保存者"，而同时由于在做一种理想性的工作而成为"创始者"。因此，在胡塞尔看来，按现象学的基本原则，用不着到"过去"去寻找"起源"，"起源"就在"现时生活的世界"中。

六、海德格尔及其"历史性"观念

我们看到，胡塞尔晚年提出的"生活的世界"当然是一个最为实在性的世界，同时也是最为理想性的世界，他提出这个世界可以理解为海德格尔"存在（的世界）"的对应物，但在思想倾向上是正相反对的，他以"理想性"保证实在性、现存性，而他的这位杰出的学生则以实在性、实存性（Existenzialität）来保证"存在"的"意义"，所以不少人把海德格尔列于"存在（实存）主义者"的名单中，当然不是没有理由的。

但是，尽管海德格尔和存在主义者都源出于胡塞尔的现象学，也都肯定"实存性"的意义，但海德格尔的思想的确是和一切的"主义"背道而驰的。

海德格尔之所以被认为是欧洲思想史上一个突破性的人物，其中有一个主要原因就在于他突出了"历史性"的意义，把它置于"科学性"（或"哲学性"）之上，而我们已经说过，追求确定的、可靠的科学知识乃是欧洲的坚定不移的文化传统，尽管这个传统经常受到怀疑和责难，但与这个传统决裂得相当彻底的，大概海德格尔算得上一个。

海德格尔是胡塞尔的学生，如果说他的学说仍有一种"方法"的话，那末他始终遵守他老师创立的现代现象学的基本方法，从广义来说，他也可以被看成是这个学派的一员。但是从他的主要著作《存在与时间》看，他把现象学引上了与胡塞尔很不相同的道路，从书的题目上就可以看出他所强调的恰恰是他老师比较薄弱的环节。

从哲学来说，海德格尔首先把胡塞尔现象学的知识论（理念论）转变成现象学的存在论，他把"世界是什么"的问题改变为"世界是不是（有无）"的问题。"是什么"侧重在"什么"——因而胡塞尔说,"世界"是"活生生的"、"生活的""理念";但在这个"什么"之前尚有一个"是"字,涉及到"世界""有"、"无"的问题。

"人"的最为基本的生活经验,一个无可怀疑的事实是:"人""有""一个世界",但为什么"世界"为"有",而不是"无"(nothing)?包括胡塞尔在内的欧洲哲学史上一切真正意义上的、专业意义上的"哲学家"都说,是那些"什么"保证了"是"或"有",而不使"世界"归于"无"。这样,欧洲的"哲学",就由柏拉图的(诸)理念的理念论发展成亚里士多德的(诸)存在的存在论。然而,正如康德早已揭示了的,"(诸)存在的存在"并无"直观"作为其"对象",只是一个"理念",因而在存在论上它是"无"。旧的存在论——形而上学自以为在研究"有",但实际上都在研究"无",而一切"科学",包括"哲学"在内,都不能以"无"作为研究"对象",因而"哲学"——形而上学实际上不能形成一门真正的"科学"。

"世界"之所以为"有","我"之所以"有"一个"世界",并不是"我思",并不是"思想"(科学)保证了"有",恰恰相反,是因为"我在"才保证了"我思"。"我在"是指"人"为一种特殊的"存在",这就是海德格尔的著名的"Dasein"(亲在、此在)。"Dasein"与"世界"的关系既不是纯精神性的,也不是纯物质性的。"纯精神性"的为"无","纯物质性"的也为"无","动物"与"自然"为一体,"动物"不"拥有""世界";"动物"只"有""环境",而"没有""世界"。只是在出现了"人"这样一种特殊的"存在","世界"才向"人"显现"为""有"。

于是,对于作为"Dasein"的"人"的分析,曾是海德格尔的基础性的工作。

如何理解"Dasein"?"Dasein"不是抽象的"我思",也不是感觉式的"行尸走肉";"Dasein"是有血有肉、有思想、有感情、"思维"和"存在"相同一的"实存"(Existenz)。

我们知道,"思维"(思想)与"存在"的同一性原是西方哲学中一个很古老的原则,它的重要性当然不以它过于古老而有丝毫逊色,但在海德格尔的学说中却有一种新的意义。海德格尔说,"人"在欧洲哲学中一直被分割成两个部分：灵魂和肉体，精神和物质，一半天使，一半魔鬼，而实际上"人"就是"人"，"人"的感觉不同于"动物"的感觉，"人"的"灵魂"也不可能像神那样洁白无瑕，"人"不是多了什么功能的"畜牲"。这样，我们所谓的"思想"与"存在"的"同一性"，就不是把两种不同的"实体"、"原则""结合"起来的问题，而正在于："思想"原是"存在"的，"存在"原是"思想"的。

"思想"和"存在"都在"时间性"、"历史性"上"同一"了起来，所谓"思想性"的"存在"，也是"时间性"、"历史性"的"存在"，而所谓"存在性"的"思想"，也就是"时间性"、"历史性"的"思想"。这一观念的建立，跨出了海德格尔对欧洲思想、文化传统变革和突破的决定性一步。

海德格尔所谓的"时间性"和"历史性"都是从现象学基本原则出发来说的，是在本源性意义上来理解的，它和"科学"、"哲学—形而上学"意义上理解的"时间"、"历史"不同。通常"科学"所谓的"时间"，是一种计量的工具，"历史"则是过去的"事实"之间的因果联系；本源性"时间"不是工具性的，本源性的"历史"也不是因果性的，但却是产生工具性时间、因果性历史的基础，现象学——在海德格尔为"基本存在论"是"科学"和"技术"的活的源泉。

在源泉的领域中，在源头，"时间"和"历史"是"有限"的，而只是由这个源头派生出来的科学和哲学性的"时间"观念和"历史"观念，才是"无限"的。理解这种本源性的有限时间和历史观念的关键在于"Dasein"的那个"Da"——"在那儿"，"在这儿"，"人"不是"神"，"人"是"要死的"。"永恒"、"无限"只是在"Dasein"这个源头派生出来的观念，哲学家却把它们当作本源性的东西来追求，企图用一种专门的学问——"哲学"来"把握"它们，事实上真正的源头、真正的"大全"是"死"。

"死"是一种存在状态，而不是"知识"（包括哲学知识）的"对象"，谁也不能把"死""对象化"来"认识"，但"死"却是最实在的。只有"人"才"死"，"动物"只会"终结"——从一种物质状态转换成另一种状态，"死"却是 Dasein 作为"实存"（Existenz）所特有的，"死"是"人"的特权。

"人"的最本源性的"意识"就是那关于"时间"、"历史"的"有限性"的"意识"，是关于"死"的"意识"，这里引出了被存在主义普遍承认的"存在性"、"实在性"的"烦"（Angst）。海德格尔说，"烦"不是"惧怕"，"惧怕"总有一个或多个具体的"对象"，如"惧怕""洪水猛兽"等等，但"烦"是没有"对象"的，因为"死"不可能"对象化"，所以是一种本源性的"心态"（Stimmung）。这样，最初的、本源性的"意识"就是一种"历史性"的"意识"。

"时间"、"历史"分"过去"、"现在"、"未来"，它们都不是"点"，而是一种"绵延"，并且是一种"有限的""绵延"，"历史"是 Dasein 的"存在"状态，"过去"、"现在"、"未来"都是 Dasein 的"存在"状态，所以"过去"并不是现已"不在"，"未来"也不是尚"未存在"，它们都是"（存）在"——"曾在"、"现在"、"将在"。"历史"就是这个"曾在"、"现在"、"将在"的"大全"，但这个"大全"又是"有限的"。

"我在世界中"，"世界"是"我""生活的世界"，"我"和"世界""同在"，而"我""生活的世界"是"有限的"——在时间、空间上都是"有限的"，因为生命是有限的，生活也是有限的，视野也是有限的。"物质的世界"是"无时间性"的，"黄土青冢"埋"白骨"，作为"物质"而言，总是"在"的；但我们说"古人"已"不在"，之所以"不在"，是"古人""生活的世界""不在"了；"古物"或许"今人"尚可用，又"古"在何处？"古物"之所以成为"古物"是那"制作"、"使用"它的"人""作古"了，它"存在"的那个"世界""作古"了。因此，只有"人"和它的"世界"才能分"古"、"今"，而"古"、"今"之分，表明"世界"就本源意义上来说是"有限的"、"时间性"、"历史性的"。

这里所谓"本源性的"，就是海德格尔在《存在与时间》中所谓的"基本（础）存在（本体）论"的"基本（础）的"，即那个由此产生（派生）出各种具体分门别类的科学部门的最基础性的"生活的世界"。不过，在海德格尔看来，这个基本的世界虽是最真实的真境界，但却不是"绝对的"、"抽象的""本质"，而是"时间性的"、"历史性的""存在"。

"我在"是"历史性的"，"我思"也是"历史性的"，将"历史"、"时间""引入""思"，可说是海德格尔对欧洲哲学传统的最严重的偏离。

"思想"（das Denken, thinking）在西方的传统中总是"概念性"、"逻辑性"的，"思想"离不开"概念"、"判断"、"推理"。不错，黑格尔曾经批判过"抽象的思想"、"表象性思想"，而将"辩证的思想"理解为"具体的思想"，但他仍将"思想"限于"命题"（proposition），认为"思辨哲学"研究"同一命题"即"主（词）"与"客—宾（词）"的对立统一关系。海德格尔对"思想"的理解，则打破了"命题"的局限，认为"思想"是"人"作为 Dasein 的存在方式。

不错，"思想"的确离不开"逻辑"，但"逻辑"来自古代希腊的"逻各斯"，"逻各斯"原意为"采集"，是"综合"、"积聚"的意思。"综合"什么？"综合""过去"、"现在"、"未来"。"思想"作为"存在方式"，则"综合"了"曾在"、"现在"、"将在"。所以，"思想"虽然"立足"于"现在"，但却总是在"回忆""曾在"，"设计""将在"。——因此"思想"不仅是"抽象的""现在"。从这个方面看，海德格尔说，"思想"（Denken）与"思念"（Andenken）不可分。这里，我们看到，古代柏拉图的"回忆说"得到了新的诠释。"回忆"已不是像在柏拉图那里带逻辑推理的必然性、自发性的形式意味，而具有历史的、具体的内容。

希腊文"逻各斯"在词源上还来自于"说"，海德格尔从"存在论"立场理解"说"，为"语言"问题开拓了一个与传统"语言学"和"语言哲学"完全不同的意境。

我们已经知道，胡塞尔坚持把"说"（的过程）和"说些什么"区分开来，把重点放在"什么"上；海德格尔则认为，"说"和"说些什么"是不可分的，重要的不在"什么"，而在"说"，"说"使"什么"成为"什么"。因为在海德格尔看来，"说"和"语言"并不是"工具性"、"载体性"的，而是存在性、本源性的。和"思想"一样，"说"是"人"作为 Dasein 的"存在方式"。

分析起来看，海德格尔的"说"，相当于我们汉语中的"话"，"话"是"说的过程"和"说些什么"的统一。这样，这个"话"就明显地具有了"存在"的意义，"历史"的意义。

"话"都是"学"来的，是"别人"（包括"古人"）教"我"的，所以"我"首先是"听者"，然后才是"说者"。"我"说的"话"当然是"我"要说的"话"，但同时也是别人"教""我"说的，"话"在先，具体的"说"在后，所以海德格尔说，不是"人"说"话"，而是"话"让"人"说，因为"有""话"要说。这样，从某种意义上看，"我"并没有"创造"、"发明"了"话"，而只是一个"话"的"传递者"。我们将看到，在这里，海德格尔奠定了整个当今解释学（释义学）的思想基础："人"是"历史性"、"存在性""信息"（massages）的"传达者"。

"话"是一种"信息"，带来一种"消息"。"燕子"是"春天"的"信息"，当"人"对"燕子"并无多少博物学知识时，已"理解"了这种"信息"，这是基本的生活经验和体验，具体知识可多可少，但这种"理解"却是最为基本的，是"人"的存在方式，与"人"同"在"。所以"话"和"信息"不是"知识"，而是"存在"。

"话"之所以是"历史性"的，是因为"话"有"前"，有"后"。"话"是"学"来的，载负着"前"；但作为"消息"，它又预示着"后"。"燕子"自有来路，而"春天"即将来临。

本源性的"对话"，不是传授"知识"，不是"命令""他人"为"我"服务，而是交换对"世界"的"理解"——一种存在性、历史性的"理解"，这种"理解"不是"哲学"式、"科学"式的，而是"诗意"的。本源性的"说"是一种"吟诵"，本源性的"理解"为一种"品味"，本源性的"思"，乃是一种"萦怀"。海德格尔说，"语言是存在的家"，而"人诗意地存在着"，"人"与"语言"同在，"语言"不是抽象的、概念的，"人"也不是"科学家"、"哲学家"，"语言"是"活"的，"人"也是"活"的。这样，"思"、"史"、"诗"在海德格尔的学说中，就统一了起来。

在这里，我们已深切地感到，"历史"在"诗"的层次上向"哲学"提出了极为严重的挑战。海德格尔曾明确地指出，"哲学"已经终结，欧洲人面临的问题是：在"哲学"终结之后，"思想"还有什么事可做？或者换一种问法，"哲学"终结后，"世界"为"思想"留下了什么？海德格尔认为，摆脱了"哲学"的"思想"，才是真正的、本源性的"思"，"思"不是抽象的"概念"——既非逻辑的概念，也非辩证的概念，而是实实在在的"经验"，存在性、历史性的"经验"。海德格尔曾为朋友们替他集的一本书题了一句很令人玩味的话：Weg-nicht Werk——"道路——并非作品"。海德格尔的"书"记录了他的"思",这个"思"是一个"过程",但并非"逻辑推理"过程,而是实实在在的经历过的历史过程。套用他在《艺术之起源》中的话:既非他的"作品"使他成为"思想家",也非他这个"人"使他成为"思想家",而是他"在""思",使他这个人成为"思想者(家)",同时使他的"作品"成为"思想者(家)"的"作品"。

七、存在主义与"哲学"的应战

"哲学"在海德格尔学说中发生了深刻的危机,这是他的老师胡塞尔已很深切地感受到了的,所以胡塞尔晚年,一再地强调建立一门不同于自然科学的人文科学的必要性和重要性,而海德格尔强调历史的、存在的、诗意的"思",否认一切"论"和"主义"(包括"人文主义"、"人道主义"、"人性论"在内)的"本源性",从而从根本上否认了对于"生活的世界"可以形成一门特殊的"学问"(科学)的可能性。

就在西方哲学发展产生深刻的危机时,同处于胡塞尔现象学影响下的"存在主义"(实存主义,Existenzialismus)表现了与海德格尔不同的思想倾向,而在新的形式下,保持、恢复和发扬了西方文化的精神和传统。

"存在主义"比较早期的代表人物是和海德格尔同时的雅斯贝斯(Karl Jaspers,1883—1969年)。雅斯贝斯的年龄比海德格尔稍大,但开始专门研究哲学则比海德格尔晚,尽管他的著作中并未提到海德格尔的名字,但可以看得出来是处处和海德格尔针锋相对的。

首先,雅斯贝斯把海德格尔作为学说基础的 Dasein 降为经验的、现实的人的存在,而认为"实存"(Existenz)是对"Dasein"的"超越",是"人"之所以为"人"的根本。海德格尔 Dasein 由于不能完全摆脱经验性,所以拉上了"过去"和"未来",而雅斯贝斯的"实存"则毫不含糊地被理解为"现时"。不错,在经验的现实中,在历史的发展中,"现时"继承了"过去",开启了"未来",但从根本上说,"过去"和"未来"都不能囊括"现时","现时"超越了"过去"和"未来"。"我"作为"实存",而不是作为"Dasein",始终为"现时",因而"实存"是独一无二的,永远是"创始者"。

诚如海德格尔所说，Dasein 是时间性的、历史性的，是"有限的"。但 Dasein 这个时间上的"界限"，正提示了一个超越的"我"——实存的存在；经验的界限、科学的界限，一句话，一切"界限"都意味着"超越"这个"界限"，意味着"无界限"，这个"无界限"，在雅斯贝斯看来，就是"实存"，就是"现时"。

"实存"因超越一切界限而不能"对象化"，因而"实存"不是知识的对象。"实存"不能在经验对象中显示自身，也不能在经验概念中证明自身，但却必定在"现时"中使自己澄明。"过去"和"未来"都可以是"实存"的"象征"——即使"不可对象的"对象化。唯存在"现时"，"实存"是"自明"的。

我们看到，"现时"的强调，恢复了西方文化传统中的一个核心的概念："自由"。"现时""超越""过去"和"未来"的地方，正是这种"自由"。

应该说，"自由"在西方思想史上是比较晚的概念，也许是资本主义初期自由劳动力出现以后逐渐流行起来的；但"自由"的观念却孕育在西方哲学的思想深处，是在古代希腊城邦民主制的土壤里生长出来的，在西方的传统中，"自由"首先意味着"思想"的自由，"理性"的自由，"精神"的自由。按康德学说，"自由"不能对象化，因而不是经验科学的知识；黑格尔说，"哲学"以"思想"、"理性"、"精神"自身为"对象"，所以"自由"与"哲学"不可分。雅斯贝斯虽以"实存"为立足点，但古典哲学关于"自由"的观念，却得到了继承和发展。

在雅斯贝斯看来，"实存"是"唯一者"，"实存的世界"是"包容者"（Umgreifenden），不是单纯的"物质"，也不是单纯的"精神"，但"实存"在"现时"使自己澄明。"现时"是"过去"和"未来"之"超越"，是"必然"环节中的"自由"的"点"，是"时间"环节中的"永恒性"。"现时"不是"无时间性"，但也不仅仅是"时间环节"中的一个"环节"，因而雅斯贝斯称作"永恒的现时"（ewigen Gegenwart）。由于这个"现时"是永远"重复"的，所以人无时无刻都能"体会"出这种"自由"。

人们可以在"科学"的活动中体会出这种"自由"，因为"知识"的"界限"已提示了这种境界；人们当然可以在当下直接的生活中使"自由"明朗化，因为任何当下直接的行为"选择"，都只是一种"可能性"，"选择"、"决定"意味着"知识"的"终止"和"实存"的"开始"。更为重要的，人们可以以"哲学"的体系来提供"自由"的"明证"（evidence），因为"哲学"使"过去"和"未来"都"恢复"它们原本是、或即将是"现时"的本来面貌，"哲学"把"历史"当作"实存"、"自由"的"密码"来看，因而它的任务是把这些"自由"的"密码""解"开，"哲学"的工作，就是"解码"。

这样，我们看到，雅斯贝斯又把"哲学"在西方文明中的地位提到了首位，"哲学"不是不要"历史"，"哲学"所侧重的是"非因果性"的"历史"，即"自由"的"历史"或"自由者"（实存）的历史。"哲学"决不"消除""历史"，恰恰相反，"哲学"保证了"历史"，"自由"使"历史"不致成为"过去的""积淀"而沉沦埋没下去，"现时"的"永恒性"使"历史"不是"无"（nothing）。

这里应该指出，战后，雅斯贝斯在许多演讲中，曾大声疾呼为"哲学"辩护，说"哲学"的呼吁就是"自由"的呼吁，而扼杀"哲学"，就是扼杀"思想自由"，并明确地把这种"扼杀思想自由"与纳粹的统治联系起来，其矛头所向是十分清楚的。

大家知道，战后欧洲还有一位很大的"自由战士"，这就是法国存在主义者萨特（J.-P.Sartre，1905—1980 年），他的哲学倾向，与其说是接近海德格尔，不如说是接近胡塞尔特别是雅斯贝斯。

萨特主要的写作活动是在文学戏剧方面，但他在 1946 年出版的《有与无》（L'être et le néant）却是一部深刻的、有影响的哲学著作。在这部著作中，萨特从另一个角度，思考了海德格尔的基本问题。从书名就可以看出，他以"无"取代了海德格尔的"时间"的地位，这是很有意义的一步。

显然，海德格尔讨论过"无"，为存在论上的"无"指出了一个思考的方向，但如前所说，他的"无"主要还是针对被他否定、批评的"形而上学"而发，因为正如萨特所批评的，海德格尔学说中缺乏"意识"（consciousness）的度，所以未曾揭示他那个 Dasein 本就隐藏着"无"。由于"有""无"分别为"存在"与"意识"，萨特就在一个新的基础上，恢复了古典哲学"客体""主体"对立的传统，从而以黑格尔的"自在的"、"自为的"分别指"有"

与"无"。

当然，从哲学基本问题言，萨特承认"有"是"无"的基础，"自在的"是"自为的"基础，他说"人"的"有"，使"无"成为"有"，即"有"了"人"，才"有"了"无"，因而"意识"（心）与"身体"（body）不可分，"人身"为"无"之"有"，"有"之"无"。"人"使"有"的"世界""有"了"无"，"人""无化"了"有"。

这样，我们看到，在萨特的思想中，"有"固是"无"的基础，但"无"却占有核心的地位，是理解"人"的关键——"人"比"世界"的"有"多了一个"无"。

"无"是"现时"，是"自由"；"现时"和"过去"不在同一个层次上。"过去"为一个"事实"，是因果联系中的一个环节，因而是"自在的"，但"现时"却是"自为的"、"自由的"。这样，相应于"无"，"自由"成了萨特学说中的关键性概念。

"人"生而"自由"，因为"人"出生之后，就由"自在的"进入"自为的"，即"生"否定了"自在的存在"。"自由"意味着"选择"的"自由"，但"生"是"无可选择"的，是"无（选择）理由"的，"荒诞的"，因而"自由"是"注定"的，无可选择的。"死"也是无可选择的，是使"自为的"永远归于"自在的"，因而也是注定的，荒诞的。

于是，"人""荒诞地""生"出来，"荒诞地""死"掉了，但只要我活着，就不是"荒诞的"，因为我被注定是"自由"的，我的所作所为总有我"选择"的"理由"，因而必须对我的行为负无可推卸的责任。"过去的事实"和"未来的目标"都常被人用来作推卸责任的"原因"，但这些"原因"都不是"理由"，因为无论"过去"和"未来"都不能"限制"我作出另一种"选择"的"自由"，我在"此时"、"此刻"永远是"自由"的，"现时"的"我"永远是"无"，"我一无所有"，永远从"无"开始，永远是"创始者"。

"过去"已是既定的"事实"，本是无法改变的，但"过去""事实"的"意义"却是"现时""创造"的，因而面对"过去"的"事实"，"我"仍是"自由"的。从这个意义说，不是"过去"作为"命令"支配着"现时"，而是"现时"支配着"过去"（的意义），不是"历史"支配着"哲学"，而是"哲学"支配着"历史"。

"哲学"是生命、意义、自由、理性的学问，而不是死亡、命定、荒诞的学问。"人"并不如海德格尔所说的"期待着""死"，因为"死"是"荒诞"的。"自杀"在萨特看来是将"人"投入"荒诞"，是"荒诞"的行为，是"责任"的逃避，"自由"的毁灭。

萨特的存在主义还进一步发展了雅斯贝斯关于"他人"的思想，探索了"我"与"他"作为两个"自由者"之间的"交往"关系。这个思想固然是现代欧洲共同的倾向，但萨特在这方面的贡献是突出的，他对当代法国哲学的影响也是极为深远的。在这个问题上，萨特的基本立场是：任何"自在之物"不能"限制""我"的"自由"，但"另一个""自由"却能"限制"、"制约"、"规定"我的"自由"。"他人"提示了"我"的"自由"的"限制"，"生"、"死"本非知识对象，但"他人"的"存在"，使"我"意识到这种"荒诞性"，因"死"使"我"留存在"他人"的"记忆"中，"他人"却继续行使"自由"。"死"为"他人"的"胜利"，因而"我"与"他人"的关系，不像海德格尔所谓的是"共在"，而是"冲突"，只有在社会的"冲突"中，才有"共在"关系，所以萨特说，社会的统治阶级形不成一个"共同体"，而被压迫阶级只有在受到严酷迫害时才能使"我"成为"我们"。

于是，在萨特看来，洪水猛兽并不能"阻抑""我"的自由，"死的""历史""事实"也不能"限制"我的"自由"，但"活的""他人"却是真正的"异己"的力量，"他人"威胁"我"从"自为的"转化为"自在的"，是"我"一切喜、怒、哀、乐的真正根源。这样，萨特的"哲学"就把侧重点由"历史"转向了"哲学"，又由"哲学"转向了"社会"。

八、"历史"的挑战与解释学和消解学

当然，"社会"的问题固然是迫切的，但"社会"是"历史"的产物，"过去"的阴影是摆脱不了的，而"未来"又始终保持着不可抗拒的吸引力。"人"分"我"、"你"、"他"，也分"老"、"中"、"青"，"死"的"人"和"事"正是通过"代"（generation）"影响"着"活"的"人"和"事"。我们不是从

"无"开始,当我们生下来时,就有"他人",是"他人"养育、教育"我","他人"使"我"成为"我","他人"是实实在在的"有";而"活的""他人"的存在,提示着"历史"的存在,"历史"是"过去"了,是"死"的,但又是"活"的,"古人"已"死",但他们的"事"(包括文字的"事")却继续"活"着。对于"死"东西我们有各种具体的经验学科,对于"活"东西能不能建立一个不同的学科,"生活的世界"、"历史的世界"有没有一个不同于自然科学的专门学科,这个问题始终坚持着自己的权利,现代的"解释学"就是从正面回答了这个问题,力图建立这样一个人文科学。

我们看到,这里的问题又回到了胡塞尔。胡塞尔晚年提出的问题得到了肯定的回答,但这个学派的当代代表伽达默尔又是海德格尔的学生,因而当代解释学也许可以看作是海德格尔"历史性"思想与胡塞尔"人文科学"精神之间一种协调的产物,在伽达默尔那里,"生活世界"得到历史的内容;"历史性"得到科学的形式。

与存在主义者"主体性际"相对应,伽达默尔的基本问题是"我"、"你"、"他"之间的"理解"如何可能?伽达默尔认为,"主体"的主观心理状态,是私人的,是无法完全知道的,但"你""说"的"话"、"行"的"事",它们的"意义""我"还是理解得了、懂得了的。"理解""你",不是说要"理解"你说话时心里究竟"想"些什么,而只是指"理解""你"在向"我""说些什么"。"理解"的是"话",是"意义",而不是"人",这是"解释学"之所以能成为一门科学的基础。

根据这个原则,伽达默尔在他的主要著作《真理与方法》中把"理解"分为"审美的"、"历史的"和"语言的"三个环节,而在这三个环节中,"作者"的"原意"都是退居后位,在前台的只是"文本"(text)的"意义"。艺术的作品,历史作品,语言的作品都是"事"(Event, Ereignis),任何"作品"都是让人"读"的,因而都要人、准备让人"理解"的,"事"是可以理解的。

"事"是"艺术"的、"历史"的、"语言"的,但却不是"知识"的,"事"不是一个经验的"对象";"事"也不是"理想"、"理念",不是"超经验"的,"事"就是"经验"本身。

所以"事"不是不变的,"事"改变着"经验着它"的"人",因而"事"

是开放的，不是封闭的。"写"在做"事"，"读"也在做"事"。

"事"永远在继续，"历史"也永远在变化、发展，"历史"不能被打断，"历史"对"现时"保持着"有效性"，所以伽达默尔在提出了著名的"有效性历史意识"（Wirkungsgeschichtliches Bewuβtsein, consciouseness of effective-history），在这种思想下，"传统"和"成见"都被中立化，保守和革命一样成为自由选择的结果。

当然，伽达默尔的"有效性历史"不仅是说"历史"作为"过去"对"现时"仍然发生影响，而且是说"现时"继续发挥着"历史"的"效用"，"历史"在"继续"，"历史"在"发展"，所以是"活"的历史，不是"死"的历史。

"历史"为什么是"活"的？因为"历史"没有"完结"，"历史""等待"着"继续"。所以，在伽达默尔那里，"有效性"的概念和"未完成"的概念是不可分的。在进一步讨论"历史"的"开放性"时，伽达默尔指出，"历史"之所以不断"更新"乃在于它永远是一个"问题"，等待着回答。

"历史"是"活"的，不可能用一个固定的范畴、概念来框住它，它不是一个完成了的"对象"，所以历史家不能把"历史"当作一个既成事实来"再造"、"恢复"，像自然科学家在自己的理论体系中"再造"、"恢复"日、月、山、川或蚂蚁、蜜蜂的自然属性那样，而倒有点像一个"律师"，要为"历史"提供"见证"，说明自己在"过去的事"中"看到了""什么"。"（过去的）事"是一个"案例"，一个"问题"，等待"见证人"来揭示其"真意"，给出适当的"回答"。

"问题"是"历史"、"他人"提出而被"我""发现"的，因此"历史"、"他人"具有一种客观的规定性而杜绝主观随意的可能性，但它"规定"的只是"问题"，是"有问题"的"案例"，所以又杜绝了历史的命定论。

这样，"解释学"或"释义学"所谓的"意义"，就不是一个绝对的、永恒的"理念"，而是历史性的、开放性的"问题"。"过去"、"他人"通过"问题"来"规范""我"的思想，这就是"传统"或"成见"。

从"解释学"观点来看，一切既成"事实"都是"问题"，"事"即"问题"。不是这件"事"的实际存在成了问题——这可能有问题，也可能没有问题，而是"事"的"意义"成了"问题"——这永远是个"问题"。"出事"就是"出问题","有事"也就"有了问题"。

这样,"我"与"他人"、"历史"的关系，就是一种"对话"（dialogue）的关系，是"文本"和"读"的关系。"对话"的首要条件是互相能"懂"对方的"话"，同时又都在说"自己的话"，对所讨论的"问题"有"自己的""话"要说。

从这种基本思想出发，一方面胡塞尔建立人文科学的愿望得到了实现，另一方面海德格尔的"历史性的思"也由"诗"的意境转变为"科学"的形态。

胡塞尔说,"生活的世界"有一种先天性（a priori），即它是一切自然的、经验的科学的"前提"、"条件"，但由于"生活的世界"又是活生生的经验的世界或是一个基础性的经验世界，所以它的"先天性"并不是"客观的"、"对象性的"，而是有限的、主观——相对的世界，它的"视野"也不是确定不移的，而是变化的、开放的。所谓"对话"，正是不同的"视野"。伽达默尔说，如果"生活的世界"也有"逻辑"的话，则就是"问"、"答"的"逻辑"。

当代"解释学"在法国有一个不同于伽达默尔的代表人物，即保尔·利科（Paul Ricœur）。利科解释学的基本倾向是要消除、削弱包括伽达默尔在内的旧解释学的历史、心理的因素，使之成为一门纯净的"意义学"。

首先他的解释学以"解释"（interpretation, explanation）来代替过去的"理解"（Verstehen, understanding），指出,"理解"是从狄尔泰那里继承下来的词，渗入了"非意义"或"与意义无关"的因素。在利科看来,"说"的确是一个"事件"（event），但"事件"恰恰不可避免地具有个人心理及历史背景的因素，而解释学正是要超越"说"的"事件性"而接触"说"的"意义"。在这个意义上，"说"也不是双方的直接"对话"，利科甚至说，"解释学"开始处，正是"对话"终止的地方。

不难看出，为了突出"意义"，在利科的解释学中,"写"就被提到了比"说"更为重要得多的地位，因此,"写"的作用虽然早为胡塞尔提出，而为伽达默尔所肯定，但真正得到发挥是在法国。

利科说,"写"的巨大的意义在于使"意义"真正摆脱"事件"而独立，将人类"事"方面的东西排除出去，即将"说者"和"听者"的"物理"、"心理"以及"存在"（existentail）方面的因素排除出去。"写"固然将"说者"（作者）隐去，"写"面对的是一个普遍的"听者"（读者），侧重于"意义"的普遍的交流，不受偶然的环境的影响，而这是一切"科学"，包括"人文科学"——"哲学"、"解释学"在内的重要的、基本的可能条件。

这样，利科就把"说"和"写"的关系在解释学的基础上作了重新的考虑。我们知道，法国是结构主义的故乡，索绪尔的《普通语言学引论》被认为是结构主义的奠基石，而结构主义继续从卢梭以来的传统，认为"写"只是"说"的附属物，而且"写"使"活的"语言凝固下来，因而窒息了语言的生机。我们看到，这个立足点在当今法国受到多方面的批评，利科是从解释学立场颠倒"写"和"说"的作用的一个代表人物。利科认为，"说"和"听"离不开具体的实存的"环境"，但"写"和"读"则既没有"作者"直接"所指"（refering），也没有"作者"的直接"环境背景"（background），"写"为"读者"提供的只是一个"世界"。"读者"在"读""文本"时，是跳出自己的具体的"环境"，而形成一个新的"世界"。海德格尔说，"理解"本身为一种"设计"（project），"设计"一个"新世界"，但利科认为"世界"不是"说"出来的，而是"写"出来，"读"出来的。

在这里，我们可以看出，利科的解释学，开启法国的一代新的思潮，使这个思潮完全不同于法国战后的存在主义、结构主义；但我们也看到，在这个解释学中，已经没有伽达默尔那"历史性"的原则，从而使它更接近"符号学"和"语义学"。

从60年代以来，法国出现了德里达的"消解学"（deconstruction）。与其他一切学派一样，这个学派与他前后的诸学派——特别是战后的现象学、存在主义、结构主义、解释学等，有着复杂的相互影响的交叉关系，但它的基本倾向是和这些学派很不相同的。它的主要立足点是批评从索绪尔以来的结构主义，但同时它又是和胡塞尔以来的现象学运动针锋相对的，因此被认为是当代最具有摧毁性的哲学家之一。他的"消解学"是"消解"（de）一切"结构"、"意义"，"消解"一切"结构"的"意义"和"意义"的"结构"，而这种"消解"的关键，正是"写"。德里达认为，"写""掩盖"了一切"纯粹的"、"超越的""结构"和"意义"，因而"消解"了一切这种"意义"和"结构"，从而打破了西方文化传统中追求纯净意义、绝对真理、确定知识的幻梦，老老实实地回到现实的"写"的"轨迹"中来，面对那错综复杂的"实际""复合物"，而不去幻想那明净真理、意义上的"单一物"，从而"消除"一切"哲学"、"知识论"、"存在论"、"符号学"、"语言学"、"语义学"，而只承认"文（字）学"（grammatologie）。

　　针对结构主义，德里达说，欧洲文化，一直有一种"语言中心论"，即将"能指"与"所指"分割开来，贬抑"能指"，抬高"所指"，认为"能指"是经验的、物质的，因而"所指"为超越的、意义性的，于是集中于研究那超越的意义所指。欧洲人为自己的"标音文字"所影响，认为"语音"是直接表达"意义"的，而"写"下来的"文字"只是"语音"的"符号"、"记号"、"代表"，失去活的语言的意义，因而是一种"统治"、"窒息"。德里达指出，即使是欧洲标音文字，也不是"纯粹的"，它仍有各种只有"写"才具有的"意义"，如标点符号、数学中的许多符号、公式，是"读"不出来的。总之，在德里达看来，"所指"本是不能离开"能指"的，对"语音"的"透明性"的信念，是欧洲文化的一个根本的缺陷，使它幻想一个纯粹的、明净的"真理"、"知识"、"意义"世界，而这个世界，恰恰是一切宗教、有神论的根源。

　　针对现象学，德里达更为尖锐地指出，一切"显现学"（theory of presence）都是形而上学，都是要把"意义"、"真理"通过某种途径（或者不通过途径而直接地）"显现"出来。所谓"显现"（presence）就是"现时"（present），"意义"、"真理"要"显现"，就一定"在场"（presence, present）；但德里达说，事实上"现时"是"过去"的"保存"和"继续"，而"过去"是"不在场"（absence）。所以"现时"表面上看，和"过去"是一种"区别"（不同，différence），但实际上"现时"只是"过去"的"分延"（différance）。这个"分延"是德里达消解学的关键性的词，他很得意这个词的双关意义：因为"différance"和"différence"在法语发音完全相同，光靠"读"是分辨不出来的，从而说明了"写"的重要。

　　现象学说，"现时"是"意义"、"真理"、"创造"、"自由"的所在，但如今"现时"已是"过去"的"分延"，所以这种"真理"、"意义"、"自由"和"起源"就永远"显现"不出来，而不断被"掩盖"在"写"的"痕迹"之中，所以"起源"是在"消失"中。"人"不断地"写",不断地"删改""痕迹","起源"、"真理"、"意义"在层层的"覆盖"中,因而任何"考古学"不可能找出"头"(起源)来。

在这里,我们看到,和利科不同,德里达把"写"的原则和"历史性"原则结合了起来,走上了与现象学、解释学很不相同的道路。

从"历史性"原则看,德里达很接近海德格尔,事实上他对海德格尔的学说是十分重视、也是十分推崇的;但他的反现象学立场使他和海德格尔同样发生了深刻的分歧。他批评海德格尔道,海德格尔虽然强调"存在",但他把"存在"和"存在的意义"等同起来,从而使他的"存在论"仍在现象学的大范围之中。

我们也可看到,海德格尔与德里达的不同之处和他们之间的相同之处同样"明显"。海德格尔强调"(存在)意义"的"澄明"为真理,因而"真理"为"揭蔽"是不能为德里达接受的。因此德里达指出,海德格尔尽管强调与欧洲思想传统决裂,在这方面作出了很大的努力,有很大的贡献,但仍未真正摆脱这个传统,所以德里达说,海德格尔认为尼采是欧洲思想史上的最后一个形而上学者,而同样的话也适用于海德格尔本人,因为他本人同样是个"显现论"者:认为有一个超越的、透明的"意义"、"真理"世界存在,而且只有这个世界才是"真实的"(eigentlich)世界。

不错,海德格尔很强调"历史性",他甚至提出了"历史性的思",但他的"历史性"仍是"思"的"历史性",而不是实际的历史性,他的"历史"仍是"思想史"。

"历史"是实际的历史,而不是"思想史"、"哲学史"。"历史"是"不透明"的,"意义"、"真理"永远不会"超越地"、"纯净地""显现"出来,"历史"是一个"综合体","历史"不仅需要"理解",而主要是"记忆"。

不错,"历史"当然是"时间的",但同时也是"空间的","时间"和"空间"不可分。"时间"不是"点",这已为海德格尔所明确了的;但"时间"也不是"线",海德格尔的"线性时间"观念的克服,将最终把"意义"从"天上"拉向"地下",使研究越超"所指"的"历史",成为研究实际"能指"的历史。这样,"历史"才能不陷于"思想史"、"哲学史",而成为现实的、实际的历史。

西方人一直以为人们在一张白纸上写字,殊不知世上并无"白纸",纸上原都是写过的、有字的,只不过字迹退了颜色,不易分辨;所以人们都是在已写过的纸上"重写"。西方的"哲学"认定"人"是"创造者",是"起源",因此它的书是写在边页和夹缝的,这样,自以为支配一切文化、居于"中心"地位的"哲学",原来竟不是"正文",而是"眉批"、"夹注"。"正文"是什么?"正文"是"历史"、"记述",即广义的"文学"。

我们看到,西方的文化,特别是从近代以来,"历史"正在向人们要求越来越多的权利,在很短的时间内,我们似乎又遇到了雅斯贝斯的问题,我们似乎又要为"哲学""辩护"。从一个方面说,德里达的思想以人的真实的、实际的历史发展为核心吸收了许多文化思潮、流派的特点,在当代是很富有生命力的,他引起了欧美各国学界的重视,确实不是偶然的。但欧洲不会放弃他们的"思想自由",而将自己的"现时"永远"埋葬"在"历史"的"积淀"之中。这时候人们会想起胡塞尔,他曾以"严格的科学"的精神保证"历史"不至于成为"无";人们也会想起黑格尔,他曾认为正是"历史"发展的长河展现了人的自由的创造的精神,因而这种无限创造精神的结构,也就是"历史"的结构;"思想"的逻辑,也就是"历史"的逻辑。因此"自由"、"思想"、"意义"、"真理"和"命定"、"历史"、"传统"、"成见"之间的关系,将是现代哲学所面临的一个关键问题。

(原载《史学理论》1989 年第 1 期)

试论《逻辑哲学论》到《哲学研究》的转变

现在欧美不少哲学家似乎离传统哲学已经很远了,他们以为现代的新哲学有自己的新问题、新方法,而传统哲学已经过时了。我国认真研究欧美现代哲学还刚刚开始,首先的一步当然是掌握材料,弄清楚他们在考虑一些什么问题,其确切含义如何,然后还要弄清楚这些问题的来龙去脉,用马克思主义的观点来分析、批判,确切掌握它们在哲学历史发展上的作用,这是需要大家共同努力的。

在现代欧美哲学的发展中,维特根斯坦的哲学思想是公认的重要环节,在某种意义上,也可以说是欧美哲学的一个新里程碑,他的著作似乎已经成为现代西方哲学的经典。这绝不是偶然的。

然而,维特根斯坦的哲学却非常难懂。哲学一向难懂,中外古今大概如此,本不足为奇。但是维特根斯坦哲学的讽刺意义却还在于:他口口声声宣称哲学的任务就在于使思想清楚明了,而他自己的书却非常晦涩。也许这正反映了维特根斯坦哲学本身的矛盾:他指出凡是可言说的都能说清楚,而哲学或传统哲学所研究的问题是不可言说的,这样,正如罗素不无讽刺地指出过的,维特根斯坦偏偏要把他认为不可言说的事说了又说(见罗素:《维特根斯坦〈逻辑哲学论〉》序言),自然无论如何也说不清楚了。

当然,维特根斯坦的哲学之所以难懂,还有另外一些原因。他曾经学过工程,教过书,设计过房子……他的哲学思想似乎无所依傍,全出自自己的苦思冥想。自然我们也可以历数他的思想的表面上的来源,譬如他喜欢叔本华,他的语言的批判来自现代怀疑主义者毛斯纳（Mauthner, Fritz）以及他和维也纳学派众所周知的关系，等等。然而，要弄清楚他的哲学思想，光靠这些表面的联系还不够，还得把他所思考的问题弄清，也就是要弄清楚他心里的"疙瘩"，而这些"疙瘩"则是有前人或同代人想过的，他是从一个新的角度、用新的方法去考虑它们。正因为他是从整个现代生活（包括欧美最重视的自然科学精神）来重新考虑这些问题，他的哲学才有新内容，才有独创性；也正因为他在做一件新的事，所以思想有时不免零碎，而且经常处于变化之中。

维特根斯坦早期的《逻辑哲学论》是比较好懂的，它在整个哲学发展史上的意义也比较明显；但他后期的思想，即经过《蓝、黄皮书》到《哲学研究》就很不好懂。比起《逻辑哲学论》来，他的《哲学研究》显得更加零碎、更加晦涩。维特根斯坦本人以及大多数欧美学者都承认从《逻辑哲学论》到《哲学研究》思想上有很大的变化，但如何理解这种变化，回答往往相当含糊。本文试图提出一种解释，把《逻辑哲学论》到《哲学研究》的过渡，看作如康德从《纯粹理性批判》到《实践理性批判》的过渡；虽然，在我看来，维特根斯坦是相当自觉地在《逻辑哲学论》中以新方法、新角度、新语言来讨论康德《纯粹理性批判》中的问题，但在《哲学研究》中维特根斯坦似乎就不那末自觉运用他的方法来解决《实践理性批判》的问题，所以显得更加零乱不成系统。

关于《哲学研究》在实践方面的意义，虽是许多欧美学者常常提到的，但就我所读到的材料看，他们都还没有把它与哲学的基本问题、与欧洲近代哲学常常思考的传统哲学问题结合起来系统考虑，所以没有人认真把维特根斯坦哲学与康德的批判哲学全面联系起来考虑。

一、从理性的批判到语言的批判

在近代西方哲学的发展史上，有两位哲学家值得我们特别的注意：休谟和莱布尼兹。他们在不同的意义下改变了人们的思维方式，前者是破坏者，后者是建设者。休谟把文艺复兴、培根以来的经验主义、感觉主义推向极端，从内部支援了感觉世界的大厦，导向怀疑主义；莱布尼兹以德国传统新亚里士多德学派为背景，使哲学的立足点由客体转向主体，从而理性的主体性就成为原则上不同于感觉的客体性的哲学的出发点。通过休谟和莱布尼兹这两位哲学巨子，本来被许多朴素而模糊观念掩盖着的哲学基本问题：思维与存在的关系问题、主体与客体的关系问题得到进一步的明确。为了使这个问题明朗化，主体与客体的关系最初是以二者在原则上的对立形式出现的。于是，本来很朴素的主体与客体的关系——具有感官的人与感觉世界之间的沟通自不成问题，如今成了问题——理性的主体如何与感性的客体世界沟通就成为近代哲学的主要论题。在这个问题上，我们当然马上就会想到莱布尼兹本人的"预定的和谐"说。

企图把主体世界和客体世界在认识论上结合起来的是康德。康德把主体世界和客体世界的关系分成三种类型：一种是认识性的、理论性的，一种是道德性的、实践性的，一种审美性①的、情感性的，他是通过对理性（即主体性）的批判、分析、考察得出这种分类，因而主体与客体的三种关系实际上也就是理性的三种"功能"。这三种功能在康德看来是不容混淆的。在认识论、理论理性、思辨理性的领域内，康德以先天感性直观（时空）、十二个认识范畴和外界感觉材料的结合来解决认识主体与认识客体的关系问题。所谓时、空直观和各种范畴实际上就是主体理论理性的功能，用现代欧美哲学的语言来说，是一些"功能性"概念。然而，康德的理性的批判不限理论理性，还包括了实践理性和判断力，前者探讨理性的道德信仰功能（包括意志自由、道德命令等）；后者则探讨理性的情感性功能（美、崇高、目的）。

康德以后的西方哲学的发展当然五花八门，不能用简单的框框去套；但就大的发展趋势来看，大体上似乎可以分成两个方向。以康德经由费希特、谢林到黑格尔、叔本华等来看，是一种综合性的发展。他们都是把理性主体的功能作为一个统一体来全面进行考察，把其中一种功能（费希特的理性意志、谢林的艺术情操、黑格尔的绝对思辨观念）作为最高的，来统率其他的功能，这样形成各自的大哲学体系。他们发展了康德的方法，并未改变康德提出的哲学问题，他们各自的大哲学体系都是把客体世界作为一个全体（the world as a whole）来掌握的。

---

① 康德的 aesthetic 不同于我们所谓"审美的"，但似没有别的更好的译名，"感觉性"似也不好。

另一个发展方向就是 G. E. 莫尔首先发难的实证主义这一大系统。这个学派的兴起是对新老黑格尔绝对唯心主义的反动,是英国经验主义传统在新的历史条件下的恢复;虽然他们在哲学上所考虑的问题,仍然是从康德哲学而来,不过他们不赞成综合性地发展康德哲学,而是抓住了《纯粹理性批判》里提出的一些问题(如分析判断、综合判断、先天综合判断等)深入下去。和康德一样,这个学派的代表人物认为传统的哲学问题即形而上学的问题不是科学知识的对象,不同的地方在于康德承认理性的其他的功能,而这个学派则认为之所以出那些问题是思想不够精确、科学的毛病,一旦治好这个毛病,传统哲学则将寿终正寝。这个学派一方面把康德的"理性的僭妄"① 扩大化了,另一方面又把在康德那里的"不治之症"② 当成了"可治之症",以为思想一旦逻辑化、科学化,形而上学病就会霍然痊愈了。

早期维特根斯坦走的正是这条路子,他的特点在于他把"语言"的问题提到了哲学的高度,与整个认识论结合了起来,为哲学认识论输入了新的血液。当然,就历史发展来说,英国经验主义一向重视语言问题,但提到哲学的中心高度,则是现代哲学的特点之一,在这方面,维特根斯坦应是开创者之一。

语言这一人类最重要的创造虽然在人类文明的初期就为思想家重视,但真正从哲学上对它加以研究却是不久以前的事。古代哲学家非常重视思维(思想)的规律,亚里士多德为此总结了一整套行之有效的逻辑规则,多少年来成为哲学体系中相当核心的部分。康德哲学的立意虽新,但其体系结构,特别是他的《纯粹理性批判》,仍然不脱亚里士多德的框架。③ 与亚里士多德一样,康德以逻辑范畴来规定理性的认识功能,并以此来确定认识主体的特性。然而,"理性"是一个抽象的观念,"思维"("思想")在各人的脑子中亦并不容易捉摸,虽然经过许多大哲学家、科学家、逻辑学家的研究,有许多不可磨灭的重要贡献,但终究有点玄乎。近代语言学的研究为哲学家开辟了一个新的领域。语言是掌握客体世界的关键性的工具,比起思想来,它有直接现实的优

---

① 即理性超出了它可认识的范围,要认识不可认识的东西。
② 康德认为,即使指出了理性的认识界限,理性还要"僭妄"。
③ 其中的"分析篇"接近亚里士多德,而"辩证篇"则接近柏拉图。

点。语言与思维的关系，当然还需要从科学上作进一步的探讨，而从哲学的角度看，其意义也是十分重要的。概括地说来，语言使"理性"、"思想"可听、可见，并且打破了它们的"内省性"——即似乎原本深藏于个人的心中，如今暴露了它们的社会性，从而以新的立场说明了为什么人人都有理性、理性是人的特点这样一个长期没有确切解释的现象。这样，从本质上说，语言是"理性"的外化，人的"理性"是借语言而发展起来的，所以探索"理性"的功能，就意味着探索语言的功能，对"理性"的批判、分析，也就是对语言的批判、分析。

这正是维特根斯坦研究工作的立足点，而他的研究的第一个成果就是他的《逻辑哲学论》。

从《逻辑哲学论》整个的倾向来看，我们有这样一个印象：维特根斯坦的早期哲学思想受同时代影响要比受哲学史的影响深。我们知道，德国数学家和逻辑学家弗莱格（Friedrich Ludwig Gottlob Frege, 1848—1925）曾经对"名字"（der Name）和命题（die Proposition）作了重要的区别：理解前者就是要理解它的"指谓"（die Referenz），理解后者则是要理解它的"意义"（der Sinn）［参见坎尼（A.Kenny）：《维特根斯坦》，哈佛大学出版社1973年版，第61—62页］。这就是说，命题的意义要看它在整个语言环境（上下文）中的地位而定；而名字的意义则要由它所指谓的对象而定。在命题与名字中，只有名字才发生主体与客体的关系问题。正是从这里出发，维特根斯坦建立了他的"构象"的理论（die Bildtheorie），并使这个理论在他的《逻辑哲学论》中占有关键的地位。就这个意义来说，维特根斯坦和弗莱格有许多共同之处，但他的"构象"的理论使他和弗莱格也有很大的区别：弗莱格的重点在于建立命题之间的逻辑关系；维特根斯坦则同时还侧重于语言名字的指谓意义，即语言现象中的主客观关系，所以前者具有无可否认的逻辑学的意义而后者则更具有一层深刻的认识论和哲学的意义。

然而，应该承认，正因为"构象"说的中心问题涉及主体与客体的关系，所以它是维特根斯坦《逻辑哲学论》中不但是最重要、也是最困难的地方。

我们首先需要提出的一个问题是：什么是"构象"？我们知道，哲学史上有许多概念所指的是和维特根斯坦"构象"相类似的意思。希腊文中有

"εἴδωλον",英文有"impression"、"image"等,特别是自莱布尼兹、伏尔夫、康德以来,德国哲学家常用"die Vorstellung"来表示类似的意思。这些概念名词,维特根斯坦当然知道,但他却选择"das Bild"来表达他的思想,这一点是我们应该加以注意的。我们并不打算考证"das Bild"这个词的用法渊源,但从哲学上对这词的用法作一点分析以便理解维特根斯坦的用意则是必要的。

在德文中,"das Bild"一般有两方面的意思:一方面,它相当于英文的"picture"、"image",指一个或几个对象的"图像"或"形象"。在这个意义下,"das Bild"可以指客观事物的主观印象,是一种反映,是有具象的,它不同于法国语言学家塞秀所谓的"符号"(Sign)——一种在一定的语言系统中完全人为的符号〔塞秀(F.de Saussure):《普通语言学教程》,巴黎,1966年,第67页〕。就这个意义说,我们可以把"das Bild"看作世界的"镜子"(Spiegel)(《逻辑哲学论》,5.511)。然而,"das Bild"还有另外一个意思:它可以表示对象的"结构"(the constitution or the construction of the object),这个意思要比前者深一层,它舍弃了事物的外部"具象"(concreteness)而着重于事物的内部的构成,因而在不同的程度上有"抽象"的意义(abstractness, conception)。在这个意义下,维特根斯坦哲学中的"das Bild"就不像英国经验主义的"印象"(impression),而更接近德国理性主义(莱布尼兹)的"地图"(die Karte)。我们还记得,在莱布尼兹看来,人的观念与外界世界的关系,不是镜子式的反映,而具有抽象的作用,就像地图不是真的地方的写照,而是用一些具有一定抽象性的符号来记述地方那样,人的观念就与纯粹的感觉印象区别了开来。① 德国近代理性主义传统中这一有兴味的思想,在维特根斯坦哲学中得到了吸收,使他的哲学具有较深的内容。正如许多学者已经注意到,维特根斯坦"构象"理论中的"das Bild"(picture)并不严格地指"图画"、"图像"(painting, die Malerei)。坎尼说,维特根斯坦的"构象"理论"或许最好理解为一种一般表象的理论(a theory of representation in general)"(坎尼:《维特根斯坦》,第54页),在这里,虽然排除了单纯从"图像"来理解维特根斯坦的"构象",但以"表象"来说明似乎也还不够确

---

① 汉语中的"地图"这个词,虽然有"图",但在这里已不是普遍的图画,"图"者指不脱离某种视觉形状而言。

切,因为"表象"虽已有一定的抽象意义,但仍是一种"再现",被动色彩仍过于强,就和德国哲学传统概念(die Vorstellung)没有多大区别而失去维特根斯坦改换用词的初衷。①

为了全面理解维特根斯坦的"构象"说,我们需要同时注意"das Bild"的两个方面的意义:"图像"的意义和"结构"的意义。由于维特根斯坦自己在《逻辑哲学论》中提出过世界的"镜子"的说法,所以我觉得,我们需要着重强调一下"das Bild"这个概念的能动方面的意义:"das Bild"的动词形式是"bilden",其意义为"赋形"、"形成"之类("to form","to shape"或者"to construct","to constitute"之类),而不是完全被动的"印象"。

正是在这个意义上,我觉得,维特根斯坦的"das Bild"可以理解成把主体世界和客体世界联结成一个统一整体大网上的"网结",从而是我们理解他对于主体与客体关系看法的关键之一。

维特根斯坦《逻辑哲学论》的一个基本命题是他认为,名字(der Name)本身无所谓对错问题,只有涉及确定的对象时才有这个问题发生,因而,一个名字的意义在于它的"所指"。正如维特根斯坦自己说的,"构象与现实(Wirklichkeit)一致与否,决定了该构象的对错(richtig oder unrichtig)、真假(wahr oder falsch)"(《逻辑哲学论》,2.21),"构象所代表的是其意义"(《逻辑哲学论》,2.221)。就这一点来说,维特根斯坦的看法是和传统的主客符合说相一致的。这是维特根斯坦哲学思想中实证主义的一面,也是G.E.莫尔以健全常识反对绝对唯心主义的积极成果的体现。然而,维特根斯坦的"构象"说并没有停留在这一点上,而是进一步把外在世界的秩序纳入他的"构象"体系之中,这应该说又是与德国理性主义的传统分不开的。在这个问题上,维特根斯坦的观点集中表现在他关于"事实"(die Tatsache)的看法上。

就哲学认识来说,人们长期以来感到很难对一个认识论的基本现象得到一个满意的解答,即既然人们必须承认感觉印象和抽象概念之间的原则区别,又如何理解在认识过程中从感觉印象到抽象符号的过渡呢?就一般哲学来说,这个问题也就是如何理解主体(理性世界)和客体(感性世界)之间的关系问

---

① 这方面,中文表达方面似有它的优越性,以"构象"来译维特根斯坦的"das Bild",似比英文的"picture"好;而英文的"construction"、"constitution"似又过于抽象。

题。在我看来，正是在这个问题上，维特根斯坦实证主义向唯心主义开了方便之门。

在维特根斯坦的心目中，"事实"（fact）不同于单纯的对象（客体，pure object），"事实"存在于一个语言的结构（a context of language）或者逻辑体系（a system of logic）之中，用他自己的话来说，是存在于一个逻辑空间（im logischen Raum）之中。我们知道，一般来说，空间是客观事物存在的形式，事物在空间中具有一定的方位、一定的秩序。然而，从莱布尼兹、康德开始的德国近代哲学的传统却认为空间（以及时间）是主体的一种功能，主体（理性）在掌握客观世界时赋予其一定的时、空关系。这样，空间（时间）就不是客观事物的存在方式，而是把握客观世界的方式。维特根斯坦的所谓"逻辑空间"正是把空间当成把握事物的一种逻辑方式，存在于这个逻辑空间的事物就是我们所认知的世界，归根结蒂，是康德的"现象界"。所以，维特根斯坦明确地说："世界是存在于逻辑空间中的事实。"（《逻辑哲学论》，1.13）

不仅如此，这个存在于逻辑空间中的事实，又是为"构象"所掌握的，这就是说，主体以"构象"的方式来掌握事实（《逻辑哲学论》，2.11），在这个意义上，我们可以把维特根斯坦的意思理解为："事实"是为"构象"掌握了的"对象"。这样，所谓感觉印象与抽象概念之间的区别，其性质与单纯对象和被掌握了的事实之间的区别相同，从而在维特根斯坦的《逻辑哲学论》中，"事实"与"构象"就具有一个意思。维特根斯坦在这点上并没有含糊其词，他明确地说："构象就是事实。"（Das Bild ist eine Tatsache）（《逻辑哲学论》，2.141）这一点，就维特根斯坦的《逻辑哲学论》所体现的整个思想来说，并不奇怪，因为从康德开始，德国理性主义唯心主义者就常常把"表象"（die Vorstellung）和"现象"（die Phenomenon, der Schein）等同起来；然而，这种办法，并不能回避进一步的追问：主体与客体、构象与事实之间到底有没有一点区别？当然，我们可以承认，构象体系（the contexts of pictures）和客观世界的规律（the laws of objective world）之间的确有一种对应的关系，或者叫同一的关系（思维存在的同一性），因为规律的概念是和语言的系统密切相关的，就本质上来说，我们只有通过一种语言体系才能掌握客观世界的规律，这一点是可以理解的；但是，我们总不能说，主体的"构象"和客体的"事实"之间一点区别也没有,它们是同一个东西。果真没有一点区别,那末"事实"和"构象"二者,其中总有一个是多余的。

于是,像一切唯心主义者一样,本体论(或存在论)也是维特根斯坦的陷阱,总是要以主体的结构性来牺牲客体的规律性。

然而,与康德一样,维特根斯坦在《逻辑哲学论》中是从认识论来谈本体论(存在论)的,而他的重点则更是侧重于主体的认识特性的。

我们已经说过,在维特根斯坦看来,"构象"所表现的是它的意义,名字的意思在于它的所指(指谓)。然而又怎样确定名字的所指呢?在这里,维特根斯坦不把名字看作孤立的,而是把它和命题联系起来,他说:"只有命题有意义(der Sinn),而只有在命题的连结中,名字才有意思(die Bedeutung)。"(《逻辑哲学论》,3.3)这就是说,在维特根斯坦看来,名字只有在命题的连结中,才有确定的所指,命题的上下文规定名字的指谓。从这里,我们也可以看出,在《逻辑哲学论》中,名字、命题都是由上下文结构规定其意义的,它们是一套符号系统。由这套符号系统组成的"构象",一方面有其所指——在这个意义上它是"象",是"图",如镜子一样;但另一方面却又有自身的内部结构(上下文)和内部的规则(语法和逻辑),这两个方面,组成了错综复杂的关系,使语言结构规定名字、命题之所指,而有所指的语言把对象变为"事实",这样使"构象"系列和"事实"系列结合起来。于是,我们看到,维特根斯坦在《逻辑哲学论》中把语言与哲学认识论结合了起来。

从哲学认识论的角度来研究语言,把语言提高到哲学的高度来认识是当代哲学跨出的重要的一步。人类要从规律性上来认识世界是离不开语言工具的,语言的出现是人类思维发展的决定性的标志。也可以说,正是语言的出现和发展,理性化了整个人类的思维。从根本上说,人是用语言来思维,因而是在语言的运用中体现出概念、判断、推理的逻辑关系。

语言的意义有两个方面:一是它的所指,一是它的逻辑结构;前者是与外部世界的关系,后者是它自身内部的逻辑关系,这二者当然是不能截然分开的。

和逻辑实证主义一样,在《逻辑哲学论》中,维特根斯坦坚持日常语言是不够精确、不够纯粹、不够科学的,因而哲学的任务就是把语言科学化、逻辑化。维特根斯坦指出，在日常语言中，至少有两种语句是与"所指"无关的：一是"同语反复"，一是"自相矛盾"，前者是无条件对的，后者是无条件错的。他说，"同语反复没有意义。例如，说'我知道今天或者下雨或者不下雨'等于我什么也不知道"，"命题总要说些什么；同语反复和自相矛盾却等于什么也没有说"，所以他的结论是："同语反复和自相矛盾不具备意义。"（"Tautologie und Kontradiktion sind sinnlos"）（《逻辑哲学论》，4.461）这一点固然不是维特根斯坦的创见，但它与他的整个哲学思想有相当的关系，所以应该给予足够的重视。

"同语反复"和"自相矛盾"是一种无意义（在通常意义下）的语言，另一种无意义的语言就是传统的哲学命题。它们的共同点在于它们都是无意义的，都无所谓真假，它们的区别在于前者的真假无关乎所指，后者则根本无所指。"A 是 P 或非 P"，这里的"P"无论指"下雨"也好，"刮风"也好，该命题总是真的，但却又等于什么也没有说；传统哲学命题"世界是绝对理念"，这个"绝对理念"则无所指，即我们找不出所指的对象来，所以传统哲学命题根本无所谓真假。维特根斯坦说："哲学著作中大部分命题和问题并非错了，而是无意义（unsinnig），从而我们对这类问题不能给予任何回答，而只能承认为无意义（die Unsinnigkeit）。大多数哲学命题和问题来自于我们不能理解语言的逻辑。"（《逻辑哲学论》，4.003）这是自 G.E.莫尔以来批判传统哲学的流行观点；然而问题在于到底传统哲学命题是一种什么性质的命题？在无指谓（unsinnig）的哲学命题和无关乎指谓（sinnlos）的同语反复、自相矛盾命题中，维特根斯坦肯定了后者的作用，但问题是在这两种命题中到底有没有什么关系？

也许可以说，同语反复和自相矛盾是无意义命题（senseless propositions）的两极，纯逻辑、纯数学的命题（公式）可以看成是同语反复；而传统的哲学命题则公开承认自相矛盾。康德哲学中的"二律背反"（die Amtinomie）就是这方面的典型的例证。"世界是无限，又是有限"，在这里，不但"无限"无所指，"世界"也无所指。"作为大全的世界"（the world as a whole）是传统哲学的根本问题，而正是这个问题，在维特根斯坦看来是无法回答的假问题，他说："把世界当作一个有限的全（begrenztes Ganzes）——这正是神秘性所在","把世界归于一种永恒性（sub specie aeterni）即把它看作一个全——一个有限的全（Als begrenztes Ganzes）。"（《逻辑哲学论》，6.45）

在这里，如果我们把维特根斯坦对滥用语言的批判与康德对理性僭妄的批判加以比较，就会看到二者非常明显的相同点。凡可言说的，必须有意义；凡可知的，必须有直觉，超过这个限界，即超过感性世界的限界，我们无可知，也无可说。所以，很明显，我们可以把维特根斯坦的语言的批判看成是康德的理性的批判的变化和发展。我们有理由相信，当维特根斯坦说"一切哲学都是语言的批判"（"Alle Philosophie ist Sprachkritik"）（《逻辑哲学论》，4.0031）时，他必定想到了康德的"理性的批判"。

当然，并不是说维特根斯坦和康德在哲学上就没有任何区别。一个最明显的不同在于：和逻辑实证主义一样，维特根斯坦否定构成自然律（因果律）的先天综合判断，维特根斯坦所承认的唯一的必然性是逻辑的必然性。在这一点上，维特根斯坦和逻辑实证主义者一起从康德退回到把因果律归结为经验习惯的休谟的立场。既然坚持这样的立场，那末，就维特根斯坦的哲学来说，就不可避免地发生这样的问题：既然"构象"必须涉及一定的对象，那末逻辑的必然性和涉及对象的"构象"又是什么关系呢？这些问题，康德从自己的立场提出一种答案，而在维特根斯坦的《逻辑哲学论》中则找不出明确的回答。

然而无论如何，康德的理性的限制在维特根斯坦那里变成了语言的限制；在康德那里不可知的，在维特根斯坦那里变成了不可说的，从这里引出了维特根斯坦的名言："我们对不可言说者必须保持沉默。"（"Wovon man nicht sprechen kann, darüber muss man schweizen"）（《逻辑哲学论》，7）

维特根斯坦这句名言固然以它的简明性和深刻的洞见打动过许多人，但我们也不得不指出，由于他缺乏系统思考问题的习惯（或者他根本否认系统、哲学系统的可能性），在某种意义上，他不如康德。例如，他曾经说过："要对可思想的（das Denkbare）作出限定，同时也对不可思想的（das Undenkbare）作出限定。"（《逻辑哲学论》，4.114）可见，在维特根斯坦的心目中，"思想"（to think, zu denken）就等于"说"（to say, zu sprechen），而且等于"去认知"（to know, zu kennen）。然而，在我看来，既然康德已经对"思想"与"认知"之间作出了严格的区别，维特根斯坦似乎应该正视这个区别，而不能置之不理。为什么我们连把世界作为一个整体（全体）去思想一下的权利都没有呢？事实上，我们常常在想一些奇奇怪怪的事（即无所指的事）。当康德在写《纯粹理性批判》时，他保留了思想的这一部分权利，在限制了"可认识的"以后，转而研究"可思想的"（包括传统哲学问题）。我感到，在这一点上康德强于维特根斯坦。

我们还可以用同样的理由来批评维特根斯坦的另一句名言："凡能显示的，不能言说"（"Was gezeigt werden kann, kann nicht gesagt werden"）。（《逻辑哲学论》，4.1212）这里才是真正的神秘性：人们用什么方式来"体会"这种被显现出来的事物、思想或学说（也许包括传统哲学的问题），用思想，还是用直觉？

看来，正是从《逻辑哲学论》留下的这些缺口中生长出了他的《哲学研究》，《逻辑哲学论》的终点正是《哲学研究》的出发点。康德在写《纯粹理性批判》时已经为《实践理性批判》留下了余地；在维特根斯坦那里，却是《逻辑哲学论》中的未决问题迫使他走出了"纯粹的"、"科学语言"的宫殿，进入了更为广阔的天地。

二、语言概念的发展——《哲学研究》

从《逻辑哲学论》的出版到写作《哲学研究》其中经过了一个很长的阶段，在这个时期内，维特根斯坦几次变换工作和居住地方，几乎完全停止了写作；然而这正是一个巨大的转变时期、孕育时期。维特根斯坦并没有停止思考，而是在探究新问题。他虽然也曾在大学任职，但他研究哲学，并非仅仅作为谋生手段，所以他并不固守他过去已经公认的成就，在新问题面前，毅然放弃旧立场。他开始写作《哲学研究》是 1935 年，当时他正在苏联访问。该书完成于 1948 年，死后出版于 1953 年。在这之前，他的朋友和学生们之间流传着他转变阶段的教学笔记，即后来叫做《蓝、黄皮书》的。《蓝、黄皮书》反映了从《逻辑哲学论》到《哲学研究》的过渡观点，是研究维特根斯坦思想发展的重要材料，对理解《哲学研究》当然也有不可忽视的参考价值，但这方面的研究，留待以后去做；本文只打算集中讨论《哲学研究》，并把它和《逻辑哲学论》作一个对比。

大家都有一个普遍的感觉，维特根斯坦的《哲学研究》比他的《逻辑哲学论》更加难懂。上面我们已经提到过，维特根斯坦是个思想家，他花在自己思考问题上的时间比他研究哲学史的时间要多得多，因此，他的思想来自他自己的心灵，其成果往往直接与他自己的背景相联系。当他在《逻辑哲学论》中建立他的体系（虽然他自己不愿承认）时是如此，而当他要打破这个体系，重新考虑一些基本问题时，也是如此。于是，以一个人的力量，或者基本上以个人的力量先建立一个体系，然后又要来打破这个涉及整个哲学史主要问题的体系，当然会出现这样或那样的毛病、混乱和不完整，从而给读者带来理解上的困难。

当然，《哲学研究》之所以难懂的主要原因还在于它所涉及的问题比《逻辑哲学论》更为广泛、更为复杂、更为深刻。如果说，在《逻辑哲学论》的立场上，维特根斯坦还有逻辑实证主义这一批同盟军，互相启发、帮助；他的《哲学研究》则已与这批同盟军有很大的距离，在这里，维特根斯坦所思考的问题，正是逻辑实证主义者在不同程度上所简单放弃了的。

然而，如果我们不纠缠于《哲学研究》的某些细节，举其大要，那末它的主要思想线索还是清楚的，抓住这些线索，我们还可以看到，到底是哪些实际问题迫使维特根斯坦改变看法的。

在这里，关键问题仍然是语言问题。

我们已经知道，在《逻辑哲学论》中，维特根斯坦和逻辑实证论者一样，揭示了日常语言的不准确性，因而必须加以净化，建立一套完全符合逻辑形式的"理想的语言"，这是他们的共同目标；然而，即使在《逻辑哲学论》中，如我们已经看到的，维特根斯坦比起逻辑实证主义者来，也更具有哲学的深度。在细节方面，他不像逻辑实证主义走得那样远，他没有沿着"语言理想化、科学化"的道路走多远就发现了一些不可忽视的问题。维特根斯坦没有放过的一个基本事实是：日常语言有自己的规律，并不就范于逻辑实证主义者所开的"药方"，虽然，无可否认，这些"药方"对于语言精确化和逻辑科学丰富化方面起过并仍会起很大的作用。这样，放在人们面前的只有两种选择：或者让语言改变自己的道路，或者请思想家们改变观点。面对这样的抉择，维特根斯坦重新彻底审查了《逻辑哲学论》中提出的理论，毅然与它分手，他思考的结果就是《哲学研究》。

实在说来，《哲学研究》的基本思想在该书一开头就提得再清楚不过了，维特根斯坦没有拐弯抹角的习惯。《哲学研究》一开头，维特根斯坦引证了奥古斯丁的一段话，在这段话中，奥古斯丁谈了语言的描述性功能，指出了儿童是如何学会懂得字的意思的。维特根斯坦引证这一段话，显然是要概括他的《逻辑哲学论》的一个重要的基本思想：语言是世界的"构象"，意义离不开指谓。然而，对这种看法，在《哲学研究》中维特根斯坦采取了否定的态度。维特根斯坦的问题是，奥古斯丁所述是否能涵盖语言的一切功能？这时维特根斯坦的回答竟然是否定的，他说："应该说，奥古斯丁描述了交往的一种体系；只是并非任何我们叫做语言的都属这个体系。"①

本来，这个问题无论从哲学或语言科学上来说，都是相当清楚的。科学知识只是我们精神文明的一个方面，此外我们还有道德、艺术等；而我们的语言，除了陈述句外，还有命令句、感叹句等。然而，维特根斯坦可贵之处在于他并不是从一般抽象理论的立场出发，他的问题发自实际生活和切身的体会，因而他的例子看来有点小题大做，或者甚至有点小题大做，但却贯串着一种朴素真诚的精神。下面就是他那个有名的例子的译文：

> 设泥瓦匠甲和他的助手乙以语言进行交往。甲正以建筑材料盖房子，这些建筑材料有：砌块、柱子、板、梁。甲按需要向乙发出命令，乙则递给甲以材料。为了这个目的，他们所使用的语言由"砌块"、"柱子"、"板"、"梁"组成。甲喊这些材料；乙则传这些材料，因为他已经学得听到喊什么就传什么。（《哲学研究》，2）

这个例子很典型地说明了语言不仅仅是对对象的描述。上述交往的目的，不在于引起乙产生"砌块"、"柱子"等的形象，"例〈2〉的语言，其目的并非唤起意象（Vorstellungen）"（《哲学研究》，6）。于是，现在我们已经有了两种不

---

① 《哲学研究》，3；"可以相互理解的一种体系"，英译为"communication"。

同功能的语言，一种是对对象的描述，为了唤起某种意象（形象），另一种是以描述对象为手段，其目的是唤起一种行动，从而就其本质而言，这种语言是"非描述性"的。

很自然地，由于语言的多种功能的发现，在《逻辑哲学论》里占重要地位的"构象"理论就从根本上发生了动摇。这就是说，具有指谓意义的"构象"只是语言的一种功能，并不能囊括一切。正如维特根斯坦自己说的，"……事实上，人们所说的字，虽并无不妥之处，但却并不表明有某物存在"（《哲学研究》，139a）。于是，在《哲学研究》中，我们已不复发现"构象"理论。

语言既然不仅是为了引起意象，至少有一种语言其侧重点已非对"所指"的认识，那末又如何理解语言的"意义"呢？我们知道，在《逻辑哲学论》里，语言的意义是和它的指谓分不开的。这样，如果坚持《哲学研究》的路线，维特根斯坦就必须对《逻辑哲学论》中的"所指"说进行复审。

首先，在《哲学研究》中，维特根斯坦觉得"所指"或"指谓"这类概念本身就不太清楚。在《逻辑哲学论》里，"所指"似乎是指与实在的对象相符，所以语言的"意义"就是它的"所指"；认真想来，有许多例子表明，语言的"意义"和它的"所指物"（"负荷者"，"der Trager"，"Bearer"）是不同的。维特根斯坦说："重要的是要注意：如果'意义'（Bedeutung）用来指'符合'（entspricht）（客观）世界这类事，就不合适了，这是把名字的意义和名字的负荷者混同起来的结果。如果某先生死了这意味着这个名字的负荷者死了，而并不是意味着这个名字的意义死了。"（《哲学研究》，40）于是，在《哲学研究》中，语言的"意义"问题变得复杂起来，"有时候是指它的负荷者"，而"绝大多数情形——虽然不是所有情形——，我们用'意义'这个字时，可以定义为：一个字的意义是指它在语言中的用法（sein Gebrauch in der Sprache）"（《哲学研究》，43）。

这样，维特根斯坦后期在语言"意义"问题上的修正就具有多方面的意义。他的意思可以理解为：语言的"意义"可以与它的"所指"无关；或者目的不在认识"所指"，或者并无"所指"。在《哲学研究》的例〈2〉中，甲所用之语言仍是有所指的，但其目的并非指出"砌块"、"梁"、"柱"的性质、形状等，而是引起乙的行动；但乙必须先已了解"砌块"……的"指谓"，否则也无法行动。这种情形和表面有所指、实则无所指的传统哲学命题是有区别的。

无论如何，现在我们已经有了两种类型的语言，一种是理论性的、思辨性的、描述性的语言，其目的在于对世界组成"构象"系统；另一种是实践性的语言，它有不同的目的，或表现目的、命令，或表现情感、评价等等，其意义由命题之间的关系（上下文）决定。

正是这种在实际生活中到处皆有的实践性的语言现象迫使维特根斯坦冲破他在《逻辑哲学论》建筑的科学语言的宫殿，走向了现实的生活。从这里，我们就可以更好地理解为什么在《哲学研究》中维特根斯坦要把语言叫做"生活的方式"（Lebensform）。他说，"……想象一种语言就意味着想象一种生活方式"（《哲学研究》，19）。"……口头语言是行动的一部分（ein Teil einer Tätigkeit），或者是一种生活方式"（《哲学研究》，23）。

不错，在《逻辑哲学论》中，我们也遇到过"行动"、"活动"这类的词，那是指哲学的作用在于净化语言和思想（《逻辑哲学论》，4.112）。那时候的"活动"，还是指一种思辨的、理解的、认识性的活动（Contemptive activity），在《逻辑哲学论》中，没有思辨活动（speculative activity）和实践活动（practical activity）的区别；相反的，在《哲学研究》中，维特根斯坦的主要目的是要给另一种语言——实践性的语言以重要的地位。他感到，语言不仅是一种认识性的交往，而且是实践性的交往，是实际生活的一个不可分割的部分（提要求、发命令、表示愿望、理想……）。《哲学研究》中的例〈2〉，其真实意义也在于此。在例〈2〉中，语言并非用来作为描述、陈述某种对象的手段（媒介、工具），即不是"知识"手段，而是生活活动的一个部分，是实践交往的手段。在例〈2〉中，甲并不是要教乙什么，而是命令乙，并非要乙知道些什么，而是要乙做些什么。

应该说，这两种语言的区别孕育于维特根斯坦的心中，但在理论上并不是十分明确。他只是感到"语言"并不像他在写《逻辑哲学论》时想的那样单纯，而是有各种各类的语言，其性质很不相同，无法像他在《逻辑哲学论》中那样，使语言归于一个范畴，那是一种削足适履的办法。《哲学研究》中所谓"语言游戏"（games of language, das Sprachespiel）说，就是这样提出来的。

　　表面上看,"游戏"说是在一种无可奈何的情况下提出来的,是与《逻辑哲学论》相对立的消极的学说,这可能符合维特根斯坦提出这个学说时的实际心情,但这个学说的实际意义却远非消极的。

　　的确,一旦冲破了《逻辑哲学论》所设定的范围,语言的现象就和生活的现象一样丰富,无法定于一宗,过去想给"语言"下定义的愿望被证明是不可能的,各种语言现象似乎本没有一个共同的本质;然而到底被维特根斯坦找出一个词来概括语言现象——"游戏"(das Spiel)。

　　在维特根斯坦看来,"游戏"有各种各样,五花八门,没有一个共同的本质,因而不可能给游戏下一个确切的定义,但一切"游戏"却又有它们"相似之处",否则不会归于同一个名称之下。这个"相似之处",维特根斯坦称它们为"家族诸相似处"(Familienahnlichkeiten),这自然是一个绝妙的类比,我们无法给某个家族下一个确切的定义,但同一家族成员内部之间的某些共同特征却是可以列举的。"语言"现象虽然丰富得无法下定义,但它们总是有一些相似之处,才被都归于"语言"这个名下。维特根斯坦说:"我认为,没有比'家族诸相似处'(Familienahnlichkeiten)更好的词来说明(语言)那些相似处了;家族成员之间的各种相似点:体形、眼睛的颜色、姿态、气质等等,以相同的方式互相交叉,互相覆盖。我要说:游戏形成一个家庭(die Spiele bilden eine Familie)。"(《哲学研究》,第67页)

　　应该承认,维特根斯坦这个"家族相似性"的"游戏"说是很富有启发性的,尽管后来遭到不少人的反对。这个学说具有一种普遍性的方法论的意义,即我们可以对一些还没有弄得很清楚、但又具有一定的共同特点的同类现象都以"相似性"来加以解释。这就是说,当我们对遗传基因密码没有在科学上弄清楚前,"家族相似性"则是用以解释家族共同特征的最佳词选。然而,不无讽刺意义的是,这种"家族相似性"的理论本身是一种描述性的理论,它是过去生物科学还处于不很发展的情况下被生物学家普遍采用的一种方法:以描述共同特征(往往是表面的)来归纳种、属的特征。

　　至于语言的"游戏"说,其意义当然还不在于"游戏"与"语言"都只具有"家族相似性",还在于它们都运用人类按照特定的目的在一定范围内创造的一套规则（rules，die Regeln）。语言需要一套必须遵守的、在一定范围内约定俗成的规则，这些规则是普遍的，但却不是自然的，而是社会的，是人类的创造，因而这些规则不是自然律的"构象"。在认识论上，我们看到，从《逻辑哲学论》到《哲学研究》，维特根斯坦的思想倾向显然由客体更加转向了主体，更加着重于人类创造活动的能动的一面。在这个方面，维特根斯坦在他的《哲学研究》中考虑得是很深入的。

然而，我认为，"游戏"说还有更深一层的哲学意义，这一层意义，维特根斯坦自己并没有多少自觉，因而根本没有涉及。

我们并不打算考证维特根斯坦"游戏"（das Spiel）说的来源，但就哲学的历史发展来看，人们不免马上联想到曾经流行于康德、席勒著作中的"游戏"说。人们不是常常争论"游戏"到底有没有共同的本质、能不能下定义吗？研究一下这个概念的历史发展是不无益处的。

当然，康德、席勒是从哲学上来提出"游戏"说的，在他们那里"游戏"的本质性是摆脱自然律的必然锁链，因而是与"工作"（die Arbeit）相对立的。在康德哲学体系中，"游戏"处于森严的自然律和可敬畏的道德律之间，因而具有艺术享受般的自由。事实上，"游戏"的确也需要规则，而且往往是很严格的规则，但这些规则不是自然强迫的，而是人自由创造的，说得确切一些，是人模仿着自然律进行自由的创造，所以艺术品看起来像自然（模仿），却又不是自然，而是创造。这样，"游戏"在康德、席勒的哲学中就有一种从自然向道德、从理论理性向实践理性过渡的桥梁作用。

维特根斯坦的"游戏"说在哲学上没有走这么远，但在这里使我们感兴趣的是这个学说与语言的实践作用的关系问题。在《哲学研究》中，语言已经不是纯粹的理论思维的产物，而是实践交往需要的创造。人类创造语言，不仅是为了认识世界，更主要的是为了更好地改造世界；人类不可能光靠语言来改造世界，但语言却是人类改造世界的不可缺少的重要工具。①

语言只能是社会现象，"私人语言"是自相矛盾的，不可能的。然而语言却可以表达表面上属于私人的情感、欲望……因而"我感到右腿疼"仍不失为

---

① 语言的工具性使维特根斯坦哲学与实用主义哲学沟通。

合法的、有意义的语句。这样，维特根斯坦在《哲学研究》中就把在《逻辑哲学论》中坚决排斥的有关伦理的、审美的语言的合法性，网开一面地容纳了下来。当然，在《哲学研究》中，对伦理的、审美的语言的合法性找不到明确回答，但维特根斯坦也没有重申他在《逻辑哲学论》中认为很重要的这些语言的"不合法性"（《逻辑哲学论》6.42，6.421），这一点就像他虽没有公开宣布放弃《逻辑哲学论》的"构象"说以及"可言说"与"不可言说"的区别等，但《哲学研究》再不提它已足够说明维特根斯坦态度的转变。同时，我们也看到，在《哲学研究》139a条曾说过这样的话："假设我在'庄严的'、'尊重的'、'骄傲的'、'可敬的'中选择一个，是否好像探囊取物一般？——不是的。事实上，人们所说的字虽然很合适，但并不意味着一定有某物存在……"这段话可以理解为：许多抽象的概念（包括伦理的、审美的）即使在无具体所指相应时也保持其意义［参阅 H.L.E.非英奇（Finch）：《维特根斯坦——后期的哲学》，美国，新泽西，亚特兰大人文出版社1977年版，第217—218页］。

　　这里的确存在着一个古老而又很有意义的问题：像"这花很美"、"这是一个好人"等等本是个人的爱好、评判，为什么会具有普通的意义，从而在语句上采取陈述句的形式，说这话时好像和说"这花是红的"、"地球是圆的"一样。这就是说，科学的判断和审美的判断、伦理的判断在语言上具有同一的形式。维特根斯坦早年和逻辑实证主义者一样，要透过表面的相同性，揭示它们的不同，这本来是很有意义的工作，但他们以"可证明"和"可验证"两个框框来否定伦理、审美判断（语句）的合法性，就出现了许多的困难。维特根斯坦后期正视了这个困难，承认不仅科学的、理想的语言是合法的，而且日常语言也是合法的，这样语言就没有禁区，无论什么都是"可言说的"，只是有时因为所说的问题的性质不同，使人一时说不出来或说不清楚而已。语言的功能不仅在于描述，而且还有命令、感叹等多种功能，基本上可以分成理论性的和实践性的两种。维特根斯坦在早期《逻辑哲学论》中和后期《哲学研究》中事实上分别考察了语言的这两种功能，只不过维特根斯坦自己在考察一种功能时常常要否定另一种功能。

　　无论如何，我们终于等到了"实践语言的批判"，只是它在哲学上更缺乏自觉性、系统性，但维特根斯坦终究跨出了逻辑实证主义者们没有跨出的一步，这一点也是前者比后者强的地方。

三、生活的挑战，哲学的挑战——从《逻辑哲学论》到《哲学研究》转变的必然性

现在我们看到，维特根斯坦以自己的方式完成了从《逻辑哲学论》到《哲学研究》的过渡，这个方式就是对语言进行批判。在《逻辑哲学论》里，维特根斯坦主要的是批判了语言的思辨的、理论的、认识的功能。在那里，语言作为客观世界的镜子，是对这个世界的能动的把握，于是，和康德的《纯粹理性批判》一样，维特根斯坦的《逻辑哲学论》的任务是要把感觉材料和逻辑形式结合起来以得到科学知识，得到"构象"。然而在这一步他和康德的区别在于他根本不承认先天综合判断的存在，而只侧重于语言的逻辑形式方面。从语言批判的立场出发，维特根斯坦否定了传统哲学命题的合法性。之所以产生这些无意义的命题，其原因在于语言的滥用，所以一旦语言被纯净化、科学化、理想化后，哲学就自然烟消云散。在指出这一前景后，维特根斯坦让哲学家闭口。

然而，维特根斯坦这道命令本身是无的放矢，因而根本不起作用的。哲学并非哲学家的专利，语言在哲学上的"滥用"更非哲学家的创造，而是植根于每个人的心中，这种语言上的"滥用"是到处可见的。这就是说，尽管维特根斯坦和逻辑实证主义者大声疾呼，言词凿凿地宣布哲学无意义，但哲学问题却仍然向包括他们在内的人众不断地挑战，而这种挑战的声音，虽可以依托于雷电风暴、鸟语花香，但最基本的还是人的语言。

科学当然是人类伟大的财富，培根说过"知识即是力量"至今仍是至理名言，然而人类的思想宝库中除了科学外，还有其他的意识形态，它们都与科学有关，但又各具有自己的特点。与科学并驾齐驱的，人类同样拥有数千年甚至上万年的艺术传统，其中包括文学。西方自荷马史诗以来的文学，它们的语言如果一概以"无意义"、"无所指"、"假问题"而加以排斥，那末显然其处境不比当年柏拉图在《理想国》里的做法好多少。

不错，像"宇宙之本源"、"第一性原则"、"无限"这类概念的确在感性世界找不出确定的"所指"来，这是哲学经过几千年发展明确了的，① 然而殊不知这种抽象的能力本是人类思维本身所固有的。马克思早就说过，世界上找不出"一般果实"来，（《马克思恩格斯全集》第 2 卷，人民出版社 1957 年版，第 73 页），但"果实"这个词连三岁小孩也懂、也用。当然，我们并不是否定哲学范畴与一般概念之间的区别，我们只是认为，这种联系和区别，正是我们应该研究的问题，而不是把它们取消掉。

康德在写《纯粹理性批判》时为"实践理性"留下了余地，因为人类整个意识所包括的知、情、意三个部分的地位在他的哲学体系中已经确定，以后的工作只是分别展开而已；维特根斯坦在写《逻辑哲学论》时，却缺乏这种系统的、全盘的考虑，但他又是正视问题的，所以才出现这样大的转变。

康德曾经严格地在原则上规定了知识、科学的范围，现在看来，他只是揭示了以前被宗教哲学长期掩盖着的一个简单的道理：有些问题不是科学能解决的，其原因并非科学无能，而只是根本不是科学的问题。在康德看来，科学、宗教（哲学、艺术）各有其范围，应该各尽其职，互不干扰。但康德并不因此而否定其他思想形式的意义，并不否定哲学的意义，他的《纯粹理性批判》只占三分之一。

当然，我们并不认为，维特根斯坦在写《逻辑哲学论》时一点也没有意识到哲学的挑战，相反，哲学问题始终是他一块心病。

应该承认，即使在《逻辑哲学论》中，维特根斯坦关于哲学的意见也是富有启发性的。在《逻辑哲学论》中，维特根斯坦分配给哲学的工作是"廓清思想"，这就是说，人们之所以需要哲学，只是因为人们的思想不清楚，或者说，其清晰度还不足以区别什么是可说的，什么只能闭嘴不说［参阅皮尔司 (David Pears)：《维特根斯坦》，纽约，1969 年，第 124 页］，就像康德要限制理性是因为理性老要超越自己的范围一样。但是问题在于：在维特根斯坦那里，语言的界限一旦确立，哲学就寿终正寝，剩下的只是自然科学在继续工作。维特根斯坦在《逻辑哲学论》的结尾处说："哲学的正确的方法如下：只

_____
① 最初人们还是以为可以找出来的，如古希腊时的"水"、"气"等。

说可说的，不说不可说的，这就是说，只说自然科学的命题——即，只说那些本与哲学无关的命题……"（《逻辑哲学论》，6.53）这样，恕不客气地说，哲学在维特根斯坦那里就像"上帝的一击"，在做了它唯一可能而又与自身无关的事（即指出只说可说的，不说不可说的）后，就无所事事了。这就是维特根斯坦所谓上了楼就扔掉梯子的意思。然而，我们看到，这种"过河拆桥"的办法是很不安全的。事实上过了河后，大海未变平川，上了高楼，躲在科学的象牙之塔里哲学问题同样会来打扰你，哲学的挑战是无可避免的。

还是那个有无"指谓"问题。我们上面说过，在《逻辑哲学论》里，维特根斯坦为了维护逻辑的合理性，在"同语反复"、"自相矛盾"和哲学命题之间划了一个界限：前二者是 sinnlos，有对错、真假（虽然一个是无条件地对，另一个是无条件地错），后者是 unsinnig，即无指谓，所以无真假、对错。关于前二者他有一段很有启发性的话："同语反复和自相矛盾并非 unsinnig（但缺乏意义——sinnlos）。它们是符号的一个部分，像算术中的'0'一样。"（《逻辑哲学论》，4.4611）

这里，的确存在一个非常有趣的问题：既然承认"0"在数学上的作用，有什么特别的理由不承认传统哲学提出的"世界为一个整体"、"世界的本源"、"无限"等这个"全"的作用呢？难道"0"比"全"多"指谓"了点什么吗？事实上，"0"和"全"就本体论（存在论）来说，就是"无"（non-being）和"有"（being）的问题，都是哲学的范畴，是哲学应该研究的问题。

也许，这正是《逻辑哲学论》中为维特根斯坦所没有觉察到的一个小小的漏洞（缝隙），正是在这个缝隙中，哲学表现了它的顽强的生命力。

在《哲学研究》中，维特根斯坦对语言问题有了重大的突破，从纯粹理论思辨语言的批判发展到实践语言的批判，从科学语言的批判到日常语言的批判，从语言的性质、目的、内容到语言功用等一系列重大问题上都有新的考虑，于是人们有理由期待维特根斯坦对哲学命题的态度也有所改变、发展；然而，人们不无遗憾地发现，维特根斯坦对哲学问题的态度的变化，我们只能从他的基本立场的改变上去加以体会，和从某些论证中加以推论，在直接有关哲学问题的言论中，似乎仍然停留在《逻辑哲学论》的水平，譬如他在《哲学研究》133 条中说，"我们所企望的'净化'（die Klarheit）自然是完全的'净化'。但这只意味着：哲学的问题应完全消失"，所以他认为他的真正的发现是"使我在想研究哲学时，停止研究它"，我们看到，这些话与《逻辑哲学论》比起来，并没有什么新东西。

我看，之所以出现这种现象的原因还得回到我们开头就提到过的维特根斯坦治学的特点，它的优点和缺点。在这里，表现了这种"独立思考"的不足之处：不能把对某一"点"上的彻底性贯串到"面"上去，因而缺乏系统上的彻底性。在这个意义上说，就实践语言批判来说，《哲学研究》是一部未完成的作品。它留下了许多空白的领域，需要把它的原则贯彻到底，特别是贯彻到传统哲学问题上去。

事实上，即使对《逻辑哲学论》中提出的一些有意义的问题，后期维特根斯坦也往往采取一笔抹煞的态度，就一个探索者勇于面对新问题，勇于否定过去的自我来说，的确是精神感人；但对于一个深思熟虑的思想家来说，却缺乏应有的历史的眼光和理论上的慎重性。就以他后期闭口不谈的"构象"说和"可言说"、"不可言说"之间界限的理论来说，本是不容完全忽视的。事实上，尽管维特根斯坦本人已不再提及，但他的一些朋友和学生以及现在一些哲学家仍在探究这方面的问题。语言的指谓仍然是个问题。我们固然不能把语言局限于描述性的功能，但也不能因为发现了其他功能而完全否认语言的描述性。问题在于研究各种功能之间的关系，从而更进一步地把握语言的整体性特点。同样，语言的"构象"性也是无可否认的，如果《哲学研究》例〈2〉中乙没有相应的"砌块"、"柱"……的构象，他也无从按照甲的命令动作，尽管甲发命令时确不在于教乙认知这些对象。正如康德的实践理性与理论理性之间有一种对应的关系一样，日常语言与科学语言之间也有一种对应的关系。日常语言固不能完全理想化、科学化，但科学语言的形式却是日常语言不可缺少的。就形式言，就文法言，无论日常语言也好，科学语言也好，只有一种形式，一种文法，即一种逻辑结构。这就是说，哲学的、伦理的、审美的命题总是要以统一的逻辑语言的形式存在。这里的确存在着一定的矛盾，用《逻辑哲学论》的话来说，就是人总是说那些表面上似乎"不可言说"的事。为解释这个矛盾，中国传统有一个说法叫做"只可意会不可言传"。在这个意义下，语言并不能代替一切，所以我们除了科学、哲学、文学以外，还有音乐、绘画、建筑等艺术形式；然而语言却又不仅可以谈论哲学、科学、文学，而且可以谈论音乐、绘画、雕塑、建筑，同时反过来说，即使音乐、绘画等的构思，仍然贯串着与语言有密切关系、与语言非常相似的普遍的逻辑结构形式，这其中的复杂关系，岂不是很值得我们进一步研究的吗？

而所有这一切已经离维特根斯坦有相当的距离了。就维特根斯坦本人来说，他以自己的方式建立了一个比较完整的"纯粹语言批判"（《逻辑哲学论》），并且也有了一个不太完整的"实践语言批判"（《哲学研究》）；却完全缺乏一个中间环节：相当于康德《判断力批判》这样一个环节来沟通语言的各种（在康德意义上是三种）不同的功能，从而形成一个统一的体系。维特根斯坦从根本上反对体系，认为是一种传统的、应该抛弃的、旧的形而上学。这固然是一种科学的、开放的精神的反映，然而哲学需要彻底性、系统性，正如恩格斯强调指出的，德国哲学的"彻底性"（die Grundlichkeit）精神，正是一种优良的传统（参见《马克思恩格斯选集》第 3 卷，人民出版社 1972 年版，第 379 页），这也是我们在理论上不满足于维特根斯坦的主要原因。

附记：本文是作者在美国进修时用英文写的一篇论文，译成中文时作了一些修改和补充。在写这篇论文前后曾和美国的一些朋友谈论过文中某些看法，在交谈中受到他们的启发和帮助，特此致谢。本文发表时的题目为：试论维特根斯坦从《逻辑哲学论》到《哲学研究》转变的哲学意义。

一九八二年十月十六日，北京

（原载《外国哲学》第 5 辑）

古代希腊之艺术观念和艺术精神

希腊民族是历史的宠儿,它在古代创造的文化,成为欧洲文明的摇篮,人类文化的宝库。那被誉为具有"永恒魅力"的古代希腊艺术,随着近代考古挖掘和研究的进展,越来越丰富地展现在我们面前。对于这些艺术珍品,人们可以从各个不同的方面研究、探讨、把握和欣赏,所有这一切对我们从哲学上、从文化作为一个整体的角度去把握、研究它们,都提供了相当坚实的基础。同时,在我们对西方民族最初的智慧结晶作哲学探索时,同样可以体会到艺术鉴赏的喜悦。这是一个兴味盎然的题目,我们面对着的是一个"无尽藏"的宝库,在探索道路上无论前进了多么远,对于它的无穷的意蕴言,都只是第一步。

一、现实的世界和"意象"的世界

希腊民族不是世界上最古老的民族,它的最早的来历似乎已无从查考,当它第一次出现在地球的一个半岛上,创造了第一批真正的希腊文化(Proto-Hellenes)时,已是公元前 1600 年以后的事(迈锡尼文化)。这个时期(公元前 1300 年左右)为我们留下的珍贵文物——迈锡尼的"狮门",应是埃及、美索不达米亚文化的影响的产物,因为早在公元前 3000 年左右埃及已有立状狮形作为装饰。[①] 然而从公元前 1400 年开始的迈锡尼文化,经过两个世纪,突然

---

① 参阅理德(H.Read):《意象与观念》(伦敦,1955 年)一书附图 18、19。从这个门的整个建构看,甚至可以怀疑门上两个狮形石是从别处运来附加上作装饰的。

从考古的视野中消失，出现了一段所谓"黑暗时期"，据说在这个时期，希腊半岛开始了北方多利安民族（Dorians）100 年间的多次入侵，① 而只有雅典人由于筑有卫城保护了自身的独立，② 是以和平的方式接受包括多利安人在内的文化影响的。这也许就是以后雅典人与斯巴达人两种不同的文化特点的历史原因。

希腊半岛并不是很富庶的地方，雅典更是小国寡民的弹丸之地。南边伯罗奔尼撒部分农业尚可自给，雅典则要靠经商、航海（实际是海盗），因而移民（殖民）就成为雅典的重要问题。传说雅典部族最后一个王柯德罗斯（Codrus）就和小亚细亚伊奥尼亚诸岛有联系。③ 这样，在这种环境的迫使下，希腊诸部族，特别是雅典部族，不得不对外开放，逐渐成为沟通东西、各方荟萃的局面。这种特点，在它的宗教、哲学、科学、艺术上都有反映。

我们这里所要研究的希腊艺术不仅是希腊生活的反映，而且是希腊生活的一个组成部分。艺术创作是一种活动，是生活活动的一个部分，不过它是一种特殊的活动，在希腊人心目中，是一种"模仿"的活动。"模仿"和"艺术"在古代希腊是不可分的。

柏拉图在《智者》篇中狠狠地揭露了智者们的虚伪性，为此他借以作论证的是当时一般公认的观念。他说技术可以分为两种：一为制作性的，一为获得性的，前者制作本来没有的东西，后者获取原有的东西，这两种活动都需要有一定的技术。在制作性技术中，柏拉图列入了"模仿"（μιμητιχή），指出这种活动（制作活动，ποιητιχή）不产生实在东西（αὐ τῶν ἐχòστων），只产生"意象"（εἴδωλον）。④ "意象"这个词德谟克利特用过，柏拉图在这里是以他的"理念论"（εἶδος）反对"意象"论的，但他从反面揭示了希腊人一般的艺术观，即这里所谓"意象"相当于"艺术形象"，而所谓"模仿的技术"大体上相当于我们所说的"艺术"。⑤

---

① 参阅麦克肯德立克（Paul Mackendrick）：《希腊石头告诉我们什么》，纽约，诺登出版社 1979 年版，第 124 页。
② 同上书，第 121、122 页。
③ 同上书，第 131 页。
④ 参阅柏拉图：《智者》篇 219a—265b。
⑤ 亚里士多德后来扩展了这种分类，把人的活动分成理论的、实践的、制作的，把"制作"与"实践"分开，是强调"技术"需要反复锻炼，而与一般去"做"一件事不同。不过亚里士多德显然仍是把"艺术的制作"与"模仿"活动结合起来考虑的。

这样，在希腊人的心目中似乎就有两个世界：一个是实际制作所创造的世界（如耕作所创造的田地），一个则是模仿制作所创造的"意象"的世界；而这两个世界在事实上是交织在一起的，是人的统一的实践活动的不同的方面。

不妨先以在希腊古典时期取得辉煌成就的建筑艺术为例。建筑本是一种实际的制作活动，它之所以成为艺术的创作活动，固然绝对不能与那种为实际活动的建房分开，但却不能抹煞它与一般建房活动具有不同的特点。在揭示这种建筑艺术本身的特点方面，我们应该感谢古代希腊民族为我们提供的历史典范。为许多历史家、艺术史家所公认的一个历史事实是：希腊的建筑艺术，作为艺术言，既无东方民族的宏伟的宫殿（palace），也无西方罗马民族华丽之民房（building），更无埃及巨大之墓葬建筑（金字塔），它是以"神庙"的形式载入艺术史册。这就是说，在希腊，作为艺术品的建筑，既非活人之住所（民房或宫殿），也非死人之住所（墓葬建筑），而是"神"的住所。

考古挖掘的材料说明，古代希腊的民房是非常简陋的，[①] 住房布局也杂乱无章。当时居住区街道狭窄，[②] 室内家具十分简陋，人们大都在户外活动，男人上市场，女人上温泉。[③] 传说公元前四世纪政治活跃人物阿尔西比阿德（Alcibiades）的住房相当华丽，[④] 但在雅典城考古挖掘中得到一个当时抄家人名及清单，根据这个清单，在阿尔西比阿德一次因酗酒而被抄没的财产中，并无一件贵重值钱之物，[⑤] 这点东西，当然配不上华丽的住屋。

这样，在我们心目中，当时的希腊，至少在公元前五至前四世纪的雅典，竟出现了这样一种奇怪的对比：在一堆简陋而杂乱不堪的民房中，在粗糙的石头堆起的小丘上，矗立着至今令人神往的神庙建筑。[⑥]

"神庙"首先当然是宗教（活动）的产物，是"神"的住所，也是人们举行祭祀活动的场所。[⑦] 但比起埃及、波斯来，希腊的宗教，由于它具有多方来

---

① 参阅里希特（G.M.A.Richter）:《希腊艺术手册》，伦敦，1959 年版，第 42 页及图。
② 由于房门向外开，而街道狭窄，所以进门不必敲门，出门却反要敲门，以免碰伤行人。参阅马哈费（J.P.Mahaffy）:《古代希腊人的生活》，纽约，1879 年版，第 14 页。
③ 参阅里希特：《希腊艺术手册》，第 39 页。
④ 同上书，第 41 页。
⑤ 见麦克肯德立克：《希腊石头告诉我们什么》，第 253 页。
⑥ 参阅芬莱（M.I.Finley）:《古代希腊人》，纽约，1963 年版，第 134 页。
⑦ 芬莱否定希腊神庙是祭祀活动的地方是颇为费解的论点，说希腊到处有"祭坛"（altar），但神庙中没有（见上书，第 31 页）；很可能是因为有了大庙则小祭坛就无必要了。

源的混合特点,① 这个民族并没有形成强大的"祭师"(priest)阶层,因而,一般来说,建造这些神庙,与其说是一种宗教制度的强制,不如说是当时部族成员(后来为公民——奴隶主)的心甘情愿的活动,这种情形我们可以从建造著名的"巴赛农"(Parthenon)神庙留下的民工名单及其报酬记录——公民、外乡人、奴隶取同样之报酬——可以看出。② 这就是说,这些神庙之建筑,耗资巨大,与当时希腊(雅典)人力、物力及实际生活水平颇不成比例,以至为后世有些历史学家抨击为"劳民伤财"、"消耗国力",但在当时却为希腊人自觉的一种"奉献"。希腊人兴高采烈地建造了自己的神庙,是一种自由的创造劳动,与埃及金字塔为亿万奴隶强制劳动的作品,在精神面貌上和艺术风格上自是迥然不同。

无可讳言,希腊的神庙建筑当然是希腊民间建房技术的发展,"神"的住所,当以人的住所为原本;但希腊人却把自己的聪明才智、自己当时可能达到的经济财力用于这种并无实际用处的工程上,而并不太注意改善自己的居住条件,这里体现了希腊民族一种特有的文化精神。

整个来说,希腊民族在古代是最富于"探本求源"精神的民族,它在早期神话传说阶段已经孕育着探追宇宙奥秘的精神。它的相当贫瘠的自然条件,使它较少有"坐享其成"、"心满意足"的想法,部落之小,使它不可能有"普天之下莫非王土"的封闭式家天下的想象,为了小部落在这块贫瘠土地上的生存,它唯有依靠自强不息的竞争(斗争)精神。在这种精神指导下,它所创造的灿烂的古代文化,真正说来都是与这样一个分散的小部族和狭小的希腊半岛不成比例的。

古代希腊的神话传说,兼容并蓄,不拘一格,但又把各种来源的神话传说融会于统一的希腊精神之中。在古代普遍的"神人同一"(anthropomorphism,神人同形同性)中,希腊的特点在于把"神"降到了人世,而不是把"人"上升到天国。"神"本身是一个混合体,至少荷马的史诗中的"神"和人的区别只在程度上表现出来,所以才有"英雄"作为过渡的环节。早期希腊民族并不

---

① 参阅莫莱(G.Murray):《希腊宗教五阶段》(纽约,1951年)中有关希腊诸神来历之考证(第46—49等页)。
② 参阅麦克肯德立克:《希腊石头告诉我们什么》,第231页,并参阅芬莱:《古代希腊人》,第126页。

像埃及人那样笃信"人"像"神"那样可以死而复活,没有木乃伊,也不重视保存尸体,但它仍然要探索具有永久价值的东西,在早期,"神"则是这种探索的象征。

公元前七和前六世纪之间,希腊思想上发生了很大的变革,出现了"七大贤人",其中泰利斯创立了第一个自然哲学体系(如果可以叫"体系"的话),他明确提出人类探索目标为宇宙之"本源"(始基,ἀρχή),他指出这个ἀρχή就在自然之中,就是"水"。在这个学说的影响下,爱利亚学派的创始人塞诺芬尼指出了"神"是人按照自己的形象创造出来的,"神"是"人"的"模仿",就像"神庙"是"民房"的"模仿"一样。然而,这是一种伟大的"模仿",这种"伟大"的程度,可以从"神庙"与"民房"所展示的那种"不成比例"中清楚地看到,这一点,无论柏拉图如何能言善辩也是无法否认的。

古代希腊人把自己的建筑才能(建筑艺术)不发挥于宫殿,不发挥于墓葬,便于我们更清楚地看出,作为艺术的建筑,无论它多么坚不可摧,历尽千年而屹立巍峨,但从本质上说,从理论上说,仍是模仿制作的产物,它是"意象"的体现,而不是实际的住房。

希腊人之所以耗费巨资、集中人才去"制作"这种庞然"意象",说明了这个"意象"的价值。"神"在人间,即使是奥林匹克山,也是人间,而且就在希腊。但人毕竟不是"神",宇宙的本源、底蕴是要人不断去探求的,"神"只能是"意象",不会是"实体",就像泰利斯的"ἀρχή",是"不定的"(ἄπειρον)。这就是说,作为人形的"神",只是一种象征性的"意象",不是实体性的存在,希腊人宁可住在自己的陋室中,也不去住"神庙",就像希腊人必须喝水,但绝不吃"ἀρχή"一样。老老实实承认"意象"、"实体"的区别,就是古代希腊民族科学精神的表现之一,在这种精神下,希腊民族就成为艺术理论中"模仿"说的创始者。

不错,在这个理论上,希腊人也有自己的局限,除了少数像上述塞诺芬尼这样先进的人物外,一般人心目中的"模仿"则又具有对想象中、传说中"神"的模仿的意思在内。这之间的关系当然是被颠倒了的,但却也说出了问题的复杂性:神庙不光是民房的复制、仿作,而是要适合于人对"神"的想法,要表现人对神的情感,因而它又是一种创造、一种寄托。当时的希腊人从神庙中所得来的感受是一种超乎当下现实的提高和升华，一种穷究古往今来的历史的崇高感，事实上就是穷究自己（人）的底蕴的一种不自觉的意识。就像在自然的 άρχή 中，希腊人穷追自然的底蕴、本源一样，在神话的"神"中，希腊人穷追自己（人）的底蕴。

希腊人把自己的历史意识寄托于神话传说之中，希腊人的神话，就是希腊人的历史，[1] 在这个领域中，古代希腊人始终保存着生动活泼的能动的创造精神，因而古代希腊的神庙，就像东方的宫殿和墓葬一样，是一种历史的纪念碑，不过是历史的艺术的纪念碑，其区别就像荷马史诗与中国古代的历史典籍。

这样，对于整个古代希腊文化的精神，我们也许可以分两个方面来看。

一方面，如我们已经谈得很多的，希腊人对自然采取了理智的、科学的态度。敏感的希腊人当然不否认要探索自然，不断探索是根植于古代文明的精髓之中的，但他们把这个宇宙之本源问题，概括、抽象为"άρχή"，要人们用理智的方式、科学体系的方式来研究它、把握它，这是西方本意上的"哲学"。另一方面，古代希腊人对自己（人）的态度，却较长时期地保持着神话传说的精神，即一种与自然哲学的科学精神不尽相同的艺术精神。[2] 就我们的论题来说，我们这个看法有助于解释这样一个现象：为什么当希腊的哲学家们热衷于谈论自然的本源（水、气、火、土）时，希腊的艺术家却很少设法去画这些代表万物本源的东西，而仍以神和人的形象为中心。之所以出现这个现象，当然与历史的、传统的甚至技术的原因有关，但从思想上说，似应从上述两种精神来加以体会，正是在这种对待自身的艺术精神中，古代希腊人体验到历史的底蕴，而这同样是必不可少的。

然而，神庙不是民房，艺术不是历史，在希腊人心目中，艺术是历史的"意象"，但在这种模仿的"意象"中，人们更能体验出历史的底蕴，就像神庙比民房更为高大雄伟那样，"意象"的世界高于现实的世界。

"神庙"既是"神"的住所，当然要有"神像"，因此一般说来在古希腊，

---

[1] 1870年施里曼（H.Schliemann）发掘了荷马史诗中的特洛伊城，打破了"传说"与"历史"的界限。
[2] 以古代希腊为代表的这样一种态度，似乎正和中国的东方态度相反，我们的祖先，很早就发展起了一种对自己（人）的历史的（科学的、伦理的）意识，而对"自然"却较长时期保持着诗意的艺术态度。

早期雕塑艺术是与建筑艺术分不开的。古代的建筑艺术作为整体来说，是建筑设计师、雕刻家和画家合作的成果。

古代希腊的雕塑无疑受到埃及和波斯等的影响，因为既然"神"主要以"人"为形象（除少数人面兽身或兽面人身外），那末埃及的人像，就是现成的学习楷模。但古代希腊神庙中塑像毕竟是"神像"，要在人的形体中表现一种"神气"，即一种创造历史的活力，因而这种以"人"为原本的模仿"意象"反倒可以更自由地体现人的活力和神态。古代希腊的"神像"与古代东方的"人像"所以在风格上不同，当然有多种的社会原因，但其中比较直接的原因，则是古代东西方在"神"、"人"关系上的不同。古代希腊民族认为"神"是"人"的升华，是最能体现人的理想和创造力的人，是智慧和力量的提高；古代东方的观念则强调"人"即可以为"神"，"神"即祖先，祖先即"神"，于是"意象"与"真实"之间的区别相当模糊，因其重"真"而怕人效仿，从而以统一之道德规范绳之，故强调整齐一律；在古代希腊因其承认为"假"，故无人效仿，反倒千姿百态，无所顾忌，这是对待艺术品的"意象"上的两种不同的态度，和由此而来的两种不同的风格。

"真"、"假"之别，"现实世界"、"意象世界"的区别还表现在一个不无兴味的现象上：古代希腊的"神庙"既为"神之住所"，固然巍峨壮观，但庙内除神像之外，却常空空如也，还不如中国最简陋的墓葬建筑，至少有几件日用器皿。① 陶瓶是古代希腊主要工艺品，瓶画也是古代绘画保留下来的最主要的材料来源，却没有一件与神庙有联系，相反，大型陶瓶，多为墓葬中之物，不是神庙中的东西，可见在古希腊人观念中，"真"、"假"的区别是相当严格的：真的人，即使死了、葬了，也要有一些日常用具，② 但"假"的神庙中，在艺术的、意象的世界中，可以免去这些身外之物。当然，陶瓶的艺术（包括瓶画）从自身看也是艺术品，也创造一种"意象"，这是我们后面要研究的，但初与神庙及雕像无关。

概括以上所说，在古代希腊人的心目中，至少从公元前七至前六世纪以

---

① 也许这说明希腊"神庙"原本是接受祭祀的地方，但初期雕像，多为立像，不像我国庙中之菩萨，大都正襟危坐，如官吏之接受朝拜。
② 这种观念，当受埃及之外来影响。

来,"自然"是理智的、科学的世界,是理解的对象;"人"是膜拜、讴歌的世界,是欣赏的对象。"意象的世界"固然以"现实世界"为原本,但却更能体现历史的创造力,这里表现了古代希腊人对"模仿"性的制作(创作)活动的重视,从而使它成为古代希腊美学、艺术的核心的概念。

二、"模仿"作为人的创作活动

本文主要研究希腊的造型艺术,以"模仿"说明这类艺术似乎比较方便,[①] 但"模仿"能否涵盖一切艺术活动则颇有问题,我们既然以"模仿"作为古代希腊艺术的中心概念,则在希腊人心目中,如何协调"模仿"与诗、画(代表了刻画、构架等造型因素)的关系,则是很值得进一步研究的问题。

据我们所知,在这个问题上,大多数艺术史家和理论家都认为在古代希腊诗与画(造型艺术)是有区别的,前者重"灵感"(Inspiration),后者重"模仿"、"技术",所以认为造型艺术的地位在古代没有音乐、哲学那样高。[②] 表面上看,这个流行的观念是自明的,诗是语言艺术,以神话传说或人物故事为题材,在古代是吟唱的,当然重内容、重思想,和哲学不相上下;造型艺术要克服难以制服的物质材料(木、石、金属等)的困难,当然重在技术,又以视觉形象为内容,其模仿性当然是很强的。

然而,波兰的美学家塔特尔凯维奇却提出了一个新的看法,他认为在古代希腊,所谓"模仿"主要是指音乐(诗)、舞蹈而言,他以古代希腊典籍的材料证明他的看法,指出在早期"模仿"与舞蹈(原始舞蹈)有密切的关系,与"宣泄"和"净化"(catharsis)不可分割,[③] 应该说,这个看法是很有启发性的。这就是说,"模仿"在古代希腊人心目中不是机械性的,而是活动、活力的表现,最初并非静止地描画一个对象,而是"模仿"一种"活动"、"动作",是重在"过程"(活动的),而不重在"结果"(静止的)。"模仿"的对象(活

[①] 在造型艺术中,用"模仿"说比较难以解释建筑艺术,但上文谈过"神庙"与"民房"的关系后,这一点就比较容易说通。
[②] 参阅沙莫(F.Chamoux):《公元前六至前四世纪的希腊艺术》,《拉鲁斯史前和古代艺术百科》,纽约,1957年版,第254页。
[③] 塔特尔凯维奇(W.Tatarkiewicz):《美学史》,第一卷:《古代美学》,1970年英译本,第16—17页。

动的对象）固然可以有"人"、有"动物"，但从根本上说，应是"模仿"想象中的"神"（意象），模仿神的言行，最初带有相当浓厚的宗教色彩，与祭祀活动（Rite）有密切的关系。

从历史进化言，"模仿"是一个自然的倾向，高级的动物（猿猴）就有了这种能力。最初"模仿"一般是要"模仿"比自己强大的对象，猿猴不大会去模仿狗熊而只模仿人，人最初模仿想象中的"神"和比自己强大的动物。①

诗的创作（制作）最初可能与"神谕"有关，诗人是"神"的代言人，因而是"模仿""神"的，这种"神谕"遍及古代希腊各地，而尤以德尔菲的阿波罗神庙最为著名。古代希腊人的经典荷马史诗以神的活动为背景，当年行吟诗人当是边唱边演，不过身兼多种角色，表演动作可能比较简单。后来在这基础上有悲剧出现，亚里士多德专门从"模仿"的角度研究了悲剧，只有极少数地方提到绘画的模仿，而强调悲剧以"动作"为主，"性格"次之，还可想见早年"模仿"作为一种活动的特点。

这些都是我们从塔特尔凯维奇的启发中得出的一点引申，我们认为这是有益的。但塔特尔凯维奇并没有把这个富有启发性的看法贯彻下去，即并没有贯彻到对画（造型艺术）的解释，在诗画关系上他仍然维持一般的说法，只把关系稍为改变一下，认为舞蹈、音乐（诗）是"模仿"性的，而画（造型艺术）是"技术"性的，在古代只是一种技艺，因而"九艺"（Muse）中无画的地位。②

之所以会出现这种现象，与塔特尔凯维奇对"模仿"的看法中有一种倾向不无关系，即他过于强调"模仿"活动中的情感因素。强调这一点是很有启发性、很正确的，因为这一方面长期为人们所忽视，但他同时过分忽视了"模仿"活动中认识性、理智性的因素，从一个极端，走向了另一个极端，而问题的困难恰恰在于如何解释"模仿"活动中情感与理智两种因素的相互关系。

"诗"和"画"的表面的联系和区别是比较容易看出来的，但联系到历史发展的源头，就会出现一些困难而有趣的问题。

说到情绪，这原是较高级动物的一种本能，是以"声音"与"动作"为表现

---

① 所以最先的"模仿"是悲剧性的，至于以比自己低下的动物为对象的滑稽性、喜剧性的模仿是较晚的事。
② 塔特尔凯维奇：《美学史》，第一卷，《古代美学》，第 28、31 页；参阅包拉（C.M.Bowra）：《古代希腊文学》，牛津，1945 年，第 155 页。

工具。然而，人还有一种"语言"的工具。"语言"是在分音节声音（articulate sound）基础上发展起来的，最初阶段为"牙牙学语式"的练习（babble）。[①] 语言的特点一方面有从感觉印象中提炼出来的语词概念，同时还有概念语词之间的语法逻辑。语词概念和语法逻辑改造了人的感觉，使感觉与语言结构有一种对应的关系（一一对应），从而使人的感觉和情绪成为有结构的、有韵律的（articulate），并使得各种感官（主要为视、听）之间也得到一种相对应的、和谐的关系。语言的作用在于认识世界、掌握世界，是改造世界的有力工具，是人类生活的必需。艺术作为对现实的模仿，首先是对语言结构的模仿。艺术各媒介的运用，在本质上受语言结构的支配，是语言结构的扩展和应用。

这样，单纯的呼号和痉挛，不是音乐和舞蹈，音乐和舞蹈从语言结构中学到了节奏和韵律，[②] 因为结构的观念首先是语言教给我们的。这也许就是包括希腊人在内的世界上古代民族的音乐、舞蹈都与诗分不开，而且"诗"常常是成熟了的最古老的艺术形式的原因。在语言结构的支配下，人就可能自觉地有韵律地表现（express）自己的情绪，而这种情绪就不再是自然的、生理性的，而是理智性的。

表面上看，画（造型艺术）与诗、音乐、舞蹈完全不同，是一种纯认识性的活动，是对外物视觉形象的"模仿"。事实上，我们在原始人的洞穴中看到的"乱涂"（scribble），未尝不可以看作与原始的音乐、舞蹈有异曲同工的性质，同样是有情感发泄的意味在内，或者用美学家的惯语说，是一种"表现"（expressive）。[③]

"画"（"划"）与"刻"本是分不开的，希腊文"γραφια"也有"刻"的意思在内，最初当是"划"（"刻"）出印子来的一种线条。这种活动也许得到了农业耕作的启发和促进，但它最初带有很明显的"发泄情绪"的意味，重在"划"的动作和过程，就像音乐、舞蹈（和古代的诗）那样是一种"表演

[①] 参阅苏姗·朗格（S. Langer）：《哲学新解》，哈佛，1942年版，第94页。
[②] 实际劳动中（特别是农业中）的节奏促成音乐、舞蹈的韵律这是无疑的，但语言的训练使人发现了这种节奏，而只有人才把动物的活动变为劳动。
[③] 参阅理德：《意象与观念》，第21—22页，及附图。

艺术"。①

这样看来，原始的"乱涂乱画"（scribble）和原始的"牙牙学语"（babble）在性质上是完全一样的，因而"画"和"诗"在性质上也完全是相同的，作为人的高级活动来说，同样都具有情感和理智两种因素。应该说明的是，无论"牙牙学语"或"乱涂乱画"都只是人才具有的特有的活动。猿猴不拿自己的声音（包括嘴形、舌头等变化）来练习（或游戏），更没有画线条的动作，人的这种特殊能力，在实用上创造了语言和文字，成为纯认识性的科学性的工具，同时还在这个基础上，成为艺术的工具。所以广义地说，不仅诗、音乐、舞蹈是表情的，造型艺术也是表情的，就像不仅造型艺术需要技术，诗、音乐、舞蹈也需要技术一样。

问题恰恰在于：作为科学认识（理智）的工具，语言、文字从 babble 和 scribble 发展成逻辑概念符号体系，而舍弃了其中表情、表演的因素；但作为艺术的工具，则保留了这种表情、表演的因素。

然而，西方的理论家之所以重视造型艺术中的认识的因素，也不是没有原因的，而是与他们的历史传统有关，因而与古代希腊造型艺术的特点有关。

一方面，古代希腊对自然逐渐采取了纯科学、静观的态度，把自然理智化、规律化，促进了几何图案艺术的繁荣，这表现在早期陶瓶等工艺品上；另一方面，古代希腊人既然以艺术的态度对待历史，则在人物的造型中力求形象的真实，以满足知识的欲望。通过艺术之形象来求得历史之知识，则这种艺术的形象其理智的因素当会有所加强。②

瓶画是古代希腊绘画艺术的宝库和主要资料来源，它展现在我们面前的是从早期几何图案花纹到愈来愈接近自然人物形象的描绘的历史过程，因而绕开了绘画艺术中从旧石器自然主义到新石器抽象主义发展这一难题，因为从常理判断，把对象用几何图形简化描绘出来（所谓描绘"所理解的东西"）要比如

---

① 我国的书法艺术就是从这个方面发展出来的，一直保留着这个特色，参阅拙文：《中国书法艺术之特点》（《文艺论丛》，第6辑，1979年），进一步研究从原始"乱涂"到中国书法的特殊途径，是很有兴味的题目。
② 当然，还有一个原因是人也有自然的一面，把人作为自然之一种，当可以作科学的、理智的掌握，这就是解剖学等知识应用于艺术。这方面是研究希腊艺术常常讨论到的，本文则从略。

实地描绘出来（所谓"所看见的东西"）要容易得多，① 这我们从儿童的绘画发展中可以看出，而陶瓶由于其实用需要的特殊的形状，它的装饰的花纹是以几何图案开始的。

早在公元前 1800 年左右，希腊半岛的居民已经知道用滚轮作陶瓶，到了真正希腊文化开始的时候，陶瓶手工业大大发展，成为希腊人向外出口的主要工艺品之一，到公元前七世纪左右，陶瓶产地集中于阿提刻（Proto-Attic），先在柯林斯，后在雅典。

关于陶瓶几何图案的来源学者们并无一致的说法，从早期图案部位来看（着重于底、颈），似乎应是原始编织花纹的模仿，或者甚至可以是制作时指纹痕迹的美化。但从早在公元前十世纪雅典的"原始几何瓶"（proto-geometic vase）的简单花纹看，因只有横的粗圆线而无竖道，② 可见离编织器皿的模仿已远。到公元前八世纪希腊大型墓葬所用陶瓶的花纹，已相当复杂，这时希腊瓶画艺术家已经把水、花卉、动物以及车马人物都已简化为几何图形。关于花卉的图案，可能来自东方，③ 古代希腊人对于这种对人不构成威胁而又转瞬即谢的小点缀似乎没有康德那样大的兴趣。④ 这里不妨提一提瓶画中水的图案画法，既然"水"在希腊与哲学有着如此的历史渊源。在阿高斯（Argos）出土的公元前八世纪的盛具（Crater），上腹部方格中的回纹被解释为水纹，因为在方格上有鸭形图案，这个方格被看作池塘。⑤ 我们看到的这个水纹的画法是非常粗劣的，比起其他花纹来显得很不相称，我们看到同一个瓶上其他的波纹和回纹画得是很好的，联系到这些瓶瓶罐罐，都是盛液体（酒、油、水）的，最初这些横的轮道（为轮子滚动的痕迹，故少竖道），当有水纹的含意。"水"在绘画的几何形中被简化到最简单的线纹，由这种线条可以构成包括池塘在内的各种图案，犹如万物之"本源"、"始基"，由它可以生化万物。

于是，我们看到，在陶瓶图案画家那里，自然哲学家的学说受到了重视，

---

① 参阅豪瑟（A.Hauser）：《艺术史》，第一册，纽约，1959 年版，第 24 页。
② 参阅里希特：《希腊艺术手册》，第 280 页，图 399。
③ 参阅麦克肯德立克：《希腊石头告诉我们什么》，第 143 页。
④ 康德在他的《判断力批判》里兴致勃勃地、当然也是不无原因地称赞花卉的自由的美，他的前辈苏格拉底读了一定大惑不解。花卉在希腊人那里只作为瓶画、建筑的装饰，或作为人物的背景，壁画中偶尔出现一点树木花草，往往十分拙劣。
⑤ 参阅包德曼（J.Boardman）：《希腊艺术》，纽约，1975 年版，第 28 页，图 17。

他们把包括人体在内的自然都先还原为线条的几何形组合。这时候,画线的动作,已不是目的本身,不是通过 Scribble 来发泄感情,而成为构建"意象"世界的工具。线条成为(艺术)语言的基本因素,在线条的"结构"中,体现了一定的规则,因而几何图案是有结构的(articulate),甚至是刻板的,它又是象征性的符号,就像语言是实物的符号一样。

然而,这种认识性的、几何学性的因素并不是瓶画艺术的全部,原始的 Scribble 的活力仍然保存在线条之中,我们在欣赏古代希腊瓶画几何图形时,仍然感到那流畅的线条中孕育着一种力量,它本身就是一种情感的韵律,只是后来的发展,在瓶画中线条成为勾画实物轮廓的手段,人们为逼真的实物(包括人物)形象所吸引,对于线条本身的意义反倒不太注意,就像人们注意诗的语言给人提供的意象,而不太注意语言本身的意蕴一样,其实诗的语言,本身就有很高的音乐性,只不过人们常常"得意忘形"而已。

然而,"线"毕竟是"画"(造型艺术)的最基本的因素,它在古代希腊艺术中仍占有相当重要的地位,无论在建筑、雕塑、绘画中都保存着自身相对独立的艺术价值。

"刻"、"画"、"线"的作用有二,一是作为一种活动,一是作为一种"界限"(界线),前者侧重于表情性的,后者则侧重于认识性的。由勾画出的轮廓(界限),就有一个填廓的问题,于是就突出了色彩的运用。然而作为界限性、认识性的手段,"线"有它很大的局限性,因为就其本质来说,"线"的勾廓只是平面的,这也许就是有些原始洞穴的动物像是重叠的、而早期瓶画上并排的两匹马和两个人都画成平行的两个头和四条腿的缘故。要使画像在平面上有立体感,需要"线"以外的技法,在获得这种技法之前,人们从雕塑中满足这种立体的欲望。于是在崇尚自然、崇尚知识的古代希腊、雕塑成为古典时期历史的结晶就不是偶然的了。

三、希腊古典理想的体现——以雕塑为核心的建筑、雕塑、绘画三位一体

前面已经说过,雕刻,特别是圆雕,与绘画的限界是非常明确的,但就工具和某些手法言,"刻"和"画"又是相当接近的事,因而就某种意义说,原

始的雕刻和绘画大概是不易分的。也许在雕刻中，木雕是相当早的，① 但在史前原始洞穴中已有就面的凸出部分凿像的遗迹，② 也许这正是原始石雕的雏型。

就历史的发展来说，也许应该说，诗（音乐）和画（刻、划）是两种最早的艺术种类，因而在造型艺术中，雕刻应是早于建筑和后来通常意义下的绘画的。

建筑作为艺术，应是有相当的文化发展作为基础的，从古代希腊公元前七世纪以后迅速的发展来看，很可能是受到外来的（特别是埃及的）影响。雅典的建筑艺术始于早期僭主匹西斯特拉图（Pisistratus），③ 但从早期简单的刻画到大型人物塑像，也需要相当长的历史经验积累，所以从早期大型人像雕刻的实物发现来看，也没有早于公元前七世纪。④ 作为"神的住所"的建筑艺术在用途上是为塑像服务的，但塑像却可以独立于建筑之外。在希腊挖掘出的许多塑像，如著名的从雅典卫城挖出的女像，与建筑并无多大关系。

细分析起来说，希腊的建筑艺术除了在整体上给人以数的结构上的和谐和庄严外，主要的精华在于它的立柱艺术，而中楣（frieze）和山墙（pedment）上的浮雕，当属雕塑艺术，而且古风时期（archaic）这些浮雕的内容，往往与庙中之神的传说，并无多大关系。⑤

一般学者认为圆柱的技术是从埃及传到希腊的，⑥ 但在希腊人的手里，却得到了很大的发展，为古代建筑艺术史树立了独特的风格。然而，我们认为，希腊建筑立柱之所以具有如此巨大之魅力，其中重要原因之一正在于它接近雕塑。

古代希腊的石柱，分多立克（Doric）和伊奥尼克（Ionic）两种风格，⑦ 多立克立柱无底座，比较粗壮，风格比较古朴；伊奥尼克则比较细长，风格比较娟秀。多立克柱式略早于伊奥尼克，是希腊本土的传统柱式，它在初期常常出

---

① 参阅沙莫：《公元前六至前四世纪的希腊艺术》，《拉鲁斯史前和古代艺术百科》，第262页。
② 参阅理德：《意象和观念》，第24页。
③ 参阅芬莱：《古代希腊人》，第30—31页。
④ 参阅麦克肯德立克：《希腊石头告诉我们什么》，第167页。
⑤ 同上书，第204页。
⑥ 沙莫：《公元前六至前四世纪的希腊艺术》，《拉鲁斯史前和古代艺术百科》，第10页。
⑦ 有说多立克、伊奥尼克和柯林斯三种风格的，但多数史家认为柯林斯立柱只是伊奥尼克风格的变种，参见芬莱：《古代希腊人》，第136—137页。

现下粗上细、中段鼓出的一种形状，史家称作"雪茄形柱"，① 以至后来希腊立柱的直线都不太直，② 这种形状的立柱，比较容易给人们一种塑像的感觉，虽然从历史上说，石柱可能是由树段、木柱发展而来。也许我们可以说，多立克和伊奥尼克两种风格，正是男性和女性两种塑像的凝缩化，怪不得当这两种风格在雅典汇合时，巴赛农旁边的爱列希修庙干脆用女像代替了伊奥尼克式的立柱。

然而这一切需要更多的想象力。立柱的刻线虽然给人以流动之感，但比之古风和古典时期女像衣褶之飞动流畅言，不免小巫见大巫。如果说，公元前六世纪初的所谓"柏林女神"像的衣褶还相当接近立柱刻线，那末，雅典卫城出土的公元前525年左右的女像的衣褶就已经大大地飞动起来。到了古典时期，巴赛农、爱列希修建的寺庙以及一些墓石上的浮雕女像身上的衣褶，其飘逸的情趣，大可和中国宋元人物画的衣褶媲美。试看巴赛农东山墙角上的三位女神，或坐或卧，衣服如一层薄纱，飘然欲仙；爱列希修的各女像柱（Caryatid），又是千姿百态，可谓衣袂飘飘，罗袜生尘了。我们看到，远古时期流传下来的"线"的艺术，在这里被吸收到一种新的艺术境界之中，具有了一种新的活力。

然而，从洞穴"乱涂"到几何图案，从几何图案再到轮廓的勾画（衣褶也是一种），固然已有很大变化和发展，但在这种线条中所体现出来的人的思想情感，毕竟过于概括、抽象，人还要有更加深层的东西需要表现。人创造了这种勾廓的方式，也要从勾廓中解脱出来，因为各种手段毕竟要以表现人的思想情感为依归，就像哲学领域里早期的"自然哲学"毕竟要发展成"人为万物之尺度"的智者学派，通过这个学派，汇聚为苏格拉底、柏拉图的理念哲学，艺术也要从自然的符号走向对创造这些符号的人的直接描绘。雕塑的发展，适应了这一要求。

古典的希腊艺术摆脱了古代艺术的抽象性、象征性，它的理想即是"真实性"。在这个时期，从诗的艺术来说，由古代荷马时期以来的说唱艺术，发展

---

① 参阅包德曼：《希腊艺术》，第61页，图56"派斯顿（paestum）之希拉（Hera）庙"。
② 这可能是技术上原因，但有的学者认为是为了弥补在一定距离外眺望时视觉上的偏差，参见塔贝尔（F.B.Tarbell）：《希腊艺术史》，纽约，1896年版，第110页。

成演员模仿动作的戏剧艺术（悲剧和喜剧）；从造型艺术来说，以人像（包括神像）为核心的雕塑艺术占了主导地位。这个时期为我们留下了大量的艺术珍品和文字记述材料，说明这是一个雕塑史上人才辈出、群星灿烂的时代。西方的艺术史家和考古学家为鉴别真伪、确定作者、年代等工作，付出了巨大的劳动。虽然我们对于具体艺术作品的知识还很不够，但对于领略当时艺坛风貌，却已感到美不胜收。

这个时期较早的大雕塑家似乎是梅隆（Myron），他的著名作品"掷铁饼者"虽是罗马时期的仿制品，但那种动态平衡中"跃如"的姿态，不仅体现了艺术家已完全克服了古风时期人体姿态的模式（canons），而且反映了艺术家对于运动员精神面貌观察体会之深入。

费底亚（Phidias）是古典希腊雕塑艺术的最伟大的代表人物，他曾是奥林匹亚宙斯神庙塑像的作者（或设计者和领导者），[1] 如今他奉伯利克里之命回到雅典作巴赛农庙塑像的总设计师，可惜，无论奥林匹亚的宙斯像或者巴赛农的雅典娜像，早已荡然无存，[2] 但山墙、中楣各像的遗迹尚存，经过近代史学的考订复原，[3] 我们可以得到一个相当可靠的印象。

费底亚的塑像是希腊神话和历史的写照和记录。巴赛农的东西山墙和四面的中楣，充满各个连续和不连续的故事、神话场景。为解释这些场景的内容，史家费了不少笔墨，因为它们集神话传说、历史故事和现实生活于整幅画面中，当时的人可能一眼就可明白，后人就很费斟酌了。如东山墙的主题为"雅典娜之诞生"，是学者们借助于古风时期的浮雕以及后来的瓶画认出的；[4] 西门楣上万马奔腾的热闹场面，则是当时"泛雅典节"（Panathenaic procession）的写照，当然，包括柱间壁（metop）在内，各种场景中，更不乏人神、人怪、神怪之间的斗争和荷马史诗以来的传说故事。

这样，就大体上说来，古典时期的塑像基本上是动态的，是人的活动的一

---

[1] 在奥林匹亚的挖掘中，有刻有"我属于费底亚"字样的杯子，证实这位大雕塑家在那里工作过，参阅包德曼：《希腊艺术》，第15—16页及图6。
[2] 据说由黄金、象牙为贴面材料，以宝石为镶嵌材料，所以叫做"Chryselephantine"。
[3] 巴赛农山墙1684年毁于兵燹，幸有1674年，画家凯来（J. Carrey）留下的西山墙素描，保存了真实的情况。参阅里希特：《希腊艺术手册》，第102—103页，马赫（Edmond ma Mach）：《希腊罗马雕塑手册》，波士顿，1914年版，该书附有凯来的全幅临本（第100页）及四面山墙的复原照片。
[4] 参阅马赫：《希腊罗马雕塑手册》，第149—150页。

刹那的凝固，而且有相当一部分是两个或两个以上人的群像。我们不知道巴赛农庙中的雅典娜神像是怎样的姿态，既然作祭祀的对象，可能并无一定的场景（背景），但似乎也不会像罗马时代的仿制品那样寂然伫立，[1] 因为当时奉献性的浮雕（votive relief）和墓石上的浮雕也都是有情节的，至少会有妻子与丈夫生离死别的情景。[2]

　　这种情形是很可以理解的。我们前面说过，希腊人的历史观念最初融于原始神话传说之中，后来融于荷马的史诗之中，如今又融于雕塑之中。古典时期的雕塑，特别是浮雕或半圆雕，就像历史的图片，电影的镜头，侧重于人体的活力，一改古风时期大体相同的姿态和千篇一律的"微笑"，[3] 这时，人本身的姿态成为艺术之中心，使雕塑的内容大大丰富起来。

　　这里有一个艺术风格上的问题需要指出，即由于包括费底亚在内的古典时期的雕塑家主要在姿态上作出了重大的变革，而面部表情还并未充分展开，我们所看到的与早期不同之处，主要表现在眼睛较小，[4] 耳朵相应也有所缩小，而头发的刻法有所发展，这样，与生动活泼的姿态对比之下，就有一种奇怪的（或叫做奇妙的）庄严肃穆之感。这就是之所以产生从德国大艺术史家温克尔曼以来的希腊古典雕塑庄严静穆论的原因之一。

　　然而，无论如何，线条勾廓的框框被打破了，因为人们眼中的世界，已不是各种几何图形的组合，不是单纯的数的运动，而是生龙活虎的、有血有肉的人的活动。人们曾向外（自然）求万物之本源，求宇宙之意蕴，但事实上"人是万物之尺度"，讲"数"，讲"韵律"，讲"本源"，原来尺度就是人自身，而且是活生生的感性的。人本是自然的一部分，为什么"水"、"气"、"土"等都可以作"始基"，而作为"自然"一部分的"人"，却被自然哲学家排斥在外，于是人以自然的一分子，以自然哲学本身的原则——以自然求本源，来主宰一切。此后，希腊艺术的形式和技巧，就都离不开这样一个基本观念：通过感性的活动，体现一种内在的意义，逼真的形象，正是真实的内在意蕴的表现。

---

[1] 参阅里希特：《希腊艺术手册》，第108页，图150—151。
[2] 参阅包塞曼：《希腊艺术》，第135页，图138。
[3] 学者们曾煞费苦心地"解释"这种微笑，其实也许就是技术的一种规范（conon），人像要稍带微笑才美，初并无深意。
[4] 大眼睛也许是埃及的规范。

从古典时期起，希腊的艺术出现了新的面貌。过去被不同程度上简化、抽象化了的"意象世界"，变得生动活泼起来，而希腊古典主义艺术又是与古代希腊的奴隶主民主制的繁荣分不开的。

远古时代的人，固然有了语言这样一个强有力的武器，使自己的主体世界有了一番不同于动物的变革；但要使自己的思想感情充实、丰富起来，还需要一个很长的历史阶段，特别是人对自身的发现，更是一个历史发展的产物。古代希腊、特别是古代雅典奴隶主民主制的发展，对人的个性以及人对自我的意识，有很大的促进作用。世界既已不是千篇一律的符号的世界，不是抽象的"逻各斯"，更不是巴门尼德的铁板一块的"一"，而是千变万化的"多"，是"原子"，是"个人"，那末研究、探讨、爱护、欣赏这个不可替代的"个性"，就是这种趋向的必然的产物。希腊的古典主义理想特点在于：这种小国寡民的城邦民主制，使它不可避免地要与外界发生实质性的联系，因而调节各种关系，使各原子得到和谐的发展，就成为他们的实际需要和理论上的理想境界。雅典公民可以关起门来称王称霸，在公民大会上唇枪舌剑，个个以原子自居，绝无容人的"窗户"，但是出了国门，南有斯巴达，东有强大之波斯，后来还杀出一个北方的马其顿，小小原子如不打开窗户可谓以卵击石，雅典的公民真像一个个堆垒起来的鸡蛋，经不起多少外力冲击。这种现实生活的特点，表现在艺术上就形成一种古典式的和谐的美的世界：强壮的身体，配以娟秀的面貌（阿波罗神像），体态优美的美女，却头顶着千斤重量（Caryatides），激烈的战斗场面，却有一副镇静庄重的面容，这一切都完全符合德尔菲神庙墙上的格言："毋过"（μηδὲν ἄγαν）。①

雕塑艺术本身在古典时期，在各造型艺术部门中也起着调节综合的作用，它与建筑的关系，前面已有讨论，不仅如此，雕塑还是画家们发挥所长的场所。

古代的绘画（draw, paint）由于颜色不易保存，除某些原始洞穴的特殊自然条件保留了残迹外，我们只能在陶瓶等冶炼过的器皿上得点信息。古典时期的陶瓶艺术距新石器时期纯粹几何图案已经很远，陶瓶上的画的题材之广

---

① 另一条格言为"自知"（γνωθι σαυτόν）。

泛，大大超过了建筑上的各种浮雕，除神话、传说题材外，更多日常生活的情景；然而就技法讲，绘画除前述"画"、"划"外，还有"绘"、"描"（paint）的功能，可是这个时期的瓶画，除"黑像"（black-figure）和"红像"（red-figure）即以黑色填廓或红色填廓①外，似并未发挥这方面的长处，所以也许可以看作是早期浅刻浮雕的变种。

然而，古代文字记载和现代挖掘实物都说明，古代希腊的雕塑是着色的，②只是年久大都颜色退尽，露出大理石或石灰石本色，但有的尚依稀可辨。

色彩本是人的视觉的基本功能之一，所谓"画"，如果不是刻印，则必须有颜色，不过早期最易得来的、区别最明显的颜色大概是黑、白两种，在浅色上画深色，在深色上画浅色，才能看清。但这种以不同颜色勾廓的技能在最初是与雕塑家刻刀的技术相同的，③所以尽管古典时期陶瓶画家保存了勾线的笔法，④但到底不是画家之当行，画家尚须学习着色。

从现在挖掘出来的实物看，早在古风时期，雅典卫城的女像（所谓peplos kore），就是有色的，她们的头发和嘴唇是红色的，眼睑是黑色的，而衣服是绿色的；更晚一些时候，在奥林匹亚的陶土"宙斯携童像"，现在尚可依稀看出所着之色，这些颜色是烧后涂上去的，而并非烧出来的。⑤古代希腊人喜欢鲜艳夺目的彩色，它后来用象牙、黄金镶嵌，以珠宝为目，甚至连铜像也不例外，想见当年雅典城内，定是金碧辉煌，五彩缤纷，那种活泼华丽的景象，当会使强调庄严肃穆的温克尔曼瞠目。

其实，古代希腊的古典精神，在于把人的观念（包括艺术观念，对"意象世界"的观念）从"模式"的笼罩下解脱出来。面部不必微笑，左足不必向前，双臂不必下垂，双手更不必攥拳，⑥因为自然本身就是千姿百态、绚丽多彩的。

---

① 甚或不是填廓，而是因材料不同烧出后不同之自然颜色。
② 甚至神庙屋顶瓦也是有颜色的，参阅沙莫：《公元前六至前四世纪的希腊艺术》，《拉鲁斯史前和古代艺术百科》，第261页。
③ 就像中国古代初期"写"字与"刻"字有同样的意义，一直到唐代都可以同一个人既写又刻。
④ 细看这个时期的瓶画，的确有许多很讲究的"笔法"。
⑤ 参阅包德曼：《希腊艺术》，第109页，图109。
⑥ 这些都是古风时期早年的"程式"，可能由埃及传入。

不错，古代的哲人告诉我们，大千世界，不过过眼云烟，"人不能两次踏进同一条河流"，于是哲人们要追求一种永恒的"一"，永恒的"逻各斯"，永恒的"理念"；艺术家也同样在探索一种永久性的意义，这种意义，不在别处，正是在生活之中，在人的活动之中，在大千世界之中。这种意义被诗人捕捉到了，传诸语言，形诸笔墨；被雕塑家捕捉到了，在人神、神怪格斗中、在万马腾奔的节日中、在默哀的妇女中、在投掷铁饼和梭标的姿势中……不都体现了一种活力、一种情感吗？正是这种力量创造了历史、创造了生活。这种意义终于被雕塑家捕捉住了，凝固在那里，冻结在大理石之中，于是，像莱布尼兹说的那样，大理石本身似乎早已有了塑像的纹路，虽然凝固在那里，却充满了活力。

古典时期的雕塑艺术打开了人们的眼界，原来造型艺术也能像诗一样，能够通过画面和人的姿态，揭示深广的社会内容，诉说人间的悲欢离合，而并不是只会把活生生的人简化为各种"模式"。总起来说，在造型艺术中，古典时期的趣味，是从古代抽象的、形式的趣味走向现实的、实质的（substantial）趣味的过程。对于古典时期的艺术家来说，理想的就在现实的之中，捕捉住现实，就得到了理想。

四、希腊化时代希腊艺术精神的发展

希腊的古典主义艺术理想延续了两个世纪（公元前五至前四世纪）之久，这个时期，正是希腊古代奴隶主城邦民主制由兴盛走向衰亡的时期，希腊古典主义是这个民主制的纪念碑，也是这个制度兴衰沉浮的历史见证。希罗多德的《历史》和修昔底德的《伯罗奔尼撒战争史》记载了当时的社会和战争的事件和风土人情，而这个时期希腊民族的精神风貌却生动地体现于梅隆、费底亚、波里克立特（Polyclitus）以及帕拉克西特（Praxiteles）、留昔波（Lysipus）、斯科帕（Scopas）的雕塑作品之中。

希腊民族在这两个世纪中可谓历尽沧桑，饱尝人世之风风雨雨。希腊的公民（奴隶主）曾经团结一致，外御波斯强敌，内修和平同盟（提洛及伯罗奔尼撒同盟），以雅典和斯巴达两个城邦为代表的希腊民族，无论在战争中和在建设中都体现了智慧和勇敢相结合的伟大的民族精神，文德武功，可谓盛极一时。可以想见，当伯利克里任命建筑师伊克惕（Ictinus）在被波斯侵略军破坏了的废墟上重建雅典娜神庙（Parthenon）时（公元前 447 年），是何等的雄心壮志，而费底亚奉命从奥林匹亚回雅典总领建筑的雕塑设计时，又是何等的意气风发。

可是经过十多年施工于竣工后的第七年（公元前 431 年），一场为争夺希腊霸权的灾难性的伯罗奔尼撒战争爆发了。这场战争是雅典奴隶主民主制内在矛盾的必然的结果。在雅典公民的心目中，如果不能在战争中赢得雅典帝国的胜利，就在战争中毁灭自己（作为城邦民主制的公民阶层）。历史终于行使了自己的权力，小国寡民的奴隶主城邦制在历史上消失了，代之而起的是在马其顿王统治下的大希腊帝国。

奴隶主城邦民主制消失了，但这个制度下所创造的文化并没有消失，就像希腊城邦公民消失了，但希腊民族没有消失一样，它所创造的文化精神在所谓"希腊化时期"得到了发扬光大，就像古代自然哲学家苏格拉底、柏拉图的哲学在亚里士多德那里得到了发展和总结一样。

希腊化时期是古代希腊艺术史上的重要时期，它是在新的历史条件下保存、发展希腊民族古典主义艺术精神的一个重要时期。像在现实世界中罗马人继续推行并发展了希腊化时期大一统的奴隶制度一样，在意象世界、在艺术领域中，罗马人处处以希腊古典艺术为翘楚，而这种学习甚至仿作的重要环节就是希腊化时期的艺术作品。

我们看到，公元前四世纪即希腊古典主义后半部分的艺术已为希腊化时期指出了发展的方向：朝着个性化、自然化和感性化前进。

艺术要对自然、对人生进一步往深处挖掘，这是必然的趋势，因而决不能停留在抽象的、象征的方式上，这一点已为古典主义艺术大师们的作品所证实。语言固然有自己的逻辑语法结构，但也有语词的具体的构象，语言不仅是研究抽象规律的工具（如几何学、数学等）；也是深入描述具体对象的武器。这就是说，人的思想意识，不但要探索可以公式化的领域，而且要探索更为开阔和更为深层的东西，要上穷碧落下黄泉，大到无外，小到无内，是人的思想永不止息的奋斗方向。希腊民族既不陶醉于流美线条之韵律，也不沉醉于金碧辉煌之庙宇神像,他们要继续探索、挖掘。

公元前四世纪的希腊古典艺术已经具有相当强烈的个性化倾向了。这个时期最杰出的雕塑家帕拉克西特为我们留下稀有的原作"海尔姆与孩童时的狄奥尼索斯"。这件为目前大多数史家公认的帕拉克西特的原作在1877年出土时,还留有着色的痕迹,如今我们只能看到大理石的原色了。艺术家在这里选用的题材是当时常用的神话传说:海尔姆把宙斯和民女西美尔(Semele)私生的儿子狄奥尼索斯送给山林女神抚养。吸引史家注意的是帕拉克西特在这里塑造的优美、和谐的姿态,头部比例的缩小更增了塑像的妩媚,而这一点,我们将会看到,对希腊化时期的影响是很明显的。[①]

更为引人注意的是海尔姆在帕拉克西特的斧凿下竟然完全女性化了。脸部是那样娟秀,几乎可以与女神阿芙洛狄媲美,这固然可以以古典少年头像的惯例来解释,但身上居然也找不到那种强壮的筋肉,从整个画面来看,已经完全是一种母与子的情趣了。

说到女性化问题,这里应该提到为史家所公认的现象,即从公元前四世纪开始,女性在这个"意象的世界"大大活跃起来。杀子灭亲的美狄亚被新派剧作家欧里庇得斯写入戏剧,成为伟大的悲剧主人公,雕塑中的妇女不再是千篇一律地衣袂飘然,而出现了与男子一样的裸体像。线条已不是衣褶的轮廓,而是人本身的体态。留传下来帕拉克西特的作品"克尼德的阿芙洛狄"固然是罗马时期的仿制,但和雕塑家的风格当是很接近的,这个作品无疑是家喻户晓的公元前二世纪时米洛的维纳斯像的先驱。

在这个时期还有两位与帕拉克西特齐名的雕塑家:留昔波和斯科帕,前者善用青铜铸像,题材以运动员为主;后者已注重面部的表情,在亚历山大宫廷任职,已是一个跨时代的人物。

史家普遍认为,这个时期是人物肖像诞生的时期。据说雕刻家西拉尼翁(Silanion)曾塑了柏拉图的像,原作已失,现有罗马人的仿作,[②] 并且西塞罗曾见到过他塑的古代女诗人沙福(Sapho)的像,大为称赞。[③]

---

① 参阅包德曼:《希腊艺术》,第134页。
② 参阅里希特:《希腊艺术手册》,第142页,图205。
③ 参阅沙莫:《公元前六至前四世纪的希腊》,《拉鲁斯史前和古代艺术百科》,第283页。

不用说，人物肖像的兴起在艺术史上有着极其重要的作用。希腊已经不满足于自己的历史意识长期在神话传说的禁锢之中，随着苏格拉底哲学把人们的思想从天上拉回到人间，艺术家的视线也由天上的神仙转向凡人，虽然主要还是人间之豪杰。

这里应该提到的是：随着这种观念的变化，建筑重点也由神庙逐渐转向纪念性的墓陵，正是在这个时期，出现了史称古代七大奇迹之一的哈立卡纳索斯（Halicarnassus）的摩索勒斯墓（Mausoleum）。① 摩索勒斯为哈立卡纳索斯王，死后妻阿特美西（Artemisia）继位，并为其夫建立纪念墓陵，这个陵中摩索勒斯像有真人的两倍大，墓壁上的浮雕固然还以神话为题材，但神采更为生动，据说参加这个墓陵工作的雕塑家中就有斯科帕。②

古代希腊的"神"固然也有喜怒哀乐七情六欲，但毕竟是超于凡人的，普罗米修斯遭受宙斯的残酷报复，忍受肉体的折磨，固然也呼天抢地，但毕竟显示出超凡的毅力。临危不惧，泰山崩于前而面不改色向来是大英雄的本色，与凡夫俗子不可同日而语。然而杰出者之所以杰出，正在于它是少数，在于它难能而可贵，普通的人却只会"趋善避恶"，"审慎地"（聪明地）为自己的利益奋斗，他没有"超凡入圣"的"理智"，没有苏格拉底的"美德"、柏拉图的"理念"，但却也向往亚里士多德的"学识"，因为前者是天生的，可望而不可即，后者却是"学问"，只要下工夫"学"、"问"，就可获得，何况亚里士多德已经指出了，人的灵魂中不但有理性部分，而且也有非理性的部分，③不但不能一笔抹煞，而且还要认真对待，细细研究。亚里士多德本人就写了整本的书来讨论"灵魂"。雅典的斯多亚主义固然强调"理智"、"责任"和"自抑"，但他们的核心思想却是"顺其自然"，这也正是后来罗马皇帝看重这个学说的原因。从这个角度言，斯多亚派与隔海岸的伊壁鸠鲁固然有很多的对立，但这一点上却有某种相似。

总之，在哲学领域里，在思想领域里，古代一切学说，自然一切现象，人间一切问题，无不在亚里士多德学说体系中找到自己的位置，在这个大保护伞

---

① 参阅麦克肯德立克：《希腊石头告诉我们什么》，第321页之复原图。
② 参阅塔贝尔：《希腊艺术史》，第232—233页。
③ 见亚里士多德：《尼柯马可伦理学》，1117b。

下，得到自己合理存在的根据。与此相应，古代希腊的艺术也就出现了一个大综合、大发展的时期。

希腊化时期出现的艺术上的发展，首先表现在思想倾向、生活态度和艺术趣味上的发展。现实的世界已经不像奴隶主民主制黄金时代那样美好、那样称心如意了。连年兵乱，百业凋零，路有饿殍，家无余粮，老百姓的日子越来越不好过，人们再也不能像苏格拉底那样赞美空洞的"美德"、"智慧"，甚至把"死亡"（肉体之毁灭）说得那样天花乱坠的美好。① 人们应该老老实实承认"生老病死"都是痛苦的，不是"愉快接受"，而是要与之"斗争"的，正是这种"斗争"的精神才是希望之所在、力量之所在，在"斗争"中，才有一种"不朽"的精神。果然，希腊民族绝处逢生，北方的马其顿统一了希腊，征服了波斯，武功到处，所向披靡。希腊民族在马其顿的"大"一统下，得到了新生。

马其顿帝国是欧洲民族大一统的第一次尝试和学习，虽然十分短暂，但在历史上留下了深刻的影响。

如果与古典时期相比，这个时期的艺术主要发展了动态的表现技法，在艺术风格上一变古典时期的庄严静穆、和谐凝重，而成为生死搏斗、美丑相争的悲剧性风格。

建筑在这个阶段已无多大发展，但祭坛的雕刻却活跃起来，著名的小亚细亚柏格门（Pergamum）宙斯大祭坛的浮雕，给人的感受的确与巴赛农的山墙、中楣大不相同。带翅巨人（Alkyoneus）被女神雅典娜抓住了头发，那副绝望的表情，在古典时期是找不出来的。伯格门王阿塔卢斯（Attalus）一世向这个祭坛奉献的雕像"高卢人之死"以及与此同类的"垂死的高卢人"体现了一种顽强的生死搏斗的意志，只有具有饱经沧桑的历史意识和坚强的意志力的艺术家才能正视这种场面，抓住这种场面，并把它凝固在石头上。

曾在近代引起很多争论、后因莱辛的著作而享有盛名的"拉奥孔"塑像，同样也属于生死拼搏性质的。这群塑像底座上的三位作者已不可考，但现代的史家断定它为公元前二至前一世纪时的作品。这个作品，采用了过去雕塑中不

---

① 见柏拉图对话《费多》篇。

常用的题材——关于特洛伊祭师因劝特洛伊人接纳雅典木马而被阿波罗神惩罚的传说。受阿波罗神驱使的大蟒蛇缠住了拉奥孔和他的两个儿子，现在艺术史家们已经找出了塑像右手的正确位置。① 改正后的群像，使这种斗争更加艰巨，更加深沉。从塑像的面部绝望的表情看，被巨蛇缠住的拉奥孔父子必死无疑，但从整个的姿态来看，人们与死亡的斗争是不会止息的。"垂死挣扎"固然常用于贬义，但"挣扎"总比不"挣扎"好，总比"束手待毙"好。②

死的痛苦和生的乐趣是分不开的，死的严肃与生的欢乐形成鲜明的对照，唯其知死，方益知生。前一个阶段，妇女的形象在雕塑艺术中已经相当活跃，妇女与"生"的观念有一种自然联系，因而她是美、欢乐、幸福的象征。公元前 200 年左右美洛的维纳斯几千年来成为美的象征自非偶然。

随着"生"的意识的发展，儿童也进入了雕塑艺术。过去，雕塑家也塑儿童，如上述帕拉克西特赫姆抱着的小狄奥尼索斯，但比起这个时期的童像来，不免相形见绌。公元前 240—前 200 年小爱神（Eros）像，耷拉翅膀酣睡在石头上，憨态可掬，"男孩与鹅"固是罗马仿制品，但神情与小爱神相当接近，一静一动，无不生意盎然。

人们的眼界扩大了，艺术的题材也显然扩大，嬉笑怒骂皆成文章，生老病死都可入画，虽市井老妪也可刻石立像、树碑立传。

眼界的扩大，包括了"自然"的重新发现。苏格拉底曾经对自然哲学家感到失望，认为以"自然"求真理为缘木求鱼，真理应在人自身，不必求诸外。柏拉图承师说，但后期他的思想已有复归于"自然"的倾向（《蒂迈欧》篇），这种倾向在亚里士多德那里发展为一个大体系。

"自然"终于又回到了"意象世界"，但不再是几何图案式的花纹，而是以本来的形态，作为人物的背景出现在浮雕、绘画之中。③ 在塔贝尔的《希腊艺术史》中印有两幅希腊化时期的浮雕，④ 图的主像是动物（羊），⑤ 四周却有房屋、树木，是一幅非常恬静的农村画面。的确，雕塑，特别是圆雕，背景只能

---

① 参阅包德曼：《希腊艺术》，第 189 页，图 194。
② 莱辛的论文《拉奥孔》论诗画之区别，有他自己立意的历史背景，当另文研究。
③ 所以豪沙在《艺术史》中说这个时期人像居次要地位，突出了自然（第一册，第 105 页）。
④ 参阅塔贝尔：《希腊艺术史》，第 259、260 页，图 181、182。
⑤ 此处主像虽为动物，但却占据了人的地位。

是虚的，古代雕塑家们用动态的姿势来构成规定情景，就像中国传统古典戏剧以演员的舞蹈化了的动作来表现规定情景一样。但雕塑毕竟是静止的，因而它指引的背景的联系常常是过于不确定的，这一方面是雕塑的优点，可以不局限于确定的时空背景之中，另一方面也还未能满足人们力求充实"意象世界"这样一种要求。

在这种情形下，真正意义上的绘画艺术（painting）得到了发展。

我们说过，古代绘画，由于颜色易退，难以保存，瓶画就成了研究古代绘画的主要资料来源，但从实际画面来看，瓶画中虽然也有利用自身特点，画一点陪衬的，但大多光有人物而虚其背景，其技法也大体是勾线填廓，所以不妨把它看作主要是雕塑（浮雕）的变种，① 而在希腊化时期，这种瓶画（所谓黑—红像瓶画）已逐渐衰落了。

这个时期，画家终于从为塑像上色、② 模仿雕塑的框框中解脱出来，有了自己的特点。

当然，从绘画技法上来说，有一个逐步积累、提高的过程，据说古典时期的画家已逐渐尝试远近缩小法（foreshortening）和透视法（perspective），③ 但从罗马庞培城挖掘出的壁画来看，④ 从题材到画面，都还不离当时雕塑的范围；然而到希腊化时期，自然景色居然最后摆脱了背景的地位，出现了以自然为主的风景画，在后来保存下来的罗马的复制品中可窥见它们的面貌。

前面说过，"自然"曾是古代哲学家思考的主要对象，但他们要在自然中寻找"本源"，而智者、苏格拉底向人们昭示，"本源"不在"自然"之中，而在人自己，"自然"又被放到了一边，到了亚里士多德才真正从科学的角度来研究自然。自然以本来的面貌进入了哲学，也以本来的面貌进入了艺术，"意象的世界"并非"人"或"动物"的独家天下，山川树木、翎毛花卉无不可以入画了。

---

① 参阅塔贝尔：《希腊艺术史》，第271页。关于古代画家，当然有许多传说，最著名的是古典时期与帕拉克西特合作的画家尼西亚（Nicias）的马能令真马嘶叫，四世纪时宙克西斯（Zeuxis）的葡萄能令鸟来啄，但都无实物留存。
② 参阅里希特：《希腊艺术手册》，第274页，图395，瓶画中画家正在为一塑像上色。
③ 参阅里希特：《希腊艺术手册》，第261—262页。
④ 这批壁画被史家认为是古典名作之复制，并根据古代的文字材料，指出一部分壁画所本的原作，参阅里希特：《希腊艺术手册》，第267页。

罗马复制品中有一幅别墅（Villa of Livia）的壁画"花园"，画面除矮矮的一道栏杆外，有果实累累的树，有各种姿态的鸟儿，更有绿荫丛中的花儿，笔法工细，生意盎然，说明了人们的兴趣从"本源"，转向了"自然"本身，人们在观察、研究、模仿自然中得到一种乐趣，不是朦胧的感受和情趣，而是仔细的体察和一丝不苟的临摹；并不是人们放弃了"本源"的探索，并不是人变得浅薄庸俗，而是发现了一个新世界、创造了新意境。过去纯粹为人的肉欲提供消费资料的物质的自然，也有了研究和观赏的价值，人与自然的关系不光是实用的、实践的（practical），而且是静观的、理智的（contemplative, theoretical），在这种关系中，自然保持着自身的独立性，有自身的独立的价值，而正是这种独立性中蕴含着人生的真谛、宇宙的意义。因此，这些在我们中国人眼里看来过于写实的、略嫌呆板的风景画，在当时是非常清新、非常强劲有力的创举。

希腊化是一个比较短暂的时期，以后欧洲就是罗马人的天下了。古代希腊民族，杰出地完成了历史给予自己的使命，从政治、经济和哲学、科学、文学、艺术上奠定了欧洲文明的雏型。它所创造的"现实世界"已成过去，但它所创造的"意象世界"却保存在艺术作品中。这些艺术作品之所以具有永久的魅力，正在于它不是那个过去了的"现实世界"的表面的复制，而是把创造那个（现实）世界的精神——一种永远止息的创造活力凝聚了下来。这种活力既然永无休止，是一种探本求源的彻底精神，当不可一蹴而就，在具体的艺术作品中只能得其"仿佛"，所以在真正意义上来说，所谓古代希腊艺术的"模仿"精神，是与那种活的创造精神不矛盾的，而且正是体现了那种精神，我们在古代希腊艺术中所观照的正是这种至今仍有顽强生命力的能动的精神。

一九七四年八月一日，北京
（原载《外国美学》第 2 辑）

古代雅典民主制与希腊戏剧之繁荣

两千多年以前，欧洲的一个不大的城邦——古代希腊的雅典，为人类创造了灿烂的古代文化，成为欧洲文明的发源地。这个被马克思称作人类历史"正常的儿童"的希腊城邦，[①] 在二三百年内为整个欧洲文明奠定了全面的基础。作为历史文化的古代的高峰，这个地区所创造的文化在哲学、文学、艺术等方面至今仍然吸引了大批的学者，人们始终为人类拥有这样一个古代文化宝藏而感到骄傲。

然而，古代希腊雅典的文化并非从天上掉下来的，它是古代希腊雅典的特殊社会条件的产物。文化艺术的繁荣需要一定的社会条件。古代奴隶制是历史上第一个文明时代，而这个文明时代又是以千百万奴隶的沉重负担为代价的。奴隶的艰苦的劳动和非人的生活，提供了一部分人从事科学、文化、艺术活动的可能性，但是并非每一种奴隶制度都曾创造过像古代希腊雅典那样高度的文明。当年古代希腊世界最早的盟主斯巴达人在抗击波斯侵略时所表现的英雄气概，斯巴达王李奥倪率部在温泉关战至一兵一卒，至今仍不失为爱国主义的典范。他们留下的铭文，千百年来的读者无不为他们可歌可泣的事迹所感动，击节赞叹不已。然而，斯巴达人却并未像雅典人那样创造了高度的古代文明，它所留给我们的文化遗产与雅典相比，未免相形见绌。斯巴达人在物质和精神文明方面的创造力并没有先天的缺陷，他们可以制造很好的床、椅等日用工艺，

---

① 《马克思恩格斯论艺术》（一），第197页。

他们对行军水壶的改革，也已载入史册。① 但是，他们为数不多的诗人、哲学家却直到有了雅典之后或离开斯巴达之后，其能力才得到了充分的发挥。斯巴达与雅典之所以在人类发展史上起了不同的作用，其主要原因是在于它们各自采取了不同形式的（奴隶）政制。

斯巴达奴隶制国家的建立是希腊南部的多利安部族入侵斯巴达的结果，他们用武力征服了当地土著希洛人，使之沦为奴隶，因此它有数量较大的奴隶队伍，以这支劳动队伍，维持多利安本部族的特权，致使这个部族内部的分化暂时没有达到尖锐的地步；同时，为了对付这支庞大的奴隶队伍的经常的反抗，需要这个作为"主人"的部族加强军事力量，强调军事统一，这样，由于这些特殊的条件，形成了斯巴达统治者采取了奴隶主寡头政制。斯巴达传说中的立法者莱克古斯曾周游希腊各地，到过繁荣得比较早的伊奥尼亚诸邦，但他所确立的制度仍然按照当时斯巴达具体的需要来制定。按照普鲁塔克的记述，斯巴达的社会的特点是经济上的平均主义、政治上的集权主义、社会生活上的朴素主义（或禁欲主义），这一切也许都是为了增强他们的军事力量，以便镇压人数众多的土著希洛人的反抗。普鲁塔克有几条有趣的记述，很能说明斯巴达社会的特点。他说斯巴达人为了防止储存货币，他们制成笨重的铁币，使之难以搬动和储放，这同样也就限制了与外邦的通商，而我们知道，雅典人的经济主要靠商业，货币经济在雅典很早就比较发达了。这样在斯巴达避免了在雅典曾使梭伦大伤脑筋的高利贷盘剥，但却使斯巴达成为一个封闭的社会。普鲁塔克说，斯巴达厉行节约，生活非常简陋，当斯巴达王到科林斯访问时，看到宫殿的画栋雕梁，竟问主人是否他们这里的树就是这样长的。此事固属无稽，也反映一点真实情况；可是雅典人却通过商业、战争等途径，学得不少东方的物质和精神文明。当年雅典三月盛会，各邦使节如云，欣赏戏剧表演，瞻仰雅典娜神庙，置身于如锦的市集，聆听智者们如簧之舌，其开放的风气、繁荣的景象，如在目前。

同样一种生产关系（奴隶制），采取的具体形式不同，其历史的作用也就不同。黑格尔说过："和雅典不同的，我们在斯巴达看见严格的抽象的德

---

① 参阅普鲁塔克：《名人传》，《莱克古斯传》及克里底亚哲学残篇。

性——人民的生活和生命都贡献给了国家,对于个性的活泼和自由,却不加理会。"① 在黑格尔的抽象的语言背后,有着具体的、实在的社会内容。古代雅典文化的繁荣是特殊历史条件下特殊社会制度的产物,雅典的哲学、文学、艺术、科学与雅典的政制、雅典的民众大会、议会、陪审法庭,与雅典的商业、雅典的高利贷、雅典的银矿是一个整体。

古代希腊戏剧是古代希腊艺术的明珠,它从古代宗教活动衍变而来,因而带有一种传统的力量,在雅典由城邦政府负责组织,② 因而它与当时政制的联系当然是十分密切的。因此,我们将以戏剧为例,研究一下古代希腊雅典政制与艺术(戏剧)繁荣的关系。

一、古代希腊雅典民主制的特点与希腊戏剧艺术的产生

雅典城邦的创建者是传说中的塞秀斯,这时候雅典的社会已由氏族公社向奴隶制度过渡。在阶级关系上,由于早期高利贷的剥削,氏族内部已经开始分化,贵族、农民和手工艺匠人已经成为不同的等级;在政治上,实权掌握在曾为终身职的执政官和贵族会议(阿雷奥帕格斯——Areopagus)手中,王与公民大会已徒具虚名。这个阶段有德拉古法,在历史上以严厉著称,恐怕也是一种过渡性的法律。古代希腊的重大历史事件是梭伦的改革。恩格斯在谈到"梭伦所进行的革命"时指出:"这样,在制度中便加入了一个全新的因素——私有财产。"③ 这就是说,在梭伦的法律中,正在发展起来的奴隶主私有财产得到了法律的保障,在雅典出现了奴隶制国家。

和一切奴隶制度一样,梭伦的制度,是建立在剥削劳动基础上的,雅典的国家是压迫奴隶的工具,其法律最主要的一条即承认新的财产关系,从法律上保障这种关系,并按照这种新的财产关系重新分配政治权力。贵族后裔的政治特权被取消了,代之以财产定等级。梭伦把全体公民分成四等。最低等的"雇

---

① 黑格尔:《历史哲学》,三联书店1956年版,第307页。
② 当时戏剧的诗人、演员、歌队都被看作是神职官员。参阅海伊(Haigh):《雅典戏剧》,牛津,1907年版,第2页。
③ 《马克思恩格斯选集》第4卷,第111—112页。

工"（即靠工资收入为生的）不能担任政府的任何官职。

但是，尽管公民内部不可避免地出现了等级分化，但公民作为一个阶层是与奴隶相对立的自由民，他们中绝大多数人是靠奴隶的劳动来生活的。这样一个阶层在当时是一个新的阶级——奴隶主阶级。他们从氏族公社的原始的、繁重的劳动下解脱出来，把这种繁重的劳动加在奴隶的身上，以便他们有时间、有精力从事政治、经济、文化活动，他们在当时曾是生气勃勃的，是推动社会发展的。

古代氏族社会内部各个成员是平等的、自由的，他们享受着一种"自然的民主"。正如恩格斯所指出的："原来，当部落中每个成年男子都是战士的时候，那脱离了人民的、可以用来和人民对抗的公共权力还不存在。自然长成的民主制还处于全盛时期，所以无论在判断议事会的或者巴赛勒斯的权力与地位时，都应当以此为出发点。"① 这种自然的民主、自由、平等的权利到了奴隶制国家建立时，发生了动摇。一方面，由于奴隶承担了几乎全部沉重的体力劳动，原来氏族成员、现在城邦公民的自由得到了扩大和提高，使他们有可能从事真正的自由的活动，有可能更进一步发挥自己的民主权利；另一方面，随着经济的发展，特别是商业的发展，公民内部发生了剧烈的贫富分化，这样就使一部分原来氏族公社成员有失去自由、沦为奴隶的危险。

我们知道，最初的阶级敌对关系一般发生在氏族与氏族之间，雅典是如此，斯巴达也是如此。在斯巴达是整个多利安部落对整个希洛人的奴役，而雅典的公民则是依靠战争、掠夺来的俘虏来维护自己的公民权。这样，公民内部的分化势必削弱整个奴隶主的力量，危及城邦的阶级关系，于是在新的历史条件下维持公民内部（亦即原氏族内部）的自由、民主、平等，就不仅仅是一种传统的力量，同时也是维持现存阶级关系的实际要求。斯巴达用森严的等级制度使全体公民统一于寡头政体的统治下，以强有力的军事力量维持对希洛人的统治；雅典人则在新的历史条件下，保持并发扬氏族公社的自然民主制，保持并发扬公民的个性的独立，使其享有当时历史条件容许的自由、民主权利。

为了避免公民内部的贫富过于分化，梭伦发布了著名的"解负令"，取消

---

① 《马克思恩格斯选集》第 4 卷，第 101 页。

债务，废除债务奴隶，由城邦政府出钱赎回因债务而被卖到外邦为奴的人，禁止自由民以人身作抵押。这一措施的重要意义在于保持原有公民人数，亦即恢复原有的公民力量。在这种客观的要求下，梭伦当时的任务是要制止公民内部贵族与平民的对立和分化，而使奴隶与自由民之间的对立明朗化。恩格斯曾经深刻地指出："现在（即梭伦时代——引者）已经大体上形成的国家是多么适合雅典人的新的社会状况，这可以从财富、商业和工业的迅速繁荣中得到证明，现在社会制度和政治制度所赖以建立的阶级对立，已经不再是贵族和平民之间的对立，而是奴隶和自由民之间的对立，被保护民和公民之间的对立了。"[①]"旧时残酷剥削自己同胞的方法，已经弃而不用，如今主要是剥削奴隶和雅典以外的买主了"[②]，"现在必须防止这种使自由的雅典人变为奴隶的情形重演"[③]。

公民阶层是奴隶主统治的重要基石，维持一定数量的公民人数，也就是维持一定的对奴隶的统治力量，是维持奴隶制度必不可少的条件。

当然，要想完全制止公民内部的分化，即使在斯巴达也是一种空想。于是，一方面雅典公民内部按财产仍然划分了等级，另一方面为了缓和贫富的矛盾，雅典政府的重大开支（如建筑、战争等）都由富人捐赠，以此维持经济上的均衡。

与斯巴达继承发展了氏族公社的集体性这个方面相反，雅典在政治制度上竭力保持公民内部的"自然的民主"权利。梭伦的法律建立了公民议会，恢复了民众大会的权力，并且设立了陪审法庭，以限制贵族法庭的作用。四百人组成的公民议会，一、二、三等级的公民都可以参加，而公民大会，则是全体公民发表意见、形成命令的地方。虽然全体大会的命令是否合法，要经过贵族法庭和陪审法庭的审批，但是民众议会、公民大会的辩论的风气，终究以"据理服人"、以"说服"代替了宗教（神谕）和王者的"绝对权威"的独断。[④]

刚刚摆脱了繁重劳动、生活在奴隶主民主制初创阶段的雅典公民，不久就体会到这个制度在当时的历史条件下，在文化方面的优越性。最初的文明的曙

---

① 《马克思恩格斯选集》第 4 卷，第 115 页。
② 同上书，第 112 页。
③ 同上书，第 111 页。
④ 参阅黑格尔：《历史哲学》，三联书店 1956 年版，第 299 页。

光是从原始宗教的裂缝中投射出来的。马克思说:"哲学最初在意识的宗教形式中形成,从而一方面它消灭宗教本身,另一方面从它的积极内容说来,它自己还只在这个理想化的、化为思想的宗教领域内活动。"① 马克思又说:"大家知道,希腊神话不仅是希腊艺术的宝库,而且是希腊艺术的土壤。……希腊艺术的前提是希腊神话,即在人民幻想中经过不自觉的艺术方式所加工过的自然界和社会形态。这是希腊艺术的资料"。② 哲学和艺术作为宗教意识的对立物得以发展起来,是由于有一种社会条件提供了发展科学精神的可能性,即不是根据神谕的独断,而是根据对客观现状的观察、分析来形成自己的思想,指导自己的行动,因此科学的精神是和民主的精神一致的。古代希腊第一个哲学学说以朴素唯物主义的特点出现在繁荣得早于雅典的小亚细亚伊奥尼亚米利都也绝不是偶然的。根据历史记载,梭伦是米利都哲学学派创始人泰利斯的朋友,同是当时希腊七贤之一,他本人的自然观,就体现了一种唯物主义科学精神。③

然而,梭伦的民主制毕竟是初创阶段,雅典城邦要在文化领域的各个方面得到全面发展,还需要一个过程。

我们不无遗憾地看到,梭伦本人在戏剧方面是比较保守的,他认为喜剧有伤风化而加以谴责;④ 当他晚年看到古代希腊悲剧创始人塞斯帕斯的演出时很表示反对,说如果人们推崇这些东西,则总有一天会照着做的。⑤ 而这次悲剧的演出是在公元前五三五年,当时梭伦年纪已很大,雅典的政权掌握在庇西斯特拉图手里,而这位执政者对古代希腊社会和包括戏剧在内的文化的贡献是不可抹煞的,正是在庇西斯特拉图的庇护下,悲剧的演出第一次得到官方的承认。⑥

庇西斯特拉图因其用计谋和暴力夺取了权力,被称为"僭主",事实上他是梭伦政制的后继者,他本人和梭伦的关系也还是友善的。根据普鲁塔克的记载,梭伦看到庇西斯特拉图在市集上用非法手段夺得了权力,很是反对;但又

---

① 《马克思恩格斯全集》,第 26 卷〔I〕,第 26 页。
② 《马克思恩格斯论艺术》(一),第 195—196 页。
③ 参阅普鲁塔克:《名人传》,《梭伦传》,人人丛书第 1 册,第 136 页。
④ 参阅格罗特(Grote):《希腊史》,人人丛书第 1 册,第 298 页。
⑤ 普鲁塔克:《名人传》,《梭伦传》,人人丛书第 1 册,第 142 页。
⑥ 参阅海伊:《雅典戏剧》,第 11 页。

看到他受到穷人的支持而富裕的公民因骇怕而沉默时，梭伦离开了会场。庇西斯特拉图执政后，梭伦曾在集会上发言反对，但没有人支持，他回家后把武器放到门外，表示他对城邦、法律已尽了责任。可是庇西斯特拉图对梭伦的法律，大部分都继续执行。① 自从亚里士多德的《雅典政制》抄本被发现以后，普鲁塔克的记述基本上得到了证实。亚里士多德记述了庇西斯特拉图政变的经过，说他"处理国政是温和的，而且是具宪法形式的，而不是僭主的；他每事仁慈温厚，对待犯法的人尤其宽大，并且拨款借贷贫民，以供他们产业之需。……"②

梭伦的改革，并没有制止雅典公民内部的分化，雅典公民的派别斗争仍然十分激烈。庇西斯特拉图依靠贫穷的农民、牧民和雇工——所谓山地派，联合工商业奴隶主——所谓海岸派，抑制氏族贵族奴隶主——所谓平原派，继续推行雅典的民主政制。他重新分配死去和流亡贵族的土地，蠲免了最贫困的农民的赋税，发放贷款以调整公民内部的关系；设立巡回法庭，以便利农民的诉讼，改进了法制；在色雷斯经营金矿，以增加收入；他建立僭主私人卫队、兴建海军、招募雇佣兵，以增加国家的军事力量，这一切都为雅典城邦的进一步繁荣作出了贡献。

雅典的文化建设也是从庇西斯特拉图开始的。在这个时期雅典开始建筑雅典娜神庙；荷马的史诗，经过庇西斯特拉图审订，成为定本。也正是在这个时期后，雅典娜大节和酒神大节成为按期举行的制度。

根据近代学者的研究，雅典的酒神节一年有两次（城市酒神节和乡村酒神节），后来再加上主要演喜剧的莱娜节（Lenaea），一共有三次戏剧节，其中最隆重的是在雅典城内比赛的城市酒神节。③

城市酒神节是雅典公民的一件大事，也是政府的一件大事，有特地选派的官员来负责整个的节日安排。这个持续五天之久的欢庆，正值三月天气，也许当时的雅典也是烟花如雨，当其时，百工歇业，雅典城内熙来攘往，甚至犯人也暂时从狱中放出，以便参加节日的活动，④ 而可供两万人欣赏的露天剧场则

---

① 普鲁塔克：《名人传》，《梭伦传》，人人丛书第1册，第143页。
② 亚里士多德：《雅典政制》，商务印书馆，1978年版，第19页。
③ 参阅海伊：《雅典戏剧》，第11—31页。
④ 同上书，第1页。

是这个节日的中心。在人类艺术史上发出永恒光芒的希腊悲剧，就在这里诞生了。公元前五三五年，悲剧第一次参加城市酒神节的比赛，当时已经年老的塞斯帕斯得奖，成为古代希腊悲剧艺术的创始人。可惜，关于他的作品的内容，我们已无从得知。我们关于希腊悲剧的知识是从埃斯库罗斯开始的，而这已经是克里斯提尼执政以后的事了。

克利斯提尼对雅典发展民主制的贡献是公认的。他的执政，标志着雅典民主制的最终建成。这是因为他在政治上进行了几项重大的改革，从而完善了雅典的民主制度，使之成为一个比较完整的政治体制。

克利斯提尼最重要的政治改革是取消了原来四个部落的选区，按地区设立一百个村社（demos），成立十个选区，这样就以"地籍"代替了"族籍"，于是出现了"部落无分彼此"的局面，[①]这意味着原始氏族公社的遗迹在逐渐泯灭。饶有兴味的是据学者们的研究，在酒神节的比赛中，比较古老的抒情诗比赛，是以部族的名义参加的，比赛的胜利是全部族的胜利，而当时新兴的悲剧比赛，则与部族无关。[②]为了限制本来已是九个的执政官的权力，克利斯提尼另设十将军委员会，每选区一个，一年一任（可以连任），轮流统率军队，并赋予公民大会以贝壳放逐的权力，使公民可以按自己的意愿放逐包括执政者在内的任何公民。我们看到，这个贝壳放逐法，在当时城邦制的雅典是起着实际的作用的，因为政治家只有通过自己的三寸不烂之舌，"说服"人们改变其意愿，要用其他手段来操纵投票，在最初是比较困难的。

接着，雅典的民主制，经受了战争的考验。公元前四九二年波斯王大琉士入侵希腊，开始了持续十多年的波希战争。当然，在抗击波斯侵略这一点上，整个希腊民族基本是一致的，当时抗击波斯的希腊联军统帅是斯巴达王。我们已经提到温泉关战役中斯巴达人的英雄事迹。但是，波希战争第一阶段的主要战场是在阿提卡，雅典人在主将弥提阿狄斯和泰米斯托克勒的领导下，以两次著名战役为战争史写下了光辉的一页。公元前四九〇年马拉松战役以少胜多，保卫了雅典城，而公元前四八〇年萨拉米湾的决战，则使入侵波军全军覆灭。令人兴奋的是被称作古代希腊悲剧之父的埃斯库罗斯亲自参加了这两次战役，

[①] 亚里士多德：《雅典政制》，第25页。
[②] 海伊：《雅典戏剧》，第10页。

并且给我们留下了光辉剧作《波斯人》作为这次战争的见证。

埃斯库罗斯二十五岁（公元前四九九年）时第一次参加悲剧比赛，未获成功。他的第一次得奖是在公元前四八四年，而公元前四七二年《波斯人》上演时，他获得头奖。

波希战争第一阶段，固然是侵略和反侵略的战争，是希腊民族反击波斯侵略的正义战争，但对雅典城邦来说，其深刻的政治意义还在于保卫雅典的民主制政治原则、反对波斯的专制制度。黑格尔曾经说过："东方的专制政体——联合在一个元首下的世界——为一方，分立的各个邦国——幅员和物力渺乎其小，但是受了自由的个性所鼓舞——为另一方，面对面地在战场上相见。"① 通过这次战争，雅典城邦得到更进一步的繁荣昌盛，的确不是偶然的。

我们知道，古代希腊悲剧大都以史诗和神话传说为题材，不同时期的不同作家以不同的方式来处理大体相同的故事题材，从而反映出不同的意义。即使埃斯库罗斯本人的剧作，也大多是这种题材，唯独《波斯人》这个剧，却是当时最现实的题材，这不能不说是很难得的。当然，悲剧要给人以崇高感，当时取材于远古的神或英雄传说是比较合适的，《波斯人》没有时间上的距离，但却取材于波斯而不直接取材于雅典，恐怕也是想以地域上的距离，以异国的背景，多给人以想象的余地。因此，《波斯人》与埃斯库罗斯其他各剧固然取材不同，但其基本的精神则是完全一致的。

我们已经说过，当时文化领域里的主要的斗争是宗教神话和科学精神的斗争。这种斗争，在哲学上表现为米利都学派的物质始基说和荷马、赫西俄的"神的谱系"说的斗争；在悲剧上表现为神、英雄传说和凌驾于它们之上的"命运"之间的斗争。这种斗争在当时有时是相当激烈的，直到阿那克萨哥拉因为在雅典说了太阳是火石竟要被处死，只是因为当时伯利克里的权势才得以幸免而离开雅典。希腊的戏剧发展得比哲学晚，由于它以形象来表达思想，它的语言不像哲学那样明确，但在当时把本来与诸神并列的命运之神表现为支配包括宙斯在内的至上力量，也还是一种新的倾向。这个倾向在埃斯库罗斯的戏剧创作中也有个发展过程，但我们认为《波斯人》固然仍受诸神支配世界传统

---

① 黑格尔：《历史哲学》，第303页。

思想的束缚，但整个剧本给人的感受是：波斯的失败是一种必然的命运，而不是某个神的意志的胜利。因此基托把这个剧说成是"宗教剧"，认为该剧是借希腊人之手完成神的意志，这种看法是值得讨论的。①

当然，命运支配诸神的思想在埃斯库罗斯的名剧《被缚的普罗米修斯》中得到了更进一步的表现。这个剧的故事是有口皆碑的，普罗米修斯因背着天帝宙斯将"火"给了芸芸众生，受到了宙斯的残酷迫害。在埃斯库罗斯笔下，宙斯完全是一副暴君②面孔。古代神话传说中包括宙斯在内的诸神，固然有七情六欲，也有缺点错误，但敢于这样来描写宙斯，在当时也还需要一定的勇气。应该指出，基托对这个剧的分析是有可取之处的。他认为，这个剧指示了宙斯不是全能的，一种"必然性"要强于包括宙斯在内的诸神。③ 基托更进一步引申道：在当时，宙斯代表了一种力量、一种社会秩序，而普罗米修斯则代表一种智慧，④ 因而该剧有一种进化的观念。

《被缚的普罗米修斯》标志着神话的没落、诸神的没落，埃斯库罗斯以悲剧方式揭示这种没落的必然的趋向。神话衰落了，科学（智慧）胜利了。但这种没落是悲剧式的，因为宙斯诸神仍然是一种严肃的、传统的力量，他虽然最终已是无能为力，已不是至高无上的，但却仍有力量，他的愤怒依然是可怕的。剧中的普罗米修斯还在遭罪，现实中的阿那克萨哥拉已被放逐。诗人的天才正在于当诸神还很强大时看出了它的必然衰亡的趋向。这是神话诸神的悲剧时代，正如马克思深刻地指出过的："在埃斯库罗斯的《被缚着的普罗米修斯》中已经悲剧式地受了致命伤的希腊之神，还要在路喀阿诺斯（又译琉善——引者）的《对话》中喜剧式地重新死一次。"⑤ 埃斯库罗斯的《被缚的普罗米修斯》是较晚年的作品，而他的三联剧《奥列斯特》的上演（公元前四五八年）则更是伯利克里登上政治舞台（公元前四六九年）十年以后的事。但是，我们虽然不能说埃斯库罗斯是西门（Cimon）时代的诗人，⑥ 因为诗人不是寡头派，但埃斯库罗斯的剧作整个来说，是属于前伯利克里时期的，他的"命运"

---

① 基托（Kitto）：《希腊悲剧》，伦敦，1939年第1版，1976年重版，第38页。
② 希腊文"暴君"与"僭主"是一个字，以后西方各种文字皆从此。
③ 基托：《希腊悲剧》，第57页。
④ 同上书，第63页注①。
⑤ 《马克思恩格斯论艺术》（一），第77页。
⑥ 此说见爱柏特（Abbott）：《伯利克里和雅典的黄金时代》，纽约，1903年版，第310页。

(ἀνάκη)是一种抽象的、带有某种神秘意味的必然性。

当然，也可以把埃斯库罗斯的《奥列斯特》三联剧看成是向索福克勒斯的过渡，因为在这里命运已经与社会各种伦理原则结合起来了。希腊人为了一个逃妻海伦兴兵征讨特洛亚，因出师不吉，希腊主将阿加门农竟把自己的女儿杀祭。这是一个令人震惊的场面，希腊人要特洛亚人流血，那末就得先让自己的女儿流血。从此阿加门农的妻子克吕泰斯特拉就埋下了为女儿复仇的种子，待到阿加门农班师回来，克吕泰斯特拉伙同她的奸夫将阿加门农杀了。阿加门农的儿子奥列斯特后来又杀了自己的母亲克吕泰斯特拉，为父报了仇。对于这个三联剧，恩格斯曾经指出，德国的学者巴霍芬已正确地揭示了它的社会意义。恩格斯说："巴霍芬指出，埃斯库罗斯的《奥列斯特》三部曲是用戏剧的形式来描写没落的母权制跟发生于英雄时代并获得胜利的父权制之间的斗争。……雅典娜以审判长的资格，给奥列斯特投了一票，宣告他无罪。父权制战胜了母权制……"①

如果说，按照近代学者的研究，埃斯库罗斯对待阿加门农的命运怀有矛盾的心情的话，②那末这个题材到了索福克勒斯手里，就发展了克吕泰斯特拉的罪行。③这样，斗争的社会伦理意义就得到了进一步的表现，而总的来说这已是伯利克里时代的事了。

埃斯库罗斯所处的时代是古代希腊雅典城邦奴隶主民主制建立的初期阶段，即使在《奥列斯特》三联剧中，命运的必然性仍然占主导地位，这种必然性，在古代希腊人的头脑中意识到是通过偶然的事件表现出来的，埃斯库罗斯笔下的阿加门农杀献自己的女儿，是阿加门农自己决定的，④此后一系列事件，都由征伐特洛亚事件因果相循下来，似乎冥冥中早已安排好了。我们看到，古代希腊人的命运观，是在神秘外衣下对客观规律的不可抗拒性的一种幻想。这种观念在埃斯库罗斯这个时期，主要还是体现在对诸神的支配上。诸神之间对奥列斯特问题的争论，同样要由诸神的选择之间平衡决定，也就是说，

---

① 《马克思恩格斯选集》第 4 卷，第 6—7 页。
② 据基托研究，阿加门农被杀时的幕后叫声，使歌队分成两派（《希腊悲剧》，第 76 页）。而我们也看到，在埃斯库罗斯的剧本中，克吕泰斯特拉为女儿复仇的雄辩，跃然纸上。
③ 见基托：《希腊悲剧》，第 137 页。
④ 索福克勒斯则使阿加门农没有选择的余地（基托：《希腊悲剧》，第 137 页）。

已没有一个至上的神能支配一切，而要以"投票"来决定诸神之间的纷争。当雅典娜投了决定性的一票之后，反对的诸神只能表示服从。

可是古代希腊悲剧发展到索福克勒斯手里，埃斯库罗斯的命运观得到更进一步的充实和发展，由此较抽象的、与诸神权力对立的命运，发展成为具有更进一步社会伦理意义的"正义"，这种"正义"支配、调节着悲剧人物的各种社会理想。如果说，我们可以把埃斯库罗斯的悲剧看作"诸神的悲剧"，那末我们似乎也可以把索福克勒斯的悲剧看作是具有崇高理想的"英雄的悲剧"。

索福克勒斯的悲剧同样是他的时代产物，它是伯利克里时代的艺术结晶，伯利克里是雅典民主制的高峰，而索福克勒斯也可以说是希腊悲剧的最典型的代表人物。

二、古代希腊雅典的黄金时代与希腊悲剧的高峰

马克思曾经指出："希腊和罗马恰巧就是古代世界各民族中'历史发展'最高的国家。希腊的内部极盛时期是伯利克里时代，外部极盛时期是亚历山大时代。在伯利克里时代，诡辩学派、称得上哲学化身的苏格拉底、艺术以及修辞学等排斥了宗教。而亚历山大时代就是既否认'个人'精神的永恒不灭又否认当代各种宗教之神的亚里士多德的时代。"[①] 雅典的伯利克里时期是政治、文化上高度繁荣的时期，是雅典奴隶主民主制发展的成熟时期。伯利克里和他的前辈厄菲阿尔特在公元前四六一年放逐了他们的强有力的对手——寡头派首领西门，说明了雅典民主制在公民中有深厚的基础。从梭伦以来，雅典人民深深感觉到，要保持公民这样一个自由民阶层对奴隶的优势，在雅典当时历史条件下，只有采取民主制的形式。雅典公民相信，只有在最大程度上发挥每个公民在经济、政治、文化上的创造能力，才能抑制贵族和大家族的势力，不致引起公民内部的分化。

波希战争后，雅典的民主制曾经一度发生过危机，在战争中大家族的势力有所抬头。首先是寡头派领袖西门的斯巴达式的军事才能和道德风范，吸引了

[①] 《马克思恩格斯全集》第1卷，第113页。

一部分人，形成了一股反对民主制的势力，这股势力的支柱则是阿雷奥山上的贵族法庭。原来这个法庭自梭伦以来由退职的执政官组成。执政官在卸职时，固然要经过一定的审查，但他们终究是一批既得利益者，他们在阿雷奥帕格斯的地位是终身保留的。这个法庭在平时因有克里斯提尼设立的十将军委员会以及早就设立的九个责任执政官的制约，倒也显不出有什么特别的作用；但是在战争中，将军们忙于带兵，无暇内顾，内部的行政大权则落入了这个法庭之手，它渐渐地变成类似斯巴达的元老院了。因此厄菲阿尔特、伯利克里要抑制大家族的势力，首先就要限制阿雷奥帕格斯的权力。于是经过厄菲阿尔特和伯利克里的努力，阿雷奥帕格斯的权力被限于处理民事谋杀等案件，而行使法律的大权则仍归于全体公民都可参与的陪审法庭。

与此相应，从公元前四八七年塞米斯托克勒时期就实行的由抽签选举的执政官，此时向全体公民开放，为了使贫穷的公民也可以担任政府职务，伯利克里实行了"公职津贴"；这样，再加上全体公民参加的公民大会，作为一个政治体制，当时已经比较完善了。

在这样的制度下，雅典的公民曾经是心情舒畅、意气风发的。他们保持着自己独立的个性，虽然财产有多寡，职务有高低，但作为公民，他们在法律面前、在真理面前是平等的。我们知道，即使被称作"僭主"的庇西斯特拉图居然也有人敢告他谋杀罪，为了洗刷自己，他还亲自上法庭去辩护，那末，伯利克里为了替他的情妇辩护，在法庭上哭哭啼啼，自然也并非奇怪的事了。

同时我们还看到，这种民主权利同样是给予没有被放逐的反对派的。我们已经说过，伯利克里的政敌寡头派西门曾经是雅典著名的主将，他的军事才能使他屡建战功，人们可以反对他的政治主张，甚至将他放逐，但仍然尊敬他对国家民族的贡献。我们的悲剧诗人索福克勒斯第一次得奖就正是西门从流放中召回时由西门等人评判的，这件事虽然使埃斯库罗斯一怒而离开雅典，但索福克勒斯的天才却从此放射出了光辉，而索福克勒斯即使在狭义的政治意义下也是伯利克里派，他曾作为十将军之一随伯利克里去征讨萨摩斯的暴乱，与爱利亚学派的哲学家梅里索斯打过仗，回来时大概也与伯利克里一起受到西门姐姐的指摘。我们顺便还可提到，雅典城外西北郊的著名的"学院"（Academia）周围的树，据说就是西门植的。

据说，公元前四二九年伯利克里感染瘟疫、命在垂危的时候曾自慰道，他一生没有处死过任何一个他的政敌，这个自白是真实的。不仅如此，当他的主要政敌西门为了表明自己未与斯巴达人勾结，带兵一百人与斯巴达人血战时，伯利克里承认了这种英雄行为，提议撤消对西门的放逐令。①

在这样的政治气氛下，伯利克里领导雅典人民着手把雅典城建设为欧洲的文化中心。波希战争结束时，雅典曾经是一片废墟，经过伯利克里几十年的建设，不大的雅典城如花似锦，歌舞升平，已是一派繁荣景气了。当然，雅典城在塞米斯托克勒时期已经初具规模。全城以市场（Agora）为中心，它的南面是民众议会、雅典卫城，卫城西是阿雷奥帕格斯法庭和帕奈克斯会场，西郊有"学院"（Academia）和通往重要军事港口庇拉思的大道；东郊有竞技场（Lyceum）。我们的悲剧诗人演出的剧场就在雅典城南的广场上。伯利克里对这个舞台虽然没完全完成但作了许多的加工，并在这个戏台不远处模仿波斯王薛克斯的帐篷建了一个音乐厅。伯利克里还完成了由西门开始建筑的一项伟大的宗教建筑——雅典娜神庙（巴赛农）。这个神庙由当时雅典的建筑师依克提诺斯（Ictinus）、卡里克拉特（Callicrates）和伯利克里的至友——雕刻家费底亚通力合作创作的。费底亚为这个神庙塑的雅典娜神像是象牙镶金的。② 当然，这里我们不应该忘记伯利克里时期实行的"戏剧津贴"，与其他各种津贴一样，这种津贴是鼓励贫困的公民（主要是贫困的农民）参加一年两度的节日的活动，这对于戏剧的发展自然是起促进作用的。

果然，在这个时期，出现了古代艺术史上两位最大的悲剧诗人——索福克勒斯和欧里庇得斯。

索福克勒斯生于公元前四九五年，他是在波希战争的战火中长大的，受过良好的雅典式的教育，是雅典民主制的宠儿。当萨拉米湾的战役全胜的消息传来以后，索福克勒斯曾被选为青年选手参加雅典城的盛大的庆祝活动。他第一次参加戏剧竞赛是在公元前四六八年，就在这次会上他击败了剧坛老将埃斯库罗斯，荣获一等奖，可惜这次获胜的剧本我们不得而知。他的最主要的代表作

---

① 参见爱柏特：《伯利克里和雅典的黄金时代》，第103—104页。
② 据说当时有人控告费底亚侵吞神像的金子和象牙，所幸这个神像的金子和象牙可以拆卸，分别过秤，不差分毫，其诚实如此。

是《安提戈涅》。这个剧在公元前四四〇年演出时获得的成功竟大到足以使他成为以伯利克里为首的十将军委员会的成员。我们说过，这一年正值萨摩斯暴动，他就以将军的身份随伯利克里去征讨萨摩斯。

索福克勒斯的悲剧是希腊悲剧的最重要的代表，它相当完整地体现了希腊精神的理想，亚里士多德心目中的古代悲剧的范本也许就是索福克勒斯的剧作。亚里士多德在《诗学》中说悲剧人物要比普通人好，以及他的重在动作等思想，正是索福克勒斯的特点。亚里士多德还曾明确地说过："旧日的诗人使他们的人物的话表现道德品质，现代的诗人却使他们的人物的话表现修辞才能。"① 这段话的意思，我们还倾向于认为前者指埃斯库罗斯和索福克勒斯，后者则指欧里庇得斯。

自从黑格尔在他的《美学》中提出两种合理的但却片面的伦理的冲突来解释《安提戈涅》后，② 索福克勒斯这个悲剧的意义被广泛地讨论着。

《安提戈涅》的题材取自古代梯比斯的传说，与索福克勒斯另一个代表作《欧狄浦斯王》的故事是相续的，但《安提戈涅》的创作在《欧狄浦斯王》前。欧狄浦斯王既然在无意中犯了杀父娶母的罪行后，刺瞎自己的眼睛离开了梯比斯，于是他的两个儿子为争王位互相残杀，王权落入舅父克瑞翁手里。哥哥波吕涅刻斯因到阿戈斯借岳父的兵力与厄忒俄克勒斯争夺王位，被克瑞翁宣布为叛徒，勒令暴尸，禁止任何人去埋葬，违者处死。波吕涅刻斯的妹妹安提戈涅则坚持将哥哥埋葬，以致迫使克瑞翁将其处死，克瑞翁之子海蒙原是安提戈涅的未婚夫，得知安提戈涅的死讯，遂亦自尽，海蒙的母亲闻知子、媳皆亡，也即结束了自己的生命。于是留下了克瑞翁孤独一人，于忏悔中苟延残年。

从索福克勒斯这个剧的明显的倾向来看，同情是在安提戈涅一边。在古代，掩埋尸体是非常严重的宗教法规，即使两军交战，战后不交换俘虏，也要让双方把尸体运回埋葬。雅典政府曾因一次战役没有掩埋敌人的尸体而竟处决了五个得胜的将领。因此，毫无疑问，公元前四四〇年的雅典观众，肯定会将同情寄予安提戈涅身上。但是，这个剧之所以动人心弦，具有强烈的悲剧震撼力量似乎的确还有其更深刻的原因，这种因素，也许包括索福克勒斯本人在内

---

① 亚里士多德：《诗学》，人民文学出版社 1962 年版，第 23 页及该页注③。
② 黑格尔：《美学》，人民文学出版社 1958 年版，第 272—273 页。

的雅典人当时只是一种强烈感受，不一定立刻有清楚明了的理解。

黑格尔的深刻之处在于揭示了这个剧的另一面的意义，即承认了克瑞翁的悲剧性，这一点是很重要的，至于他说双方都有片面性、"绝对正义"的胜利之类，我们尽可以批评他"残酷无情"、"唯心主义"。但是，如果我们完全执着于同情安提戈涅一边，那末可以同样执着地提出完全相反的看法，即安提戈涅坚持的是一种宗教的、家庭的原则，而克瑞翁坚持的则是伸张国法、惩治叛徒，正义反倒在克瑞翁一边；既然剧本完全同情安提戈涅，可见，作者是站在落后的、非正义的一边，甚至有同情叛徒之嫌。当然，这种看法是脱离当时历史条件的抽象的道德分析，是不合乎这个剧的实际效果的。

由于剧本对安提戈涅的倾向比较明确，这一点大家并无争论，于是近代的研究者接受了黑格尔的提示，着重于克瑞翁这个人物的分析。基托在他的《希腊悲剧》中认为索福克勒斯为这剧奠定了两个基础，有两个悲剧人物，一个是安提戈涅，一个是克瑞翁，他认为这是作者有意识安排的。在这两个悲剧人物中，基托甚至认为克瑞翁的悲剧意味重于安提戈涅，因为安提戈涅的悲剧固然是可怕的，但是在意料中的事，而克瑞翁的悲剧却是随着剧情一步一步展示在观众眼前的。[①] 这就是说，安提戈涅是蓄意反抗，后果是自愿承当的；而克瑞翁的意思本不在置安提戈涅于死地，更没有料到会引起自己的悲惨的结局。也许，当年的雅典观众，特别是那些执政官、将军们，在同情安提戈涅之余，对克瑞翁的遭遇，会有一种一时说不清的，但却非常强烈的震撼，其感染力不下于公民大会上的雄辩。

索福克勒斯笔下的克瑞翁不是暴君，[②] 他对波吕涅刻斯下禁葬令不是一条法律，只是对一个具体问题的具体措施。这道命令表面上看无可非议，惩治叛徒，无所谓过分。但是考虑到当时希腊城邦林立，各城邦因派别斗争借兵报仇的，怕也不在少数，[③] 从整个希腊民族的观点来看，当时目为叛徒的主要是私通"米底"人（即波斯人），而各邦之间的斗争主要还是希腊内部之争，人们

---

① 基托：《希腊悲剧》，第127页。
② 索福克勒斯几个剧本（《安提戈涅》、《欧狄浦斯王》、《欧狄浦斯在科罗诺斯》）中克瑞翁的性格不一致，尤其最后这个剧本、反映出索福克勒斯似乎越来越不喜欢克瑞翁。这里指的是《安提戈涅》一剧中的克瑞翁。
③ 中国春秋战国时伍子胥借吴兵报仇，似乎无人斥为叛徒。

对这个古老的传说也已经有一个比较固定的评价。这样，克瑞翁对波吕涅刻斯的处理在当时重视埋葬尸体的雅典人看来，就未免失之过严。当然，从梯比斯城邦的立场来看，克瑞翁的做法是完全正确的，态度是极其严肃的，而且令出如山，违令者即使亲如安提戈涅，亦要按令办事。克瑞翁执着于一个城邦的利益（这个利益固然是十分重要的），事实上陷于兄弟争夺王位的派别斗争之中，执着一方，执着于主要根据派别原则发出的命令，造成了出乎他意料之外的悲剧，也许当时雅典人，特别是那些显贵人物在思索之后从这出戏得出的主要教训就是如此。

雅典的民主制既然已经繁荣昌盛，其主要的问题就是如何调节公民之间、执政者与一般公民之间……的关系。每一个公民都有独立的人格，在法律、真理面前一律平等，那末如何把各个独立的个人统一起来，就是城邦政治的一个大问题。这个问题在斯巴达就不那样突出，因为全体公民按等级一律服从于寡头统治者，由元老院主持一切行政，公民的任务就是各守本分、唯命是从。可是雅典则以派别斗争而闻名于世。因此雅典民主政制的理想境界就是要把各种派别调节起来，一方面承认个人的独立性，另一方面又要用各种办法（包括教育、演说、论辩、演剧、宗教、法律直至暴力）来使各个个人限制一己的或派别的利益，统一于一个共同体中。自从梭伦以来，雅典的政治家总是致力解决这个问题。从这个角度，我们可以更好地理解《安提戈涅》的社会意义，理解为什么索福克勒斯是古代希腊最典型的悲剧作家。

索福克勒斯的另一个代表作是《欧狄浦斯王》，这更是一出典型的英雄悲剧。故事情节是观众熟悉的梯比斯传说，当时也许的确是古代原始风俗的实际情况，子继父业，连母亲一起继承为妻，但伯利克里时代去古已远，[①]索福克勒斯剧本的意义当然不在于此。不仅如此，《欧狄浦斯王》的初意也不在于指出神谕之不可抗拒，而恰恰相反，是在于展示悲剧英雄人物抗拒神谕之时的艰苦斗争，其重点在于展示英雄人物的道德原则的坚定性和性格的顽强性。欧狄浦斯受到神谕的嘲弄，他以坚强的毅力承担了事情的责任，保持了人格的独立性和道德的高尚。他是悲惨的，也是崇高的。他不是命运的奴隶，而是自己行

---

① 从原始乱婚阶段至族外婚制，已经排除了长晚辈之间的通婚（参阅柯斯文：《原始文化史纲》，三联书店1957年版，第127—128页）。

为的主人。雅典的公民不正是为自己的一切行为负后果责任的独立的实体吗？公民有权向公民大会提出任何提案，但如果提案被证明有害，那末提案人要负一切责任。欧狄浦斯刺瞎自己的双目，并不是命定的，神谕并没有规定他如此结局，这个行动是自由的，他并不因事出无意或诿诸"天命"而开脱自己，毅然为自己的行动付出了代价。欧狄浦斯之所以成为悲剧英雄，不在于他的王位，而在于他的行动不失英雄本色。索福克勒斯利用了古代的传说，从欧狄浦斯王的行动中体现出一种雅典公民的应有的精神，体现出一种理想的人格。亚里士多德曾经告诉我们，索福克勒斯自己说过，"他按照人应有的样子来描写，欧里庇得斯则按照人本来的样子来描写"①。我们看到，索福克勒斯的理想人物，也就是雅典公民的理想化，体现了当时希腊的伦理精神、道德力量、独立人格的理想化。

可是希腊的悲剧艺术与希腊的制度一样并非永恒的，而是要变化、发展的。伯利克里的黄金时代也不能把雅典民主制永远保持在理想的状态中。

雅典民主制的黄金时代并不能掩盖这样一个基本事实：当时雅典那样一个一度生气勃勃、各自具有独立人格的公民阶层是靠人数超出这个阶层很多倍的奴隶阶层维持的。雅典的公民们首先要吃饱了、穿暖了然后才能谈论哲学、议论天下大事、欣赏戏剧演出，这个阶层的基本生活来源是靠剥削奴隶的劳动。这样，在当时，所谓民主、自由、平等的权利就是一种特权，雅典的公民阶层是一个特权阶层。我们知道，雅典本地的物产是不很丰富的，农业不能自给，粮食靠从外邦运来，奴隶的来源因靠战争和海盗掠夺也并不稳定，因此雅典的经济除主要靠剥削奴隶劳动外，还要靠经商和盟国、属国的进贡。波希战争中形成的提洛同盟中，本来是为对付波斯侵略各邦储存的黄金，常为雅典城邦挪用，后来索性搬到雅典城里去了。然而波希战争结束后，盟邦并非很稳定，时常发生叛变的事件，而这种反抗雅典的暴乱，又往往以斯巴达为首的伯罗奔尼撒联盟为后台。于是，为了维护外邦的经济贡赋，争夺希腊的霸权，对雅典来说，不仅是一种野心，而且已经成为实际的需要了。

这样，伯利克里在公元前四四四年扫除一切政治障碍、大权独揽后，首先

---

① 亚里士多德：《诗学》，第 93—94 页。

考虑的一件事就是与斯巴达决战。果然在公元前四三一年开始了给雅典人民带来无穷灾难的伯罗奔尼撒战争。伯利克里毫无隐晦地让雅典公民知道，为了维护自己的权利（特权），战争是不可避免的。因此当时雅典公民为了自身利益是支持这场战争的，而这场战争之所以能持续这样长久，没有大部分公民的支持也是不可能的。

非常凑巧，就在伯罗奔尼撒战争爆发的那一年，我们的悲剧诗人欧里庇得斯上演了他的最有代表性的剧作《美狄亚》，可惜，当时雅典人没有理解这个悲剧的深远的意义，竟评为第三。

的确，与索福克勒斯不同，欧里庇得斯的悲剧可能不太符合雅典人的"理想"，但却是当时雅典公民的"真实"写照。人们总是希望要把自己美化一点，所以欧里庇得斯的剧作虽多，得头奖的却甚少。可是欧里庇得斯的作品是伯利克里时代的一面镜子，当人们变得衰老时不大愿意照镜子也是人之常情。

欧里庇得斯的剧作是与伯利克里的时代精神息息相关的。根据记载，他是阿那克萨哥拉和智者普罗底柯斯的学生，他们在自然观上的科学精神和社会观上的个人主义在欧里庇得斯的剧作中都有明显的反映。① 当时智者鼓吹的论辩的技巧，在他的剧本中也屡见不鲜，如《特洛亚妇女》中海伦的自我辩护、《赫卡柏》中波吕墨斯托耳为自己的谋杀罪行辩护，都是典型的诡辩。

然而最具有自己特色的还在于《美狄亚》所体现出来的与索福克勒斯不同的悲剧精神。② 《美狄亚》取材于古代特洛亚传说中的一段故事，美狄亚因为她丈夫负恩背誓另娶，她设法先害死新娘和新娘的父亲，并且杀死自己的两个儿子，以此报复负义的丈夫伊阿宋。事实上，这里已没有什么神话、传说，美狄亚就是一个聪明的普通妇女，支配她的行动的既不是神谕也不是命运，甚至不是什么高不可攀的道德原则，而主要是她自己的感情和意志。决定她行动的是她的个性。伊阿宋固然行为不义，但美狄亚的行动不仅仅是为了伸张正义，她的报复是没有分寸的、是残酷的，她是她自己的个性、感情、意志的牺牲品。她报复了，她飞升了，但她的痛苦同样是永恒的，她是悲惨的、可怜的。

---

① 如《阿尔刻提斯》："赫尔俄斯和白昼的光明，以及天上飞的'旋转'啊！""旋转"（σίυη）是当时自然哲学家常用的概念。
② 参阅基托：《希腊悲剧》，第191页。

在这里，我们看到了雅典公民的个性的发展。

难道仅仅是个性问题吗？不，恰恰相反，个性问题是有深刻的社会根源的。雅典民主制下的公民是有个性的，原子论者说万物由永恒的、没有缝隙的独立的原子组合而成，智者说人是万物的尺度，人也是原子，是独立的、"没有缝隙的"，由这些独立的人组成城邦社会。人是自由的。人又是有血有肉的，有情欲、意志的，因而他的情欲、意志也是独立的、自由的，一句话，人的个性是独立的。可是这种个性、情欲、意志的自由，却是以奴隶们失去个性、情欲和意志自由为条件的。这种自由是一种特权。运用这种自由就是运用特权。于是，在这种自由后面就隐藏着滥用特权的危机，自由的人将失去自由。这就是诗人在雅典民主制极盛时期看到的雅典公民的悲剧。他把他的感受用曲折的戏剧形式搬到舞台上，雅典公民们看了人人都得出一身冷汗。

美狄亚不是什么了不起的英雄人物，她是一个普普通通的妇女，只是比别人聪明、有技术，她有七情六欲，就像一个普通的雅典公民一样，她的这些感情基本上是受到剧作者的保护的。她受到不应有的欺骗，按照她的感情的命令进行了报复，这是她的权利，她就像一个雅典公民在公民大会上行使放逐投票权一样。但是，她的感情超过了她的理智，① 她的过火的报复出自一个妇女之手，尤其令人震惊。她滥用了她自己的感情、意志、个性，滥用了自己的权利，就像雅典的公民，情绪上来以后，在公民大会上鼓噪着要全部杀光被征服了的臣民一样。

雅典的民主制保护、发展了占人口少数的公民阶层的个性，使它从原始宗教、宗法枷锁和神谕式的命运下挣脱出来，它承认每一个公民的独立的人格和任何出自自然的要求，但就在人类的个性在古代社会土壤中初绽蓓蕾的时候，就已经显示了它的悲剧的性格。美狄亚的悲剧是个性的悲剧，是雅典公民的悲剧，同样也是雅典民主制的悲剧。

于是，如果我们可以不无片面地概括地说，埃斯库罗斯的悲剧是诸神的悲剧，索福克勒斯的悲剧是英雄的悲剧，那末欧里庇得斯的悲剧则是普通人的悲剧，亦即雅典自由民的悲剧。欧里庇得斯还在雅典民主制光辉普照的时候，已

---

① 参阅基托：《希腊悲剧》，第 195—196 页。

经看到了落日的阴影。在这个基础上，惯于在剧中发表议论的欧里庇得斯，在他后来的悲剧《赫卡柏》中，就公开揭露"阿尔戈斯人的大会"，借赫卡柏的嘴，猛烈攻击"俄底修斯""只对群众说好话去求名誉"，"你们去害了你们的朋友，也不算什么一回事，只要可以说些什么去讨众人的好"，① 等等。

　　黑格尔曾经批评欧里庇得斯的悲剧，说"他的作品已经再也表演不出""道德性格，而且腐化情形在他的作品里已经比较地显明"。② 在这里黑格尔已经看出欧里庇得斯悲剧的特点，但说"腐化"未免言过其实，因为黑格尔和亚里士多德一样，都是推崇索福克勒斯的，理想总比现实美好，但现实却是严酷的，雅典的公民果然"腐化"了，甚至"腐化"到失去了悲剧性，而需要喜剧作家来收拾他们了。

三、雅典奴隶主民主制的衰落与古代希腊喜剧的发展

　　令人缅怀的雅典黄金时代终究不是永恒的，根本的问题在于雅典的公民不是用自己的劳动来维持自己的民主、自由、平等（这在当时也是不可能的），他们是特权阶层、剥削阶层，雅典的民主制是奴隶主的民主制，这个制度可以在一个时期内调整公民内部的关系，但却无法克服自由民与奴隶之间的对抗。雅典城邦要维持这样一个不劳而获的特权阶层可说是煞费了苦心。几次限制公民人数就说明了这个阶层的人数是不允许太多的。由于奴隶主与奴隶的不可克服的矛盾，即使奴隶主民主制也是注定要衰亡的，如果说"腐化"的话，雅典的公民是注定要"腐化"的。恩格斯在谈到雅典民主制灭亡的原因时指出："随着商业和工业的发展，发生了财富积累和集中于少数人手中以及大批自由公民贫困化的现象；摆在自由公民面前的只有两条道路：或者从事手工业去跟奴隶劳动竞争，而这被认为是可耻的、卑贱的职业，并且不会有什么成功；或者变成穷光蛋。他们在当时条件下必不可免地走上了后一条道路；由于他们数量很大，于是就把整个雅典国家引向了灭亡。"③ 恩格斯的这个论断是对历史

---

① 《欧里庇得斯悲剧集》（一），人民文学出版社 1957 年版，第 348 页。
② 黑格尔：《历史哲学》，第 305—306 页。
③ 《马克思恩格斯选集》第 4 卷，第 115 页。

事实的科学概括。雅典城邦大多数公民在经济上的贫困化,使这个阶层成为一个虚弱的躯壳。包括色诺芬在内的一些古代作家,都曾生动地描写过当时雅典自由民的穷酸相。可是这样一个阶层却要把持着民主、平等和自由的权利。他们既已一贫如洗,城邦的活动对他们已没有多少实际的利害关系——即城邦的政策的变化已不能增加他们多少财富——,于是他们对城邦政制的辩论,充其量不过是一种徒具传统力量的空洞的形式。他们不再认真根据实际利害考虑国家大事,他们的情绪很容易为偶然因素所煽动,他们可以在一夜之间对同一个政策采取截然不同的态度,他们的情绪随着偶然因素变得喜怒无常、变换不居。于是,"蛊惑家"(demagogue)则应运而生。"蛊惑家"是雅典奴隶主民主制衰落的产物,是雅典公民阶层"腐化"的表现。

公元前四二九年雅典民主制的伟大领袖伯利克里死于瘟疫,两年以后雅典城邦的政权落到一个叫做克莱翁的民主派首领手里。这个克莱翁出身下层,早年曾反对过伯利克里,后来由于他的辩才赢得了雅典中下层公民的欢迎。他执政以后的主要任务似乎就是要把那场给雅典人民带来深重灾难的伯罗奔尼撒战争打下去。

就在克莱翁执政的那一年(公元前四二七年),古代希腊伟大的喜剧家阿里斯托芬第一次参加喜剧竞赛获胜,正当克莱翁当政最得势的时候(公元前四二四年)阿里斯托芬上演了他点名讽刺克莱翁的喜剧《骑士》。

古代希腊喜剧的兴起要比悲剧晚一些,它的竞赛主要是在冬季的莱诺节(Lenaea)举行,而这个节日,虽同属祭神,但比城市酒神节要低一级,这个节日没有外邦使节参加。[①]

根据亚里士多德的记载,古代的粗俗喜剧可以嘲笑任何领导人,甚至悲剧在三联剧后的讽刺剧,也可以点名批评领导人,[②] 所以初期的喜剧大都直接讽刺当时的具体事实,后人看来已无法理解。[③] 这种讽刺,由于最初喜剧过于粗俗,观众亦不太重视,所以近代希腊史家格罗特才说古代希腊喜剧的讽刺作用实际上并不很大,因为当时人们看不起喜剧诗人,[④] 早期喜剧也许是如此。但

[①] 参阅海伊:《雅典戏剧》,第25—28页。
[②] 参阅格罗特:《希腊史》,人人丛书第1册,第290页注②。
[③] 海伊:《雅典戏剧》,第22页。
[④] 格罗特:《希腊史》,人人丛书第1册,第297页。

是至少在伯利克里时代,喜剧已是讽刺时政的重要武器,事实上已成为一种严肃的批评力量,而雅典当局对喜剧演出一般采取鼓励政策,优胜者同样给予奖品。这并非说明喜剧无足轻重,而正是说明雅典民主制的特点。我们知道,在伯利克里治下,只有一次下令禁演喜剧。那是在公元前四四〇年,因萨摩斯暴动,为了军事的原因以防雅典内部动乱采取的非常措施,这个禁令事实上并没有严格执行,而且在两年以后就撤消了。

伯利克里时期的喜剧,我们现在只能看到一些残篇,它的风格大体上与后来阿里斯托芬的相同。① 雅典喜剧的主要奠基者是这个时期的克拉提诺斯(Cratinus),他被认为是喜剧中的埃斯库罗斯,而他的讽刺的主要对象是伯利克里本人。②

克莱翁刚上台,阿里斯托芬在他的第一个上演剧本里就当着克莱翁的政敌的面点名攻击克莱翁。克莱翁在盛怒之下提议要褫夺阿里斯托芬的公民权,可是当时雅典的民众议会没有批准这个提案。③ 雅典的民主制保护了诗人的创作权利,两年之后,阿里斯托芬上演了著名的喜剧《骑士》,演出时据说无人敢戴克莱翁的面具,因此这个角色是由诗人自己扮演的。

《骑士》是阿里斯托芬最主要的、最有力的代表作之一,它把雅典的公民群众化身为一个老年的主人"德谟斯"(demos),以他的管家帕佛拉工影射克莱翁,然后塑造了一个名叫阿戈剌克里托斯的腊肠贩子作为帕佛拉工的对立面,使他们两个互相揭露,把帕佛拉工的卑鄙、贪婪、阿谀奉承、阳奉阴违刻划得淋漓尽致,这个剧同时也讽刺了作为雅典公民化身的"德谟斯"。全剧人物固然用的影射假名,但在歌队的唱词中却直接点了克莱翁的名:"只要克莱翁哪一天倒下去,哪一天的时光对于全体在场人和那些正要前来的人说来,便是最甜蜜不过。"④

剧本《骑士》揭露了"蛊惑家"克莱翁表面上为雅典公民服务,实际却是玩弄民主的把戏,欺骗群众,为一己之私利钻营;旗号是为"公民",得利的

---

① 参阅爱柏特:《伯利克里和雅典的黄金时代》,第 328 页。
② 参阅格罗特:《希腊史》,人人丛书第 1 册,第 291—292 页;普鲁塔克:《名人传》,《伯利克里传》,人人丛书第 1 册,第 239 页;爱柏特:《伯利克里和雅典的黄金时代》,第 328 页。
③ 参阅《剑桥古代史》,第 5 卷,剑桥,1958 年版,第 139 页。
④ 《阿里斯托芬喜剧集》,人民文学出版社 1954 年版,第 133 页。

则是自己:

> **德谟斯**:呵,装满了这么多好东西,他藏了那么大一块干酪饼,却只切了这么一丁点儿给我!
>
> **腊肠贩**:他向来是这样干,他收下的东西只分给你一小片,绝大部分他自个儿藏了起来。
>
> **德谟斯**:坏蛋,我曾赏赐你,给你戴上金冠,你却这样偷了我,骗了我!
>
> **帕佛拉工**:我原是为城邦的利益而偷窃的啊!①

我们已经说过,当时雅典公民大多数人正在日益贫穷,当他们听到这一段戏词时,一定会发出同情的笑声。德谟斯当了一个挂名的"主人",却没有多少实际的利益。该是德谟斯醒悟的时候了。这批"蛊惑家"只用空洞的甜言蜜语讨好群众,而把干酪拼命往自己兜里装。请听歌队的呼声:

> 德谟斯,你的权力真正大,你像个君主人人怕,可是呀,也容易叫人家牵着耍。你喜欢戴高帽子,受欺受骗,老是张着嘴望着那些演说家,你并不是没有头脑,只是不知想到哪里去了。②

听了这番话,德谟斯有点明白了,他自我解嘲地回答道:

> 你们认为我是个傻瓜,可见你们的头发底下没有头脑。我不过是有意装傻,因为我喜欢天天喝酒,愿意养一个小偷作管家,等他胀饱了,我就抓住他,一拳头打破他的脑瓜。③

---

① 《阿里斯托芬喜剧集》,第145页。
② 同上书,第139页。
③ 同上书,第139—140页。

我们看到，阿里斯托芬对当时民主制的讽刺是无所不及的。他讽刺了这个制度的领导和人民（《骑士》），讽刺了这个制度的法庭（《黄蜂》），讽刺了这个制度的思想代表（《云》），讽刺了这个制度的艺术代表（《蛙》），就连雅典的妇女，他也没有放过，多次对她们进行嘲笑，① 当然他尤其反对给雅典人民带来灾难的战争（《阿卡奈人》）。但是阿里斯托芬却没有认识到，只有在雅典的民主制下，才能允许他把这个制度的阴暗面暴露在光天化日之下。近代希腊史家格罗特有一段话很值得我们参考，他说："我们看得很清楚，雅典当时怎样为这种创作（指喜剧创作——引者）提供了有利条件，那时候希腊政治斗争白热化，雅典城成为从希腊各地来猎奇的中心，悲剧诗人、修辞学家、哲学家受到尊重和赞颂，民主制度把一切政治、法律事务的细节及国家领导人员不仅都公开提供给公众批评，而且提供给公众作不适当的诽谤。"②

当然，雅典民主制之所以容许讽刺时政的喜剧，并不是雅典的奴隶主执政者有什么特别的"善心"，而是当时政治派别斗争和社会实际发展的结果。当时雅典的公民必定是欢迎阿里斯托芬的，因为他的喜剧揭露当时社会的真实面貌，反映了相当一部分公民的心情。一句话，空洞的民主、自由、平等填不饱辘辘的饥肠，当这个制度已经不能再给它的大部分公民以任何实际利益时，无论它有多么美好的名称，也终将为这些公民所抛弃。

在这种情况下，当时包括阿里斯托芬在内有相当一部分人幻想着"过去"的"美好的生活"，正如《骑士》里的德谟斯最后所幻想的："我恢复了旧时代的幸福生活"。③ 但他们对"过去"的"美好的生活"的理解本身就是幻想式的。阿里斯托芬生于伯利克里独揽大权的第一年，成长于整个伯利克里时期，但他却否定了雅典民主制的传统，向往着西门与伯利克里争权的年代，怪不得有的研究者认为阿里斯托芬以及整个老的喜剧作家适应的是西门的时代，④ 这种倾向意味着雅典的奴隶主逐渐感觉到像当时那种政治制度已经不适应维护自己的特权，维持对奴隶的剥削关系了。于是人们想起了寡头政制，以为那是挽救自身沦亡的药方。正是在这种情绪下，雅典发生了两次短命的寡头派执政。

---

① 参阅爱柏特：《伯利克里和雅典的黄金时代》，第329—330页。
② 格罗特：《希腊史》，人人丛书第1册，第291页。
③ 《阿里斯托芬喜剧集》，第152页。
④ 参阅爱柏特：《伯利克里和雅典的黄金时代》，第168页。

事实上,斯巴达式的寡头政制同样挽救不了雅典城邦的覆灭。随着社会的发展,小国寡民的城邦制,已经完全不符合客观的需要。再要在这样小的范围内维持奴隶主与奴隶的关系已经不可能了。马其顿统一希腊,建立一个庞大的帝国,是进一步巩固并发展奴隶制生产关系所需要的,从而是一种历史必然性的表现。从此以后,希腊的历史进入了另一个阶段。

历史的现实在变化前进,但古代雅典民主制时期所创造的灿烂的戏剧文化却作为历史的见证和艺术珍品流传至今。古代雅典的民主制固然有它的兴衰,但它曾经很好地完成了它的历史使命,为创造古代文化提供了就当时说不失为良好的社会条件。这个社会已经消逝了数千年,但这个时代精神的精华却永远活跃在埃斯库罗斯、索福克勒斯、欧里庇得斯和阿里斯托芬的戏剧作品中。

(原载《美学》第 2 期)

论美学在康德哲学体系中的地位

康德57岁（1781年）发表了《纯粹理性批判》。无论是该书的体系或许多具体段落（特别是"辩证篇"的许多部分）都暗示着他的思想体系的两大支柱——理论理性和实践理性的问题——已经考虑成熟了，但还没有多少地方说明他关于《判断力批判》的内容有多少成熟的看法。这并不是说，关于"情感"问题康德尚未考虑过，早在1764年他就发表了发挥英国经验主义者柏克思想的《对于美和崇高的情感的观察》，但直到《纯粹理性批判》出版，康德思想中与后来《判断力批判》所涉内容相呼应的甚少，在《实践理性批判》出版（1787年）以前，有一篇《论目的论原理在哲学中的运用》发表，两年以后（1789年）才有《判断力批判》问世。

我们将会看到，这样一个思想发展过程并不意味着第三个批判和前两个批判有什么原则性修改的地方；相反，康德的《纯粹理性批判》虽然没有给《判断力批判》留下多少暗示，但他的《判断力批判》却处处与前两个批判呼应，所以我们并不能发现第三个批判与前两个有多少明显矛盾的地方。应该看到，康德这三大批判是一个相当严密的体系，到了《判断力批判》，康德的哲学思想已是相当完整、相当成熟的了。我们只是说，在康德哲学思想中，"美学"是他的哲学体系的逻辑"逼"出来的，是他的哲学体系的需要，而不是他对艺术问题有多大兴趣，或者对艺术有多大修养。除了上述发挥柏克思想的论文外，康德似乎没有写过什么有关艺术的专论。从他的著作目录来看，他早年侧重于自然科学的研究，这种兴趣贯串了他的学术工作的始终，但他对宗教、道德也逐渐表现出相当的关心。也许我们可以说，康德虽然力图贬抑科学知识，但他自己恰恰是通过研究自然的道路，即通过科学的道路来探讨哲学问题的。①

也许是哥尼斯堡这个穷乡僻壤的环境，也许是卢梭崇尚道德、贬抑艺术文化论文的影响，也许是他个人那种孤独生活的原因，康德与艺术的缘分很少，他不懂绘画、讨厌音乐，连他比较熟悉也比较推崇的诗，似乎也没有表现出有多高的鉴赏水平。然而，就是这样一位脱离生活、沉寂于抽象玄思的学究，却构造出了人类历史上第一个有影响的美学体系，②系统地提出了一系列重大美学理论问题，而在他的《判断力批判》中对一些具体美学和艺术现象也有相当敏锐的看法，尽管读者的立场观点可以和他完全不同，但读起来仍是兴味盎然。

然而，正因为有上述这些原因，我们也应该指出，思想史上这样一个成大气候的美学体系，却也有其先天的局限性。也许，我们再也找不出一本美学著作像康德《判断力批判》那样晦涩，那样枯燥无味的了。《纯粹理性批判》讨论知识和形而上学，《实践理性批判》讨论至上命令、意志自由，这些问题本身就够抽象的，康德用那种拖沓枯燥的语言已令人烦恼，竟然在讨论美、艺术这样一些理应趣味横生的问题时，仍然用那一套语言，则令人难以忍受了。所以，读康德的《判断力批判》需要很大的耐心，才不至于半途而废。

《判断力批判》关于美学部分的兴趣完全是哲学性的、理论性的，这里显示了哲学本身的巨大力量。尽管康德哲学本身是唯心主义的，他是以唯心主义的立场、观点、方法来解决所提出的哲学问题，是和我们马克思主义辩证唯物主义完全对立的，但他提出的问题本身，包括关于美和艺术的哲学问题在内，都仍值得我们从我们自己的立场、观点、方法去探讨。

一、理性的原则与情感判断

从1770年开始，康德在他的学位论文《论感觉世界和理智世界的形式和

---

① 这种情形相当类似古代希腊的苏格拉底，他也是总结了自泰利士到阿那克萨哥拉的早期自然哲学的漫长道路提出自己的"理念论"哲学的。
② 一般说，"美学"（Aesthetic）由沃尔夫学派的鲍姆加登提出第一个体系，但他的思想早已没有多大影响，自不能与康德美学同日而语。

原则》中把感觉与理智从原则上分别开来,他的思想重心就由考察自然(感觉世界)转向考察人的理性(理智世界)。既然如休谟已经指出的,感觉世界不可能给我们提供必然可靠的知识,那末,这种知识根源就不能从人的感觉中去寻找,而要从人的理性中去寻找,于是考察(分析、批判、研究)人的理性就成为哲学的最根本的课题,这就是康德所谓他的在哲学上的"哥白尼式的革命"。

"理性"(die Vernunft, reason)是人作为主体不同于感官感觉的理智性功能,感官感觉向人提供外部世界的材料,理性向人们提供规整这些材料的规则,给这些材料以形式,这本是从亚里士多德以来的古老的哲学问题,当时德国从中世纪以来的亚里士多德主义到变革了的沃尔夫学派都没有离开这个传统多远;而离这个传统较远的则是从文艺复兴以来经培根批判亚里士多德哲学、工具论以来的经验主义思潮。康德的工作在于把这种在当时是新的、经验主义思潮引入德国并与德国传统的理性主义相结合,既规范了发展至怀疑论、主观主义的经验主义,又改造了传统的理性主义。在知识论中的"先天综合判断"的成立,就是这种结合的表现。然而,这种结合,又是不彻底的,不是一种原则上的结合,即感觉经验和理智理性遵循着不同的原则,有完全不同的来源。理性的原则不可能来自感觉经验的概括或归纳,虽然我们可以有"桌子"、"椅子"等经验的概念来自同类事物的概括,但它们都不是绝对的;经验材料不可能不来自理性,虽然它们可以有一些习惯的观念(意见),但它们只能是相对的。理性是一种绝对的原则,不依赖于经验,不是经验的归纳、概括,用现代欧洲分析哲学的语言说,理性是确定、建立必然要遵循的"规则"的能力,像"博弈"一样,"规则"必须在"博弈"之前就确立完毕,而且是绝对必须遵守的。应该说,康德心目中的"理性",就是这种确定普遍、必然规则的能力,没有这种能力,人则无异于动物。

然而,理性原则固然不能不来自感觉经验,但却要对感觉经验发生作用,否则这些原则又是空洞的。这样,感觉经验与理性原则,即客体与主体之间的关系,构成了整个所谓"先验哲学"的核心内容,而"批判哲学"的主要任务,就在于"批判"地划清理性对感觉经验的不同作用,即主体对客体的复杂关系的各种具体内容,一句话,即"批判"理性的不同的功能,划清它们的界限,并正确地指出不同功能之间的联系。

这样,在纯粹的理性能力这一总的题目下,按照它的不同的功能,即按照它的不同的可能的适用范围,可以分成不同的部门,这就是通常研究康德哲学时所谓知识、情感和意志三大领域,以相应于康德自己的三大批判,而研究这三者之间的关系,是研究康德思想的重要课题。

我们看到,知、情、意三者的关系,正是康德《判断力批判》的主要问题,康德以"情感"为知识和意志的桥梁,这当然是康德在这个问题上的核心命题,现在的问题是,康德在论述这种联结作用时,在理论上是如何与前两个领域的批判相呼应的,这是我们理解康德心目中三者关系的关键。

我们认为,理解"情感"的桥梁作用的关键性观念应是《判断力批判》1790年第一版序中着重提到的理性的两种不同的功能:构成性的(konstitutiv)功能和调节性的(regulativ)功能。这两者的区别,是《纯粹理性批判》的主要论题之一,但或许我们可以说,在第一个批判里,康德主要着力于论述理性的构成性功能(原理),论述科学知识的普遍性、必然性,而在《判断力批判》中,则继续这一思路,着力于论述理性的调节性原理(功能),以研究"情感"的普遍性。

我们已经提到,在康德看来,理性的本质在于它的先天的"立法"作用,即不依赖经验给出规则、制定规则的作用,而由理性所给出的规则,可以是构成性的,也可以是调节性的。所谓构成性与调节性的区别,在康德看来,最本质的在于前者为客观的对象给出规则,后者则只给理性各功能之间制定规则,而没有该规则制约的客观对象。因此,构成性的原理有它自己独特的领域,而调节性原理则不然,这就是说,它所涉及的范围是和构成性原理相同的领域,不过在这个领域中它不为客体立法(制定规则),而只是为主体立法(制定规则)。

在第一个批判中,理性为科学知识制定规则,通过先天的感性直观形式(时间、空间)、知性的十二个范畴,知识的必然性就有了根据,这种先天的、必然的形式和范畴使感性的自然界成为科学知识的对象,"构成了"自然的秩序和法则,理性的知性功能在自然中有制定规则的权力(立法权),否则自然就成为只能感觉而不能理解的东西,就无科学知识可言。

在这个批判里，康德分析了传统的"形而上学"问题。自亚里士多德把"存在的存在"问题放在"物理学"之后，"形而上学"（metaphysics）就成为探讨"本体"（"存在的存在"）的一门学问，因而几乎与"哲学"同义。① 康德在指出形而上学问题不是知识问题、不能用科学的直观形式和知性范畴去套之后，承认了理性概念（理念）的合法性，即形而上学的诸概念（如自由、第一因等）虽系借用于知性，但不是构成性的范畴。这就是说，理性在运用这些概念时，并不是要为自然界制定什么规则，因而在自然界中永远找不出"第一因"来，但它们却对主体的各种功能起一种调节的作用，对我们的知识，起一种规范的作用，可以推动我们知识不断往前进步。在康德看来，只要承认理性这两种功能的不同，形而上学仍有其不可磨灭的意义。

理性概念（理念）对科学知识来说是调节性的作用，但对实践意志而言，则是构成性的，即它有一种客观的、"树立一个对象"的制定规则（立法）作用。前者是自然的世界，后者是自由的世界。在自然的世界，"理念"只是调节的作用；在自由的世界，"理念"则是构成的作用。理性在实践领域里为意志制定规则，没有这种规则，意志就只能是感性的欲求，人的欲求（意志）所必须遵循的理性的规则，是无条件的命令，是意志自由。在"形而上学"里的诸"理念"，这里成了真正的理性概念，它们是意志的客观法则（规则）。"那个只在欲求能力的领域内有构成性先验原理的理性，就是实践理性。"②

这样，就理性的构成性原理而言，我们有两个独立的领域：自然的领域和自由的领域，它们遵循着完全不同的规则（原则），前者由理论理性给定规则，后者由实践理性给定规则，而理性的理论的运用和实践的运用是两种完全不同的"制定规则"的作用，有不同的概念、不同的规则、不同的对象。

但是，理论的规则和实践的规则，同属于一个"理性"，只是理性的不同的功能，那末在这被分割开来的不同的功能背后，有着"理性"的统一的"制定规则"的作用，于是自然与自由、理论与实践的两种不同的理性功能之间的

---

① 古代希腊早期，"哲学"为"爱智"，本无"形而上学"之意；但欧洲思想传统崇尚自然科学式的"知识"体系，"爱智"的重点移在"智"（理智）上，所谓"爱智"则意味着他们喜欢一种无所不包的知识体系。康德原意大概是要破这种体系，但欧洲人始终没有能真正突破这个体系，现代分析哲学采取简单的办法，完全否定"形而上学"，但他们仍然"爱"无所不包的知识体系如故。
② 《判断力批判》1790 年序。

关系，如果要形成一个完整的哲学体系（不一定是知识体系，即不一定是形而上学体系）的话，就应该加以调节、协调。于是，在理论与实践、知识与道德之间，有一个情感的中间环节，在这个环节中，理性的功能只能是调节性的，不能是构成性的，即"情感"没有自己的特殊的领域，没有自己的独特的对象，这样才能起到沟通知识和道德、理论和实践的作用。

正如"理性"有三种制定规则的功能因而涉及知、情、意三个方面一样，人的感官（感性，aesthetic）也涉及三个方面：感觉、情感和欲求。① aesthetic 在知识方面是被动的、接受性的感觉材料，在意志方面是低级的欲求，这些都是人的生理的、自然的功能，除了这两种低级的生理功能外，人对外界还有一种"愉快"和"不快"的反应，这种反应，我们知道，正是一方面和感觉印象，另一方面和低级欲求相联系的。现在的问题是，既然人的理性为感觉材料和低级欲求制定了普遍的、必然的规则（立法），那末理性是否还具有一种功能，能替"快"与"不快"的情感制定普遍的规则呢？康德的回答是肯定的，并且通过对情感判断的先验原理（即理性的制定规则作用）的讨论，提示了它和前两种制定规则功能之间的关系，沟通了理论与实践、知识与道德之间的关系，恢复了理性的统一区分原则；但我们将会看到，康德把理性统一的基础放在"情感"领域，则并非是安全、坚实的基地，所以才有后来费希特、谢林、黑格尔哲学这一系列的发展。

然而，无论如何，康德终于抓住了一个沟通理论与实践、自然与自由的中间环节，他按照逻辑学的系统，以"判断力"来命名理性的这一部分的制定规则作用。

从大的方面说，康德的三个批判所涉及的问题，恰恰是"概念"、"判断"、"推理"三个方面，当然每个批判里都含有这三个方面，但核心的问题自然有所侧重。《纯粹理性批判》研究知识问题，科学知识由先天综合判断组成，其核心问题是经验的知识、经验的概念如何可能，即先天的范畴如何与经验的直

---

① 因此，在康德哲学中，aesthetic 不可译成"美学的"，也不可译成"审美的"，或"美感的"，因为在康德哲学中，"审美的"或"趣味的"判断，固然是感性的（aesthetic），但并非一切感性的都是审美的、趣味的。因此，通常认为康德在第一批判中认为 aesthctic 不能有先验原则，而到第三批判改变了这个论断的看法是不确切的。因为在第一批判中，康德的 aesthetic 当然是指认识性的感觉材料，这种材料本身就康德哲学言，自无先验原则可言。

观结合的问题;《实践理性批判》所涉及对象,无感性直观可言,纯属(理性)概念之间的"推理"关系,是理性为自身立法。《判断力批判》则是理性如何对个别事物的直觉仍可以有先天的立法作用,即人如何对个别事物的感受可以作出具有普遍性的判断。正如"判断"是联结"概念"和"推理"的环节,理性对于判断力的立法作用也就成了前两种立法作用之间的杠杆。

应该指出,康德这里所谓的"判断力",既非知识判断,也非实践判断,而是情感判断。知识判断和实践判断都涉及概念,前者涉及经验自然概念,后者涉及超验自由概念,都不是感性的(aesthetic),它们具有普遍必然性,是很容易理解的;但情感判断是感性的,即不涉及对象的概念,它既非对自然的认识,也非对自由的知识,而是不离开具体感性直观的(无论是现实的或想象的)"快"与"不快"之感。于是,康德的问题是,对于这种"快"与"不快"之感,理性有没有先天的制定规则的作用?康德对此的回答是肯定的,但理性在为情感判断制定规则时又有许多特点,《判断力批判》的任务就在于研讨这些特点。

在康德看来,和人的认识能力和意志能力一样,人的情感也有高级的、为理性制约的和低级的、为身体制约的之分。人的感觉印象由于先天直观形式和知性范畴的规范而成为经验知识,人的低级生理欲求因理性概念而提高为道德情操,而人的快与不快之感则由于理性的协调作用,成为一种普遍性的判断——即对美的判断,或鉴赏判断。这里,问题的复杂性在于:鉴赏判断既是感性的,永不离开感性直观,那末,为什么不是私人的(private),而会成为公众的(public)?① 康德在《判断力批判》导论里说:"令人惊异和产生分歧的地方就在于它不是一个经验概念,而一个愉快的情感(因而完全不是概念),但却通过鉴赏判断使每个人都承认它,好像它是一个和客体的认识相结合的宾词,并且它应该和它的表象联结着。"② 从情感判断与知识判断的联系和区别来说,康德这一段话道出了问题的核心,这就是说,鉴赏判断,作为判断来说,在形式上与知识判断一样,如"这花是美的"和"这花是红的"一样;但前者似乎只表示了一种私人的情感,于是就要来探究:为什么这类性质的情感

---

① 我们看到,这样一个现代西方分析哲学中讨论得很热闹的问题,实从康德而来。
② 康德:《判断力批判》导论,第七节。

判断会有权以知识形式出现，因而不像"这道菜是好吃的"那样纯属借用知识判断形式，而是有一种内在的根据，所以它有权要求人人都同意。

我们知道，按康德哲学原则，只有概念具有普遍性，因而关于美的判断（鉴赏判断）既然具有普遍性，则它的直觉表象必定与知性的概念有某种关系，这种关系由理性所调节，使知识与想象力得到和谐，才有鉴赏判断的普遍性。

于是，我们看到，理性的制定规则作用，在情感领域里起着一种调节的作用，使直觉的能力与概念的能力，即诸认识能力得到协调和谐。在情感判断中，判断离不开直观表象，因而想象力是核心的环节，而知性的概念则不像在知识判断中那样确定，因而我们在欣赏花时，并不需要对花有许多生物学的知识，但也不完全排斥这些知识，而是通过想象力与花的概念相协调，因而"这花是美的"和"这花是红的"区别不仅仅在宾词上，而且还在主词上，两句中的"花"并非是同样的确定的经验概念，它们具有不同的涵义。理性并未为鉴赏判断确立与知识判断不同的概念形式（"花"仍是"花"），因而情感判断没有自己不同于知识判断的领域，理性在这里的立法作用，只是调节性的，它只为想象力和知性的关系制定调节性的规则。

由于理性的调节性的功能，使直观与概念得到统一，"概念"不像在知识判断中是确定的、独立的，而是属于直观之中，一般存在于个别之中；这个"一般"，同时也就不是自身独立的、确定的；在这里，个别体现了一般，直观中蕴含着概念，因而这个直观就又非单纯的快与不快之感，而成为高级的鉴赏，是一种判断。"花是美的"不是对"花"作知识判断，并非指出在"花"这个经验概念下诸种属性（如"花是红的"，"红"为"花"之一种属性），但"花是美的"却蕴含着更加广阔的概念，与鉴赏者整个经验有相当的联系，这就是说，在作鉴赏判断时，是以"花"这个具体直观表象激发了想象力的活跃，与鉴赏者的更丰富的经验知识相联系，虽然这些经验在"花"这样一个具体的直观形象中不能得到确定的表现。

然而，美的内容（即更丰富的经验）和美的形式或美的寄托（依托）之间的联系，又不是完全任意的，它们之间虽然不是由理性的知性功能必然规定了的，但却也有一种经验的必然性。在这里，康德引进了理性的合目的性原则，即美寄托于个别的、具体的自然表象之中,这种表象不仅从属于确定的知识范畴体系之中,而且本身体现了一种统一性,不必抽象为知性概念,而就在现实的表象中,即可见出一种规律性的统一。概念本身具有现实性即为目的,所以在个别之中见出一般概念式的规律,即是一种合目的性。这样,在康德看来情感领域中理性的调节功能就是理性为情感(判断力)制定一种合目的性的规则。自然本身无所谓"目的",所以"目的"不是理性的知性功能制定的规则,即科学知识中没有"目的"的地位;但理性却为判断力制定了"目的"规则,人们以鉴赏态度把握自然时,就体验到这种合目的性的愉快。所以康德说,"判断力必须把目的安置于自然中,因为知性在这里不能对自然提供规则。"①

二、合目的性——自然与自由的统一

关于康德美学中"合目的性"部分历来被认为是很不好懂的;② 因为他要把传统的目的论纳入他的先验哲学体系,或者说,要利用目的论来沟通理论与实践、感性世界与理性世界的关系,不能不赋予这个理论以新的、独特的涵义,而弄通这一部分又是理解康德美学在他整个哲学体系的关键,因而是不可忽视的。

问题还是离不开语言的日常涵义。所谓"目的",就是要把头脑中精神性的东西变成客观现实的东西,预备转化成现实的概念,即是"目的"。这样,"目的"的概念就不是一般知识的概念,知识的概念没有现实性这个特点;目的概念也不是一般低级生理欲求,因为低级欲求固然有现实性这个特点,但却可以是无意识的、不自觉的,因此"目的"是概念,不是本能。就其自觉性、概念性而言,目的是理智界的事;而就其现实性来说,目的又是感觉界的事。这样,目的就是介于理智界与感觉界之间的环节。

我们知道,康德把整个哲学分成两大基本领域:即理论的和实践的,前者根据必然的自然法则,后者则是自由的道德法则,前者涉及的是经验的感觉世界,后者则是超经验的理智世界,这两个世界在原则上是分割开来的,各自根

---

① 康德:《判断力批判》,导论,第六节。
② 见 H. W. 卡西尔(Cassirer):《康德〈判断力批判〉评注》,1938年,伦敦,第121页。

据着不同的原则，即理性为感觉世界和理智世界所制定的规则是完全不同、不能通用的；然而，它们虽然在原则上不能相容，在实际上却是有联系的，这就是说，它们显然同出于一个统一的先天的理性，在康德看来，虽然感觉世界不能影响理智世界（否则就不是先天的了），但理智世界却可以而且必须影响感觉世界。实践理性本身就有一种现实性，即在感觉的世界实现自己的自由，虽然这对知识来说，仅是一个"理想境界"即"理念"，但却是道德的一道命令。

于是这两个对立的、不同的系列——自然系列和自由系列就有了一种关系，从根本上说，自然系列是达到自由系列目的的手段。然而，理性要达到自己的目的，要使自己的概念具有现实性，必须符合自然本身的规律，因而，目的的现实性本身必须包含以自然的必然规律为自己的内容，这就是说，目的概念与自然概念之间有一种同一性，目的必须符合自然概念。在这个意义上说，理性又不仅把自然当作手段，而且把自然的原因系列本身当作目的系列来把握，这就是康德说的，根据自然概念的实践。这个实践，正如康德所指出的，与根据自由概念的实践有本质的不同，但却是理性要实现自己的必不可少的基础。康德哲学的问题在于只承认实践理性对理论理性的影响，而未曾涉及理论理性同样也可以影响实践理性的问题。

康德研究过多年的自然科学，他并不认为自然界本身有什么"目的"，他指出在理论知识的领域中无目的可言，知性不能把"目的"引入自然界，因而"目的"系列不像原因系列那样属于科学知识范畴；但是"目的"作为按照原因系列得到其现实性来说，又不是道德的事，因为实践理性要求道德的意志自由，是完全不受原因系列支配的，就这个系列来说，它要求"第一'因'"，而就"目的"系列来说，它要求"最终'目的'"（Endzweck）。这样，如同感觉世界的无穷尽的原因系列那样，无穷尽的"目的"系列就成为介于感觉世界和理智世界之间的环节。然而理性并不能在自然和自由之外创造出第三个世界，理性除自然和自由这两个客观对象之外，没有可以用概念（对自然是知性概念，对自由则是理性概念）来把握的领域，所以关于合目的性的判断只是一种"反思性"的判断，而不是"规定性"的，即不是以先天规则树建一个客观对象的判断。

这样，在康德心目中，所谓"合目的性"概念，只是理性替判断力所制定的规则。这就是说,我们(理性)在评定一个个别自然现象时,固然不能从科学上、知识上证明它必然、充分地表现某种普遍规律,这是在理论上不能证明的,因为个别永远不等于一般,但却可以而且必然把这个个别评定为以某种方式体现了一般,这样,整个自然界就不再是个别现象的堆积,而像一个有机体那样,在杂多中具有一种统一性。换句话说,自然界不仅可以用"原因"、"结果"的知性范畴去把握,而且可以用"目的"、"效果"的判断力的合目的性概念去把握,但后者并非是科学知识,而本质上只是一种情感。①

自然的合目的性原理在康德看来,并不是理性的知识(理论)功能发现的,也不是理性的纯粹实践功能发现的,而是实践功能通过判断力在自然界体会出来的,同时也是通过对"快"与"不快"感作理论的分析得出来的。

所谓"快"与"不快"的情感,离不开目的的实现与否,但低级的情感,只是低级的欲求的满足,与理性无关;而鉴赏判断的快感,却具有知识判断的形式,要求普遍传达,要求人人同意,②因而并非实际的目的的现实,而以合目的性立场来"观"(体验)自然,从而得到一种特殊的快感。所以,在康德心目中,鉴赏判断的快感是一种高级的或理性的快感,它不是在感觉材料上(实际上)满足欲求的结果,而是在各种理性制定的规则上(形式上)得到统一协调的结果,换言之,这种情感的态度,在自然的合规律性、必然性中,看到了自由,或者在自然的杂多的个别性中看到一种统一性。自然不像在科学知识中成了知性概念的系统,而是保护了自身的个性,保持了自身的丰富多彩的现象,激荡着想象力,使之自由驰骋,但知性的规律又在规范着这些直觉,使之合规律。在这种情感的升华中,人们仿佛捕捉到了自然最深的本质(物自体),但却不是真正的知识,不能科学地加以传授,所以鉴赏判断必须亲自去体会;同时在这种境界中,人们也体会到一种自由,但却不是严酷的道德命

---

① 康德《判断力批判》包括了"目的论"部分,在该批判的"导论"中也有"自然的合目的性的逻辑表象"一节,认为自然合目的性不仅是感性的情感,而且也可以与逻辑概念联系起来,但就在这一节中,他指出:"在一个判断力的批判里,包含情感判断的部分是本质地隶属于它的……"关于《判断力批判》"目的论"部分,当另文讨论。

② 但实际上并不可能人人同意,因而鉴赏判断又不像知识判断那样具有必然性,而只是在道德命令影响下(不是决定下,因而也不是命令)的一种"要求"。关于这个问题,可参阅罗吉尔生(K. F. Rogerson):《康德美学中"普遍价值"的意义》(《美学和艺术批评》杂志,1982年,春,第301—308页),该文介绍了西方学者对这个问题的争论和作者本人的意见。作者指出,西方一些学者认为这里的"要求",不是知识性的"期望",而是道德性的。

令，以贬损自然（感官欲求）显示自己的独立性，而是在自然的现象中体会出这种自由。所以对美的鉴赏，既非冷静之知识，也非严酷之命令，而是一种合目的性的愉悦。

这样，鉴赏判断里的合目的性，一方面与知性的原因系列相联系，另一方面又与理性的"终极目的"相联系，而不是与具体的实际的目的相联系。我们欣赏齐白石的虾，当然可以联想到虾的美味，但作为鉴赏判断本身，却与这种"美味"之感无关，与鉴赏判断联系着的，一方面是作为自然对象的生意盎然的形象（意象），另一方面则由这种生机中体现出来的（艺术家"看"到的）更为广阔的社会内容，表现了对一种更为深刻的规律的捕捉，体现了一种合规律性的自由，或自由的合规律性。

我们都知道，在知识论里，康德否认有"理智性的直观"的存在，因为他从二元论立场出发，认为理智与感觉各有来源，所以知识不可能是绝对的，所谓绝对知识（形而上学）只是一种"理念"，而"理念"是找不到直觉作根据的；但是，我们觉得，在情感判断领域里，在鉴赏判断中，在对美的鉴赏中，康德应该承认"理智的直觉"的合法权利。从以上论述看，这种"理智的直观"，是通过"合目的性"这个环节实现的。如前所述，"目的"既是概念性的，又是感觉现实性的，虽然"目的"的真实的实现，不是绝对的，因而知识并不是绝对的，但无限地要求"目的"的实现，这却是理性的一道绝对的命令，因而理性有一种必然的倾向提出"终极目的"，这样，在艺术欣赏中，在美的鉴赏中，人们就有可能通过相对的、有限的、特殊的形式，体会出绝对的、无限的、普遍的内容，虽然对美的鉴赏，既不能代替科学，也不能代替道德，但却有利于促进二者的发展。

康德认为，除客体与主体之外，除自然与自由之外，理性不能有第三个对象，即美不构成理性的独特的对象，"目的"的世界就存在于客体与主体关系之中；然而，我们看到，美仍然有其独特的"领域"（或"范围"），即合目的性的领域，这个领域也可以叫"技术的"（"艺术的"）世界，即包括了自然美（技术）和艺术美的世界（艺术）。

"技术"是把目的变为现实的实际能力，如康德所说，这种实际能力所需要的锻炼各有程度不同，有的需要极少的锻炼，一般谈不到技术，但无论多么简单的操作，都需要克服一定的物质材料上的困难，因而都需要广义的"技术"。"技术的世界"是人的作品，是人类物质劳动的产物，这是人们把客观世界当作合目的性的作品来欣赏的物质基础。康德在《判断力批判》里推崇自然的自由（随意）的美，但所谓自由美并非最基本的，而是人类物质文明和精神文明发展的一定成熟阶段的产物。艺术史上旧石器时期的自然主义风格早于新石器时期的几何图形风格即是反映了这个发展过程。实际的技术世界是情感的艺术世界的物质基础，后者是前者的反映。人在自己的物质创造物中看到自己的目的的体现，看到了人的物质和精神力量，这是一切情感判断的客观基础。并不是"判断力"把"目的"引入自然界，而是人类的劳动把"目的"引入客观世界。人们的情感判断由直接的劳动产品扩展到非直接的产品的自然界（即不仅是实用的产品，而且是鉴赏的对象），则的确是人类精神文明进一步发展的产物，这样一种"自由的自然美"由于没有直接的实用意义，没有确定的自然概念，从而使想象力具有更加广阔的活动天地，在鉴赏中，的确是有一定的优越性；但又由于它离开人的社会生活（各种劳动、斗争）较远，所以它与人生（作为实践理性的体现）的联系就相当间接，所以作为艺术的题材，也有其局限性。在这一点上，也反映出康德本人的鉴赏力上的不足之处。

实际的技术世界，是物质的世界、工业的世界，是按照人的实际的需要，按照实际目的创造的世界，人和这个世界的关系，是实实在在的、确定的，它虽然体现了实践理性影响下主体的自由，但却凝聚于实际的客观的自然概念之中，因而可以作为科学知识的对象，研究这个对象，就是社会学、历史科学；然而，除了实际的技术外，人们还有美的技术，它既不是按照自然概念的实践，也不是按照自由概念的实践——由于"自由"意味着摆脱一切感觉原料，因而无"技术"可言；而是按照"情感观念"① 来进行创造的技术，美的技术（美术），即我们通常所谓的艺术或美的艺术。

在这里，我们应该强调指出"情感的观念"这一概念在康德美学中的重要性，实际上，所谓"情感的观念"实即康德所谓在知识领域达不到的"直观的理智"或"理智的直观"，因而是理解美（艺术）和知识、道德关系的关键。

---

① 一般译为"审美观念"，在康德哲学中不妥，理由已如前注所说。

三、美（艺术）与道德、知识之间的关系

所谓"情感的观念"，即又是感性的，又是观念性的，这样的结合，在知识判断里和在道德判断里都是不合法的，即理性没有权利给知识和道德制定这个规则，理性没有这个功能，因而它在这两个领域里是"不合规则的"，如果把"情感的观念"滥用于知识和道德领域，则正如现在西方分析哲学代表人物莱尔（G. Ryle）在他的名著《论"心"的概念》所指出的，是犯概念（范畴）性错误（category mistake），① 即把不同性质的事混淆了。② 理性替科学知识制定了一套规则，按这套规则，感性与知性虽可统一，但各有其来源，因而没有"理智的直观"，也没有"直观的理智"，因而不可能有绝对的知识；理性又为道德实践制定了另一套规则，按这套规则，意志不顾一切利害，摆脱一切感性羁绊，是为纯粹自律、自由，因而道德也不可能有"理智的直观"或"直观的理智"，它是绝对的命令，而无须咨询知识和顾及人间的幸福。然而，理智和感觉这两种对立之源泉（故康德是二元论）在鉴赏判断和艺术创造中，却得到了统一，这种统一，名之谓"情感的观念"。

我们知道，"观念"（Idee, idea）这个字在西方近代哲学史上起过很微妙的作用，显示了哲学用语和日用语之间的一种复杂的关系。在近代，首先把这个概念引入哲学的是英国的经验主义，但英文的 idea 在日常语言中只是一种"看法"、"意见"的意思，离"真知"、"真理"尚远（"It's just an idea"，"这只不过是一种看法"），所以研究感觉、印象、观念的英国经验主义，终于导致怀疑主义。"idea"这个基本意义，似乎一直保留在康德哲学体系中。《纯粹理性批判》"分析篇"和"辩证篇"都用了"Idee"，前者指不能以知性范畴规范的偶然"想法"、"意见"，后者则却与柏拉图的"εἶδος"（"理式"、"理念"）相接，是很高的或最高的理性概念，但我们发现两篇中的"Idee"仍有一个相通处，即都不能用知性的范畴来规整，因而不可能成为知识、科学，而

---

① 莱尔：《论"心"的概念》，伦敦，1958年，第18页。
② 我们看到，莱尔所谓"概念性错误"实即康德所谓"理性之僭妄"。

这正是日常语言中"idea"的基本用法。①

在鉴赏判断和艺术创造中,所谓"情感观念"具有两方面的意义,一方面是情感的、感性的,因而离不开直观的形象、直接的体验;另一方面又是理性的,是一种观念或理念。我们已经说过,鉴赏判断不是知识判断,它的感觉不受确定的知性概念的规范,但它又不是单纯的感觉印象,而同样是理性的判断,因而不可能不涉及任何概念。鉴赏判断是通过直觉能力(想象能力)和知性能力(不是概念本身)的和谐体验到更高的概念,即理性的概念——观念或理念。然而,正如康德在《纯粹理性批判》里告诉我们的,理性概念之所以成为"观念"(或"理念"),正因为它没有相当的直观和它结合(如感性世界找不出"上帝"、"第一因"、"终极目的"来),因而人不能是"全知、全能"的;然而,理性却给了我们一种权力,即理性尚有一种功能,在鉴赏判断中,在美的欣赏中,在艺术的创造中,使理性概念(理念、观念)塑造出(或"观照出")一个理性的直观形象来。当我们把自然当作一件艺术品来鉴赏时,我们心中的想象力冲破了知性概念的框框引向了理性的观念。我们在欣赏花时,萦绕心中的并非花的自然的属性(概念),而是品味着世界、人生的更深一层的意义,这种意义,我们当然不能用知识的形式表达出来,使人人都能通过我的判断来学得,而只能直接通过对花的欣赏,来分享这个鉴赏判断。② 正是在这个意义上,康德说,所谓"情感观念"的方向正好与"理性观念"相反(或是"理性观念"的一个"对称物"):"理性观念"是概念找不出相适应的感性直观,而"情感观念"则是直观找不出相应的知性概念。③ 这就是说,美的直观形象,知性无法用自己的概念去规范,使之成为科学知识,它似乎是直接与道德的实践理想相结合的。

于是,我们在这里接触到康德提出的一个重要而饶有兴味的命题:"美是道德的象征。"

我们已经指出,"情感观念"("感性观念")是感性与理性的结合,即实践理性概念虽然找不到一个知识性、理论性的直观与其相适应,但却有美的直

---

① 所以在翻译康德哲学时,有人把 Idee 译成"理念",有人译成"观念";有人把"分析篇"中的 "Idee"译成"观念","辩证篇"译成"理念"以示区别,但割断了联系。《判断力批判》中的 aesthetik Idee,也可译为"感性理念",本文还是译成"情感观念"。
② 这里我们似乎可以说,要知道花的美,请亲自看一看花。
③ 康德:《判断力批判》,第 49 页。

观（或为自然的，或为艺术家创造的）与其相适应，而美的直观，虽无确定的理论的、知识的概念与其相适应，却有实践的、道德的概念与其相适应，在这样间接复杂的关系中，感性与理性得到了统一。美的直观，已非单纯感觉，而是理智的感觉；美的观念，已非单纯的概念，而是充满情感（感性）的概念，只是这种结合，在康德看来，不可能是知识性的，也不可能是实践性的，而是艺术性、鉴赏性的。

于是，康德在他的《判断力批判》中，从这个前提出发，进一步追问道德和美（艺术）到底是什么关系，即为什么在美和艺术中这种感性与理性的结合不能成为知识性的，而只能是鉴赏性的，其中区别何在。正是针对这个问题，康德提出了"美是道德的象征"这个命题，这里的关键在于对"象征"（Symbol）这个概念的理解。

我们知道，在知识范围里，同样也有感性与理性结合的问题，康德的《纯粹理性批判》的主要任务就是要论证这种知识性的结合，以批评经验主义、怀疑主义。但是，康德认为，理性在知性范畴所制定的规则是知性的先天范畴，这些知性概念与先天直观形式（时、空）相结合，使感觉经验材料（印象、知觉……）成为一种"图式"（Schema），从而可以使之纳入知性范畴的体系之中，这就是说，在知识中，"图式"是知识性感觉的概括，使之与知性概念结合；但在鉴赏判断和艺术创造中，感性与理性的结合，不以"图式"为中介，而以"象征"为中介，即在对美的鉴赏中，感性的直观形象，不是理性的"图式"（如花作为植物标本，或几何图形作为空间的图式等），而是一种"象征"。反过来说，理念的世界（实践理性概念、道德理想）虽然在现实世界（感性世界）不能找到"图式"从而成为一种知识体系，但却可以找到（或塑造出）它的"象征"。康德指出，"象征"与"图式"的区别在于：前者是"类比式的"，后者是"证明式的"，或"指证式的"。"象征"中的感性形象与理性概念只有"类比"的关系，而"图式"中的概念则可以在感性直观中指证出来。[①]

[①] 我们在《康德研究》1983 年第 2 期中读到一篇书评，评论一本关于康德美学的文集（Ted Cohen 和 Paul Guyer 合编），其中谈到柯亨（Ted Cohen）的文章《为什么美是道德的象征》，评介者说，柯亨指出德性和美之间的两点相似处：1. 善良意志与美的对象相似；2. 道德体验与美的体验相似。评介者说，如果美的情感和敬重的情感相似，则美就可以象征道德。我们没有见到柯亨原文，果如评介者所言，则似未抓住康德"美是德性的象征"这一命题的核心意思，因为康德在这里的"类似性"是与"象征性"分不开的。

这样，康德就把"美是道德的象征"这样一个平常的意思①纳入了他的哲学体系，成为他的哲学体系中的一个环节，从而使"象征"这个概念得到了哲学的、美学的意义。②

在这里，还有一个问题需要探讨。我们知道，按照康德哲学，感性和理性在知识领域中之所以不能完全结合，不可能有"理智的直观"或"直观的理智"是因为它们有不同的来源，感觉来自"自然"，而知性范畴来自"理性"（的制定规则的作用）；在实践理性中，道德律出自理性自身，完全不顾感性的要求，在这两个领域里，我们看到感性和理性的坚硬的对立。但在美的鉴赏中，感性和理性似乎找到了它们的"同源性"，"自然"和"自由"出自一个来源。"自然"不再是"现象"，作为现象，自然受知性范畴的规整，受"时间"、"空间"的规范，而艺术中的时空是虚拟的时空，因果关系也带有虚拟性，从而使得活跃的想象力可以把"自由"引入"自然"，艺术家似乎可以"自由地"处理时空、因果，即按照一个道德原则、自由的原则来处理它们；"自由"也再不是纯粹的理性概念，一个理念、观念，而是体现在自然之中的，有自然作为它的现象。一句话，"自然"成了"自由"的象征，而"自由"成了"自然"的本质。这就是说，那个在知识领域里看不见、摸不着的"物自体"，却在美的鉴赏中看到了、摸着了。无论咏梅也好、诵海也好，花和大海都不再只是一个现象、一个知识的对象，而是体现了一种本体的意味，或者用哲学的语言说，它们象征着（表现着）"物本身"（本体）。于是，"自然"也好，"自由"也好，在美的鉴赏中，都出于一源：对"物本身"、"世界本质"、"人生真谛"的把握。

然而，在康德看来，感性与理性在美的鉴赏中的这种结合毕竟不是知识性的，因而没有什么客观必然性（这只有科学知识才能保证的）可以保证它们一定相结合，因而它们的结合就知识言则带有偶然性。在这里，康德把美的鉴赏和美的创造（艺术）作了一定的区别，前者侧重于判断力，而后者则侧重于想

---

① 康德这一提法也许是针对卢梭把道德与美术对立起来，认为美术之虚饰败坏道德淳朴（类似我国所谓"玩物丧志"）这种观点而发。
② 同时我们也可以看到，从哲学上区别"象征"与"图式"，对于艺术家的创作也是有意义的。艺术品不是道德线条的"图解"，而要在作品的具体形象体现出深广的社会意义，这种意义，并非一般社会的知识或科学体系所能代替的。

象力；前者因更借重知性而强调"陶冶"，而后者则因更接近理性而强调"天才"。康德的"天才"（das Genie）论的根据，仍在于上述美的领域中感性与理性的结合带有偶然性这一前提，这就是说，在康德看来，在艺术世界（美的世界）中，"自然"与"自由"这种结合，不是知性范畴所规定了的，因而人们不可能通过知识的积累——即"学习"必然达到这种结合，因而能够把"情感观念"创造出来，体现美的理想的艺术家，似乎是"自然"的一种"恩惠"，不是学历所能及的。这种才能，对知识来说，是带有"神秘性"的，即艺术家如何发挥其天才，创造出美的艺术品，这类问题，并不是科学知识的对象，任何人不能据"作文指南"成为作家。一句话，在康德看来，能够进行"理智的直观"或"直观的理智"的人，只是少数"自然的宠儿"，这种能力不是人人具有的。事实上，我们看到，所谓"天才"，就是抓住"现象"看"本质"的能力，即在具体的感性存在中体会出世界本源、人生大意的洞察力。学识可以启发这种洞察力，但确不能保证（人们必然有）这种洞察力，古希腊哲人说"博学不等于智慧"（赫拉克利特）大概就是这个意思。其实，按康德的哲学，艺术创作固需要"天才"，美的鉴赏力何尝不要一点"灵气"，鉴赏力需要艺术的陶冶，同样需要那种透彻万物本源的洞察力和敏感能力。

　　这里，我们讨论了艺术（美）与道德（实践理性）的联系（"美是道德的象征"），而强调了艺术与知识（理论理性、科学真理）的区别，那末艺术与知识（科学）到底有什么联系，在康德哲学中是否有类似"美是道德的象征"相对称的话来概括美与知识的关系呢？我们认为有一句话可以与"美是道德的象征"并列说明艺术与知识的关系，虽然这句话康德本人似乎并未作这种并列的探讨，而是在《判断力批判》的导论中提出的，这就是："自然的合目的性概念"是"形而上学智慧的箴言"（als Sentenzen der metaphysischen Weisheit），我们借用这句关于一般自然合目的性概念的话来说明美是科学、知识、真理的升华。

　　康德在《纯粹理性批判》中告诉我们，一切知识都离不开经验，但又不限于经验，因为有理性为经验世界、感性世界制定的规则，因而这个世界就不仅是可感的，而且是可以理解的，这样理性的理论性、知性的功能，只限于经验世界，超出这个界限，则为理性之僭越；由于这种知性的制定规则作用并不依赖于经验,是理性本身的功能,所以我们对物的世界(感觉世界)本身只限于认识它的现象,而不能认识物自体(本体);然而传统的形而上学却正要以知识的形式掌握这个本体,所以康德指出,形而上学的一些概念,如第一因、无限、本源……就知识来说,只是一些"理念"("观念"),并不能在感性世界得到"证实",而传统的形而上学却把它们当作知性范畴来用,如"上帝是存在的"等等,则犯了"概念性错误",把不同领域、不同性质的事混淆了起来。但是,"寻本求源"却是人的理性推理的本性,因而只要明确形而上学不以知性范畴为对象而以理性概念(理念)为对象,则仍有其价值。然而,形而上学总不免于自身的内在矛盾;它作为一个无所不包的知识体系,必定要借用知性的范畴,以科学的、经验的知识形式出现,以这种形式来探讨"物自身"的"本体性问题",当然是不适合的,因而康德把这些问题置于实践理性批判之下,指出形而上学作为绝对的知识体系不能很好完成的任务,在道德实践领域能得到适当的解决。在道德领域,理性概念自身构成体系(概念之间的推理),而不涉及感性直观和知性范畴。

然而,在美的鉴赏中有一点不同于道德实践而与知识形式相同,即它本质上不是实践性的,而是静观性的、知识性的,鉴赏判断以知识判断的形式出现,而不以道德行为的形式出现。我们认为,按照康德哲学和美学的理论,鉴赏判断、对于美的鉴赏,应体现了形而上学的智慧,即体现了对本体的认识,虽然它只是形式的认识,而不是真正的知识判断。

鉴赏判断不表达知性的经验知识,这一点已如上述。鉴赏判断当然必须适应知性的规则,但只是作为一种形式来适应,它的内容所表现的则不是经验的、自然科学的真理,而是形而上学的真理,即对世界本质、人生大意的认识。鉴赏判断既然包含了一种"情感的观念",因而它可以用知识的、科学的语言形式表现出来,但只是利用知识语言的形式,其内容却不是知识性的,而是哲学性的。康德在比较"情感观念"与"理性概念"时曾指出,"情感观念是想象力中的表象,它产生许多思想,却没有任何确定的思想,因而没有任何特定概念与之切合,也没有任何语言能够完全企及它,把它表达出来",[①] 这

---

① 康德《判断力批判》,第49页。

里已包含了后来维特根斯坦所谓的"不可言说的"与"可言说的"之间的区别,只是康德把这种"不可言说"性限于对美的鉴赏中,而且还加上了"完全地"(vollig)的限制词。

所谓"妙不可言"、"可以意会,不可言传"这种美的境界,并非是绝对地不可言说,因为事实上鉴赏判断采取了知识判断的形式;而只是表示,这种知识的形式不能"穷尽""美"的一切意味,因而除了语言形式的艺术外,我们当有绘画、音乐、舞蹈等其他形式。但鉴赏既然要成为一种高级的、理智性的活动,则又离不开作为人类理智基础的知性的、语言的结构。艺术形式,无论绘画、音乐、舞蹈都需与结构——逻辑的形式相谐调。不仅如此,按照康德的思想,我们不仅用知性概念(范畴)来思想,而且也用理性概念(理念)来思想,可思想的与可认知的并非一回事,但理性概念的思想方式却仍然必须借用知性的逻辑形式,正是因为这种错综复杂的关系,我们天天在说那"不可言说的",讨论、研究那"妙不可言"、"不可思议"的艺术美与自然美。

正是从这个角度,康德告诉我们,没有关于美的科学,即没有关于美的知识,美不能当科学知识来传播,一切关于美的学说,不能"保证"人们一定能提高鉴赏力。这里我们应该补充的是:我们却有美的哲学,康德《判断力批判》前半部正是一部美的哲学;不仅一切关于美的学说,而且包括一切关于自然的学说(科学)、一切关于自由的学说(道德)都实际上有助于鉴赏力的提高,正如哲学不许诺或不保证人们一定成为物理学家、生物学家,但却有助于自然科学的发展,具体自然科学也不许诺一定供给哲学的智慧却有助于激发这种智慧一样,美学(美的哲学、艺术哲学)并不许诺或保证一定会造就多少艺术家,但却有助于艺术创作的发展和鉴赏力的提高。

一九八三年十二月二十六日,北京
(原载《外国美学》第 1 辑)

现代西方美学主要思潮和表演艺术

当代西方美学是在一个相当复杂的历史背景条件下产生发展起来的，是社会经济、政治和文化等各个方面的因素相互制约的产物，而就他们自己心目中感受最深的影响，大概要算科学与技术方面的突飞猛进对文学艺术带来的巨大变化，从而影响到哲学和美学方面的理论思考。

科学和技术的发展，首先使人们的思想方式产生深刻的变化。我们知道，科学的思想方式本已是欧洲文化的一个坚实的传统。古代希腊哲学的产生就是意味着科学思想方式与原始宗教对世界的理解方式斗争的胜利。当时的哲学、美学是和经验自然科学、艺术经验科学紧密相连的。在亚里士多德百科全书式的哲学体系中，艺术（诗学）占有其自己的地位。这个传统中的美学，始终和艺术理论、艺术批评和艺术欣赏理论交错地发展着。可是，欧洲的这个传统，在现代受到了挑战。现代的一些大哲学家，不论哪个派别，除少数例外，大都倾向于否定这个传统，认为这个传统，归根结蒂是把宗教的"问题"，用科学的"方式"来处理，把"本体"当作"事实"来构造"科学知识体系"，是一种"形而上学"的传统，是应该否定的。从这个共同的立场出发，在哲学上，出现了左右当代欧洲思潮的两大学派：分析学派和现象学派。[①] 在这两派哲学思潮的总趋势下，结合着具体的艺术的实践情况，美学上也出了一些不同的理

---

① 目前国内外一些学者常用"人文学派"与"分析学派"相对应，似觉不太妥切，因为胡塞尔固然要建立自己的"人文科学"，但海德格尔并不赞成"人文主义"的概括。所以，不如就以"现象学派"统称，包括创始人胡塞尔的现象学、卡西尔之"符号现象学"、新托马斯主义、存在主义等。

论，反过来，又影响了对具体艺术实践的理解。因为，美学主要的不是要告诉人如何创造艺术，而是要告诉人如何理解艺术，因此，作为比较有系统的美学理论，往往有相当坚实的哲学上的根据，才能把问题深入下去。所以，美学的一些重要的理论方面的问题，往往是哲学问题的一个部分，对不少哲学家来说，还是相当重要、甚至是核心的部分。弄清哲学的脉络，对于理解美学问题就显得很重要，而弄清当代哲学的发展，对于理解当代美学理论和艺术现象当然也有重要的意义了。

一、分析哲学对艺术和美学的挑战

现代分析哲学是走在前列的现代哲学思潮，它从古典的哲学系统中脱颖而出，实际上是欧洲科学思想方式又一次的解放和革命，而这种革命已孕育在近代古典唯心主义奠基者康德的思想之中。康德严格划分科学范畴和思辨理念之间的界限，把科学与经验不可分地结合起来，批评了企图以科学知识范畴运用于经验之外，建立"超经验"知识这样一种"理性之僭妄"。康德的分析篇，蕴含了现代分析哲学的基本原则，只是在"物理学"（经验科学）之先天（逻辑）必然性上，现代分析学家们退回到休谟的立场。

当然，现代分析哲学之发展，不完全来自古典哲学内部，而是现代的世界、现代的生活、现代的科学对古典哲学堡垒的冲击。它的最初的攻击目标是当时已成禁锢科学发展的黑格尔的绝对唯心主义。G. E. 莫尔、罗素以及维也纳小组诸家很严厉地指出，黑格尔的"绝对"就像旧形而上学的"存在"（之"存在"）一样，本不是科学之对象，科学之可能的对象，或者说，科学唯一合法的形式是逻辑的形式，而逻辑只能应用于经验世界，于是逻辑可证明性与实际可证实性就是科学思维的最基本的特点。这个思潮中最为杰出的人物维特根斯坦以《逻辑哲学论》奠定了分析思潮之哲学基础。这本无疑可以与康德《纯粹理性批判》媲美的著作以"语言"为核心，分析了逻辑命题及其界限，并让人们对于"不可言说者"保持沉默。

在这思潮下，旧形而上学成了问题，道德评价成了问题，艺术的一切也成了问题。

分析哲学并不全盘否定道德和审美判断，因为这是人类的普遍现象，人人都有，它只是指出：这些判断没有科学意义下的严格的"意义"，因而不是科学研究的对象。所谓"意义"，在科学意义下，必是可以指证的，如"花是红的"，可以指出"红"的对象（花）来，但"花是美的"，"美"就不是可以指证出来的，因而不是事物之"属性"。人们说"花是美的"等于说出人们的一种评价，是主观性的评判，不能成为客观科学性断定。这样，人类的审美和道德活动，就不应再被看成是科学活动。维特根斯坦在早期的《逻辑哲学论》中承认人类活动有"不可言说"的"神秘性"者，并不意味着那时他承认美学、伦理学和形而上学的"意义"，因为这些学科正是把那"神秘的东西"变得"不神秘"了，用一个貌似科学的概念体系把它们"说出来"，甚至还认为这种体系才是"真正的科学体系"。一句话，这些学科要把"非知识性的东西"变成"知识性的东西"，恰恰否认了有"神秘性"者。

在这种思潮下，在否定"私人语言"的前提下，艺术创作、美学理论和艺术交流之间的问题，就完全失去了科学研究的意义，艺术被看作如同"姿势"、"哭喊"那样的"征状"（symptom），完全是一种主观情绪的发泄。

然而，这个旨在彻底净化、纯化人类语言的学派，在达到自己的"理想"目标方面固然有许多成绩，但也遇到不少的困难。喝令哲学家、美学家"闭嘴"的维特根斯坦自己却"沉默"了很多年。他的后期著作《哲学研究》所表现出来哲学上之彻底转变的态度，使包括罗素在内的分析哲学家们目瞪口呆。一切使"语言"纯净化、清晰化的努力似乎都难以为继，因为"语言"本身就是不可定义的。语言的"家族相似性"和语言的"游戏"（game）性，代替了早期的"逻辑性"和"镜象性"；语词的"意义"被确定主要由在句中的地位（句法关系）决定，而不是限于要有可指证性来确定。这样，维特根斯坦的立场就由一个僵硬的形式化、理想化的逻辑主义转变为更为常识性的经验主义。人的语句不仅限于（或还原于）陈述句，尚有命令、祈使、感叹等形式，这就是说，"语言"之功能已不再完全限于（或还原于）知识或科学功能，艺术的、道德的语言，同样属于"语言"这个"家族"，同样有"意义"。在这种方向下，探究艺术语言"意义"之特殊性，就被承认为这一派哲学家的正当任务之一。

1954年由爱尔顿（W. Elton）编辑出版的论文集《美学和语言》，标志了这方面有效的尝试。为这个集子写文章的大半是分析学派牛津集团的中坚，像莱尔（G. Ryle）、派斯莫（J. A. Passmore）等其当时都是四十来岁的干将，他们在分析哲学本身所达到的训练和成就已足使他们的文章引人瞩目，而他们的文章又涉及了一个新的领域，所以影响当然就相当大了。

派斯莫以《美学之沉寂》为题写了一篇文章力图纠正"趣味无争论"这种对审美判断的英国传统式怀疑主义偏见，同时又指出把美学当作"规范学"也不合实际。在文章中，派斯莫主要想指出，人们虽然不能指证一种特殊的审美"属性"（property），但却可以用审美的态度（aesthetic attitude）来对待事物。① 莱尔则以他的犀利的分析力，把我们通常所谓"感觉"或"情感"（feeling）厘析出七种不同的意思，在这七种用法中，"feeling"这个词都是有"所指"的。博斯马（O. K. Bouwsma）在文集中的一篇题为《艺术的表现理论》的文章，则更是经常为人们所道及。在这篇文章中，博斯马指出艺术批评中关于"表现"（expression）、"情绪"（emotion）这些概念用法上之混乱，因为本没有弄清它们在不同情形下的不同的含义。博斯马集中分析了"这个音乐是悲伤的"（或"这个曲子是悲伤的"）中"音乐"（曲子）为什么会"悲伤"起来。他指出，"音乐是悲伤的"和"凯西是悲伤的"这两句话的意思并不相同。"凯西是悲伤的""凯西"必有"表情"以说明她"是悲伤的"，但"音乐"没有"表情"，因此"音乐是悲伤的"这句话是指"某人（听音乐时）是悲伤的"。博斯马还认为，这种描述（describe）一种属性的句子，不等于这个"属性"就在被描述的对象之中，如我们说"向日葵是活的"，"太阳是亮的"，不是指"活"在"向日葵"中，"亮"在"太阳"之中。我们有描述"感受"的语言，我们也有描述这种"感受语言"的语言。"音乐是悲伤的"这句话之所以有意义，可以成立，是因为它是描述我们对"音乐"感觉的语言之语言。

艺术语言的合法性已经确立了，它是人类语言家族成员之一，同样应该研究这种语言的结构，研究它们之间的思想性、逻辑性的关系。

这种对艺术现象的理解，依靠着分析哲学在欧美（特别是英语国家）大学

---

① 爱尔顿编：《美学与语言》，纽约，1954年版，第52页。

中的主导地位,也在学院里站住了脚跟,在学术界居于领先的地位,同时与艺术创作上的现代流派,如抽象的绘画等相配合,目前已有很大的发展。

我们看到,这种分析式的美学思潮,和分析式的哲学思潮一样,是当今欧美科学技术发展的产物,是科学思想方式的升华,就美学而言,是科学对艺术的渗透。正是这种不可避免的趋向,使西方的艺术脱离了古典的范围,成为别具风貌的现代艺术。

二、"人"的呐喊与艺术之本源性

现代科学技术的发展给人们带来富裕的物质生活,又给人们带来古典时期无法想象的清新的艺术作品,但也向人们提出了一大堆问题。这些问题由于它们的尖锐性,对现代哲学和美学关于生活和艺术的观念和理解产生了巨大的冲击力量。

欧洲历史进入近代的初期,培根就说,"知识即力量",如今"知识"的"力量"越来越大了,但无论多大力量的"知识",绝不能"保证"人不犯错误,相反,"知识"的力量越大,则"错误"对人类的威胁就越大,二者是成正比的。欧洲的文化传统,从古代希腊就已确立了一条信念:"人"就是"人",只有"神"才是"全智"、"全能"的。如今的科学技术不是企图要做"神"想做的事,把人当作"全智"、"全能"吗?"科学"、"知识""万能"这是很危险的思想。"知识"涵盖了一切,"人"变成了"自然"的一个部分,成了一部大机器中的一个环节,连人的"思想"的功能也被机器分去了大半。人工智能能够制造相当于博士水平的科学家、工程师、经济师……当然也可以制造出相当高级水平的诗人、作曲家……那末"人"还剩下什么?

果然,这个问题被胡塞尔从哲学上敏锐地感到了,他的现象学的核心问题之一就是:在一切经验的知识、自然的态度被"括出去"之后,还"剩下"什么?他把这个问题概括为"现象学的剩余者"。这个"剩余者"是永远"括不出去"的,这才是"人"的真实的本质。

随着社会物质之昌明,社会生活电子化、信息化,艺术也失去了往日古典主义那种温情脉脉的特点。艺术的欣赏者完全成了消费者(consumer),艺术作品本身则加强了"消遣性"(pastime)、"群众性"（massive)、"国际性"(international)，正如法国现象学、解释学美学家杜弗朗所感叹的，艺术失去"个性"(depersonalized)和"神秘"(demystifying)两大特点。① 那末，黑格尔不幸言中，"艺术"要在现代生活中"消亡"了，代之而起的倒不是"思辨哲学"，而是实证科学。

人类的生活都被科学技术"瓜分完毕"，真正的"人"的生活、真正的"艺术"在哪里？

也许，"人"并没有自己的东西，那个所谓"现象学的剩余者"原是胡塞尔"想象"出来的。然而，自从古代希腊以来，人们不断地在探索着除了实证科学知识以外的精神生活。苏格拉底的"德性"，柏拉图的"理念"，亚里士多德的"存在"，中世纪的"上帝"，甚至人们对数学和逻辑形式的兴趣也可以看成是那种超出当下知识内容追求更高精神生活的表现，因而在古代毕达哥拉斯学派把"数"当作"本源性"的东西来对待，而把数的和谐与音乐的节奏、韵律联系起来，就不是偶然的爱好了。从古代开始，人们就知道艺术和哲学能提供实证科学所不能提供的精神满足。古典哲学，特别是古典的唯心主义哲学，它的最高精神境界在艺术、宗教、哲学之中。但是，就连古典唯心哲学家本身也觉得人对艺术的兴趣，和对宗教的兴趣一样，是文化不够的表现，因而对它们的兴趣，终将被更高的兴趣（在他们是"思辨的哲学"）所代替。

然而，"人"难道真的是"会说话的动物（畜牲）"？或者说得好听点是"理性的动物"？"人"真的能被分割成"理性"、"感性"两部分？真的一半是"魔鬼"，一半是"天使"？早在胡塞尔创建现象学之前，欧洲的智者式的"天才"，就敏感到现代生活的窒息的一面，被肉欲横流的人世所窒息的人群在"呻吟"，而"天才"、"超人"则要"呐喊"。"呐喊"是"人"的声音，不是"神"的声音；"呐喊"是在繁花似锦、光怪陆离的世界中显示"人"的存在。这种"呐喊"就是"诗"和"哲学"。

"人"原是一个不可分割的整体，"人"就是"人"。不错，人有"思想"的功能，但从根本上来说，人的"思想"和人的"存在"全不可分，与人生活

---

① 参阅杜弗朗：《当代美学和艺术科学主流》，霍尔姆和迈耶尔出版社1979年版，第4—6页。

的世界不可分,"思想"与"存在"原是同一的。科学和知识的态度是把"人"与"世界"对立起来,互为对象,来对包括自己在内的"对象"进行反映、思索,但我们实实在在是生活在这个世界中,"世界"不是"我"的"对象",海德格尔说,"我在世界中"(Ich-in-der-welt-sein);世界分出你、我,分出"主体"与"客体",这是以后的事。所以,"本源性"的思想,是存在性的思想,不是知识性的思想。从这里,海德格尔说了一句骇人听闻的话:"科学不是思想。"

胡塞尔的美学需要杜弗朗、英加登等人的发挥才明朗起来——主要集中于:从"意向性"原则的"noesis"与"noema"到艺术作为"精神对象"的研究;但海德格尔自己就有丰富的艺术思想。

"我在世界中",但"我"毕竟不同于养育"我"的"物质世界"。"我"是有意识、有思想、自觉地存在,我自觉到我的存在,而且——按照雅斯贝斯、萨特的进一步发挥——还有与我同样存在的"他人"。"人"这种"存在"的特殊性之一在于它有"语言","语言"表达"思想"("意思")。从语言学的科学角度来看,"语言"和"人"的存在本不可分。不是先有"语言"的概念、知识人才说话的,"语言"的本质就是"说",一切科学知识都是广义的"说"出来的。但"说"绝不是光"说"这种概念式的知识,概念式科学知识体系是后来才"说"出来的,最初"说"的并不是后来意义下的"知识",而是胡塞尔意义下的"理念"(观念)。我们先学会说"人",认识它的"观念"(意义),而关于"人"的科学知识是以后的事,而且谁也不能说对于"人"的知识已经完备,而我们也绝不因为知识不够完备就不说话。

海德格尔认为,这种本源性的语言,就是"诗"的语言,我们可以发挥一下,叫做艺术的语言。这种语言并无关于严格意义的科学知识,因而也无关于这种知识所服务的实用价值(目的),只是表达一种本源性的"意义",说出心里话,"诗言志","言为心声",是完整的"人"的存在的表现。所谓"本源性"语言,并不是真的要退回到"原始"的语言或原始民族(人)的语言,而是我们当下日常生活中最为基本的经验的语言,因为我们基本上不是老以科学家的身份说话,我们所说的话并不是"句句是科学定理",不是"句句是真理"。我们在生活,我们说最普通的话。

可是，我们看到，就是在这个最普通经验中，竟然蕴孕着活跃于西方学界的"解释学"的种子。

海德格尔告诉我们，"语言"从本源性存在的意义来说是"对话"，是"说"和"听"，"说话"是有一种"意思"要表达，所以先有"意思"才"说"，就这个意义来说，具体说话的人（经验的人）只是表达（传达）这个"意义"的工具，是个传达者。作为"传达者"的人，似乎是先"听到"一个"意思"（"话"），然后再传达出来的，所以"听"在"说"先，不是"人说话"，而是"话让人说"。海德格尔这些理论，听起来不易理解，但换一种说法，实在也是最为普通的经验。我们不是总在说："有'话'要说"吗？这个"话"，就是先"听到"的、要表达出来的"意思"。古代希腊神话中有个神叫赫尔姆斯（Hermes），司传信，是信使神，这样，"Hermeneutic"这个词，就由"注释经典"直接与古代神话本义联系起来，成为研究"听"与"说"的思想性的关系，即思想与思想、观念与观念、情感与情感，一句话，"意义"与"意义"之间的关系。这种关系，不是人与人、人与世界之间的感性的、感觉反应、反映关系，不是"情绪"的"交流"，即不是一种物质性的关系。研究物质性关系是自然科学、经验科学的任务，研究"意义"之间的关系，则是"解释学"（或"释义学"）的任务。

然而，思想、意义之间的关系也是很复杂的，有多种的层次，数学与经验科学同样研究思想的关系，研究数与概念之间的逻辑结构，"解释学"作为一种哲学，要与科学的概念逻辑系统相区别，才有自身之独立性。"解释学"对世界的把握方式不同于一般科学的把握方式。科学以概念的逻辑关系把握世界的客观规律，在"解释学"看来，这是把世界分割开来作静观的把握，其目的以物质实际（实用）关系为归依；"解释学"则对世界作一种"活"的把握，在活生生的生活中来把握这个世界，"人"首先是生活在这个世界中，然后才有科学和学科之分化，因此"解释学"自认是最为本源性的，研究的是"前科学"的"意义"。

"语言"是活生生的生活的一个环节，不是科学研究的工具。"语言"的交流，不是"知识"、"信息"之"传递"，不是"教"与"学"，而是一种"活"的交流，人与人之间的实实在在的、具体的活的交流。本源性的语言不是"概念"与"概念"之间的关系,而是"观念"与"观念"、"意义"与"意义"之间的关系。所以,海德格尔才说,本源性、存在性的语言不是概念式语言,而是诗的语言。

三、解释学与符号论美学

海德格尔这种诗的语言存在论仍来源于胡塞尔的现象学的"理念论"(观念论),在胡塞尔看来,最为本源性的、不能括出去的"现象学的剩余者"正是这个"理念"(观念,Ideen)。"观念"早于"概念",是理智与直观的同一,即既非理性,又非感性,乃是二者分化之前的本源状态。这时甚至不能说艺术、科学、哲学、宗教已经分化了,所以我们最初"说出"(在胡塞尔是"看出")的这种"理念"或"观念",应本无艺术与科学之分,所以在胡塞尔心目中,这种对世界的"观念"式的把握,是"直接的",本不需要任何的"符号"。

然而,排除任何"符号"的"本质的直观"总限于一种"内在性"(immenant),"意蕴"含于"胸臆"之中,因此,这一点常常受到批评。在纠正胡塞尔现象学的内在倾向的基础上发展了现代哲学和美学的符号论。

"符号论"(semiotics)由来已久,就哲学言,新康德主义之佼佼者卡西尔是当代早期的大家,他的哲学实际上是"符号论的解释学"。卡西尔认为人是会使用"符号"的动物,而"符号"不限科学概念系统一种,在人类文化历史发展过程中,"符号"尚有"神话"、"语言"、"艺术"、"历史"几种形式。"符号"表现一种"意义"。人不仅"感觉"世界,而且要"理解"世界,世界好像一本大书,需要人们去"读",去读(弄)懂("解释")它的"意义"。

1985年刚去世的美国哲学家、美学家苏珊·兰格是符号美学的真正建立者。这位曾是卡西尔学生的兰格从符号哲学系统地建立了一套美学体系,以"情感的形式"概括艺术符号的特点,以"推理性符号"与"非推理性符号"的区别来划分知识性科学与非知识性艺术(宗教)的界限,并以"虚拟的"代替"实际的"关系,研究了从广义诗学到音乐、戏剧、舞蹈、电影等各艺术部类特定符号的内部结构,使她的著作在一个时期内相当流行,而至今仍是哲学和文学艺术系学生经常阅读的参考书。

当然，符号哲学、符号美学的渊源是很广泛的，和解释学一样，它可以说是当代两大思潮汇合的产物，因为"符号学"(semiotic)和"语义学"(semantic)都以"意义"为核心，尽管它们有各自不同的理解和用法，但交叉的情形是不可避免的；而我们知道，"意义"恰恰又是"解释学"的中心问题，于是我们看到，当代西方整个哲学思潮，在"意义"问题汇合的趋势，是相当明显的。

无独有偶，强调本源性"存在"的海德格尔的思想，经过雅斯贝斯的变革，竟然也和"符号"的理论结合了起来。与海德格尔不同，雅斯贝斯强调"存在"(Existenz)之间的关系，认为"他者"(Andere)为"自身"(self)这两个"存在"的交往(Kommunikation)是存在哲学之真正问题所在，而这种"交往"不是感觉性的，而是符号性的，它的思辨的形式为"密码"(Cipher)，"人"对世界"意义"之把握在于解开世界这个"密码"。

这样，"符号"又回到了康德哲学中的本义：它不是知识性范畴之"图式"(Schemata)，而是非知识性的（或审美的，或形而上学的）"象征"。

四、艺术·历史·人

当代这些思潮对于我们具体理解"艺术"这一社会现象，对于我们的艺术观念有巨大的影响。新的艺术观是建立在新的历史观、社会观，即对"生活"的新的理解上并发展起来的。

海德格尔说，把"时间"引入"存在"这是康德的重大历史贡献，知识之诸范畴，并不是如过去那样为"无时间"的抽象概念（形式的逻辑），"时间"为先天的直观形式，为知识之基础。但在海德格尔看来，康德过于强调知性的构建作用，而忽视"想象力"的能动性，因而他的"我思"仍带有严重的形式的意味；在海德格尔看来，历史性本是作为Dasein的人的意义所在。

"历史性"的强调，使"生活"的概念起了重大的变化，"生活"不仅仅是物质性的（如实证主义所断定的），也不仅仅是观念性的（如胡塞尔现象学所断定的），而是历史性的、时间性的。

艺术是生活的"镜子"，同时也是生活的一部分。从实证的观点来看生活，

"生活"又是"自然的",因而"艺术"常与"自然"相对应,但从现实的人的观点来看生活,则"艺术"又常与"历史"相对应。"艺术"是"历史"的"镜子",或者说,是"历史"的"存留"。

"人"创造了自己的"历史"。"历史"有两个层次的意义:一方面凡人所作所为,就既成事实言,各"事件"(events)之间必有因果的联系,凡事一旦做了,必定产生相应的结果,必定进入因果系列,这是确定无疑的;但另一方面,做事的人又都是活人,他可以有各种选择。当然,选择时可以审时度势,权衡利弊,顾及事件的前因后果,但人不能等穷尽一切知识之后再行动,所谓"最佳选择"都是相对的,在这个意义下,人的"决断"又是"自由"的。"历史"就是这种"因果必然"与"自由"的统一过程。

"历史"、"时间"是流逝的,是不可逆转的,① 我们所看到的无非是历史陈迹和各种典籍文献。研究这些陈迹和典籍是历史科学的任务,通过它们弄清历史事件(包括古人行事的"动机"、"选择"的"考虑"在内)之间的因果联系是完成历史科学任务的标志。然而,古人在做事时的活的思想感情,古人作为曾是"活人"的"决断"的"自由"又为什么存留下来?应该说,"艺术"就是一部"活的历史"、"活的生活"的"存留物"。作为科学的历史(历史学)侧重于人的自由创造活动中的必然的规律性,作为本源性的历史(艺术)则侧重于必然性中的自由性。艺术把历史和世界当作"自由"的"象征"来理解。从艺术的角度来"读""历史"这部大书,从中体验到人的创造的自由。分析哲学家说得很对,"自由"、"美"这些东西,既不是"事物"(包括"人")的"属性",也不是事物(包括"人")的"功能",因而不可能有"自由"、"美"的"知识",但人们可以从"自由"、"艺术"、"审美"的角度(态度)来把握世界。人们要体会古代波(斯)希(腊)战争的真实意义吗?光读希罗多德的《波希战争史》还不够,还得读一读埃斯库罗斯的剧本《波斯人》,当然,能看到"演出"就更好,《波斯人》反映的虽只是一个很小的侧面,不如《波希战争史》详细,但存留了古人的活的思想感情,古人在做那件事(战争)时的活

---

① 据报载,最近有一些科学家指出光速不是极限,也很有可能设想一种机器,以超光的速度"迎接"光的行程,以至把古人的活动显示在荧光屏上,使今人"看到"古人的事,但这些"古人"并不因此就活过来成了今人。

的思想感情。读（或看）《波斯人》我们不全是当作"过去"来理解，而是把它当作"过去"中的"现时"来理解。现今的读者——观众，也在生活，也在做事，它以自己的这种"现时"性的"活的"思想感情去体会、理解古人"当时"的"活的"思想感情，这是一种"活的"交流。这或许就是雅斯贝斯所谓的"时间中永恒"和"存在间的交往"的意思所在。艺术就是要表现这个"过去"了的、"过去"中的"现时"，表现这个因果必然中的"自由"，艺术的创作就是要把这种"现时"和"自由"表现出来，艺术的欣赏也就是要在"人"之间进行活的交流。因此，艺术是活的历史的存留，活的生活的存留，是"自己"与"他者"（包括古人的世界和今人的世界）之间的"活的交流"。

在这个意义下，"历史"就不是抽象的知识的"对象"，不是以概念的方式把握的"对象"，在艺术的活动中，主体与客体、"自己"与"他者"处于统一之中，艺术的欣赏，不是把古人的活动作一番科学的分析研究，而是体会古人的活的思想感情。"我在世界中"，"我也在历史中"，"我"和"古人"（或"他人"）在作活的交流。"艺术以生活本来的形式反映生活"，就意味着艺术不把"生活"当作可用概念把握的对象来分析从而构成概念体系，而是按活生生的生活的本来面目把人的创造活动存留下来。

雅斯贝斯说，"认识你自己"意味着"创造你自己"。"艺术是生活的镜子"，"镜子"是为了照"自己"，"认识自己"，你这个"认识"不是概念式的，而意味着活的理解，通过"他者"体会"自己"，我和别人都生活在世界中，人与人之间不仅仅是知识性的关系，也不仅仅是物质的实用关系，并不是否定这两种关系，而是说这两种关系本来是统一于一种更为根本的关系之中。这种本源性的关系，既非理论性的，也非实践性的，用古典哲学的语言来说，既非理论理性，又非实践理性，而是一种活的有血有肉、有思想、有感情的真实的关系，艺术就是这种关系的表现，因而它既是生活的思想反映，又是生活的实际环节，思想与存在在艺术关系中有一种真正的同一性。

五、表演艺术中模仿与表现——演员与角色

一般说来，"表演艺术"（performing art）以戏剧为它的典型形式，包括了舞

蹈和音乐演奏等，是再现"他人"（角色）的活动（或活动的某一方面）来给"他人"（观众）"看"或"听"（欣赏）的，因此，"表演艺术"可以看成"我"（演员）与"他人"（角色与观众）之间的关系，是人与人交往（communication）的形式。但广义来说，一切艺术都可以作"表演艺术"观。"诗"可以语言抒发情感，似乎可以看成"自我表现"，但"诗"写出来是为"他们""读"，"他人""读""我"与"他人""看""我"、"听""我"，异曲而同工，因为"我"亦是"人"，所以"我"也可以"读""我""写"的"诗"，所以任何"诗"都可以被"朗诵"，或配乐成为"音乐"，所以"诗"不仅是"自我表现"，而且可以看成是"自我表演"。诗以言志，画以状物，绘画一般绝不看成是表演艺术，但"状""物"之"物"虽可非"人"（肖像画亦可以是"人"），但仍为"再现""他者"，"物"非单纯自然之物，而是人的"世界"，所以绘画不以"酷似"为最高境界，而要揭示"世界"之"意义"，画家把"自己"对"世界"的"意义"的认识形诸笔墨丹青之中，与"他人""交往"，故绘画亦有相当的音乐性，这一点，被认为与绘画"同源"的中国书法艺术，以纸上舞蹈的姿态出现，其表演艺术的特点表现得就更为明显了。[1]

一切艺术都是为了与"他人"作一种非知识性的精神上的"交流"，在"艺术家"、"艺术对象"与"欣赏者"之间都有这种特殊的关系。"表演艺术"的"艺术对象"是为直接性的"他人"，所以"演员"、"角色"和"观众"之间的"人际"（inter-personality）关系，就表现得很为突出。

在艺术创作问题上，欧洲从古代希腊以来就有"模仿"和"灵感"两种不同的学说，它们表现了理论家（亚里士多德和柏拉图）的不同的倾向，但在根底里也有相通的地方。据现代的艺术史家研究，古代希腊的"模仿"，也包含了"模仿""神"的意思，[2]是表现了"人"与"神"的一种关系，而"灵感"（inspiration）当然是"神"给予的。这个新的观念，对我们理解"表演艺术"，有相当重要的关系。

不错，"模仿"从生物学角度可以说是高级动物的本能，猿猴有很强的

---

[1] 中国书法作为一种表演艺术，参阅拙著《中国书法艺术的特点》，《文艺论丛》，第6辑，上海文艺出版社1979年版。
[2] 参阅塔特尔凯维奇（W. Tatarkiewicz）：《美学史》，第一卷，《古代美学》，华沙，1970年，英译本，第16—17页。

"模仿"能力这是公认的事实。但猿猴只"模仿""人"的动作,从不互相"模仿",这似乎说明了"模仿"只是"模仿"那种"不熟悉"、"不知道"的事情。"人"对猿猴说是"神"。不错,"模仿"是"学习"的一个(初级)环节,但"人"的"学习",正如柏拉图在他的对话《智者》篇中指出过的,只"学习""未知的"事情。

以戏剧为典型的表演艺术是以"演员"来"表演""角色"("他人")的事。这个"他人",演员当然应该利用各种资料(包括阅读人物传记、历史时代背景以及剧本所提供的规定情景等)来了解角色人物的有关知识,但这些知识的掌握,并不能代替演员的创造,因为演员所要再现的角色作为一个活生生的"活人",它在那个"世界"中的活的思想感情,不能光靠死的知识,而只有演员自己的"设身处地"的"揣摩"和"体验"才能把握住的。从这个角度来说,"模仿"就不是科学知识意义下狭义的"学习",而是一种"创造",即把那个角色要表现的"活人"重新"塑造"出来。"模仿"是体会"他人"的一种形式,"他人"对"我"说来是"尚未知道的","他人"的活的思想情感对"我"说来既是"我"内在地"体会"出来的,也是"他人""给予""我"的(灵感)。"我"既不能靠科学知识的概念来完全把握"他人"的活的思想感情,那末"模仿"未尝不是"体会""他人""活东西"的一种方式。"模仿"就是把"他人"做过的事在虚拟的环境下重新"做"一遍,这就是"表演"。不错,"表演"、"模仿"是"重复",但"活的""重复"是"再现"那个"永恒的现时",即"他人"在"做"那"事"时的活的思想感情,要演员"再"设身处地地"做"一遍。

戏剧表演艺术中有"体验派"和"表现派"之争,狄德罗有《演员的反语》讨论演员之理智与感情的关系。"体验派"要把"角色"变成"演员"的"第二个自我",通过各种技巧训练,把"角色"之语言和动作变成"演员"的"第二天性",一句话,尽可能地把"演员"变成"角色";"表演派"则强调"演员"自我的"理解",尽量把"角色"变成"演员"。实际上,"演员"既不能完全"变成""角色","角色"也不能完全"变成""演员"。"演员"和"角色"是两个"自身"之间的关系,"演员"不能完全"认知""角色",用知识的形式把"角色""复制"出来,"角色"更不能完全"化"为"演员"的"自我","演员"与"角色"两个"自身"都不能完全"失去自己"。承认这种本源性的"演员"与"角色"的"人际"关系，承认二者"你中有我"、"我中有你"的本源性"我"、"你"、"他"的关系，是中国古典戏剧表演艺术的传统特点，所以中国古典戏剧，才在斯坦尼斯拉夫斯基和布莱希特两大表演体系之外，尚有梅兰芳表演体系。而有趣的是：斯坦尼斯拉夫斯基和布莱希特两位大师果然在梅兰芳的表演艺术体系中看到了自己的"根源"，正因为中国的古典表演体系，未经感情与理性的分化，把演员与角色的关系如实地（authentically）、但不一定是自觉地理解为一种"人际"的活的关系：演员不可能完全理智地对待角色，但也不可能完全变成角色一样的思想情感，中国古典戏剧的歌舞形式防止了演员完全"变成"角色，同时又使演员"充分"（有时甚至是"夸张"地表现角色）。

"表演艺术"也许主要是"舞台艺术"，但并不限于"舞台的艺术"，而且是"生活的艺术"。"表演艺术"植根于现实的生活，既然"表演艺术"植根于人与人之间的活的交往。我们几乎经常在"模仿""他人"。"他人"是"自我"的条件，"我"是生活在"他人"之中，"我"向"他人""学习"也"变成"了"自己"。我的"语言"是"他人""教"我的，我的"行为"是"他人""教"我的。"我"在"他人"中"看到""自己"，"他人"是有血有肉、有思想有感情的，我自己也是有血有肉、有思想有感情的；"他人"是"活的"，"我"也是"活的"；"他人"是"自由的"，"我"也是"自由的"。但"我"不是"他人"。"我"对"他人"的把握只能通过广义的"模仿"来体会。"他人"对"我"来说，只是"可能性"。我们不会"算命"，不能"知道""他人""必然"要怎样"做"，但我可以"设身处地"、"审时度势""估计""他（人）""可能"会怎样"做"。广义的"模仿"是活生生地"理解""他人"的唯一的形式。戏剧作为一种艺术形式就是要把这种活的"理解"表现在舞台上，表演出来。戏剧表演的虽然都是"他人"已做过的"既成事实"，但却仍要表现出"当其时"（过去的"现时"）所实际有的（authentic）的"可能性"，表现"当其时""他人"之"自由"。所以，并不是"既成事实"是最真实的，而是"当其时"的"自由"才是最"真实"的。在这个意义下，我们才说艺术高于历史，艺术高于生活。

因此，实际说来，戏剧（以及一切艺术）不只是"敷演故事"，不是"说""过去了的"（故）"事"，而是"说""过去中的现时的""事"，"说""当时的""事"，"说""当时""现实的""事"。把这些"事"表演出来，就意味着把这个"当时"再现出来，因而，这种"再现"既是"模仿"，又是"创造"，是把他人"创造过"（做过）的"事""再创造"（再做）一遍。

"当其时"的"活的可能性"，实际是"当其时"最真实的"现实性"，因为戏剧作为艺术的重心在于这种"活的可能性"，"过去中的现时"，重点不在"过去"之"既成事实"，而在"现时"，因此就不一定拘泥于"历史的真实性"和"生活的真实性"。艺术的"真实性"不必是真人真事，而允许甚至必须"虚构"。"虚构"是一种"想象力"，没有这种"想象力"，"角色"就"活"不起来。演员对于角色无论有多少丰富的"知识"，仍需要"想象"的"充实"（erfüllung），"充实"意味着"充补"了以后才"真实"。因此，演员被誉之为"活某某"，并不是这些"古人"真的"活"了，而是在虚构想象中让它"活"起来。艺术是把"历史"（生活）作一种"活"的"存留"。演员在舞台上"创造"的是一个"活的世界"，但又是"他人"的"世界"，因此艺术毕竟是艺术，它不是"现实的生活"，不是"我在世界中"的"我的生活"，而是"他人"的"生活"，"他人"的"世界"，通过"我"把它活生生地留存下来，所以艺术的世界虽然是精神性的、虚构的世界，但毕竟是"世界"，是"生活"。

戏剧作为艺术是历史、生活的"活的教科书"，戏剧表演艺术要求"演员"把"历史"和"生活"当作"活的教科书"来"读"出它的"意义"，也通过自己的表演，引导着观众（欣赏者）来"读"这本"活的教科书"，不但增长历史、生活的知识，而且提高对历史、生活"意义"的"理解"。

六、演员与观众

就现代美学来说，演员与观众的关系在重要性上超过了演员与角色的关系。古典美学的重点常常是研究艺术（品或家）与其反映对象的关系，而现在的美学家则更热衷于研究艺术（品或家）与其工作对象的关系。所以杜弗朗在他的巨著《审美经验的现象学》一开始就确定了他的"审美经验"主要指欣赏者的经验,而目前欧美最为活跃的"消解学"的代表人物德里达则大讲"原文"、"写"与"读"的关系。的确,艺术家作为艺术作品的创造者与"这个世界"的关系当然是重要的,但他的"产品"——作为特殊的精神性产品——艺术品与"这个世界"的关系,同样是不能忽视的。艺术家只有通过他的特殊"产品"才成其为"艺术家",它的产品在"这个世界"中成为一种特殊的"对象"、特殊的"事物"与"人"的关系也同样具有本源性意义。

什么是"艺术品"?海德格尔告诉我们,"艺术品"首先同样是人间的一件"东西",是"事物",但它不能仅仅从"占空间"、"由物质材料组成"等方面去理解,它还把"这个世界"的"时间性"存留了下来。无论是原始洞穴的壁画、原始民族的舞蹈,都是"当时"活的思想感情的存留,因此艺术品按本质言都是"动态"的,与艺术家的"创作活动"分不开。科学技术的进步(包括最初发展起来"刻"、"画"技术和最新的录音、录像技术)以不同的方式(手段)把这些活动"记录"下来,成为"事物",成为欣赏的"对象"。

艺术品作为欣赏对象和实际的生活"用品"的实用对象以及科学思考、研究的对象的不同,是历来美学家讨论得很多的题目。艺术品作为一种特殊的"对象"既不是知识性的,也不是实用性的,它与欣赏者之间的关系是在静观的形式下的一种"活"的交流,因此,不仅演员与角色的关系是"人际"关系的一种形式,演员与观众的关系同样是这种关系的一种形式。

在人与人之间的关系的意义下,演员是角色与观众之间的中间环节。观众"看"戏,是"看"角色"当其时"的"情景",但这个"当其时"只有经过演员的创造才不至于流于"既成事实"而保存了它的"当下现时"性,因此,观众这个"我",是通过演员这个"你",来理解角色这个"他"。"看"、"听"戏,不仅是"我""接受"五颜六色的灯光布景、服装道具、最佳音响效果……更主要的,是"我"、"你"、"他"在一种特定环境下的活的交流。"你"把"他"的"事"用艺术的方式生动地"告诉"我,并不是"传达报告",而是"表演",让你"看"、"听"到"当其时"的"真实"。不错,"我"是坐在剧场里,但"我"又是"在那个(虚拟的)世界中"。"我"是"冷静"的,同时也是"激动"的,"我"不是"参与者",而是"旁观者",但"我"仍"在世界中"。"我"与"演员"的关系是间接的,又是直接的,"我"通过"你"

在"体验"(经历)着"他"的生活。"知识"、"信息"可以由别人传递,但"价值"、"意义"则必定有"亲身的体验"。只有生活在这个世界上,才能理解"这个世界"的"意义",要知道艺术品的价值,只有亲自去欣赏它。"我在世界中","我也在'戏'中"。"戏"是一种"对象",演员也是肉体的"人",但他的"表演"却不是一般的供实用、供科研的"对象",这个"对象"似乎进入了"我的世界",而"我"也似乎进入了这个"对象的世界"。在这个意义上说,这个"对象"似乎是"精神性的东西",演员的身体、活动、语言,都是一种"符号","象征"着一个"世界",① 揭示着"一个世界"的"意义"。

演员在舞台上表演的"历史"好像作家写的一本"书",观众如同读者,在"读"这本书。作家把自己对所"写"的世界的体会"写"下来,读者把作家已经体会过的世界"再"体会一遍,作家的"书",引导着读者"自己"去"体会",读者则"跟着"(follows)作家"再体会"一遍,如同哲学家的书引导着读者"自己"再"想"一遍一样。欣赏者把艺术品所提供的"生活",再"经历"一遍,演员以自己的表演引导观众"再表演"一遍,当然,这种观众式的"再表演"一般是在想象中进行,因而是静态的,就像"读者"不必像"作家"那样真的去"写作"一样;而真的去"抄"一遍书,不等于"懂了"(理解了)书中的"意义",只有"心领神会"这一点则是必需的审美的态度。

古代的哲人告诉我们,"博学不是智慧"(赫拉克利特),同样,"知识"并不能保证有很高的鉴赏力和很高的趣味。观众对于所表演的世界以及演员的情况当然应有"基础性的知识"(雅斯贝斯),但不必有专门的丰富知识,不必熟悉、精通角色、演员的"传记"材料,才能欣赏表演。观众面对的是"表演"这样一部书的"原文"(text),观赏时不必联系到角色的全部自传和演员的私生活故事,观众以"读懂""原文"为目标。这是当今从苏珊·兰格到德里达所共同坚持的而与强调文学作家传记、考据所不同的观点。

艺术创作本身也随历史发展积累了许多表现媒介方面的经验,掌握经验积累起来的技巧需要相当的训练,对艺术家来说,有技巧之高下,对欣赏者来

---

① 弗里德曼(J. M. Friedman)在《舞蹈者及其他审美对象》(1980年,芭蕾文集)中特别强调舞蹈演员的"非物质性",可参阅。

说，也有"内行的欣赏"与"外行的欣赏"之别。欣赏经验的积累，把自己变成"内行的欣赏者"，这对某些技巧性较强的艺术部类来说（如音乐），当然也是重要的。"外行看热闹，内行看门道"，但"门道"并不保证你一定有很高的趣味，就像写作的技巧并不保证你成为大作家，表演的技巧不保证你成为大演员一样。相反，过于注重技巧，不仅可以败坏艺术家的洞察力，而且也会败坏欣赏者的鉴赏力。观众、演员、角色，"我"、"你"、"他"既是在特定条件下活生生的本源性的"交流"，所以本不需任何外在的技巧，不仅谁也不会先"学"了戏，再去"看"戏，而且最初的"演戏"也不是先"学"了再"演"，而是"演"中"学"的。"真"（理）需要"破除""成见"，"美"亦复如是。我们要"丢掉"一些东西才能看到"真理"，我们也要"丢掉"一些技巧的成见，才能看到"美"。一切艺术上的创新都会遇到"成见"的阻力，因为艺术所要表现的那"当下现时"的"自由"，是要"摆脱"那"既成事实"才能显现出来，而这个"活的源泉"也是任何"既成事实"所窒息不了的。

　　生活的意义、那个"活的源泉"是一本永远读不完的大书。"演员"不可能把"角色"变成一个"既成事实"，"他人"不能像桌椅板凳那样"对象化"，在这个意义下，艺术所表现的恰恰是不能"对象化"的东西。观众在演员的表演中并不是"看到了""观众我自己"被"对象化"了，而实实在在的是"看到了""他人"，所以观众与演员是有距离的，这个距离有时还很"遥远"，舞台上的"生老病死"不是我的"生老病死"，观众有一种实际上的"安全感"，舞台上的"悲欢离合"也不是"我的"，观众有一种"平静"感。"我"永远不能变成"你"和"他"，"你"是"你"的"事"，"我"是"我"的"事"。但这个"距离"又是很"近"的，因为"我"要在想象中进入"你"和"他"的"世界"，设身处地地去"体验"，所以亚里士多德说，悲剧应引起"同情"与"怜悯"。"我"永远不能把自己的"死""对象化"来"观察"，"我"也不可能"体验"到自己的"死"，但"他人"的"死"却引导着"我"去"体验"。演员把"他人"之"死"表演出来，并不在于"教导"观众一种"死"的"知识"，而在揭示它的"意义"，悲剧英雄的"死"并不意味着"自由"的结束。而是由"反抗"引起的一种"奉献"和"献身"，放弃"自然"的"生命"，意味着"自由"的保存。我们常说，英雄虽死但绩业长存，他在"当其时"的所作所为，他在"当其时"而作出的伟大的抉择，是不会随着英雄的死亡而消失的，因为"过去中的现时"这种活的"现实性"是永存的，而英雄的绩业由于它的"意义"之巨大而有着震撼人心的力量，这种对活的为事业"奉献"的抉择力量的意识，就是亚里士多德所说的"悲剧的净化"效果。由于"他人"之距离，使"我"对"死"的"惧怕"转化为一种"升华"的境界，这是叔本华已指出过的现象，海德格尔虽然极力辩白他的存在性的"烦畏"（Flucht）不是"恐惧"（Furcht），但忽视这种"升华"作用是他的思想尚不够深入、眼光尚不够远大的地方。

  观众在观剧中有一种"愉快"，即使是看悲剧也有这种"愉悦感"，这是美学家很早就注意到的现象，而对它的解释则有很不相同的意见，观剧的"愉快"当然不是实用的、生理的快感，也不是各种快感的复杂的综合，如观悲剧时的"自我安全感"甚至"幸灾乐祸感"等等，因为观剧本无关乎直接的利害关系，演员与观众之间不是一种物质性的实用关系，也不是"互为对象"的冷冰冰的理论的关系，而是这两种关系尚未分化的一种最基本的关系，所以我们叫它为本源性关系。"我"与"他人"组成一个世界，我们都"在世界中"，但"我"是"我"，"你"是"你"，是一种似远犹近、若即若离的关系。"他人"的悲剧，不是"我"的悲剧，但又并非与"我"无关，因为我们同在"一个世界"中。"他人"所作所为，英雄的绩业、伟大的决断力和人格向"我"召示，"我也可以这样做"，因为"他人"是"自由"的，"我"也是"自由"的；"他人"可以"献身"，"我"也可以"献身"。不仅舞台上的悲剧有感召力量，而且生活中的悲剧同样也有这种力量。正是生活中这种力量才驱使戏剧家把它搬上舞台，使它更集中、更突出地表现出来。道德的典范召唤"人""跟随"它，"艺术是道德的象征"（康德），艺术的典型同样也有这种作用。悲剧的"升华"有时被理解成一种"宣泄"，"排除"出去的包括私心杂念在内的各种经验的实际关系，"剩下"的是"当其时"的"自由"，这也许就是所谓"现象学的剩余者"。悲剧经过"净化"、"宣泄"、"升华"所留下的就是这种"自由感"，因此所谓欣赏的"愉快"，也就是这种"自由"的"愉快"。艺术使人"排除"实际的声色货利，这种"排除"同时也是一种"解脱"（解放），所以欣赏者有（暂时）"解脱"之喜。

哲学迫使人探本求源，艺术则以生活本身的形式、以感性的形式而不是以思想的形式显示人的这种探本求源的活动。艺术的审美的愉快正是与这种本源性的体验密切相联系的。艺术的观赏有一种"回到本源"的"如归"的感觉。"回到本源"就是说"从头来起"，是"从无到有"，所以是一种"创造"；不仅演员是一种"创造"，"观众"也是一种"创造"，是由演员引导下一起创造，因此观众同样有"创造性的喜悦"。"我"、"你"、"他"都是"创始者"，"我们"都是"创始者"。演员与观众是两个"创始者"之间的"对话"和"交流"，这种交流是自由的、愉快的，但又是严肃的、使命性的。观众到剧场去既是为了"娱乐"，也是为"教育"；"艺术"是一种本源性的"娱乐"，也是本源性的"教育"。

作者附记：本文是根据几次讲课的提纲写成，前部分谈我对西方当前美学、哲学的看法，后部分是根据这些看法谈我对艺术和表演艺术的一些理解。

一九八六年十一月四日，北京

（原载《外国美学》第 5 辑）

谈"美育"

最近几年来,"美育"的问题又重新得到重视,不仅学术界进行了探讨,而且在教育设施的实际工作上也得到了改进和充实,这是很令人鼓舞的事情。

"美育"本是一个很古老的问题,中国古代有"六艺",欧洲古代(希腊)有"九艺",其中都有与"美育"有关的。所以它是一个民族陶冶、提高自己教养的不可少的环节;古代凡文化进步较高的民族,对这一点都有比较清楚、明确的意识;但"美育"也有遭冷遇、被忽视的时候。所谓"遭冷遇"或"被忽视"并不是真的一点"艺术"和"美"都不讲了,而是要完全否定"美"和"艺术"自身的相对的独立价值,要它作"某某"的"婢女"和附属品。如果一般的说法可信的话,那末秦始皇该是古代扼杀"美育"的最大的代表,据说他把许多书都烧了,只留下实用的书,但他还得靠书家(如丞相李斯)立巨石来记他的事功。后来相传下来的"文以载道",也可以说是这种"消极的""美育"思想的完善化。为了批判这种封建主义传统,在近代,有蔡元培先生首先倡导"美育"和制定具体教育措施,在我国的思想史上,可以说是有启蒙的功劳的。蔡先生指出体、智、德、美四育齐进,已吸取了西方资产阶段的哲学和美学思想,那时候,中国的问题已与其他民族的问题发生了进一步的联系,中国人的眼界也逐渐在开阔,而不仅只是限于自己的传统了。

事实上,西方也有"美育"遭冷遇、被忽视的时候。按照一般的说法,柏拉图大概是欧洲古代不大重视"美育"的代表。据说他的学园的大门上写着"不懂数学(知识)者免进"几个大字,而他在《理想国》中强调斯巴达式的

"德育",这都是比较明显的。欧洲进入中世纪以后,一切科学都成了宗教的婢女,艺术也不例外,为反对这种情形,才有欧洲文艺复兴时的"美育"大发展。

"艺术"和"美育"曾是欧洲资产阶级的精神武器,也是欧洲近代哲学中的一个重要的问题。提到欧洲近代"美育"思想,首先想到的是席勒那著名的《美育通信》。席勒的美学思想,上承康德,下启谢林和黑格尔,可以说是德国古典美学的中心人物,而他的美学思想则以美育为核心,所以也可以说是古典的美育思想的代表人物。

西方古典的美学思想是古典哲学思想的一个有机部分,因而古典的美育思想也以古典哲学为理论基础。

欧洲的古典哲学在近代的代表是康德。古典哲学的问题是:在承认主体与客体的分离和对立的前提下考虑如何将二者统一起来以求确定的、必然的真理。康德把理论理性和实践理性分割开来,只承认知识领域里直观、感性与理智理性的统一,因而他的知识的必然性,归根结蒂,只是逻辑的先天性(a priori),而不是真正的"先验性"(transcendental);先天的逻辑和杂乱的感觉材料,严格来说,都不是什么"主体性原则",而只是"客体性原则"。康德的实践理性,倒可以说是"主体性原则",但只是在消极意义上的自由的形式的原则,这是因为他把"客体性"与"主体性"相当坚硬地对立起来的缘故。康德的《判断力批判》力图来沟通这个已被分割了的"主体"和"客体","审美"和"艺术"就是其中一种沟通方式。在"审美"和"艺术"中,康德肯定了主体与客体、理性与感性的一种游戏式的无利害关系的统一性。席勒就是从这个古典艺术理想的角度,把康德这一思想更完善地发挥了出来。

席勒的美学思想,已不像康德那样,仅从主体的知、情、意形式方面去着重探讨它们先天必然的条件,而在于从"人"的全面发展的角度,阐明美育的重要作用。席勒的美育理论把艺术和美看作克服实践的人和理论的人的片面性而出现的一种理想境界,从人的全面发展要求上来理解感性与理性、实践与理论相和谐的必然性,从而把古典的审美理想提高到一新的哲学的理论高度。席勒这种古典式的审美理想,在黑格尔的美学思想中得到了进一步的肯定和发展。黑格尔以感性与理性的辩证关系,展开了自己的全部艺术哲学体系。然而，黑格尔的哲学虽然充分肯定了古典式美的理想的重要历史意义，但同时也预示了现代生活与这种崇尚和谐的古典趣味之不适应处。艺术不是绝对精神的最高阶段，哲学以理性自身的形式来把握这种绝对，因而以精神自身的形式把握自身，在黑格尔体系中，这才是理性的最高境界。于是，我们也许可以说，在黑格尔看来，哲学的教育应高于艺术的、审美的教育。

在现代生活中，我们看到，无论在中国或西方，因为各种不同的原因，艺术和美的观念又都再一次受到深刻的挑战，"美育"再次遭冷遇、被忽视，当时甚至是受摧残。西方世界，随着战后科技的发展，物质生活日益丰足，精神生活却发生深刻的危机。古典式的、以和谐为特征的审美观念已不完全适应现代的趣味，正如黑格尔那种以主体与客体辩证同一的"绝对"哲学被现代人认为是一种虚假的幻想一样，那种古典式的、感性与理性相和谐的审美理想同样也有一种虚幻的色彩。

那末，为了在现代生活中找回那种失去了的平衡，在现代的条件下，重新提出"美育"的问题，具有什么新的内容，就成为一个问题。

对"艺术"和"美"的思考，离不开对"哲学"的思考，离不开总体性、本源性问题的思考，所以当代对于"美育"的思考，也离不开左右西方现代思潮各学派的影响。譬如前些时候，讨论得比较多的"教化"（教养）的问题，就是现象学和解释学的一个问题。

伽达默尔和罗尔蒂所强调的"教化"是一种解释学的思想，这种思想，就现代来说，根源于现象学和存在哲学。这个学派的一个基本思想是："人"与"世界"的关系，除了物质实践性的和思想概念性的之外，尚有一种更为根本的本源性、本然性的关系："意义"的关系。所谓本源性"意义"，既不是感觉式的印象，也不是语词概念的内涵，而是一种价值，这种价值只对"人"才显现出来。"世界"是物质的，"人"是一种特殊的动物，这都是无可怀疑的。但是"人"作为有意识的存在，使"世界"不仅仅是感觉的对象，而且是"理解"的对象。"理解"不是抽象的、概念式的把握"世界"作为客观实在的种种特性，"理解"是要体会出"世界"作为"人"的生活场所而向人们显现出来的"意义"。从根本上来说，人作为人，而不是作为动物，并不是要从物质上"消耗"掉这个世界；同时，人作为人，而不是作为"思想实体"，并不是从精神上"静观"这个世界。这样,"人"与"世界"就不是一般意义上(古典意义上)的"主体"与"客体"的关系,"人"与"世界"处在一个层次上,"人"是"世界"的一个部分,而"世界"是人"生活的世界"。

从这个基本态度出发,"世界"向"人"显现出来的"意义"就不是分离开来的感性和理性所能把握住的。"意义"不是分离开来的感性和理性之间的关系,既不是二者的"和谐",也不是二者的"冲突",而是在这种"分离"因而在这种"和谐"和"冲突"之前的更为本源性、本然性的关系。于是,西方的思想就由古典式的哲学思想方式,转变为现代式的解释学思想方式,在这种思想方式中,艺术和审美同样处于一个关键的地位,但具有不同的特点,并不像在古典式思想方式中那样是某种哲学体系的一个环节,而是生活体验中的"教养"。

"世界"向"人"显示出来的这种本然性的"意义",既不是感觉印象所能捕捉的,也不是抽象的概念系统所能把握的,而只能以活生生的方式去体会。"我在世界中","我"才能体会出"世界"的"意义"。这样,我们不能用我们的感官工具、也不能用我们的理智工具去真正"理解"(悟出)这种"意义",因而在这种"意义"面前,一般的经验科学是不够用的,形而上学的概念、范畴系统更是不适用的。"我在世界中","人"既不像动物那样活在世中,也不像"精灵"那样活在世外,"人诗意地存在着","人"与"世界"的本然性关系,是一种"诗"的关系,即"人""诗意地""理解着""世界"。在这里,突出的地方在于:人们重新注意到被分割了的世界,即被遗忘了的"审美的度"。

"世界"与"人"的这种本然性"意义"不是"人""想象"和"建构"出来的,而是"世界"向"人"显示出来的,但"世界"只向"人"显示这种"意义",因而"人"只有作为一个完整的、活生生的"人"才能"理解"这种"意义"。沉湎于声色货利的"人"和沉醉于玄思的"人",都"理解"不了这种"意义"。为了提高"人""理解"这种"意义"的能力,"人"需要"教育"。这样,解释学所说的"教育"(教化,教养),不是一般意义上的"教育",而是在智育、德育、体育、美育分化之前的本源性、本然性的教育。

这样看来,通常我们所谓"美育",也有两层含义:一是指一般的艺术教育,一是更为根本性的教养。如同知识教育、道德教育一样,在一般层次上是指经验科学、形式科学（数学、逻辑）和技术科学的训练，包括了道德方面的社会伦理规范的教育，同时在更根本的层次上，则可以指哲学性的训练。本源性意义上的"美育"不把"艺术"作为一种工具或形式来训练，而是"教育""人"去"理解""世界"向"人"显示的那种本然性"意义"。

因此，解释学仍是一种"训练"，是一种更为根本、更为全面的训练，"训练"人能够体会"世界"所显现出来的"意义"。"教育"人能够"读懂""世界"这本大书。

从根本上来说，"世界"总在向我们"说"些"什么"，"告诉"我们"什么"，我们（人）也总是在听"世界"向我们"说"的"话"，"说""世界"让我们说的"话"。这个"话"不仅仅是"知识性"的"概念"，而且是一种"消息"和"信息"，"信息不是知识"。"燕子"是"春天"的信息，而不仅仅是知识性推断。"似曾相识燕归来"，不是"教"给人一种"知识"，而是"教"给人去体会一种生活的"意义"。

解释学的"教育"和"训练"，广义地说来，就是训练和教育"知音"。"高山"、"流水"既不是"概念"，也不是"印象"，而是俞伯牙要"说"的"意义"，钟子期"听""懂"了。"知音"的"知"，不是概念式的"理解"，也不是感觉式的"印象"，而是生活性的、本源性的"悟"。"知音"不是从声学上懂得如何掌握声音这一种物理现象，所以"大音希声"，"此处无声胜有声"，"于无声处听惊雷"就不仅是哲人玄思和诗人想象，而是真正的意义的捕捉，因为"沉默"应当是更为深沉的"说"。

"世界"作为自然物质的存在不仅对人有意义，而且对动物同样保持着自身的意义，"世界"的这种自然的意义是非时间性的、永恒的，但那种只对"人"才显示的"意义"则是历史性的、时间性的。原始的森林和高楼大厦对狮子老虎来说，意义都是一样的，但对"人"就会显示出它们的不同来。"人"能够辨认历史的痕迹，就因为它自身就在历史中。历史是人类文化的积累，因此，解释学所谓的"教育"就是在本源性意义上的文化的教育和历史的教育。

解释学意义上的"文化教育"，不仅是"知识"的教育，同时也是"诗"的"教育"。

从知识性的意义上说，"历史"是"过去了"的"事"，时间的流逝在实际上的不可逆转使我们后人只能把它当作既成"事实"来研究各"事实"之间的前因后果。但过去的"事"又是过去的"人"做的，在做这些"事"时，这些"人"都是"活"的，就像我们现在活着在做"事"一样。"活"人做"事"必有"活"思想。"古人"已死，他自己没法"告诉"我们当时的"活思想"，但他的作品（包括实际工作和文字作品，将来还有录音的语言作品）却保存了这种"活"的东西，总是在向我们后人"说"些"什么"。我们能够体会出（听出来）这种"活"的东西，正因为我们也是活的，我们也在做"事"，也希望我们的后人不仅在实际上享受我们的劳动成果，而且也能"听出"、"看出"这其中的活的意义。

我们通常所谓的"艺术作品"，在物质形态上与其他一切物质事物，并没有原则上的不同，建筑艺术与普通房屋的区别不在结构、装饰繁简的程度差别，而在于艺术品存留了活的历史，因而要求"人们"（"他人"、"后人"）对它作活生生的把握。考古挖掘出来的器皿，可以保存或失落其"实有的价值"，但只要人的历史在延续，必定存留了它的"审美价值"。艺术品是活的历史的存留者。

然而，解释学的问题还在于：并不是人人都能轻而易举地"理解""世界"（包括艺术世界）的活的意义的，为了"理解"这个"意义"，"人"需要"训练"，需要"教育"。正因为这种"意义"不是一个经验的"对象"，也不是一则抽象的公式，而是历史性的、时间性的活生生的价值，所以它要求人们（后人与他人）要有一种不同于知识积累式的学习和训练，以便领会它、理解它。"人"必须在这种本源性意义上教育自己、改造（重新塑造）自己，才能让这种"意义"延续下去而不致"失落"，才能是这种本源性的、活的"意义"的"见证者"。

"古调虽自爱，今人多不弹"，时尚的更迭，使某些古代的艺术品失去原有的吸引力，有的甚至成为"广陵绝唱"，世无知音，则它的那种活的意义被隐藏、掩盖了起来，无人领略、欣赏得了，这是因为"人"本身是历史性的、时间性的，"今人"、"古人"不同。"今人"要成为"古人"的"知音"，则需要学习，需要教育，对古人的"世界"有所了解、体会，对古人的世界和今人的世界之间的发展关系有所了解、体会，才能做古人工作的活意义的见证者。这就是"教养"，是"历史意识"的觉醒。

这种"教养"当然也不能完全离开知识性、工具性的训练。我们要理解一个"世界"（如古人的"世界"，外民族的"世界"，更具体到"他人"的"世界"），总要对这个"世界"的"人"和"事"有一定的知识，对这些"事"发生的环境背景有所知晓。我们要对古人、洋人、他人用以表达、表现"意思"的工具有所知晓，譬如我们要通晓古代的语言、洋人的语言，才能谈得上"读懂"他们的书，我们要多少知晓我国古典戏曲的程式（包括唱、做、念、打），才能"看懂"京剧、昆曲。这些都是必要的。但是，我们并不能说，必先成为古语或西语的"专家"，才能"读"古书、洋书，也并不能说只有在通晓戏曲各技术程式以后，才能观赏古典戏曲。因为从根本来说，那种历史的活的意义，本不必借用固定的、人为的"符号"就可以表达出来的。艺术本就是采取生活自身的形式。建筑并不是一个专门的"符号"，需要专门去学习的，山林之美，更不是要做多少专门的植物学、森林学训练才能欣赏，而可以说竟是有目共睹的。古代的语言或洋人的语言当然是一定要学的，但为了能"读"懂古人、洋人所表达的那种活的意义，对语言的要求也只是适应那个时代、那个世界的"生活"的要求——当然对今人和外民族来说，做到这一点也是不容易的。于是，对一部古代典籍，作专家式的研究和作解释学式的领悟二者的要求是不尽相同的。我们并不能说，对古代作品作专家式研究的人趣味和见识都不高，我们只能斗胆地指出，在一些有成就的研究专著中有一些是没有多少趣味，没有多少真知灼见的。《老子》书五千言，历代注释、发挥的浩如烟海，真有见地的也不很多。知识和学问并不能保证一定有"教养"，更不能保证一定有"头脑"（有思想）。人的"鉴赏力"和"理解力"需要一种更根本的教育和训练。

从西方近代哲学思潮来说，"鉴赏力"和"理解力"都是英国经验主义者着重研究过了的，这两种能力，到了康德那里，就摆脱了具体经验的局限性，与理性的必然的条件联系了起来，但还都限于经验的、知性的范围内，因而康德的"鉴赏力"侧重于想象力与知性规则的和谐，而"理解力"则更明确地限于经验的可能范围，强调在这个范围内感性材料与理性的制定规则的形式相结合。康德将更为本源、更为深层的意义留给了"理念"与"天才"。"理念"和"天才"都是直接对本源性、本然性问题的把握，"理念"是理论的形态，而

"天才"则是艺术的创造能力。由于康德限制了知识,因而不但"理念"超越了知识的范围,"天才"也不是后天"训练"出来的。这就是说,从解释学的观点来看,康德不承认除了一般的经验知识的教育、学习以外,尚有一种更为本源性的、解释学的训练。

赫拉克利特说过,"博学不是智慧",知识的积累不能保证人们对本源性的意义一定具有洞察力。同样,博学也不是美感,知识的积累也不能保证人们对这种本源性的意义有敏锐的感受力。但所谓"学"、"教育"、"训练"等等,有不同层次的意思。

我们已经说过,所谓本源性的"意义"并不是一个现成的"对象",经教师一指点,多数人就能掌握;对这种"意义"的"表达",也不是一般的"技术",经过勤学苦练,多数人都可以达到。但对这种"意义"的领悟和表达能力,却也不是生来就有的,而是学而知之的。这层意思,康德也是看到了的,承认了的。康德说,"天才的艺术品"不是"模仿"的产物;但历代天才作品之间倒也不是毫无关系,它们有一种"跟随"性的联系,所以各艺术作品虽都是一个个里程碑,并不互相"模仿",但却也不是无本之木无源之水。大艺术作品为"后人"、为"他人"立则,树立典范,就像道德典范那样,并不是叫"他人"不分时间地点一模一样地做同一件"事",而是学习它的精神品质,为典范的人格所感动,以这种精神人格来引导我们的行为。同样,艺术上的典范作用,也不是要人们去一模一样地做出那个作品来,这样做出来的是仿制品、复制品,自有另外的意义和价值,但不是艺术创作的价值。道德的典范是实际生活的典范,艺术的典范是趣味上的典范,都表现了前面所说的那种本源性的"意义",而这种"意义"是历史性、时间性的,因而又不是永恒不变的,对这种意义,古人有古人的体会,今人有今人的体会,每个人的行为和趣味是不能代替的;但由于这种意义是最为根本的,所以人与人之间,我与"他人"(包括"古人"与"洋人"等)之间又是可以沟通的。"他人"的行为与趣味虽然并不能用概念形式的方式来穷尽它,但却同样是可以"理解"的,而且这种"理解",比起概念性、抽象性的理解说来是更为根本的,这种"理解"正是解释学所要研究的本源性的"理解"——"悟"。

从一种意义来说,我们看到的,康德所谓"天才",也是要"学"的,只是不能是刻板式的、书呆子式的"学",不是"死学",而是"活学"。人生在世界上,都在互相"学习",向"他人"(包括"古人"、"洋人"等)"学",向日月山川大自然"学",向"社会"学,这是在"生活中"的"学",而不是在"实验室中"或"研究室中"的"学",这是一个方面;另一个方面,我们也看到,康德所谓"鉴赏力"同样需要几分"天才",需要一些"灵气"的,即需要一些光是"死学"学不到的东西。"鉴赏力"需要对宇宙人生的本然性问题有敏锐和深沉的感受力,这就是要求对于"他人"这方面的体验要有一番积累的功夫,同时对于眼前的声色货利要有一种穿透的功夫。没有"他人"经验的感染和熏陶,固难提高自己的"鉴赏力",沉湎于个人物质享乐中的酒色之徒,也谈不到有多少"趣味"。历史上不乏腰缠万贯的富豪,也不乏学富五车的书虫,但都没有多少"鉴赏力",谈不到"趣味""高雅"。甚至"收藏家"也不等于"鉴赏家"。

"鉴赏力"的提高,需要解释学意义下的训练、学习和教育,也就是从胡塞尔以来的那种不同于"自然科学"的"人文科学"的训练。早期"符号论"、"现象学"、"存在学"、"解释学"以及方兴未艾的"消解学"都是现代西方的"人文科学"。"美学"从根本意义来说,属于"人文科学","美育"则是一种"人文科学"的"教育",而与一般的"自然科学"的"教育"不同。

"人文科学"和"自然科学"这种划分当然不是绝对的,也不是说它们是互相矛盾、互相排斥的,按照解释学的说法,"人文科学"与"自然科学"涉及的是两个领域的事,既然在"自然科学"领域里"碰不到""人文科学"的问题,则无矛盾、冲突可言。但它们二者又不是毫无关系的。在解释学看来,"人文科学"比"自然科学"更为基本,"自然科学"是在"人文科学"的基础上发展起来的,"人文科学"是"源","自然科学"是"流"。这种说法,从西方人思想方式的传统来看,是有其必然性的,热衷于各门学科和科学之建立,是西方理智生活的特点。

然而,我们不妨从另一个角度来重新思考他们所提出的问题。我们未尝不可以说,人们的本源性、本然性问题,是在"人文科学"与"自然科学"这种学科划分之前就已经提出了的。事实上,在人们自觉或不自觉地作出这种划分很久之前,那种"世界"与"人"的本然性的"意义"已然存在。这种"意义",不是某个学科(即使是"人文科学")发现的,它的问题也不是某个学科提出来的。本源性问题不是学科性或科学性("人文科学"性)问题,而是生活本身的问题。

一切的学科、科学,包括"人文科学"在内,都要有一种概念的体系,因而都离不开知识性结构形式。以一种不同一般自然科学的范畴体系来回答本源性问题,黑格尔在古典的范围里已作过了尝试。他承认"哲学"作为一门"科学"(一门"最高"的"科学")当然离不开"命题",这就是说,离不开概念、判断、推理的概念知识形式;但黑格尔说,"哲学"用的是"思辨的"概念、范畴,而不是"表象的"概念、范畴。"思辨的""概念"、"范畴"的推演构成了"哲学"这门"科学"的体系。在这个意义下,解释学只是在现代的层次上把黑格尔做过的事重新做一遍。古典的和现代的,当然是有区别的,但都是西方的,即西方的一种专门学科式的思想方法。"哲学",作为一门学科,在西方固然源远流长;"解释学"也是一门学科,也有自己的历史发展,这方面伽达默尔在他的《真理与方法》中已有详细的介绍,所以"解释学"是现代西方哲学的一个学派。

然而,严格说来,关于本源性问题的研究和思考,本形不成一个独立"学问",因为本源性的"意义",不是一个现成的东西,不是一个现成的问题,因而也不可能有现成的答案。关于这种"意义",我们当然必定有许多的"说法",水平高的也许可以叫做"学说",但却不会形成一个分门别类性质的"学科",因为围绕这个"问题"的"回答",关于这种"意义"的"说法",实在是早于各种"学科"分门别类发展以前最为根本的东西。尽管历史的材料不断向我们表明:人类文明初期,不论东方还是西方,"美"、"善"、"真"、"信"是不可分的,但是人们还是要不断地试图去找出一种不同于"真"、"善"的"美"的"属性"或"特征",在这种分门别类的"学科"式思想方式影响下,许多才智之士写了一本本的书来建立一个个不同于"知识论"和"伦理学"的"美学"体系;不少艺术家为了争取自身的独立价值,不无理由地强调"美"和"艺术"不同于科学知识、伦理道德以及政治政策的独特性,但殊不知,一切实际上、经验上、学科上的界限的划分,都是相对的。除了求助于历史水平的尺度,我并不能够成功地严格区分哪些是一般实用物品和哪些是真正的工艺美术品，也不能创作出完全没有社会道德或社会政治内容的戏剧、小说等文学作品来。

"世界"的、"生活"的本源性"意义"不是现成的"事实"，也不是抽象的"概念"，为它下不了一个排他性的"定义"，正因为这种"意义"是一个完整的"整体"。用古典哲学的语言来说，它是"一"，但不是数学意义上的"一"，也不是指称、指谓上的"一"，所以"一"是"多"中之"一"，"一"也是"全"。

胡塞尔在建立他的"严格的""人文科学"时有一个设想，即把一切经验的东西都"括起来"、"排斥出去"以后，看看还剩下什么，这就是他的著名的"现象学的剩余者"，其实，这个"剩余者"就是现在解释学所追求的那种本源性的"意义"。不过胡塞尔的"排斥"、"悬搁"法仍然有古典式的"表象"与"本质"、"变异"与"不变"等分离的形迹，而所谓"经验"与"超验"、"现象"与"本质"……它们的区别，已是分门别类"学科式"思想方式的产物，而既谓"本源性"、"本然性"，则仍应在这种"分化"之前。就本源性意义来说，"真"、"善"、"美"是一个统一的整体，这样，"美育"也就不仅是一种分门别类的"学科学"式的教育，而是生活本身的教育、历史本身的教育。提高人们的"鉴赏力"、"理解力"，归根结蒂是要提高人们的生活；提高人的素质，也就是提高生活的素质。

关于"美"的"学说"，不是概念式的范围体系，关于"美"的"教育"，则也不是灌输式的、信息积累或储存式的，而只能是"启发"式的、"示范"式的。什么叫"启发"？"启发"首先是"启蒙"，把被"蒙"着东西"揭发"出来。"启蒙"即是"揭蔽"，"揭蔽"为"真"，为"明"，为"信"，都是围绕生活的本源性意义来说的。这种"意义"是真实的生活，是可以理解的生活，也是可以相信的生活。生活向我们展显的"意义"是一种"消息"，预示了这一个新世界、新生活必将到来，因而是可信的。

"美"的"教育"同时又是"示范"性的，是"言教"与"身教"相结合、相统一的一种本源性的"教育"。"鉴赏力"的提高，"学习"各种"理论"和"学说"固然重要，但更重要的是亲自去"欣赏"历代的艺术品。"艺术品"是一个"物品"，但又是艺术家的作品，艺术品在向我们说些"什么"，同时也是艺术家向我们说些"什么",这个"什么"(意义,意思)是言教、也是身教。即使是文字的作品(如诗、小说),也不仅仅是"言教",而是诗人、作家在把他对世界的感受、体验"告诉"我们。我们在读文学作品时是在"交谈"、"交流",而不光是"接受"。我们读诗作,是在作品的指引下,"跟随"诗人再"吟诵"一遍,读小说是在作品的指引下,"跟随"作家把作品描写的经历在不同的形式下,在想象中再体验一遍,这样才可以说,我们读"懂"了那首诗,或那本小说。对作品能发表许多"批评"意见或有许多"议论"的人,不一定在真正的意义下"懂"了那个作品。

　　道理说起来还是这样简单:"美育"固要某些专门的艺术形式方面的陶冶和训练,但并不限于这种分门别类的技术性的教育,"美育"不是"专门"的教育,而是"全面"的"教育",归根结蒂,是生活的教育,是活生生的教育。

一九八七年六月五日于哲学研究所
(原载《美学研究》1988 年第 1 辑)

"画面"、"语言"和"诗"
——读福柯的《这不是烟斗》

福柯在出版了他的主要著作《字与事》("Les mots et les choses",英译《事之序》,"The order of things")两年之后,于1968年写了一篇文章《这不是烟斗》,评述比利时超现实主义画家马格利特(René Magritte, 1898—1967)同名作品,实际上是借题发挥,以艺术评论的方式,表达他基本思想的某些方面,这篇文章的事实上的写作原因似乎是:马格利特在读了福柯刚出版的《字与事》后,于1966年5月6日写信给福柯,表示他对该书的兴趣,对书中"resemblance"与"similitude"所作区别作了评论,并附去"这不是烟斗"这幅画的复制品。① 从马格利特同年6月4日的回信看,福柯在接到5月23日信后立即复信给马格利特,提出了关于另一幅作品的问题。6月4日信中,马格利特没有提福柯有否回答他关于"resemblance"与"similitude"的评论,但两年后福柯这篇评论文章,却集中地阐述了这两者的区别,也可以看成是对马格利特评论的一个详细的回答。

在5月23日信中,马格利特说福柯在《字与事》中对"resemblance"与"similitude"所作的区别,有助于自己的论述。尽管在字典上不易找出字面上的区别,但在实际上,这种区别对理解"世界"与"我们自己"的关系是有帮助的。信中马格利特说"事物没有resemblances,但它们可以有或可以没有

---

① 见 D. Eribon, *Michel Foucault*, Flammarion, 1989年,第198页。

similitudes",并说:"只有思想才 resembles,它与其所视、所听、所知者相 resembles。"后一句话为福柯在文章中引用、发挥。所以可以认为马格利特对《字与事》中的道理是领会了的。

"resemblance"与"similitude"的区别是福柯在《字与事》一书中提出理解西方语言和事物关系历史发展的重要观念,这个观念,被引申来解释西方现代派艺术,说明他的思想与西方艺术(文化)发展的一致性,说明他和西方现代新派艺术家所思考的是同一类的问题,而艺术家们用不同方式——不同流派风格来处理"语言结构"与"意象结构"的关系,在精神上与福柯的意思也是一致的。然而这两个法文字——"resemblance"与"similitude"译成中文而又要体现出它们的区别,是很难的。根据福柯的理解,我们暂时把"resemblance"译成"意象(者)",而"similitude"则译成"相似(者)"。这两者的联系和区别,将随着我们讨论的深入,而逐渐明朗起来,这一点是我们要预先说明的。

福柯自从出版了《古典时期"疯"的历史》("Histoire de la folie",英译《疯狂与文明》,"Madness and Civilization")之后,在巴黎成为知名人士,他的《字与事》很快受到重视,也是很自然的;但这部艰深的书首先接到艺术家的反映,却也是很有趣的事。不错,福柯关心文学艺术,早在《字与事》出版前五年,福柯出版过一本称赞"前"(准)超现实派作家鲁塞尔(Raymond Roussel,1877—1933)的书。虽然福柯这本书中国读者不易读到,但从鲁塞尔这位作家喜欢运用"词句"和"意象"之间的复杂、变形和比喻的关系来看,福柯该书的宗旨当与后来的《字与事》和本文要介绍的《这不是烟斗》是一致的。

哲学家和艺术家都生活在时代之中,都是特定的时代的"思考"。不但马格利特读了福柯的书,而且福柯早就看了马格利特(以及克利、康定斯基……)的画,促使他进一步思考那人与现实、主体与客体、语词与表象、概念与形象……的关系,提出一种自己独特的、但又是为当时同代人所能接受的见解。当我们了解了福柯提出他的见解的"根据",亦即当时哲学、文学、绘画、音乐等领域所思考的"问题";当我们理解了福柯提出这些见解的可能性,即这些思想、观点、说法何以可能,则我们就理解了福柯的见解,也就理解了福柯本人。作为"著作者"、"思想者"、"言者"、"写者"的"福柯",无非就是那些"见解"的"总和"。

一、围绕着"语言"的讨论

古代哲学重"思想",现代哲学重"语言",但如同古代哲学的"思想"遇到了不少麻烦一样,现代哲学的"语言"也面临着严重的挑战。并不是说,古代的哲学家没有想到"语言"的问题,智者学派就曾提出为什么"可听的"语言能够代表"可见的"事物这一根本问题,[①]不过那时只认为"语言"是"思想"的工具,"语言"是第二位的,而"思想"才是最重要的。

系统强调"语言"的独立性和任意性的是瑞士的塞秀,他的语言学成为现代结构主义思潮的奠基者。这时,"语言"才不仅仅是一种"指谓"的"工具",其意义不只限于"所指",而"能指"本身成为人为的、自成体系的结构系统。"能指"与"所指"之间的关系是人为的、任意的、约定俗成的,而不是模拟的、派生的,从而为自己独立的结构。

"语言"的独立性,引出了"文字"的依附性,因为在塞秀看来,"文字"无非是"语言"的外在表现和记录。塞秀这种贬低"文字"的看法,受到了后来不少人的批评,但批评者都侧重在更加强调"写"和"文字"的独立性和重要性,而把塞秀的论述重点"说"移向"写"。"写"的独立性引出了"文学"(作品)的独立性。

"文学"(作品)不是"模仿"、"复制"、"描写"客观的现实世界——对象世界,其独立性表现在:它也是一种主体(精神、心灵 psyche)的人为的表现(结构)形式。这种理解在精神分析学派的影响下,摆脱了"对象世界"的"文学",成为"无意识"、"梦"的世界。总之,"文学"脱离了"现实","文字"脱离了"对象"(意象,image),它们之间是一种"不确定的"(indefinite)、"游移的"(adrift)关系。

这样,由文学领域中首先出现的"超现实主义"流派,影响到绘画领域中

[①] 参阅拙著:《前苏格拉底哲学研究》(人民出版社 1983 年版),高尔吉亚部分。

这个流派的发展，而马格利特作为这一个流派中的一员——尽管不是最典型的一员，就有《这不是烟斗》的两度创作。

《这不是烟斗》(Ceci n'est pas une pipe) 是马格利特早在 1926 年画的，而 1966 年他又重新画了一遍，将 1926 年的旧作保留在一个黑板画的地位，而又悬空画了一个大烟斗，这幅新画的标题为"两个秘密"(Les Deux mystères)。是否因马格利特读了福柯的《字与事》想起了旧作，一起寄给了他，还是为别的意图，不得而知。

1926 年的画和题字都是"一本正经"地"画"完全写实的烟斗，"写"完全工整的手写体法文，并无一点可以怀疑、含糊的地方；但这两个"相反"的"意思"都放在了一幅画中。福柯的任务就是如何从自己的思想立场来解释这两幅画。

可以想象，福柯并不会认为这是一个困难的任务。因为大家记得，他的《字与事》一书的开头，也是以一幅画作为引子，引出了他一整套"知识考古学"，而选的画，竟然是 17 世纪西班牙大画家维拉斯克斯（Velázquez, 1599—1660）的一幅古典名画——《宫女们》(Las Meninas)。福柯居然利用该画处理"画中画"的隐显关系之独特的手法，引导出"语言"与"画像"（意象）之间不确定关系这个结论来，那末，以故意游离"语言"与"意象"为宗旨的马格利特这两幅画，当然就可以更加得心应手地来说明福柯对"语言"的一种独特的看法。

画上明明是"烟斗"，为什么题词（text）却写着"这不是烟斗"？福柯说，这幅画按传统习惯来说，很是奇怪，但细想起来，却是可以说得通的。通常我们都把画上的东西，理解为"实物"的"代表"，而语词又是"指示"着"实物"。"这是烟斗"这句话语，等于用手指头指着一个实际的烟斗，但马格利特这个题词里的"这"，首先被理解为"指"那画上的"烟斗"，而画上的"烟斗"不是实际的烟斗；如果马格利特画的不是烟斗，而是"布丁"，而题词也改为"这不是布丁"，则中国人很容易就能理解题词的意思。"画饼（布丁）不能充饥"，"画烟斗"也不能"过（烟）瘾"，画上的饼、烟斗不等于实际的饼、烟斗。

画上的烟斗是由布料、颜料组成的，实际的烟斗是由木料组成的，而"这不是烟斗"的题词则又是黑色（1966 年版是用白色）线条组成的。画、实物、文字，实际是三种不同的东西（物），它们之间只有某种"相似性"（similarity），它们是"相似物（者）"。

"相似物（者）"不同于"表象物（者）"（resemblance）。福柯认为，按照传统的、古典主义的理解，"画"和"字"都是"实物"的"表象"（representations）。"表象"本身没有存在的价值和意义，而只"代表"它所"代表"的"实物"。"表象"和"实物"原是一件事，而不是两件事，它们之间没有"缝隙"。"实物"是"原子"，而"表象"本身为"虚空"，这是西方人一个传统的观念。"表象"的"意义"以其"表现""实物"的完善程度为转移。"画"以"状物"，"辞"以"指事"，皆以"事"、"物"为最后标准，画得越像真物，则水平越高，意义越大，"辞""事"相符，乃是"真""话"、"真""理"。

然而，实际上，"画"、"字"本身亦为一"物"，"虚空"本身亦为一"始基"，就其"思想性"言，是为"无"，就其"实物性"言，仍为"有"。绘画史、文学史并非真的为"无之史"，而亦为"有之史"；没有"纯粹"的"思想史"，一切的"史"，都是"有"的"史"。"字"、"画"之所以能成"史"，乃在于它们本身亦为一"物"，是它所"代表"的"实物"的"相似物"，"虚空"为"原子"的"相似物"。"相似物"之间就不是"亲密""无间"的，而是"有间"的，"字"、"画"与"实物"之间有一种"游离"的关系，因而不是一成不变、一劳永逸的。

福柯整本《字与事》的重点之一就在于指出西方对"语言"的"表象"式理解并不是永恒的，直到十六世纪，西方人还相信"字"与"事"乃是两种"相似物"，"字"本身就有某种实际的作用，不仅"事"影响"字"，"字"也可以影响"事"。"书"是根据"事实"写出来的，"事实"也可以根据"书"来改造、塑造、组建，其间的影响是相互的、可以逆反的。福柯在书中还特别指出唐·吉诃德作为这种"尽信书"的最后一个"英雄"，而为古典主义思想所嘲弄——唐·吉诃德坚信"事"应按"书"中所教导的方式来组造，"书"之所以未曾应验，乃是施了"魔法"的原因，而"魔法"总是可以破的，唐·吉诃德就是破那把"书"只看作"表象"而自身没有价值的"魔法"的"英雄"。这个"英雄"之所以成为"喜剧式"的，是因为古典主义的"表象"观念已然成为占统治的观念，"书"（文字）只是"事"的"表象"，理应随"事"

而"变"。在培根破除了多种"偶像"之后,在笛卡尔把科学方法引进哲学之后,唐·吉诃德式的"英雄"则越来越显得"滑稽可笑"。

然而,福柯在《字与事》里指出,"字"与"事"这种古典表象式的理解,也不是永恒的,因为它把二者之间的复杂关系简单化了,并未真正解决"可听的"、"可视的"之间的矛盾。这样,当古典主义发展到一定阶段之后,现代的思潮转向了"语言"、"字"本身的意义和价值。福柯认为,尽管人类说了几万年的"话","写"了几千年的"字",但"语言"(文字)在西方真正成为科学研究的"对象",真正成为一个特殊的"物"——有"实体性的"、"厚实的""物"而被"观察"、"分析"、"研究",则是十八世纪末、十九世纪初以来的事。

"语言"当然是用来"指""事"的,但这个"指事者"本身有自己的结构,这个"结构"并不完全是"模仿"所"指"之"事"的结构,而有自身的独特的要求。不仅"词法"、"句法""模仿""实事",而且我们对"实事"的"理解",离不开"词法"、"句法"。"语言"的区域,限制了我们可理解的世界的区域;"语言"的"结构",影响了我们对"世界""结构"的理解。这样,西方从十九世纪起,我们似又看到了许许多多的"唐·吉诃德",但却不是"滑稽可笑"的,而反倒是倍受尊敬的。

二、"图画诗"(calligram)

"语言"不仅是"语音",而且是"文字";不仅是"说",而且是"写"。"文字"、"写"在现代受到特别的重视,人们觉得过去过于侧重语言的声音的一面,而以为"声音"是空灵的、精神性的,"说"总要"说"些"什么"(胡塞尔),要紧的不在"说"本身,而在"什么"。这种情形自从海德格尔以后,有所改变。"说"不被理解为一种表达"思想"的"工具",而本身是一种"存在"方式。所以尽管现在有一些人批评海德格尔没有完全摆脱"语言中心论"从而仍有"逻辑中心论"的影响,但"语言"的存在性思想是海德格尔跨出的第一步。

不过,"语言"自不光是"说",而且还有"写"。从某种意义看,"说"不是"写"的一种方式。"说"是"可听的",但"写"却是"可看的","可听的"如何能够"代表""可看的",这个问题也许可以在"写"——"文字"上得到一点启发。

从马格利特的《这不是烟斗》,福柯谈到了一种一度流行的"图画诗"。

法国先锋派诗人阿波利奈尔(Guillaume Apollinaire, 1880—1918)在去世那一年,出版了一部《图画诗》集,把文字排成了"图形",以与诗中指示的"事物"吻合,求得"诗"、"画"在形式上的一致。据说,这种"图画诗"在欧洲中世纪曾经试验过,但未曾流行起来;阿波利奈尔重新创作之后,虽曾有一些响应者,但仍似昙花一现,并没有多少生命力。

然而,要看到"图画诗"的宗旨却也是很宏大的,福柯指出:"图画诗是要以游戏的方式消除我们字母文明(alphabetical civilization)的最古老的对立:指示(to show)与命名;塑造(to shape)与言说;再造(to reproduce)与建构(to articulate);模仿与指谓(to signify);看(to look)与读(to read)。"①

福柯在这里意味深长地指出了这些对立是他们"字母文明"的突出问题。欧洲的文字是拼音文字,"文字"是"语言"的记录,"语音"是第一位的,"文字"是派生的、次要的。现在法国有些人,如德里达,甚至把欧洲文明的一些缺点、失误都归诸"拼音文字",固然是夸大其词、危言耸听,但"拼音文字"掩盖了"文字"本身的特点,这倒是事实。

古代埃及用象形文字,"文"、"图"并茂,"读音"则是规定好了的,不少象形文字大概至今不易弄清如何"读"法。中国汉字讲"六法",造字的办法是多样的,其中也包括"象形",但"象形"并不是唯一的造字的方法,所以汉字未曾像古代埃及象形文字那样久已废弃。然而,古代埃及象形文字出不了"图画诗",中国的汉字也出不了"图画诗",只有欧洲的拼音文字才会出现"图画诗"这种怪胎,这一点,大概福柯也是意识到了的。

不仅如此,福柯的讨论要点,正在于以马格利特的《这不是烟斗》为例,来说明"图画诗"之不可能性,他说马格利特的画是"图画"诗之"解

---

① 福柯:《这不是烟斗》,英译单行本,第21页。

散"（解体）。

福柯说，"图画诗"的宗旨是要做修辞学以"比喻"（allegory）来做成的"同语（义）反复"（tautology），但"图画诗"以拼音文字的线条来组成"图画"，来代替语言的比喻，是不可能达到"同语（义）反复"的。这里的理由在于，"图画诗"不可能同时做两件事：既"说"，又"表象"（represents）。这就是说，人们不可能同时"读""诗"，又"看""画"，"读"了就不能"看"，"看"了就不能"读"。

马格利特的《这不是烟斗》就是以极端明快的艺术手法向人们表明："看"是"看"，"读"是"读"，"看"的是"烟斗"的"画"，"读"的是"这不是烟斗"的"话"，二者并无"矛盾"可言。因为正如福柯指出的，所谓"矛盾"只是在两句"话"或同一句"话"中发生，而不会在"话"与"画"中发生。于是，"烟斗"的"意象"（画），与"这不是烟斗"的"题词"（话），可以在一幅作品中出现。

当然，这并不是说，"画"（"烟斗"的"意象"）和"话"（"这不是烟斗"）没有关系，而只是说，它们之间的关系并不像传统想象的那样确定，好像船抛了锚固定在那里一样，而是有相当不确定性。因为"话"与"画"不是一方"代表"（表象）另一方，而只是"相似物"。马格利特的作品正是要把这种"相似物"的特性揭示出来，他的"这不是烟斗"就好像起了"锚"，而使"船""漂移"起来，但"船"仍在"水"中，"话"与"画"仍然在"关系"中，在同一个"世界"中。显示这种"关系"的，可以从题词中那个"指示词"（ceci, this）见出来。

"ceci"（this, 这）是一个字、一些字母、一些线条，但又是一个"词"，是一个"语词"，理应有"所指"。然而，"ceci"这个"所指"是一个空集。这个表面上很确定的词，实际上却是很不确定的。

首先，"ceci"可以"指""画"的"烟斗"，那末马格利特的题词就可以读作："'画的烟斗'不是'字的烟斗'（这个字），或不是'可以读作"烟斗"的这个字。'"其次，"ceci"可以存持其"空集"而作为一个"字"——可"读"出的"字"，那末，这个题词就可以读作："'ceci'这个字不是'画的烟斗'。"不仅如此，福柯还提出了第三种读法，即以"ceci""指"整个的画和字——即

"图画诗"，然后这句话则是对"图画诗"的否定。总之，"画"的"烟斗"与"读"的"烟斗"，不是一件"事物"，而是两个不同的、但又可以是"相似的""事物"。

"诗"就是"诗"——"字"就是"字"，"画"就是"画"，"画"不是识字课本，不是图解，"字"也不光是"命名"。在马格利特的画面前表现出束手无策的"教员"是福柯强调"图画诗"解散、解体的见证，他面对画幅，说话的声音越来越小，当他由喃喃作语说"这（不）是烟斗"这句话到完全沉默不语时，"他""看见"了那个画上的"烟斗"，也许这就是第二个版本中悬空八只脚如同梦境般的那个大烟斗的旨趣所在。

1966年第二个版本的那幅叫做"两个秘密"的画似乎才是马格利特写信给福柯的主要用意所在，但福柯的评论却大都是有关第一个版本的。可以猜想，马格利特在事隔四十年后想起了"这不是烟斗"那幅画，而且以此画为"背景"重新画了一张，寄给福柯，必是在读了《字与事》后有感而发，第二版必与第一版在意图上有所不同。福柯当然也是一位很细心的鉴赏家，他看出了，并告诉我们：第二版中的"这不是烟斗"这幅画，是在一个貌似稳定的画架上，这幅在画架上的画，酷似教室里的黑板画，而这个画架的架子是不合比例的，似乎随时都有倒塌的危险；但半空中却漂浮着一个大的、像幽灵似的烟斗。作者告诉我们"有两个秘密"。但那块黑板是要倒塌的，黑板上的画和字，都会随着支架倒塌而破碎，反倒是那个没有支架、飘浮在空中的烟斗并无破碎之虑。第一个"秘密"是要"破"的，第二个"秘密"却似乎永远悬在那里。我们当然不可从这里就去揣测马格利特似乎要"画"出一个"永恒"的"烟斗"的"理念"——"意象"来，但却似乎很容易引起人们想到马格利特对早年"字"、"画"游戏式的"分离"、"游离"有一种积极的否定态度，当游离的"字"和"游离"的"画""破碎"后，"无名"、"无字"的"物象"仍然高悬，虽飘忽不定，"惚兮恍兮"，但仍清晰如"画"。

我们看到，第二个版本的《两个秘密》，已不是第一个版本在"文字"与"画面"之间故意作相反的游戏，而是以马格利特常用的手法，以真实画面之间的独特的处理，来表现"现实"与"梦境"、"实境"与"心境"之间的沟通关系。这时我们已离开了"语言"、"文字"，而进入"画面"。以独特的手法来处理"画面",则是艺术家的技巧。

三、从超现实主义到抽象主义

"图画诗"是要人们从"诗"中"看"出"什么"来,而现代的画家则要人们从"画"中"读"出"什么"来。

福柯对西方绘画从十五世纪到二十世纪的发展,有一个小结性意见。他认为支配这个时期西方绘画的有两个原则:一是"造形表象"(plastic representation)与"语言所指"(linguistic reference)的分离;一是"表象事实"(the fact of resemblance)和"表象联结之认定" (the affirmation of a representative bond)之对应。前一个原则比较好懂,后一个原则相当难解。福柯是要说,"表象物"与用以表现这些"表象物"的手段(点、线、面、色彩等)之间要有一种对应关系,否则就不成其为"画"。

福柯认为,打破西方绘画这两个原则的代表画家是克利(Paul Klee,1879—1940,瑞士画家)和康定斯基(Wassily Kandinsky,1866—1944,俄国画家)。

在福柯看来,克利的画力图在"形状"的结构中表现一种"句法"(syntax),而"船、房子、人同时可以认出为一些形象(figures),又具有写的成分(elements of writing)"。① 这种"画"与"写"的并列(juxtaposition)的结合,使得"意象"变形,不易辨"认",而"写"出来的"字"也不易辨"读",但二者合起来,却被认为"告诉"了一些"什么"。克利在1900年画的"R别墅"("Villa R"),房屋、路、河流等等虽不易辨认,但"R"这个字母却相当清楚明白。"R"也许是英文的"River"(河)、"Road"(路),也许是法文的"Rêver"(梦)、"Réveil"(醒)……

克利以"字"的"结构"(句法)来使形象变化,不惜割裂、扭曲实际形象以显示这种"字"、"记号"(signs)的结构,到了康定斯基那里这种思路进一步发展,则干脆舍弃了任何具体的、可辨认的"形象",成为"抽象"的

---

① 福柯:《这不是烟斗》,英译单行本,第33页。

"绘画"、"非表象的"（non-representational）"绘画"，从而突破了福柯所总结的第二条原则：表象联结之认定与表象事实之间的对应。这就是说，在康定斯基的"画"中，只有各种用以联接（bond）表象的手段：点、线、面、颜色，但却无"表象"之"事实"。福柯叫做"赤裸裸的认定（a naked affirmation）而不附着任何表象（clutching at no resemblance）"。①

这样，康定斯基的画，就成了一种新型的"几何图形"。"几何图形"本是一种"记号"，是"无形"之"形"，并无"实物"与其"对应"，为"无象"之"形"。从通常的绘画史角度来说，康定斯基的画是理智主义、科学主义的产物，它要表现的不是事物的表面形象，而是事物的"本质的结构"，可以理解为资本主义工业科技世界对绘画艺术的一种冲击。然而，福柯却从这种发展中看到了另一些意义，而这些意义与通常的理解在精神上还是有相通之处的。抽象派绘画，如同其他的现代流派（达达派、立体派等等）一样，并不是要人们从绘画中"看"出"什么"，而是要人们从绘画中"读"出"什么"。在这种主导意图下，克利直接用语词、文字（概念），康定斯基不用文字概念，但其要人去"读"，则用意为一。

从表面上来看，马格利特的风格与克利和康定斯基的很不相同。超现实主义以梦境幻觉视象来表现"心象"和抽象派以抽象形式来表现艺术家对世界的理解在形式上甚至是相对立的；但福柯认为，他们在精神上是相通的，在反对传统绘画原则方面，甚至马格利特更为激进。

福柯认为，克利、康定斯基和马格利特绘画所体现的一个共同的、反对传统的特点是将"意象"和"文字"的关系复杂化，使人们不能既作"观者"，又作"读者"。"这个是烟斗"以直观方式使"意象"与"题字"相背，"文字"似乎突然闯进了画面（意象），使意象"漂浮"起来，而"文字"却非常严肃地、学究气地坚持着自己的内容。与"这不是烟斗"相反的例子，福柯举出一幅《讨论的艺术》（L'Art de la conversation）。画面主要由巨大的石块堆积成城一样的屏障，"城"下有两个很小的"人"在互相讨论些什么。仔细观看，则显然可见石块拼成的字母：REVE（梦），TREVE（爱），CREVE（裂）。在

---

① 福柯：《这不是烟斗》，英译单行本，第34页。

这里,"文字"不是像在"这不是烟斗"那里那样与"画面"直接对立,而是隐藏在"画面"之中,需要有一点细心才能辨认出来;一旦辨认出来,倒也十分清楚。如果说,在"这不是烟斗"中,"文字"闯入"画面",但"画面"却坚持着自己的独立性,那个第二版漂浮的大烟斗,虽如梦境,但硕大无比,似乎要表明,它的"存在",是任何"文字"力量所摧毁不了的;但在"讨论的艺术"中,"画面"掩盖了"文字",而"文字"却坚持着自己的"存在",那两个"人"虽小,但只要是"人"(当然首先是法国人,或认得法文的人),就一定能辨认那些"文字",读着"文字",互相"讨论"着,而忘掉了那些巨大的石头。这两幅画在形式上是相反的,但实质却都是在"意象"与"文字"之间做文章,使它们之间出现一些复杂错综的关系,从而打破那种古典式的"名"、"实"相符的传统。

《讨论的艺术》当有一层意义似乎福柯未曾能及,即画家把"文字"隐藏在"石头"之中,"石头"自身组成一些"文字",向"人"隐约显示这些"文字",则要表现"世界"(那些巨石的组合)正在显示着它的"意义","世界"本可当作一本"书"来"读",而不光是"视觉"("视感官")"对象"。"文字"只有"人"才能认得出来,所以尽管"人"比起"巨石"(世界)来,渺小得不可比拟,但却识得出"巨石"(世界)"中"的"文字",而且可以相互"讨论"。所谓"指点江山"。而尽管"江山"与"日月"长存,"不废江河万古流",但"江河"所显示的"意义",却只有如沧海一粟的"人"才能识得;"高山流水"的"韵味",只有"人"这个"知音"才能听得出来。反过来说,"这不是烟斗"那两个版本的画幅所要坚持的,不是那学究式的"文字",而是那意象画面本身。无论人们(无名的手)"写"什么"字",无论如何认真地告诉"观者""这不是烟斗",也无论这个"题词"如何可以说得通,但"烟斗"仍是"烟斗";无论"人"如何"解释""世界","指鹿为马"也好,"颠倒黑白"也好,"世界"仍是"世界"。我想这种"解释",同样未出马格利特"画面"(意象)与"文字""漂浮"、"游戏"式关系那种艺术手法的范围,也当是可以说得通的。

福柯还举出 1928—1929 年马格利特的画《走向地平线的人》(personnage marchant vers l'horizon),说明画中的"实体转化"

(transubstantiation)现象。马格利特这幅画以一个穿黑大衣人的背景为中心，有一些无规则的块块围绕着他，这些块块都是实实在在的，因为在地上的块块都有影子，而只有写着"云"（nuage）的块块因悬在天上而没有影子，写着"地平线"（horizon）的块块有一半的影子，因为它处在"天""地""交界"之处。其他在地上的块块分别写着"枪"（fusil）、"椅"（fauteuil）、"马"（cheval）。按照福柯的解释，这些块块意味着"文字"转化为"实体"，它们不是我们所"看"到的"云"、"椅"、"马"、"枪"、"地平线"，而是这些"字"的"实体化"，"实体"本身不成"形状"，所以要"写"上"字"，让人去"读"；光"看"这些不规则的实体，是"看"不出"云"、"椅"、"马"、"枪"、"地平线"来的。从这个意义来说，这些块块有"形"无"状"，其意义全由"文字"决定。解释到这一层是很清楚的；但福柯没有提到，那个处于中心地位的"人"，身上穿的黑大衣，头上戴的黑帽子，但却没有写上"人"这个"字"。"人"是一眼就"看"出来的，用不着"写"上"字"，而相反，画上这些"字"（"名字"）却都应是由"人"写的。马格利特在这幅画的题词上用的不是一般的"人"（humain），而用了"personnage"这个字是指"重要人物"、"角色"这类的意思，即不必指出"名字"，是一望即知的。当然，再重要、再著名的人物也应该有个"名字"，但这个"名字"不能是像"云"、"椅"、"马"、"枪"这类的普通质料名词，而应是"专名"，但"专名"纯属"记号"，它的"模状词"（descriptive）"意义"是"历史"赋予的，如"罗素"是（一本）"西方哲学史的作者"，二者的"意义"是不能等同的。"专名"原本是个"空集"，"内容"、"意义"是"历史"填进去的。所以"椅"、"枪"、"云"都可以以"字"来代替其各自的"本质"，都可以"实体化"，唯独"人"的"名字"，不能"实体化"。"实体化"了的"人"，不是那个人的"名字"，而只能是活生生的、我们所亲眼目睹的那个"人物"（personnage）。

世上万物都有自己的"本质"，只有"人"没有抽象的"本质"，"人"是一个"例外"。或者说，"人"的那种抽象的"本质"是一个"空集"，是一种"可能性"。不错，我们说，"爱因斯坦是伟大的科学家"，这句话的意思并不意味着"爱因斯坦"这个"人"的"本质"就是"伟大的科学家"，或他的所作所为是"伟大的科学家"这个"本质"的"显现"；相反的，是因为"爱因斯坦"的所作所为才使他成为"伟大的科学家"。从最基础的情形说,"人"是最根本的"朴",可以成为各种的"器";不像"木头"(朴)通常做"桌椅","钢铁"才能做"枪炮","人"却是"将相本无种,男儿当自强"。

也许这些想法并不合福柯的意思,所以他对那幅画的那位"大人物"略而不谈。我们知道,福柯的主要思想是要破除西方传统哲学中的"人(类)中心论",把"人"作为一种特殊的"实物"(实际、实践)来对待,使"文化"、"知识"的"历史学"成为考据"实物"的"考古学"。他认为,"人"的"本质"既然是一个"空集",就没有、不存在这样一种"本质",而"人"的"可能性"也不是"无限的",而是受各种社会条件制约的。"人"的行为、活动,必在一个制度、体系之中,在具体的各种关系之中,"人"被分成各种"碎片",一个"人"可以是"工人"、"农民"、"科学家",也可以是"父亲"、"丈夫"、"哥哥"、"弟弟"。"人"在各种关系"网"中。这样,如果按福柯的意思来说,"人"应是各种"关系"的总和,或是反映各种"关系"的"名字"的总和。

我们想说,福柯这个思想倾向很可能是和马格利特的画风相反的。的确,马格利特的画是利用了"画面"(意象)和"文字"之间的复杂关系,这一点被福柯抓住了,并揭示了出来;但马格利特的主要技巧在于要人们从"画面"的特殊的、包括扭曲、变形、错位的处理中,"读"出画的意思来,因此,在马格利特的画中"读"与"看"仍然是一致的,只是这里要求的"看",不是表面的、感觉式的"直观",而是一种透视心灵(psyche)的"看",这样,马格利特的画才与超现实主义的文学和绘画的精神沟通起来。

1947年,马格利特画了一幅题名为"闺阁中的哲学(La philosophie dans le boudoir)"的画,画中只有一件挂着的连衣裙和一双高跟鞋,但这双"鞋"同时又是一双"脚",而这件"衣服"同时又是"身体"。这里倒没有马格利特常用的"错位"的手法,譬如"树"本身又是一片大"树叶"等等,这里的"位置"是很确定的,但却将本是"看不见"的画了出来,成为"看得见"的。从这幅画的题词来看,画家似乎有一种"调侃"的意味,因为"哲学"是讲"本质"的,要将"隐蔽"着、"掩盖"的"东西"揭示出来,要揭示"现象""后面"的"东西",于是,被"衣服""隐蔽"起来的是"身体",被"鞋"

"掩盖"着的是"脚"。"哲学"用"文字"来"写"（说）出那"后面"的"东西"，艺术家干脆把它们画了出来，艺术家与哲学家做着同样的工作，"看"也是"读"。

四、的确是一个哲学问题

"看"出那"背后的""东西"，这的确是哲学，特别是西方哲学中一个要紧的问题。

从西方哲学的源头来看，古代希腊早期的"始基"是"看得见"的"水"、"气"、"火"等实实在在的"东西"，但这些东西不是很稳固的，要从这些东西中寻出相当稳固的东西，于是就有一种"尺度"的观念，后来发展成"Logos"。"Logos"与"始基"相结合，出现了后来的"理论"（theory of εἶδος）。"εἶδος"是"看得见"的，但却是"种"和"类"。亚里士多德把最后的"存在"看作一种最为普遍、概括的"种"、"类"，这种"存在论"就成为西方传统"形而上学"之根源。"meta-physics"就是要"看出"那"万物"（beings）"后面"（meta）的"东西"（being）。

于是，这种哲学，自其产生之日起，就带有一种"矛盾"的色彩；要"看"那只可"说"、"写"、"读"、"想"的"东西"。这就是从近代以来哲学家所强调的"本质的直观"、"直观的本质"。"直观"是感觉的，"本质"是语词的，而哲学家的任务就是把这二者结合起来。哲学家的立场就是坚持：凡是"说得出"的，都是"看得见"的；凡是"看得见"的，都是"说得出"的。在这种种古典式的形而上学的精神下，"绘画"及其"题词"当然是很能一致的。"拾麦穗的女人"就是"拾麦穗的女人"，"名"、"实"（画面、意象）完全相符。

然而，这种"结合"是"调和"起来的，而它们之间的矛盾，终究是要起作用的。果然，在哲学上就有人指出，一般现象中的那些"东西"，当然都可以"说"，也可以"看"，但那最最"本质"的"东西"，或恰恰是亚里士多德所说的那个"（诸）存在的存在"，却是"看不见"、"摸不着"的，而只是"说说"罢了。"存在"只是"理念"。这是康德的意思。这就是说，"理念"只

"存在"于纯粹的"概念"之中,只能"说",不能"看",而只有"可看的",才可以成为"知识"。"知识"只涉及"可感觉"的"现象"。

然而,"艺术"并不仅仅是"知识","绘画"不仅仅是"图解","拾麦穗的女人"这幅画不止于这句"话",所以即使康德,他可否认"知识"领域中的"直观本质"和"本质直观",但在"艺术"中却不得不以"象征"(symbol)方式来承认可以"看"出"背后"的"本质"。

从这种立场出发,似乎又可以导向一种相反的观点:那个"背后"的"本质"是"说"不出来的,而只能"看"出来。凡想"说"那个"背后"的"本质"者,皆为"语言"之"滥用"。从康德的"理性的僭妄"到维特根斯坦的"语言的滥用",我们看到在同一个精神引导下的不同的结果。维特根斯坦在叫大家面对"不可言说"的"东西"保持"沉默"的同时指出:"当然有不可言说者(Unaussprechliches)。这种不可言说者'显示'自己(zeigt sich),这是'秘密(神秘)'(das Mystische)。"① 这里维特根斯坦的意思是说,"秘密"只能"看"得见而"说"不出。于是"绘画"在这方面似乎就比语言、文字作品具备了优越性。"绘画"似乎取代了过去"形而上学"的地位,"哲学家"让位于"艺术家"。

现代的艺术家不正是在做着过去哲学家做过的同样性质的事情吗?"语词"(文字)与"画面"(意象)的"分离"、"交错"、"游离"的复杂关系,表现了抽象(或拼音)"文字"的局限,而真正的"字",就在"画面"(意象)之中;"画面"也不是平常人们所感觉到的一般视觉形象,而是"心灵"(psyche)的"视象",是"意象"、"心象",于是变形、错位……各种手法,都被"合法化","画面"可以如同"梦境"那样"荒诞","画"不仅要"看",而且要"读";不仅要用"眼",而且要用"心"。康定斯基要把"事物"的抽象本质"画"出来;而马格利特则以真实的意象打破通常的语词关系,或用语词的结构错乱通常意象的方位关系,他们的画都具有相当浓厚的"形而上学"的意味,意在把那维特根斯坦所谓的"秘密""显示"出来。

"艺术"不是"科学语言"所能穷尽的,所以"艺术"也不能像"知识"、

---

① 维特根斯坦:《逻辑哲学论》6.522。

"科学"那样学习、模仿、传授。西方传统的"形而上学"要把那"本质"当作某一种特殊的"现象"用通常的科学语言"说"出来,所以被一些人认为是一门"伪科学"。只有用那不寻常的"语言",不寻常的"意象",才能把那种带有"形而上学""意味的""东西"表现出来。"科学"为"艺术"留下了余地。

然而,占据了传统"形而上学"地位的西方现代艺术,深深打上了"形而上学"的烙印,表现了过多的"心灵"的干扰——不管是理智的(如康定斯基)或非理智的(如马格利特)。

人并不是想"看"什么就"看""什么",也不是想"说"什么就"说"什么。"说"与"看"的分离反映了西方世界本身的分离。从根本上来说,人是按照"看"到的"世界"来"说"的。"世界"等待着"说"(在西方,重点在"命名"),从这个意义说,是"世界"本已在"说",人"听到"了"世界"的"话","看"到"世界"的"字",才有自己的"话"和"字"。所以"话"、"画"、"字"原本是同一、统一的。这是我们中国人的一种传统的观念,在这个观念下,未曾发展起西方的纯写实的绘画,也未曾有过西方现代的那种骇人的"怪画"。

五、想起了中国的"诗"、"书"、"画"

中国传统的"诗"、"书"、"画"呈一种"综合"的趋势。"诗"从"言","言"(说)"什么",这个"什么"为"志","诗言志","志"为"意向",但亦为"标志","志"者"记录","意向"本为"世事"之"记载"。把"世事"中之某些"事"特别地"标志"出来,"记载"下来,供"别人"、"后人""回忆"。"诗经"三百篇"吟诵"世间之悲欢离合,"说"的是人间一些最寻常、最基本的"事","人"也可以"无名"。"无名之辈"、"寻常百姓",就连"首领"也只是"祖甲"、"祖乙",或为后人之"编号",但人间之哀乐,世道之盛衰,其情其理则一。

"书"从"曰",将"话""写"下即为"书",古时"书""写"为一。中国的"话"以"字"为单位,故"书"即"写""字";"字"也是志(誌),

"志""言",即"标志"那个"话",将"话""记录"下来。于是在"记录"、"记载"的意思上,"诗"与"书"也是通的。作为"典籍"的古代"诗"、"书"记载"世事"的方面固有不同,但其为"记载"则一,只是"书"的"记载",又有一层"律"的意思在内。"字"原本是比"话"更为郑重其事的。"话"出如风,但"字"却"白纸黑字",不可更改。以"字"的精神来理解"话",则"话"也是严肃的,"记载"下来的"话",无论为"诗",为"史",都带有几分"神圣性"。"史"作为"书",也有"制定"的"律"的意义。

"画"为"划",为"刻",原也是"作标志"的意思,所以"画"、"诗"、"书"原都为了"志"些"什么"。从这意义来看,不仅"书"、"画"同源,而且"诗"、"书"、"画"都来自同一个源头;然而它们的表现形式又是不相同的;诗言志,画状物,书表情。

中国古代早期的绘画,并无款识,连画家留名的也少。款识的滥觞,恐怕要到宋元以后才明显起来。宋徽宗赵佶不是一个好政治家,却是一位大艺术家,他精鉴艺术,而且书画双绝。他有一幅"腊梅山禽图",画面上题有一诗:"山禽矜逸态,梅粉弄轻柔,已有丹青约,千秋指白头",左下角并有"宣和殿御制并书",据考据,这类画大都为宫中画院高手代笔,但题款必为真迹无疑。

"书法"引进"绘画",使"绘画"产生了很大的变化,使中国绘画不但有"画意",而且充满了"诗情",而"书法"之所以能够被引入"绘画",关键乃在"诗"。

表面上看,中国画上的题款有一些也是单纯的"命名"。传为东晋顾恺之画的"列女仁智图"上每个"人物"上面都注明了姓名;但大多数画上的款识却不是"命名"式的。譬如早期有款式的五代赵干的"江行初雪图"就不仅仅"命名"和"指事"。这和西洋画中干巴巴地题一句"穿绿衣服的女人"或"持锄的人"旨趣完全不同。

中国是一个最善于"命名"的国家,不仅画上的题款如此,现实生活中的街名、地名、堂名、甚至于店铺名字,无处不显示出中国人独特的情趣。他们看"江山"如"画","城池"似"锦",必要有一些富有诗情画意的"名字",才不辜负大自然的恩惠和巧夺天工的匠艺。当然,"名字"不必处处皆是"百花深处"或"桃花源头",即使如"小桥"、"流水"、"人家",合起来竟成千古名句。在这里，谁也挑剔不出"画面"（意象）与"语言"（文字）之间的距离来，它是"诗"，也是"画"，但却不是克利、马格利特的那种"怪画"，也不是阿波利奈尔将"字"化成表面"图像"的"图画诗"。中国的"命名"的"艺术"或"艺术"的"命名"使中国的"诗"、"书"、"画"可分而又可合。"看得见"的，必是"说得出"的，"说得出"的，也必是"看得见"的，因为"看"原本不是单纯的"感觉"，"说"也本不是"知识"的"传授"。

西方人在被分割了的世界中呆得太久了，常常把那最平常、最基本的世界忘得干干净净。"人"自不是一个抽象的"概念"，但不是抽象概念的"人"却不必是一些"碎片"。福柯指出西方传统形而上学以抽象的"人"为中心，自是这个时期以来西方反传统的一种思潮，有其一定的作用，但从"考古"的"碎片"中去理解人的文化，从而否认文化的历史性，则是一种失去信心的表现。艺术更不能建立在"碎片"的基础上，将"图像"随意（或根据某些"原则"）"折散"、"移位"之后再重新将"人"和"世界"拼起来，将"语言"、"文字"也作为"碎片"来拼凑，这样的艺术作品，自然有其用意所在和特殊的艺术技巧，但总是离人们的最平常的、最基本的生活太远，而成为少数艺术沙龙的展品，难与现实的生活打成一片。这种情形，即使在西方世界，也是如此。

从中国人的眼光来看，两个版本的"这不是烟斗"，未尝不可以理解为画家对西方绘画与语言（文字）这种分离和矛盾的揭示，而那个漂浮的大烟斗，则是在意识到这种分离、矛盾之后表现出的一种"怀疑"、"困惑"的"心情（心境）"。

（原载《外国美学》辑刊，第 10 辑）

后 记

近十年来写了一些文章，在朋友们的鼓励和帮助下，集了一本书，打算在海峡两岸出版。台湾的繁体字本已经出版了，如今云南大学出版社不顾经济方面的损失，愿意出一个简体字本，以便扩大读者群，我感到很荣幸，也感到很惶恐。

我们这一代人投入学术工作的时间是太少了。名义上，我一直在科研单位，可说是专门做学问的；实际上，从1956年大学毕业以来，我大部分时间是在农村、工厂，即使在研究所，也有大大小小的"运动"，而"文化大革命"一搞就是十年，真正坐下来读书、写作的时间，实在少得可怜。对此种情形，我们或可拿来自慰：客观条件如此，我们已尽力了；但这并不能掩盖这样一个可悲的事实：我们这一代人——我很遗憾这个"们"字包括几乎整整一代人，在学术上是比较落后的。我们要敢于承认这个事实，一方面是以此刺激自己，不因已不再年轻而放松学习；另一方面也表明一种心情：对学术界的青年人更寄予厚望。

我替年轻的学者感到幸福，因为他们有比我们好得多的学术条件。他们用功读书不但受到保护，而且受到奖励，而我们那时则常受到批评和批判，弄不好至少是"白专道路"；开放的时代也鼓励创造性的思考，这是研究哲学的必要条件，而我们那时则要你按一种模式来想问题，稍有离经叛道，便会遭到批判。

如果说，我们那个时候也有什么"好处"的话，就是在"精神"贫乏的同时，对"物质"的要求也很简单，更没有人想到要"发财"。于是，当你因"出身"或其他什么原因而政治上不能往高处走时，反倒老老实实地读你的书——有时间多读，没有时间少读，心里比较素静。如今社会，给青年人提供了众多的机会，而"金钱"一下子似乎成了"万能"的中介，吸引了大批有才能（或没有才能）的人为其奋斗。

社会的物质文明是一定要发展的，物质文明的繁荣必将会有一个繁荣的精神文明，对此我是坚信的。而且，现代的文明，是有序的，工、农、商、学、兵在社会中有各自的"度"。社会应维护学术工作，吸引有才能而又适合的青年人来做这个工作；就青年人来说，也有一个作出最佳选择的问题。我希望一些有才能而又适合做学术工作的青年人，能耐心坐冷板凳，过比较清贫的生活，献身学术事业。

吸引青年中有能力又适合的人才来做学术工作，有两方面的意思：一方面社会要对学术工作投入足够的资金，以便这些从事学术工作的青年人在工作、生活条件上都过得去，与其他行业相同条件的人比，虽不能"摆平"，但也不能过于悬殊；另一方面是我们这些做老师的，以自己的工作，去引起青年人对学术本身的兴趣，使他们觉得从事这项工作不但抽象说来有意义，而且具体说来也是有兴味的，为这项工作，受些穷也值得。当初在"五七"干校时明令不让读专业的书，但就是因为觉得这些书是很有趣的，所以偷着也读，犯个"错误"也认了。

现在我出版这个集子，也是想引起学术方面的兴趣，实际上能否做到，就不敢说了。

这里作为前言的部分，曾收在《我的哲学思想——中国当代部分哲学家自述》（广西人民出版社，1994年7月）中，繁体字本原就想用这一篇，但那时该书未出，而底稿又在另一位同志那里，要不回来，只得临时另写了一篇，现在将这篇稍作修改后换上，因这一篇比较详细些。

另外，当有一些已发表的论文，原是写作中的书稿的一些章节，将来会出书，这个集子就不收了。

因篇幅关系，这个集子也删除了繁体字本的一部分文章，所以"代前言"中提到的有些文章，不在这个集子里。

再次感谢章建刚、陈静两位,为这个集子在海峡两岸的出版,都付出了辛勤的劳动。

云南大学出版社施惟达同志特地来我的小写作间商谈出版这个集子,并慷慨应允,在商业竞争的压力下,很是难得了,特此谢。

叶秀山

一九九四年十一月七日于

中国社会科学院

哲学研究所

| 愉快的思 |

我是怎样喜欢起哲学来的

这几年常感到有不少事需要从头学起，从头做起，可是《社会科学评论》编辑部来信让谈一点总结经验性的问题，把我的思想引向了"过去"。"过去"有什么可谈的呢？也许借用海德格尔的话来说，只要我"尚在"（Dasein），"过去"就不是已不再存在的事，而是曾经存在的事，是"曾在"（Gewesene）。"曾在"统一于"现在"之中，并设计着"将在"。所以，谈一点经验性的体会，不是缅怀过去，而是面对未来。

几十年来，"哲学"和我的关系，由一种偶然的、外在的职业关系，变成内在的，不可分的我的一部分，像冯（友兰）先生常说的，成为"安息立命之处"，所以我想说的，就围绕着这样一个中心题目：我怎样喜欢起哲学来了。

我的"智力""开化"得很晚，在学校时一直也不是个用功的学生。小时候父亲对我的学习只抓两件事，英语和写字，但我都没有学好。我初中毕业时正是上海快解放的时候。解放前夕国民党仓皇脱逃，上海各中学人心浮动，纪律松弛，我这个不用功的学生倒是钻了空子整天瞎混，不好好读书，至今还深感我的中学基础太差，就像一幢房子，盖了好几层楼了，但下面的基础还要时常修补才好。

高中二年级起，大概因为这个学校办得不好，学生纷纷转学，本来好几个班的同学，一下子只剩下十几个人了。人一少，同学之间的关系反倒接近起来了。班里有几个大一点的同学喜欢写作，发表过文章，我受了他们的影响，也想写点什么。可是我向来不用功读书，脑子空空，哪里去找"好词""好句子"？那时吕叔湘、朱德熙先生在报上连载的《语法修辞讲话》出了单行本，我就认认真真地学了起来，读的时候每个例句都要跟前后讲的道理联系起来想通了，弄懂了。这本书对我的好处可真大，我不但学会了遣词用字，而且培养了一种对语言、对逻辑的兴趣，通过它，我学会了"动脑筋"。这本书大概可以说我"智力"上"开窍"的第一步。就写作来说，我认为也还有另一种好处：我不是从背古书、范文入手，而是由实例学一种"方法"，根据这种方法，写我自己的意思，"成语"是后来积累起来的，所以我的文章不够典雅，但少陈词。

  总之，我开始重视语文、写作，开始想问题，用脑子了。也许就是这个原因，引起了当时一位老师的注意。这位刘檀贵老师是在德国学哲学的，但却在我们学校教"解析几何"。他教的课我没有学好，但觉得"哲学"是要人动脑子的，所以就愿意接近他。那时学校老师组织学习《矛盾论》，刘先生就叫我去听他们的讨论，大概这是我最初正式接触哲学。但我报考哲学系却有点偶然性。

  我原是爱写作的，觉得新闻的报道、评论最快，所以我常想当个新闻记者。有时也写点学校的小新闻、小评论，有的居然登了，一个暑期还在报馆勤工俭学，每天闻着新鲜的油墨味道，心里有说不出的愉快。

  我在一九五二年高中毕业报考大学，正赶上院系调整。当时我选好两个志愿：哲学和新闻。主管填表格的老师说，现在院系调整，哲学和新闻全国只有一个大学有，不能同时报，并发表他自己的意见说，哲学很玄，不好学，又在北方，新闻设在复旦，是本区，会照顾的，不如报了新闻。他老先生不让同时报两个系，我心里就老大不快，后面那番建议，更听不进去，偏偏就报了哲学。

  于是我就在一九五二年进入北京大学哲学系。

  那位主管报名的老师说得不错，果然院系调整后把全国各大学的哲学系都合并到北大，当时著名的哲学家几乎全都集中在那里。在这样的条件下我虽然仍不是好学生，但总是打下了一点基础。

  我们入学时，北大的老师刚经过思想改造，有一些知名的老教授不开课了，而课程设置上也强调了马列主义基础。辩证唯物主义等课程都由当时比较年轻的老师担当。这些老师理论上都是很强的,我得他们的益处很多。记得当时的辩证唯物主义课是从人民大学请来萧前先生主讲的,当时萧先生讲课条理清晰,深入浅出,而且风度翩翩,给我们这些青年学生留下深刻的印象。还有一位王雨田先生主讲马列原著选读,指导我们读了《费尔巴哈论》、《反杜林论》等经典著作,对培养读原著的习惯是很有帮助的。

"逻辑"也是我喜欢上的课,开课的晏成书先生讲得很清楚,她在黑板上写的字非常秀气,学生们都很尊敬她,但有一次考试她给了我一个"良",我觉得很丧气,就不想在逻辑上下功夫了。

有一学期,张岱年先生给我们开"中国哲学史",我当时一点也不喜欢"中国哲学史",但他的课却深深地吸引了我。我发现张先生的讲稿上在每位哲学家的名下只有几段原话,根据这几句话,张先生要发挥自己的意思,分析得清清楚楚。这几段话就是那位哲学家的较要害部分,张先生的分析也就是"切中要害"。这样的课,给学生的印象极其深刻。发下的讲稿也是那样,在几段话下,有张先生"画龙点睛"式的扼要分析。这份讲稿,对我这个不用功的学生来说,简直是"至宝",因为只要记下那几段要害的话,加上张先生的基本分析,自己也可以发挥一通,考试就不怕了;所以别看我不喜欢"中国哲学史",但考试成绩却都是"优",张先生当时说"叶秀山会背"。当然,这门课对我的帮助绝不只是应付考试,我对中国哲学史之所以有一点轮廓性的知识,全是张先生那门课的基础,而张先生要从浩如烟海的史料中摄取那样要害的内容,得有多少功力,这是我后来才慢慢体会出来的。

与张先生"中国哲学史"相对照的,是"西方哲学史"这门课,当时是一位苏联专家开的。据说这位专家是很好的人,和我们很友好,回国后受到排挤,但他的这门课却绝不能说好。在课堂上他只是念讲稿,由王太庆先生翻译,而发下来的讲义又和课上念的一字不差。内容方面更是老一套,某某的"认识论"、"自然观"、"社会观"等,把一个哲学家完整思想分割得支离破碎。最烦人的是他讲了许多他们少数民族的哲学家,这在他当然是很有理由的,但却苦了我们这些中国学生,名字都记不住;幸好他不主持考试,主考老师是张世英先生,说这些哲学家不考了,算是救了我们。当然,我那时对外语没有兴趣,否则常听他用俄语讲课,又有王先生的翻译,对学俄语一定会有很大的帮助。

苏联专家的"西方哲学史"既然引不起兴趣，但我以后又偏偏在哲学中选择了西方哲学史做专业，这里面当别有原因。

大概因为我们是院系调整后第一届学生，系里比较重视，规定毕业生要写毕业论文，最后一年边上课，边写论文。论文选题发下来了，我一看，没有我喜欢的。原来我入学以来，仍旧保持着中学时代的兴趣，时而写点文学评论，虽然只有一篇登出来的，但总想学了哲学搞美学，也算是与文学艺术有了关系。可是论文选题中只有"艺术作为社会意识形态"算是历史唯物主义中的一个小题，而且声明没有老师指导。我们几个喜欢美学的同学向系里反映无效，只得在一大堆现成的题目中乱选。当时许多同学都有了对口选择，有选逻辑的，有选中国哲学史的，当然多数是选辩证唯物主义、历史唯物主义的，就是西方哲学史的题目没有人选，大半是那位苏联专家教课的结果。既然没人选我就来它一个。西方哲学史一共四道题，休谟、康德、黑格尔，还有一个不记得了。我选了一个"批判康德的不可知论"。为什么选这个题，已经说不清了，只觉得这四个题目对我都一个样的陌生，选哪个都一样。也许是选了最陌生的一个。接着陈启伟选了休谟，葛树先选了黑格尔，还有一个题目始终没人选。这一选择，真有点"定终身"的意味，至少对其中两个人是这样。陈启伟一直跟着洪谦先生研究逻辑经验主义方面的问题；我却通过康德，入了西哲史这一门。

我的论文指导教师是郑昕先生。郑先生是研究康德哲学的大专家，学问是很深入的；但我在选这个题目时连康德哲学的 ABC 都闹不清。苏联专家只告诉我们这个哲学是二元论，先验唯心主义，主观唯心主义，它还有一个"物自体"，给这个哲学制造了许多麻烦，诸如此类。郑先生知道我基础差，约我晚上到他家中补课。我是一个不懂事的学生，平时除过年随大家一起到老师家拜年外，没有单独去过教授家，所以去郑先生家个别听课对我是很新鲜的事。那时郑先生住在燕南园，郑师母是俄语系教员，身边有三个小孩都还小，二姑娘小时候很是活泼可爱，长得也漂亮，我去了她还帮助拿糖招待，有时她也在校园里玩，同学们都很喜欢她。可惜这三个孩子都因先天性的病早亡了。为给我补课，郑先生用一块小黑板，边讲边写，一连讲了三个晚上。

可是我还是弄不清康德的主要思路。当然，在这同时我也自己读书。可是当时我的外语糟透了，只能看中文书。大家都知道康德的《纯粹理性批判》当时只有胡仁源的译本，他大概也不懂康德，译出来的中文没人懂。读原著没有希望了，就集中读郑先生自己的《康德学述》，可是郑先生自己不推荐这本书，说观点有问题；不过我还是认认真真读了，只是郑先生这本书对我说来还是太深了点，又有不少发挥自己意见的地方，而我的问题是要先弄清康德自己的问题和思路。正在这时，我从北大图书馆借到一本日本新康德主义者桑木严翼的《康德与现代哲学》，现在看这本书当然很浅了，但当时却解决了我的大问题，有一阵子，郑先生以政协委员的身份出外考察了一个阶段，我就细细读了桑木严翼那本书，把平时模糊的地方弄清楚，把零零碎碎的想法串了起来，总算对康德哲学有一个能首尾一贯的主要轮廓了，我就在这个基础上，写了那篇毕业论文。

这篇习作式的论文当然绝无可以称道的地方，但有一点现在记得还很清楚，就是当时我对康德的"先天性"问题作了一点肯定，认为指出"逻辑的条件"（逻辑在先）还是有点道理的，当时我估计郑先生一定不会同意这个看法，但他又视察在外，无从商量，就冒然写上了。论文答辩会前不久郑先生才回来审查我的文章，但论点上已无法改变了。

答辩会很隆重，许多老教授都出席了，其中也有贺麟先生——我印象中似乎这是我第一次见到贺先生。郑先生首先说，他很长时间外出，论文没有详细商量，有些论点他并不同意。接着我讲了论文的主要内容，其中也谈了我对"先天性"的看法，后来就记不得怎样讨论的了，似乎大多数老师不赞成我的意见。只记得任华先生问，你说，"先天性"是认识论范畴还是本体论范畴？我只得承认是认识论的，我知道任先生抓住了我论证中的问题，因为我在论证时曾以"存在"作为"认识"的条件，这当然是不对的，幸好任先生没有再追问下去。现在看，这个问题当然有另一种解决的方法，但在当时我的看法是漏洞百出的。

我看得出来，郑先生不喜欢我那篇论文，果然，毕业以后我没有留在北大哲学系，被分到了中国科学院哲学研究所。

这是一九五五年新成立的单位，还有早一届的几位同学分在那里工作，当时就在中关村,离北大咫尺之近。我毕业时贺先生也调离北大在哲学所主持西方哲学史方面的研究工作,金(岳霖)先生任副所长,冯(友兰)先生兼任中国哲学史研究组组长,所以最初这个研究所好像是北大哲学系分出来的,我被分到这里,并没有离开北大之感。

我一到哲学所不久就闹着要转组。原来当时哲学所设有一个美学小组附属于历史唯物主义组,全部只有三个人,我就闹着要转去。贺先生知道了很生气地对我说:你的毕业论文郑先生只同意给个"中",我看你离开原稿还能说清楚,坚持要给你个"良"(当时论文只说通过与否,分数不向同学公布),又好意把你调来,你倒要走,研究美学要有哲学史基础,这有什么矛盾,你先在这里学一年哲学史,一年以后再考虑转。出于感谢贺先生的好意,我不闹了,紧接着是反右。没有当"右派"就算是拣着便宜了,谁还敢再为个人志趣提转组的事呢?我就一直在西方哲学史研究组里工作。

前不久还跟贺先生说起,他当时这一拦,对我以后在学术道路上的进步关系太大了。但这是现在的认识,当时可不这样想。

既然在西方哲学史组,就要做点这方面的工作,我也很爱读西方哲学的书,很爱学外语(英语、德语),但主要兴趣还想搞美学,当时美学界的大家们正在争论"美的本质",我也主动写了几篇文章参加争鸣,其中第一篇请贺先生看了,又受到他的鼓励。后来才逐渐知道,贺先生本人就是兴趣很广的,他对文学作品固然很有素养,就是对戏剧、书法、绘画等艺术也有浓厚的兴趣。所以他对我写的一些戏剧方面的文章,也很重视。

说到"戏剧",只有少数朋友知道,在一个阶段它曾是我主要兴趣所在。一方面是我父亲爱看戏,从小的熏陶。解放初期上高中时学校功课不紧,我曾到苏少卿、陈大濩的"票房"学过一阵唱。院系调整后的北大学生生活是丰富多彩的,学生会有个京剧社,我还当过一任社长。我觉得搞美学应有一门艺术作为基地,就抓住了戏剧这一门。

大概由于我在艺术方面写了点文章,所以在一九六一年被调去参加编写高等院校文科教材《美学概论》。

得到这个通知真是高兴得不得了,似乎多年的夙愿一下子实现了,脑子里计划了一套一套的方案,准备迎接一个新的起点。的确,近四年的编书工作,使我学到许多决定性的东西，但它的结果却不是我原先设想的，即要转到另一个什么行业中去，而是反倒把我真的推到哲学这个基地上来，牢牢地钉在上面，再也不愿意分开了。

《美学概论》主编是王朝闻同志，他那观察敏锐、见解新颖而且谈笑风生、平易近人的艺术家气质和我的哲学界的老师们比起来当有另一种吸引力。我刚去那个组时人不多，主要是马奇同志为首的人民大学的一些同志，后来又陆续来了一些人，现在这些人都是我国美学界的著名学者了。但当时参加这个编写组的，除主编外，都是年轻人，我们研究的对象又是比较年轻的学科，有发表各种不同意见的余地，讨论问题主要不靠引经据典，因为有的问题也没有什么经典性的答案，要看谁的理由强，这就迫使人认真动脑子，反驳对方。要驳倒别人苦心想出来的"理论"谈何容易，首先就要研究别人立论的根据，要了解他的立论是什么书里得来的，这样你也得去看那些书，弄懂它，然后再提你自己的看法。这个道理当然也是慢慢体会出来的。

现在要想回忆当时具体争论的问题当然不可能了，但有一条却是越来越明确：别人读书比我得法。我只注意个别意思，而别人却能抓住主要精神，把个别论断放在整个体系中去理解。比如大家都会说黑格尔的"美是理性的感性显现"，我只就这句话论这句话，而别人却能从黑格尔整个思想体系去看这句话，发挥出许多新的意思来。我心里想，我还是个学哲学的呢？为什么不抓"体"，光看"用"？

事实上，许多具体的问题（艺术问题也一样），如果追根寻源起来，都能追到哲学上来，哲学就是人类追根寻源精神的理论体系。艺术里面许多问题问到最后得不到解决都要来问哲学，而哲学则是从世界观的高度来看包括艺术在内的各种现象。这是我从那几年的讨论、争论中逐渐明白了的一条很简单的道理。我渐渐感到我过去走的路子有点不太对头。我想从一个或几个艺术部门的经验中上升到哲学，这固然是对的，许多同志正是这样做，也卓有成绩，但我原本是学哲学的，为什么不换一个角度，从哲学来看艺术呢？

于是，我身在美学教材编写组，又回过头来认真读西方哲学史，读经典名著，这一次读，比在所里时用功得多。在这种思想支配下，我写过一篇讲康德《实践理性批判》的文章，发表在当时的《新建设》杂志上，郑先生读了，有一次我去听他的演讲,见到他,他说"这篇文章写得不错",我心里也松了一口气,总不能给老先生留一个"竖子不可教"的印象啊。

在这个期间,除编写工作外,我主要写了两篇文章,反映上面这个基本认识。一篇是讲中国戏曲基本特征的,一篇是讲话剧的哲理性的。

讲中国戏曲的文章,是以西方古典美学的精神,对中国戏曲的特点作了一番对比分析,前几年在美国时被批评为"硬套",我只能承认的确有这个问题,对比得太露痕迹了,所以我一直对东西文化对比持慎重态度,避免简单化的毛病。这篇文章当时没有能发表,具体情形我在别处说过了。谈话剧的文章是发表了的,是借着黄佐临在一次会上提出的问题发挥了一下,基本思想是顺着谈中国戏曲的思路下来的,但因为题目就是"哲理性",因而直截了当地谈了一些康德、黑格尔关于感性与理性关系的论点,当时被批评为"风马牛不相及",我想那是因为没有读懂的原故。

总之,这两篇文章是我尝试从哲学角度谈艺术的一个真正的开始,所以尽管现在看很浅薄,但我还是很喜欢它们。

谈到这里,我们就快进入"史无前例"时期了。编书后期已是"山雨欲来风满楼"。有的被调去写批判文章,聪明的朱狄干脆下乡完成劳动锻炼任务去了,人心涣散,我也被派去"四清"。两期"四清"回来,已是大字报的天下了。

在这个漫长的岁月中,每个人都有一本说不完的辛酸账,但有两件事我感到特别痛心:一是我一向喜爱的艺术成为大大小小的禁区,而京剧居然成为特大禁区,真是做梦也没有想到的;再就是我好不容易真心喜欢起来,准备认真读书,认真思考的哲学,被糟蹋得不成个样子。那个时候"哲学"表面上很出风头,人人都得学,人人都得讲,但在实际上,在一般人的心中,它早已声名狼藉。顺便说说,要消除这种影响,不是很容易的,至今要有人问起你干什么工作时,心里常有一种莫名其妙的"自惭形秽"感。也许正因为如此,我们更应该努力工作,做出成绩,为"哲学"这一学术源远流长、人类智慧的结晶恢复它应有的学术尊严。

可是在当时只是心里的一点闪光,眼前却是一片漆黑。我有一段时间因各种原因很是消沉,现在想想觉得很后悔,虚度了不少时光。一个时期我似乎只做一件事：写字。由于家庭的影响，我一直想把字写好，过去苦无时间，这时候无事可干了，听戏是绝不可能的；幸亏毛主席也喜欢写字，还有那么些诗词，可以翻来覆去写。这件事情的结果是字虽没有练好，但对书法艺术却又想了一大堆问题，主要是从西方没有独立的书法艺术，书法艺术与美术的区别想开去，然后涉及音乐、舞蹈，与造型艺术的区别，这样把一个具体的艺术部类的问题与美学的基本问题联系起来考虑了较长的时间。

到"干校"的第二年，我们集中在一个兵营里专门"搞运动"。因为不干活，体力上消耗少，我就利用每天早上"天天读"的一小时，用一张小纸片夹在语录本里，把我对书法艺术特征的想法写了出来。一九七二年回到北京，把这些纸片贴在大稿纸上，在边上作了修改、补充，这就是后来发表的《论书法艺术的特征》。对这篇文章的反映一般还可以，因为它虽仍接续上述谈中国戏曲和话剧的思路，要从一个哲学的角度谈具体问题，但这个题目想的时间比较长，中间环节谈得充分点，所以就不显得太"露"。

人的本性的确难于改变的，渐渐地觉得光写写字混不下去了，又想做点什么事。那时任何专业书都是不能读的，但我何不集中力量学外语？毛主席语录有各种文字的翻译，可以公开（或半公开）读外文的语录，秘密地读点外文原著。

上面说了，我对语言一直比较有兴趣，但只限于汉语，外语一直没有学好。小时候学英语，大学时学了三年俄语，到哲学所又改学英语和德语。研究组里好几位先生给我们讲英文哲学选读，还到所外去学，都没有学好，主要原因是断断续续，事倍功半；现在别无他事，于是就设法弄来英文、德文的语录来读。大概我做事有时有点入迷的劲儿，当时"邻床"的沈（有鼎）先生说，你这样喜欢，外语一定能学好。但我自己明白，我英文在阅读上并没有过关。那时候，白天看英文语录，晚上放下蚊帐打手电看别的英文书。下"干校"时，我偷偷带了一本原文小说《简爱》，每天躺在床上用手电照着看一点。说也奇怪，"四清"时我也看过几本小说，像《傲慢与偏见》这些不太难的，看着看着情节串不下去了，这次却顺下来了，高兴得很。记得贺先生早就对我说过，学外语最有趣了，今天不懂的明天懂了，自己能感到进步的，可我一直苦于没有这种体会，这一次真有点豁然开朗的意思。我的德文程度太浅，语录倒是对我帮助很大，因为内容是会背的，读起来比较容易，这样会增加信心。

从"干校"回到北京，已是林彪事件以后的事。那时候北京的外文旧书店开始恢复，凭介绍信可以进去买书。我虽然很穷，但还是经常去看看，买些便宜的书，有一次发现有一本《希腊文初阶》印得很漂亮，也不贵，就买了来。这是一本非常简单的课本，但正因为它简单，我居然学下来了。后来知道，当时有一位同事也想学，借来几本文法书，都太复杂了，没有学下去。现在知道，这些文法书是只能参考的，要拿它入门，非吓回去不可。贺先生知道我在学希腊文，很鼓励了一番。过了一些日子，罗念生先生突然在窗外叫我，说是来看看我学希腊文的情形。我在北大上学时就认识罗先生，因为罗师母马婉仪先生是青衣名家，我们京剧社请她教过戏，但跟罗先生本人还不熟，现在这样一位希腊文学老专家主动来找我这个希腊文小学生，不但是意外，而且很不安。罗先生说，贺先生说你在学希腊文，我这里有一个课本，可能比你用的详细点，而且我有练习答案，你可以自己做练习，自己改，有问题来问。当时我们正在一个汽车厂劳动，四点半下班，回来就学罗先生给我的课本，真的做练习，自己改，后来还练习翻译了色诺芬的《师门回忆录》和柏拉图的《斐多》篇。我的希腊文程度浅，不敢说是罗先生的学生，写上面这段，只是表示对罗先生的感谢。

这就是我为什么研究起古代希腊哲学的原委。

研究古希腊哲学还有一层理论上的原因，我一直想，"冤有头，债有主"，哲学研究的是一种本源性的本质，但它自己也是有本、有源的，在人类文明初开的阶段，问题会暴露得更清楚些。所以我在研究前苏格拉底部分时，着重于当时历史背景中正确理解古人的原意，在哲学的理论上发挥得不够。

话说到这里已是黑暗渐渐过去，光明就在前头的时候了。

前苏格拉底诸家的研究告一段落，紧接着应研究苏格拉底本人的哲学思想，就在这时候，有一个机会我去美国进修了两年，这两年的国外学习，在我学术工作道路上起的作用，有点像那几年的编写教材工作，似乎又得到了一种新的启发，展现了一个新的局面。

我于一九八〇年九月到美国纽约州立大学奥柏尼区校进修。这个学校的哲学系在美国没有名，教员也比较年轻，系里比较有名的教授我去的时候离校做研究去了。但当时的系主任倒是位专门研究希腊哲学的老教授,两年中我们相处得很好,回国后还经常通信讨论问题。

在美国第一年,我在这位系主任指导下做有关希腊哲学的研究,另外选了一门康德哲学课。

开这门康德哲学课的是一位年纪不太大但很不合群的副教授,每堂课他都一口气讲三个小时,这在美国为研究生开的课中是很少见的。刚去时,我的英文在听、说方面几乎毫无训练,上这位先生的课真是吃力非常,全凭着我对康德哲学本已较熟,所以还能跟得上,也能按时完成作业。这个班上有一个学生很奇怪地问我,"我选这门课已是第二回了,还是不懂,你怎么能写出论文的?"我告诉他康德哲学我已经研究过几遍了,内容我是知道的。不错,我看这个班不多的学生中真正听懂课的大概没有几个,当然不是语言不懂,而是内容不懂,而且似乎也没有多大的兴趣。因为别的课(即使是本科的),学生在课堂上很活跃,发言、提问的每堂都不少,唯独这门课没有"讨论",怪不得老师要一口气讲下去了,而这门课是这个系两年来开过的唯一的近代古典哲学课。从这里也可以看出,美国大学对哲学的兴趣和我们是很不相同的。

这个问题,我曾和那位系主任谈过,他说他曾试图读黑格尔的《精神现象学》(美国哲学系学生一般读黑格尔书的不多,但这本书还有人读),但读不下去。我说我平时谈的关于哲学的一点想法,多少与这本书有关,他觉得很奇怪,说"你说的那些意见还有趣,怎么我读它时体会不出来,有时间也许再试试看"。

慢慢地我感到我们受的哲学训练是古典式的,这种哲学精神和他们现在普遍流行的哲学旨趣已很不相同了。但古典的哲学精神本来是他们自己的,不过西方现代的哲学旨趣离他们自己的传统已相当远了,在当初抛弃某些传统东西时,他们是有道理的,但在被他们抛弃的东西中不见得都是坏东西,只是他们放弃的时间过久了点,不但学生们学起来不容易,而且一般的哲学教授也都疏远了,只有在少数大家身上,还能看出接续的痕迹。

这方面,在我和一些华人学者的讨论中感受就更深了一层。

在美国这两年中,我认识了活跃在美国东岸的一些华人学者,有研究历史的、研究文学的,写诗的、写小说的,也有研究哲学的,有的是专业的,有的是业余的。他们当中大部分人都是在美国上大学或进研究院，受的训练和我完全不同，但我感到和他们谈得很好，至少对我自己来说，都是很有收获的。

和那几年编教材一样，要回忆那个时候讨论的具体问题是不可能的了，因为也可以说常常是"无休无止"的，好多次竟是通宵达旦的。譬如有一次一位朋友请客，请来几位研究美学的朋友，席间已是唇枪舌剑，散席后竟又被拉到另外一个朋友家，这三位美学家轮番作战，一直谈到第二天早晨九点，女主人的早饭已经做好了。又有一次在纽约一位朋友家遇到一位专门研究存在主义的哲学家，我们谈了起来，可是当时我对这个学派的知识只是道听途说，萨特的《有与无》读了几十页就搁下了，所以还是靠我对古典哲学的一点理解跟他谈哲学。

我刚去美国时，那位系主任一方面很友好，一方面也流露出一种态度：觉得我们的哲学一定是奇奇怪怪、很肤浅的，只有在交谈多了以后，他才觉得你的意见也并不是完全没有根据的。刚去那一阵子，系主任的夫人（也是学哲学的）曾很严肃地说，"我有一个问题老想问你，你为什么研究古希腊哲学，难道你们那里也重视它吗？"我告诉她古希腊哲学是我们每个哲学系的学生都要学的，她听了开头还是将信将疑。

的确，开始一个阶段，我感到我受的这一套古典哲学的训练，不次于他们，可以用我所理解的哲学基本立场来"舌战群儒"。后来渐渐觉得，光这样也是不够的。就在那次通宵达旦的辩论后，我对一位朋友说，我们对马克思主义以前的哲学问题有一个比较清楚的概念，但马克思主义以后西方哲学问题的发展，就没有一个完整的概念了。这个课应该好好补补。

这话不是随便说说的，而是一种决心，也是一个计划。

第二年，那位系主任离任休息一年，古典希腊哲学没有人指导了，我索性选了现代哲学课来听，并选了一个关于维特根斯坦的题目。指导这个论文题目的也是一位比较年轻的副教授，他是一个有点近乎古板的书生，但和那位讲康德的教授不同，很热情，他说他很惊讶学古代哲学的人还会对新事感兴趣，我说事实上我是对哲学问题感兴趣，倒不论古今，我想了解现代的人是如何对待那些哲学问题的。那个关于维特根斯坦的论文回国后改写成中文发表了。

两年时间一晃过去了，临走时我对那位老系主任说，我回去有许多事情要做呢，我指的就是上面那个计划：把马克思主义以后的哲学问题弄清楚，然后把古代和现代的问题统一起来考虑。

回国后第一件事是要完成关于苏格拉底的研究。这个题目跨了出国前后两个时期，是个过渡的作品，书中关于"辩证法"部分，倒体现了我关于古今统一起来考虑的想法，但也只到古典哲学为止；整个来说，这个部分比前苏格拉底来说，自己觉得在哲学理论上有所加强，一方面是自己想这样做，一方面也是朋友们建议的结果。

一年来，我在认真读现代一些大家的书，对现代关于本体论（存在论）、认识论、辩证法、形而上学等问题，渐渐有一点想法，但很不成熟，这里不谈了。我看这些书，同时也是为研究古代哲学作准备，我希望能尽快地回到古代哲学去，从一个新的角度来研究柏拉图、亚里士多德。

在美国时我曾对人说过，哲学对我不仅仅是谋生的手段，它对我确有一种吸引力，因为它老是向你提问题，迫使你去思考。艺术有一种魅力这是大家都能体会出来的，所谓"余韵无穷"；我说哲学也有这种魅力，在那永无止境的思考中，自然有无穷的乐趣。

中西文化之"会通和合"

——读钱穆《现代中国学术论衡》有感

海峡两岸不通消息已久,我们这一代人,只是在我们的老师口中听到过钱穆先生的名字。一九八〇年在美国进修期间,在一份中文报纸上读过钱先生一篇长文章,题目已忘,但钱先生说西洋人有历史意识是晚近的事,给我深刻的印象,钱先生的"西洋重哲学,中国重历史",确为知言。最近一位朋友代为购得钱先生《现代中国学术论衡》,是钱先生八十九岁高龄的作品,书中纵论中国哲学、历史、科学、宗教、文学、艺术诸方面,是钱先生一生对整个中国文化的一个"会通和合"的研究结晶,给后生们以很大的教益。

钱先生强调"文"("书")如其人,的确,读了这本书,在我面前的是一位博学的、有思想的、年迈的但又有些陌生的中国人。这一方面当然是因为我长期研究西方哲学和文化,对中国传统哲学和文化在学养上很不够,所以钱先生一生弘扬的道理对我却是很"新"的,同时也是因为我和钱先生有不同的年龄、不同的社会环境等等这一类的原因,所以才有这种"陌生"的感觉。其实,按我肤浅的想法,钱先生对中国文化之所以有那样深刻而清楚的观念和坚定的信念,也是在遇到了一些"陌生的"人和思想的缘故,这些人中也不一定都是西洋人,可能大部分还是中国人,譬如钱先生书中多次提到黑格尔哲学,批评它为"疏略而不备"(《现代中国学术论衡》,第36页),我想一定和钱先生与我的老师贺麟先生的交往和友谊有关。

"陌生"不等于完全不可以"理解","交往"使不同的人相互理解、相互沟通、相互吸收。钱先生当然不反对不同类型文化之间的交往和沟通，他在《八十忆双亲·师友杂忆》(岳麓书社，1986年版) 中曾提到过这个思想，但统观钱先生的《现代中国学术论衡》，总觉得钱先生一生在遇到"陌生的"人、事、思想时，大半努力去保存自身的独特性和独立性，而吸收、交流的方面较少，所以我这里想进一言者，为求钱先生之"会通和合"之精神能更进一步扩大，把中国置于世界的范围来考虑问题。冯友兰先生曾以"世界人"与钱先生之"中国人"对立，受到钱先生的嘲弄（《八十忆双亲·师友杂忆》，第 221 页）。当然的确没有"无国籍之世界人"，但中国如今再不能在世界之外，"世界"也已非古代"抽象的""天下"，而为具体的、实际的各个国家，这也早已成了事实，所谓"会通和合"的功夫，则不当限于中国人内部了。

就中国文化"会通和合"精神的具体表现来说，中国学术不主分科、专门，而主通达，不倡"专家"，而尊"通人"，所以钱先生以博大的传统学问，抟为一体，无论哲学、宗教、科学、文艺都贯串着一种"人文化成"的精神，这对中国传统的文化的理解来说，是非常深刻的；这里我想补充的是：西方的学术未尝不注重"通"的方面，而西方的"哲学"本就是为想通合各个学科而产生的学问；只是因为他们是"由科学而演出为人文"（《现代中国学术论衡》，第 46 页），所以特别是从近代以来出了许多的毛病，本也是人家自己意识到了的，而钱先生作为一个成熟了的、高水平的传统中国人也一眼看穿了，这同样可以说是一种"会通和合"吧。故首先愿在这个方面稍作阐述。

西方哲学，自古代希腊以来，也有两千多年的历史，而就其思考、讨论问题的方式言，大体似乎可有三个阶段：一是"原（元）物理学"阶段，一是"原（元）心理学"阶段，一是"原（元）历史学"阶段。诚如钱先生所言，西方重（自然）科学，所以哲学的"原物理学"阶段相当长，或谓贯彻他们文化的始终也未尝不可。古代希腊的"物理"即"自然"，所以亚里士多德把前苏格拉底时期哲学称作"自然哲学"，而他独标出在诸学科原理之上（或之后）的"第一性原理"、诸存在之上的"存在之存在"为哲学研究之对象，是后人谓"原物理学"（"形而上学"）。是故"原物理学"之创建本为"会通"各学科，以求一最普遍、最根本之学问。这里，要害之处在于：西方民族的科学性思想方法占主导的地位，使这种"通学"也成为一个科学的概念体系（"哲学"），于是"第一因"、"宇宙之本质"、"经验之大全"等等乃至"上帝"、"神"、"意志自由"，也都几乎像"人"、"手"、"足"、"刀"、"尺"一样，同为"概念"。这是西洋哲学的一个内在的矛盾。这个矛盾，自会愈演愈烈，于是近代有康德出来说，"神"、"不朽"、"自由"、"宇宙之全"本不是经验的、科学的"概念"、"范畴"，而只是一种理性的"观念"（理念），如是则亚氏之存在范畴、柏氏之思想理念各得其所。"观念"不是知识，于是就康德学说言，有没有一个"会通和合"的知识体系——"哲学"，则已大成问题。为挽救这个大体系，于是有黑格尔哲学出。后来黑格尔哲学体系瓦解，意味着西方人的思想进入了一个新的境界，如果把此前叫做"古典的"，则此后为"现代的"。从古典到现代的转变，心理学的发展起了很大的作用。包括德国雅斯贝斯、法国萨特诸家在内的胡塞尔现象学学说系统，均可谓"原心理学"。

  在现代思想的进程上，西方出现了海德格尔，窃以为钱穆先生如读他的书当有不少共鸣之处，而对西方思想的历程会有一些新的看法。

  海氏学说，渊源复杂，但大体以胡赛尔现象学为本，兼取丹麦思想家基尔克特之"存在"（Existenz）论，由胡塞尔之超越知识论转向"基本本体论（存在论）"，这是他《存在与时间》的基本立场。这本书最初是在他老师胡塞尔编的杂志上作专集发表的。即使有"基本本体论"这一"论"，胡塞尔也敏感地看出：他这位高足的思想要贯彻下来，则他本人想建立的"严格的科学"——即后来的"人文科学"，已属不可能。这就是说，按海德格尔的思想，对本源性的问题，对"生活的世界"，本不可能建立一个纯观念性的、知识性的科学体系。胡塞尔看出了这个倾向，于是晚年有欧洲哲学"危机"之呐喊。胡塞尔之"危机"，一方面固然是指科学技术之泛滥，使欧洲人沉湎于声色货利之中，而忘掉"生活世界"之根本，但同时也是指"哲学"作为一种专门学科面临着被否定的威胁。果然，胡塞尔可谓不幸言中，海德格尔终于宣布西方之"哲学"，已然"终结"——不仅是"古典哲学"之终结，而且是整个"哲学"作为一门学科之终结。

  海氏"基本本体论"既不主"纯物理"之"原物理学"（"形而上学"），也不主"纯心理"之"原心理学"（现象学），而以活的历史性、时间性的态度来阐述"人"，以"Dasein"与"Sein"作同一层次之理解来消除西方哲学史上

"思维"与"存在"、"主体"与"客体"诸原则性对立，姑名之曰"原历史学"。如按钱穆先生的说法，当是西方历史意识和历史学在晚近成熟以后的学说。

把"时间"、"历史"观念引入对"人"、对"存在"的理解，是海德格尔学说的一大支柱。他认为，按传统哲学的理解，"人"是被分割、被肢解了的：或者是感觉式、物质式的客体（动物），或者是概念式、精神式的主体（"我思"）；"动物"固非人，而多了某种叫"思想"的功能的动物，也非"人"之真义。"人"是存在性的，而非纯思想性的；"人"非"动物"，也非"精灵"，"人"是有时限、有历史的存在。"历史"、"时间"就像"思想"那样，不能理解为工具、功能，而应理解为本源。"时间"和"历史"不是"年"、"月"、"日"、"时"、"刻"、"分"、"秒"等计时单位，而是人的本源性的存在方式。科学式的"逻辑"（"判断"、"概念"、"推理"）也是工具性的，是达到某种目的的手段，而在海德格尔看来，"思想"和"语言"原本是人的存在方式。从这个基本立足点来看西方传统的"哲学"则生来就是"形而上学"的，即是从一种科学式的、概念式的、逻辑式的态度来探讨活的本源性问题。

本源性状态和问题，本不是分门别类的各专门学科所能掌握的，西方"哲学"既也为一门专门学科，同样无由掌握这个状态、解决这个问题，在西方人"历史性意识"觉悟到一定程度后，"哲学"就完成了自己的使命和历程。海氏并指出，"哲学"在赫拉克利特和毕达哥拉斯那里原指"人"——"爱智者"，而柏拉图才把它变成了一门专门的学问——"哲学"。这样，就海德格尔言，西方本也无"哲学"，和一切专门的学科一样，"哲学"也是后来才产生的，不过在西方，这种分门别类的发展，经历了很长的时间，要真的体会出那种统一的本源性状态，捕捉到那活的源头，很要做一番破除积习、排除障碍的功夫才行。

海德格尔进一步问："哲学"作为"形而上学"终结之后，还剩下什么？他说，还剩下本源性、历史性的"思"，"哲学家"成为"思想家"（思想者）——也许可以说，这就是钱先生说的，不是"专门家"而是"通人"的意思。

在本源性的意义下，"思想"不像过去西方传统理解的那样为一种抽象的、概念的、逻辑的体系，逻辑的规则是"无时间性"的，而真正的"思"则是有时间性的，是历史性的。

我们总在"思前想后"。这个"前"，并非仅仅为过去的"事实"，而我们只作为知识来把握其"前因"；这个"后"，也不是仅仅作为未来目的实现之"后果"。所思所想都不是纯知识性的，而是存在性的。这种历史性的"思"，对"前"表现为一种"思念"，对"后"表现为一种"设计"或"思虑"；总之不是抽象概念式的，而是熔知识与情感于一炉之完整的"情思"——"心境"。

分门别类的科学对求知识是很有用的，而知识又助人控制自然——海氏叫做"控制论"思想，为自身谋福，更有大用焉。但海氏指出，"科学"不是"思想"，因为它缺乏本源性、历史性，而非真知，非真理。西方科技之发达，使人忘掉了"存在"，失掉根本；"人"本是历史性的，与"存在"同处于一个层次，"人"既不是"存在"的奴隶，也不是"存在"的主人，而是"存在"的"邻居"，同住在"世界"中，"我在世界中"，而不能分裂开来，既不能在"世界"之下，也不能在"世界"之上，一句话，不能在"世界"之外。

钱穆先生说，西方人重科学，贵创造，有始无终，不能守成（《现代中国学术论衡》，第38、105页等多处），可谓从中国传统去看西方传统一个很中肯的批评；而海德格尔从上述反西方传统的"历史性的""思"的立场也说出了相同的意思。海氏说，西方传统以"无限"为尚，殊不知"有限"实为"无限"之本，"无限"之观念实从"有时限性"中产生出来的。科学技术尚无限之创造，而人作为历史性之存在言，实为"存在"（之"意义"）之"守护者"。这个思想，发展成为当今解释学所谓人是"意义"（既非感觉印象，又非理性概念的人与世界的活的关系）的"见证者"和"保持者"。人的一切活动产品，无论高低，从洞穴到摩天大楼，设想如无"人"在"世"上，则一切皆归于无"意义"之物。"古物"或可用，但今人则不多用，一切古迹古物对今人除仅存一点点实用价值外尚有一种更为根本的意义，即历史的意义；今人的一切工作，固为后人造福，但明知五百年后，科技当更有大发展，今人的一切制作，届时或如儿戏，为何今人尚如此勤奋而求成，实在预设一个前提：后人或不再用"古物"（今人创作之物），但必不会弃而不顾，而会理解今人努力工作之历史性"意义"，将其"保守"下去。海氏学生如今倡导之解释学，其基本思想，在海氏学说中，业已完成，所以海德格尔实在是西方传统中一位突破性的人物，他已经从他们传统中走出来了。从西方原有的"世界"走了出来，必定会遇到一些别的"世界"中的人。他的著名的《通向语言之路》就是与一位日本学者谈话的记录，又闻晚年他对老子思想颇感兴趣，这当是可信的。去年访问西德时，听到一些德国教授说海德格尔的思想对德国人来说也难懂，我说也许对中国人来说，反倒好懂一些，我的说法使那位教授大惑不解，但我自信还是有点道理，决非危言耸听。

如今"世界"不再可能是封闭的了，中国人也在向外走，不出门的，也有"别人"闯到你家里来。闯进家门的人当然也有三六九等，有的的确是"贼"，是"强盗"，果如是，合力以拒之；但也不能"夜入民宅非偷即抢"，只要不怀恶意的，大半可以相交，与之交谈，与之交往，以扩大我们自己的生活圈子。

或谓西方人经过两千年的探索，其智者提出之学说，竟与中国古代圣贤的精神有许多暗合之处，岂不是说明中国传统只合弘扬光大，而决无改变和发展之理吗？

当然，中国学术之人文精神，堪为西方之学习、借鉴，这是毫无问题的，但就我们中国人来说，我们在那种历史性怀古式的、自身圆满而也相当混沌的状态怡然自得得太久了，这样也会影响各学科分门别类的发展。一棵树，如果尽往地底下长"根"，恐怕也会影响枝叶的茂盛，而移花接木未尝不是改良品种的办法，善种植者，当有体会。

西方人得分门别类发展之益，是很明显的。且不说物质世界的繁荣，大半得力于各门经验科学的发展，就拿人文、哲学来说，有没有一个逻辑的、科学的思想的训练，还是不同的。海德格尔把西方的哲学历史问题，重新思考了，有所悟彻，而有没有这样一个思考过程，也是很不一样的。中国传统也讲"工后之拙"。"少小离家老大回"，无论漂泊半生、历尽艰辛地回到"家"里，或是一帆风顺、衣锦荣归，毕竟和这个"家"的关系不尽相同了。

就以海德格尔的学说言，它固然超出了西方传统哲学的规范，与东方民族的传统思想有不少共通之处，但毕竟仍有相当的区别。即以"历史"观来说，他的想法与钱穆先生重心也不同。钱先生说："历史记载人事，人不同，斯事不同。人为主，事为副，未有不得其人而能得于其事者。事之不完善，胥由人之不完善来，惟事之不完善，须历久始见。中国史学重人不重事，可贵乃在此。"（《现代中国学术论衡》，第110页）钱先生以此讲中国历史，一定是很中肯的，但细想起来，钱先生仍是将宇宙人生分为"人"和"物"两极，"事"属"物"，历史事件之间是一种客观的机械关系，如果光侧重于这一点，则没有"人"的地位；但按海德格尔的意思，历史地所思的，既不是机械性的"物"，也不是个别的"人"，而是"人"与"物"相统一的"世界"，因而真正的"历史"却正是研究那本源性的"事"（Ereinigen, event）。不错，"事"是"人"做的，但"做"出来的"事"比之于那做事的人来又有另一层意义，这就是海氏的学生们后来所谓的"作品"（"事"）大于"作者"（"人"）的意思。从根本上说，"事"并不只是一件件客观的动作或物质的产品，而应具有不同于自然产品的"意义"。钱先生说，中国人常"事"与"物"合用（《现代中国学术论衡》，第123页），但我们也常听说"事"与"情"合用，可见"事"也可以不仅是"物"，而有"情"在内，就海氏的思想来说，具体的"人"和"物"皆必消失，而唯有"事"永存，这个思想，他的学生发挥成"有效应的历史意识"。这就是说，古人已去，但他的作品（包括物质建设性的和文字著述性的）则常存。这个说法，当然也可以提出不少批评，但总不能置之于不顾。就西方学术文化的发展说，"事"之分析保存了西方人努力"工作"的精神，"做""事"仍被置于核心地位，而不流于抽象地、空洞地谈论"做""人"。海氏这一派学说的贡献在于指出"事"不仅是"物理"因果系列的环节，也不仅是"心理""随意"系列的环节，而是一种"自由的必然性"。唯其有"必然性"，自有历史的延续和继承，后人当尊重前人前事；但又唯其有"自由"，后人才不必迷信前人，盲从古训。故海氏历史观重在对"将在"的设计，并不完全依恋"曾在"，而强调"曾在"与"将在"本为一体，都是"存在"的历史、时间状态，其中有一种不同于因果联系的"命定"的延续关系。"命定"（Destiny）并非迷信，而是一旦自愿的选择，自由的"决定"、"设计"和"决断"作出以后，则又有"身不由己"的一种"必然性"在。

"做事"与"做人"本不可分，钱先生强调"做人"重于"做事"其用意固不在让人不做事或少做事，只是未了解西方人所谓"做事"，也可以不完全是纯功利实用的，"事"中自有道德文章在。在海氏思想影响下，德国雅斯贝斯强调"现时之自由",法国萨特强调"注定的自由",都是强调"做事"时自由之决断。正因为人"做事"时被注定是"自由"的,所以对所做之"事"有无可推卸的"责任",从而在"做事"中必定见出"道德";而"不做事"同样也要负责任,进、退都在"做事",以"隐退"、"退让"、"无为"来推卸"职责",而求"自我道德完善",被认为是不可能的。人只有在"做事"中"做人",在"工作"、"实践"中完成自身的德性。人在改造客观世界中,也改造人自身。我总觉得,这个说法比之"修身"、"养性"的教导来说,自另有一种境界,而似乎也更切实些、积极些,在理论上也更严密些。"工作精神"和"述而不作"这两种教导,如果人们必得对它们作一种选择的话,那末现代中国人的答案是不难预测的。

中国自古是个大民族,历史上长期比较地可以自给自足,也许本可以这样承续下去,以保存"道统",做一个个的"完人";无奈世上除中国人外还有其他民族的人,这些民族强大以后有时常要欺侮中国人——当然中国历史上也有欺侮别人的时候——,西洋人、东洋人都有欺侮我们的时候,使中国人不能不认真对待;另一方面当然还有更多的不是存心欺侮人的正常的交往,也不能拒人于千里之外。总之,我们生活的世界在扩大,我们的视野也在扩大,我们已经在各种交往中理解着西洋人、东洋人。他们的学术文化我们是可以理解的,也应该去理解,我们的学术文化他们也是应该而且可以理解的。我们不仅以各种方式和途径求中国人内部的"会通和合",而且也不断以各种方式和途径来求与西洋人在学术文化上的"会通和合";尤有甚者,我还想补充一句,在世界性交往的潮流下,中国人本身也已有各种倾向,如果不正视与其他民族的交往,要求中国人自身的"会通和合"如今也是相当困难的。

当然,钱先生会说,他并不反对各民族之间的文化交往(钱先生自己就曾访问过欧美各国,有不少外国朋友,这是他在《八十忆双亲·师友杂忆》中详细介绍过的),但在交往中,中国人应以自己的文化传统去"化"西方文化,而不能有"变"无"化"。诚然,我们不能"食古不化",也不能"食洋不化","化"的确是一个很高的境界,但也并非不须分析。"化"或许以"消化"作比喻,但西方文化并非真的"食品",而是人的"作品"。我们与他们是"人"与"人"的关系,不是"人"与"物"的关系。"人"际交往,"我"在改变"他人","他人"也在改变"我"。"我们"既在"化",也在"变"。不但与洋人交往如此,国人之间的交往亦复如是。"我"是"人","他人"也是"人","我们"不能把"他人""吃掉"、"化掉",以"他人"之血肉来养肥"自己",反而美其名曰"承续道统"或"道德完善"。"他人"也是"活人"、"自由人",与"我"在同一个层次上,而不能把一切"他人"视作"贱名"、工具、奴隶而"化"于"天地君亲师"的"一统"之中。事实上,中西文化的"会通和合",必定使双方的面貌都有所改变。

概括起来说,钱先生在坚持中国文化"会通和合"精神方面的彻底性和坚定性是很令人敬佩的,现在的问题是如何在更广阔的视野上,在更深入的理论思考上来发扬这种精神。

钱先生在中国传统文化方面学识渊博、体会深刻,著述也很丰富,目前这里刚出版了他的两本书,以后当会陆续印行他的其他著作,这些著作也必将更进一步推动我们对中西学术文化关系问题的深入的思考。

守护着那诗的意境
——读宗白华《美学与意境》

我本该更加熟识宗先生的！一九五二年，我考入北京大学哲学系，那时刚院系调整，全国只留下北大一个哲学系，所以这个系集中了中国百分之九十的哲学方面的教授学者，但我在校期间，这些老师们很少授课，而我又不像有的同学经常拜访他们，所以尽管我一直喜欢美学，这几年里连宗先生的面都很少见到。六十年代，我在《美学概论》教材编写组，住在西郊，所以有几次机会到宗先生家里去拜访，又读了他那个时期发表的一些文章，听他在一些学术会议上的发言，才渐渐认识到宗先生在中西文化修养方面的深厚的根基和他对多种艺术部门的真切而独到的体会。宗先生的《美学散步》前六七年就出版了，可惜我没有读到，却读到了新出版的《美学与意境》，但宗先生已经去世一年多了。

这样，我和宗先生的实际接触可以说是太少了。但不知怎的，我却有一个非常顽固而主观的看法：宗先生当然是一位德高望重的学者，但更是一位充满青春活力的诗人。并不是说，宗先生写过诗、喜爱诗；而是说，宗先生的一切文字，都是有诗意，他从诗的眼光来看哲学、文学、艺术，因为他是从诗的眼光来看生活、看世界，我想说，宗先生是"诗意地存在着"。

宗先生融贯中西艺术精神之精髓，谈艺术侧重"意境"二字。"意境"说当然不是宗先生首创，他也没有作为一个"美学范畴"去考订它的来龙去脉，而只谈自己的体会。《中国艺术意境之诞生》是宗先生少有的几篇长文中的一篇，把它和《论中西画法的渊源与基础》、《中西画法所表现的空间意识》、《论文艺的空灵与充实》等文章配合起来读，可以看出宗先生对于"意境"有相当充实的看法。

"意境"、"境界"是什么？"意境"、"境界"就是"世界"，就是我们"生活的世界"。"世界是物质的"，"人本也是物质的"，"人"与"世界"的关系本也是"物质的关系"。但人又是有思想、有意识的，人正是以这种有思想、有感情、有意识的血肉之躯来和"世界"打交道的。"世界"养育我们，给我们以物质的资源；"世界"也是我们"研究"的"对象"，我们以科学的、逻辑的概念系统来"把握"这个"对象"；然而，"对象"的世界在"我"之"外"，供我生活的世界则在"我"之"内"，成为"我"的"延伸"；而真正说来，"世界"既不在我之外，也不在我之内，而恰恰是"我"在"世界"之中。在这个根本的、本源的意义下，所谓"世界"，就既不仅仅是我生活的"环境"，也不仅仅是我科研的"对象"，这种"世界"，我们中国人有一个很好的词，叫做"境界"。中国的"境界"很难译成欧洲的语言，胡塞尔、海德格尔想说一种既非纯物质的又非纯思想的"世界"，费了许多的笔墨，才让人懂得他们的意思；而中国的"境界"虽不能够完全等同于他们要说的，但总是相当接近他们的意思了。

习惯于抽象思维的西方人，一定觉得中国的"境界"、"意境"很神秘，其实却是最为普通的，只需要最基本的日常经验就可以体会出来的：因为谁都是生活在实实在在的世界中，而不是生活在"纯物质的世界"，或"纯思想的世界"中。区别于物质功利和概念抽象的世界，我们说，"境界"、"意境"为"诗意世界"。"诗意的世界"，在广义的而不是在文体意义上来理解"诗"，则是最为基本的、本源性的世界，是育孕着科学、艺术（狭义的），甚至是宗教的世界。在本源性定义下，诗、艺术与生活本为一体，"诗"是"世界"的存在方式，也是"人"的存在方式，所以最初艺术原是生活的一个部分，艺术活动是节庆活动。在这个意义下，"艺术、诗的世界"，就不是各种"世界"中的一个"世界"，而是各种世界得以产生的本源世界。

这样的世界，是生活的世界，是活的世界，就是宗先生说的"灵境"、"心境"，不过宗先生的说法偏重于"空灵"、"心灵"方面，但他真正的意思还是肯定"境界"的"情"、"景"交融,"虚"、"实"相生的。说"活的世界"不是主张"物活论",也不是宗先生早年倾向的那种"泛神论"。实际的关系正好相反,"泛神论"之所以得以产生,正因为我们生活的世界,不是"死寂的世界",而是向我们展现着一种活生生的意义的世界。"活的世界"就是"人的世界";"心境"、"灵境"实为"人境"。

"人境"是人的基本的生活"环境",是我们工作、学习、生活、交谈的日常世界,我们在这个世界中经历着生、老、病、死、成功、失败等等悲欢离合的"事",这是一个最为基本的世界,只是由于社会事务、科学技术日益繁复之后,人常常容易遗忘这个基本的世界,而"诗"和"艺术"主要的作用就是把这个"失落"和"遗忘"了的世界显示出来,唤醒人们的"记忆",从而牢牢地铭记、守护这个世界,哲人们同样也是要把这个被"蒙蔽"着的"世界"揭示出来,所以哲人和诗人在做同一件事。

宗先生对这个本源性世界的深刻体验,得力于他那坚实的哲学修养。他研究过康德、尼采、叔本华、柏格森等人的哲学思想,这些修养使宗先生具有透过现象看本质的锐利的目光。西方的哲学,近年来有许多变化和发展,但它的主要意图仍然是要把握住、守护住那过去叫"本质"的本源性、基础性的世界。从胡塞尔、海德格尔到如今尚称活跃的伽达默尔以及法国利科、德里达诸家,都在用不同于古典性的方式来"想"这个世界,想方设法地让世人"懂得"、"理解"这个世界,他们当中大多数人也都意识到这个世界和历来讨论的"诗的世界"、"艺术的世界"有着密切的关系,甚至他们当中已有一些人早已注意到中国关于文化艺术的思想,对他们理解本源性的世界会有许多的帮助。果如是,我倒觉得,中国学者特别是宗白华先生对于中国艺术"境界"和"意境"的体会,是很值得他们重视的。

"意境"、"境界"离不开"境",所谓"境"乃是"地方"、"处所"、"环境",因而是一个"空间"。西方的科学和哲学对"空间"的问题研究得是很多了,但他们的着眼点大多集中于知识性的科学的世界,就连康德虽然看出了"空间"的先天性——即前科学、前知识性,但仍坚持它只能被运用于科学的世界。直到近几十年以来,才有人想到如何理解那个本源性世界的空间关系是一个大问题。

宗先生在讨论"意境"时，首先提出的就是这个空间问题。在解释龚定庵的话"西山有时渺然隔云汉外，有时苍然堕几席前，不关风雨晴晦也"时，宗先生说："西山的忽远忽近，不是物理学上的远近，乃是心中意境的远近。"（《中国艺术意境之诞生》）现在来看，后一句话当然会引起误解，但前一句话却是很有理的。"远"、"近"原是一种"尺度"，物理学、地理学都有自己的相当精确的计量标准，但在最基本的生活中，谁也没有先学了物理学和地理学之后再来谈"远"、"近"，正相反，物理学和地理学的精确标准，是在这个基本世界中，"远"、"近"关系的基础上发展、完善起来的，而且今后还会不断发展、完善起来。基础世界中的"远"、"近"，我们不妨叫做"本源性"、"基础性"的"远"、"近"。"天涯若比邻"说的（吟诵）正是这个基本的世界中的"事"，而不是科学性世界的事。

西方文明早期，古代希腊的哲人曾说"人是万物的尺度"，这句话常常被误解为主观唯心主义，而产生这种误解的，首先是西方人自己，因为长期以来，有不少西方哲学家把"人"理解为"纯思想性"、"纯精神性"的主体。事实上，倡导这句话的"智者学派"理解的"人"是活生生的、感性存在的"人"，是生活中的"人"，他们所谓的"尺度"，正是这里说的"原始的"、"基本的"尺度。这个根本的尺度后来被西方人遗忘了，经过漫长的岁月，才又想起了它：原以为由抽象概念和物质利益所把握的世界是靠"近"我们的，但实际上是最"远"的；原来以为那深不可测的"本源的"、"本质的"世界是最"远"的了，实际上却是"近"在眼前的。

关于艺术境界中的空间关系，宗先生有一篇很有意思的文章叫《论文艺的空灵与充实》，文中宗先生以空与充，虚与实的对立统一来谈中国艺术境界中的空间关系，这可以说是涉及到了本源性空间的最基本的特性，是中外哲人的共同的问题。在西方，古代希腊的原子论者讲世界之本源并不光是"原子"，而认为"虚空"同样是一种"始基"，这在哲学思想史的发展来说，要比巴门尼德的"铁板一块"的"存在"的"世界"进了一步。有了"虚空"，世界才是"动"的、"活"的，这是古人的想象，但也是最基本的经验。为了维护这个基本经验，古代的人还想象出一种最为"稀薄"的"物质"〔或"灵魂"（气），或以太〕能"穿透"一切物体。庖丁的"刀""无厚"，才能"游刃有余"。事实上，中国古代老子的"道"就是"空"的，所以才能运行万物。但光是"空"，也形不成世界，所以孟子说，"充实之谓美"。本来，从物理上来看，世界就是"充实"的，世界充满了物质，而物质是不可入的，所以用单纯的物质是打不进去的——古代的"原子"没有缝隙，原子之间只能"相撞"，只有"人"才能打入这个"充实"的世界，因为"人"不是单纯的物质，而是有思想、有感情的活生生的存在，人是有"灵"气的，这点"灵"气可以打入物质世界。"世界"只有对"人"才有"缝隙"；自从世上有"人"在，"世界"的必然就接纳了"人"的"自由"，"人"以自身的"自由"打入了"世界"的"必然"。并不是庖丁的"刀"真的"无厚"，而是人的"灵巧"的"技艺"改造了世界——肢解了牛。这样看来，萨特所谓"无"，在老子的"道"，苏东坡的诗（宗先生所引："静故了群动，空故纳万物"）中，已经意识到了。世界找不出"灵气"、"思想"、"情趣"到底"在"何处，所以说它在存在论上为"无"，但又可以无所不在，而中国的艺术境界，正可以说是有无、虚实的统一。

宗白华先生对中国绘画中空间布置的研究是大家所熟悉的，宗先生在解放以后更进一步把他的体会贯穿于中国传统戏曲中，从演员表演的"造境"作用，来谈中国戏曲舞台空间的虚实、有无，也是很值得重视的。宗先生在一九六一年发表的《中国艺术表演里的虚和实》一文中说："中国舞台表演方式是有独创性的，我们愈来愈见到它的优越性。而这种艺术表演方式又是和中国独特的绘画艺术相通的，甚至也和中国诗中的意境相通。"在这段话后面，宗先生特别注明要读者参阅他一九四九年写的《中国诗画中所表现的空间意识》，可见对于中国艺术"意境"中的空间特性，宗先生是有一个融会贯通的看法的，无论绘画、雕刻、建筑、书法、戏曲、音乐，都离不开"境界"和"意境"——一种基本的、本源性的"空间"。

宗先生体会中国艺术的意境，重在一个"通"字，他从中国的诗词文字、绘画雕塑、戏曲音乐中看出了一种共同的艺术精神，一种共同的意境，在这种意境中，空间和时间本是不可分的，所以在宗先生的眼里，中国艺术的意境、境界，不是几何式的框架，而是活的生命的节奏。一九七九年，宗先生在他解放后发表的一篇长文（《中国美学史中重要问题的初步探索》）中提出"从线条中透露出形象姿态",以"流动的线条"来看中国的艺术境界,在绘画中,则以"线的韵律"与西洋的"光"、"影"技法作对比,的确很有见地。我想补充的是:中国绘画(书法)中的"线"并非几何式的,而本身就是"占空间"的,"线"在空间中运动,而不是"超空间"的"记号"。相对于"几何式的""线"言,时间不是"线性"的"绵延",而是"放射性"的"延展"。这样,"时间"是"空间"的,"空间"也是"时间"的,这就是基本的、本源性的时空关系。从这个意义看,我觉得宗先生在《中国艺术意境之诞生》一文关于"舞"的思想,很值得重视,在这篇文章中,宗先生甚至说:"'舞'是中国一切艺术境界的典型。"

"舞"不是"纯时间"的,也不是"纯空间"的,"时""空"都在"运动"之中,并不是说,只有"时间"才"动",而"空间"是"静"的,"空间"本也"动","时间"也有"止","动"非无规则,"止"非无"延续","空"也有"间","时"也有"间","动""止"相生,"连续性"与"非连续性"相结合,才有"节奏""韵律"。这一切的意味,似乎都在一个"舞"字。

在基础的、本源性的世界中,在"境界"中,一切都在有韵律地活动,人在"舞",连山、水也在"舞"。画家笔墨的运动,使纸上的山水"动"起来,但画家笔墨技巧是把那本已是充满生命韵律的山山水水强调出来,所以这"动"是山水作为人的生活的一个组成部分,而不是作为地理学对象本身就具有的。由于人们长期习惯向山水索取物质的资源,并在这种目的的支配下进行着对它们的概念式的研究,它们的本来的"意义",它们和人的生活的最基础的、最根本的关系,时常被掩盖了,画家和诗人要把这个"意义"揭示出来,还那山山水水的"诗意地存在"的本来面貌,这就是画家、诗人不同于"常人"的地方。专业的艺术家以各种方式、各种技巧"造出"各种"境界"、"意境"来,以"教育"、"训练"人们从纷繁的事务中看出"世界"的本来意义来,从而使人们在自己的实际生活中也能更加自觉地珍爱这种意义,使自己的实际生活也有一种"境界"。所以艺术家、诗人都是"教育者"。

然而,诗人与哲人这种不同"常人"的"教育者",都只有那"最最""平常"的人,才能充当。诗人、哲人固然也有"专业",却是一种"最最""普通"的"专业",因为他们所看到的、塑造的、讨论的、探讨的"世界",原是一个"最最"基础的、"最最"根本的、"最最"普通的世界。所以哲人与诗人也是"最最"普通的人,宗白华先生就是这样一种人。

至少,从我知道宗先生以来,他始终是一位宁静淡泊、潇洒超脱的长者。"淡泊"不是"不进","超脱"也不是"出世",恰恰相反,宗先生很忠实于他那哲人与诗人的"使命",孜孜不倦地探索着哲学和艺术的问题,"超脱"和"淡泊"正是为了"入世",进入那最根本、最基础的世界,体察那最真实的、本源的世界,有所为而有所不为;在更多的人为各种实际事务奋斗的时候,守护着那原始的诗的境界。诗的意境有时竟会被失落,并不是人们太"普通"、太"平常",而是因为人们都想"不平常"、"不普通"。

当然,世事纷繁,各业相殊,更多的人要为科学技术的进步而奋斗,也不应一般地反对在各种竞争中"出人头地"。但只要人类存在,那宇宙人生的最普通、最根本的意义总不会完全失落的;社会毕竟需要哲人和诗人,也必定会有哲人、诗人在,即使有时仅有很少的人数。从这个意义上说,宗先生的精神和事业也是不会泯灭的。

学者的使命

陈元晖同志以其新著《论王国维》相赠。元晖同志是我素来敬佩的学界老前辈。至于王国维,我只是大学毕业不久,在陈翔鹤先生鼓励下,写过两篇文章谈"意境"。记得一九八二年在哈佛燕京图书馆,偶然遇见叶嘉莹教授,她居然还记得我谈王国维的文章。当时我非常惭愧地辩之以"少年之作",浅陋不堪,私下则立愿要好好写一篇研究文章,"以正视听"。不想一晃都快十年了,这个愿未曾还了,有知道我这个意思的,则劝我何不趁元晖同志书出版之际,写一个书评,于是遂有此文。当然"愿"仍是还不了,现在写的,不过是借题发挥的一篇杂文,只是再也不能以"少年浅薄"这类的话来自饰了。

王国维是我国近代最大的学者之一,作者在书中总结了他在史学、文学、美学、哲学等方面的成就,在诸多方面,他都有承前启后、开一代风气的巨大作用。他的许多研究成果,至今仍是治史学、文学、美学者所不能忽略不计的;然而,他的学术工作,到五十岁就彻底终止。在动乱的几十年间,能"随意"驰骋于哲学、美学、文学、史学之间,而所到之处,无不立下自己的丰碑,则非有惊人的聪明才智和刻苦的钻研精神,是不可想象的。

然而,学者当亦是一个活生生的人,"学者"亦是"学人",而"人"则是具体的、复杂的、有矛盾的。万物都有各自的"性",但"人"似乎是一个"例外",没有抽象的"性",只有具体的"性",所以马克思说,"人是社会关系的总和"。各种关系随时代而变,个人则由各人在这种关系中的地位而定。这样,王国维不是一个抽象的"学者",不是"史学家"、"文学家"、"美学家"

这类概念所能穷尽他的；而相反，他作为"学者"的"学问"，时常还是受他作为"学人"的具体情况左右的。他的"思"、"史"、"诗"是他的"存在方式"，而不光是一种"学问"。这种情形，在王国维身上是很突出的。

王国维生当中国近代史上大变动时期，现实社会中的种种"问题"，迫使有思想、愿思想的人去"思考"，迫使有感情、敏感的人感到矛盾和不安。王国维的学者生涯以"哲学"而始，当非偶然。

元晖同志的书告诉我们，"王国维在三十岁以前是一个哲学家，三十岁以后的二十年是一个文学家和历史家。"（第255页）王国维初读康德《纯粹理性批判》时，是一个二十多岁的青年，读不懂，转而读叔本华的书，于《世界是意志和表象》的批判康德部分，领会了康德的思想，这样再读康德，觉得读懂了，而且认为再不懂的地方，正是康德自己不通的地方。

应该说，二十多岁的青年人一下子读不懂康德，是绝无奇怪的。记得我在学校于郑昕老师指导下做康德的论文，那本《纯粹理性批判》也如同"天书"一样，还是靠了桑木严翼那本粗浅的论康德的书，才使论文得以"蒙混过关"。参考叔本华读康德当然也是一条路子，因为叔本华的书写得比康德清楚明白，德文也好；但王国维一下子就被叔本华吸引住，则不能不说有他自己的选择了。

我们知道，康德和叔本华不但在学说内容上，而且在治学方法和学术精神上是完全不同的。在学术内容上，康德与叔本华哲学在根本上的不同和对立，是大家常研究的题目，如康德的理性主义，叔本华的非理性主义等等，在这里我想说的是在学术精神上的不同，即康德似侧重于以学术的态度来看待生活，而叔本华则侧重于以生活的态度来对待学术，康德为一"学者"，而叔本华则为一"学人"。"学者"亦为"学人"，已如前说，不过康德把他对生活、社会（当时主要是法国大革命前后欧洲之局势）的看法、感受，大都化入他的哲学性思考、著述中，成为他的学术工作的内容和内核；而叔本华——以及尼采则将哲学性的学术工作，当成他自己生活的一个部分，以全身心的情感和热情来"拥抱"自己的哲学，大有与自己的"哲学""共存亡"之势。这样，叔本华、尼采老把生活的痛苦带入学术，终于在挣扎中以毁灭自己的生命为了结；康德则不然，他尽管在哲学性思想方面相当激进，但在自己的生活上却很平静、很平常。他甚至在受到外部压力时,能巧妙地以"作为学者不放弃自己观点;作为臣民则理应服从"来应付那"缄默令"。康德把生活当作一个学术研究的对象,以理智、冷静的态度去观察、分析、研究它;叔本华、尼采把学术工作当作自己的生活,把学术上的矛盾,当作实际生活中的痛苦,终于不能自拔。康德的著作,使人头脑清晰,生活净化;叔本华、尼采的著作,则夺人魂魄,移人性情。

叔本华、尼采以诗人的气质来治哲学,以诗入思,对所思之"问题",怀有无限感情,可为之生,亦可为之死;康德则以哲人气质来谈美学、艺术和诗,所以他在《纯粹理性批判》和《实践理性批判》之后,尚要有一个《判断力批判》,以理性之批判态度,对待"美"、"艺术"和"目的"(意义)。在康德,"天才"只限于"艺术",而常人亦可领略"美"之"意义";"天才"是人间"宠物",可遇而不可求,这是康德客观冷静的态度;叔本华、尼采之"天才"、"超人"之说,固出自康德,但在旨趣上则很不相同。

王国维三十岁以后,绝口不谈哲学,其原因不是外在的,而纯属内在思想上的。他在《静安文集续编自序二》中说,他放弃哲学的理由为哲学的学说大都可爱的不可信,可信的不可爱,以此来说明他情感与理智的矛盾,是很深切的。他把"形而上学"、"伦理学"、"美学"看作一个"可爱"的领域,则以情感的态度来对待它(们),是很明显的了;但他的理智又告诉他,这些"可爱的""思想",往往"不可信",而那些实证的哲学,如斯宾塞,却又缺乏形而上那触及宇宙、人生最深层处之感人力量,"可信"而"不可爱"。

启发王国维体会到这个矛盾的,恐怕仍是康德。康德是指出、揭示"形而上学"作为知识体系"不可信"最有力的哲学家。他把形而上学传统上一直确信的"本体"、"神"、"意志自由"、"无限"、"绝对"等等,都以非常确实的方式指证为都只是一些"观念",而不是实实在在的科学知识。然而,康德并没有说那些"观念"绝不可信,恰恰相反,他认为那些"观念"只是在"知识"上不可信,而作为整个人类的生活来说,不但可以相信,而且应该相信。我们知道,康德曾经提出过三个问题:我们(人类)可以"知道"些什么,应该"做"些什么,能"希望"些什么。这最后一个问题,即是"相信"人类理性的至高无上的"至善",使一切知识和行为最后有一个意义和规范。所以康德哲学恰恰在限制知识，而为"信仰（信念）"留下地盘。康德这个"信仰"，并不是情感需要"寄托"、"慰藉"，而是一个理性的"悬设"，既是可爱的，也是可信的，是一种理性的爱。

王国维缺乏这种素质，他的"爱"，停留在理性的彼岸，失去理性的根基，而他的"信"，则只限于具体的、实证的知识，殊不知这种知识自古希腊以来，就常被指出是变幻的、不可靠的。"信"尚不及，何谈"爱"哉。

王国维终身都处于"信"与"不信"、"爱"与"不爱"的矛盾之中。不但社会动荡，世事艰难，更重要的是在思想上、精神上没有一个"安身立命"之所。他那才智过人、情感丰富的精神世界，竟是一个比现实生活更为激烈、更为不安、更为痛苦的领域，最后终于不堪忍受而崩溃。他在放弃那个"可爱而不可信"的"哲学"之后，按他的"自序"说，移于文学而欲于其中得直接之"慰藉"。他作诗词，并想写剧本，虽然他对所作之词，自视甚高，但戏剧创作却未曾尝试，于是他的工作转向了历史的研究，其中包括对文学的历史性研究。在历史的领域里，他的成果最多，多从考古、考据入手，"信"则"信"矣，不知可曾找到"慰藉"，更不知可爱不可爱。

我想，自从王国维研究重点转向历史考古、考据的研究之后，他的精神领域中的分裂和矛盾就进一步加深、加剧起来。在他作为学者工作时，是一个严肃的、冷静的、勤奋而又充满才智的科学家，但作为一个活生生的人来说，他的精神世界充满了痛苦，"爱"那些明知"谬误"、不可靠的"哲学"，"爱"那些教人悲观、教人发疯的学说，"爱"那些封建愚昧的东西；而这些东西已明明是不可信、不可靠，因而他所爱的是一些没有"希望"、没有"前途"的东西。明知没有"希望"而偏又"爱"之，其痛苦可想而知。

王国维三十岁之后讳言哲学，要和叔本华、尼采分手，原本未尝不是好事，但他并没有在文学、历史的研究中体会出一种新哲学去代替它们，他似乎没有"爱"上任何一种新哲学，因而可以说他老处在"旧情难忘"的地步。不错，在他的史学研究中，看不出有多少叔本华、尼采的影响，但在他的生活中，在他的内心，这种哲学却会像幽灵那样纠缠着他。所以"可信的不可爱"、"可爱的不可信"固然是他三十岁时的自述，但这个矛盾是他一生困境的最清楚的概括。试想，一个聪明绝顶、感情充沛的人，精神上总处于"无希望"的悲观境地，能够维持多久，可以想见。

王国维于一九二七年六月二日自沉于昆明湖，时年五十周岁。对于王国维此举的解释和评价，一直有许多说法，研究起来，亦颇费篇幅。元晖同志书中不为贤者讳，批评了王国维的封建忠君思想，也对如此成绩卓著的学者的早逝表示惋惜，我想这种态度是实事求是的，也是公允的。

如前所说，学者也是一个生活中的人，而作为一个具体的活人来说，有些事，有些念头，不是很容易弄清楚的，我们只能言其大者。王国维自沉的具体原因，可能是多方面的，要立案审查起来，一定是比较复杂的，但我们可以肯定他是"有自杀动机"的。诸家所云，如王、罗交恶，罗氏逼债，年前丧子……可能都有些关系，促使他感到"无希望"到了极点。但从当时情形看，清廷彻底崩溃，北伐军即将入京，恐系主要导因，尤其是当时北京对北伐军的某些传闻，有人把王国维列入将被惩处的名单之内等，对这样一个内心已很矛盾痛苦而又敏感多虑的"学人"来说，犹如大祸临头，为免"再辱"，则一死了之。"清廷"真的成了一个极端的"可爱而不可信"的东西；尽管王国维和那个"东西"并没有什么实际上割不断的关系，只是精神上难舍难分。同时，还因为他未曾把那可信的东西当作可爱的东西，于是那个"可爱的"东西眼看彻底覆灭时，在生活中则"一无所爱"。失去了信念，失去了希望，因而失去了未来。没有未来的生活，即是生活的终结，则是死亡。

按实际情况来看，王国维固然是忠于清室王朝，但并未参与多少政治活动，而且事实上，辛亥革命后，他也还继续从事学术工作，设想北伐军入京，如果政策掌握得好，尽可以批评他的保皇封建思想，但学术工作还是可以做的。王国维走此绝路，可能是对北伐军的政策没有把握，但却反映出他对自己所正在做的学术工作，放弃得过于轻率。就做人来说，生死莫大焉，但就学术工作本身来说，则只能求生，不能求死。

学者的天职在做学术工作，但一息尚存，就要工作下去。要有这种境界，最好要在学术工作本身寻到一种理智上的"慰藉"和"寄托"。"学人"不可能使自己所爱的都变成可信的，但却可以使可信的变为可爱的。爱科学，爱艺术，一句话"爱智慧"。在古代希腊，"爱智慧"原是"哲学"的本义，"哲学"在追求"真理"、"真知"中获得一种乐趣和慰藉，在"思"中体会出"诗"和

"史"的意义，有所"寄托"，求精神之平衡和健康。从这个角度来看，王国维三十岁以后与哲学绝交，固使他集中精力治史而成绩斐然，但放弃哲学的探索，又未尝不是一大损失。

从王国维早年的哲学论文来看，我觉得他那种对研究哲学缺乏自信的态度，是他的性格多虑和脆弱的表现，而并没有多少客观的根据。他的哲学论文，出自二十多岁青年人之手，可说是难能可贵的。他对叔本华哲学以及通过它对康德哲学的理解是相当准确的，结合到对中国传统哲学的"性"、"理"等观念的阐述和发挥，我想也还是有所见、有所得的。当然，王国维的要求很高，在哲学上要成大气候，我们固不敢逆料，但对进一步深入研究已有扎实的基础，这一点是无可怀疑的。可惜他放弃了。他放弃了哲学，也就放弃了精神上的信念，因为叔本华、尼采的学说只会使人破灭信念和希望，而他那考据式的治史方法，又不能使那已受哲学熏陶的思想平静下来。设想王国维如不放弃哲学之思考，尽可不必以哲学为专业，而仍集中从事史学之研究，或可于此悟得理智之作用，从而真正摆脱叔本华、尼采无理性、无信仰学说之束缚，于理智性学术研究工作中求一安身立命之处。尽管这种学术性工作，未必能完全改变他在政治上的封建思想，但却可以使他更加珍爱自己的学术工作，不至寻此短见。

"人"是社会关系的总和，不是一个抽象的概念，不是"好"、"坏"、"忠"、"奸"等概念所能涵盖得了的。"好"、"坏"、"忠"、"奸"也反映了某种社会关系，是具体的，不是抽象的。"学者"也是这个关系中的一个环节，对全社会来说，固不是最主要的环节，但对有组织、有分工的文明社会来说，也是不可少的。随着社会的进步，社会上有知识的人（学人）越来越多，但专门从事学术工作的人（学者）总是少数。百工各有自己的使命，学者亦自有天职。学者有自己的工作，以自己的学术成果为社会服务，为子孙后代服务。学者固在生活之中，所以也是学人，但学者以学术眼光看生活，则知、情、意无不各得其所，古今之世变，无不在历史之规律中。王国维作为"学者"，仍不脱"学人"之气质，而作为"学人"，他在社会关系中则是属于封建忠君那一方面的，尽管这个关系，是思想上多于实际上的。令人痛心的事实是：那些王公贵胄、政客要人，或可摇身多变，左右逢源，独有学人王国维反而不愿变，自愿成殉葬品、牺牲品。固然历史自有公断，当今论者大都肯定"王国维不是职业政治家，也不是社会活动家，而是一位学者"（聂振斌：《王国维美学思想述评》，辽宁大学出版社，一九八六年），但抚今思昔，审情度势，总令人感慨万分。

叶嘉莹教授说："像静安先生这样一位天资优异的学者，如果能生当安定太平之世，使他可以尽毕生之力专心致志于学术之研究，则无论于文学哲学的开新之研究，或历史文化的考古之研究，他都必然会给我们留下更为辉煌伟大的成就乃是可以断言的。"（《王国维及其文学批评》，广东人民出版社，一九八二年）对一代学术巨子的惋惜，元晖同志的书也有同样的流露。我在这里想要为叶嘉莹教授补充的是：世事的纷繁复杂，社会的治乱，是学者很难左右的，因为学者只是社会组成中的一小部分，其对社会的影响，也许可以是比较长远的，但常常不是当下有力的，这样，学者为最大限度地完成自己的使命，就需要学会在任何情况下都要以学术为重，坚守自己的岗位，努力从事自己的工作。这样说，并不是要学者脱离实际，闭门造车，而是要在自己的学术工作中，运用先进的立场、观点、方法，提出先进的学说，以服务社会的进步。从康德到黑格尔这些德国古典哲学大师，其中费希特的社会活动多一些，但没有一个职业的社会活动家，而马克思却说他们的哲学是法国革命的德国理论。

然而，在王国维身上，"学人"与"学者"是分裂的，他生活在一个极端的矛盾状态中。王国维的自沉，不仅在实际上终止了他的学术工作，而且也是在思想上放弃了他的学者的使命。

我想，元晖同志书中批评王国维的自沉，惋惜他终止了尚有远大前途的学术工作，其意义也在于此。陈元晖本人是学者型的老同志。记得六十年代在农村，他身边常带一个很大的笔记本，说他每天都读列宁的《唯物主义与经验批判主义》，做笔记，给我的印象极深。回城后，元晖同志研究康德哲学，出版了专门研究著作。如今年事已高，但仍著书立说，不减当年。《论王国维》就是他近年来的研究成果。元晖同志以学者的精神来看王国维，必定会在充分肯定他的学术成就的同时，对其自沉所反映出来的弱点表示批评和惋惜。

"学者"以"学"为自身的存在方式，只有在不能为"学"，无法为"学"的情况下，才是学者的生死存亡的关头。在这个意义下，我们当可以说，在任何情况下，学者须紧握手中之笔，犹如战士须紧握手中之枪。

读那总是有读头的书
——重读黑格尔《精神现象学·序言》

好久没有读古典哲学方面的书了,这次因要给学生讲课,重新读了黑格尔《精神现象学》的某些章节,侧重在读这本书的"序言"(前言)部分,有一些感想,跟学生说了,他们觉得还有点意思,我就把它写出来,供更多的人来参考。

这些年来,许多人都不大喜欢黑格尔,觉得他的哲学太绝对、太强调普遍性,不大符合当今的潮流,因而即使在古典哲学范围里,也宁取康德而不取黑格尔。黑格尔当然应该受到批评,马克思就从根本上批判了他;黑格尔和康德的优劣,从新康德主义提倡"回到康德"后,就是个争议的问题,这些问题都很专门,说来话长。在这里我想说的,只是我在读了《精神现象学》"序言"后,我真的又被它吸引了,有时还甚至有点激动,觉得过去读书太不仔细,有些道理为什么看不出来!而实际上我这本书上已被不同时期的颜色笔和各种符号画得五花八门,但这次仍然要找一支新颜色笔重新画过。总之,不论你同意不同意它的理论,但它却迫使你承认它是一篇好文章,值得你经常去阅读它。

《精神现象学》是黑格尔与谢林分手、创立自己的学说的第一部著作,这个"序言"是在全书完成之后写的,概括性很强,而整个宗旨就是在批评谢林,在批判、分析中阐述全书的主要观点。那末,黑格尔和谢林究竟不同在何处?当然,过去我们也都知道,谢林的哲学是直观的,后期是天启(启示)式的,而黑格尔则是辩证的、有发展的,虽然这种辩证发展是精神的,因而是唯心主义的。现在看起来,这些理解当然都是很正确的,并没有什么错误,但却又是很抽象，需要进一步展开的。

我们知道，"绝对哲学"是谢林提出来的，黑格尔一直也是赞成的；而"绝对"不能是一般意义上的"知识"——即科学性经验知识，这是康德所指明了的。在康德看来，"绝对"只是一个"理念"（一个"观念"），因为建立不起一个直观的"对象"，因而不能用科学知识的方式去把握它。然而，"绝对"并不是毫无意义，它不能在理论上得到证明和证实，但在实践上，在道德上，却是一个必然的前提。"绝对"就是"全"、"最终目的"、"至善"……这些"观念"的意义，康德也是很看重的，他只是指出，事关"绝对"的"观念"，不可能成为知识。康德这个立场，在德国哲学中，很快就有了变化。事实上，费希特已经在实践"大我"的基础上把"绝对"纳入了"哲学知识"的范围，"绝对知识"、"绝对哲学"已在孕育之中。关于"绝对"的知识，不是一般的经验的知识，而是超越的哲学的知识，这个思路到谢林那里已经很成熟了。现在的问题是：关于"绝对"的"知识"到底是怎样的？谢林说，我们在"静观""自然"和"艺术"时，可以体会出"绝对"，"自然"和"艺术""启示"着我们，因而"绝对"既不是一般经验的"概念"，就只能是一种"直观"。"绝对"成了"自然"和"艺术"启示出来的一种"境界"。黑格尔觉得，谢林这种思想，危及"绝对"作为"知识"的可能性，因为它很可能将一切"概念"都排除出去，而成为"诗意的"、"朦胧的"直觉。

在这个背景下，我们看到，黑格尔对那个"绝对"要作出另一种选择，即既使它成为一种真的"知识"，但又与从康德以来对"知识"的审视协调起来。黑格尔解决这个问题的关键在于他在这个"序言"中所提出的"真理是全体"。

"真理是全体"是大家都熟悉的黑格尔的名言，贺（麟）先生过去常常引用，我也听得很熟了，但到底怎样理解？过去我理解这个"全体"，把它和"过程"、"总体"联系起来考虑，这当然是正确的，也是很关键的，但还需要和这个命题的基础及前提联系起来，才能更透彻些。"全"是什么？首先，"全"就是"绝对"，因此，这个命题的基础和前提是："真理是绝对"，而这句话，是康德所不愿意说的，因为康德认为"绝对"是一个观念，不能成为知识；黑格尔却与康德针锋相对。说"真理是绝对"，或者甚至可以理解为：只有"绝对"才是"真""知识"、"真理"。这里，问题又转到如何理解"真理"。

中文译成"真理"的德文为"真（东西）"（Wahre）的抽象名词化——"Wahrheit"，即"真（东西）"之所以为"真（东西）"的那种特性。"真"与"假"（Falsche）相对，一切"有对"（相对）的东西都有"（虚）假性"，而只有"无对"（绝对）的东西才真的是"真（实）"的。对"真东西"之所以为"真东西"（Wahrheit）的把握（begreifen），是为"真知识"。这样，"真"与"知识"又联系了起来，而"真知识"就是指："知识"之所以成为"知识"的那种"特性"，于是，"知识"在德文为"Wissen"，而"知识"之所以成为"知识"的那种"特性"，就是"Wissen"的抽象名词化——Wissenschaft，在德文就是"科学"的意思。我们看到，黑格尔的特点在于：那种"schaft"、"heit"不仅仅是抽象的，看不见、摸不着的，而且也是可以"把握"的——"把握"的名词化就是"Begriff"——在德文为"概念"、"观念"这类的意思；于是"真（理）"、"绝对"、"知识"、"科学"和"概念"都可以连贯起来了，但这些词只有在不放弃它们的最原初的意义下，才是可以连贯的，才不至于显得那样奇怪和勉强。

然后再来说那个"全体"。"全体"不是一个"观念"，不是一个"抽象"，而是非常"具体"的，因而是非常"实在"、"现实"的东西，这样才能是"真"的。此话怎讲？在黑格尔看来，"全（体）"不是一个抽象的概念，不是一个词，一个符号；那个词，那个符号不是"真""全"，只有在真的包含了"全部内容"的"全"，才是"真""全"。譬如我们说"椅子"，这只是说出了一个"名字"，一个抽象的"概念"，当我说"椅子"时，你可以想象各种各样的"椅子"以此来伴随你听到的"椅子"这个词，因而这把"椅子"还是非常不确定的，不是，一把"真""椅子"，然后人们又说，这把椅子是"有弹簧的"、"布面的"、"黄颜色的"……于是你听到的"椅子"这个词的内容逐渐丰富起来，明细起来，确定起来，具体起来，虽然，"椅子"仍是"椅子"，却是一把"真""椅子"。所以，一切的抽象的"性"（schaft，heit），一切抽象的"概念"（Begriff），只有在"全"的意义下，才是"真的"，"实的"（wirklich），才是可以"把握"（begreifen）的。推而广之，"绝对"表面上虽是最普遍、最抽象的东西，看不见、摸不着、经验中找不出直观对象来等等——康德就是狠狠地抓住了这一点——但作为"全"来看，却是最真的，最实的，最具体的。

黑格尔这个道理你可以不用它，但却不能说是没有根据的，用古代智者的话来说，这个道理是"强"的。

"绝对"作为"全"，在黑格尔意义上当然不像桌、椅、板凳那样简单。"绝对"这个"全"不是各种"属性"的逻辑的"综合"，而且是一个历史发展的过程，从这个精神指导下来看桌、椅、板凳的诸"属性"，也都不是天生的，而也有一定的历史发展过程。

"人"的成长（生长）可说是这个历史发展过程的最典型的例子。"人"在婴儿时期，智慧初开，"精神"（Geist）处于"蒙昧"状态，随着岁月增长，经历了人世沧桑，才逐渐丰富了"人"之"属性"——譬如，你上了学，有了知识，成了"知识分子"；你参了军，学了军事，成为"军人"；你又打了仗，立了功勋，成了"将军"；或者你著书立说，成了"学者"……但只要你还活着，你就还没有"全"。"皇帝"可以成为"乞丐"，"好人"可以成为"坏人"，"学者"可以成为"最没有知识的""反动权威"……只有等你"死"了，才"盖棺论定"——不是"评价"上的"论定"，而是指你的"事"已"做完"了，而"人"的"属性"是由"人""做"的"事"来"定"的。所以，后来海德格尔才说"死"是真正的"全"；同时这也正是萨特所侧重指出的，只要人活着，人就是"自由"的，你的任何的"价值""属性"，都是"不定"的。拿破仑小时候跟别的小孩差不多，只有他做出了那一桩桩惊天动地的"事"后，"拿破仑"才是"拿破仑"。"拿破仑"三个字，只是一个"名字"，一个"符号"；但我们说"拿破仑"时，这三个字已经和他那些"事"分不开了，因而"拿破仑"三个字包含了他一生的全部经历和历史。这时，"拿破仑"才"真"的是"拿破仑"。

拿破仑如此，古今帝王将相、圣贤哲人无不如此，就是那"凡夫俗子"、"贩夫走卒"亦复如是，就连"上帝"也不例外。在黑格尔看来，"上帝"如果不是一个"全"，不与尘世的苦难历程相契，那末，"上帝"这两个字，也不过是一个"名字"而已。我们可以引申开来说，"上帝"等待着"神学"，"基督"等待着一部"圣经"。

从"真理是全体"，我们可以进而弄清那句不好懂的"绝对即主体"的意思。应该承认，对这句话我很长时期在理解上是很恍惚的。当然，我可以把

"主体"理解成"人"、"精神"、"理性"、"能动性"——，都很可以说得通，现在看，也没有错。但黑格尔为什么一定要用"主体"（Subjekt）这个字，而不干脆用"人"、"精神"、"理性"？说"绝对是精神、理性"不是更明白些？再说，黑格尔不是客观唯心主义吗？"绝对"不是主、客观统一吗？这些问题一直找不出好的解答来。

前几年，我产生了一种怀疑，觉得这里的"Subjekt"可以作"主词"来理解，在我写《思·史·诗》那本书时，加强了这个信念，因为黑格尔说："上帝是存在的"这句话是"同语反复"，可见这里"Subjekt"的用法和语言有关；但那时对"同语反复"进一步的意思还没有弄清，只是把它当作黑格尔对哲学史本体论论证的一个发挥来看。其实，黑格尔强调"绝对即主体"是和上面那个"全"有关系的。

我们知道，一个语句有"主—动—宾"或"主—系—表"，这个"主—系—表"的结构和哲学有很大的关系，系动词成了与本体论（存在论）难以分开的、产生问题的根源之一。现在，黑格尔的问题出在"主（词）"和"表"、"宾"上。黑格尔指出：如果我们光是说，"上帝是存在的"，"上帝是永恒的"……那末"上帝"仍然只是一个"毫无意义的声音，一个空洞的名称"。只有那个联接"上帝"这个"主词"的"宾词"（表词，predicate）说出"上帝"到底是"什么"之后，这句话才有意义，"上帝"这个语词才有内容。"主语"必要有"宾语（表语）"来"完成"其"意义"，"上帝"必要有"人事"（尘世）来"完成"（显示）其"绩业"，"基督"必要有"圣经"来"完成"其"使命"。"绩业"、"使命"使"上帝"成为"上帝"，"基督"成为"基督"；"宾词"使"主语"成为"主语"。"主语"等待着"宾语"，"宾语""完成""主语"，"宾语"是"主语"自身完善、丰满的"中介"。"主语"是所要展开、讨论的"主题"、"题目"、"论题"，是一个"目的"；"宾语"这个"中介"，则是"主语"这个"主题"、"论题"、"题目""完成"自身的"环节"，通过这个（些）"环节"，"主语""达到""目的"，成为"结论"、"终结"。"终结"的"主语"，仍是"开端"的那个"主语"[目的——要（待）论述、展开的东西]，但却已是完成了的、有具体内容的、真正的、现实的"主语"，而不是一个抽象的、待展开、待讨论的"论题"。所以"绝对即主体"，实即"绝对即主语、主题、论题、题目","绝对"是一个待展开的主题,也是一个已展开的主题,"绝对"(在黑格尔哲学中)是"目的",也是"结果"。这样,这个"绝对",就既和从古希腊以来的"起于此又复归于此"的"始基"学说相衔接起来,而又从主、宾关系上发展出新的内容,既避免了主、宾关系中的"同语反复",而又保持了"主语"、"论题"直接的"同一性"。"主语""外化"为"他者"(宾语),而这个"他者"使"主语"回到其自身,使"主语"真的成为"主语",使一切所要论述的"主题",都得到"阐明"。正因为有这一层意思,黑格尔在这里才不用"人"、"精神"、"理性"来说"绝对",而用"Subjekt",就像海德格尔不愿意说"人",而非说他那个"Dasein"一样。

  与"绝对即主体"这句话直接相联的,还有一段话说明"主体"与"实体"的关系:"一切问题的关键在于:不仅把真实的东西(Wahre)或真理(Wahrheit)表述为实体(Substanz),而且同样理解和表述为主体。"为什么要从"主体"来理解"实体"?如果像我过去那样,把"主体"理解为"人"、"精神"、"理性"、"能动性"等等,则总觉得还隔着一层什么,不是很清楚,但如果从上面的角度,把"实体"在主、宾关系上的地位确定,则就可以使理解得到推进。

  我们知道,"实体"是与"偶性"相对,这是传统哲学的看法,"实体"是一切性质中不变的、永恒的、使某事物成为某事物的那种特性。哲学家们为"实体"这样一个特别的但却很重要的"特性"大伤脑筋。康德按亚里士多德的办法放在他的"范畴表"中。从这里,我们追问:"范畴"是什么?"范畴"在希腊文中有"分类"、"规范"的意思,原来,就可以作"宾位"来理解。"范畴"要回答的问题是"是什么",这里"范畴"就是那个"什么",譬如"人是一种动物","动物"就是"范畴",把"人"归于其下,归于这个"类"中。"实体"是一种特殊的"范畴",是"事物"之所以成为某"事物"的"本质属性",于是"人"的"实体",即"人"之所以为"人"的那种"本质",这是一般的、传统的理解;黑格尔在这里的不同之处在于:"实体"不能光作"范畴"或"宾位词"来看,而且还得要从"主位"上来看。"实体"固然是某事物的"本质",使该事物成为该事物,但这个"本质"却不是现成的东西,而同时是一个"论题",有待展开;展开了的"本质"就不是一个抽象的概念,而是一个具体的概念,是发展了的、历史的概念。使拿破仑之所以成为拿破仑的那个"本质",是拿破仑的全部历史,因而拿破仑作为一个独特的人来说,没有抽象的"本质",而只有具体的"本质"。从黑格尔这种观点来看,不但"人"的"本质"是具体的,"万物"的"本质"都是具体的,连只是一个观念的"上帝"的"本质",也都是"具体的";只有在这个"主题"充分展开为"结论"时,它的"本质"才暴露无遗,尽管这个"主题"仍是那个"主题"。"人"还是那个"人",但已饱经沧桑;"物"还是那个"物",却也星移斗换,在斑驳陆离中呈现它自身的本性。

"主题"是"开端",也是"终结","终结"是"主词"经过"宾词"的"中介"回到了自身,好像一个漂泊流浪、奋战于世界的游子,回到了"家园"。"主词"经过"宾词"回到"主词",游子从"主位"到"客位",又回到"主位",从"离家"到"回家",经历了人生的历程,无论腰缠万贯或是身无分文,俱已无可奈何,"我"终究是"我","我"已"完成"("我"的"事业")。

说到这里,我跟学生说,黑格尔这样理解"开端"和"终结"的关系,被现在西方有些哲学家叫做"终极论"(或"末世论",eschatology),将"本质"置于"终结"处,从我们以上的讨论,还是真有些历史与逻辑以及知识论相统一的深刻之处,探讨起来不是很有趣味的吗?但也不要以为对"开端"与"终结"只有一种理解。利科说,和黑格尔相对立的还有弗洛伊德的一种观念,认为"本质"不在"终结"处,而是在"开端"处。黑格尔说,拿破仑之所以为拿破仑,在于他的全部历史,可是弗洛伊德会说,拿破仑之所以会做那些事,原因或许就在他小时候有什么"情结"。这是一个完全不同的解释方向,可以叫做"考古论"(或始基、开端论,archaeology),正好和"终结论"相反,这种情形,利科叫做"解释的冲突"。不过,我说,方向固然相反,但在联结"开端"和"终结"的关系上,在精神上似乎还是有不少相通的地方。

说到这里,我想起了一件往事。大概三十年前,一位同事说,黑格尔的书不好读,过去总想把他说的每句话都弄懂,后来觉得大可不必,有些话也许他自己都不懂。说这话时,那位同事和我一样都很年轻,他可能早忘了这个意思,但我却一直在琢磨它。三十年了,多少读了些哲学书,我诚恳地对学生说,按我的体会,书跟书很不一样,有的书的确是应该、也经得起反复读的。

我们不能说这些书"句句是真理",但我觉得至少其中主要的、大部分的话都是有根据的。这就是说,不一定是"真理",但说那些话毕竟是有理由的,不是"大言欺人",更不是连自己都不懂的"不知所云"。这几年,我在读哲学史上许多大家们的著作时,都有这个感觉,这次在读黑格尔这个"序言"时更有这个感觉,恨不得再多读几遍,恨不得把全书再读一遍。大家们的书的确有这样的吸引力:让你恨不得再去读它。

我这样的态度是不是过于迷信古人、古书,过于迷信"他人"、"他人的书"了呢?我认为不是这样的。恰恰相反,我跟学生说,大家们的书之所以总是有读头,正在于他们从不轻信任何他人的话,对任何人说的话都要用自己的脑子去思考,对任何话都要追问出它的"理由"和"根据",像毛泽东说的,凡事要问个"为什么"。

这种说法表面上看似乎很矛盾:既说要钻研他的话,又说不要信他的话;实际上这里并不矛盾,因为你不信他的话,才钻研它,又因为你相信他的话不是无缘无故说的,才值得你去钻研它,弄清它的缘和故,弄清之后,你也可以不同意它,但你必须承认,说这话的人不是在胡说。

世上的书浩如烟海,哲学类的书也多不胜数,大部分书都各有用处,但有一些书是经得起推敲,应该钻研的。就哲学史言,我们叫这些书为"古典著作"。"古典著作"是一些总是有读头的书。什么叫"有读头"?就哲学而言,就是经得起多问几个"为什么"。有的书,问它三个"为什么"就问住了,有的书可以问十个、二十个也问不倒它,而有的书则似乎可以永远问下去,它都有话来对付你。

这就是说,有些书似乎永远是"活"的,它随时都在准备回答你的问题和批评,为自己的立论进行答辩。柏拉图、亚里士多德的书是这样,黑格尔的书也是这样。黑格尔早已死了,但他的书并没有死。黑格尔不是"死物"。人不会和死人打架,也不会和"死"了的"学说"、"思想"辩论。你被打了,表示你活着;你的"思想"被批评了,被反驳了,表示这些"思想"还"活"着。"古典哲学"正是在不断地被批评、被质询、被否定中表明它们还"活"着的。正像活人不意味着总是"正确"、不犯"错误"一样,"古典著作"也不意味着它们都是"正确"、"无误"的,但它们"活"着,这就很好。

从哲学方面说"读书明理"

"读书"可以从许多不同的角度来谈:"读书有用"、"读书无用",还有"书中自有"点什么东西等等,我来谈"读书明理"这个意思,我想,这至少是包含了读哲学类书的主要精神在内。

"读书明理"这句话要分析起来无非是"什么叫'读'","什么叫'书'","什么叫'明'","什么叫'理'"四个方面的问题,而每个方面似乎又都够哲学家们写好几大本"书",我这里要做的事是把这四个字的意思有分、有合地来作概括性的考虑。

"读"是"解读","书"是记录下来的别人的"话"——当然也可读"自己"的书,那是把"自己"当作"别人"来对待,"读书"就是"理解""别人的话",就是"听(懂)""别人的话"。"明"是"明白"、"明了","理"是"道理"、"事理"。于是"读书明理"就是指"理解别人对'事'之'理'、'道'之'理'说了些'什么'"。

一般来说,读了书,明白了那个(些)"什么",也就算是明白"书"里所说的"事理"、"道理"了。然而,"书"里直接说的"理"未必是对的,而且有些"理",是"事""物"的"属性",光明白这些,对哲学言,还是很不够的;就读哲学书而言,不但要弄清别人说的"什么",而且要弄清别人是"怎样""说"的。"怎样"、"如何"是一种"方式"、"过程"、"道路",所以就哲学书来说,"读书明理"的那个"理"字更重要的是指一种"思想方式",是思想的道路、历程。所以我们说,读哲学书要弄懂那位哲学家(作者)对所论之

"事"是如何"想"的，有何种"想法"、"看法"，这个"法"即是"（方）式"。之所以如此，可能是因为"哲学"里所"谈论"的，大多不是具体的事（物）的具体的"属性"（西方哲学术语叫"偶性"），而是一些带根本性的"问题"。在哲学里，"事"即是"问题"，"事理"即"问题之理"。所以，"事理"是"道理"，是"道路"之"理"。从这个意义来看，我们想说，读哲学书，不仅要注意"事"之"理"，而且要注意"思"之"理"。

说到"方式"、"法"，一般都以为是形式、工具、手段方面的事，而"思"之"理"也可以被理解为只是那些形式的"逻辑规则"。哲学当然也要用这些手段方面的工具，尤其应当十分重视掌握那些逻辑的规则；但这里所说的"思想方式"却不仅仅是这方面的意思。就手段与目的统一性而言，"读书"不仅仅是一种手段，以"明理"为"目的"，而且可以说"读书"就"是"明理"，"明理"就在"读书"中。打个比方说，衣、食、住、行固然可以说是以"生活"为"目的"，"吃"是为了"活着"，但更应该看到，衣、食、住、行原本"就是"生活"，是"生活"本身的一个基础部分。所以，"读书"之于"明理"，就如"粟帛"之于"生活"一样，是一种"存在方式"。

此处，"理"即是"法"，"法"是"活"的，"理"也是"活"的，可以有"死理"，但不可有"死法"，"法"必是"活"的；与"法"（式、过程、道路……）相结合的哲学的"理"，则也必是"活"的。"对话"是两个"活人"的"对话"。

"法"、"理"是"活"的，因为"人"是"活"的，"哲学书（家）"是"活"的。在过程中，在路上，在思想的道路上，总是"活"的。"活"东西是动的、发展的，有生命的，有精神的，一句话，是"活泼泼"的。辩证法是马克思主义哲学的活的灵魂。"哲学"是一门"活泼泼"的学问。我们读（称得上）哲学的书，总会体验到一种活的思想、活的精神，不但能看到那缜密的思想结构，而且也能感到一颗跳动着的心。这种"书"，绝不是"死"的"事物"、"符号"，而是"（生）活"的"（路）标（志）"。一部哲学史，不是死文件的记录，而是活思想的体现，是生命的历程，是"思想"的"成长"。所以，我不大赞成那些把"哲学（史）"当作"死"的"经济学"的西方所谓"后现代主义"思想，尽管我也很重视研究它，"哲学"有自身的"历史"，而不是

"考古"的"对象"。

"书"是"活体",不是"死物"。"书"是"作者"(他人)与"他人"(另一个"他人")对话、讨论、争论出来的成果。"独白"也蕴含着"对话"。这样,"我""读""书",也就是"对话"的"对话"。是"再对话"、"再思考"。"对话"不是一次性的,而是经常"反复"的,反复"读",反复"讨论","道理"就出来了,真理("真"的"理",即关于"真实"之所以为"真实"的"理")愈辩愈明。

有些书的思想、道理初看(听)起来,很新,我们不熟悉,好像遇见了"陌生人";但一回生,二回熟,多接触,多讨论,就熟识了,或许这个"陌生人"还"认识""我"的一些"朋友"呢。

譬如,最近我读法国列维纳的书,先读他的《全和无限》,觉得摸不着头脑,读了几页就改读他早年的《实存与实存者》,觉得有了对话的基础,因为他这本书中"对话"的"对手",我也多少是"认识"的。

在《实存与实存者》中,列维纳首先告诉我们,他的思想很受海德格尔影响。一点不错。但他又与海氏不同,他是海氏"对话"的另一方。

海德格尔在《存在与时间》中从"Dasein"(中译"此在"、"亲在"。"Da"也有"它"〈彼〉的意思在内,所以英译为"there-being"。我觉得,说"此在"太近,说"他在"〈"在那儿"〉太远,可惜没有一个"中程"的副词来说它,拉丁文有istic一词,比hic〈此〉远,比illic〈彼〉近,但作代词时含有贬意。海氏Dasein在"我"、"你"、"他"的称谓中,应在"你"的位置上——顺便在此一提),谈"Sein"(存在,在),认为"Sein"因"Dasein"而"明";后期从"Sein"入手,但仍有"Dasein"作为前提。列维纳则一开始就从"il y a"("有","there is")入手,"il y a"是普遍的"有",但不因其为"普泛"而是一个"概念",恰恰相反,它是实实在在的"有",只是这个"有"还"没有""明"起来,是"暗"的、"黑"的,如同"夜晚"一样,这就是哲学里说的"物质性"(materiality)的东西。列维纳说,"il y a"是第三人称作"无人称"用,而且是"现在时",因而不是空灵的,而是最为实在的,"实在"到了像一堆巨大的、无形状的"东西"(体积),"压得"你透不过气来,有点像古代希腊巴门尼德的"铁板一块",又有点像我国古代老子说的"有物混成"。

我们每个人都有不少"在黑暗中"的体验,如黑夜在大海中行船,周遭一片漆黑,无声无息,但并不是"无",而是实实在在的"有"。这个"有"却"没有""(宜人的)世界",船行海中,就像驶入"坟墓"一样。不是说"死"不能自身体验吗?"黑夜"就是"死"的"体验"。因为"死"并不归于"无"。归于"无"并不可怕,可怕的恰恰是归于这个不可名状、漆黑的"有"。

列维纳说,"il y a"(普泛的"有")是一切"存在者"、"实存者"(existents)的根基,是一切实存者之所以为"实存者"的"实存(性)"(existence)基础所在。这里,列维纳又与"实存主义者"(存在主义者)对上了话。我们知道,海氏早期曾用"实存(性)"来解释他的 Dasein,但列维纳则用"实存(性)"来理解"有"(there is)。"实存(性)"尚属无人称之第三人称之死,它匿名、无形、静穆、无光……一句话,它尚"未有""(生活的)世界",而为"赤裸的"(naked)"有"。这个"有",为"朴"之所以能成为"朴"的根基。"朴"(物质、材料)是为了"用",可以为"器";但"朴"之所以能"用"、能为"器",是因为它本已是"有"。大千"(有用的)世界"(生活的、宜人的世界),其根基处皆在这个无名、无形的"朴"——在这个意义上,我们真正可以说,"朴"为"朴素"——"朴"之"素"。

你看,这里我自己也在和列维纳交谈起来了,"朴"的观念,是我从老子书里得(看、听、读)来的。只是我国的"朴"似乎没有西方那种压抑人、令人畏惧的性质。

列维纳和现象学者、实存论者三方面的对话,使他自己的思路和理路有一种独特的方式。他把"il y a"(有)和"existence"(实存)结合起来,使"有"具有一种向"生活世界"过渡的"可能性",也使"实存"不能归结为空灵的、精神性的"无"。这样,他就既不同于海氏现象学,又不同于萨特(雅斯贝斯)实存(存在)论。

在列维纳看来,普泛的"有",因为是"实存",它就有了一个时空"位置"(position),这就是"此时"、"此地"(here)。"有"(il y a)是无人称,但却是"现在时"。需要注意的是,列氏此处的"here"不是海氏的"Da"。列维纳说,"Da"已是一个"世界",是"历史",因而包括了"过去"和"未来";

但"here"只是"现时"。"Da"是线形的,而"here"是一个"点"。

然而,列氏这个"点",不是几何学上的"点",而是一个"实点"。几何的"点"只是符号,本身是"无",而列氏这个"点"却是实实在在的"有"。这一"点"很重要,比起那些实存论者来说,列氏的"实存"就因这一"点"而另有一番天地。

"点"如是空(灵)的,就仅仅是单纯的"思"的度,是"我思";"点"如是实的,则除了"我思"的度外,还有"我在"的度。"我思"不可怀疑,"我在"也不可怀疑,因而"吾身"(body)也排除了笛卡尔的怀疑。

"我思"与"我在"之所以不可怀疑是因为在"我思"、"我在"之前,在"我"进入(分有)这个"世界"之前,"世界"早已作为"有"(il y a)而存在,这个"有"虽是不透明的、黑的,但却是实的。这个"有"对"我"说来,永远是"他","我"不可能完全把这个"有"转化为完全透明的、光亮的"(我)思"。

不仅如此,"我"作为一个"点"(here)也不能完全"透明"成为"纯思","我"永远面对着"他",而且在"时间"过程中,"我"也不断地变为"他"。

我们看到,把"我"这个"点""实体化"(hypostasis)带来了一些重要的结果。

首先,随着"现时"、"我"的"实体化",那个被实存论者架空起来的"自由",也现实化了。按照雅斯贝斯、萨特的说法,"自由"是"实存"的本性,但由于"实存"归根结蒂只有一个纯思、纯意识的度,所以"自由"被归结为"选择"(意志)的"自由"。列维纳说,既然作为"自由"基础的"现时"是"实体化"的,则"自由"就不仅仅是"思想"的"自由",而是"实际(体)的""自由",因而"自由"同时也是一种"负担",一种"责任"。不错,实存论者当然也谈"义务"、"责任",而且讲得很厉害,甚至认为唯其"有自由",才需"有责任"。不过,需要注意的是实存论者的"责任"是"后来"的事,即"现时"固为"自由",但要为一切未来之后果承担不可推卸的"责任";列维纳则认为,即使在"现时","自由"与"责任"也不可分,因为"现时"本不是空的,而是实的,"现时的自由",就是"现时的责任"。这样,

"自由"与"责任"不必等待在"时间"序列中才显示出来；恰恰相反，"时间"常常会"冲刷""责任"，但"现时"的实实在在的"责任"才是真正"不可推卸"的。

"现时"的"实体化"还有一个有趣的引申，这就是它可以和犹太-基督教的"复生"（复活，resurrection）观念联系起来，这是我未曾料到的。

过去，我总觉得犹太-基督的"复生"观念是地地道道的"迷信"，我始终不理解这种明显的骗人的把戏，为什么一直有人认为还值得讨论。我想，你如果说，人的"精神""不死"，或者说"灵魂""不朽"，"思想"是"永存"的，等等，我还可以想出个"理数"来，尽管可以不同意它，而这正是西方哲学史上许多哲学家所"相信"、甚至鼓吹的"道理"；但说人死了还又"复生"，真是不可救药的愚昧。中国人俗话说，"人死不能复生"，比那些自命不凡的洋人通达"事理"得多了。

当然，应该说，"复生"观念的的确确是迷信，即使在"理"出点思路来之后，也还不能否认这一点。说能"理出点思路"来，只是说这个问题也并不像开始想象的那样简单。

这方面的"理数"，我也是读了列维纳的书后受到启发的。列维纳说，既然"现时"是"实体性"的，实存论者（雅斯贝斯）所谓"永恒的现时"就不再是思想（自由）的永恒性，而是"生"（birth）、"死"的重复，"死"并不归于"无"，而是"生"的一个部分。"现时"的"永恒性"就是把实实在在的"现时""重复"下去，把"生""重复"下去，而不是"精神"、"灵魂"、"思想"自身"永存"下来。这样，所谓"实体性"的"现时"就和"生生不息"的道理联系了起来。"生"之"道"，"生"之"理"，不在尚未实现的"未来"，而就在正是"现实"的"现时"。这样，列维纳说，所谓"希望"，并不完全着眼于未实现的"未来"，而就在当下的"现实"中。"希望"不是空的，"希望"在另一个"现时"，"希望"是实实在在的东西。实实在在的"希望"（hope），就是一个"许诺"（"保证"，promise），这就是犹太-基督教中的"弥赛亚"（Messia）。这位古希伯来人幻想中的"救世主"却不像古希腊人实际中的"哲学家"那样只"构建"一个永恒的思想（理念）的世界，而是"保证"（许诺）一个实在的、现实的"现时世界"的来到，这就是"复生"。

在这里，我们看到，古代希伯来人和古代希腊人的思路和理路确有相当的区别，他们可以成为"对话"的双方。前者重在"生生不息"，是一种"线性"的发展观；后者则重在"周而复始"——万物起于"始基"，又复归于"始基"，是一种"圆圈式"的发展观。而西方的"哲学"，由于从其母体带来的特点，使它的思路在古代希腊诸家奠定的基础上生根、成长，而对希伯来人的思路考虑较少。如今"哲学"逐渐发现，希伯来人也是一个"对手"，他们的想法也是不可忽视，值得与之讨论的。

事实上，我们所谓的"现时"，本也不仅仅是一个"我"。不错，"他"可以"不在场"，"我"却总是"在场"的，但还有一个"你"，也总是"在场"的。所以"现时"本非铁板一块，至少是"一分为二"的，其中有"我"和"你"。这里又出现了另一个对话的对象，这就是马丁·布伯，他在本世纪初就写过一本小书叫《我和你》。他是把犹太-基督思路哲学化的重要人物，列维纳也很推崇他，吸收了他的思想，在他的《全和无限》一书中有进一步的发挥。

说到这里，我们还得回到"读书明理"的话题上来。我们看到，列维纳的书是经过和"别人""讨论"后写出来的，他和海德格尔、雅斯贝斯、萨特、马丁·布伯以及中世纪和近现代的宗教家、神学家等等都有很深入的讨论。他关于普泛的"有"的思路，甚至可以一直追溯到亚里士多德的"悲剧"观念和康德的"崇高"观念（研究这个思路线索，一定是一个很有趣的题目）。相信他的主要讨论方式是读他们的书，也相信有些书他曾是反复读，因而是反复讨论过的。只有这样，他自己的"理"才逐渐地"明"起来，从而才会有自己的"书"。

"书"不仅是那些纸张、油墨斑迹的物质材料，"书"也不仅仅是那些物质材料作为"符号"所代表的抽象的"思想"，"书"也有"体"，有"身"（body），好像一个"活人"站在你面前。"书"拿来当枕头垫子，或者解开那些"符号"的"语词""意义"，都不是"书"的完全的"用途"和"作用"。作为"活体"的"书"，它是你的"对象"，你只能和它讨论、对话、争论。就"我"来说，"书"常在"你"的位置。"书"把已然"不在场"的"作者"（他），"固定"在"你"的位置上，使之"在场化"（"现时化"），以供"我"与之"对话"。

当然，严格意义上的"读书"并非"明理"的唯一途径，直接的交谈和交往是更为重要、更为基础的，今后交往媒介进一步的发展，这种直接交往和交谈势必更方便，因而可以更广泛。然而，直接性毕竟是有限的，而且，正如现在的解释学家所指出的，直接交谈常有许多偶然性，而"书"则总是有所提炼的，所以"读书明理"这句话又有一种学理上的保障。

多读书如同多交友，朋友越多越好；但也要有一些知心朋友，有一些你讨论得比较充分、理解得比较深的书。多读书，如韩信将兵，多多益善，这是"将才"；如果不能或不愿"称王称霸"，那就少"将"点"兵"。要在亚里士多德、康德、黑格尔、海德格尔等等之间，当个小"排长"，也就很不容易了。总之，只要体会出、"明白出""道理"来，就算是明白人、通情达理的人，"书"就没有白念。"读书明理"是大的方面，读多少书能够"明理"则是个具体问题，因人而异。"理"的基础在那个"有"（there is），它常在"暗处"，要通过努力才能使它"明"起来。"别人"努力的结果（书）是必要的，甚至是必须的（法），但也只能帮助"我""明白"，而不能代替"我""明白"。

正因为"我"体会出来的"理"原本是从"别人"那里"学"、"得"来的，是向"别人""请教"出来的，是"读书""读"出来的，所以"我"自己的"理"，才不是个人的、私人的，"理"才有相当的普遍性。"我"也可以把自己体会出来的"理"，写了出来，成了"书"，供"别人"讨论、批评。"书"是交流、交往的"结果"，也是交流、交往的"开始"，"书""等待着"批评、讨论，"等待着""另一本""书"的"产生"（"生产"）。

这样看来，"理"在哪里？"理"不在"你"处，也不在"我"处，更不在"他"处；"理"甚至也不在那一本一本的"书"中，"理"在交流、交往中；如果说，"书"中有"理"的话，那是因为"书"正是交流、交往出来的。这个意义上，"读书明理"这句话的重点，就既不在"书"，也不在"理"，而在那个"读"字上。

过于短暂的豁然贯通
——再谈哲学的"读书明理"

上篇讲读书明理的文章（见《读书》一九九一年第十二期），写得不很通畅，总想再写一篇，并非为"挽回影响"，实在为求心安。

读书明理，这个"明"字，可以理解为一个"通"字，"融会贯通"，则有"豁然开朗"的感觉。当然，这些都是很高的境界，如果有，可能也只是相当短暂的时间，而大部分是在穷塞、困惑的处境之中；不过这种感受虽然稍纵即逝，却很真切。

近几年有些青年学者喜欢研究海德格尔，大半侧重于他的后期思想，对前后期的关系有些不同的看法，有的把区别看得小些，有的则看得大些。最近又有学者专门研究海氏后期的"Ereignis"，提出自己的译法，问我的意见，这些，我都按照我平时想好了的现成的想法，作了回复；而我主要的精力则集中做我那个课题项目，并未把这两件事联系起来。说起这个研究课题，也是一块心病，本来就不多的合作者都离我而去，偌大一个"西哲中科学与宗教两种思想方式研究"只剩我一人，从古代希腊写起，眼看快到期限，刚刚写到"巴门尼德"，为写这部分，不敢贸然下笔，想到先要读读海德格尔的东西，于是重新拿起他的《形而上学导论》（英译），看看这次能否挖出点什么有用的东西来。不想读着读着，这些日子以来脑子里的问题，似乎都串了起来，自己的立足点似乎渐渐坚实起来，虽不敢说已经"豁然开朗"，但那海德格尔、巴门尼德、胡塞尔、康德、黑格尔……以及围绕着他们的那些问题，在我脑子里原来的方位上似乎乱了一阵之后又重新组合起来,至少是"自我感觉良好",于是又放下那个大项目,先写这篇短文章。

海德格尔在这篇《形而上学导论》中,劈头第一句话就问"为什么是'是什么'(Seiende),而不是'不是什么'(Nichts)?"真是万事起头难,这个问题就很难懂。这个问题表面上问得好奇怪,人们不是老是问"不是什么"吗?譬如斯宾诺莎就曾指出,一切之否定,都包含着肯定:"不是什么",总意味着"是什么",这个意思还受到黑格尔的表扬,那末海氏此话又是从何说起呢?为免误解,人们把这里的 Seiende 译成"有",Nichts 译成"无",这样中文很通顺,但未能完全表达海氏的意思。海氏这里的"Nichts"自然是针对前面那个"Seiende"发的,但海氏声明,Nichts 所否定的,不是个别的"存在者",而是作为总体的"存在者",是全部的"存在者",但恰恰不是绝对的"无",因为海氏的 Nichts 否定的是前面那个 Seiende,而不是否定 Sein,从这样的意思来读那句话,才有上面那种中文译法。"为什么是'是什么'而不是'不是什么'?"说得更明白点就是:"为什么是'是什么',而不是'什么也不是'?"Nichts 否定的是一切的"什么",而恰恰不是那个"是"本身。这样,我们就可以引申出一句更为清楚的中国话:"为什么人们老是研究(探索、询问)'是些什么'的东西,而不研究(探索、询问)那'什么也不是'的东西?"这样,我想,这个意思不就很清楚明白了吗?

按海德格尔的意思我们可以进一步说,对于那个"什么也不是"的东西,我们不能再进一步追问"是什么",而只能问"为什么"。"为什么"是问那个"什么也不是"的东西的"根据",而不是从知识上来问它是"什么"。海氏说,许多人可能终其身提不出"为什么有一个'什么也不是'的东西"这个问题,而汲汲于弄清这个大千世界都是些"什么",但这个问题却是最广泛、最深层的,因而一旦提出,是谁也不能抗拒的。

这时,我一下子就想起了手边正在做的有关巴门尼德的研究。古代希腊巴门尼德不也是提出了那个不同于具体存在者的那个"存在"吗?他的问题的重点在于:对于变化万千的感觉世界,你可以既说"是"(存在、有),也可以说"不是"(不存在、没有),沧海桑田,日新月异,但对那个"是"(存在、有)本身,却"不能说"(这是巴氏原话)"不是","是"就是"是"。不过,巴门尼德没有分清"为什么"和"是什么"的问题,对那个本应"什么也不是"的东西也要问个"是什么",说它"是圆的",是"有边的"等等,这就奠定了一个"形而上学"本体论(存在论)的传统,把"Sein"当作"Seiende"来对待,于是关于"Sein"的学问也成了一门"科学",以为学了它就可以"知道"那个根本的、总体的"Sein""是什么"了。

西方哲学到了近代,康德很清醒地看到那个总体的"存在",不是知识的对象,即不能问"是什么",他说"存在"不是宾词,有关"存在""是什么"的那些"什么",只是些理念(观念),所以康德重知识论,而知识论只问"什么",并不专门去问那个独立的"是"(存在)。在知识论中,没有那个总体的"是"或"存在",只有与"什么"结合在一起的"是"或"存在",这正是海德格尔在《康德与形而上学问题》一文中肯定康德的地方,认为康德把"是"或"存在"与时间、空间联系起来,是对西方形而上学传统的突破。

然则,"是"、"存在"和"什么"不可分,就是现象学,是黑格尔、胡塞尔的思路。

从某种意义说,现象学是康德知识论的扩展。康德的"现象"知识,限于经验的、自然性的知识,而扩展了的现象学认为有一种特殊的、不同于自然科学的知识体系,可以完整地把握那个"是什么","是"、"存在"通过那些"什么"表现、显现出来,"本质"通过"现象"显现出来。"本质"不是抽象的概念,它与"什么"不可分;"绝对"固是概念,但是思辨的、具体的,它会显现自身,显现出来的"绝对"、"本质"……就是那个完整的"是什么",因而不仅是"想"出来的,而且是"看"出来的,是"本质的直观","直观的本质"。胡塞尔说,"说"总要说些"什么",引申开来似乎可以说,"是"也总要"是"些"什么",这个与"是"结合的"什么",就是"理念",就是"世界"。

"是什么"就是"什么","理念"的世界是无可怀疑的,因为理念的"什么"不是抽象概念的体系。抽象概念体系表面上好像"铜墙铁壁",坚不可摧,但实际上却处处可以提问题。把这些可以提问题的知识"括出去","存疑"、"搁置"起来,剩下的是一个真实的、无可怀疑的、人生活于其中的"生活世界"。

胡塞尔在现代条件下承黑格尔"精神现象学"之思路,以笛卡尔"怀疑法"作其现象学方法论之核心,将经验的、自然的世界"括出"去,问一个"现象学的剩余者""是什么",看来也是很能自圆其说,但他的学生海德格尔却进一步问:为什么非要"是什么",而不是"不是什么"?关键的问题就这样引导出来了,海氏又把问题从"是什么"转向了"是"(存在,存有,有)。如何从新的、不同于巴门尼德、亚里士多德的角度来理解这个问题?按我们上面引申的说法:说"不是什么"在这里就意味着"什么也不是",而这句话的意思又是:"是"已"是"矣,但却未成"什么"。所以,"不是什么"、"什么也不是"不等于绝对意义上的"空"、"无",不是说什么东西也没有,只是说这个东西是尚未成形的,或竟是个"四不像",也许从中国人的"朴"字来理解它,尚称妥切;当然,它也有点像亚里士多德所谓的"质料"。在这个意义上,我以前说过,"这是什么"中"是"在"什么"之先,故"存在论"在"理念论"之先。

然而,这里所用的方法,岂不是仍为胡塞尔现象学之"存疑"法吗?海德格尔才真是胡塞尔的学生,得师门真传,以其人之道还治其人之身,而青出于蓝胜于蓝。海德格尔把一切之"什么"都"括"了出去,还剩下一个"是",即"存在"、"有"、"存有"。这个"是"才真是"现象学的剩余者"。"是""等待"着"什么",而将一切"什么"都"括"了起来,"是"则成为相对独立的"在"、"存在","有"、"存有";有人称的动词就成为无人称的动词——第三(无)人称或动词不定式,"系动词"就成为"存在动词"。

于是,从这里我们也可以理解,为什么对这个"是",我们不能问"什么",而只能问"为什么",因为我们已将一切的"什么"都(暂时)"括"了起来,它已"不是什么"或"什么也不是",故而对于这个"是",如果一定要问,则只能问"为什么",即问它的"根据",于是有"非形而上学"之"存在论"(本体论、存有论)。过去的"形而上学"之"存在论"企图告诉人们"是"、"在"、"有""是什么";"现象学"的"存在论"则只探讨"是"之"根据",即有什么理由或为什么要说那"什么也不是"的"是"、"在"、"有"?

海德格尔说,这个"根据"在于世界上"出现"了"人"这个 Dasein。他在《什么是形而上学》一文中详细谈了 Dasein 的出现和这个"什么也不是"的关系,而在《形而上学导论》中把这个"出现"叫做"Ereignis"。如何理解这个"Ereignis"？国内一些学者不满意用英文 event 来译它，当有相当的道理，不过哲学的翻译很难，我觉得，英译 event 也勉强可以了。event 相当于中文的"事"，"事"与"问题"、"麻烦"等意有相通的地方，以"事"来译 Ereignis，也勉强可以了。世上自出现"人"这个 Dasein 后，"事"就多起来了，或者说，就"出"了"事"了。

"人"是个"提问者"。正如海德格尔在《形而上学导论》中说的，"人"的出现是一个"跳跃"。他对一切的"什么"发出疑问，产生问题，这一"问"，是一个跳跃，它使一切原先很稳固的东西，发生了动摇，只是有了这个问题之后，即在这一跳之后，自己的立足点（根据，Grund）——那个"什么也不是"的"是"、"在"、"有"，才"显现"出来。站在地上看世界，日月山川，高楼大厦，一切一切的"什么"都"呈现"眼前；"跳"起来，脚下的大地——那个坚实的、非它不可的、无可怀疑的"东西"，才"呈现"出来。"跳"固是海氏原话，我的这个引申当然是不很妥切的比喻，"人"不能跳出三界之外，跳不出老君炉和如来的手掌，但"人"的出现，对原来的世界而言，的确是个飞跃，从此世界就有"事"了。

"人"作为与日月山川相类的"存在者"言，是很渺小的，它有什么特权突出自己，不甘心为 Seiende，而要是 Dasein？一方面它的出现，使世界万物"各得其所"，"是其所是"（什么）——Ereignis 来自 eigen，使自己成为自己，但另一方面它又使"世界"——整个的 Seiende 成了"问题"。所以"人"的出现不仅使世界增加了一个品种，而也使世界增加了"事"。

有了"问题"，就要去"解决"，于是"人"要"改造"世界；把世界当作"问题"来解决，于是有人的"劳作"。但一切之"劳作"，又都会重新成为"问题"，要求重新加以"解决"。"人"就是这样一个"不安定的因素"，所以就实际生活言，"人"是"肇事者"。

过去，我总是不太清楚为什么海德格尔要说世上出了 Dasein 之后，Sein 就显现出来了。因不得其解，暂时只能从"世界"向"人""显现"其面貌这样一个现象学的普遍原则来理解。这样说当然也没有错，但总觉得未能触及真正的问题所在。原来，"人"这个 Dasein 是一个"肇事者"、"提问者"，把一切的"什么"都"存疑"起来，则那个"是"、"（存）在"、"（存）有"，不就

"显现"出来了吗？因为这个"是"、"在"、"有"不是那个（些）"什么"，所以这里的"显现"、"明"也不能像科学知识那样把"什么"是"什么"说清楚，但有这样一个"是"在，则也是无可怀疑的。

"人"就"世界"言是"增加"的部分，是"多"出来的部分，所以是"多事者"；但恰恰是这个"增加者"、"多余者"，使那个区别于 Seiende 的 Sein "显现"出来。

这又不有点像笛卡尔的"我思故我在"吗？不错，海德格尔曾把这句话颠倒过来，说"我在故我思"，那是他强调"思"之"存在性"、"历史性"，并不仅是像我们平时说的先要有个"肉体"然后才有"思想"那个意思。从道理的贯通上来看，海氏那个 Dasein，就是"提问者"，那个由 Ereignis 出现的"提问者"，又是"肇事者"，因此同样是"我思故我在"。"我思"即"我提问"，"我""怀疑""一切"，但那个"在"却不可怀疑、不容怀疑。康德说，"思"不能"证明""在"，"思想中的一百块钱"不等于"实际上的一百块钱"，言之凿凿！但那是指思之内容而言，即"思"、"想"些"什么"的那个"什么"，你"想"到了上帝，不能"证明"上帝就"在"；然而，如果所谓"思"的意思是指那种"思虑"、"疑问"，则"思"可使"在""显现"，从这个意义说，"思"或可为"在"之"明证"（evidence，使其显现）。

其实，笛卡尔的"我思"也并不侧重在"我思"些"什么"的那个"什么"，而是侧重在"我思"这件"事"上，所以也是那种 Ereignis，故他的"思"主要也是怀疑、疑问……的意思。一方面，他是说，怀疑者不受"怀疑"；另方面，他也不是说这个"我"就当真不能"怀疑"，而是说"我"之"在"不受"怀疑"。"我"是"什么"，当然可以而且应该怀疑，但"我"之"在"则无可怀疑。恰恰是因为"我怀疑（思）"，那个"在"方"显现"出来了。笛卡尔用了"我称"动词，容易误解为用一种内在的感觉来"证明""存在"；海德格尔则用第三人称（无人称）特别是用不定人称动词（动词原形），情况就普泛化了。

然而尽管问题普泛化了，要想完全避开"人"而只说 Dasein，不仅很费事，而且也是不很可能的。说来有趣，世上很典型地有一件看得见、摸得着的"东西"，的的确确对那个"什么"的问题可以采取躲闪、回避的态度，这就是

"人"。海德格尔费了很大的力气，把那个在"什么"之前的"是"、"在"、"有"，说清楚了，说得很有智慧，在西方哲学的发展中，从巴门尼德、亚里士多德……"形而上学"的扬弃中，开出一条新道路来，他的影响是不易抗拒的；但他却不太愿意把他的学说中蕴含了的前提（或叫"中心"）——"人"明确地揭示出来，而留待后人（如后结构主义、解构主义诸位）作为靶子来批评，固然有其自身学理上的根据，但也不是不可作另一种选择的。

"人"正是不能用"什么"来覆盖的。当然，我们也可以问"什么人"，回答可以是工人、农民等等，说的都是社会的分工、职能，未能完全涵盖"人"。那末，"人"是不是真的像当代新潮诸公认为的那样，只是一些"碎片"？我看"人"恰恰就在海氏那个"是"、"在"、"有"的层次上，即未完成那个"什么"的"是"、"在"、"有"。"人"就是那个"是"，而永远"等待"着——"创造"着那个"什么"。

中国有句俗话："东西是死的，人是活的"。"活"就意味着那个没有"什么"的"是"。"人"是实实在在的"存在"、"有"，它"在那儿"，但它是"什么"？要说清楚真不容易，因为它是"活"的。"物"因"人"而"活"，"床"可以改成"桌子"；"人"既然可以"改造""物"，当然也可以"改造"自身。今日可为座上客，明日可为阶下囚。"人"当然也可以是"死"的，"人"之"死"中国人叫"物化"。

"人"作为"动物"之一种来说，可夸之处甚少，它力气不大，跑得不快，却是万物中很特别的物，它原则上不接受问"是什么"。

海德格尔会说，我的 Dasein 只是"发问者"，根本不是"受问者"，因此你的问题本身不能成立。

然而，海氏的"不是什么"的"是"也要被问个"为什么"，"人"这个"提问者"不能豁免一切问题，甚至我还想说，"人"首先还是一个"被问者"。"人"可以躲闪一切"什么"，但不能回避问一个"谁"。

在许多的情况下，"谁"和"什么人"是可以通的，但细想起来，又是有区别的。"谁"的基本回答是"我"、"你"、"他"，而用此来回答"什么人"则是不太完善的。在西方的语言中，"我"、"你"、"他"也是动词的人称，所以不仅"提问"、"问问题"，而且有"提问者"——"肇事者"、"（动）作者"。

当人们"提问"、"肇事"、"动作"时,已"等待"着那个"谁"的"质问";"谁说(问)的?""谁干的?"这时,就不能完全用"什么人"说的、干的来描述一下了事,而是要回答"我说的"、"我干的"或者"他说的"、"他干的"。"我"或"他"必须要承担这个"发问者"、"肇事者"的责任。"你"是"发问者","我"是"受问者"、"承担者"。笛卡尔说"我思故我在",也许要改的是一个"语态":"我'被思',故我在"。并不是说别人"想"(思)你"在",你就"在";而是说,"我"是以"被别人""责问"、"要求"、"批评"来显现"我"的"存在"的。"我"首先以一个"承担者"、"负担者"、"负责者"而存在。被别人"需要"、"要求"……的"人",才是真正的"人"。

说到这里,是不是又和德国的马丁·布伯、法国的列维纳所说的道理贯通起来了呢?

海德格尔在《存在与时间》里想用一种没有"形而上学"的"存在论"(本体论)来说他那个先于"什么"的"是"、"在"、"有",慢慢觉得这个没有"什么"的"是"、"在"、"有"不能用任何的"论"来框住它,到了《论人本主义的信》中就想抛开一切的"论";而列维纳则在"存在论"(本体论)之前,设"伦理学",以此使"形而上学"(metaphysics,超越物理学、元物理学)面目一新,认为那"超越"之处,正是"伦理学"。"发问者"在"问题"之前,所以人与人的关系早于人与物的关系,引申开来说,那个在一切"什么"之前的"是",正是"人"。

在"人"与"人"的关系中,"我"处于"被动"、"被问"、"承受"的地位,"我"必须"回答"(别人)的"问题"(质问)。"我思"不是"我"的任意性,而是"令""我""有所思";"我在"也是"我"被注定要"在那儿"。萨特说,"人"被注定"是自由的",说得很好,但"自由"不是"虚无",恰恰是"有"、"在",只是是那个"什么也不是"的"是"、"在"、"有",因而不是空的自由,而是实实在在的自由,是"有自由"、"是自由"。"我在(是)"和"我是自由的"是一个意思,"是我"是对"质询"的"回答",不仅是"存在论",而且是"伦理学"。

我们看到,这些道理是不同的,但又是可以贯通的。所以,尽管列维纳常常批评海德格尔,但却很尊敬海德格尔,更常常承认自己很受海氏的影响。

海德格尔的"发问者"大有蔑视一切"庞然大物"（一切"坚固的东西"，一切"什么"）的气概，但却忧心忡忡。现成的一切（什么）都会如"大厦之将倾"，而那个剩余者 Sein 又是"什么也不是"，所以海氏的 Sein 带有某种"悲剧性"。这种"忧患意识"初不仅由于那高科技时代"存在"（"是"、"在"、"有"）之"遗忘"，因为即使"回忆"起那"什么也不是"的"是"、"在"、"有"，又当何如？

写到这里，落笔时那种"融会贯通"、"豁然开朗"的心情没有了，不安的心情又随着这太短暂的愉快反而加剧起来。谁能料想读书之乐，竟也短暂得犹如世事穷通那样，好像一阵云烟飘忽过去了。沉寂下来的仍是"疑问"和"被问"。

聊以自慰者，我已有言在先，"通"是短暂的，"塞"则是经常的，故要更加努力去弄"通"。一方面把那"塞"当作动力，继续探索，同时也珍惜即使是刹那的"通"的快乐，写下来，发扬出来。没有"通"之乐，写文章又有何趣？没有"塞"之阻，则读一本书，写一篇文章足矣。"朝闻道，夕死可矣"，既然天下没有那一个早晨就能全弄通的"道理"，则但愿今晚不要死去，明天尚可继续努力。

（我用的是 R. Manheim 的英译 *An Introduction to Metaphysics*，宋祖良同志为我查出该书第一句话的德文原文，特此志谢。——作者）

我想有个家

——西方哲学中"家"的观念

天地无限,人生有涯,在这广阔的天地间,人要有个"家",要有个"住处",有个"宿处"。鸟有巢,兔有穴,万物各得其"所"。人要有个"家",以得其所,以与万物共存。

"家"是"无限"中之"有限",是"人"成其"性",养其"性"的"处所"。"人""生"于这个"家","住"于这个"家",也"死"于这个"家"。

古代希腊人有"始基"(本源,αρχή)之说。按亚里士多德的解释,"始基"为起于此、又复归于此,"万物"也和"人"一样,有自己的"来处",也有自己的"去处"。"始基",就"人"来说,就是"家"。这样,西方哲学成形之初,就与"家"的观念分不开。

希腊哲学之父泰利士说,万物之始基为"水","水"无形、无状,所以阿那克西曼德说,"始基"为"ἄπειρον"。"水"和"ἄπειρον"是黑的、暗的,人从"黑暗"中来,又归于"黑暗"。这是一种纯物质性(materiality)的"归宿"(家)观念。"人"来自茫茫"大地",又复归于茫茫"大地"。

然而,现实的世界、生活的世界是"明亮"的,不是"黑暗"的。人生活在"世界"上,"世界"对"人"则是可视、可听、可感的,人的"理智"像"光线"那样照亮着"世界"。于是有南意大利学派和伊奥尼亚学派对立,倡万物"始基"为"火"、为"数"、为"逻各斯"之说。人的"归宿"不是那茫茫大地和浩瀚的大海,在那无穷的天地之间有一块绿洲,它是"有限"、"有数"、

"有度"（περας）在那里有着"光明"，人的"理智"作为"光源"，烛照一切。"家"是"无限"中的"有限"，而这个"有限"却可使那"无限""通明"，也唯有有了那个特殊的"有限"（人），"无限"才能"通明"。

"家"是让"人"有个"处所"，有个"position"，在这个与"万物""分离"出来的"处所"里，"人"保持着"自己"。"家"完成了"人"之所以为"人"，有了"家"，于是有"内"、"外"，有"主"、"客"，有了"我"、"你"、"他"。"家"使"人"意识到自身的"内在性"，使"人"成为"主体"；"家"使"人"成为"我"，并且"守护"着这个"我"。

"家"使"我"与一切之"他在"分离出来，从而使"我"可以对"他在"采取"静观"（观察）的态度，西方理智的思想方式，起于此种静观的观察。日、月、山、川以及窗外的过往客商，不仅是"我"的生存的手段、条件、工具，不仅是"我"的"生活环境"，而且是"我"的观察、研究、思考的"对象"，"我"是"主体"，"窗外"（门外）的一切，都是"客体"。

当西方的哲人们思考那万物的尺度——"逻各斯"，和"人"时，希腊人已经有了一个"家"。亚里士多德说，人是城邦的动物，"城邦"就是希腊"人"的"家"。雅典人现实的"住处"是十分简陋的，但他们的城邦却是金碧辉煌。雅典是一个"大家（庭）"。希腊人心目中的"人"为"一"，即使是原子论的"多"，也是"多"中之"一"，"一"中之"多"。理智、静观的"人"为"一"，为"普遍性"。"逻各斯"、"尺度"超越于一个个的个人之上。"主体性"为一个普遍的"大我"，凡自由之公民，人人都在"主位"。

从希腊开始，西方哲人心中的"家"，就成为一个普遍的、理想的"归宿"，而现世的、真实的"家"，反倒是暂时的、不可靠的，因而也是不被重视的。"人是城邦的动物"，而"城邦"以理智、秩序、逻各斯、尺度、等级来管理——这是苏格拉底、柏拉图的"理想国"。因而，"人"只有在"理智"、"思想"里，才算是回到自己的"家（国）"。

古代希腊哲人们这种创建，改变了原初的、主体间的"正义"（δίκη, justice）观念，而以"真理"（ἀλήθεια）和"知识"（ἐπιστημη, knowledge）与其对立。柏拉图、苏格拉底"什么是'正义'？"的问题，泯灭了一切"人文"的意识。知识论囊括了伦理学。"科学"、"知识"囊括了"人"之一切特性。"人"似乎不"住在""人"之中、"人世"之中、"时空"之中,而是"住在""思想"、"理智"里,"思想"才是"人"的永恒的"家"。

按照希腊的传统,"理智"烛照一切。"一切"固是千变万化,"理智"(理念)(εἶδος)则是不变的、永恒的,甚至人世间的(命运)(μοῖρα),也和"自然"的必然性(ἀνάγκη)为同一种形态。

当然,"人"也不能总是"呆"在"思想"、"理智"这个"家"里,"人"要"出去",接触大千世界,接触"他人";但包括"他人"在内的"世界",都是"我"的"对象"。"我"不仅"利用""他们"来"生存",而且要"观察"、"研究""他们",而"利用"推动了"研究","研究"又为了更好地"利用"。"人""幸福"地生活着,也同时必定是"人""科学"地生活着。"人"作为一个"大我",住在"思想"、"理智"、"科学"的"宫殿"里。

古代希腊哲人为人类设计的这个"家"的确很"理想",但却不很"现实"。"科学"、"理智"、"思想"又在不同的层面上——即在"精神"、"灵魂"的层面上,回到了那远古的"ἄπειρον"(无限),"人"是否能以"无限"为"家",则是一个"问题"。"四海"之大,何以为"家"?"四海为家"隐藏着一种"漂泊"之感。

然而,西方的哲人们却很长时间以来执着于这个"无限"的"家"。事实上,这个"家"不仅虚无缥缈,而且危机四伏。

要说,"处所"、"住处"、"归宿"和"家",这个"家"总是要"在"什么"地方"(place)。"无限""在"什么地方?"思想""在"什么"地方"?"知识"(科学)又"在"什么"地方"?在"书"里?古代哲人们发现了这个问题,于是有"思"与"在"同一之说。

"思"与"在"的问题,是西方哲学中的一个基本问题,对这个问题的不同解答,区分了西方传统哲学中的各个学派,不仅以此分别唯物主义和唯心主义,而且以此分别知识论与存在论。

就我们的课题言,光是"我思","我"还没有"家",而必须"我在","我"才有可能有"家"。然而,笛卡尔说,"我思故我在"。"我"之所以有"家",是因为"我"有"思"。固然,笛卡尔的着眼点不仅在"我思",而且在"我在",这就是说,他想有个"家"。不过,笛卡尔乃是用知识(论)来论证（证明）存在（论）。"我"的"家"仍"在""思"中。真的指出"我"不能"住在""理智"中的哲学家在西方近代是康德。

康德把存在论问题与知识论问题清楚地分别出来，指出它们之间的不可替代性。知识只管"现象"，而"本体"则不是"知识"（科学）的问题。在知识（理智、科学）中，"人"只能处于"主体"与"客体"的"关系"之中，"真理"即"真知识"、"真科学"，而这既不是"纯""主体"（思想形式），也不是"纯客体"（感觉材料）。这样，在这个经验的、现象的世界中，"人"无以为"家"。"家"是把这个"主体"保护起来，使之固定在"主位"上成"纯粹"的"我自己"，而这个"我自己"则不是知识所能及的，不是知识的"对象"。这就是说，在康德心目中，"人"一定有一个"家"，这是无可怀疑的，但我们对自己这个"家"却不能形成一门"科学"。经验、概念、科学体系对这个"家"无能为力；但人并不是对自己的"家"一无所"知"。"人"在伦理、道德、实践上明确地"知道""有"一个"家"。"我"的"归宿"不在大千世界，"我"的"归宿"在"我"，"人"的"归宿"在"人"。康德把人的"家（国）"叫做"信念（仰）"的领域（地盘）。

我们看到，康德在这个问题上，已经不完全是希腊哲学的传统，而是经过犹太-基督教洗礼后的一种新型的思考。

古代希伯来人不像希腊人那样有自己的城邦，他们没有自己固定的地盘，"漂泊"在世界上，没有工夫去"静观"世界，而经常陷于人事的纷争之中，迁徙是他们的家常便饭。他们没有"起于此又复归于此"的"始基"观念，他们的"家园"，要不断地去建立，因而似乎永远是"新"的，是从"无"到"有"。不仅如此，在迁徙途中，他们的身份就不常是"主人"，而经常是处于"客位"，因而他们总"期望"着有那"好客"（hospitable）的"主人"来"接待"他们；而在古代希腊城邦制时，外来的"客人"虽可容身"客居"，但却没有政治的权利，比"奴隶"好不了多少，"主奴"关系超过了"主客"关系，发展下去，连外在的"自然"也都是"人"的理智的"工具"（奴隶）。古代希伯来人固然漂泊流离，生活比希腊的奴隶还不好，但却是一个"客位"，希伯来宗教里的"神"，固然也是"主（人）"，但它是人间的居民，却不是"奴隶"，或者说，不是"动物"意义上的"奴隶"，而是"人"。"人"当然可以分

"等级"，但"人"不是"物"，不是"动物"、"牲畜"，因而，在古希伯来人中，基本的观念是人与人的关系为重，而在希腊人中，则以"人"与"物"的关系为重。希伯来人的"家"，是对付（应付）"人"的产物；而希腊人的"家"，则是对付（应付）"物"的产物。

这样，希腊人的"家"是知识性的，雅典是古代科学技术、文化艺术的"象征"；希伯来人的"家"是伦理性的，他们的大迁徙，是人类主、客关系不断转化的历史记录。希腊人在"死后"的"灵魂"成为"纯思想"（苏格拉底《申辩篇》）时，才真正回到自己的"家园"；而希伯来人在到达圣地、回到"神"（主）身边时，就到达了自己的"家园"。

古代希腊是农商民族，日出而作，日没而息，早出晚归，"家"是"回归"、"归宿"；古代希伯来人是迁徙性民族，"家"是"驿站"、"住处"。前者是永久性的、圆圈式的，而后者则是暂时性的、直线性的，或扩散性的。古希腊人的观念重空间，而古希伯来人的观念重时间，前者重在"说道理"，后者重在"说故事（历史）"。

西方文化，由这两大传统交织起来，其中有许多错综复杂的关系，但究其本源，不外乎希腊人的科学精神和希伯来人的宗教精神。西方的文化史上，凡能开一代之风气者，无不是因为在这两个传统中有所侧重，而康德又是近代把这两种传统在哲学上厘析得最清楚的人，虽然他是很反对犹太教的。康德以《实践理性批判》结尾的一句话，即"有两件事使我一想到它们就怀有惊奇、敬畏之情：一为头上的星空，一为心中的道德律"为自己的墓志铭，而康德哲学的贡献之一，在于将那不同于经验、知识、科学的伦理道德问题，从传统的知识论和受知识论控制下的那种存在论中摆脱出来，从而使希伯来精神得以在哲学的领域内得到发挥，而不仅仅在宗教方面起作用。

康德哲学体系，将"实践理性"置于优越的地位，从而使过去属于理论理性或处于理论理性低级阶段的许多有关"人性"的学理，进入一个比理论理性更高的层次。伦理学不是哲学的一个应用分支，而是哲学的基础核心或顶级的部分。相应地，有关"信仰"的宗教问题，也都摆脱了原初的"情绪"、"狂热"的地位，不仅被"理智化"（如托马斯·阿奎纳的哲学和科学），而且竟放置于理性的顶端。康德将"知性"和"理性"区分开来，使在希腊传统中属于

"意见"、"徒有知识之名而非真知"的那一部分进入人的智慧的最高层次，"实践"的问题，已非感官、感性的问题，而竟然可以是最高级，也是最根本、最基础的理性问题。

康德的"实践理性"批判部分，实际上涉及到非知识性的存在论的最为基础性的问题，此即存在论之所以能提出问题的"根据"所在。在这一部分康德提出的问题的核心为"自律"问题。

"自律"即"自由"；"自由"不是主观任意的为所欲为，"自由"即"自律"。"自律"与"他律"不同。在经验世界，"人"受制于"自然律"，只有在"理性"的"王国"里，"人"才是"自律"，才是"自由"。

"理性"的"王国"是"人"的"家园"。"人"在经验世界漂泊流浪，而当它回到了自身，回到了"理性"，就回到了"家"中。在这个王国中，"人"被保护为"主位"，它自由自主，"随心所欲"而不逾矩；而"自由"首先是"人"自身的法则，是道德律，而不是自然律。因而，"理性的王国"是"人的王国"，是"人"的"家"。

希腊人说，"人""住在""自然"的"家"里；希伯来人说，"人"只能"住在""人"自己的"家"里。

德国的古典唯心主义哲学同样说，"人"不"住在""自然"里，而"住在""自由"里。然而，这个德国哲学传统的进一步发展，又回到希腊的立场。"自由"既然是"理性"的本性，因而同样可以是一个知识的"对象"；"自由"被黑格尔"概念化"，成为最为普遍的思辨理性。"人"出自这个自由的"家"，在"他在"的世界中奋斗，经历人间沧桑，最后回到自己的"家园"，回到"理性"自身，回到"绝对"，回到"哲学"。"少小离家老大回"，"我"回到"家"里，"我"（精神）还是"我"（精神），但却经历多种磨难，带着全部的"历史"，"衣锦荣归"，这个"我"才是"真我"、"真主体"，"历史"完成了真理（真实，Wahrheit），于是"家"-历史-全-真理为一。这就是黑格尔的"精神现象学"。

黑格尔的"哲学"是希腊哲学的"家"，但不一定真是"人"的"家"。"人"不能"住在""哲学"里，"住在""绝对"里，而是"住在"世界中的某一个"地方"；"人"也不能"住在"荒无人烟的太空中，而要"住在""人"

之间。

动物也"群居",它是作为一个"种""群""居住"在"自然"里。"人"也有深山避世"独居"的,但"独居者"仍然作为"人"和"他人"在一起,他的"家"仍在"人间"。

希腊人有自己的城邦,有自己的"家",但它是"孤独的",因它住在"他在"的"自然"里,而只在知识、理智、思想中为同,为一;希伯来人在漂泊中不断建立"新""家",他们"住在""人间",但他们的"一",老在"未来"。希腊人的心态是"土著"的心态,希伯来人则是"异乡"的心态。然而,希腊人只在"思想"中才是真的"土著",从而在现实中他们同样也感到"异己"。对于希伯来人,"人"以"异乡人"的身份来到这个世界,则它的"故乡"就不是这个世界。"人"来自"自然",还回"自然"去;"人"来自"神",还回到"神"那里去。但"自然"和"神"都不是"人"。

在犹太-基督教传统看来"神"不是一个概念,不是"理念"、"理性",不是一个抽象的普遍性,"神"是"人"的"升华","人"的"神圣化",因而必是一个"人格"。这样,这个"神",只能是"一个",就像"人"一样,是"这一个"。在这个意义下,"神"的"天国"才不能只是一个"思想",而是一个"真正的家",真正的"归宿"。"家"首先具有伦理的、实践的意义。"神"是"主"。

"家"不是知识性的关系,而是伦理性的关系,是人与人之间的关系,或者说首先是人与人的关系,然后才是人与物的关系。"家"之所以必须出现,与其说要把"人"与"物"分离开来,倒不如说要把"人"与"人"分别开来。在某种意义上,"人"与"物"分别开来是很不容易分清楚的,因为"人"本从"物"来,"人"生自"自然",又回到"自然"去,从自然的角度如何区分"人"与"物",在实际上似乎很容易,但在道理上却很困难。因此,不仅一切关于"自然"的"科学"不能使"人"真的有个立足之地,甚至有关"人"的"科学"(心理学、社会学、生理学、医学……)也都不能平息人的问题和不安。

二十世纪以来,西方科学技术大发展,各种经验实证科学似乎将要把"人"生活的世界、将要把完整的"人""瓜分"完毕,遂有胡塞尔出来说,将一切"自然科学"都"括起来"之后，还有那"瓜分"不了的"剩余者"，是为"人文科学"之坚实基地。胡氏感到"人"被蓬勃发展的科学技术分割之后的"危机"，出而为"人文科学"之权利大声疾呼，在现代西方世界，功不可没；然而，胡氏"人文科学"仍是"精神科学"（Geisteswissenschaften），他为"人"的"家"所保留的"余地"，仍是一个"精神"领域，只是这个"精神"不是黑格尔的"无限"、"大全"之类的思辨式的概念。"人"仍未有一个"实在"的"家"。

于是，胡氏学生海德格尔说，"语言"是"存在"的"家"。"存在""住在""语言"里，在"语言"那里可以"找到""存在"。海氏思想确有其深刻之处。"语言"为"Dasein"之"Da"，是"人"的"存在方式"。从这个意义我们可以引申开去，即我们可以说，过去以为"人""住在""存在"中，在"存在"那里可以"找到""人"，而事实上正相反，恰恰是"存在""住在""人"这里，在"人（世间）"才能找到"存在"。海氏说，"我在世界中"，即"我"在"家"中，"存在"就在"我的"（人的）"家园"（世界）中。你要找桌椅板凳吗，请到"家"里来找。不是"Dasein"住在"Sein"中，而是"Sein"住在"Da（Sein）"中，由科技大发展带来的时病乃是"存在"（Sein）的遗忘或失落，而 Sein 的遗忘或失落，就是 Dasein 的遗忘或失落。海氏的 Sein 当然不是传统意义上的"物"，但扩充来说，未尝不可以把海氏的意思理解为："人"不住在"物"中，相反，"物"恰恰"住在""人"中。住在"人""家"中之"物"，由 Seiend 转化为 Sein，构成"人"的"生活世界"。Sein 是"人"的"生活"，"人"的"世界"，失落了"生活"，失落了"世界"的"人"，没有 Sein 的 Da，是个什么样子？没有 Sein 的 Da，乃是无本之木，无源之水，乃是一个"影子"。

然而，这毕竟还只是"人"与"物"的关系，而"人"要有个"住处"，首先是由人与人的关系提出的，"语言"的前提在于承认有不同的"人"。"语言"是"对话"、"讨论"、"交流"，同时也是"命令"、"祈使"。"我"跟"你"有"话""说"，已意味着"我"有自身的独立性，"你"也有自身的独立性。胡塞尔把这种关系叫做"主体间性"，但"主体间性"首先不在于不同的"主体"如何"理解"，而在于如何"交往"。因此，光是胡塞尔、海德格尔、伽达默尔的"释义学"还不够,它还不是康德意义上的"实践理性"的关系。如果真的有康德的所谓"绝对命令"的话,那就是"你"必须"承认""我",或者从更为积极的方面来发挥这个意思,即"你"要"欢迎""我"。正因为"我"要"你""承认""我","欢迎""我",所以"你"必须有个"家",而"我"也要有个"家"。

"人"分"我"、"你"、"他",各"人"有各"人"的"家"。在"家""我"为"我"、出门"我"为"他"。"科学"为"大我",不能使"我"真的有个"家";"宗教"为"大他",也不能使"我"真的有个"家"。它们都可以作为一种"寄托",使"我"的"思想"、"感情"或"信念"得到"安慰"和"满足",但却不能使"我"真的有个"家"。我的"家"不"在""我"的"思想"里,也不"在""他"的"天国"里。"我"的"家"就在"你"那里。"你"是"我"的"家","我""住在""你"那里。"我"是"纯""内在"的,"他"是"纯""外在"的;"我"太近,"他"太远,而"你"则是联接、沟通内外、主客、远近……的枢纽。"你"才是真正的"家"。

不错,这个"家"可能是"我""建"的,但也可能是"你""给""我"的。"我"建这个"家"是为"你","你"建这个"家"是为"我"。"我"和"你"在这个"家"里都是"主人",是"我们"。"家人"天然都可用"你"称,都可用"我们"。"我们"包括了"我"和"你",也就是"你们"。"他们"与"我"是"疏远"的,但"你"和"你们"却与"我"很"亲近",休戚相关。

"我"和"你(们)""守护"着这个"家",但归根结蒂是"你(们)"在"守护"着这个"家"。"你(们)""守护"着"我"的"内在的""秘密",也"守护"着那些"外在的""东西"。"家""守护"着"我们"每个"人"的"内在"的"个性"和"外在"的"世界","家"使"我们"成为"我们"。"我"出则可以为"帝王"、"将相",或"贩夫"、"走卒",入则必为"才子"、"佳人",或"孝子"、"贤孙"。离开这个"家","我"是社会的一个组成部分,是一个可大可小的"螺丝钉","我"有"我"的"事"、"功",回到这个"家","我"的"事"、"功"才不是"外在"的"功能",而在"我"之内,"我"才是真正的"我"。"你"使"我"成为"我"。

"你"可以"守护"这个"家","你"也可以"拆毁"这个"家","你"的"意志",是这个"家"的"命运"。"我"肯定地"相信",当"你""接纳"、"欢迎""我"在"家"时,"你"不会"加害"于"我","你"不会成为"他"。然而,"家"也在"社会"之中,"家"如果成为某种社会的"缩型",则"你"就可能是"他","你"可能是"我"的"杀手",而不是"我"的"守护者"、"继续者"。

"我""期望""社会"成为一个"大家庭";而不期望"家庭"成为一个"小社会"。

论"维特根斯坦现象"

我所谓"维特根斯坦现象"是指"维特根斯坦问题",因为"问题"有了典型意义,就成为一种"现象"。"维特根斯坦现象"可分两方面来说。一是作为维特根斯坦这个"人"方面的,另一是维特根斯坦的"学问"方面的。现在,维特根斯坦的"为人"、"为事"两方面似乎越来越成了问题。

我们已经知道,维特根斯坦是一个敏感的、神经质的人,他有一些不随俗的、乖谬的行为和习惯,不易为人理解。譬如他战后回到英国剑桥,变得越来越怪,常常一个人躲在自己屋里用餐,而不愿打着领带到那带有荣誉性的高台上去就餐,大概走路也变得越来越匆忙,而且"目中无人"。总之,他越来越孤僻了。现在的研究者发现,这种"孤僻"不仅仅是受到基尔克特或妥斯妥耶夫斯基的影响,而且或许是由某些恶劣的"隐私"引起的心理不平衡所致,他是一个同性恋者,而且情节还比较恶劣……于是"学者"之"怪僻",几乎要成了"堕落者"的"劣迹"了。

再说学问方面,则问题就更多,不仅是看法之分歧。学理看法上的分歧,早就存在。他当时领一代风骚,接替了 G. E. 摩尔剑桥哲学讲座教授的席位,但他"改宗"后,则不为学者们所理解,他的新学说遭到罗素的讽刺。这些都可以说尚在学理讨论范围以内。然而如今的研究者则揭出维氏许多的思想竟来自酒吧餐桌上的道听途说,列数历史事实,言之凿凿。这样,维氏不仅学术观点成问题,"学术作风"就成了更为严重的问题。

一个历史的"偶像"被打破、拆除了,研究者们功不可没。

的确，历史不是由一些"偶像"组成的，历史是由许许多多普通的"人"组成的；但"历史"却把那许许多多的普通的"人"都"埋葬"了，却使少数人凸显出来，历史很不"公平"。然而，既然要使所有的人、每一个人都"公平地""凸显"出来是一件不可能的事，那末要使"历史""公平"起来就只有两个办法：一是将那少数凸显出来的人也都打下去，同样"埋葬"起来；一是将那些凸显出来的人"公平"地看作"被埋葬"了的人的"代表"，从而被"历史""显现"的人，就不再是"偶像"。

就活生生的"人"来说，大家都是不完善的，做人如此，做学问也是如此。

西方哲学史上有许多大哲学家的为人一直是有争议的，时间越近，材料越多，争议就越大；但即使早到苏格拉底，也存在不少问题。譬如他很可能精神方面有毛病，会"出神"地一站半天，神志恍惚，他也是个同性恋者，政治方面的问题就更多了……英国弗·培根有一段出名的历史公案，连老实巴交的康德也被批评为并不很"虔诚"，更不"孝顺"。近几年，为海德格尔替纳粹政权服务过的问题，学者们有许多揭发、议论。哲学家如此，其他各家——文学家、艺术家、科学家这方面的问题要揭发起来，当然也不少。比较而言，维特根斯坦可能并不是最严重的。

人非圣贤，孰能无过，"为人"方面的事好说，只要不是十恶不赦，"历史"则都比较宽容，经过一段时间，来一个"隐恶扬善"——时间长短，视其罪恶程度而定，但即使罪过较大的，时间一长，有的也就马马虎虎，放他一马，譬如吉赛金的琴艺，富特万格勒的指挥，还有中国阮大铖的戏剧，郑孝胥的书法……一般也就不再去深究了。

"为学"方面的问题就更复杂些。就某个哲学家的哲学思想来说，我们会发现，我们越多地研究它的"历史"，就觉得它越少独创性。我们会发现，原来以为是某个天才哲学家"想"出来的学说、理论、概念，却都是有来源的，都是"他人"点拨、启发出来的，都是和"他人""讨论"出来的。譬如康德有一个独特的哲学体系，似乎前无古人；不过我们如果多掌握些历史材料，细细研究起来，似乎又都是有来历的。且不说他的分析篇以亚里士多德范畴论为重心，他的辩证篇以柏拉图理念论为依归，他的知性、理性之区别并非自创，就连他的"统觉",也采自当时的心理学说,只是他把这些原有的素材,在自己头脑里加了工,出来的产品就与众不同了。

还有,过去总以为黑格尔简直不得了,上自天文,下至地理,古今各门学科他都涉及到,的确是百科全书式的,但如果细究起来,他的多门学科的材料,也都有所本,并没有事必躬亲地自己去做。譬如他的《美学》(讲义),过去以为其框架可能得自温克尔曼的古代艺术史,及至读了那部艺术史,觉得与黑格尔的结构完全不同,原来黑格尔《美学》体系,和谢林的《艺术哲学》极类似,尽管著作是后来出版的,但当时讲授内容不会保密,这样,黑格尔的《美学》可能是以自己的意思来利用谢林的体系,大的方面也竟是有所本的。

著作方面的情形如此,那口头的交流则更难深究了。欧美一些大学,常有"周会",系里准备有咖啡,有时还有些点心,边吃边聊,谈的大都是学问方面,但并不是正经讨论,夹杂些家长里短,马路新闻,有心人可以从中学到不少东西。牛津的"Common Room",常有智慧的闪光。一些"闲聊",写出来可以是一篇好文章,"发明权"似乎也就只能归那个"写者"了。

记得我在北大念书时,听说一位中文系的老师常和一些戏迷聊天。戏迷聊过以后就算了,而这位先生则整理出来,过几天就在报上登出来了。当时传这件事包含了对这位先生的非议在内,觉得他掠人之美;现在想起来,非议者也不够全面。戏迷们止于闲聊,而教授则以写作为己任。自己不写,当不必责备别人去写。契诃夫的小说,不少是听来的故事。老祖母的故事可能是作家的素材和来源,但老祖母被历史"埋葬",作家却为历史所凸显出来。"讲故事"如此,"讲道理"亦复如是。

维特根斯坦的思想,固然是经过维氏的头脑"想"出来的,但同样也是从"他人"那里"学"(读、听、讨论……)来的。

我想一定已有一些专门家考据了维特根斯坦某些专门用语的来历。我没有做这方面的工作,但我想他早期的"形而上学的自我"显然与叔本华的哲学有关,叔本华说过"人是形而上学的动物"这类的意思,当然,维氏用此词有自己的理解,他认为这个"形而上学的自我"就是那"不可言说"的"神秘性",而一般所谓"形而上学"恰恰要将"超越"的东西(包括"自我")认识个清楚明白,而不归于"神秘"。"形而上学"是使那"神秘的东西""不神秘",使它成为一门不同于一般经验"科学"的"学问"(知识)。后期维特根斯坦的"家族相似性",是生物学中已经用过的词,那个著名的语言"博弈"(游戏)(英文 game,不同于一般的"游戏"),其来源显然更有迹可寻。

然而,这一切我认为都不能动摇维特根斯坦作为一代宗师的历史地位。

二十世纪是"意义"的世纪,后期才对这个"意义"发出攻击。于西方寻求"真理"、"真知"的传统中注入或凸显出"意义"问题,是西方现代哲学的重要趋向之一。"意义"问题当然是多层面的,它首先与"价值"有关系;但自从弗雷格以来,"意义"逐步成为"语言"的核心,从而成为"知识"、"命题"的基础。"知识"的问题,向"语言"的问题转化,在这个被称作"语言(学)的转向"的思潮中,维特根斯坦的著作显然不是可以忽略不计的,而事实上人们也没有"忽略不计"它们。维氏《逻辑哲学论》发表后,受到罗素等人的热烈欢迎,我想,是因为当时这些执西方哲学牛耳的大家们看到维氏著作中有他们所欠缺的哲学的彻底性。维特根斯坦《逻辑哲学论》将当时逻辑经验主义、维也纳学派所思考的问题提高到一个新的哲学水平,跨出了当时诸家已跃跃欲试而尚未跨出的一步。

维特根斯坦后期《哲学研究》,未曾得到罗素的承认,但它的影响却越来越明显、越来越深刻。"意义"的内涵被扩大,"语言"也不被人为地限于一种"理想的"、"科学性"的框框之内;维氏研究问题的态度,也由"立法者"的身份转向"解释者"、"理解者",努力从丰富的现实生活现象中来捕捉事物的普遍特性,而不是以公理、法则监督者的身份责令从五个苹果加四个苹果数出了"十"个苹果的人重数一遍。

对维特根斯坦的"改宗",毁誉不一。维氏"改宗"反映了他性格上独特的"偏激",因为他把早期《逻辑哲学论》的思想全盘否定,说得一无是处,这一方面需要大智、大勇,但也是不太理智的态度。我觉得,维氏此举,在道德上很可敬、很可爱,但在科学上却不很可取、不很可信。

维特根斯坦前后两本书,是两种思想体系、两种理论,也许我们可以说是两种境界,即说的是两个领域的事:一个是科学思想中的事,一个是现实生活中的事,因为各自都说到了好处,所以尽管维氏自己"改宗",事实上他前后两期的学说,仍各自继续发挥着影响。前期《逻辑哲学论》并不因维氏自己否定而被冷落,后期《哲学研究》也不因为罗素的批评而被忽视。"著作"一旦成为"著作"(作品),就有了自己的生命力,甚至不依"作者"的意志为转移。

然而,维特根斯坦作为"作者"也是很值得人们称道的。人以自己的"作品"成为"作者",维特根斯坦之所以成为"大哲学家",和他是《逻辑哲学论》的"作者"分不开。因此,人要维持"作者"的身份,必要维护他的那个"作品"。一般来说,这也无可厚非。维护"作品"原是"作者"的正当权利。然而,"人"不仅仅是"作者",维特根斯坦也不仅仅是《逻辑哲学论》的"作者"。他是一个活生生的"人",以"活生生"的"人"的态度对待自己的"作品",则有审视、批评、修改、进步,或推翻、改变……而并不满足于已有的"作品",不满足于当一名"作者"——即使是很有名的"作者"。我觉得,做一名"作者"需要有"学问";但做一个活生生的"人",则更需要有大智慧、大勇气,故曰,做"学者"易,做"学人"难。"学人"以追求"真理"为己任,而"真理"不可穷尽,已有的"作品"(成绩),并不能阻止人们再去探索。也许正因为一般人容易有固守"作者"、"作品"的习性,"上帝"才"选出""他人",一个与"我"(作者)不同的"他人",来审视、批评、改变甚至推翻"我"的"作品"。"我"的"作品"是"现时"的,"他人"改变着"现时",是"历史"的。只有那有大智慧、大勇气的"作者",才自己审视、改变、甚至推翻自己的"作品","我"做着"历史"的事。从这个意义说,维特根斯坦所做的事,不仅是"现时性"的,而且是"历史性"的。做"历史性"事的人,就不是一个"大我",而是一个个活生生的"他"。设想如果历史掩盖了有关事实的材料,那末百世之后或有人会以为《逻辑哲学论》和《哲学研究》可能是两个人写的,这两本书有两个"作者"。维特根斯坦一个人做了两个人做的事。或许可以批评维氏有"人格"分裂的毛病,然而,学理上之"分裂"在西方原是古已有之。柏拉图的许多对话,摆出正反两面的道理,被认为很有启迪性,至今是"论辩"的楷模。因此学理上的"分裂"——正反两面之思考,有时可以是"学人"伟大人格的表现。

当然,维特根斯坦作为"学人"的人格,并不是唯一的类型。西方哲学上更多的学人是以始终如一、坚持己见的体系性为特点的,我们也不能说他们就只是维护自己的"作品"那样的"作者",而必须承认其人格亦有其伟大之处。但是我觉得正因为西方哲学中像维特根斯坦这样的学人不多,所以更应引起重视和得到理解。

维特根斯坦并不是怀疑论者,他既不是性格上的怀疑论者,也不是学理上的怀疑论者。尽管各种学理上怀疑论都有可借鉴之处,性格之怀疑论当亦有可爱的地方,但就其成果之表现形式言,维特根斯坦有着理论和学说上的坚定性。在维特根斯坦身上,"怀疑"的的确确只是一个手段,一个契机,一个过程,坚定性才是他的学理的实在风貌。以一个"坚定性"来否定另一个"坚定性",如果没有坚定的学人人格作基础,则难以想象。

"作品"完成之后,"作者""退出""作品",可谓"功成身退";可是"退"出来的,不是一个消极"无为"的"旁观者"或"隐士",而是一个不为"作品"所累的活生生的"人"。这样,这个"人"才可能再(重新)做"作者","创造"新世界,开辟新天地,"制作"新"作品"。我们还可以说,"作品"完成之后,"作者"非"退"出不可。"作者"自己想"维护"自己"作品"的"意义"是极不容易的,最终是徒劳的,千秋功罪,要后人来评说,"作者"并无多少"发言权","作者"对自己的"作品"最好保持"沉默"。然而,"作者"如果主动"退"出自己的"作品",作为一个活生生的"(他)人",来"评说""作品",则有很大的"发言权"。维特根斯坦就是拥有这个很大发言权的极好的例证。从这方面来看维氏之"改宗",就不仅仅限于一般的道德品格意义上,而同时也有相当深刻的学理上的意义。

从这个角度来说,我觉得,世上许多哲学家都可以他们的"著作"(作品)来涵盖,譬如我们说到康德,大体上可以和《纯粹理性批判》这本书的作者相等,但维氏的著作不能涵盖维特根斯坦这个人。并不是说,维氏有许多个人特性、隐私在他的书中反映不出来,而是说维氏的思想、学术精神和风格,不可能完全以他写出来的著作来涵盖,所以似乎只有对《逻辑哲学论》和《哲学研究》的"作者"言,我们才可以正当地谈"维特根斯坦这个人"。"书"是两本(完全不同的),"作者"也似乎(可能)是"两个";但"人"却是"一个"。

这样的"人",连同他的"著作"(作品)被历史保留了下来,我们没有什么可抱怨的。并不是说与维特根斯坦前后的学人中没有与他匹敌甚至超过他的，专家们如有发现，乃后人之福；历史上伟大的人物不是太多，而是太少。历史曾经"埋葬"了大多数人和事。我们在被"埋葬"了的考古层中挖掘有意义的东西，并不意味着否定被历史保留下来的东西的意义。马王堆挖出《老子》书抄本，当然对研究这本书的流传和校订一些内容有很大价值，但并不能否定历史流传下来老子书的价值。

多年前，我在一本文物杂志上看到公布新疆吐鲁番发现的唐人写的"度牒"数行，那行书全是颜鲁公的风格，而笔力并不逊于鲁公，但因出自边关小吏之手，被历史所埋葬而无从稽考，当时颇有一番"历史不公"的感慨。不过感慨自管感慨，鲁公仍是鲁公，更不必因有此种发掘而贬抑鲁公。历史已使多数人和事成为"暗"，而只有少数的"幸存者"在"明"处，我们当然欢迎将历史的"暗"的一面多多地"明"起来，而并不希望那本在"明"处的人和事，也"暗"起来。

我敢说，认真讲起来，任何站在历史显赫之位的人（和事），面对那被历史"埋葬"了的芸芸众生来，都不可能完完全全"当之无愧"的，任何伟人面对那苍茫的历史河汉都不免有"不安"之感，因为真正堪称"伟大"而不可动摇的乃是那隐姓埋名的"群众"。但这个实际的道理并不妨碍我们珍惜那历史的"幸存者"，而且正因为他们人数不多，就弥足珍贵。

这是我对历史上"留存"下来的大哲学家、大艺术家、大科学家……的基本态度，不独对维特根斯坦一个人如此。

"有人在思"
——谈中国书法艺术的意义

人类基础性文化现象有许多共同处,各民族的具体文化状况,又有各自的特色,在这种特色中,恐怕要以中国的"书法"艺术最为奇特。

我在想,中国是唯一够得上称作"铭刻之邦"的国家。"铭刻",世界上许多国家都有。埃及的象形文字,巴比伦的楔形文字,古代希腊文、拉丁文……都有一些铭刻书版存世,但比起中国来,简直可以忽略不计。中国的铭刻可以称得上"森林"(碑林),而其他各国的,只能称"树木"。

这种不可比较性首先还不在于数量,而在于其"功能"。中国铭刻在记事、记功、记人方面大体和别国的差不多,但中国铭刻更在于其"审美"艺术的作用,这个"功能"(作用),在其他国家,是很不突出的。

当然,应该说,任何的"对象"——在我面前的东西,都可以作"审美观";但各种文字中,只有中国之书法才是真正的"审美对象"。中国书法乃真正意义上之"美术"(fine art)。

我们知道,欧洲文明的摇篮在古代希腊。希腊人不仅重视抽象的概念世界(逻辑的世界),也很重视物质的感性世界(艺术审美的世界),他们的雕刻艺术作品乃稀世珍宝;但希腊人并未把"文字"本身当作艺术品来看。我手边有一本从大英博物馆买来的《希腊的铭文》,从中国人眼光来看,其中有些铭文还是很有观赏价值的艺术品;但当其时也,希腊人显然是为了记事、记人、记功才刻的,别无他意。他们在用具、玩具等器皿上也刻些字,但大多是占有者的名字，有的刻得不错，有的则很不工整。希腊有些画瓶上也有字，但令人不解的是他们画瓶上的画有很高的艺术水平，而"字"则不仅不工整，而且随意乱放在画面上，严重破坏了画的艺术性。古代希腊人的艺术欣赏水平是不容置疑的，他们不至于连这种明显的不协调都看不出来，而只能说他们并不在意"文字"与画面的关系，并不把"文字"看作艺术品的一个部分——或者画和字竟是两个人作的。这种情形，和我们的传统形成了鲜明的对照：我国早期画家将画面上的"字"（款）写在不显眼的地方，以免破坏画意，后来则有大幅题款，但与画面融为一体，成为诗、书、画合璧的艺术品。中国人在这方面的创造性，是世上任何其他民族所不能比拟的。

铭刻（刻划）也许是文字的最早的形式，书写则是比较普及、成熟的办法。由于书写工具的先进，中国书写文字的保存，也是世界其他民族所不可企及的。用纸草、贝叶，当然不能长久保存，中国的帛、纸质地不同，而我国所用的墨，也是利于久存的。不过，我觉得不仅仅是物质书写条件限制了古代西方民族文字的艺术化，而且还在于古代西方人并没有（像中国人）那样意识到有保存自己文字的迫切性。也就是说，他们并不像中国人那样钟爱、欣赏文字本身的作品。我觉得，以希腊人的智慧，以罗马人拥有那么多的能工巧匠，想一个长久保存书写文字的办法，并不是不可能，而他们之所以没有想出那种办法，是因为他们并不觉得保存书写文字作品的原件、原作有什么特别重要的意义。

说到"文字作品"，这里指的是"文字"本身的作品，而不是借"文字"传达的故事、道理、诗这样一些作品。借"文字"传达的故事、道理、诗的作品古代西方人当然也是非常重视保存的。他们有各种抄本，设立专门的图书馆来收藏这些抄本，这方面的工作他们是尽力而为的。然而，作为"文字"作品本身，则并非各种抄本所能代替，其意义和价值只有"原作"、"原件"才能真正体现出来——就艺术言，好的"抄本"当也是"原作"，如唐人的各种抄经等。但就是这种意义上的文字作品，在西方则未见有"珍藏"的迹象。

所谓"文字"本身的作品，也就是我们中国人所说的"书法"，日本人从中国学去的"书道"。

何谓"书法"？"书法"即指那种不同于"文字"所传达的故事、道理、诗的特殊的意义。这种特殊的内容是和"字"本身的形状（形式）分不开，所以书法作为艺术言，它的"内容"并不是"字"所"说"的那些故事、道理；书法艺术的"内容"在"字里行间"，不在那"所说"（所谓、指谓）的"事"、"理"之中。

从这个角度来看，书法艺术有点像诗。诗原本也可以"说""故事"，"讲""道理"，但"诗意"并不全在那"故事"和"道理"中，不在那"语言"的"指谓"（所指）中，而同时也在那"能指"（"语言"、"说"本身）中。所以"诗"不仅是"说"，而且亦要"吟诵"。

"书法"作为艺术则甚至不可"说"，而且连"吟诵"也不能穷尽其意义——书法要"看"，要"观赏"。"书"（book）可以"读"（read），"书法"则不可"读"。把一幅书法作品中的"字""读"出来，不等于"观赏"了书法艺术。历代书法作品中尽管有写错的字，也有至今尚未能读出的字（如某些草书及不少大篆），但一般并不影响我们欣赏它们。书法作品也尽可以和故事、道理、诗结合，欣赏者也尽可以读其"文"而观其"字"，但"字"的艺术究竟不全在那"书文"（故事、道理）、甚至"诗文"之中。

如此说来，书法艺术是否有点"超越"（transcendent）的意味？的确，从"字"与"文"的关系来看，赋予"字"本身的意义则"超越"了"文"的意义。"字"的艺术不在于"文"中所说的故事和道理，而自有"意义"在，于是这个"意义"就是"超越"了"文"的"故事"和"道理"的，是一种"超越"的"意义"。中国传统的"书法艺术"终于也有一个时髦的名字，可以叫做"超越"的艺术，登上了在理论上很高级的层次了。

然而，我以为，一切"超越"的东西，原来都是很基本、很基础，甚至是很远古、很原始的。书法艺术之所以有这种"超越性"，初不在于我们的祖先独具慧眼，从"字"里"看"出了什么高级的东西，而实际上原是一种远古意义的存留，只是我们历代祖先不但并未把这个历史的存留"遗忘"掉，而且还不断地维护、加工，使其成为多姿多彩的独特的艺术品，在这个意义上，我们的确非常感谢我们祖先的慧眼独具。

为什么说这种"意义"是很远古的？"文字"作为"语言"的记录符号，历史不过数千年，但作为人类活动的"刻划""痕迹"，则是久远得多的事了。

"刻划"是人类最原始的活动之一。远古时代,为了生存,人类有许多事要做,如狩猎、渔牧、农耕……为此制造了许多工具,生产和生活的"工具"乃人类"文明"(civilization)的标志;人类又是有意识、有思想、有智慧的动物,从婴儿第一声啼哭,到"牙牙学语"(babble)和"乱涂乱画"(scribble),"人"显示了它的"存在"。

"刻划"的"道道",是一种"轨迹",它不是几何学的"线",不是"符号",而是实实在在的"有"。"符号"的意义在"他者"身上,而"轨迹"本身就有意义,是为"他者"提供"意义"的。这就是说,只要有"人"(他人)在,就能"识别"这个"轨迹"。所以我们说,如果要问这种原始的"道道"有何种"意义",那末回答是:这种意义在于它"显示"了"人"的"存在",即"有""人""在"。"刻痕"是"人"的"智慧"的"明证"(evidence,证物、证据),它是直接的、无可辩驳的,就像"人"的物质工具的存在"证明"了有"人"在这里"生活"(尽管是很简陋的)过一样,"道道"的"存在"则"证明"了有"人"在这里"思想"(尽管是很初等的)过。原始的生产和生活工具是人类原始"文明"(civilization)的"明证",而原始的"道道"则是人类原始"文化"(culture)的"明证"。

"牙牙学语"尽管也模拟风声鹤唳(拟声),但表明"人"要"想""说"点"什么";"乱涂乱画"尽管也模仿鸟兽虫迹,但表明"人""想"要"写"点"什么"。在这原始的阶段,这个(些)"什么"并不明确,但那个"想"却是确定无疑的。笛卡尔说,"我思故我在",要在"我说"、"我写(刻、划)"的意义上才是很有道理的,但那就只是说"我在说"、"我在写",因而"我在思"。所思(所说、所写)的那些"什么",是随着文明和文化发展而不断丰富的。远古原始人绝画不出飞机、大炮来,也"写"不出、"说"不出这些词来,但他们也有所"思",也有所"想",只是不待那个"什么"明确、丰富起来就有"证据"了。被识辨出来的人类的轨迹(道道)表明:"有""人""在""思",这就是最基础的事实,也是最基本的道理,其他的"什么"都是以后发展出来的;发展太多了,文化的层积太厚了,那个"有人在思"的基本事实和道理有时反倒给"掩盖"了、"埋葬"了,还要有大智慧、有很深洞察力的人来提醒,这是西方文明和文化的经验教训。

十九世纪以来，西方的哲人主要任务在于挽救那久已沉沦的基本、基础"意义"。起初他们先批评怀疑论，后来转向寻求"超越"的"意义"，揭示"意义"不是一般经验科学所研究的"世界是'什么'"的知识；而在二十世纪西方高科技发展下，又大声疾呼，提醒人们不要只顾"什么"而忘了那个"是"（存在）。西方哲人这些道理当然很深刻，也有其历史渊源。但他们总想把那个存在性与思想性相同一的基础问题问出一个"什么"来，则不得不承认"什么"依时而变，因而并无一个基础性的"意义""在"，这是他们所谓"后现代派"诸家的中心议题，而常常被人误解为对"意义"的完全否定。

　　相比之下，中国人对这个问题的理解在传统上并未受到太多的挑战。至少，中国的书法艺术为保存那基础性、本源性的"意义"提供了一种有价值的"储存方式"。说它有价值，是因为书法艺术的"超越性"和"原始性"，可以避免对"有人在思"的怀疑。

　　人们"怀疑"，"怀疑"的是"这是什么"中的"什么"，日月沧桑，"什么"会变，对"什么"的知识，也会越来越丰富、精确，但对这个"是"则无"怀疑"之余地，即"是"、"在"，不容怀疑；因为你要"怀疑"到那个"是"、"在"，则失去"怀疑"的根据。我们可以说，一切的"艺术品"都可以理解为在那"是"和"在"的度中，而不在那"什么"的度中。绘画的价值（意义）不在画"什么"，小说的价值也不全在说的故事。这样，书法艺术的价值不在于写"什么"，而就在那个"写"，"写"在"是"、"在"度中，不在"什么"的度中。

　　一幅画，如果我们问画的是"什么"，则不是艺术家的问题。为避免这个"外行"的问题，西方一些画家故意画些"抽象"的画，叫你问不出这个问题来；一幅书法作品，就艺术言，也不宜问写的是"什么"。书家可以写一首"诗"，一篇"文章"，一个"题词"，一般不影响书法作品的价值，书法作品的价值和意义就在那个"书"和"写"（刻和划），就像绘画的价值和意义在那个"画"一样。我们甚至也不宜问那幅艺术品是"什么"，我们说"这是齐白石的画"、"这是王羲之的字"和"这是国宝"……都不能真正说明书和画的意义和价值。画就是画，字就是字，好像是同语反复，因为"是"就是"是"，它本身就显示了自身的意义。当我们的祖先在沙土上划道道时，你不宜问划的是

"什么"这个问题,因为这些道道什么也不是,但它却实实在在地"在"(是)那里,至于"划"(画)出一个葫芦瓢来,或"写"出一个斗大的"一"字来,那是后来的事,或者是"另外"的一回事。

历代书法艺术就是以各种丰富多采的形式——即不同的"写"的方式保存了那个原始的、超越"是"和"在"的"意义"。"写"、"刻"、"划"亦即"思",所以艺术性、文化性的"在"(是)实亦即"在思"。这样,书法艺术所保存的"意义",即"思"、"在思"的意义。

当我们面对历史书艺宝藏时,我们心中充满了敬仰和感激。感激我们的祖先和历代书家,用自己的智慧、创造才能和辛勤劳作,创造出如此变化多端、美丽绚烂的"道道",它与那有关"什么"(故事、道理)的"思"融为一体,但顽强地、突出地表现着自己的独立性、超越性,使我们能从那纷繁的"字义"("什么")中突显出那原始的"有人在思"、"我在思"的意义来。这种"有人在思"的意义通过书法艺术的表现,使我们中国人不易失去对自身存在的基本价值的觉悟,在维系炎黄子孙的认同上起着重要的作用。在我们中国人眼里,书法艺术虽然是很古老的,但又是有生命力的,它不是"古董"(antiquity);它是历史的,也是现实的。因为所书"什么"因时而异,是"历史的",但"书"本身则始终为"是",为"在",总是"现时的"。

书法艺术是中国特有的艺术,但它又是可以、也应该向世界推广的艺术。西方人一直深感"存在的遗忘"的危机,他们甚至认识到他们受语言影响的文字只记录语言(标音字母),形成"语言(语音)中心论"传统,从而也想借鉴中国的文字,这是他们某些思想精英的想法(如法国的德里达)。我们愿意告诉他们,中国文字与语言的特点的确有利于中国书法艺术的产生和发展,但西方的语言和文字并非注定没有这方面的前途。西方人既然在理论上(哲学上)已经认识到"人"关于自身"存在"(是)的许多深刻的道理,在自己的丰富的艺术创造中也有许多尝试,特别是现代以来西方音乐、绘画中各种流派的尝试,都有许多可贵的经验,相信他们对自己的文字的理解,也会有一种飞跃。

无论如何,在对文字的理解方面,我们中国人是有西方人所未曾见及的独到的、先进的视角的。我国书法艺术的繁荣很清楚地表明:中华民族是最善于知根、知本的民族，是最善于从包括"文字"在内的一切"工具性"的"符号"中"看出"其"存在性"意义的民族，最善于从那大千世界的"什么"中"看出""是"和"在"的民族，也就是说，中国人是最善于透过"现象""看""本质"的民族；不过这个"本质"并不像西方哲学教导我们的那样是"抽象性的"、"概念性的"，而恰恰是具体的、生动的、活泼泼的"根"和"本"。从中国传统角度来看，"文字"所表达的"什么"（故事和道理）是相对固定的"事实"，是"什么"就是"什么"，写的是"木兰从军"，不能是"武松打虎"，但那笔画行走飞动的轨迹，却不是"概念"（故事、道理）所能限定的，所以同样"木兰从军"或"武松打虎"，你也可以"写"，我也可以"写"，"写"出来的书法作品，则是不同的。

在书法艺术领域内，文字的"所指"，有绝对确定的含义，而"能指"自身则是活泼生动，但又有很基本的"意义"的，因而不同于西方学问中"结构主义"的或"符号论"的意义，这是我们不能不辨明的。

没有时尚的时代？
——论"后现代"思潮

出了一个大题目，做一篇小文章，不过所讨论问题倒不是小问题。

先从"后现代"这个词说起。不是为给它下定义，而是说如何理解它。初看起来，"后现代"这个词有点费解。"现代"（modern）已有"现时"、"现在"的意思在内。加上一个"post"，而又不指"未来"，当如何解？于是人们解释道，"modern"这个词，在史学中专指十七八世纪以来的"近代"，而"现代"（史）则标以"contemporary"，以示区别。又有人说，所谓"后现代"，不是说"现代以后"，而是指"极端的""现代"，而所谓"极端的"，欧洲人用"ultra"，而我国有人用"extreme"。这些说法当然都很能够帮助理解这个词，但总觉得还需要进一步说明。

现在，我想提出一个说法，请大家批评。按我说，modern 这个词不是有"时髦"、"流行"、"时尚"的意思在内吗？过去我们中国人常译成"摩登"，于是有"摩登女郎"之说，而洋人也有"modern fashion"一说。从这层意思说，所谓"post-modern"，不仅是指"后近代"，而且是指"后时髦"、"后摩登"、"后时尚"。这里的"后"，不仅有时间上的前后，而且有意义上的正反。所谓"后时尚"，就是"非时尚"，是"崇尚'时尚'之后"的意思。我觉得，这样理解，有一层学理上的好处，因为所谓"后现代"诸公有一个基本说法，即现代、当代的社会，已不是"崇尚'时尚'"的时代，现时代（后现代）不可能有"主流"，不可能有"时髦"，不可能有"占统治地位"的"意识形态"，而是一个多元的社会。在他们心目中,"街上没有流行色",而是万紫千红、五颜六色。所以,所谓后现代(post-modern),可以理解为"没有'时尚'的时代","没有'时尚'的世界",the world without modern fashion。

我觉得,从这个角度,也可以把"后现代"这个思潮的主要思路理顺下来。

所谓时尚,乃是人为的一种风气,一些人开出一种风气之后,要众多的人模仿、学习、仿效,要别人服从,而自己则定为一宗,以道德、法律、真理自居,实际上则以自己的观点、思想、利益强加于人,要别人把它当作道德、法律、真理来服从。后现代诸公认为西方文化的传统正是以道德、法律、真理的名义强人所难的一种"时尚",因为事实上并没有超越的、永恒的道德、法律、真理在,所以才会出现:曾经自称为真理的,总是要"解体"。一种真理会被另一种真理所代替,就像一种时尚必定会被另一种时尚所代替一样。

道德为一种"风尚",尚属常理,法律就有自身的确定性,不好用"时尚"来说,而福柯却要说是监狱造成了罪犯。法律并不体现公正,而只是在公正的外衣下,维护着某些人的权利。如果法律表现强者的利益,则是镇压广大弱者的工具;如果被理解为代表弱者的利益,则压制了强者能力的发挥,而尼采对后者表现了特别的反感,认为法律保护弱者之惰性,而使强者不得施展其才能。

那末,真理又如何?真理总要有它的普遍性、必然性,而不能只是一种"时尚"吧?我们看到,后现代诸公很努力地尽各人的聪明才智向人们表明:一向被认为是"真理"的,仍只是一些"时尚"。

认定真理亦为"时尚"的后现代诸公都以"反传统"的勇士自居,其实这种思潮,也有深厚的历史传统在,并不完全是当代诸公独创的。在西方哲学中,形而上学的传统当然很强,那是从亚里士多德以来一个大传统,或者叫"大时尚"。哲学—形而上学追求不变的、永恒的"真""知识"——"真理"。但是,即使在古代,这个传统也不是唯一的,古代希腊就有怀疑论。著名的怀疑论学派与亚里士多德同时,而且后来学院的领导权竟落入这一派手中。近代怀疑论从笛卡尔、休谟、康德也有一个很强大的传统。怀疑论反对独断论,反对形而上学,反对妄加否定或肯定,提倡一种"括起来"、"存疑"、"悬搁"的精神，原本也有合理的一面，所以能自成传统。后现代派反对西方哲学传统，实际上只是用一种传统反对另一种传统，或者说，用"小传统"反对"大传统"，因为怀疑论这个传统不能满足人们"终极追求"的欲望，虽不乏强有力的思想者，未能成为西方哲学的"大气候"，相比之下，领风骚的时间比较短些。

怀疑论未能成为大气候，现代的怀疑论者——后现代派诸公更干脆认为今后就不可能出现任何大气候，一个时代不可能有统一的、定为一宗的"时代精神"。

后现代派之所以有如此的看法，其核心的理由是认为，世上本没有传统意义上的"意义"、"价值"、"真理"，历代被认为是"真理"的"思想"，原非"一线单传"，而都是具体的实际条件的产物，所以不仅各种思想体系（意识形态）之间相互矛盾、互相拆台（解体-de），就是一个思想体系内部，同样充满了矛盾，会自行解体。某些思想体系在一些时代被认为是"真理"，令诸"小气候"——百家服从，乃是由权力决定的，统治阶级的思想就成为统治的思想。于是为这个阶级服务的文人学士就著书立说，要万家学习、遵从，并且世世代代学下去。古圣贤的著作将传诸久远，因为它表达了真理，而服从真理就像服从上帝一样，是为人之本，是人的天职。

然而，后现代诸公说，世上何尝有亘古不变的"真理"？组成"真理"的是一些"语句"，语言本是人为的，而它要"说"的"事"却是自然的，要这两者符合——"符合论"原本是对真理、真知识的一种理解，本来就很勉强，不可能天衣无缝，语言和现实之间永远有一条"缝"。

语言的形式是人为的，那末语言的内容呢？"说"总要"说"些"什么"，这些"什么"不可以是客观的、现实的吗？后现代派反驳道，这些"什么"说穿了都是一些表象（representations），是客观现实的代表。当代表固然很有身份，但毕竟不是"原始的东西"。何以见得你能"代表"？还不是有权势的那一层人说了算；更何况，所谓表象式的思想方式，表象式的"真理"观，在黑格尔那里已经受到了批评，他认为表象离不开直观、影像，而真理是"绝对"，恰恰是没有表象的，真理是"概念"的，而且是无表象的"概念"。不过后现代派说，黑格尔的无表象的"绝对""概念"自身是矛盾的，所以也解体了。总之，在后现代诸公看来，传统上所谓的真理，实际上就像柏拉图洞穴之喻所说的，只是影子，或影子的"影子"，是仿制品（Simulacrum, J. Baudrillard 语）。

这是揭穿传统哲学之虚妄性，而现在的人——后现代的人之所以能够彻底揭穿这种虚妄性，则又与这个时代的"人"的特点有关。这里，我应该赶紧说明，这个所谓"后现代"的"人"的特点，实际是"没有特点"，或者说，"没有共同的特点"，而"各人有各人的特点"，一个个的人，没有"同"，只有"异"。

强调"人"的个别性、差异性，现在西方思潮已经走得很远了，他们甚至认为说"他人"是另一个"我"都不过瘾，说"他"就是"他"，不是"我"。这话说得很到家（到位），因为如果"他"仍是一个"我"，则"我"尚可以"我"之心度"他"之腹；如今"他"就是"他"，则"我"其奈"他"何？

"我"的"话"（写的书，做的报告，出的文件等等）要"你"（他）"听"（听从）吗？凭什么？因为"我"的"话"是真理？谁也不敢说所言之语，句句是真理。那末凭什么？凭权力。除了权力外，"他"绝不"听从""我"。反过来一样。"我"凭什么"听（从）""你"的？"我"有"我"自己的见解、立场、眼光。当然，"我"要"读""你"的"书"，但"读"不等于"听从"，"读"是"解（读）"，是批评，是揭发"你"的"矛盾"。你说你的"书"是"文本"，是"本文"，是"本"，我说你的"书"仍是"流"，不是"源"；是翻版，不是原版。你有你的"文本"，我在"读"你的书时，也有我的"文本"，我"解读"了你的书，我也就有了另一个新版本，所以"读"书，"写"书，不过是各个"文本"之间的参照关系（intertextuality），大家都是仿制品，你不能说因为你有权势，被人为地定为一宗，就比我的高明些。在真理面前人人平等，就是在版本面前人人平等，不过不是人人都要"服从""原本"，而是"原本"也是版本之一种，与其他版本处于同等地位。

关键问题在于"我"根本不相信"你"的版本是真理，甚至不认为"你"的版本比"我"的要高明多少。"我"和"你"处于同等的地位，谁都不可能被"同化"。"我"、"你"、"他"只能是"异"，不会是"同"。

对"人"的这种异质性的理解，就后现代派言，似乎还有一层意思应该揭明：在后现代派诸家看来，过去的"人"对这种异质性的觉悟，不如现在的人——后现代的人自觉程度高,因而不如现在的人普遍,而只有像尼采这样的少数人才有这样的觉悟。过去的人,因为种种原因——或文化不高,或地位太低……容易相信"同",容易"认同",譬如古代的种族、家族、等级,近代的阶级,以及职业的分工——业主、工人、农民……而现在——后现代的"人"则不承认有统一的类属,或社会上的类属分工都不能说明"人"之为"人"。"人"是"个体性"的,"个体性"就是"个体性","我"就是"我","你"就是"你"。现在-后现代的"人"就好像从过去被类属束缚了的"共同体"中迸裂出来的原子、单子那样,人人不同。过去-近代的"人"有点像古代希腊阿那克萨哥拉的"同类体",又叫做种子。种子之所以叫做"同类体"是因为种子尽管可以生出不同品种的东西来,但它们内部成分是一样的,种子包含了"一切",无论它多小,同样包有"一切",所以还可以分下去;而德谟克利特的思路就不同,他说事物分到了最后,种子里那些成分都给分出来,"一切"不在"一"里,"一"不包含"一切",所以就没有得可分的,是为原子,原子每一个都不同。过去-近代的人有点像阿那克萨哥拉的"同类体"(种子),而现在—后现代的人则是德谟克利特的原子。

过去—近代的人都大体上要归一个属类,是工人就得做工,是军人就得勇敢,是臣民就得服从君主的命令。即使像康德这样的人物,也得服从君主的"缄默令",而以学者不放弃自己的信念来自我排解。至于大多数的芸芸众生,则各安其分(社会分工之属类),名之曰服从法律、遵守纪律、恪守道德、克己敬业……就连从事"自由思想"的哲学家,也得"服从真理"。

现在-后现代的人则每个人都是一个充实的实体,一个原子,它没有"缝隙",真正具有"不可入性"。现在-后现代的人也读书,但他读书不是要从书中"取得"些什么,而是"放进"去些什么。作者"编织"了自己的文本,读者则根据这些"文本"的材料,重新"编织"自己的文本。读者并不是通过"文本"去"领会"作者之"原意",因为作者已"不在","原意"也就"不在"。并不是作者"决定"读者,甚至不是"文本""决定"读者。如果要说"决定性"的话,在作者、文本、读者三者之间,读者是决定性的。作者(他人)的文本"进入"不了读者内部,因为读者作为"原子"的"内部"是"实心"的。文本只能给读者以影像,于是,有什么样的读者(镜子),就会有什么样的影像，而每一个读者——每一面"镜子"都是不同的，因而"影像"也是不同的。"一千个演员就有一千个哈姆雷特"，同样，"一千个读者就有一千本《红楼梦》"。表面上似乎在读同一本书，实际读的却并不是同一本书，因为尽管人们不能"取出"书里没有的东西，但每个人"放进去"的东西却都是不同的。"取出"的东西为"对象"所"限制"，但"放进去"的东西却没有什么"规定"。

我们——现在-后现代社会就是这样一个由众多"原子"构成的世界，没有大写的"人"，没有大写的"我"，也没有大写的"主体"（Subject），大家平等，而又异质，没有主、客之分。

后现代派诸家很反对西方十九世纪以来的"主体主义"，因为在这个思潮中"人"有一个大的特性，即主体性，它不同于客体性，譬如不能知识化、对象化等等，尽管把"人"说得很"特别"，但仍有一个共同性——不能归结为"客体"的"主体性"。这个思潮，从胡塞尔的现象学以及由海德格尔早期、雅斯贝斯等引进现象学的存在主义（existentialism），这两种思潮结合起来在法国很流行了一阵，出了像萨特这样的代表人物，领了一时之风骚。如今后现代派诸公，大概也离不开现象学和存在主义的思路，但他们更进一步和法国的结构主义、符号学这个学派结合起来，发展了海德格尔思想中摧毁性的一面，走到了一个很极端的地步。他们反对从"主体性"来理解人，并不是因为人在世界中，"主体"和"客体"本是一体——这是从黑格尔以来现象学"正宗"，由胡塞尔强调"人文科学"即海德格尔将"Da-Sein"提高到非经验层次，也算为"人"找出一个暂时（有时限的）落实的地方。后现代派根本不承认有主、客这样一种关系。

"人"是"主"吗？"人"本不是一个"统一体"、"共同体"，"人心各如其面"，每个人都不一样，事实上，不要说过去的人大多数都不在"主"位，就是现在的人，也都被各种社会制度制约住，不能在"主位"。就现代的代议制言，好像很民主，实际上是虚假的。"你"怎能"代表"得"我"？"代表"——representative 和"表象"——representation 一样，是仿制品，不是真货。所以一些激进的后现代派在政治体制上反对代议制，认为那是假民主。

那末，以全体人类为"主体"，而以自然为"客体"行不行？这个问题现代科技发展也向人类敲起了警钟：主体不能向客体榨取过多的财富，人与自然应和睦相处，以求平衡和稳定。其实现象学整个思想系统就是建立在这种和谐关系上，来强调"人文科学"的重要性，不过胡塞尔担心自然科技的发展会淹没了"人"，而海德格尔说"人"和"世界"不是主、奴—主、客关系，而是邻居关系，则似乎又更进了一步。这样，"人"不在主位，也不在客位，主和客本是一种人为的分割。

更何况，如人人都在主位，也就没有了主位。那末，有"一群人"在"主位"行不行？过去是这样，现在—后现代的时代则不行。在后现代，物可以以类聚，而人则不能以群分。不是因为人太大而不能分，而是因人太小而不能分，"人"是一个个不可分的"小个体"。

所以，在这个时代，不可能有占主位的大思潮、大气候，而最多只有小思潮、小潮流；认真讲起来，有多少人，就有多少思潮——或形不成"潮"，则曰"思想"亦可。大思潮领一代之风骚，管很长一个时期，是为时代精神；小潮流则变动不居，才显出生命之跳动，精神之活泼，每个人都能拥有自己的"文本"，拥有自己的世界。人人皆为圣贤，也就用不着圣贤来"教导"众生。

天才的崇拜，天才的时代已经一去不复返，现在的时代、后现代的时代是"人人"的时代，但这个"人人"不是一个概念，不是一个群体，所以不是"大"众，而是每个人的时代。天才的时代过去了，但天才并没有"死去"，只是在人人都是天才时，天才也就不成其为天才。每个人都"与众不同"。

世界上再也没有什么"潮流"、"时髦"-"意识形态"。"你"想"制造"（创造）一个潮流吗？"你"想开一代之风气吗？"我"不相信"你"，"我"要"解构""你"，使这种潮流解体，而不成其为潮流。于是有"后现代"、"无潮流"、"无时尚"时代。

"后现代"这个"小潮流"（按他们自己的意思，不会有大潮流）很激进，但同样激进的理论开出的却不是"后现代"一家。譬如，既然说，"他"不是另一个"我"，那末，"我"对"他"（你）还可以有一种态度，叫做"诚"，叫做"敬"。

"我"固然是一个个体，但却不一定就是现成的个体。"他"（你）可以是现成的，因为"我"来到这个世界之前，就已有"他"、"你"，"你"和"他"

早于"我"。"我"之所以为"我",是因为已经有了"你"和"他","我"是"你"和"他"的"补充"和"继续"。所以,从这个意义上说,虽同样为"单子",但"你"和"他"都是"实"的,"我"则是"空"的,按古代原子论的话说,"你"和"他"是"原子","我"却是"虚空"——古人比我们后现代派诸公"宽容"一些,承认"虚空"也是 archē(始基、本源……)。

"我"是"虚"的,"空"的,"我"就要"接纳""你"和"他",使自己"充实"起来,"我"就要"听话"、"读书","我"要"邀请""你"和"他","我"要"学习",要"听从"。要"学习"(读)"你"和"他"的"书",遵守法律和道德,因为法律和道德也是"你"和"他"的经验、教训的结晶。至于那自古以来就受人崇尚的真理,则更是"我"所要追求的,对于真、善、美,"我"充满了诚意、敬意、爱意。正因为真、善、美是无穷无尽的,因而"我"的诚、敬、爱之心也永不会熄灭。

后现代派诸公会说:要知道,"人"是"要死的",你死了之后,你的一切"作品",都要由后人来评说。不错,人固有一死,"我"一定会死,但我相信后人作为"自我"言也都是"虚"的、"空"的,他们也要"学习",他们会先倾听"我"的声音。——虽然"我"的声音是很微弱的,但就是为了这一点微弱的声音,"我"的工作-写作,也就有了"意义"。

你说你是"虚"的、"空"的,要"接纳""他人"的东西,岂不是太不自由了。然而,只有虚的、空的才是自由的,如果"我"也像原子那样是"实心"的——不是"虚"其"心",那末反倒很不自由,因为只能受到别的原子的撞击,而受物理世界必然律力的支配,这是古代希腊人已经告诉我们的。在原子的无序的撞击中,才出来一个宇宙——秩序。这全是物理世界的规律,我想后现代派诸公也不愿意自己如此。

"我"则"虚"其"心",就有了"余地",有了"可能性",可以"择善而从"。

或曰,你讲"服从"、"顺从",一点没有自我的独立性,一副"庸人"相。其实,"虚其心"正是为了更好地"充实",你这副"臭皮囊"到底拿什么来"充实"它?我想还是以人类一切优秀文化成果来充实之,以这些材料来在我"心"中酝酿、发酵,使"我"在"充实"之后也能在这个优秀成果之中"放进去"些什么,而不是毫无准备、毫无根据或自以为是地"放进"一些废物去。

你说什么"诚"呀、"敬"呀,是你们东方人的传统——不对,"诚"和"敬"你们西方人也开始说起来了,不信读读法国列维纳的书就知道了;至于"爱",则西方人说了几千年了,不是我们东方人特有的。不过从这里也可以看出,东西方的哲学文化原也是可以沟通的。

后现代派诸公这种"无时尚"的时代使人想起古代希腊的"民主制",那不是"代议制",而是直接参与的全体会议制——大概就是后现代派某些人所谓"公众场地"(public sphere)的"理想境界",这在古代希腊雅典城邦小国家的条件下,或属可行,但其效果亦不见得理想。当其时也,那一个个"公民原子"跑到会议上去"碰撞",从唇枪舌剑,到鼓噪喧嚣,时间一长,因莫衷一是而常常受"蛊惑家"(demagogue)的左右。在纷乱的局面下,于是有苏格拉底、柏拉图以及亚里士多德诸家出,领了西方哲学数千年的风骚,至今人们可以不同意他们的学说,但无人敢说他们创造(制造)的只是一个"小气候"。

"没有时尚"、"没有大气候"的时代未必是好的时代,当人们感觉到这个时代的不幸和悲哀时,也必定会欢迎他们自己的苏格拉底、柏拉图、亚里士多德的到来。

最后,我还想说明一点,我并不认为后现代派诸家都已是些"蛊惑家",他们多数还是很严肃的学者,我也很愿意读他们的书,重视研究他们提出的问题。但我觉得他们用每个人的小世界、小思想、小气候来代替、取消一个时代的大气候,不是一个好势头。

此外,我写这篇文章,是读了美国普林斯顿大学新出(一九九二年)的一本介绍"后现代"学派思想的书,综合起来的一点感想。这本书不是学术专著,但材料很全,介绍得相当准确、清楚。美国人已接触"后现代"思潮有年,故能清楚、详细、可靠地介绍出来,而对于新思潮的介绍,准确和详细是最重要的。书后并附有三十多页的参考书目,对我国读者很有帮助,我想有兴趣的朋友不妨找来读读。这本书的作者为 Pauline Marie Rosenau,书名为"*Post-Modernism and the Social Sciences*"(Princeton University Press, 1992)。

说"人相忘乎道术"

庄子《大宗师》篇借孔子的口说："鱼相造乎水，人相造乎道。相造乎水者，穿池而养给；相造乎道者，无事而生定。故曰：鱼相忘乎江湖，人相忘乎道术。"同篇又说："泉涸，鱼相与处于陆，相呴以湿，相濡以沫，不如相忘于江湖，与其誉尧而非桀也，不如两忘而化其道。"意思很清楚：人和鱼一样，要有一个合宜的生活环境，才能生活得幸福、快乐，其乐融融，以致与环境融为一体，达到物我"两忘"的境界。

所谓与环境融为一体，也就是与自然、社会融为一体，与天地融为一体，但庄子这里没有说"鱼相忘乎江湖，人相忘乎天地"，而这个说法不论按古代的语言或庄子的思想看，都是一种很顺当的说法，但庄子却未用此说，而特别要说"人相忘乎道术"，那末"道术"在这里又如何与鱼的"江湖"相对应，成为人的快乐生活的必要条件？

从"人相忘了道术"这句话，我们可以体会出："人"不是天生就能得到快乐，人要与环境（天地、他人）打成一片，还得通过"道术"。人通过"道术"与环境（天地、他人）相造（相就，相适）。

古代的学问家就是提出各种"道术"的人，庄子《天下》篇概括了古代各家"道术"的内容，是最早的一部学术思想史——道术史。

庄周的"道术"得自老子，庄子书与老子书的基本思想是一致的，这从庄子《天下》篇中也能看得出来。他说老聃的道术"以本为精，以物为粗，以有积为不足，澹然独与神明居"，又说"无为也而笑巧"，"人皆取实，己独取虚，无藏也故有余",这些都是老子书里的思想;而说到庄周自己,则谓"芴漠无形,变化无常,死与生与,天地并与",并谓"以谬悠之说,荒唐之言,无端崖之辞……以卮言为曼衍,以重言为真,以寓言为广,独与天地精神往来而不敖倪于万物,不谴是非以与世俗处",则将老子的思想作了自己的发挥,而更侧重于齐生死,灭是非,万物混成,物我同一的"绝对"境界。不过庄子虽然和老子一样强调"返璞归真",但要达到此种"物我两忘"的境界,庄子则更看重要有一定的"道术"。通过"道术"来"返璞归真",这是庄子看重"言"——"理论"、"方法"的原因,尽管庄子喜用"寓言"、"荒唐之言",但他的著作却不仅仅是"启示"和"箴言",而是兼有叙述和议论的学术著作。庄子书以形象、叙述、推论等各种形式的"言",来阐述他的"道术"。

　　和老子一样,庄子的"道术"也早于"天地","夫道,有情有信,无为无形;可传而不可受,可得而不可见;自本自根,未有天地,自古以固存;神鬼神帝,生天生地;在太极之上而不为高,在六极之下而不为深,先天地生而不为久,长于上古而不为老。"(《大宗师》)为什么"有情有信"的"道",却"无为无形"?而"无为无形"的"道"却又"神鬼神帝,生天生地"?

　　"有情有信"说明"道"是能动的,或者含有某种"信息"(消息),或者是可以"相信"的,可以证实的。"道"的"信息"必可"应验"。"道"可以"生天生地",使"鬼"、"帝"得到"精神",或"生"出"鬼"、"帝"来,但"道"却是"无为无形"。这就是说,"道"在"动"之后,并不留下自己的痕迹,它"无为无形"。"道"老是"隐匿"自己,"道"为"玄"、"幽"、"冥",为在"太极"之至高,在"六极"之至"深",至大、至精、至远、至古(老),故"不可见"、"不可受"。"道"在"生天生地"发动万物之后,却隐于至远、至深、至高、至下、至古、至老的地方,不可见、不可受。

　　所以,"道"并非"万物"中之一"物",不是可以"授"(受)的东西,也不是看得见的东西。"道"不是螺丝钉,留在那组装成了的机器上,可以看得见,摸得着,也可以卸下来给你;"道"好像那种子,生长出来树木、枝叶后,自己就"隐"去。"道"是天地万物的最原始的"种子",是古代希腊人的"始基"(άρχή),恩培多克勒的"根",阿那克萨哥拉的"相同体"——"种子"。

因为庄子的"道"像赫拉克利特的"自然"（生长——亦即种子）一样，总是"隐匿"自己，所以不能马上"指"(refer to)出来，而我们又要来"说"它，来"传"它，以便人们能"得"到它，于是，我们就有了一种很特殊的"语言"，即不是"摹指"外物的语言；所以庄子用"荒唐之言"，用"寓言"，用"卮言"，都为了避免"实"有所"指"，而又要力图将那个道说清楚。

老子书中喜欢用"水"来比喻道。"水"色为"黑"，为"暗"，为"深"；道为"水"中之"物"，似有似无，若隐若显。老子说，"上善若水"（八章），利万物而不争；又说，"道之为物，唯恍唯惚。惚兮恍兮，其中有象；恍兮惚兮，其中有物。窈兮冥兮，其中有精；其精甚真，其中有信"（二十一章），这一段，很形象地比喻了"水"中之"物"，道是真实的、可信的，但却很恍惚，如隔雾观花，时明时暗。

"水"自身无"形"——故古代希腊人叫它为"无定形"(ἄπειρον)，以万物的形状为形状，是为无形之形，无状之状；正因为"水"无自己的形状，为"无定形"，则反倒可以"容"纳万物。就能"容"万物言，"水"为"空"，为"无"；但"水"自身亦为"有"，只有此种特殊的，非同一般的（"非常"的）"有"，才能包容万物，滋生万物。我们看到，无论中国人、欧洲人，古代的哲人都想到以"水"来比喻那最根本、最原始的东西，可谓天下英雄所见略同。

庄子也喜欢谈"水"，他的"鱼相造乎水，人相造乎道"，仍以"水"喻道，乃老子的家法。

庄子还说："水静则明烛须眉，平中准，大匠取法焉。水静犹明，而况精神。圣人之心静乎，天地之鉴也，万物之镜也。夫虚静恬淡寂漠无为者，天地之平而道德之至。"（天道篇）这种比喻又进一步发挥出"水""静"可"鉴""万物"，如同（圣）人之"心"那样。止水可以鉴人，"心"如"止水"，则万物无不明悉于"心"，此时之"心"可谓"得道"；如果"心潮澎湃"、"心潮逐浪高"，则不能"鉴"，不能"容"。故"心"、"水"、"道"以其"无"而得万物，得天下；如果一味表现、强调自身之"存在"，"心"、"水"、"道"仅只是一"物"，以"此物"来对"彼物"，如此而已。

庄子、老子的理想是要让"道"、"心"、"水"平静下来，成为虚的、空的，则万物莫不可纳于其中，明鉴天下，所以就"道"、"心"、"水"言，似乎只有失去"自我"（自己），才能发挥更大的作用；去掉的是"自我"（自己），得到的是"天下"、"万物"——所以，老子书三章所说"是以圣人之治，虚其心，实其腹，弱其志，强其骨……"就不一定含有通常"愚民"的意思在内，相反，圣人之治，正是要治下百姓人人都像圣人自己那样，"虚心""纳物"，"弱志""得道"，正是那"人相造乎道"的世界，即此种世界恰恰不是"动物的世界"（牲畜的世界），而是"人的世界"。在"动物的世界"中，"动物"为"一物"，而在"人的世界"中，"人"则可以"存"（容、纳、得）"万物"，关键在于"人"不能把自己降为"动物"。

　　就存在论言，一方面人为"自然"的一个部分，它亦是一种"动物"（生物）；但另一方面，人之作为人，正在于它并没有"自己"的特殊的"本性"，而可以"万物"的本性为本性。这就是说，人可以利用万物的本性使之成为与自己相适应（造）的本性。动物只知躲避"火"，而人却可以"利用""火"；相当一部分的动物（陆栖的）都怕"水"，人仍可利用"水"。古代有"水晶宫"的幻想，如今人可以在海中筑城而居，以此可以想象，人或亦可以某种"手段"，进入"火山"之中，而不受伤害。从这角度来看，庄子所谓"登高不栗，入水不濡，入火不热"（《大宗师》），当其时虽为一种幻想，但绝非迷信，甚至似乎也不是有某种"特异功能"；事实上，其中两条（"高"与"水"），如今已成现实。

　　马克思在《一八四八年经济学哲学手稿》中说过，动物以自身种属的尺度来适应自然，人则以自然本身的尺度来创造。所以人并没有一成不变的"本性"，而在改造自然的过程中，不断地改造自己的本性。

　　人以自然万物自身的尺度来改造自然，使之成为适合自己生存的环境——世界，因此，就理论上、原则上说，人可以在任何环境保存、养育自己。如今人类已进入太空时代，人在太空中生活已不是神话的幻想，而是实实在在的事情。

　　如果说，人真有什么"特性"（本质，本性）的话，那么能掌握万物自身的规律加以利用，参与事物自身运化之进程，从而为自身生存服务，这可以说"人"作为族类的特点之一。所谓掌握万物自身的规律，参与造化之进程，这正是我们所说的科学、技术，而庄子所说的"道术"。"人相忘乎道术"，也就是人以科学、技术改造世界，使世界与人融为一体——自然已不是单纯的外在"对象"，而是人的生活的一部分，就像水是鱼生活的一部分一样。

"鱼"通"水"性是天生的、自然的，而人通万物之性则要靠道术，靠科学、技术。人通过科学、技术掌握万物之本性来与万物打成一片，使自己以天地、四海为家，无往而不适；科学、技术使人"超越"自己的种族——超出动物、生物的种族，达到人之所以为人的境界。

人通过道术（科学、技术）掌握万物之本性，则不执着于人自身种属的立场，可以设身处地替万物"着想"，"我"不仅可以替"他人"着想，而且可以替一切"他者"着想，可以为日、月、山、川着想，能"知道"日、月、山、川的"习性"，在何种条件下，会有何种"动作"。人不必真的变成鱼，就可以"知"道鱼在水中很快乐，可以知鱼性，知水性，这一切，都靠"道术"，靠科学、技术，而不是靠"修炼"，把自己"变"成鱼，"变"成水。庄子的问题仍然是："庄周"（人）不是"鱼"，如何能知鱼（在"水"中）之乐，而庄子的回答也是"我知之濠上也"（《秋水》篇），而不是说"我"就"是""鱼"。人说，"我""看见"了，"我""知道"了。"理智的直观"乃是科学性思想的基础，凡有一个理智性的概念，必有一个直观性的对象相对应。

从科学性（及科学性的技术）方面来发挥"道术"，西方人的贡献甚大。科学性的思想（道术）有一个很大的特点，就是它的公共性、普遍性；就是说，它的理论、设想和技术，是原则上人人都能掌握的，是经过努力人人都能得到的"道术"。

"公众性"在古代希腊就有很深的社会基础。以中国传统的眼光来看，古代希腊社会可算真正的"小国寡民"。以古代雅典为例，方圆不大，人口甚少，也许相当于我国的一个村落。雅典人的生活主要是公众的，而不是私人的，所以亚里士多德才说"人是城邦的动物"，亦即"人是公众性的动物"。雅典城的私人住宅很简陋，但却有辉煌的神庙，因为这是公众聚会的地方，所以神庙的建筑没有屋顶，以便人多时空气流通；还有那繁华的集市，是苏格拉底讲学的地方。人们在一个小土丘（小山）上开会商议城邦大事，在空旷的地方演戏、体育竞赛，举凡商业、政治、学术……活动，都在露天公开进行。科学技术就是要说那人人都能听得懂、学得会的"话"，做那经过努力在原则上人人都能做得来的"事"。

科学的理论,在事实上固然并非人人都能懂得,但经过学习,都是可以学会的;科学的技术,包括如今的"高技术",尽管需要很专门的训练以及相应的高级的物质材料,但只要有这些主客观条件,在原则上也是人人可以参与、掌握的;但世界上确实有些"事",并不是人人经过努力都能做得来的。譬如,像某些艺术性的技术,也许还包括那哲学和宗教方面的悟性,也并不是人人都能很好地开发得出来的。把这种区别说得最清楚——可能太绝对了些的是康德,他说科学靠经验、学习,而艺术则靠天才,而天才是大自然的一种"礼物",不是非有不可的。我们可以说,世上必定会有一个牛顿这样的大科学家,而却不一定能说贝多芬是非出现不可的。人类拥有牛顿,是必定的;人类拥有贝多芬则是人类的"福气"。这个道理虽然到康德才说得相当透彻了,但这种现象、观念却古已有之。在古代,天才性技术不限于艺术,最早可能在原始巫术中就具有此种意味,所以巫师都是一些具有特殊"灵性"的人。

科学和科学性技术,不靠特殊的、个别的、偶然的"灵性",而靠普遍的、必然的"理性",所以古代希腊哲学自阿那克萨哥拉起,就重视"理智"——νοῦς,以补充、丰富传统的"精神"(ψυχή)。按传统,ψυχή 固然有很强的能动性、活动性,是"人"最有"活力"的部分,是"生命"之本,但它也可以有相当的"个别性",似乎每"个人"都有不同的"(灵)魂";但νοῦς(理智)却绝对不具有"个人"性,而是普遍的、人人"共同"的。正因为这样,当苏格拉底知道阿那克萨哥拉以 νοῦς 来解释万物时,高兴得不得了,认为似乎找到了放之四海皆准的真理,后来他不满于阿那克萨哥拉,也是因为他没有把 νοῦς 的观点贯彻到底。

作为欧洲哲学的摇篮的希腊哲学本是一个科学形态、科学体系,它要研究那最普遍、最一般的东西,它的"道理"(理论)也努力构造成最普遍、最一般的,从亚里士多德的"存在的存在",到黑格尔的"绝对"——"无限",似都离不开这个思路。

西方哲学特别重视起个体、个别性来,似乎是十九世纪以后的事;从一般思想的影响说,大概也是基督教思想深入哲学理论的结果。"个体"性思想的发展,使西方哲学传统有了很大的变化,"主体"之不可归约性、不可普泛性产生了现代西方包括基尔克特、弗洛伊德等一批强有力的思想家，直到当代之"后现代"思潮，使古典的普遍性哲学思想出现了严重的危机。

庄子的"道术"本也是很具有普遍性的，"人相忘乎道术"，原本也是希望人人都以"道术"为途径，大家共处于天地之间，和谐融乐，相忘彼此。不仅如此，老、庄的道也是先于天地万物、最为普遍、最为一般的东西，是万物之本，万物之"朴"。

不过，从后世的发展来看，老、庄的道似乎逐渐增加了"个别性"的色彩，"得道"似乎是某些特殊人物的特例，而难于普及于众人之间。"人相忘乎道术"似乎只要君主——统治者掌握道术，就可以使天下成为"治世"，人民在其间就自然可以得到和谐和快乐了。这样，对于自然和社会，只寄希望于某些特殊的天才人物——明君、英主，而相对地削弱了对自然和社会的科学理论体系以及对天下之事的科学管理体系和制度方面的研究，就不容易将人治转化为法治。

从这个趋向来看，我们真可以说庄子的思想具有较多的审美、艺术的性质——不在于他喜用寓言、比喻等文学笔法，而在于他的"道术"可以带有较重的"个体性"，可以成为一种特殊的"技艺"，而未曾成为一个科学的概念体系，人人得而学之；他的道术作为技术看，也有相当的特殊性。"庖丁解牛"原是一种科学性技术，建立在对牛的结构的科学知识基础之上，但在庄子笔下，却也已进入艺术的境界，常为艺术家作为范例来用。

科学讲必然之理，科学性之"技术"则讲必然之作用，尽管要达到这一点很不容易，在理论上也有许多问题，这是哲学知识论和科学（技术）哲学所关心的问题。西方的哲学，起初以为"推论"（逻辑）的必然性——a priori，不会有什么问题，康德提出"先天综合判断"，认为后天的综合性知识判断，也有必然性；但这个说法一直受到挑战，如奎因（Quine）认为分析与综合之分本身并不可靠，此后乱了阵脚，哲学知识论出现了重大的危机。但尽管如此，科学和技术仍在发展。西方进入高科技时代，如何进一步影响到哲学知识论的理论，尚待探讨。高科技如何对待（处理）"个体"的问题，亦正在更为深刻、更为严峻地向人们提了出来。高科技实际是"高技术"——技术也成了一门"科学"（technology），即原本带有经验技艺性的工艺过程，也成了具有更高必然性的推理、逻辑过程，使科学性技术与艺术性技术进一步分化，从而使技术在把普遍的科学理论转化成具体的现实时，带有更大的逻辑性、理论性、必然性。"具体"的现实世界更加显示出其逻辑的必然结构，而弱化了偶然性中体现必然性时那种"神奇"（巧夺天工）的观念。现实的世界通过高技术被科学化。

应该说，西方此种高科技发展，并不能穷尽人类世界一切之问题，不能平息人类无限理智之不断的发问，因此艺术、甚至宗教自仍有其一席之地，而哲学对此种无限理智本身之思考，更可借高科技之发展寻找到自身的现代新形态。

然而此时我们离庄周思想已经很远，当今世界之高科技、高技术和庄子的"道术"自不可同日而语；但在追根寻源的哲学层次言，我们离庄周的思想仍然很近，因为他思想中的问题如今仍然在不断地向我们现代人提出来：人不是自然地"适应"（"造"）于天地之间，而是通过道术，科学地、技术地"相忘"于天地之间。

关于"文物"之哲思

——参观台北"故宫博物院"有感

一九九三年五月随所内几位同事赴台参加"传统中国文化与未来文化发展学术研讨会",会后台湾主办单位邀请参观台北"故宫博物院"。在北京,大家忙于手边的研究工作,很少有时间去北京的故宫博物院,又闻台湾该院藏有不少文物珍品,所以参观时就格外有兴趣。

哲学家不是考古、文物专家,我本人对中国的书、画尚有些知识,其他则所知甚少,不过是走马看花,只觉得琳琅满目,美不胜收,却也说不出什么所以然来。

然而,哲学家对"文物"也有自己的思考,而且我们的所思、所想竟然和此次学术讨论的议题是密切相关的。

其实,"文物"已经成了一个哲学的问题,在这个问题上,体现着所谓"后现代"派与历史传统的重大分歧。福柯不是要把一切的"文献"(包括哲学的文献)都还原成古代的"实物"、"档案",从而将"历史学"还原为"考古学"吗?德里达说,人之所以要写书,为想传诸久远;但"书"只能说明"人"是"要死的",而不能说明"不朽",所以一切的"著作"都只是"遗嘱"。这些思想,当然都经过博学的深思熟虑,很有洞见的,但也不是没有讨论的余地。我们眼前面对的这些"文物",却使我们有另一种感想。

"文物"为"文化"之"物","人文"之"物",它与"文献"不同,"文物"侧重指物质产品,而"文献"则侧重指精神产品,但广义来说,"文献"

确为"文物"。

"物"本就是"物",为什么还要饰以"文"?我们看到的那些品类繁多的陶器、瓷器,虽有不少精美的花饰,但相当一部分还都是实用的生活用品,像壶、罐、盘等等,此时"物"前之"文",当不指那器皿本身上的花纹装饰。那末它们"文"在哪里?为什么现在的人不再"用"它们了,反倒由普通的"物",转化成为"文物"?为解决这个问题,我们可不可以设想和"后现代"派相反的一种思路,即不是把一切的"文献"作"文物"看,而是将一切的"文物"都作"文献"看,即随着"时光"之流逝,此类"物品"之"实质"性、"物质"性功能以及由之而来的"装饰"性功能隐去,而其精神性、文化性功能则显现出来,故而"物"成了"文物"。

其实,此种思路,并不是"新"的,而恰恰是"传统"的。我们并不再"用"古人的实物,那末"传"下来的是什么"统"?是精神性、人文性、思想性的"统"。

一、"文物"是"活"的

"文物"是"活"的,不是"死"的。我们常常说一种"过时"的东西,或过于"老式"的东西,说它"该进博物馆"了,好像进了博物馆的东西都是"死"东西,而我们身边日用的东西才是"活"东西。这个普通说法的意思,也有它合理的一面,说的是这些东西已不适宜于"参与"现实的生活活动了。但从文化的深层次来看,这句话又不尽合理。我想说,进博物馆的恰恰不是看重它的"死"的一面,而是突出它的"活"的一面,进博物馆的正是"活"东西。"博物馆"不是"坟墓",而"坟墓"一旦被"显现"(挖掘)出来,或可成为"博物馆"。

我们说"活"的东西,就是有"生命"的东西。"生命"有许多层次的意思,有生物学上的意思,有医学上的意思,也有哲学层面上的意思,而且哲学层面的"生命"的意义,又可以有多方面的展示。

"物"本来都是"死"的,但"文物"却是"活"的;并不是"物"真的"活"起来了,不是"物活论","物"因"人"而"活",是"人活论";"物"

是"死"的,"人"是"活"的。"文物"即"人"之"物","人文"之"物",所以它是"活"的。

然而,"人"不总是"要死的"吗?不错,这是自从古代希腊以来西方人一个很正确的信念:"人"是"要死的"。不过,"人""要死",但"生命"却"要延续"。"人"靠什么来"延续""生命"?靠"他人"、"他者",故也靠"物"。"物"比"人"长久;而从哲学说,"人"之所以为"人",是因为他"要死",而"物"之所以为"物",是因为它"不死","物质""不灭"、"永恒"。"人"只有借助"物",即以"物质"的手段,才得以"延续""生命",保存"自己"的"同一性"。所以"人""要死",而"文物"却可以"长久存活"。

"生命"之所以会"延续",是因为世上不只是"一个人",世上有许许多多的"人","生命"不仅在于自己的呼吸,而且还在于与"他人"的"气息相通","共同呼吸","生命"在于"交往"。

"交往"的一个重要环节在于"语言",叫做"交谈"。"人"与"人"的"交谈"是"有声的",而在这个基础上,尚有"沉默"的"交谈",即"思想性"的"交谈",后者往往比前者还要深刻些。

"人"会说话,"物"不会说话,但"文物"却会"说话"。"文物"展显一种"意义",这种"意义"不是"实物"本身所能涵盖得了的。我们看到的一方古砚,一袭衣冠,一个陶壶,都不是说一下"这是××"之所能穷尽的。这些"文物"不只是"告诉"我们它的名字和用途,它向你说的是很多很多的"话",可能还不断地在"说",它有"说"不完的"话"在"倾诉"。我们眼前的"文物"无不一一向我们"打招呼","邀请"我们与它交谈,以便"相知"。

然而,"后现代"派诸公会说,不但"文物"已无"发言权",就连白纸黑字的"文献"也已无发言权,因为它们的"作者""已死"。不错,"文章千古事,得失寸心知","寸心"已"死",则"评判权"总归在"后人",在"他人"。不过,我们普通的经验却告诉我们,"我们"(后人,他人)还是在"听""文献"和"文物"的"话",不能置它们的"倾诉"于不顾,就像我们不能置交谈对方的"话"于不顾一样。我们可以反驳它,批评它,评论它,但我们先得要"倾听"它。那种不顾"对方"所说,而妄加评论的态度,则为"武断"、

"独断"和"粗野",我们不能因我们的祖先不再会"申辩",就欺侮它。我们要"倾听"它们的话,然后才有"自""己"的"话","我们"的"话"尽管不同于古人,或与古人完全相反,却仍是正常之交谈和辩论、批判,而不是僭妄。

不仅如此,我们把"文物"放进博物馆,正是承认、保持它们总是有"发言权"。走进博物馆的后人、他人,必有一种庄严肃穆之态度,来"倾听"古人通过"实物"(文物)或"文字"(文献)所说的"话"。博物馆的建筑和设施,"迫使"你必得要采取"倾听"的态度。这就是说,"文物"有某种非宗教意义上的"神圣性"。

前面说到,古代希腊人认为"人"是一定"要死"的,只有"神"是"不死"的。希腊的"神",主要是荷马史诗的那些神,可以永远说话,做事;"不死"是神圣的"。进博物馆的"文物"就是突显那种"不死"性,但不是"神"的,而是"人"的。所以博物馆不是"神庙",而是"人"的"圣殿"。"人"到"神庙"膜拜一个(或多个)"异己"的"神",要体验那"永恒"的"生命",而到"博物馆"则"瞻仰""自己"的"圣物",体验那自身生命的延续。所以博物馆也不仅仅是"艺术的宫殿",参观博物馆不同于去剧场和电影院。

二、"文物"之"时间"、"空间"

"人"的"生命"要"延续","生命"本身就是"延续",而"延续"就是不能"切断",没有"空隙"、"空白"。我们说,"昨日之事譬如昨日死,今日之事譬如今日生",说的是"譬如",因为"方死方生",我们不能说在某一时刻我没(不)活着。"活"不能切断,"时间"是"绵延",是一个"流";"时间"之中没有"空间",没有"空白"的余地。从这个意义说,"生命"、"活"就是"时间",因而"人""时间地存在着"。"生命"、"时间"没有"边界",大概也可以是古代希腊的那个"ἄπειρον"。

"时间"的"延续"性,也就是"传统","传统"是"生命"的持续性。

"传统"不仅仅是(历史)知识性的。历史性的知识,侧重在历史"事实"（facts）之间的实际联系，是规律性的知识体系，"传统"则是"活"的知识，科学性的历史知识不能穷尽"活"的"传统"，它把已"切断"了的"事实""理"出规律来，对人们理解过去、处理现时、指导设计未来大有好处，是很要紧的科学；但历史科学不可能穷尽过去之一切事实，使之成为一个"生命"之"流"。只有如实地将"事实"回归到生活的"事件"（events），才是其实的"时间"，"事"才是时间性的"史"。我想：海德格尔强调 geschichtlich 与 historical 之区别，其用意亦在于强调"生命"中不断之"流"乃是"人"之存在方式。

当然，"物"是"占有""空间"的，具体的"物"都是"分别（割）"开来的。"物"有"空隙"，是可以"割切"的。然而，"物"之所以为"物"，又是"实"的，不是"空"的，"物"有"不可入性"。就整个"物质"言，亦并无"空隙"可言，凡被认为是"空"的，都有"物""填"进来，所以古代希腊巴门尼德有"不动的"、"铁板一块的""存在"之说。这是说，"物"是"死"的，"占""空间"的，而本身不是"空间"，不是"空"的。

"文物"作为"实物"言，当然是"占""空间"的，但作为"文物"又是"时间"性的，它是"生命"的"延续"的"媒体"，是"时间"、"生命"、"生活"的"物证"。就这个意义说，"文物""不占""空间"，而体现着"时间"的"延续"性。"文物"这种性质，就像"文字"一样，作为实际的"痕迹"来看，它当然是"占""空间"的，无论刀刻、笔写，都是实实在在的东西，但它又是些"符号"，意味着占空间的"线条"以外的另一些"意义"，而这些"意义"，则可以是"生命性的"、"活的"，如我国的书法艺术。

说到书法艺术，台北故宫博物院收藏着我国历史上许多真迹墨宝，去年在北京展出过一部分高技术仿真复制品，这次亲睹一些珍品，更是流连忘返，不肯离去。我看到褚遂良的大字"倪宽赞"墨迹，在端正之楷法中点划顾盼，浑然一体；而董其昌大小法书，分三室陈列，其凝重飘逸之势，有不可抗拒的力量。董书强调虚实相生，最得生命之理。论书艺者有"笔断意不断"之说，亦可谓得"生命"之真谛，贵在于"空白"处体会出"意""不断"的道理，是一种对"生命"的体验。

董书学五代杨凝式法，注重字间布白，留出较大"空间"，但却使通篇更加生气盎然。虽曰"经营空间",实为"统贯时间"。就"物理"观之,笔划亦空间布局,而就"人文"观之,则布局亦时间之流动。此种道理并不神秘,盖因人文之空间并非"空无",而同样也"意味"着"什么",亦有"意义"在,故就人文观点看,一切"占""空间"者(包括笔划、字迹、实物……),亦无不体现着"时间"之意味,即"生命"之"意味","延续"之"意味",可"连",而不可"断",实为连中之断,断中之连,从而有时、空之统一。

"后现代"派诸公反对"线形"、"连贯"之"时间"观,以此反对"思想"自身"一线单传",而强调"思想"在现实中之"地位"(方位),的确有相当的洞察和实际的意义;不过,将"时间""空间化"却正是西方传统之正宗,不入于希伯来之"线形"观则入于希腊之"圆圈"观。古代希腊人以"几何学"的样式,"描述"历史"事实",然后找出这些"事实"之间的关系,对过去的"事件"采取一种"客观"的记述态度,此种态度,已将活生生之"事(件)"化为一桩桩"事实",从而未及生命之经历,而使"历史学"也像其他"自然科学"一样,成为"思想"的"主体"对过去实在的"客体"的一种把握方式,虽不是抽象概念的理论体系,但仍是一种"事实"——"概念"之体系。"概念"是"思想"的"方位","事实"则是"历史思想"的"方位"。"方位"之间的关系,是逻辑和因果的关系,不是"自由"的关系,因而"历史"是逻辑的、因果的。这样,"历史学"和"物理学"在原则上是相同的,它们的"模式"都接近"几何学","历史"不但是"记述性"的,而且也是"推理性"的。

"后现代"派不赞成把"思想"理解成自身封闭的,好像现在的西方一切"思想"都可以从柏拉图那里"推演"出来似的,而强调"思想"受"现实"的影响和决定,是由现实社会各种条件制约的,因而就"思想"自身发展来看,是"断",不是"连","现实社会"是"思想"的"切断面",这当然是很好的见解,但问题在于他们理解的"现实社会"也是一个"空间"层面,或"考古""层面",而不是"时间"性的连续发展,因而不是"活生生"的"社会现实"。这一点他们自己当然是很清楚的,他们并不讳言要把"活东西"当作"死东西"来把握,因为一切有关"人"的东西,本都是"已死的"或"要死的"。他们的思想很明确,他们认为只有一种"科学",一切"科学"都带有

"空间""方位"性,因而"人文"性、"时间"性本身,不能成为一门"科学","活"的东西,不能成为一个"科学""对象"。我觉得,这些思想固然很值得重视,但它不仅不顾胡塞尔为建立"人文科学"之呼吁,抹煞西方从古代希腊以来众多哲人探索把握"活"东西的杰出的努力,而且也不尽符合今人面对过去、现在和未来之实际体会,而有将思想与现实、时间与空间关系简单化之嫌。

"文物"作为"文物"之存在,而不仅仅作为"(历史)实物"之存在,是此种"时间"性、"生命"性事物存在之"明证",它不是作为"推论"的"环节"或"事实"的因果而存在——如某古砚为某种上好"石质"制成等等,而是作为"过去"的"目击者","注视"着"现在"和"未来",保持着自身的"发言权"。"今人"要"知(道)""过去",要"设计""未来",必须"倾听"这些"目击证人"之"诉述",和它们"对话"、"讨论"。这些"倾听"、"对话"、"讨论"……是"时间"性的、"连续"性的,虽有实际之"停顿",但"意思"(意义)是"相连续"的,亦可谓"话(笔、声)断意不断"。

于是,"文物"对现今的人言,就不仅是一个"科研对象",而且可以并应该是一个"活"的"交流"的对象。

所谓"交流",是双方的、双向的,就是说,对话、讨论的双方,经过对话、讨论都可以"改变"对方。"文物"如果作"死"的"实物",则当然不会经过"对话"、"讨论""改变"的,除非你把它打碎,它仍是那个实物,然而"文物"所显现出来的"人文性""意义"——"文化"的"意义",则随着"对话"之不同,而"改变"着。"文物"亦"改变"着"自身"。

"文物"这种"时间"性的"意义"之"变化",并不是"观赏者""强加"给它的,不是"赋予"它的,而是通过与"观赏者"的"对话","自己""改变"的,因而"改变了"的"文物"的"意义",仍有相当的"客观性",并又以此来"说服""观赏者(对话者)"。

所以,所谓"文物"的"时间性",尚不仅在于日月风霜之磨洗"痕迹",还在于作为"文化"和"人文"之"物"所要向我们"说"的那些"话",即所要向我们"显示"的历史性的"意义"。这种"意义"通过"对话"、"交流"而"显现",而"改变"。"文物"的"变化"本不在"实物"所"占""空间"

的"改变",甚至它可以在所"占""空间"未变的情况下,"改变"自己的"意义",因而是在"时间性"的"流变"之中;"文物"之"意义"本不"在"(占)"空间",而"在""时间",故"文物"作为"实物"所"占""空间"亦不能"割断"它作为"文化"、"人文"之"物"的"时间",这也可谓一种"'物'(笔)断意不断"。

三、古典哲学之精神价值

于是,我们又回到了前面提到过的那层与"后现代"派相反的意思:从哲学的观点看,不仅不该把"文献""还原"为"文物",而且只有把"文物"当作"文献"看,"文物"才成其为"文物"。

"文献"是古人留下的"精神"产品,以"文字"的形式保存下来,本意为使之"传诸久远"。"后现代"派批评这种想法是迷信"精神""不朽",因事实上古人(作者)之"原意"已不可考,而对于"文献"作为"遗嘱"之"解释权",则在受变化了的社会条件限制的后人(今人)手中。"文献"不能"保证""人""不死",恰恰"证明"了"人"是一定"要死的"。这种见解,言之凿凿,很有说服力,而且也正符合古代希腊人所坚信的正确的科学观念:"人"是"要死"的。

然而,希腊人尚有一种在科学思想指导下的"人文精神",即"人"固是"要死的",但"人"之"思想",则是"普遍的"、"永久的"。希腊人此种观念,在最初确有"灵魂不朽"甚至"灵魂轮回"的迷信色彩,但它也指明了,"人"只有由"思想"、"精神"才能"传诸久远",从而提供了从科学上而不是从宗教上"理解""精神不死"的可能性。

所谓"精神不死",不是说某人有一个特别的"灵魂",在这个人身躯死了、烂了以后,这颗"灵魂"还继续存在等等;"精神不死"可以被理解为作为"精神"存在形式的"文献",仍保持着"生命力",仍在"时间"中运作,仍有着相当的"发言权",而且也可以经过"对话"、"讨论""改变""自己"的"意义"。所以,我认为,作为"精神产品"的"文献",特别是"哲学"性"文献",是"活"的,不是"死"的。

"精神",在古希腊语初为ψυχή,后来有更为理性化的νοῦς,在英语为spirit,在德语为Geist,都有"活力"、"能动"的意思,是富有"生命"的;而德国人在近代着重对Geist的研究,从黑格尔的"Absolut Geist"到狄尔泰的Geisteswissenschaft,贯穿着哲学中之古典精神,我想是不该抛弃的。

西方现代对黑格尔哲学的批评一直很猛烈,他的学说有许多该批评的地方,这是毫无疑问的,尤其是他把Geist作为"绝对的体系",以希腊"圆圈"式"时间"观念和"逻辑"体系结合起来,成了一个"封闭"性的唯心论体系,纰漏很多;可是他强调Geist之能动性、活动性,从Geist来重建被康德否定了的希腊"理念论",在理解Geist之"生命性"、"时间性"方面,则尚有启发作用,仍应受到一定的重视和研究。事实上,黑格尔的"精神现象学"乃胡塞尔现代现象学之先河,以及他的"精神哲学"为狄尔泰以及现代"解释学"之前驱,则亦需进一步之检讨。

现代西方哲学,特别是现代欧洲大陆哲学,重视研究海德格尔,的确颇有眼光。他的从Dasein理解Sein,强调时间性、有限性、历史性之存在,或亦来自于黑格尔,为与黑格尔"具体共相"这一思路"对话"之产物,他批评黑格尔Geist之绝对性,则更贯彻其历史性、时间性、有限性思想,亦颇具创新价值;但他着重Dasein之具体性、有限性、"要死性"固为希腊正宗,而在"精神"之"连续性"方面,则颇少顾及,从而只见"思"之"具体性",而未充分考虑"思"之"普遍性",未充分讨论"思(想)"、"精神"之世代"相续性",此点固然为他的学生伽达默尔有所补充,但也已开"后现代"派"思想""断裂"之风气,并从"要死性"引发出了比较悲观的心态来,则离希腊精神已远。

与海德格尔同时尚有尼古拉·哈特曼,他的学说虽然显得守旧,但他承继古典哲学之传统,强调"精神"(Geist)本身作为哲学知识之"对象",不失继黑格尔、胡塞尔之后,建立"人文科学"("精神科学"、"活的科学")之一种继续之尝试。

从柏拉图、亚里士多德哲学以来的堪称"哲学"之著作(文献),都体现着一种活的、能动的"精神"和"思想",说它们体现的"精神"和"思想"是"活"的,是指这些著作总是在"邀请"你和它们"对话"、"讨论",甚至

"挑动"你跟它们"辩论"。说这些"著作"的"思想"、"精神"是"活"的，并不是说，它们就一定是"正确"的，恰恰相反，它们往往是"不正确"的。"对"、"错"与"死"、"活"说的是两回事。"对"、"错"是"空间"性的——"对位"、"错位"，而"死"、"活"则是"时间"性的。

  柏拉图距离我们已有两千多年，怎么又有"连续性"、"不断性"呢？我们与两千多年前的"古人"又如何有"生命"之"延续性"呢？我们读柏拉图的书，和书里的"思想"交流、对话，这就是"生命"的"延续"的最根本的意思，因为这种对话、交流，仍是"活"的"交往"，是"生命"的"贯串"，是"气息"之"相通"，是"无间"的，"切"不"断"的。当然，对于包括哲学著作在内的一切"文献"，也可以作"事实"性的"研究"，这则是一种历史科学性的态度，而不是哲学的态度。哲学所要求的，不仅仅是一些"死"的"知识"，而且更要求一种"活"的"知识"。"活"的知识乃是"交流"、"讨论"，是"两相知"。对于这种交流、对话，是任何空间、物质的力量——包括"人"之"死"在内——所"割切""不断"的。这就是我们中国人说的"天涯若比邻"、"心有灵犀一点通"。

  我想，整个古典哲学的精神就在于发扬这种时间性、生命性、连续性，因而也在于发扬这种"传统性"。"人"是一定"要死的"，这是真理，但"人"生活在"传统"之中，"人"的"生命"依靠着各种媒体世代"相续"，也同样是真理；历代的哲学性"文献"则是这种时间性、生命性、历史性的比较直接的表现，而文化性、人文性的物品（文物），则以"实用物品"或"装饰物品"的方式来表现这种时间性、生命性和历史性。将"文物"作"文献"——特别是哲学性的"文献"观，则"文物"隐藏着"文字"，"等待"着"读者"；而"读者"也是"对话者"、"交谈者"，故不是被动的，而是主动的。对话、交谈的双方都是"主动"的，或说得精确些，是既被动又主动的，所以"时间"、"历史"、"生命"、"传统"又是"流变"的、"创造"的。

谈谈学习哲学的一些方法问题

今天第一次同大家见面,首先对大家准备献身于哲学研究事业的精神表示钦佩。长期以来由于种种原因,对哲学有些误解,以为学哲学的人只会说空话,没有什么真才实学,因而青年人不大愿意学,就是我们搞了多年哲学工作的人,也有点"自惭形秽"。这种情形不仅中国有,就欧美国家来说,似乎"哲学"这门学科也遇到不少麻烦。当然,他们的问题更多的是在理论思想方面,譬如支配西方当代思潮的两大流派——分析学派和现象学学派,似乎都已经从否定传统的形而上学哲学走到了否定哲学本身的地步。所以,如果说我们的哲学有点"贫困"的话,他们则真的发生了"危机",反正都有不少问题。在有种种困难的情况下,大家有勇气去迎接这些困难,这种精神自然是应受到鼓励的。话又说回来,哲学的确是值得我们为之献身的。它要人们去探索、思考宇宙人生的最根本的道理,这些道理当然是很值得探讨的。有一天中午,我们所里一位年轻同志买了方便面来吃,大家都感叹其生活之清苦,我说,你嘴里吃的是方便面,心里想的却是萨特提出的那些问题,也可聊以自慰了。因为他当时正在写一篇论萨特美学的文章,所以才有这句开玩笑的话。不过,实在说来,我们长期以来正是在这种思想的激励下坚持进行自己的工作的。

对于这一点,我想我们大家的体会是共同的。大家到这里来是为了作进一步的学习的,因而主要的问题还在于如何学习哲学。今天就围绕这个题目谈一点个人的体会。

第一个问题,我想讲讲,"如何学习哲学"这个问题是和哲学这门学科本身的特点密切相关的。也许这个问题的提法有一个毛病，因为哲学作为一门学科的特点是要学了以后才知道的，不能在学习之前先围绕学习方法问题打转转。克服这个毛病，就用得着我们这些年纪稍大的人，因为我们学习的时间比你们长一点，所以就有点经验可以告诉你们，供参考。

我个人感到，哲学作为一门学科，与其他一切学科一样，都有两个方面的特点：一个是活的方面，一个是死的方面。这就是说，有创造性的一面，也有技术性的一面。但就根本上来说，应该承认，哲学是一门活的学问，而不是技术性的学问。

我们知道，哲学要探讨宇宙人生的本质，但这个"本质"不是一个现成的东西，不大可能像指出"这是杯子"那样把这个"本质"指出来了事。当然，我们可以说，"世界是物质的"，这当然是正确的，但仅仅这一句话不等于全部哲学。这句话需要展开，因为这个"本质"不是死的，而是活的，它本身是在运动、变化、展开之中，所以哲学所研究的是一个活的源头。我觉得，这就是从古代希腊以来对本源问题的探索。围绕着这个问题，就有许多的学派和学说。

从这个意义上说，哲学所要研究的活的源头是需要每个人自己去体验的，别人代替不了，就像别人代替不了你吃饭一样。所以，从某种意义上说，哲学是不能由别人现成地教给你的。别人无论多少遍地告诉你哲学是怎样怎样的，你还是不能知道哲学到底是怎样的。要真正知道哲学是什么，必须自己去思考。

不错，我们有许多哲学书籍，许多大哲学家留下了自己的著作，可供我们阅读学习。但是，"读了"这些书，不等于"懂得了"这些书；"认识了"书上的字，不等于"懂得了"它的意思。什么叫"懂得了"？"懂得了"就是领悟了书上的意思，也就是要跟着这些大思想家、大哲学家，自己也去"想"一遍。我们读的书只是一个"引子"，引导读者去"想"书上提出的问题；书上写的只是一个启发，启发你与它一起去"想"。当你"想"通了的时候，你就弄"懂"了。当你真的"懂"了的时候，你也就快"征服"它了，因为你有了你自己的思想。哲学的书往往很难读，但当我们真的读"懂"了的时候，就感觉有"原来如此"、"我可把它看透了"这一类的感想。"看透了"就是使它显出本来面貌。就像在一些神话故事中，无论多么可怕的"妖怪"，一显出"原形"，不就被制服了吗？

所以，我们来到研究生院，首先就是要学会"思考"。读书要自己思考，听老师讲课也得自己思考。哲学领域里的师生关系，最不能是我们传统的"师父带徒弟"的关系；学哲学不像学技术，只要学会一种手艺，就可以重复做出许多产品来，供大家使用。哲学领域里的师生关系，只能是一种思想交流的关系。所以在古代希腊，师生之间都采用谈话、讨论的方式。后来逐渐地由于意思复杂了，系统性加强了，就采用讲课的方式，但至今欧美的研究院仍以讨论为主。无论什么形式，师生的关系都是一种"对话"的关系，都应该鼓励、提倡师生之间的讨论、辩论、争论。

在这个意义下，如果说我们搞哲学也要有什么"训练"的话，那就是思想的训练，练习去"想"那个"活的源头"。因为它是"活的"，所以我们要永远想下去。

与此同时，我们哲学学科也有一些"死"东西，也需要我们花精力去掌握。哲学领域，出过许多专家学者，有自己发展的历史；要熟悉这些，需要下一点死功夫，积累一定的知识。另外还有一些技术性的东西要学，譬如逻辑这门课，就是我们必须认真学的。逻辑不能代替你去思想，但能给你的思想提供有力的工具。工具在进步，从传统逻辑到数理逻辑是一个很大的进步，这个新的工具，我们学哲学的人一定要努力去掌握。在这方面，我们比西方哲学家要薄弱，这是应该引起足够的重视的。

在这里，我还很想强调一下死功夫的必要性和重要性。前面说了，哲学是一门活的学问。学哲学需要一定的"灵气"和"天才"，但在某种意义上，"天才"是可遇不可求的。"天才"好像一件礼品，有人送了你，固然很高兴，但人家不一定送你。所以学校不是培养天才的地方，而是培养人才的地方。天才不是教出来的，人才却可以教出来。我时常想，学哲学有时有点像学艺术。譬如学音乐，一定需要有灵气，需要天才，但它的训练也是非常严格的，学音乐的人都能说出一大堆甘苦。学哲学也需要一定的灵气和天才，我承认并不是人人都适合从事哲学工作的，但它的训练也应该是严格的。有的年轻人觉得学哲学就靠脑子活，不肯下死功夫，这是片面的。我要告诉你们，你们在这里学习期间可能或应该把大部分的时间花在下死功夫方面,按照各个具体专业的要求,扎扎实实地下一番功夫。把基础打坚实了,上面才能建高楼大厦。像我这样年龄的人,因为种种原因,基础是很不够的。我自己在工作中时常感到,好像房子虽也盖了好几层楼了,但下面的砖并不实在,总怕房子塌下来,常要去补那些基础部分,这实在是很苦的事。这种返工现象,虽说有时难免,但愿你们以后能少出现这种事。

你们进了研究生院,谁也不能保证你们都成为"天才的"大哲学家。要真的出来了,我们引以为荣,但连一个这样的天才我们也不敢保证出得来。不过,我们要尽力使你们成为哲学方面的人才,要在专业知识和思想水平方面使你们成为世界哲学行列中的一支劲旅。这一点是我们应该共同做到的。

第二个问题,我想在学习方法上更具体地提出一点意见。这个意见可以概括为下面两句话,即同时重视纵向和横向的学习,同时重视正向和反向的学习。

所谓纵向学习,就是哲学史的学习。横向学习,是指与哲学交叉的学科的学习,意思是强调学习的面要广一点。

哲学史是一定要重视的一门课,但哲学从古代希腊算起,也有好几千年的历史了,从何处入手?按时间顺序学下来固然重要,但我建议不妨把重点放在德国古典哲学这一段。解放以来,由于配合学习马列主义的需要,我们哲学界对德国古典哲学投入了比较多的研究力量,资料比较丰富,也易于找到讨论、交谈的老师和同行,这些都是便利条件。但我觉得,主要的还在于德国古典哲学的学习有助于训练我们哲学思维的能力。现在不少年轻人往往愿意从现代哲学入手,这当然也是无可厚非的,有的人在这方面取得了不少成绩更是应该肯定的。但是,事情有个前因后果,思想也有个来龙去脉。现代诸哲学流派是从古典哲学诸家那里发展出来的,现代诸家都是在与他的前人"讨论"、"辩论"中得出他们自己的思想的。譬如海德格尔就不仅跟胡塞尔学过、讨论过、辩论过,而且也和尼采、黑格尔、谢林、康德、笛卡尔等(的书)仔仔细细地讨论过。他那本《康德与形而上学问题》,是被公认为即使在康德研究的学术性上也不算弱的。把这本书与他的主要著作《存在与时间》配合起来读,对了解他的思想是有好处的。如果没有德国古典哲学的训练,要想真正弄懂海德格尔大概是不容易的。现代西方的另一种思潮——分析哲学，表面上看起来与德国古典哲学完全不同，但如果我们从哲学的精神上而不是从逻辑技术训练上来研究这个学派，就可以看出他们的一些代表人物同样也在想着一些与古典哲学共同的哲学问题。譬如维特根斯坦与康德哲学的关系，我就一直认为是个很有趣的问题。

另一方面，我觉得强调一下横向的学习也是有必要的。我认为，学哲学的人不妨兴趣广一点、甚至杂一点，这是有好处的。前面说了，哲学归根结蒂不是一门技术，它要探讨一些本源性的问题，这些问题应该说是渗透于万物之中的。它不像具体经验科学有一个具体事物作自己的对象，学好了就成为某一个方面的专家。哲学家不是这种类型的专家。正因为它的问题几乎是无所不在的，哲学就需要相当广阔的知识。也许我们可以说条条道路通哲学，每一门学科的研究深入了，都会碰到哲学性的问题。爱因斯坦晚年就是通过物理学而想到一些哲学问题的。但无论如何，都要从某些方面积累相当的经验知识以后才能作哲学的概括。所以我们研究哲学的，要对较多的知识领域有兴趣，才有利于自己的哲学思考。

不错，知识领域很广泛，学科很多，有一些和我们的习性相近的，有一些则与我们的习性相反。对习性相近的学科自然会有兴趣来学，但对一些与自己习性相反的学科，也需要耐着性子来学，逐渐地培养兴趣。这就是我想说的，不仅要有正向的学习，也要有反向的学习。人总不能完全由着性子"野长着"，一般情况下，还总要"勉强"自己做一点事。吃东西不能尽挑自己爱吃的；不爱吃的，为了营养的全面性，也得吃一点。说来惭愧，我在哲学系读书时，系里分成自然科学、社会科学和逻辑三个专业，我当时感到自己不大容易把自然科学学进去，为了克服这个缺点，就选了自然科学专业，一年级数学还得了 90 分，可是二年级物理就得了 70 分，三年级化学就只剩下及格了。工作以后似乎就更没有机会填补这方面的缺陷。但我是不甘心的，计划还要补一补，至少数学和物理要补一补。

的确，哲学是比较"活"的学科，正因为如此，我希望你们都要有一门比较"死"的学科来平衡一下才好。这里的"死"、"活"没有褒贬的意思，而是讲特点。譬如学一门数学，做做练习；哪怕学一门历史，把史实拿来作一点考据也好。一方面是增加知识，一方面也是磨练磨练性子，规范一下自己的思想，不要过于"天马行空"以至失去控制。

这方面倒有一个很好的学科可以训练我们，就是语言。这也是我要讲的**第三个问题**。

思想与语言的关系是一个哲学问题，不容易马上讲清楚。这里只是从作为工具的角度来谈，我希望大家对语言要培养一定的兴趣。语言包括汉语和外语。不要以为汉语就不成问题了，我们有些青年同志的汉语水平实在是亟待提高。往往是有好的"意思"，却说不出好"话"来。我们学哲学的，在文字方面不必像文学家那样有很高的修养，但也总要文理通顺，用词得当才行。这要求我们也要有一点语法和修辞的知识，这种知识对训练我们的思想也是有好处的。

这里重点想讲讲学外语问题。这方面的重要性是没有人否认的，但要学一种非母语的语言，开头是很要"勉强"一番的。我学英语的时间很长了，小学三年级时学起，入大学放下了，改学俄语，进研究所又把英语拣起来。所里许多老师都教过我们，还到外面去学过，但始终在"勉强"着自己。"文化大革命"时无事可做，才踏下心来学。学外语别无他法，就是专心致志，持之以恒。学到一定程度后，你就会发现，原来你还是很喜欢它的。

为了学外语，我们也"总结"过不少方面。譬如选一本专业书来查字典硬译，这是我们的老师们比较普遍的意见，这样见效快。但我觉得，还是采取"取法乎上"的态度，才能适应我们这个时代的要求。什么叫"取法乎上"？就是不要限于只能阅读或翻译专业书籍，这样可能快，但不扎实，还是应按搞外语的那套办法按部就班地学，从四会（听说读写）着眼。即使这样，我们也成不了外语专家，但也就够用了，这就是"得乎其中"。我在美国时和复旦大学一位英语老师同住一个单元，他是英语专家，我常向他请教。当时我为自己听力不好而发愁，他说你一个字一个字地边听边写，听不出的空着，听第二、三遍时补上，实在不行再去对原文或问我。我就这样试验着听新闻广播，觉得很有用。他告诉我，他在复旦就教过几年这样的课程。现在学外语的条件很好，有许多的工具书、教材和录音带，电视和广播都有固定的节目，希望你们趁着年轻，充分利用这些条件。生活语言是个源，专业（如哲学）语言是从那里派生出来的。基本的生活语言掌握了，对读专业书也有好处，你就不仅能了解书上的基本意思，而且更能体会出比较细微的意思，也许这就叫一种"语感"吧。有没有一点"语感"，对理解对方的意思是很有点关系的。

学习外语，对于学术上交流的意义，当然也是重要的。你们将来都有这种交流的任务。讲交流，当然外国人也应该学中国的语言，不过在学术界，用一种共同了解的非母语来交流思想，也是一种文化教养的表现。

学外语要像交朋友，不能总是泛泛之交，而总要有个把知己的好朋友、熟朋友。至少要有一种外语能够熟练到一定的程度，要能多年不见而一旦见面仍不觉陌生才行。

最后，但应该说是最重要的一个问题，就是希望大家一定要重视马克思主义哲学的学习。这不仅从政治上说是很重要的，而且对于我们哲学研究本身也是很重要的。

马克思主义哲学是人类哲学史上的大变革，是总结了哲学历史发展的革命性的产物。我们要联系到这个哲学历史的发展来学习马克思主义的活的精神实质，当然就不是把马克思主义哲学当作教条来学，背诵一些经典著作上的话来到处套用。我们要用马克思主义的立场、观点、方法来研究、处理问题。不仅对新问题作新处理，也可以或应该对老问题作新处理，因为哲学里的问题是"活"的，是不断向你提出来的问题。

当然，马克思主义哲学也要发展。如何发展？已有不少这方面的专家提出了建议。就我自己的体会来说，我们对马克思主义以前的一些主要哲学思想有过一定的研究，对马克思主义如何从哲学的历史发展、特别是德国古典哲学的发展中变革出来有一个基本的了解，但对马克思主义以后当代哲学思潮的发展线索，就不太清楚。马克思主义哲学要进一步发展，就要同左右当代西方哲学思想的诸家，如罗素、杜威、维特根斯坦、胡塞尔、海德格尔等人，进行对话、讨论、辩论、争论，一句话，要和他们的思想交锋。这几年，我们搞哲学史的同志已开始在这方面做了一点工作，当然还谈不到有多少成绩，但相信这个方向是对的。

我们学习马克思主义哲学，还有一个思想的改造问题。说起"改造"，人们总有点"谈虎色变"，但事实上，哲学的研究，就是一种思想改造的工作。

前面说过，哲学是研究宇宙人生之活的本质和源头的。对这个本质的把握，能使我们在精神上、思想上有一个依靠，有一个"安身立命"的"寄托"。从这个意义说，哲学的研究，就是要提高我们对宇宙人生意义的觉悟，是一种启发觉醒的工作。

现在，有些同志很强调我们中国的传统，这当然是正确的。我们是有几千年文明的古国，妄自菲薄是一点道理也没有的。但是，有一点我想是颠扑不破的事实：从我们的传统（无论儒、墨、道或其他）上是产生不了马克思主义哲学的。因此，我们的任务就是要学习马克思主义哲学来改造我们的传统，改造我们这个民族的传统思想，从而创造一个新的传统。过去有过"中学为体，西学为用"还是"西学为体，中学为用"的争论，我想如果一定要套用这个说法的话，也许可以说"马克思主义为体，兼学中西"。

哲学是时代精神的反映。我们献身于哲学事业，并不仅仅以"哲学"作为一个职业，作为一个谋生的手段；我们是为求真理才研究哲学的。艺术要为人民树立美的典范，哲学也要为我们民族在精神上树立典范。研究马克思主义哲学、以马克思主义哲学的基本精神来发展与古今中外各大家的对话、讨论，以求我们民族之新生，使我们的民族在精神上有一个新的面貌，这就是我们哲学研究工作者共同的历史使命。

（注：本文为在中国社会科学院研究生院哲学系的一次讲演。）

历史性的思想与思想性的历史
——谈谈现代哲学与哲学史的关系

研究哲学史的人突然从古代跳到现代研究起当代西方哲学而又不甘心承认是赶浪头，则需要解释几句。

本来，"当代哲学是哲学史发展的结果"这句话是大家都会同意的，因而在一般意义上并无人否认当代哲学和哲学史的联系，但如何进一步理解这句话，使研究当代哲学和研究哲学史的人都感到这两个学科本不可分而相互有一种内在的吸引力，则还需要更深一层的思考。我们曾经说过，这个问题在西方的哲学界，同样存在着。他们的古代哲学史专门家们从不注意尼采、胡塞尔、海德格尔诸家对古代希腊哲学的意见，就是一个很突出的例子。

从哲学史的研究来说，我们需要研究现代哲学，不仅是研究当代诸家对哲学史诸家的直接论述中所表现出的意思，而且要从整个思想系统上来研究它们的关系。譬如研究柏拉图，就不能忽视胡塞尔的现象学，因为胡塞尔认为只有他的现象学才把柏拉图的"理念"说清楚了。"理念"的确不是科学、经验知识的范畴，但也不是康德的"意志自由"、"上帝"和"第一因"，不是黑格尔的"绝对"，而是"本质的直观"、"事物自身的显现"，是事物本来的"意义"（Bedeutungen）。我们作为"人"来"看"世界，说这是人、手、足、刀、尺，并不一定要具备"人"、"手"、"足"、"刀"、"尺"的分门别类的科学知识，我们只指它们的"意义"，它们是"理念"。我们睁眼所"看"的世界，不仅是"感觉"的世界，而且是"意义"的世界，亦即"理念"的世界，这是最纯粹的、最普遍的体验,但却是最为真实的,最为根本的,"理念世界"就是"真理的世界"。这是柏拉图当初提出"理念"论时的本义。我们对"人""手""足""刀""尺"的知识可以不断变化和深化,但这些事的"意义"(理念)是不变的。这些意思是胡塞尔揭示出来的,我们研究柏拉图哲学思想的人不能充耳不闻。

海德格尔发展了他老师胡塞尔的思想,认为这个"本质直观"的"理念"仍不是最最本源性的,"这是人……"在"人""手""足""刀""尺"之前还有个"是",即"存在"的意思。"存在"(Sein)根源于"Dasein","Da"是万物分化之前的更为本源性状态,所以海德格尔的思想就指向了柏拉图之前的"前苏格拉底"时期:他的重点就由"理念"转向"生长"(φύσις),就是我们通常根据亚里士多德的说法称作"自然哲学"的这个"前苏格拉底"时期。研究这个时期的哲学思想,也不能对海德格尔的意见充耳不闻。我在做这段研究时只注重哲学史专门家的意见,未能重视包括海德格尔在内的哲学家的意见,应该承认是一个很大的缺点。

我们看到,上述两位哲学家对古代哲学的意见并不是即兴式的感想,而是他们整个哲学思考的一个环节,甚至可以说是核心的环节,因此要了解胡塞尔对柏拉图的看法,必须了解他的现象学的全部思想,要了解海德格尔对"逻各斯"、"生长"、"思想与存在同一"的看法,也必须了解他的存在哲学的全部思考才能真正把握。

从这里,我们可以得到一个启发:对于一个哲学家来说,对于真正的哲学思考来说,哲学和哲学史是不可分割的。专业上当然应有所分工和侧重,但从根本上来说,所谓当代哲学和哲学史是不可分的。对胡塞尔或海德格尔来说,他们研究柏拉图或巴门尼德不是作专门的历史学的研究(当然也包括了这方面的研究,如海德格尔对关键性"字"的辞源式的研究),而是当作一个问题来思考,因而对柏拉图(所提出的问题)的思考,是和他们的全部哲学思考分不开的。柏拉图、巴门尼德对他们来说,不是死的史料,而是活的思想。

于是,也许我们可以说,哲学是哲学问题的历史性的思考,而哲学史则是哲学问题的思考的历史。如果不把哲学史当作一门死的学问,而是当作一门活的学问,那末哲学和哲学史是不可分的。哲学史是思想(性)的历史、哲学是历史（性）的思想，因此，研究现代哲学同样离不开哲学史的研究，即对哲学问题的历史性的思考。

哲学发展到近代，从培根、笛卡尔、康德起有一个很大的变化，特别是康德开启了分析和综合的两大方向，而就后者言，是以黑格尔的绝对唯心主义为古典哲学的历史高峰。但古典的精神和现代的精神被认为是很不相同的。现代现象学派固然和分析学派相对立，但在反对以黑格尔为首的绝对主义古典哲学——形而上学这一点则是共同的。

然而，我们看到，现代的与古典的哲学精神之间仍然有一种历史性的联系，尽管这种联系带有某种变革的性质。

康德在感性和理智（知性）之外，为纯粹理性留下了余地，严格划分了科学的经验知识和超经验的理念的界限，这种思想，经费希特、谢林到黑格尔，超经验的理念由实践性的道德律，发展成思辨的概念（绝对），仍然保持了感性、知性和理性的三分法。这种三分法意味着：哲学家们不满足于经验科学式的思维方式，认为哲学应有更为根本性的任务——以黑格尔为代表的这条思想路线认为，理性是高出于感性和知性对立的更为本源性的思维方式。

被分割了的、支离破碎的经验范畴不适合于对宇宙人生的本源性的把握——这一点所谓现代精神与古典精神是没有分歧的，问题在于是以何种方式来理解那个更为本源性的层次，在这里那位与恩格斯同时听过谢林的课的丹麦的基尔克特以"存在"（Existenz）颠覆了黑格尔的"绝对理念"，要以一个更为生动、直接的东西代替黑格尔的思辨式的概念。这原本是古典精神向现代精神过渡的一个必然的趋势，所以基尔克特终于被发现，他的"存在"被引入胡塞尔的现象学，从海德格尔经过雅斯贝斯到萨特，现代存在哲学完成了自己的历史进程。现代的"具体的共相"不是概念（观念）而是"存在"。我们不能说"存在"是"物质"的，也不能说是"精神"的；不能说是"身体"的，也不能说是"心理"的；不能说是"感性"的，也不能说是"理性"的，因为"存在"是"物质"与"精神"、"身体"与"心理"、"感性"与"理性"分化之前的本源性的状态，是一种理论上、历史上的原始状态。这种状态是"先验的"，即是"先于"一切"经验科学"而建立的，人在学会各经验学科之前已经"存在"，已经在"思想"、"说话"、"工作"（活动），已经不同于其他动物；

但这种本源性状态不是"先天的"（a priori），因为"先天的"逻辑的必然性是逻辑学的范围，从而已是学科分化以后的事。"存在"的引入，在哲学思想方面引起的变化，甚至在哲学著作的形式方面也很明显。"存在"不是"概念"，于是适合"概念"的逻辑体系被解体，哲学不再是思辨的、体系性的，不是"概念"的推演，而是对"存在"的总体式的把握。古典的哲学从内容到形式被认为已经终结，甚至哲学作为学科分化后的一门学科（形而上学）也被宣告完成历史使命；但是"存在哲学"所强调的思想的"路"，却是从古典的哲学到现代的哲学这样"走"过来的。他们的一个思想前提：要在以感性与理智对立统一为特征的科学知识之外（或之上）寻求一个更为本源性的世界，则仍是古典哲学本已确立了的。

因此，在现代哲学强调自己的变革性、独特性时，历史也从未被割断过，这一点，左右现代西方哲学思潮的诸大家们也从未讳言。海德格尔晚年以黑格尔的"经验"概念为题，开课专门逐段讲解黑格尔《精神现象学》的前部分，从"绝对概念"哲学中撷取"经验"（经历）来讲"现象学"，不能不说的确有一种历史性思考的意味。

这样，我们才说，不但研究哲学史的必须研究现代哲学，而且研究现代哲学的也必须研究哲学史，这种"必须"，还不仅仅是一般意义上的知识性的必须，而且是一种哲学性的内在性的必须。

哲学的这种"必须"，与哲学问题本身的特点分不开。哲学研究宇宙、世界、人生的"本质"，这个"本质"不是经验科学意义下的本质属性，而是最根本的本质，过去的哲学把它叫做"大全"。对于哲学的"全"，现代与古典的观念也有所不同。古典式的"全"侧重于横向的关系，以为集一切经验科学（知识）之"全体"，就是哲学之"大全"，于是哲学研究"第一因"，研究"存在之存在"，研究"万物之始基"等等，这个方向，被康德明确否定，斥之为"形而上学"，因为是把"理念"当"事实"来对待；"全"在现代则侧重于纵向的，是一种历史性的状态。"存在"是一种可能性，过去、现在、未来不是分割开来的"点"，而是发展着的"线"。哲学是活生生的思想，是活人的思想，应集过去、未来于一身，因此，本源性的思想，就是历史性的思想。古典的横向的"全"，被称作"原物理学"（形而上学），面对的是科学式的"事实"；纵向的"全"也许可以叫做"原心理学"（现象学），面对的为活生生的世界。

胡塞尔说，哲学常迫使人回到"开端"，这个"开端"不是科学知识上的"起源"或形而上学的"第一因"，而是人人都能经验（体验）到的一种本源性状态，一种"理智的直观"。从这个意义来说，哲学总是要人"从头想起"，哲学的著作总是要人"从头说起"。

至今我们还要和柏拉图对话，不但胡塞尔、海德格尔和他对话，我们马克思主义者也要和柏拉图对话。当然，我们要批评柏拉图，同时也要批评胡塞尔、海德格尔，我们有自己的立场观点方法，但我们并不以不屑一顾的态度抛弃他们，我们之所以要和他们对话，进行辩论，不仅仅是一种宽容，而且同样也是我们自己的哲学的需要。我们同样要在理解、批评别人的思想的历史过程中发展自己，我们的哲学同样是活的哲学、活的思想，也要"从头想起"，"从头说起"。我们的哲学，不仅要有横向的思考，发展与各具体学科的联系，而且也要有纵向的思考、历史的思考。在这个意义下，我们也可以说，不仅我们要"管"柏拉图，要用我们的立场、观点、方法来批评他，而且柏拉图也在"管"我们，我们要把柏拉图提出的问题，那种本源性的哲学问题，用我们自己的头脑重新思考一遍。

柏拉图已经死了好几千年了，古人之所以成为"古"人，因为他们都已死了，作了"古"，但他们的思想却留存在他们的著作中，读他们的著作，是古人在引导着你自己思考，因而实际上是一种特殊方式的"对话"和"讨论"。读者是用自己的头脑来思考古人书中的"话"，这些"话"就是你思考的"材料"，是你自己思想的一个部分，因此古人书中的思想，也就是你在不同的时代，以不同的立场、观点、方法来重新想一遍，这样，你的思想，实际上是你自己贯通古今地想一遍。在这个意义下，我们也可以说，许多的哲学著作，当然意味着许多人在思想，但同时也好像是你一个人在思想，这就是历史性的思想，人类作为一个历史性的总体言，你在想你"过去"想过的问题。

因此，哲学的思想永远是一个过程，哲学让人不断地思考下去。

哲学的思想的过程，并不是平静的，而是充满了矛盾斗争的。哲学的发展不像具体学科的进步那样循序渐进，对哲学问题的思考，充满了二律背反，古典哲学揭示了这一点,现代哲学企图否定这一点,但是否已经成功则是很可疑的。海德格尔的"Dasein",既然是"Da",已是一种"分"的力量,从这里,才引出了萨特的"人"作为"主体"之间的各种问题。"思想"的道路,可以认为是"归途",但"归途"并不是一帆风顺,你有你的"思想",他有他的"思想",他人的"思想",既不能靠物质的武器来消灭,则仍需"思想"的对话、辩论。思想与思想的辩论、斗争,正是"辩证法"的本意。

本源性问题上、第一性原则问题上的辩证思维方式被现代哲学抛弃得过久了,他们把任何的分化、对立、矛盾都斥之为"形而上学",殊不知,正是在本源性问题上存在着二律背反,存在着两种哲学思维方式,而哲学要避免形而上学的陷阱,则辩证的思维是它唯一可以采用的思维方式。

哲学思想上的辩论、斗争,哲学思想上的辩证法,哲学思想上的二律背反,是哲学思想对话的基本的方式,古代如此,近代如此,现代仍如此。"前苏格拉底"、"柏拉图"、"亚里士多德"这些历史的阶段,事实上是哲学思想的对立和斗争的一种形式,现代哲学,如胡塞尔、海德格尔,同样是这种矛盾、斗争的继续和发展,这一点从他们自己的著作中可以清楚地看出来。在现代哲学中,现象学也并不是唯一的哲学形态。分析哲学从一个对立的角度同样否定表象与本质、感性与理性的分裂,从而否定辩证思维的合适性。目前分析学派虽已不像初创时期那样完全否定哲学本源性问题的合理性,但它却认为这种本源性问题其实并不"本源",而是科学性思维所派生出来的,是科学性、逻辑性思维的一种应用,与形而上学问题相类似,还有伦理学的、审美的问题。这是与存在哲学所谓"浑然一体"的"存在"为本源状态,而各具体学科(包括形而上学在内)则是由这个本源状态派生出来的这一基本思想相对应,可谓形成了真正的二律背反,正好是一种颠倒式的关系。

从这个辩证的观点出发,哲学的思考,是历史性的思考,也是批判性的思考,是与古人、今人的思想对话、辩论中来发展自己的思考,因而历史的思考,同时也是辩证的思考。

哲学的历史,是思想的历史,是思想与思想对话、辩论的历史;哲学的思考,是历史的思考,同样是思想与思想对话、辩论的思考,这就是我们研究哲学史的要研究现代哲学,同时也主张研究现代哲学也要研究哲学史的原因。

谈"哲学"的"用处"

常常遇到这样一个问题:"哲学"不管吃,不管穿,还有什么用处?

这个问题使我想起庄子的一则寓言。一天惠子向庄子抱怨,说他有一棵叫樗的大树,因为太大了,木匠无法下手,所以工匠们连看都不看它一眼,真是大而无用。庄子说,你这棵树因其太大,而不受斤斧之砍伐,没有人加害于它,有什么可抱怨的呢。

这个寓言很有意思。庄子的意思是说,小有小的用处,大有大的用处。参天的大树不宜做桌椅板凳,即使有下手处,也不能"大材小用",但庄子说,你可以"彷徨乎无为其侧,逍遥乎寝卧其下",沐浴于这棵大树之下的情趣,不是高级沙发所能代替的。

我想,包括"哲学"在内的"文化"产品正像那参天的大树一样,其真实价值,不在其有"小用",而在其有"大用"。

这样说,并没有轻视"小用"的意思。人们的衣食住行当然是很基本的,对人的生活来说,是必不可少的。只是说,人的生活是复杂的,不见得吃不得、用不得的东西就没有价值。人不仅需要物质食粮,而且需要精神食粮。说精神方面的价值"大",是因为它比物质方面的价值更长久、更深远。"大树"比"小树"的命长,是庄子说的"大年"。

"大树"之所以得享"大年",在于它没有"眼前"的用处。一切没有眼前用处的东西,都能得到更为长久的"保存"。"原始森林"未曾开发,它"保存"下来了;日月星辰尚未曾被利用,它们似乎为"永恒"。长城不再有防御作用,故宫不再住人,都成了"文物""古迹",供人游览(逍遥)瞻仰,为此而禁卫森严地保护着。

不过,大树之所以未被用,不是因为它真的无用,而是因为它太大,工匠们"奈何不了"它,只好"由"它去了。然而,时至今日,惠子那棵樗树,在掌握了高科技的现代人们的眼里,也还是一个"小玩意",或许早已派上了什么用场了。不要说树,就是那日月星辰、洪荒大漠,不都正在被人们开发着么?

人的科技的力量太大了,人的机巧也太高超了。樗树被砍伐了,那不能吃不能用的"文物",也进入了商品市场,将它"拍卖"出去,转化成货币,于是也成了能吃、能用的了。据说这才叫让"文物""活"起来。

"文化"产品进入市场这是市场经济的必然结果,就像科技的发展必定要向日月星辰、大漠荒原进军一样;再说,"文化人"也要"谋生",以自己的产品来换取温饱,也是天经地义的事,何况,"物质的刺激"也会促进一下"文化"本身的发展,就像市场促进物质生产一样。这里所要"提醒"的乃是"文化"拥有自身的价值,就像"自然"也有其自身的价值一样,在"开发"的同时,我们应注意"保存"它们的自身价值,而如真的损害了各自的固有价值,则会失去"平衡"——"生态平衡"和"文化平衡"。"文化"和"自然"的自身价值,就是所谓的"大用"。

人的求知和控制自然的欲望是无穷的,但是实际的程度上都是有限的。人不是全知全能的。这样,在人和自然的关系中,总要有那"让它去","由它去"的这一层面。惠子的那棵大树,在那个时代的工匠说,只能"由它去"。

"由它去"、"让它去"的态度,是一种"无为"的态度,也是一种"自由"的态度。这种态度倒也不完全是消极的,因为摆脱了直接实用功利的态度,往往能使"自然"的对象成为"文化"的对象,使"自然"成为"美",使"自然之物"成为"文化之物"(文物)。这样,我想也就是海德格尔所说的Sein-lassen,"使"(让、令、由)其"存在",而海德格尔认为这就是"自由"。人对"自然"不采取直接功利态度,而采取"自由"的态度,于是一切"存在者"(Seiende)就成为Sein;"自然"就成为"历史"、"人文"。海德格尔批评现代社会中"控制"思想的泛滥,称之为"存在"的"遗忘"。所谓"存在"

的遗忘就是"历史"的遗忘,"人文"的遗忘,也就是只顾眼前利益,不顾长久的利益,只顾"小用",不顾"大用"。

在"大用"的遗忘中,"哲学"有一种特殊的"提醒"作用。

一方面,"哲学"(的著作)在"小用"方面一无可取。它不但不管吃,不管用,而且那种"文化"产品中可以存有的"娱乐"、"消闲"(逍遥)的作用都因其过于艰深而大为减色。"哲学"有一个"科学"的体系,掌握起来也不很容易。读哲学书不同于听音乐、观赏绘画雕塑、看电影,也不像读小说和诗,更不是游览名山大川,古刹断垣。这给哲学书籍进入市场带来了很大的难度。哲学家只得以"安贫乐道"来自我解嘲。"哲学"未必"贫困",但"哲学家"大都"贫困"。

然而"哲学家"堪以自慰的是他研究的"对象"却正是那永远砍伐不了的"长青大树",而以只有"大用"并无"小用"为自豪。因为其他的文化"产品",多多少少会有点"小用",似乎只有"哲学",它的"小用"小到了可以忽略不计,所以它只有"大用"。

"哲学"就其传统看,研究"无限"。"无限"大的"树"在原则上不可能有任何手段——包括将来最先进的高科技——来将其砍伐的,"无限"不可分割,因而它得以永久"保存",而享其"大年"。

"无限"为"不受限制",为"自由"。"哲学"正是以"自由"的态度来对待万事万物,在有限的事物中保持着"无限",在功利和世界中保持着理性的、清醒的态度,也就是说,不执着于万物的"小用",而着眼于事物的"大用"。

人们常说,"画饼不能充饥",梵高笔下的"鞋"也不能穿,但却比实际的鞋有更大的意义、更大的用处。实际的鞋穿破了就会被扔掉,所谓"弃之如敝屣"是也;但梵高画的"鞋"却具有永久的价值。康德将这种艺术欣赏的态度叫做"无功利性"(disinterested),其实,事物一旦摆脱眼前实用的"小功利",自会"显现"出那更为久远的"大功利"。

"哲学"对自身的"大用"要有信心,在日益发达的"小用"世界中多一种洞察力,要在那现实的、功利的世界中,更清醒地、更坚定地保持着世界的"大用",而不必像古人那样,将"大用"植在那"无何有之乡"。

哲学与思想

哲学和思想不能分开，这是人们长期以来确信不疑的，但是，海德格尔说，思想根本不需要哲学，没有哲学的思（想）是真正的思（想），哲学的终结，意味着思（想）的开始。当海德格尔说科学不是思（想）时，人们已经大吃一惊，如今似乎要说哲学不是思（想），岂非故意耸人听闻？当然不是的。认真的思想者从不大言欺人。不过，他们想出来的道理，并不是不容反驳的，或者甚至可以说，我们说他们"认真"，正在于他们的道理总是"等待着""反驳"，甚至"挑动着""反驳"。

任何的学问都有发问和回答两个方面，经验科学的重点在"回答"，而哲学的重点则在"发问"。哲学如果把重点过于移到回答上来，要用确定的概念体系来固定地回答哲学的一切问题，就容易陷入形而上学，这是西方哲学史上的一个经验教训，这个教训海德格尔总结得很好，他批评这个形而上学的传统，可以说是相当彻底的；但是，如果完全执着于发问，也会有另一个偏向，就是陷入怀疑主义，这也是在西方哲学史的发展上可以当经验教训吸取的。怀疑、否定到后来，就怀疑、否定到哲学本身。

西方的哲学，起源于古代希腊。哲学即"爱智"。按海德格尔的说法，"爱智"原指一群人，而后来变成一门学问，就糟糕了，成了形而上学。"爱智"能不能成为一门学问？古人认为是可以的，所以才有哲学，而亚里士多德把它规定为研究第一性原则，以及后来被命名为"后（元、原）物理学"（形而上学），则是"爱智学"（哲学）的一种发展。这就是说，"爱智学"（哲学）的确可以不完全等同于"后（元、原）物理学"（形而上学）。

然而，尽管哲学不等同于"后（元、原）物理学"，但这个"meta"（后、元、原）却是很重要的，是哲学不同于一般物理学的地方。海德格尔说，"meta"有超越（trans-cendent，trans-cendental）的意思，这正是胡塞尔"先验主义"（超越主义、超验主义）的一种解释。哲学在古人看来，是要研究那种在物理学研究之"后"还"剩下来的"问题和事，是物理学的"剩余者"，亦即胡塞尔所谓的"现象学的剩余者"——把各种自然科学（物理学）"括出去"后，物理学（自然科学）为现象学"剩下"的"剩余者"。

我这里，把这个意思反过来说，所谓"某某"的"剩余者"，也就是"某某"的"多出来的东西"。剩余者为多余者。比起自然科学（物理学）"多出来的"学问，就是哲学——"爱智学"。

还有什么东西是比自然（物）还要"多"出来的东西？那就是"人"。"人"正是那自然所不能完全穷尽的那个"剩余者"、"多余者"。关于"人"的学问，正是那哲学、爱智学的核心部分。所以，古代智者提出的"人为万物之尺度"，被黑格尔称作"伟大的命题"，而苏格拉底强调的德尔菲（Delphi）神庙墙上的格言"认识你自己"成为西方哲学开创自己的新时代的标志。同样，这也就是胡塞尔所努力提倡建立一门人文科学的根据。

关于"人"的科学有一个历史发展过程。古代智者时代对"人"的理解，是自然的一个部分，"人"亦为一"物"，只是有"某种特殊属性"的自然。譬如，有感觉的、会说话的动物等等。有灵魂的动物也属于这个理解范围。苏格拉底把"灵魂"与阿那克萨哥拉的"奴斯"（νοῦς）结合起来，成为单一的、不可分的东西，与物质的东西对立起来，是一个重要的变化。"人"的本质属性为思想（精神……），即"人"比自然"多出了"一个"思想"。

从此以后，思想成了与物质相对立的另一个实体（entity）；巴门尼德那种"思想与存在为一"的信念解释，哲学进一步分化为"唯物论"、"唯心论"两大阵营。

"思"和"在"这种二元的分立，近代在笛卡尔那里得到了哲学上的确定形态。"我思故我在"的命题已经将哲学的重心从"在"转向了"思"，人的存在，由人的思想得到证明。康德虽然反对这种证明方式，但他的哲学的重点仍在"我思"的维度之中,而以先天的范畴充实了"我思"的内容。"我思"为一种先天的、必然的制定规则(立法)作用。康德的全部知识论就是奠定在这个"我思"的先天作用之上。

在西方近代哲学中,"人"的本质在于"我",而"我"的本质在于"思"。人比自然多了一个"思"。哲学以"我"为对象(费希特);哲学以"思"为对象(黑格尔)。哲学作为爱智学,本即是想问题、思和想的学问,因此,哲学是思想以思想自身为对象。多门经验科学以自然为对象,是对自然的思想;只有哲学是对思想的思想。所以,在黑格尔意义下,哲学是思想的思想,科学的科学。

然而,黑格尔的思想并不全在"我"的度中,而且同时还是在"他"的度中,因而也是在"(存)在"的度中。思想不能当下直接把握自身,必须通过"(存)在"(他)、经过一番艰苦卓绝的斗争(矛盾),才能自己把握自己,因而对黑格尔来说,思想自身的把握,为一个辩证的过程。思想——人之本质,在"他在"中显现自身的过程,这就是黑格尔的精神(思想)现象学。

黑格尔的哲学预先设立了一个活泼的、外向性的"精神"(思想),先"他在"化而又期待、争取着向自身"复回"。这就是说,黑格尔设定了一个与存在(他在)可合、可分的绝对的思想,而胡塞尔则认定思想原就在生活的世界之中。作为剩余者的"思",并不是概念性的"纯思",而是非概念性的"纯精神"(pure psyche)。纯思是抽象的;纯精神则是具体的。纯思的"我"为思想者,纯精神的"我"则是生活中的"人"。

人不但"活动"起来——因为精神本是活泼的,而且"实在"起来,现象学的剩余者、多余者为"有",而非"无"。纯思的度,为"无"的度,为"无度"——无限。萨特说,人给世界增加个"无",思想、意识为不(非)存在。但我们却确确实实地知道人"有"思想,人"在"思想。"思"和"在"在人身(body)上,绝不可分。我思与我在绝不可分。我思不是无,而是有;我在不是物,而是人。我之"思",必为"在";我之"在",亦必有"思"。

我之"在"不是"在"那虚无缥缈、无何有之乡,而是"在"一个世界中,在时空中,在世间。我之"思"和我之"在"不可分,即我之思和我之世界不可分。我在世界中,即思在世界中,既非纯思,亦非纯有。

纯思为无,"纯有"又何如?

纯有可以不是"有"(存在)之概念,因为概念为"无",这个纯有就与无同一,这是自相矛盾的,因此纯有应是实实在在的"有";但是这个"有"对智慧、思想就是封闭的,是智慧之光未曾照耀到的地方。纯有为暗,为玄,为幽,为冥。暗不是无,而是实在的"有"。纯而又纯的"有",为玄而又玄的"在"。对这个"有"如硬要去思它,则必是玄思、冥想,如同在黑夜中玄思冥想。这是一种脱离(没有)世界(实际)的思。玄思、冥想与幻想、幻听一样,为疯的病根。长期以来,西方人企图用形而上学(后、元、原物理学)来治疗这种玄思冥想的病,想通过一个清楚明白的概念学说体系使那个"暗",那个纯有,"明"起来,但逐渐被发现,疗效甚微。

"有"(存在)可以被想象成纯而又纯,不但可以概念化,而且也可以成为暗,但"是"则必要"是"些什么。"有"可以想象成无名之朴,惚兮恍兮;但"是"则必有"名"相随。纯有之暗,可以是真实的,其中有像,其像还可以甚真,但不可为真理。真理为真之所以为真之理,亦即是什么之所以为是什么之理。西方人把"是"动名词化,为一纯粹之"是",从而把"是"当作"有",于是把这个纯有当作哲学(智慧)之对象,才有以纯有(无限……)为对象的传统形而上学。把无限当作一个全体性的什么来研究,似乎这个无限也可以对象化成为一个什么,从而可以用范畴体系去把握它,这是传统形而上学的办法。这种学问的体系与物理学无异,但其要解决的问题,却是不同于物理学,是在物理学之外,之上,之后的。作为形而上学的哲学是西方人用来医治思想病的一种不太好的治疗方法。

这种治疗学式(therapic)的哲学,源于西方远古的某种崇拜。西方哲学在其母胎里留有这种原始宗教崇拜的痕迹。泰利士的"水"和阿那克西曼德之"ἄπειρον"原为暗、无定,哲学就是要研究这个不透明的暗的本源(始基)。赫拉克利特是西方哲学史上很关键的人物,他的"λόγος"使古代希腊人摆脱那原始崇拜的影响,有了烛照一切(万有)的火;但由于那个万有之全的深渊仍在作祟,所以那个"λόγος"渐渐竟成为只有一种先天形式意义的逻辑(logic)。逻辑是健全的理性,而且只有逻辑才是健康的,但逻辑却只是形式,只是思想的形式。这就是说,思想只有在没有内容(脱离实际、没有世界)的情况下,才是健康的、明亮的；哲学之所以使人健康，就在于它是形式的、纯思想的学问。这样，只有在"思"与"在"分离的情况下，"思"的病才能治愈——这是传统哲学的一种隔离治疗法。

然而，纯思只能与纯有对立，而不能真正使它"明"起来；相反，纯有却像康德的物自身那样常扰乱人的思想；"有"对"思"有一种威胁性，纯有的观念对思想言，竟是一种病毒。人既是万物"多"出来的东西，是一个剩余者、多余者，万物却时时在吸收、吞噬着这个多余者。病是不可回避的，死对个人来说，也是不可避免的。个人（我）固然不能真的经验自己的死，但纯有的"暗"却时时提示着死的意味。康德对崇高的分析，揭示过这方面的问题，而当代西方经常可以遇到的那令人目眩的绘画、雕塑……同样是这个纯有的提示者。冥思、玄想、幽思……固然为怪，为病，但亦还吸引着一部分人。哲学要真正摆脱这种玄思、冥想，还要作出相当的努力。作为形而上学的哲学不能真的治好思想的病，而只能掩盖这种病，使那个病源——纯有、无限、大全等等在暗暗地滋长、繁殖、蔓延。

这样，保护、纵容玄思、冥想病的形而上学本身也成了一种思想的病，而常常受到批判。从康德到黑格尔都指出，那个大全、无限本不是某种特殊的什么，不是万有中的"一有"，而是一个思想，一个理念（观念），万物（万有）都是有限的、相对的，而唯有思想和理念，才是无限的、绝对的。特别是黑格尔，把那个原本是万有物质性的无限，转移到思想（理性）方面来，使得思想本身也复杂化、纷繁化和晦暗化起来，思想（理性）也不是一下子就可以"明"起来的，所以黑格尔的哲学也是一种玄思——spekulativ，在拉丁文字源中有窥视、探视这类的意思，的确有点惚兮恍兮其中有像的意味。我们看到，在某个方面来看，把纯有的无限转移到思想方面来，使思想有了这个无限的内容，一方面固然克服了把思想限制于形式的毛病，但却未曾在根本上克服形而上学，反而加深了形而上学，使思想的病更沉重起来。黑格尔的绝对理念论，使思想浓厚起来，自己也成了一个黑暗的深渊。

思想的疾病，似乎就出在那个无限、大全上，或者把"有"想成无限、大全，或者把"思"想成无限、大全，都是这个疾病的征兆。思想要健康起来，就得从天上回到地上，也从地下回到地上，回到这个我们现实生活的、我们工作劳动、我们日常谈论和我们经常思考的世界中来。"我"不是纯思,"世界"也不是纯有,我在世界中,世界和我都是具体的、实在的,在一种联结的关系之中。"我"是"Dasein","世界"也是"Dasein"。

海德格尔提出从"Dasein"来理解"人",这是一个很好的贡献,但他以为"Dasein"就可以使"Sein""明"起来,则未必能如所愿。单纯的"Sein"是不能"明"起来的,这一点,后来法国的列维纳(E. Levinas)指出来了,他说得很有理,也很有真情实感。光"Sein"还不是"人"生活的世界,人生活的世界要比"Sein""多"出点什么来,要增加点什么,纯有才能转化为世界。增加的什么就是那个"Da"。有了"Da","Sein"才成了"Dasein"。所以,我们并不能说,人是"Dasein",而世界是"Sein";我们只能说,人是"Dasein",世界也是"Dasein"。舍去那个"Da",谈不到人及其世界。人是生活,什么样的生活,就有(是)什么样的人,而世界就正是生活。人是具体的,世界也是具体的,世界使人成为人,人也使世界成为世界。如果说,哲学为关于那个包括了人及其世界的"Dasein"的思想的话,那么哲学就不是本体论(ontology),而是具体论——对这个希腊字可稍加改动,成为"ontaology",因为 onta 为 on 之复数形式。

从"Dasein"方面来考虑人,海氏做了不少有意义的工作,但从"Dasein"方面来看世界则比较弱一点。实际上,世界作为"Dasein"来看,使人想起胡塞尔的生活的世界,那个很是重要的"什么"(something)。世界由"什么"组成,而不是由那个单纯的"是"(有、存在)组成。"说"要说点什么,"是"也要是个什么。

人的生活的世界是说得出来(可以言说)的世界,是有"名"的世界。人通过自己的劳动可以将质料(朴)改造为"器"。并不是"人"像神那样从"无"中生"有",而是因为"朴"(质料)在人的世界里,本就是"器"。就连那人迹未到的大漠荒原、原始森林、星河太空……仍可是人的世界的一个部分。

世界作为"Dasein"还可以从另一个角度来理解,即人的世界,首先是他人的世界。"我"是"Dasein","你"是"Dasein","他"也可是"Dasein"。"我"并不孤独地在世上,相反,人使世界成为世界,首先是指他人使世界成为世界,他人使"Sein"成为"Dasein";他人使纯有成为"什么"。世界的意义(什么)是他人向"我"指示(揭示)出来的。即使是"我"的"Dasein",也是他人给与的。"我"是接受者、受惠者。他人使"我"成为"我"。

"Da"对"Sein"而言是多出的、超越的,也是限制的,所以,不是无限超越有限,而是有限(Da)超越无限(Sein)。人的超越性,在他的有限性、具体性。限制是否定,也是肯定;限制使世界成为什么,使人成为我、你、他,使人成为"什么(人)"。"Sein"并不能限制"我",但另一个"Dasein"(他)却必定限制着"我",规范着"我",使"我"(让我、令我)和谐地、合适地、健康地生活在他人(人群)之中;只有"你",才能使"我"避免发疯,只有由他人组成的社会才能确定(判断、诊断)"我"不曾在发疯。"我"不能使"Sein""明","Sein"也不能使"我""明";疯是孤独、离群、隔离的产物和结果。有时,一群人也会发疯甚至更容易发疯,那是这群人已不是具体的Dasein,而是一个孤独的大我。"我"不论大小、多少,只要先有"我",就有可能发疯。你和他是使"我"健全的保障。哲学作为健全的学问,首先是他人的学问,是"你"的学问,不是首先是"我"的学问;"我"必须向"你"学,接受"你"的教育。

哲学要授人以智慧,要使人清楚、明白,而不要使人糊涂,则要引导人去"思"那现实的、有限的、具体的世界,要通过对具体世界的思考,去"思"那深不可测、说不清楚的无限。哲学要按照世界向人显示的那个实在的样子(什么)来思考、理解世界,哲学按世界的本来面目来认识世界。

这样,哲学要给思想以一种限制和规范,不使它天马行空地胡思乱想,不能被吸收到那个无底的深渊(无限、大全)中去。幻想不是思想。所以哲学限制思想,同时也使思想成为思想。哲学把思想限制于产生它的现实生活和实际世界之中。不受限制的思想是一切思想(精神)疾病的根源。人可以没有上帝而生活得更好,但没有哲学的思想,只能使人发疯。从这个意义说,不要哲学则确是一种很坏的哲学。

如果我们暂时允许把"思"和"在"分开来说,那么哲学使"思"超越自己,而回到"在"(现实世界)中来,哲学使"Da"与"Sein"结合起来,使"Dasein"真正成为"Dasein"。

从这个角度看，我们还可以认真考虑至少从近代以来西方哲学家批评理性的僭越和语言的滥用这些意思对促进哲学发展的作用和意义。这里，当然还包括了维特根斯坦那句名言"对不可言说者须保持沉默"。这样，我们似乎可以提出一个大家都能接受的、非常普通的道理：哲学为思想之训练。

"哲学"要"化解""宗教"的问题

二十世纪中叶以后，欧陆哲学领域中，法国可说是群星灿烂的地方。法国的哲学家以自身传统为基础，兼容德国和英美哲学的特点，在本世纪起着沟通欧洲两大哲学思潮的桥梁作用，并以自身的创造性思想，在某些方面展示了下一个世纪的欧洲哲学的某种端倪，很值得重视。

这里介绍一本讲保罗·利科的书，书名是《利科哲学论圣经的叙述性》，有一个副题是"解释学和神学研究"（Biblical narrative in the philosophy of Paul Ricœur. A study in hermeneutics and theology），作者凡乎策（Kevin J. Vanhoozer），一九九〇年剑桥大学出版社出版。据作者介绍，这本书是作者的博士论文修改成书的。我觉得，这本书从宗教问题的角度来研究利科的解释学，这个选题应受到足够的重视，因为法国当代有些资深哲学家，加强了哲学对宗教问题研究的力度，利科是一个，还有列维纳（Levinas）也很重要。

实际上说来，西方的哲学，原本和宗教问题有很密切的联系。西方中古时期，"哲学"曾被看作是"神学"的"婢女"。启蒙运动以后，西方的大哲学家努力将这个案翻过来，提出要以"哲学"来"化解""宗教"的问题。康德严格划分"科学"与"宗教"的界限，但"宗教"的问题仍在他运思的范围之内；到了黑格尔，"哲学"和"宗教"就处于一个层次（绝对）之内，无论"宗教"寓于"哲学"还是"哲学"寓于"宗教"，问题是相通的。

然而，在包括黑格尔在内的古典主义系统，"哲学"本身被理解为一个普遍的"知识"（科学）体系，此种知识体系，须有一个统一的"同一性"作为其内容和结构形式的基础,这种倾向,甚至在当代胡塞尔、海德格尔的思想中,亦难以避免;而这种"同一性",如果不愿意陷于概念的抽象性,则逃不出"自我"的观念———一个普遍而又特殊的"自我意识"。

当代法国诸家要从这个基础的相反方面去思考:他们强调的不是"我",而是"他"(other),强调的不是"同",而是"异"。他们认为,只有这样才能摆脱对宗教问题那种古典式的知识论的解释,而将被古典哲学家大而化之地"化"掉了的宗教问题,重新突出来加以思考,而他们认为,从"异"、"他"的角度来看世界,看生活,看"宗教"问题,会有一个新的哲学境界。他们认为,他们认真思考、阐发了过去被忽视了或重视不够的重要的问题。这个基本的倾向凡乎策这本书也是抓住了的。

从他这本书的书名看,他主要阐述的概念"叙述"是利科在他近年出版的巨著《时间与叙述》(Temps et récit,Ⅰ,Ⅱ,Ⅲ,Seuil,1983,1984,1985)中的主题,"叙述"正是古典哲学传统中很少讨论的一种"思想"和"表现"方式,而这种方式是历史性的,是"异时性"的,不是"共时性"的,"叙述"不是"判断",不是"命题"。当然,利科的问题,不在于表现了一种过去被忽略了的思想和表达方式,而在于他指出了此种方式植根于"人"本身的存在方式,据凡乎策介绍,利科叫它为"与他者同在"(being‐with‐others)(见该书第140页)。

我们知道,海德格尔有一个著名的说法,叫"(我)-在-世界-中"(being‐in‐the‐world),打上了分号意味着与不打分号的"在世界中"(in the world)不同,有一种既在其中又不混同的意思在内,但法国诸家却觉得加了连词符仍缺少"他者"的度,所以进一步发挥海德格尔"共在"(Mitsein)的思想,强调了other的地位,将"being‐in‐the‐world"转变成"being‐with‐others"。

这样,利科认为,既然面对的是"others",而对"others"我们只能"叙述"(narrative),于是,narrative就随同"others"一起进入哲学的核心层次。

在利科心目中,哲学的重心从"自我"(ego)转移到"他者"(other)似乎又发生了一次"哥白尼式的革命",不过这次的重心转移,不是由"主体"转回到"客体",而是超越主体与客体之上,因other不是一个知识性的客体(对象),而是作为一个世界的"文本"(text),是"文本"-"世界"使"自我"成为"自我",按利科的话来说,"文本"-"世界"使"我"(ego)有了一个"自己"(self),"文本"-"世界"把"自(己)"给了"我",才真正形成"我自己"(见凡乎策书第249、259页)。

"在-世界-中"增加了"与-他者-同在"就使人更加明确地意识到"在-时间-中",而不限于一般地将"世界"理解为"时间性"的。"他者"-"文本"-"世界"使"我"有了"自己",也就是说,"我"有一个"过去",因为那"他者"-"文本"-"世界"原本已经存在在那里了。

单纯的"我"(ego)"是"则"是"矣,但"什么"还"不是",单纯的"我"尚"不是""什么"——what is not yet,"我"尚未为"工人"、"农民","我"尚未为"帝王"、"将相","我"之所以成为"工人"、"农民"、"帝王"、"将相",必有一个"历史",必有一个"故事"(story)。对于这个"历史"、"故事",我们只能"叙述"(narrative)。然而,"过去"的"故事"——"故事"就是"过去"的"事",并未说完,"故事"并未终结,"历史"显示的不仅是已完成的"事实",而且是"未完成"的"可能性"。"我"(自己)的"故事",显示着"我"(自己)的"未来"。于是"向往未来"就是"人"的最基本的"存在方式"。

"人"固然已"存在",但以何种"方式"存在,则只是一种"可能性"。"人-在-时间-中"意味着"人""有"一个"过去",也"有"一个"未来";而动物则"在时间中",与万物同流,与天地同化。万物(包括动物)"是什么"不可能把"是"与"什么"分开,尽管这个"什么"也在"变",沧海桑田,流变不已;只有"人",本质上总是"虚"其"什么",使"自己""拥有"、"掌握"(hold)一个"未来"。

随着这种将重心转移至"他者"-"文本"-"世界"-"历史"的"第二次革命",哲学也以新的方式来接受宗教的挑战,力图以新的方式来"理解"、"消化"、"化解"宗教的问题。

"神"已不能像古典哲学那样被理解成为一个"理念",而必须是一个"人格"(person);虽然"神"不是一个具体的"人",但也不是一个"思想",一个"概念",而是一个"他者"——"绝对的""他者"就是"神"。"神"虽不是"知识"、"科学"的"对象"——指出这一点，是古典哲学的巨大贡献，但却是可以"理解"的，可以"阐释"的，是"解释学"（hermeneutic）的内容。

"人"与"人"的关系不同于"人"与"自然"的关系，"人"不混同于一般的"自然"，因为有"他人（者）"在，"他人（者）"显示了"人"的"未来"、"人"的"希望"，因为他人（者）""许诺"了要做的事。一切"他人"的"许诺"都可能是"欺骗的"、"虚伪的"、"狡猾的"，只有那最高的"神"的"许诺"是"真的"、"善的"、"美的"，因而是可以"信赖"的；"神"传递的"消息"（message）是绝对"可靠的"。"人"只有"相信"有这样一个"人"——"神"，不是"理（念）"、"概念"，才不会被"人"与"人"之间的尔虞我诈弄得失去生活的"意义"，才不会失去"希望"。所以，从哲学解释学的眼光来看，"人""设定"（postulate——用康德的话来说）、"相信"有一个至高无上的"神"在，也是可以"理解"的。

从这个角度来看，"神"把"意义"、"历史"、"时间"（过去和未来）给予了"人"，因为"有了""神"，"人"才"有了""历史"，才"有了""过去"，才"有了""未来"，"有了""希望"，"有了""意义"。就"意义"方面来看，"人"和"神"的"关系"是最基本的。《圣经》正是表现了这种基本关系的书。

《圣经》（Bible）又叫"约"（Testament），"新"、"旧"都是"约"。中文"约"字译得很好，《圣经》讲的是"神"与"人"立"约"。世间一切的"约"都可能被撕毁，但"神"与"人"订的"约"是绝不会被撕毁的，"神"绝不会背弃自己的"许诺"，"神"说的"话"、许的"愿"一定是"真"的，"神"绝不说"假""话"。《圣经》就是"记载"（叙述）了"神"如何绝对"守约"；"神""许诺"将有"弥赛亚""救世"，"弥赛亚"必会来到，来过了还会再来等等，等等。这就是说，《圣经》为人们提供一个新的角度来看生活，《圣经》告诉人，人将会有一个"新生活"（见凡乎策书第 236 页）。

"人是可能性"（见凡乎策书第 240 页），而这个"可能性"并不比"现实性"（actuality）"少"什么，相反，要比"现实性""多"出什么来。"过去"和"未来"都是"现在""多"出来的部分，是 surplus，而"多余者"来自于"他者"，是"他者"的"赠与"（gift）。"意义"、"时间"、"自由"……一切属于人之"存在"(existence),都是这种"赠与",因而是一种"恩惠"(grace)。"希望"是最高的"他者"——"神"的"赠与"和"恩惠"。

我们看到,随着"他者"进入哲学核心层次,"赠与"、"恩惠"、"希望"这些观念,使人们对世界、对生活的理解发生了巨大的变化。

"人"作为"万物"之一,混同万物存在于"时间"之中,即存在于"宇宙的时间"(cosmic time)之中,而"人"又是有意识的,他感到宇宙的时间对人的"生命"是一种巨大的威胁,宇宙的时间吞噬着人的生命,比起宇宙的时间,生命的时间是微不足道的。希腊的"悲剧精神",就是基于这种宇宙(cosmos)、命运(fate)对个人生命的永恒的控制基础上的。然而,基督教(圣经)给人另一种观念,它通过"神"与"人"履约的"故事"的叙述(narrative),来"调和"宇宙时间和生命时间之间的矛盾,把"时间""给与"到"人"的手中,此种为"人"所"拥有"、"掌握"的"时间",为"历史的时间"(见凡乎策书第190、191页)——"人"不但"有"一个"现在",而且"有"一个"过去",所以也"有"一个"未来"。这里,我们看到,"叙述"(narrative)"消解"了希腊的悲剧精神。"叙述"的是"过去",展现的是"未来",因为"现在"正是"过去"的"未来"。在这个意义说,"叙述"具有乐观的精神,尽管并不能认为希腊的悲剧就一定是"悲观主义"的。

"时间"的"历史性"——与"时间"的"宇宙性"相对立,为人的生命增添了"意义",也就是使人的生命的时间变得"可以理解"(见凡乎策书第191页),而不至让"生活"成了算日子,翻日历,从而等待着"死亡"的来临——海德格尔所谓 Dasein 就是"趋向死亡",而毋宁说,像奥古斯丁那样,把"生命"理解为"趋向永恒",使"生命"有一个无限"期盼"的"可能性"。"生命"不是"荒诞"(见凡乎策书第209页),而是"节日盛宴"。

然而,这一切,如果没有一个"他者"——"赠与者",则全都会化为乌有。"音乐"不能给宴会增加任何"肴馔",但却给宴会以活力和意义。"音乐"不是一道菜,"他者"亦不是"万物"之一物。"万物"之间自有一种"平衡"、"和谐",故"宇宙"本是"和谐"(cosmos)。希腊的贤哲,崇尚此种和谐,以"正义之神"来监督此种和谐之保持,如有破坏此种"平衡"的,则受到惩罚,名曰"伸张正义";然而在基督教看来,人间固需要"惩罚",但更需要"宽恕",还需要"恩惠","神"不是万物之一物,亦非万人之一人,而是万人之"王",在"他者"——"神"、"神城"、"天国"那里,"恩惠"(grace)大于"正义"(justis)(见凡乎策书第246页)。

希腊的"人"要"服从"(屈从)"命运","顺从"自然的规律,此种"服从"带有强制性,希腊人叫"必然性"——ἀνάγκη,而"幸运"——τύχη倒是"偶然的";基督教告诉人们的是另一种理解;"人"固然要"服从""他者",但此种"服从",是对"给与者"的"感激",出自于"爱"(见凡乎策书第127页)。"人"对"他者"的"爱",出自于对"未来"、"希望"的信心,所以不是"盲目的",而是"自觉的"、"心甘情愿"的,而希腊的"必然性"——"命运",却带有较大的盲目性,而且往往是与"人"作对的。

然而,基督教观念中缺乏希腊那种人人"平等"的观念,在希腊,甚至"人"也会与"诸神"抗争;而基督教的"他者"——"神"绝不能处于和"人"同等的地位,它是超越的、彼岸的"王"。柏拉图设想有一个在众人之上的最高等级的"王"——"哲学王",他没有成功,也不能成功;但基督教所设定的那个最高的"他者"——"神",却紧紧缠住了"人"的心灵,"他"是"慈父",又是"暴君","他"以"无限"的"未来""许诺""天国"的降临,从而使"他"的"诺言"永远居于有效的地位,弥赛亚总会来临,而对"人"间对"他"的"不忠"、"不信"——违约的行为,则立即予以"惩罚"。"亚当"是第一个为"人(类)"受罚的替罪羊,"人"因第一次的——也是必定会有的"违约"行为,受到不断的"考验",《旧约》中充满了种种"人(类)"受罚的"记录",但它却仍然要"人"永远"感激""他"的"恩惠",把自己看成"他"的"宠儿"——"选民",而祈盼着"得救"。

我们看到,基督教的精神和希腊的精神是很不相同的,而"哲学"起源于古代希腊,它使希腊文化从神话中摆脱出来,以科学的方式来把握世界的本源,它的成熟形态为亚里士多德的"形而上学"——尽管这个名字是后来起的。希腊哲学侧重在"人"与"自然"的关系,"主体"与"客体"的关系,"主体"(人)以科学概念的方式把握"客体"的规律,希腊哲学为一切科学及科学性技术鸣锣开道,然而它"冲淡"(弱化)了"人"与"人"之间的活生生的关系,将其归结为"思想"的、"逻辑"的关系,这样,就为基督宗教精神留下了空白。基督精神能在强大的希腊传统中确立自己的位置，在西方民族中成为不可缺少的精神支柱，正在于它填补了希腊文化的这个精神空白。

基督精神将"人"与"人"之间的"活"的关系提高、升华为"人"——"神"关系，把在希腊哲学中不很重要的"信"、"诚"、"忠"、"恩"、"赠"、"爱"……这类观念引入"哲学"核心，事实上，甚至那个人人都熟悉其重要性的"自由"观念，也并未占据希腊哲学的中心地位，而我们不得不从希腊的悲剧作品中寻找此种观念的更充分的体现。

在西方近代哲学中，体现基督精神最突出的是康德——这是包括利科在内对康德的一个新的看法。康德受拉丁文化的影响甚于希腊文化，他犀利地把"知识"与"信仰"划分开来，坚决反对以"知识"代"信仰"的希腊"形而上学"传统，把"实践"（道德）的问题、"审美"和"目的"的问题引入他的哲学体系，将"敬畏"、"惊赞"、"愉悦"……这类情感性观念引入"哲学"，将它们哲学化，努力将这些观念纳入他的"先验主义"的思想体系，尽管在利科等人看来还很不彻底，但不失为哲学灌输了新的血液、新的观念。康德也是较早将"希望"——"人能希望什么"——纳入哲学思路的大哲学家。

经过中世纪及近代康德以来许多大哲学家的努力，希腊精神和基督精神在西方"哲学"中已经相处得很"融洽"了，有一些名声显赫的大哲学体系包容了这两种精神，当然也有执于一端来反对另一端的。在这个问题上，西方现代有一种趋势在于：西方的"哲学"不仅要兼容基督精神，而且要兼容犹太精神。利科也是在这个思潮之中的。应该说，凡乎策这本书，在这一点上涉及不多。

长期以来，犹太教和基督教水火不相容，近年虽较缓和，而犹太教的影响正在逐渐加强，西方的哲学家——尤其是犹太人中的哲学家，也正逐渐对犹太教的问题作出哲学的思考，应该说，是取得了相当的成绩。其中著名的像布伯论"我-你"、"我-他"关系，影响很大，像利科、列维纳等都能接受其基本思路，而整个法国哲学将"他-other"置于哲学核心的这种思想，也应与布伯有关。

"哲学"要自觉地接受犹太教精神的挑战，在与此种精神交锋中，"哲学"发展自己，丰富自己，种种教益已逐渐显示出来。基督思想与"哲学"交道已打得很久了,好处是已经可以在某种程度上"融会贯通",但双方的棱角也都磨得差不多了;如今犹太精神对"哲学"再次发动冲击,坚持着一个强有力的、至高无上的"他"——other,使"哲学"的"同一性"、"系统性",连同近代以来的"我思",深深地陷入了危机,不得不认真考虑这个在"我"之"外"、之"上"的"他";在打碎了黑格尔"主客统一"体系之后,不得不认真考虑那原始的"差异性";在"排除"了希腊空间圆圈式的"时间"观念之后,认真考虑那"线性"的、不可分割的"时间"观念……所有这些,虽不能说是绝对的"新"问题,但过去在传统哲学中被"大而化之"地处理掉的问题,如换一个角度来看,发现竟是被掩盖起来,看出传统的哲学对它们缺乏深入的思考和体会,而在揭发此类过去不很重视的问题上,犹太教的思路,不失为一种很好的刺激。因此,我觉得,在西方哲学的研究领域,我们要进一步重视犹太思想对哲学的影响,哲学要有自己的立场,把这种影响"消化"掉,使之成为对自身有益的"养分"。

尽管凡乎策这本讨论利科宗教哲学的书,没有重视犹太思想的影响,没有把犹太-基督联系起来考虑,但能重视哲学中的宗教问题,集中地把这些问题阐发出来,仍是一本好的参考书。

中国文化与科技发展

科学与人文的矛盾中西皆有，不过各有各的具体情形。

就早期历史发展言，西方的科学和人文原本是一家。早期希腊人以科学的态度来看人文的问题。希腊的哲学是科学的形态，其中包括了对人文问题的思想，也是科学性的。古代希腊人以科学理论的态度对待"自然"，也以科学理论的态度对待"人"。"哲学"是这种科学理论体系的高度概括。这是"哲学"的"古典"传统。

西方哲学的古典传统经过两千多年的发展，至黑格尔仍是如此：哲学以科学的形态对"自然"和"人"的各个领域，有一个理论性的思想体系，成为"知识"（科学）的"最高形态"。

这个古典哲学传统，由于包含着科学和人文两方面的问题，必定具有内在的矛盾性，这个矛盾，又由于外部生活中科学之发展，日益激化，从而往往自行解体；黑格尔以后，"科学"的理论形态能否包容人文的问题，更受到了怀疑和挑战，于是有叔本华、尼采等人反对将科学理性置于哲学顶点的学说出来，以摧毁西方哲学传统为目标，产生了深远的影响。

二十世纪以来，科学突飞猛进，特别是科学性技术的发展，使科学深入生活，不仅使哲人们的思想方式起了变化，而且使普通人的生活方式也起了变化。"科学"被认为不仅在"思想"领域中与"人文"发生矛盾，而且在现实中危及到人的生活。"科学"本以人的幸福为宗旨，但其成果有时却会破坏人的幸福，甚至摧毁人的生活。世界性大战引起人们对大规模杀人武器的忧虑等等，于是有胡塞尔"欧洲科学思想危机"之感并号召建立"人文科学"；随之而来，海德格尔又敲起"莫忘'存在'"之警钟。

就哲学言，欧洲在一个统一的"科学体系"中，"科学"被分化出去，突出了"人文"的问题。胡塞尔说，在一切"自然科学"被"括出"去之后，还"剩下""人文科学"；海德格尔说，在揭示一切"知识"之"遮蔽"后，"存在"则放出自己的光芒。

中国的思想文化，走过的似乎是和西方相反的历程。中国古代，人文的传统大于科学的传统，儒、道、释皆然。中国传统的思想，不是纯理论性、体系性的，在这个传统看来，"科学"、"理论"因时而异，但"人文"、"典籍"却世代相"续"（传），成为一个大"统"。这就是为什么西方现代某些大家在走出西方传统后，发现能在中国传统中找到对"存在"、"思想"、"语言"等问题的更好表达的原因。

可是，中国却面临着另一种挑战。西方人要把在"科学"束缚下的"人文精神"释放出来，中国人则要把在"人文精神"笼罩下的"科学"发扬出来。那种本也蛰伏于中国传统人文文化中的"科学"精神，随着世界的开放，似乎又是一种"外来"的力量，"里应外合"地冲击着中国传统文化，加剧着内在的矛盾。西方人、中国人都要把自己熟悉的、原本据以安身立命的东西"括起来"、"赶出去"，而珍惜、发展那自己不太熟悉的东西，这似乎也是人之常情。中国人长期以来努力学习西方的科学技术，西方人也逐渐认真学习中国的道德文章，尽管西方人的这种学习还限于少数有识之士。

然而，无论西方和中国都面临着一个新的局面，即"高科技"的发展。"科技"而冠以"高"，给世界提出不同于一般科学技术发展的问题。

"高科技"实际是"高技术"，"技术"之所以为"高"，乃是因为此种技术与科学理论不可分，"技术"成为一种科学、学问，并使理论转化为技术的过程异常之快，从而迅速影响人的生活。"高技术"之所以有此特点，乃是因为它是"智能性"的，电子计算机是一个典型。

"智能性"技术可以代替相当一部分人脑的功能和劳作，并能克服人脑易于疲劳、出错等缺点，发挥出超人的巨大威力。

"智能性"技术给人们的传统观念带来的变化尚未充分显示出来。

人们自问："人的"智能"被"非人"化了之后，"人"还剩下什么？胡塞尔的"现象学剩余者"有很大的预见性和吸引力，但仍阻挡不住"后现代派"将"人"瓜分为"碎片"来揭示"人"有一个"本质"的"幻觉"，这样，"哲学"又有何事可做？

"智能性"技术将"制作"与"操作"极大地区分开来，"制作"的高度复杂性、专业性与"操作"之简易性体现在一件产品上，不仅使高技术的产品迅速渗透生活，而且使传统的"技艺"、"技巧"观念发生重大变化。当"技"已无"巧"和"艺"可言时，则与其相关的传统之"艺术"，又怎能有难能可贵或至少有专门训练的吸引力？

高技术深入生活，一方面助长了"人"控制"自然"的僭妄自大，从而使哲学家又一次敲起"人"不可能"全知全能"的警钟，以将会付出"毁灭性代价"的告诫来遏制此种僭妄；另一方面此种高技术智能性产品的确使人们的日常生活大大简易起来，人在被"闲暇化"了之后，又如何充实自己，则日益成为大问题。我们发现，被胡塞尔现象学"括出去"的东西越多，那个"剩余者"的地盘却越大，而不是像想象中的那样会缩小到一个"点"上。我们会发现，要充塞那个空白，也会像充塞"知识"（科学）的空白那样，"欲壑难填"。

中华民族有悠久的历史，更有几十年来加强的马克思主义教育。马克思主义哲学是西方古典哲学的变革发展，近几十年中国本土通过学习马克思主义而熟悉西方哲学，并使之与中国传统文化相结合，这种定势，不可忽视，更不容低估。

传统是古典的，生活本是充实的，并没有空白（余地、剩余者），因为生命是延续的、包容的。个人是有死的，但文化是承续的。人文是延续的，所谓"延续"乃包含了"同一性"在内，而科学作为思想概念体系言，则本是同一的。科学与人文同生于一个活的"根"；"点"是活的，"线"也是活的。"时间"是"空间"的，"空间"也是"时间"的。中外传统思想形态各异，但都是"古典的"，即在承续性、包容性、生命性这些方面说，其精神是一致的。

描画出一个活的世界
——《葛鸿桢书画集》观后

葛鸿桢先生从南方来，送我一本他的书画集。我很喜欢他的画和字。

鸿桢先生集子中不少是画鱼的，在一个题跋中他说"近年嗜写鱼"。我想说，鸿桢先生手下的鱼是活的，水也是活的。

说起"鱼"和"水"来，不仅中国画里常见，而且对我们学哲学的来说，也不是陌生的。西方的哲学源于古代希腊，希腊哲学之父泰利士说万物的本源为"水"，他的学生说，"人"是"鱼"变来的。可见，"哲学"和"水"、"鱼"竟有如此深远的渊源。鱼是活的，大概不会产生多大问题，水是无生命的，怎么也会活起来？水是流动的，所以泰利士那个学生说是"无定的"。因为"无定"，所以才有各种的可能性，可以这样"规定"它，也可以那样"规定"它。开放各种"可能性"，这就是"活"东西的特点。

水是鱼的"生存环境"，是鱼的"世界"。鱼生活在水中，水是"活鱼"的不可分离的一个部分。扩大开来说，人和他的生活世界也是这种活生生的关系，因为人对这个世界不仅是知识的、实用的关系，而且也有在这基础上的情感的关系，人对自己的世界是有感情的。

鸿桢笔下把这种活生生的感情关系，描画出来了，在他笔下"出现"了一个"世界"。他画中的水是透明的、清澈的，因而是"看不见"的，那么"水"又在哪里？"水"在鱼、蝌蚪的游动中，在水草的摇曳中，尤其在那晶莹透亮的卵石之中。通过鱼、蛙、蝌蚪、一草、一石……见出"水"，就像通过

"人"（的活动）见出"世界"、通过梵高那双沾泥的靴子见出"穿靴者"的"世界"一样。"人"不能离开"空气"，但"空气"又在哪里？"看不见的""空气"却无所不在，"看不见"的"水"也无所不在。鸿桢画鱼，满纸都是水气。

这里所说的"活东西"，当然不仅仅是"可能性"，而且首先是一种"现时性"，有了这种"现时性"才能展现"可能性"；展现"过去"和"未来"的"现时性"才是"活东西"。这在艺术创作里，就是"传统"和"创新"的关系问题。

有传统，就是有过去，中国艺术很重视这个传统和过去，但同时也很注意立新，活东西的特点就在不断更新。

画鱼、画水本是中国画的很传统的题材，然而鸿桢笔下确有新意。有一幅题名为"礁隙"的，两条鱼在狭长的缝隙中游，却一点也没有压迫之感，仍然怡然自得。画上长篇题跋也是水纹式的，全画那种流动的意境，是传统画思中不多见的。还有一幅"常荫"图，一个金鱼缸占据画面左角，而大半则以重墨勾画大幅竹帘，构思很奇特，很能见出画家的匠心。

鸿桢书和画都很好，所以他的画大都有自己的题跋，有的很长，借题发挥，可以看作是画的诗意的诠释，因而不仅可以作书法艺术来"（观）看"，而且该以"诗"的眼光来"（解）读"，不仅可问"怎样写"，而且可问"写什么"了。

画上题跋是中国画的特点和优点，外国画也有一点标题，但都很简单：中国传统是把画意和诗情结合起来，哪怕只有一个标题也很讲究。鸿桢的画充分利用、发挥了这一传统，在题跋中诗意地表达了自己的思想。

鸿桢从事艺术创作，并不忽视理论思想。他对我们这些研究哲学的人的话（包括文章和书）也都注意去听、去思考、去消化，所以能从很平常的生活中捕捉到生活的真义来。

不错，鸿桢自己也说，他画的是一些小题材，没有大场面。的确，大场面有自己的气派，但题材小不等于境界小。我们很崇敬那叱咤风云的英雄人物，也重视那最普通人的生活。普通人的生活是最基础的、最根本的生活。一个时期可能会没有什么特别的英雄人物，但不可能没有普通人。从平凡的生活中看出最基础的、活泼泼的意义来，就是有眼光、有智慧、有诗意的。

生命的轨迹

我喜欢鸿桢的画,起初是因为它那江南灵秀之气,给我这个久居北地的南人有"忆江南"之感;如今细品他的画,又觉得从他的作品中不仅能看出江南才子的锦绣心智,而且也能体会出他有一个广阔的胸怀。在他画的山山水水中,不仅有小溪潺潺、曲径锦屏的画面,而且似乎也有那汹涌澎湃、峰峦叠出的意境,所以我说他的画:"是江南,但又超越江南。"

苏州园林,中外驰名,度其初意,乃欲将天下之山山水水,藏纳于自己的园内,与之朝夕相伴。然园内方寸有限,山水布置,因地制宜,于是小桥流水,假山石畔,比起那大湖深泽、崇山峻岭,竟别有一番情致了。

大有大的气象,小有小的境界,难在以小见大,在小方寸中见大世界,此鸿桢之画意和画风,也是他的智慧和创造之处,不可不说。

小方寸中见大世界,中外贤者都觉得难。康德有一个说法,认为"崇高"(Sublime)需要"量",没有一定的"量",不可能引起"崇高"感,言之凿凿。画家不可能真有那么巨大的篇幅,于是真正的"崇高"只能到大自然中去找,或到非造型艺术中去找,像德彪西的《海》,可以表现大海之汹涌激荡和庄严静穆。苏州园林之假山、小溪,如何当得"崇高"二字?

然而请看鸿桢《园林印象》系列。他从园林中看出什么?他看到那山石中有一种巨大的力量在流动,他以粗劲无序的笔触勾出隐约可见的假山石,他这种飞动苍茫的笔触,我想把它叫做"生命的轨迹"。

不错,这"轨迹"在画上是一些"线条",但不是几何学的"线"。几何学的"线"是为勾划"界限"的,这里的"轨迹"则是"无界限"的。不可能有什么力量"限界"它们的"活动"。它们并不"循规蹈矩"。"生命的轨迹"不同于一般的"痕迹",在于它的"能动性"和"创造性"。这样,画出来的假山,"假"只是一个"影子",一种"依托",而它那活跃的生命力,却使它跃跃欲试地去成为"真山",它向人们展示:它也可以是"崇山峻岭"。

于是,鸿桢笔下的《园林印象》就完全不同于一般传统的印象,不是那小境界,而是有大气象、大丘壑在。

鸿桢从宁静清秀的园林中看出那贯穿于宇宙人生的无界、无限的"生命轨迹"来,固然要有一种"于一滴水见大千世界"的智慧,但同时他又能从早已纤巧精致化了的小山小水中见出古人创园之初衷,更有一层历史的洞察在内。这种久已湮没的创意,也许只有现代的江南才子才能发掘出来。现代社会是开放的,现代的江南也是开放的。固然园林依旧,但因大的世界已变,因而它的地位、作用、功能和特点也起了变化,具有现代意识的江南才人,或许正可以把那久违了的原初意境和原始轨迹寻回来。

当然,鸿桢的画更着意在鱼水之间,他画的鱼,千姿百态,更是许许多多错综复杂"生命轨迹"的组合,我已有评论,如今又要举办画展,要我作序,特补充以上感想。

哲学·美学·戏剧·京剧

　　学哲学的人大都兴趣比较广泛，有时显得庞杂，我也不例外。我对京剧一直有浓厚的兴趣，这种兴趣在最初带有相当的偶然性，是各种各样的因素促成的，譬如社会的风气、家庭的影响、朋友的交往等等。后来以哲学为专业，但并不甘心于把对京剧的爱好放在一个纯粹的"业余兴趣"地位，而是总想着能够把它们结合起来。

　　但学哲学的人研究京剧，一个那么抽象，一个又那么具体，别说别人，就是自己也一直有点嘀咕：是不是会被人目为"不务正业"？后来，我发现我这个想法有点不符合实际。当时研究哲学多年的老师和老干部不但从未说过"不务正业"，而且还多方面鼓励我研究包括京剧在内的戏剧艺术，只是希望我不要脱离哲学来搞，而是要从哲学的角度来搞。说实话，当时我虽然吵吵要把哲学与京剧艺术结合起来，但到底能不能结合，怎样结合，心里并没有底，而我看那些老师们（老干部也是老师）似乎对这一点倒蛮有把握，我就试着来做做再说。

　　逐渐地，哲学学得多了点，京剧艺术里的一些事情也知道得多了点，这才慢慢地体会到，我的这些老师们是对的。他们的哲学比我深得多，能够把整个社会、人生和艺术作为一个整体来看，那么京剧虽然是一个很具体的艺术部门，在他们的思想中，却也有一定的适当的位置，从而对他们自己来说，也就不完全仅仅是"业余兴趣"。

　　虽然，我并不是说，学哲学的非要喜欢京剧不可，他们当然也可以喜欢别的艺术部门，而甚至可以不喜欢京剧；但是，说来也怪，我的老师们中却有相当的多数是喜欢京剧的。专门研究美学的老师固然如此，就是专门研究古希腊哲学、中国古代哲学、德国哲学、法国哲学的，也有如此的，有的老师虽非"戏迷"，却也能唱上几段。这样，我也就"心安理得"；我无非比他们兴趣更大一点，还愿意写一点这方面的文章而已。

我说这些个人的经历，并无别的意思，只是想告诉比我年轻而又有志于研究哲学和艺术的同志：研究哲学吧，但不要放弃你所爱的艺术；钻研艺术吧，但也不要轻视那初看抽象的哲学。

一

先说几句关于哲学的话。最初，一般人对哲学多半怀有一点"神秘"之感，觉得它高深莫测，玄而又玄。后来，特别是前十多年，哲学的"神秘性"被打破了，但却又变成一些干巴巴的条条框框，似乎背上几段语录，用一些"内因"、"外因"、"主要矛盾"等框框去套一些事，就算是哲学的上乘了。于是，哲学的威信似乎发生了问题。不少人觉得搞哲学的都是"风派"，没有多少真才实学，就会耍嘴皮子；就是学哲学的人自己，也似乎有点抬不起头来，"见人矮三分"，不大愿意说自己是搞哲学的，比如有人问到我，我总是要加一句"是搞古希腊哲学的"、"德国哲学的"，至少要说一句"搞哲学史的"，以示区别。

这当然是不对的。不过有些现象也并不是我们所特有的。西方现在的哲学似乎也碰到一些相类似的问题，当然社会原因是很不相同的。他们的哲学流派很多，但在占主导地位的流派中似乎也有一种把哲学变成几个条条框框的趋向，哲学变成了一种专门的技术，叫它为"纯洁思维"也好，"使语言科学化"也好，如同我们过去说过的"哲学明白学"。当然，人家比我们进了一步，弄了许许多多的"逻辑公式"、"命题演算"，哲学成了一种技术性很强的学问。我很怀疑到底有没有不同于逻辑、数学、语言和各种具体科学实验的专门的哲学技术。不过无论如何，哲学变得脱离了人生，脱离了社会，弄得枯燥无味，一点没有兴趣了。

其实，哲学本来是一门很有兴味的学问。我们常说，哲学是世界观，这个"观"是对世界的一个总体的看法，是对世界的最本质的看法，就科学形态来说，也可以说是自然科学和社会科学的总和。既然是一个总体的"观"，那么要形成这种"观"就需要大量的而不是少量的经验，才能概括出这样一个"观"。但是这里事实上存在一个矛盾，即我们不能等到穷尽了一切自然科学和社会科学以后再来研究哲学，再来一个"总和"。事实上哲学在自然科学和社会科学还很不成熟的古代就已经有了，这是因为人的经验积累到一定的程度，在人的思想上往往也会有一种由量变到质变的过程。这就是说，即使在古代，人不但接受客观世界所给与自己的印象，循此而概括得出一种科学形象的认识，而且也以自己的全部经验、体会来"观"这个世界，寻找世界、社会和人生的意义、价值。事实上，这种"观"是人人都有的，因为每个人都有自己的生活经验、工作经验和社会经验，有时候就要带着这种经验来对人生大义发表一点自己的"观"，只是有的人作这种飞跃时自觉点，有的人不太自觉；有的人作这种飞跃需要的经验多，有的人以较少的经验就可以对人生有较深的体会。在古代，自觉程度高的人就成了古代最初的一批哲学家。

哲学作为一门学科来说是应运而生的，也就是说，它的产生有它的必然性。在一定意义上说，哲学的确也是一门专门的学问。既然我们不能等待穷尽一切经验之后（我们知道，这是不可能的）来想哲学问题，那么历代那些对"世界观"自觉性高的人就把他们的"观"系统化，写成了一本本的书。那么，学习、阅读这些书对完成、完善或提高自己的"世界观"就是很重要的。

我这样说，有两层意思：一方面哲学是一个专业，它有自己的历史，有一本本大部头著作；另一方面，我们也不必在这些著作面前却步，觉得它们高深莫测，甚至有点什么"神秘"。它们无非是经验之总结，只是这个总结是一个飞跃，是从总体上来看人生之意义，读这些书可以使原来不太自觉的飞跃，变得更自觉点。

哲学可以对整个世界的本质发表意见——这是它的本行；也可以对一些具体学科的问题发表意见，但它是从前面那个"本行"的立场来表现自己的看法的。这就是说，它是从整个世界观的高度来看一些具体问题的，而这个世界观，通常都不一定是从研究这些具体问题直接得来的，而是通过包括读哲学著作等其他许多经历、思考得来的。这样，哲学对待事物的态度似乎就有了自己的特点。

哲学的角度常常是把一些具体事物放在世界观的系统里来看它们的性质、意义；也就是说，这些事物，在这个系统里总能发现它们的适当的地位。这个系统当然会有各种不同的历史水平和自觉程度，但归根结蒂也不是什么"神秘"的东西。

所以，哲学家看问题，似乎表现为把一种原则贯串到对具体事物的看法中去，表现出一种能动性、活动性。一个具体事物的意义是多方面的，可以从各种角度去把握它。一块蛋糕，可以欣赏，可以吃，也可以从自然科学上分析它的成分和营养价值，但事物的有些意义常常不易直接看出来，特别是它在整个社会、人生、历史的意义，光有对该事物的具体知识训练，还是不能看出来的；要发现那种意义，需要更广泛的训练，我想最主要的即哲学的训练。哲学对一个问题（事物）的看法，不光是反映对这个事物的具体知识（当然这是很必要的），似乎在这个具体事物的后面，还体现了一个更大的原则。过去我写的一些关于戏剧的文章，曾被说成是"阴魂不散"。结合当时"山雨欲来"的情况，我一方面真感到有点"阴风惨惨"，但另方面内心却又暗暗自喜。不管是"阴"也好，"阳"也好，也许我真的有了这个"魂"了？而且那个"魂"还"不散"？

这个话也说对了，我一直在努力"修炼"这个"魂"，这个"魂"就是马克思主义的哲学精神。这个精神的基本原理，写在马克思主义哲学家的著作上，人人可以读的，但真正化成自己的世界观，要与自己整个的生活、工作、社会的体验结合起来，化成自己的"魂"，而且使它"不散"，以贯串于对世事、人生、社会、艺术、戏剧的看法中去，还要不断地努力才行。

二

写到这里，读者自然就会明白，原来哲学跟艺术是那样的接近了。艺术是什么呢？我们通常说，艺术是生活的反映，这话虽然需要进一步展开，但原则上是并不错的。艺术和哲学都以人生为总的根子，都是由人生经验的提高（或叫飞跃)而形成的一种"观"。

有一点是很明白的，哲学既然是一种世界观、社会观、人生观，而艺术又是生活的写照，那么，哲学家当然可以把艺术来"观"一番。

艺术是生活的反映，人生的写照，这不意味着艺术完全是被动的，像"自然摄像"一样（因为摄影师的照片也有艺术创造在内）；艺术作品也并不是把一定的具体生活或对象作一番哪怕是社会科学式的剖析，虽然一定的自然科学，特别是社会科学的知识对艺术家来说也还是必要的。那么，艺术家又是从什么样的角度即从什么样的"观"来对待自己要表现的对象的呢？我想来想去，还是同意这样一个观点：就基本的角度和"观"来看，艺术家和哲学家是一样的。这就是说，他们都同样是从整个人生、历史、社会经验出发来看待客观具体的世界的。艺术家和哲学家同样生活于人类社会，面临着同一个世界，体验着同一个人生（大范围而言），只是哲学家以自己的理论的体系来表现这种"观"，艺术家则常常以生活本来的样子表现这种"观"。艺术家和哲学家的根本任务是相同的。

这绝不是说，艺术和哲学的区别是不重要的，甚至是没有的。不是的。人类文明史上下有几千年，艺术和哲学都各自积累了许多适合于自身特点的手段。艺术有许许多多技巧，哲学也有许许多多理论体系。但是我们也不要忘记，在很古的时候，在表现手段还不很丰富的时候，哲学著作和诗常常是不容易分得那样清楚的，至今我们还可以像古代那样用诗来表现哲学的内容，而也没有什么绝对的理由禁止在戏剧、小说等作品里作一点哲学的推理或辩论。这其中的分寸是历史的，不是绝对的。由于长时期的历史经验的积累，才使诗人把自己的观察、感想化为诗句，音乐家化为乐章，画家化为形象，而哲学家化为理论系统。

这样说，会有些人担心在艺术上助长公式化、概念化的毛病，的确会有这个问题。但我想任何事情都有搞好、搞坏，搞活、搞死两种可能，不能靠改变定义来避免实际的可能性。不仅艺术上要避免公式化、概念化的毛病，哲学上何尝不是如此。十余年前把一些本来很深刻、生气勃勃的哲学道理，弄得支离破碎，成为死的条条框框，可说已公式化到了极点，以为哲学就是套一些概念（词句）而已。可见，这并不光是艺术里的问题。

当然，艺术以生活的本来的形式来体现一些更深刻的更高的内容，这一点是很重要的，所以艺术家总是深入于具体生活之中，在人生之中体会，体现更深的意义。人生是非常复杂的，并非每件事、每一点都符合艺术家的要求，不一定都能很好地体现艺术家所要表现的意义，所以这里需要艺术家的创造。哲学家根据对世界的总的看法创造思想体系，艺术家根据同样的对世界的总的态度创造一个艺术的世界，它们都植根于生活，因为生活就是人根据自己的想法以物质的手段创造的一个实际的世界。

这样说，也并非要求艺术家先成为哲学家再去搞艺术创作，更不是说哲学家比艺术家高明多少。就历史的发展阶段来看，我倒倾向于这样一个看法：有时候艺术家却常常走在哲学家的前面。对人生意义的总的看法是生活本身提出来的，当人生出现新意的时候，往往一时还比较朦胧，没有被系统化成为一种哲学理论，这时候，除了实际的革命家外，往往是艺术家先体会到这种新意。

至于具体的创作过程是不能限定死了的，有的艺术家是从直接的生活经验体会出人生大义，抓住这种直接的经验表现出来；有的则的确受了某种（或某些）哲学思想的熏陶再来看世界，从中抓住或塑造某些现象来体现那些看法的。

这里重要的还不主要是具体过程或表现手段，重要的还在于那个活的"灵魂"。

在这个意义上说，艺术家读一点哲学著作，哲学家读点（或欣赏点）艺术作品都是有好处的，只是不要吸取死的、形式的东西，这样，好处还是很大的。艺术作品有趣，哲学家读（欣赏）艺术作品似乎用不着人劝的，不过事实上也还有一些哲学家不大顾及艺术作品，觉得离他的专业太远，但事实上我们看到，并不是"太远"，而是"很近"的；艺术家读哲学著作却要费一点解释的工夫，因为历史上不少哲学著作是大部头，很难啃的，现在大家都很忙，何必去啃它呢。

我时常在想，如果说，历史上伟大的艺术品有"永久的魅力"的话，那么历史上伟大的哲学著作似乎也有那么一种"永恒的魅力"，因为既然它们都是以各自的方式捕捉人生的真谛、世界的本质，那么哲学著作和艺术作品可以说有异曲同工之妙。艺术家何妨试试，把那些伟大的哲学著作当作一些艺术品来读读，从那里得些启发，受些熏陶。

三

当然，我并不是说，人人都应该从哲学的角度来研究艺术，人人都要做美学家。

恰恰相反，我是承认从哲学角度来研究艺术、研究戏剧和从一般理论和历史的角度来研究它们是有所不同的。这里就涉及到美学或艺术哲学和一般艺术理论的区别问题。表面上看，这个问题涉及学科的区分，是很枯燥的，但深入下去也还是和最根本的本质问题有密切的关系，因而也是饶有兴味的。

半年前，我和一位同事在美国的一个特殊的场合下发生了一场"学术争论"，因为我这位朋友在他的一本书中含着这样的意思：美没有"历史"，只有"历程"，因为美是永恒的，只有各个时期的不同形态，没有什么"进步"的问题；我则认为，美还是有"历史"，有"进步"的。我反驳的理由主要是：就像"衣、食、住、行"这样一些问题固然是古已有之，古代和现代是一样的，或者根本说是相同的，但我们用以解决这些需要的办法、手段、材料……比古代丰富得不可比拟，难道可以因为这些问题本质上没有变化而否认现代的进步，否认历史的发展？钟子期的《高山流水》固不能与现代的电子乐比优劣，但现代在音乐上所拥有的丰富的表现方式是古代所不可想象的，不是也可以说是历史进步吗？当时大家气势都很盛，顶在那里；事后想想，我的朋友的理论，当然也不是完全没有道理的。

事情得分两方面来看，一方面是问题本身，另方面是解决这些问题的方式和手段。就问题本身来说，也有两个方面，或者叫两种类型的问题。一个是具体的问题，譬如要修一条路，从甲地到乙地，路修好了，问题也算解决了，自然科学里很多是这样的问题；另一种问题是最根本的问题，譬如"世界的本质"、"人生的意义"等等，是常青的问题，老是向人们提出来的，没有哪一天可以说，这个问题已经最后回答了、解决了。我们前面说的，哲学、艺术面临的，正是这些常青的问题；而人们用何种方式来回答、解决这些问题却无不打上历史、时代、社会、民族、阶级甚至是个人的烙印。所以在这个意义上说，我们不但有艺术史，而且有哲学史。

哲学也可以以一种历史的、科学的态度来编写它的发展过程，大部分研究哲学史的，都是采取这种方法。譬如对于古代柏拉图、亚里士多德这些大家，就有许多专门的学者来考证他们著作的版本、诠解他们著作的原意，以及弄清当时时代背景等等，这些当然是非常重要的工作；但是还有一些人——大多是思想家、哲学家——却在哲学史家工作的基础上还要抓住他们的哲学问题，研究他们所用的哲学的方式（体系）对于明确哲学基本问题的意义，从而体现这些人自己对那些问题的看法，最典型的，像黑格尔的哲学史讲演就是这种性质的。我在做哲学史研究工作的时候总想着不仅要历史地研究，而且要哲学地研究，先把它们分开来，然后再努力把它们结合起来。

以科学语言著书立说的哲学如此，具有鲜明生动形象的艺术更是如此。我们有艺术史家、艺术理论家。艺术史家研究各个历史时期在完成艺术"最高任务"（借用斯坦尼斯拉夫斯基关于演员的话）时所采用的，由一定的时代、民族、阶级决定了的各种方法、手段，看出各历史时期的发展的规律性；艺术理论家一般则以当代的历史条件总结艺术创作的经验，使之上升为行之有效的理论，以指导创作。

然而，我们还应该有艺术哲学，这就是说，我们还需要从哲学的角度来研究艺术。艺术史、艺术理论和艺术哲学，当然它们不是在原则上互相排斥的，但正因为它们有各自不同的角度，有不同的任务，所以也不一定要互相代替。

艺术哲学首先是哲学。这就是说，是从一个哲学的系统的角度来看艺术，把艺术放在整个世界观的体系中去看。就现在历史发展的水平来看，一个哲学系统的观点的得来，不太可能从一个比较小的具体的对象得来。譬如我们不太可能光从某一个点的经验直接得出系统的哲学的理论体系；因而，我们如果光深入一个艺术部门，譬如戏剧、京剧，不太可能提得很高、很系统，可以和现代水平的哲学理论并列，——并非说原则上不可能，因为在古代就有一些天才的艺术家从直接的创作经验悟出相当深刻的哲学道理来，而是说这样做，在现代很难，因为哲学也经过多少年相对独立的发展，水平已经相当高的缘故。这就要求，如果要从哲学角度研究艺术，要专门地学习、研究哲学，然后把哲学的理论和艺术部门的具体问题结合起来，这样可以把艺术作品中所体现的对世界、对人生大义的体会，纳入一个哲学系统，提高到更自觉的高度。

这样说，并不意味着艺术哲学只着重艺术作品的表面上很玄的哲理内容，而忽视艺术的形式，恰恰相反，艺术哲学仍然很重视一切艺术表现手段，包括艺术的结构和运用物质材料的技巧，就像哲学固然讨论生活的持久的意义，但并不忽视变化着的现实世界；不过在哲学家眼里，现实世界的变化，不仅体现了自然本身的自然规律，而且还体现了人作用于这个自然界的规律，还体现了社会的规律，并且把这些规律当作人的作品来认识，来"观"。艺术的物质材料，在艺术哲学的领域里，不仅是看作自然质料的规律（这种规律当然是必要的），而且看成艺术家为了表现一定的思想内容对这些材料的支配和运用，从而这些材料经过艺术家的运用，本身就是有内容的。譬如我们研究我国特有的书法艺术，从哲学的角度来说，书法就不仅是用某种工具（包括纸、墨、笔、砚）来记录语言，而是通过书家的运笔，由那些按照一定字形组合成的点、线、面本身就体现了书家的精神。书法不排斥从文字学甚至纸、墨、笔、砚的自然结构上去研究（包括文字及工具的历史演变），但如果光说书法的"用笔"就是用毛笔写出规定好的字来，或者还加上一句什么"反映现实"之类的话来提高一下"理论"色彩，就未免太外行了。

我对待中国戏剧、对待京剧，也是采取的这个艺术哲学的方法，虽然我在这方面做得还很不够。

我时常在想，人们听京戏时为什么那样摇头晃脑，如痴如醉？京剧是戏剧，明明有剧情有唱词，为什么欣赏者往往反倒不太注意，而却沉醉于音乐的旋律之中？我不大满足于完全用"封建趣味"这样的大帽子把这个问题一棍子打死，当然我也承认的确有这方面的问题存在，但问题是如何去解释这种现象，即，即使是封建士大夫文人雅士提倡的这种趣味，为何又会有相当的影响？慢慢地我感到，中国戏剧是最综合的艺术，歌唱与舞蹈在京剧中当然都为剧情人物服务，可以说是一种手段，但它们本身本来又是独立的艺术形式，所以即使在戏剧里，也保持了相当的相对独立性，欣赏者当然可以有所侧重地对歌唱或舞蹈加以欣赏。从这里，我结合着一些我学到的哲学理论，又进一步想到，从科学的分析角度来说，这些音乐舞蹈固然是戏剧内容的手段，但就艺术哲学的角度看，就中国戏剧（京剧）作为一个完整的、独特的艺术部门来看，这种目的与手段又是不可分的，它们是一个整体，所谓"玲珑剔透"，是一个活的东西，用解剖刀（分析）割开来，活东西就死了。这样，尽管我的具体知识不多，我还是努力地谈论不少技巧上的问题，但我是从一个总的观点来看这些技巧，所以也就不单纯是技术问题，而是艺术创作的有机的部分。

四

进入了艺术的领域，那末我们这个民族的艺术的特点问题就显得突出起来。

这样说，并不意味着哲学没有具体的民族的特点。

当然，就实质来说，哲学是普遍的，这一点没有什么争论，但哲学不是飘在空中的，它要通过语言表现出来，大都还要见诸文字，而我们民族的语言特点不能不对我们这个民族的哲学思想带来一定的、具体的影响。当然我们不要去夸大这种影响，但"大同中之小异"还是可以说的。就历史传统来说，中国哲学有自己的独特的哲学范畴，在把这些范畴结合成为一个思想体系时，也还有自己的在结构上的特点，我想也不失为一个有趣的题目。

至于艺术的民族特点，则是从没有人否认过的，这是因为艺术离不开具体性，而民族性也正是具体性的一种，所以致力于这方面的研究，使我们受到很多教益的学者不在少数。

但是，我觉得从艺术哲学的角度来研究艺术的民族性也还有自己的特点，所以我总是想把这种民族性和我们中国人的艺术趣味的特点结合起来考虑。用一句学术性较强的话来说，就是结合着我们的审美观的特点来研究。

按我的理解，所谓审美观或者艺术趣味是世界观的一个方面，或者说是世界观的一种形式，因而就本质来说，是哲学范围里的事，或者说，是和哲学属于同一个范围的。

就历史传统来说，我们民族对人生之大义、世界之本质的看法最善于用诗的态度来把握，所以过去不少人说中国是诗的国家。对比起来，就历史传统来说，我国没有像西方近代那种逻辑严密、体系庞大的专门的哲学著作，这常常被人们目为一个缺点。我们当然应该学习别人的长处以补自己的不足；但是西方近代哲学也并非完美无缺的。除他们的社会和阶级的局限外,他们老是想用一种自然科学式的理论系统(先是几何学的,后来是数学的,逻辑的,现在更有语言学的)等等来谈论哲学问题,这样发展到后来,被一些人抓住了,说什么哲学问题是假问题,因而哲学应该"寿终正寝"。这就是说,西方这种(自然)科学式的哲学体系也有自己的矛盾,发生过危机,并不像他们当中有些人过去想的那样十全十美,可以宣布达到了"顶峰"或"完成"。

在我国的传统中,情况就似乎有点不同。中国人常常善于在具体的事物中捕捉人生的真义,而把自己对世界、社会、人生的根本看法,寄托于具体的事物上。这样,在较多的情况下,一草一木,在中国人的眼里,常常习惯于不把它们当作植物的标本,而当作寓有深意的象征。在这方面,当然并不是说外国传统中没有,而是说,比较而言,中国人更为突出。

这样,我就联系到中国戏剧的特点,试图解释为什么中国戏剧没有走分化成独立的歌剧、舞剧和话剧的道路,而总是歌、舞、剧三者综合在一起发展。我尝想,戏剧是为人生之真实写照,把人生的矛盾冲突暴露在舞台上,而中国的戏剧是诗剧,载歌载舞,之所以如此,实因中国人常以诗的眼光来看人生之故。这种诗的趣味,使中国戏剧的各种因素不走分化的道路,不走极端,虽有所偏,但无偏废。所以,我总是感到中国传统的戏剧,和传统的趣味一样,是古典式的,表现了一种古典的理想精神,而常常可以在席勒的《美育通信》等著作中得到理论上的某些共鸣。

五

谈到艺术趣味,我联系到西方一句成语"谈到趣味无争论"来研究。

"谈到趣味无争论"意思是说,趣味是人们全部经验的结晶(前面叫"飞跃"),是有个性的,活生生的,因而是不能替代的,但它所面对的问题:生活的意义,世界的本源等,又是普遍的,这里的确是一个矛盾,或者用哲学的术语说是"二律背反"。艺术的流派是独特的、不可替代的,而又具有普遍的意义;一个个艺术流派是一座座纪念碑,是一些典范,是可供学习的。在这里,我对"谈到趣味无争论"这句话,要补充一个意思,这就是:虽然理论上可以说"趣味无争论",但实际上却不断地在争论;不但不同时代的、不同阶级的趣味在争论,而且同一时代、同一阶级的不同的个人也在争论,甚至一个人自己也会和自己争论。也许正是因为这个争论不可能在理论上来个一劳永逸的解决,所以争起来就没有个"完",是一千年、一万年都要争论下去的。

艺术上各个真正的艺术流派,即够得上一定历史水平的艺术流派,虽然风格迥异,但不容易根据好恶(即趣味)宣布哪派是"对"的,哪派是"错"的,不易分出"对"、"错",就不易使你所不喜欢的对方放弃为自己辩护的权利。我有一篇文章讲马派和谭(富英)派的风格对比,事实上在同等程度上同时喜欢这两派的"戏迷"大概不太多,但并不能认真说哪派"对",哪派"错",所以双方的拥护者要辩论起来都可以振振有词。

也许,我们也可以从这个意义上来理解戏剧流派的"百花齐放"。

今人当自爱

"古调虽自爱,今人多不弹","今人"不必铺天盖地地去弹"古调",但如果真的"多不弹",则"今人"就有了问题,就愧对了"古人"(的艺术创造)。当然,这里的"古调"不是指古人随便哼哼的调子,而是指那"古典的""曲调",也就是现在我们常说的"古典的""音乐"。中国的戏曲,如京剧、昆曲以及其他众多的曲种、剧种,亦应属"古典艺术"的范围之内。

什么叫"古典艺术"?我粗浅的想法,可以把那虽创作于"过去",但却永不会"过时"的艺术,叫做"古典艺术",即"古典艺术"永远有"生命力"、"吸引力"、"艺术魅力"。

然而,什么又叫"永远的"?"人"总是"要死的",不是"永远的";"人"的存在是一代一代的,代与代之间有"断裂层",叫做"代沟"。"代沟"是必须承认的事实,不承认不行。就艺术而言,一代人有一代人的趣味;就学问而言,也是一代人有一代人的学术。不过,代与代之间的"断裂层"又不是"不可逾越"的,"代沟"不是万丈深渊,而是可以相通,可以理解、对话,就艺术言,也是可以欣赏的。所以,"人"的"历史"是"断"中有"连","连"中有"断";代与代之间,又是可以"代代相传"的。"古典艺术"本该是可以"代代相传"的,但也不会有什么绝对的"保证",使其不会"失传","传"与"不传",关键在于"今人"。

由于"历史"有"断裂层",我们肯定已失去了不少的东西,其中也会有不该失去的好东西,所以我们对那些有幸流传下来的"古典著作"、"古典艺术",还要继续地欣赏、研究,看看有什么东西(意义)被"遗忘"了,现在应该重新"体会"出来;但对那早已"流失"了的"作品"——"学术性的"和"艺术性的",则只能等待异日的"发现"了。历史不保证不"埋葬"好东西,"埋葬"不"埋葬",有各种的原因,但主要的还在"今人"(相对于创造者"古人"来说是"后人")能不能"识得"这些好东西的好处。如果"今人"(后人)看不出什么好处来,就可能"遗弃"、"埋葬"它们。把"古人"创造的优秀的、好的东西丢掉了,遗忘了,则是"今人"的问题,是"今人"愧对"古人"。

当然,"好"、"坏"是相对的,对"古人"好的,不见得对"今人"也好,这里说的是"古典艺术",无论对古人,或对今人都应是好的。我认为,我国京剧、昆曲等古典戏剧,就是那些总是有欣赏价值的好东西,如果"遗失"掉,则是"今人"的问题。

所谓"保存",不仅是"物质"上的,而且更重要的是"精神"上的。譬如,印刷术早已发明,古书印在那里,但如果你不研究它,不懂它,那它的"存在"就等于"不存在";现在科学昌明,录音、录像技术可以保存大艺术家的表演,但如果我们不会欣赏它,则也等于"不存在"——当然,这种"物质"上的保存是很基础的,有它在,或许早晚它的"精神"会"唤发"出来的。

不过,"我们(今人)则不该"等待""我们的后人"来批评我们"不识好坏"、"粗野"、"没有趣味"、"没有文化修养"、"不能领会'古典艺术'的好处",而将这些艺术作品"闲置"起来。每一代的"今人"都该争取做"有素养"、"有情趣"、"有文化"的人;"今人"不仅要无愧于"古人",也要无愧于"后人"。

就艺术言,"今人"包括了"艺术家"与"欣赏者",故就古典艺术言,我们不仅期待着"大艺术家"、"大演员",而且也期待着"大欣赏家"、"大批评家"、"大学问家"。

"古典艺术"的精神需要"他人"(包括演员和欣赏者)来"阐发"出来。我尝想,中国的古典戏剧一直需要好的"阐发者",如今尤甚。

说来奇怪,我心目中的京剧的黄金时代,是在本世纪五十年代。尽管京剧从它诞生算起已有近二百年，但它在艺术上要有个酝酿、成熟的过程，而且京剧各行当成熟期并不相同，到五十年代，可以说各个行当都非常辉煌灿烂。那时候南北各派大演员都还活跃在舞台上，"四大名旦"、"四大须生"等等，生、旦、净、丑都有杰出的、过得硬的人物顶天立地——京剧舞台的天地。在他们的表演艺术中，我们不但可以看到他们自身的艺术创造，而且也可以看到谭鑫培、余三胜、张二奎、程继先、陈德霖……的活的艺术精华，体现在他们身上。尽管过去没有好的摄影、录音技术，但"我们"没有"遗失"什么优秀的东西，就连汪桂芬那个《文昭关》里的"鬼音"，还认真讨论了一番，努力想找出其发音方法来。

那时对京剧的研究、评论也很重视，不仅专业戏剧工作者重视，其他专业的学者也比较重视，而京剧演员也很欢迎"外行"的关心。京剧一直受到"文人"的帮助，在剧本、表演方面"文人"多有贡献，并还向大众"阐发"京剧的艺术特点，提高它的社会地位，可见使之成为一种"古典艺术"，是多方面努力的结果。京剧在五十年代就已不完全是一种单纯的"娱乐"方式，而且也是"欣赏"和"研究"的"对象"；已不混同于一般日常生活，而是人们生活中一个文化层次较高的部分。

后来，有些人不满意于京剧向高层次古典艺术发展，要把它"现代化"。不可否认，京剧现代戏中有不少优秀的艺术创造，特别是在音乐方面，大有突破，同样不应"遗忘"的；但京剧现代戏并不会真的改变京剧作为"古典戏剧"的性质，只是在"文化大革命"中因为政治的原因，京剧现代戏被利用来为政治目的服务，而这样就同时在实际上"遏制"了京剧作为古典艺术的发展。

这种"遏制"是很严重的，因为京剧失去了作为古典艺术发展的"大好时机"，使我们有可能失去原本该保存和发扬的好东西。那时候，还健在的大批杰出演员，被剥夺演出、教授、创造的机会，少数较幸运的演员，都在努力塑造"三突出"的形象，古典的剧目绝迹十年之久。这个文化的"断裂层"因其时间久、裂口大而使接续工作非常困难。

改革开放之后，百废俱兴，而且萌发了许多新的生机，京剧也不例外，特别是在弘扬中华文化的旗帜下，京剧恢复了"国宝"的地位——如果援引恢复

"国学"一词的例子,"京剧"倒更可以恢复"国剧"的名字;但在一日千里的社会发展中,在经济发展的大浪潮中,京剧也遇到了新的挑战。

京剧在复苏了一阵之后,观众和爱好者又在减少,虽经大力提倡,仍不能改变这个趋势,于是遂有"京剧"是否会"消亡"、"死亡"之忧虑。

其实,作为"古典艺术","京剧"只有会被"埋没"、"冷淡"的危险,而绝无"死亡"、"消亡"之理,因为被"埋没"了的古典艺术,一旦被"阐发"出来,仍然是"活"的。之所以会有这种忧虑,乃是反映这样一种心理:有些人觉得,不"流行"了,就是"死亡",于是就千方百计地让京剧"流行"起来。

我觉得,京剧"流行"不起来了,也不必、不该让它"流行"起来。

不错,京剧曾经"流行"过,但"流行"只能"流行"于一时,要想具有更长远的生命力,只有让它向高、精、深、尖发展。京剧在"流行"的基础上,早已逐渐在大演员、大文人的关心、培育和创造中,成为了一种"古典艺术"。

"流行"的东西,不要求人人都承认其价值,尽管喜欢的人很多,但你不喜欢,不能说你"文化低"、"素质低"和"趣味低";但"古典"的东西却"迫使"人人都得承认它的价值,尽管你不一定喜欢它,但你"必须"承认它的价值。现在京剧却没有这种内在的"迫使"力量,因为它正在和"流行"的东西在"竞争"。

"流行"的东西是"现时的"、"娱乐的"、人数众多的……而"古典"的东西则是"历史的"、"欣赏的"、人数相对少的。对"现时"的意识,是多数人必定很自觉的,但对历史的意识,就需要更多的文化教养才能自觉起来,所以,人数多寡,本是很自然的事。"古典艺术"重质不重量,这无论对艺术家和欣赏者言,都是如此。但就古典艺术能"迫使""不太喜欢"它的人也得承认它的价值这一点来说,它又是有更广泛的群众基础的,因为它还有历史的渊源,所以又是很深厚的。从这个意义来看,古典艺术不怕被"否定"、被"冷淡"、被"埋没"……而怕不把它当作"古典艺术"来看。齐白石画的虾,不怕你卷了起来不看,却怕你把它印在了脸盆上。

现在有些演员以及有些研究者、欣赏者,自觉不自觉地要京剧"流行"起来，因而不从精深处琢磨，而求一时之剧场效应或"轰动效应"，所以有些演出，给人以"粗糙"的感觉。当然，现在的服装、灯光、布景……都比过去好得多，所谓"粗糙"，只是指"表演"上欠研究。

以演唱来说，如今有些演员只求实大声洪，这当然也好。现代人的体质比过去的人好，嗓音条件会超过前人，但往往缺乏一个"咬字"的环节。尽管现在大多数演员也都要学京剧咬字的特点，大体也差不多，只是不"讲究"，因而不"突出"。

京剧继承昆曲唱法，讲究"字正腔圆"，"字"要咬得方、正，"腔"才可以一波三折，而不失"字"之本音。当然，京剧唱法自有特点，字音标准和行腔方法都不同于昆曲，但"字正腔圆"这个说法，在原则上可通。

京剧音韵，经过许多讨论，如今大体规范化，已不归某种方音，而自成一种艺术的音韵体系，现在看来是"现成"的东西，或许有人觉得是"技术性"的"雕虫小技"。但我认为此种"小技"乃凝结了许多文人的心血在内，体现了诗词讲究音韵格律并乾嘉以来人文精神的一个侧面，它融会在京剧的演唱中，给人以历史的典雅之感，"讲究"它，就能突出这种历史的精神，否则就显得"粗糙"一些。

不仅演员要注意这方面的问题，而且文人也该有这方面的探讨研究，欣赏者也要有些这方面的修养才好。过去的演员，因为社会条件的关系，有的文化水平不高，但有文人的帮助，有那好学的，嘴里也就"讲究"起来。现在演员文化水平不低，而音韵学的研究水平当然更有很大的进步，但两边没有结合起来，就很可惜。

的确，"咬字"的问题很小，既不能与安邦定国的大事比，比起那"艺术的真实性"、"艺术反映时代精神"、"人物性格"等来说，也是很小的问题；但俗话说，"外行看热闹，内行看门道"，"门道"常常是细小的，不留心就会被忽略过去。艺术的欣赏层大多数是"外行"，"外行"从整体的社会生活的大方面要求艺术，是最基础的，所以说"外行看热闹"只是表面现象；但艺术，特别是"古典艺术"需要一批"内行"的欣赏者，需要各行各业的"行家""里手"的配合、关心，才会将自身的"意义"、"精神""阐发"出来。京剧需要文学家、诗人、历史学家、文字学家以及声学家、光学家……的关怀，或许可以总起来说，需"人文""学者"的关心和爱护。京剧在过去曾是这样过，如今需要这样，今后也会是这样。

我们这一代人要向我们的前人和后人证明：我们（今人）是有眼光、有见识的，能够识得京剧作为古典艺术的精神所在，并能将这种古典的、历史的精神弘扬出来，而不会在我们这一代人手中"埋没"、"歪曲"、"冷淡"或"糟蹋"了它。凡是将古典艺术"埋没"了的，说明他"不配"享受那高雅的艺术，对一个人如此，对一代人也是如此。所以，我的意思主要是："今人当自爱。"

难得朴实

——读《程砚秋传》后

涂沛将她所著的《程砚秋传》赠我,要听我的意见,实在我对京剧已生疏多年,说不出什么中肯的话来。

写人物传记难,写艺术家的传记更难。艺术家像政治家一样引人注目。他们的各种花絮一定很多,作为严肃的传记作品,就有一个取舍问题。在这方面也可以见出传记作者的情趣和修养来。涂沛这本传记,在材料取舍上是很严肃认真的。

传记是一种历史性的工作。传中所说的,在史料上当要真实可靠才行,这一点自无疑问。不过我觉得历史性的"真实"的"真"字尚可有进一步的理解,即除那史料细节的真实性之外,更主要的还要把一个"真实的"、"真正的"艺术家表现出来,使人读后能对何谓"真正的艺术家"有一个更亲切的体会。这样的传记不仅对内行的读者,而且对一般的读者帮助就更大。涂沛这本《程砚秋传》我觉得是做到了为"真正的艺术家"立传这一点的。也就是说,她说的程砚秋,是"真程砚秋",她替程砚秋立的传是"真传"。

何谓"真艺术家"?按我的理解,所谓"真(正、实)",就是"实实在在"的,"朴朴实实"的,不是"花里胡哨"的、"曲里拐弯"的。凡"真"的,都是很"朴实"的,程砚秋是很朴实的人,很朴实的艺术家。涂沛的《程砚秋传》也是很朴实的书。我要说,"朴实的"这三个字,就我的专业——哲学来说,应是最高的境界,也是最高的品质,最高的褒奖。所以我想用"朴实"两个字来表示我对艺术家的崇敬，也表现我对传记作者的感谢。

中国戏曲主要以声腔分剧种，一个剧种中也主要以演唱方式分流派。我觉得程派唱法受昆曲影响很大。这次读涂沛的书，得到了印证。原来程砚秋早年曾与俞振飞几次合作，而俞振飞出自昆曲世家。程砚秋和这样的大艺术家合作，必定互相影响，相得益彰。再加上梅兰芳的提倡，文人学士的协助，使程砚秋更加自觉地吸取昆曲的唱法，也在想见之中。

就演唱原则言，京剧讲究"字正腔圆"。这或许本就是一个更为传统的原则，在昆曲里具体化为"字重腔轻"。昆曲的腔拉得很长，字要念轻了，到字尾收音时，就会忘了字头，所以必须要把字咬得重些，这样，在艺术上也就给人以刚柔相济的协调感。京剧的腔比较短些，这个原则也就被弱化了，但老顾曲家仍很重视"字正腔圆"。或许这本是任何歌唱艺术所必要的规则，不过西洋器乐发达以后，这个歌唱原则才更加弱化了。我觉得，在京剧演唱中最注重"字正腔圆"从而更接近昆曲"字重腔轻"的，是程砚秋。程腔比较长，时有一波三折，令人回肠荡气；但咬字却非常认真，一丝不苟。

程腔虽然长，起伏大，但一点也不"花"，完全不是故意"绕弯子"、"耍花腔"；那跌宕迂回的行腔中竟给人一种刚毅之感，其中带有一些悲凉，甚至还带有几分肃杀之气。出现这种艺术效果，当然不仅仅是把字咬准就能做到的，这和程砚秋以特殊方式运用嗓音也有关系。涂沛在书中告诉我们："自从变声后，他以往那种金石之声没有了，声音的力度减弱了，于是他练出一种有脑后共鸣的虚声来，似刚还柔，别具一种'雾中有山'的迷离之感……这时程派虽尚未形成，可是那唱腔已具有'程味儿'了。"这段话说得是很内行的，解决了我这个外行的问题。

我在六十年代初曾把京剧演唱流派分成"韵味"和"气势"两家，那是孺子之言，过于简单化了。艺术是活生生的创造，不是用一两个抽象概念所能框得住的。程派演唱风格，当然很有"韵味"。程砚秋早年与余叔岩有过合作关系，余叔岩那副"云遮月"的嗓子，与上引涂沛书中的记述可相互印证。然而程腔的"气势"犹如高山流水，那种"不可阻挡"的劲头，是人人都能感受到的。

所以，我想说，程砚秋的演唱，"腔"是"圆"的，"气"则是"直"的；

形式是"圆"的,内容是"直"的。"直"则"立",程砚秋用的是"立音"。"立"则"正","正"是"堂堂正正",这已不仅仅是"做事"(演戏)的问题,而且也是"做人"的问题了。程砚秋"立身""为人",刚直不阿,人人都很敬重他。程砚秋的人品深深影响到他的艺术品格,他所塑造的封建社会妇女的苦难形象中,有一股英气逼人。

"做人"和"做事"是不可分的。什么事也不做,只管自己修身养性的空头"道学家",其"德性"则大可疑问;而品行太差,即使被誉为"身怀绝技",其技术之品格究竟有多高,也大可疑问。当然,在实际生活中,"做事"和"做人"有不少"分裂"的现象;但艺术的上乘,则都是把这二者在相当程度上结合起来的。程砚秋在这两个方面是很统一的,所以他的人品很高,他的艺术品格也很高。这种品格,我想还是表现在正、直、朴、实、真方面,人格如此,艺品也是如此。

艺术天才为艺术立楷模,传记作家为艺术天才立传。天才之所以为天才,不因为他们太"复杂",而因为他们太"简单";不在于他们太"乖巧",而在于他们太"直朴"。这也许就是"大智若愚"的道理吧。古今有大智慧、大创造者,似乎都有一股"傻"劲,一条道走到黑,不为一时一地的利害所动摇,唯善是从;而这个"善"原本也不很复杂,譬如立志要把戏演好,把艺术的事做好,这也是很清楚明白的道理,就看你遇到问题时能不能把持得住了。

涂沛随程砚秋学过戏,这本传记的写作,很充分地表现了作者对师长的怀念、崇敬和虔诚,也有一股直朴之气。当今世界,"聪明"人和事太多太多,难得读到一本朴实的书,乃是莫大的慰藉。

古典的和时尚的

艺术分古典的和时尚的,哲学家、艺术理论家常为它们的特点、性质、价值有所讨论。以梅兰芳为代表的中国戏曲艺术,像唐诗、宋词那样是古典的、典范的艺术,是中国艺术史上的范例,而不是一种"时尚"。

应该说,京剧也曾经是一种"时尚",所以才有"时尚黄腔喊如雷"之说;但是经过几代大艺术家的创造,京剧并没有因"时尚"流行一时之后就烟消云散,而是形成了一个古典的艺术剧种,找到了它在历史和社会中的应有的地位。几乎可以说,只要有华人在,京剧就必会受到尊重、维护和发展。京剧在从"时尚"成为"古典"的过程中,需要有一大批艺术天才,而梅兰芳则是他们在艺术精神上的总代表。

各个民族的"古典艺术",之所以不会"消失",一方面是因为此种艺术本身素质高,涵盖性大——因其不使其他优秀艺术因素"丢失"而自身也不会被"丢失";另一方面是因为任何一代的人,为展示自己的文化素养,"证明"自己"配得上"自己民族的历史,就应该努力维护这种已成"古典"的艺术得以延续,加以保护,并予以提倡和发扬。在这个意义上,"古典艺术"时常可以得到"复兴"。梅兰芳就曾大力提倡昆曲,使其不因"过时"(不再是"时尚")而被"丢失"。

反过来说,一个民族,如果有哪一代竟然使自己的"古典艺术"——或其他优秀文化"失落"了,并不说明此种艺术、文化已经没有价值,或这一代人真的不需此种艺术、文化,而只能说明"这一代人""配不上"此种艺术、文化。就连那最好"时髦"、最求"新奇"的西方一些民族，也要耗巨资来修复古画、古迹，花大力气来保存古代希腊和莎士比亚的戏剧。参观法国的卢浮宫、中国的故宫，大概不太可能成为"时尚"，但此种参观，却是比"时尚"更为持久、更为高级的文化活动。

如今的中国社会，自改革开放以来，"时尚"是太多了，文化生活也丰富多彩，在艺术活动方面，人们有很大的选择余地，这是很好的现象；但在那众多的"时尚"潮流之外，尚有那"古典"的艺术，它"迫使"人们承认，并以它那"永恒的"艺术魅力吸引着人们。在"时尚"范围内，是"时尚"的东西要适应我们的趣味，相反，在"古典"的范围内，要求我们在适应"古典"的东西，使自己的趣味、教养得到提高。因此，我们要去"学习"、去"理解"、去"欣赏"那"古典"的东西，以"证明"（表明），我们这一代人是"懂得"梅兰芳的艺术精神的人，是"配得上"作为梅兰芳的"后代"的人。

过去有一句很落后的话，叫作"不孝有三，无后为大"，带有封建的重男轻女、传宗接代的意思，当然很要不得；不过从另一种意义上来说这个"无后为大"，则可以理解为：我们要教育、培养出能够懂得、维护、欣赏和发扬一切优秀文化传统的下一代，而不使其"断了后"，才算是尽到了我们这一代人的"历史"责任，而不至"愧对古人"。"愧对古人"也是"愧对后人"，因为我们未能尽责，使他们成为有文化、有教养，懂得历史的人。

任何民族的古典艺术都既是民族的，又是世界的，中国人必定会欣赏贝多芬，西方人也必定会欣赏梅兰芳。"时尚"尚可跨越国界得以流传，"古典艺术"则更是全世界人民的共同财富。

从 1919 年起，梅兰芳多次带艺术团出国演出，每次都受到所到国家人民以及他们的大艺术家的热烈欢迎和赞誉，说明这些国家是文明的国家，它们的人民是有教养、有文化的，他们的艺术家也是有眼光的，他们"配得上""享受"梅兰芳的艺术，就像中国人民"配得上""享受"日本、美国、俄国的高超艺术一样。

所谓"配得上"，并不是要求西方国家的人民都能很深刻地把握梅兰芳的艺术，就是对中国人来说，也并非都有同等程度的理解水平的，而是说要有一个开放的胸襟，乐于承认、接受世界上一切美好的事物，有这样一个基础性的文化教养，有这样一个文明的态度，才能进一步向这些优秀的文化传统"学习"。

的确，对于"古典艺术"人们是要"学习"的，它是艺术上的"典范"，而"典范"的意思就是"提供"大家"学习"的。

梅兰芳是中国戏剧艺术"大师"，是中国人民艺术上的"伟大"的"老师"，接受老师的"教育"，即使是艺术性的，也不能仅仅是一种"消遣"。"古典"即"经典"，"经典"是要人去"学习"的，而"学习"是要"费力"的，要"用功"的；此种"学习"，因其有艺术性而显得更有吸引力，更应有自觉性。

"诗"与"史"的结合
——谈梅兰芳艺术精神

中国的戏曲是"诗"和"史"的结合,是诗意性的历史,也是历史性的诗,是真正意义上的"史诗"——不仅仅是西方传统的"叙事史"。

当然,西方很早就有历史的记载,但他们对历史的理解,侧重在诸"事件"之间的逻辑联系,注意在"事后"来理解历史事件的前因后果,后来才逐渐认识到,"历史"是"绵延"的,不可"分割"为诸"事件",然后再以逻辑推理的方式将它们"结构"起来的;"历史"是"生命"的"延续",是"活"的,将其"分割"开来,就成了"死"的"事实"。

我们中国传统强调的正是"历史"的"活"的"生命性",因而"历史"对我们来说,就不仅仅是"过去"了的、"现在"已不存在的那些"事实",而是"现在"仍在起作用的一种"活"的因素。"历史"不仅仅是"事实性",而且展示了"可能性",不是"封闭"在"过去",而是"开放"于"未来"。我们看到,此种"史"的精神,实际就是"诗"的精神。

使"史实"和"诗意"和谐地表达出来,就戏剧而言,必定要通过"表演艺术"。"表演"之所以成为"艺术",而不是一般的"技术",正在于它着重点是在传达那"史"与"诗"相结合的精神,而要使"真"与"美"在舞台上相统一,则需要"演员"的巨大的艺术天才。梅兰芳正是这样一位伟大的艺术天才。

梅兰芳的表演——以及他作为"表演(导演)手册"的《舞台生活四十

年》，不仅是美的创造，而且也是真的存留（记录）；或者反过来说，不仅是真的存留，而且也是"美"的创造：如何既保存了真，又创造了美。

有时候，诗人、艺术家眼里的"真"可能比史学家眼中的"真"更深刻。以梅兰芳常演的剧目《霸王别姬》为例。楚汉相争是中国历史上的大事，史家多有研究，这当然是很有用的；项羽和虞姬的故事，或于史亦有证，而英雄美人、生离死别的故事，自亦可以打动人心。不过梅兰芳处理这个戏却不限于渲染此种表面的效果，而是把在楚汉相争的大背景中虞姬的独特的性格在项羽的衬托下，活生生地表现了出来。在梅兰芳的表演中，虞姬的死，竟有一种比项羽全军覆没更为震撼人心的效果。

虞姬随军征战，为项羽歌舞消愁，想是能文能武，不是一般的弱女子，但梅兰芳并没有把她演成了梁红玉，甚至不是《宇宙锋》里的赵艳容，在项羽的对比下，她似乎是一个柔弱得很的女性，而正是这样的女性，在紧要的关头，竟勇敢地"选择"了死。虞姬的死，不是一般的"殉情"，而是表现了她的"自由"，为"自由"而死，所以有一种悲剧的震撼性。项羽也是悲剧英雄，但在这出原本是刚柔相映的戏中，柔弱者竟能如此之刚强，相形之下，项羽倒显得"无可奈何"的样子。所以这出戏，在梅兰芳表演天才的照耀下，虞姬很自然地居于主位；而在史家的笔下，虞姬就不太可能成为主位的。这种情形，有点像希腊悲剧中埃斯基拉斯的《波斯人》。在希腊与波斯的那场著名的战争中，希腊史家自以希腊一方为主位，但艺术家却偏偏从另外一个侧面，从波斯人眼里来看这场战争的悲剧性。同样，在这里，艺术家似乎显得更为深沉些。

希腊的历史著作、科技著作、甚至哲学著作中所未能充分表达出来的精神——自由的精神、悲剧的精神，请到希腊的艺术中去寻找；同样，中国文化的传统精神，在"正史"中未能充分体现出来的，请到中国古典艺术中去寻找。

街上匾额，观之不尽

中国书协"牌匾书法"这个题目，使我想起小时候在上海时，父亲经常带我去看戏，散戏回家，夜深人静，一路上父亲指点沿路店铺牌匾，一一评说，如今尚能记得沈尹默、吴湖帆题的笔店招牌，最多的大概要称谭泽闿，还有那武进唐驼的。上海虽是商业城市，店铺招牌也很讲究，所以这一路的评点，当时比看戏的印象还深。

来北京上学，进城机会少，但几个老字号的招牌还是很有印象，慢慢地新匾多了起来，像郭沫若的，是北京街上常见的。总的说，北京的匾政治家的比较多些，如今改革开放情形又有所不同。

因为有小时候的习惯，我去香港、台湾，有机会也注意一下匾额。香港的店铺，洋文比较多，中文多有用美术字的，不过凡用手写体的，书法都很好，有些旅游点的牌匾书法则更不容小视；相反的，我去台湾所见到的匾额书法水平反倒一般。当然，无论港台，我去的时间都很短，另有公务，不能细细观察，所得印象很可能是错误的。

不过我们可以说，凡有华人的地方，其街面店铺、公共场所，不仅有美术字，而且重视手写书法，美国、英国的唐人街，都不例外。

北京是中国首都，是文物荟萃的地方，把我们的街道、店铺、建筑物以及各旅游点用书法艺术装点起来，显示出中华文化的特色，是很有意义的事。国外的旅游点，当然有文字说明，但只是说事；我们的传统，要立块碑来说事，而此种碑上的书法，大多成了书法艺术的范本。如今旅游点的说明，也都学外国，只限说事，介绍一点情况，是否可以考虑适当立一些碑牌，请文人学士撰文记事，请书法家来写。这样将史（事）、诗（文）、书结合起来，费点事也值。

如今北京街面上的店铺招牌，有的写得太潦草，都妨碍了市容；字不好，宁可描美术字。现在大商场的招牌很讲究，小店铺太差，两极分化。新写的招牌中我比较喜欢"燕莎商城"。大商场也有写得不太好的。街面招牌及广告，事关市容，有关部门在规划时不妨把牌匾字体的问题，也统一考虑进去。旅游点更应如此，要像贾政对大观园那样，何处有何牌匾，用什么名字，题什么词，都考虑周到。

另外还应考虑到风格统一问题。如今的建筑都很现代化，将来或许还有"后现代"的，样式很"怪"，再用过去适用于"皇家气派"的那种写法，不一定都能协调。有些建筑也许用大草书反倒能适应，可以试试。新的生活也会向书法家们提出新要求，挂在室内的也会有这个问题，要和家具陈设配合。

其实，外国人也不是不想装点他们的店铺，招牌上的字也是特殊设计的，墨西哥的高楼大厦上刻着（画着）他们最古老的图案。可是他们没有书法文化，我们有，我们中华民族对于文字的作用，发挥得最充分了，不但记事、表意、号令、指示……而且还审美。我们要充分利用这个传统。

（注：这是一个书面发言。）

沈有鼎先生和他的大蒲扇

一九八九年初夏，报上发了一则几十个字的讣告，让人们知道著名的逻辑史专家沈有鼎先生去世。这则讣告，大概连学界的同行注意的人也不多。这也难怪，据说发这类消息是按级别的，当然这个级别不是学术性的，而沈先生最高行政性头衔是"离休干部"——沾了清华园早解放的光，而当年北大在城内沙滩，北大教员则无此殊荣。

现在人们想起了沈先生，可能主要听到或读到有关他的一些逸事奇闻，觉得这个人很有趣，想有更多的了解。当然，沈先生有许多好玩的事，学生们凑到一起，说也说不完。不过在我们心目中，沈先生首先是一位博大专深的学者，一个有特等头脑的学者，当然的确也是一个很有趣的学者，有许多奇闻逸事的学者。

作为我国著名的逻辑学家，沈有鼎先生在逻辑学方面的造诣，享有国际声誉。沈先生解放前已有中英文文章多篇问世，改革开放后更有专门的论文在国内外学术刊物发表，进一步受到国内外学术界的重视。

沈先生对中国逻辑史的专题研究，更有突出的贡献，由于他运用现代逻辑的工具，分析古代诸家所提出的逻辑问题，使那些问题得到了进一步的澄清和深化。沈先生这方面的成就，可以以他中文主要著作《墨经的逻辑学》为代表。

这本书写于五十年代，陆续在当时《光明日报》"哲学研究"副刊发表。沈先生这项研究，当年刚发表时就引起了广泛的重视，被认为是功力深厚而又有新诠释的科研成果。八十年代集辑成书，当我们重新学习时，更感到沈先生学术功底之扎实。那艰深难懂而又脱落误抄的古文，和那曲折迂回的推（道）理，经过沈先生清楚明晰的分析鉴定，显得平实、好懂多了。像著名的"白马非马"、"离坚白"等中国逻辑史问题，沈先生书中从逻辑的指谓等方面，有清楚的叙述，而作为附录收入书中讨论墨经"一少于二而多于五"的文章，更是沈先生思考这个问题取得的"巧妙"（原书语）心得，你可以不同意他的解释，但沈先生的解释绝不会把问题搅混，使你胡涂，而是把问题揭示出来，让你知道问题所在，提反面意见时也知道从何下手。我对专门的逻辑问题是门外汉，所以读沈先生书时更多的是感到他那抓住问题不放，力求干净利落地来解决问题的科学态度和智慧，这常给我以逻辑学之外的教益。

我在北大读书时大概只远远看到过沈先生，但后来我们不但是北京干面胡同平房多年的邻居，而且在河南"干校"就床铺位置言，也是邻居；不但在北京哲学所是同事，而且在河南"干校"菜园班也是同事。

在干面胡同宿舍里，住的有许多名人学者。宿舍后院盖起新楼房，沈先生原也有资格搬进去，只是他嫌麻烦，就留在前院平房，与我们年轻人为伍。这个宿舍里有两位老先生走碰头可以不用打招呼而又不以为忤，一位是罗念生先生，一位就是沈先生，但原因各异。罗先生因眼睛不好，看不清人，所以有时躲懒偷偷从他身边溜过；沈先生是不知道他那时脑子里想什么，大部分是你打招呼也白打，他急匆匆走他的路，好像没看见你一样，而他如果真有话跟你说，你走多远他也会追上你。

沈先生要跟你聊，那很难有什么东西能拦住他。一般他是不分场合、地点、时间和条件，只要他想跟你说些什么，也不管你在做什么，劈头就会说起来。不过话得说回来，一般我总是很欢迎沈先生的突然出现，那时他准有什么读书和思考心得来谈，而且他跟我谈的，准是我关心、喜欢的题目，从不谈专门的逻辑问题，因为他知道我不搞它，谈的大都是西哲史方面的话题，每次都使我有所获益，所以每次不论我在做什么，都让他把话讲完，尽兴而去；唯有一次——只有这一次，我正在写我那本《前苏格拉底哲学研究》中一段，实在不想打断，于是就对沈先生说："今天只谈二十分钟"，果然，他看着表——谢天谢地那时他已有一块手表，谈到二十分钟，真告辞了。

沈先生来，有时也是要听你讲。每年夏天晚饭后，干面胡同平房大院里，常常可以看到沈先生手持大蒲扇走来走去，这大概是他读书读"饱"了之后一种心旷神怡的表现。这时，如果我有朋友来，在门口放一张小桌一起聊天时，沈先生就会凑过来，一屁股坐在小马扎上，聚精会神地听我们聊天，很少打扰。在我的朋友中，常遇到这种情形的是徐书城兄，那时他在一个剧团画布景，谈的大多是艺术和美学方面的事，沈先生也听得很入神。

说起艺术，沈先生这样的"怪人"，居然也有那种情趣，而且有很深的修养，大概是一些人想不到的。当然，他是沈周的后代，家学自然很深厚，不过我也没有料到沈先生对中国戏曲的音韵也很熟悉。他知道我喜欢京剧，有一次谈起来，他居然能如数家珍地把那"撮口"、"齐齿"以及十三道辙和《中原音韵》的韵部，分得清清楚楚，使我大为惊讶。后来才知道，原来沈先生会唱昆曲，可惜我没有听他唱过。从说话的嗓音来看，他唱起来一定很好听。

无论如何，他这些音韵学知识，总是早年学得的，居然记得如此清楚，可见记忆力之强。我们所里有几位老先生博闻强记，沈先生是一个。他的外语好，而学外语需要好记性。沈先生不但英语、德语很好，而且懂得希腊文和拉丁文。沈先生懂希腊文是罗念生先生跟我说过的，而他拉丁文的知识所内许多人都曾领教过。记得六十年代初，组（现在的研究室）里让我具体编一本纪念培根的论文集，约沈先生写一篇。只见他天天夹着那有拉丁原文《新工具》的那卷《培根全集》，来去匆匆，不久交来的文章是那样清楚、明晰，省了我这个小编辑许多的事。

说起记忆，一半是天生的，一半也靠后天训练。有一次沈先生来大谈希腊哲学，讲赫拉克利特的逻各斯，谈巴门尼德……他说得太细致、太专门了，我觉得不像是凭记忆来谈的，于是问道："沈先生，是不是最近读了什么希腊哲学方面的书？"他笑了一下说："对，我刚读完柏奈特的《早期希腊哲学》。"原来，他的记忆也要靠"温习"来维持的，怪不得在"干校"有一次他对我说，"你老说记性不好，记性有什么要紧！"

的确，记性要靠温习，尤其要靠理解；但"理解力"也是一半靠天生，一半靠"修炼"。沈先生的思考、理解力自然公认是第一等的。我尝想，我们一般人即使对自己的"思想"，也总有点虚无缥缈的味道，抓不住，摸不着，但

"思想"对沈先生则似乎是一个成形了的具体的东西，是他"修炼"出来的一个"物品"，而且是个"活物"，可以呼之即来，挥之即去，要它往东，它不会往西；只要他愿意，随时随地都可以很快地进入"思想"，好像一个演员，用不着"酝酿情绪"就可以立即进入"角色"。

六十年代新来一位副所长，是个很好的人，但因初来，不甚了解具体情况，他到干面胡同分别拜访老先生，沈先生在前院平房，首当其冲，但早上九点去，沈先生在睡觉，下午三点去，他老先生又在睡觉，适逢当时要精简一些老先生支援外地大学，这位同志有意也让沈先生去，幸亏金岳霖先生拦了，才未调出。当然，很快这位同志也知道，沈先生因为随时都可进入"读书"、"思考"的"角色"，所以作息时间没有规律。"文革"前，我和沈先生一墙之隔，或竟是一门之隔——那扇门是后来才用砖砌上的，有时我们半夜听到沈先生哇啦哇啦念书，好在那时我年轻，吵醒了马上又能睡着，并不在意。当然，不是说沈先生只在夜里才读书，只是说他随时都可以读，而且读起来就很难有什么力量让他走出书境。记得邢台地震那年，我在江西"四清"，接到家里来信说，院子里许多人都出来了，只有沈先生没有出屋，好像仍在读书。很可能，沈先生并不知道除了唐山大地震外，世上还有过一次邢台地震。

然而读书人也有不能读书的时候，我和沈先生都到了河南五七干校，大家都只能读少数的书，专业书当然是禁读的。有一个阶段，我和沈先生一起在菜园班负责推水车浇菜。这是个轻活，壮夫不为，有的也为不成，因为要像驴那样在一个轴心上转，平衡器官不好的，不能干这个活。沈先生和我都不怕转圈，所以一同管这口井。那时沈先生已体会出光膀子可以免去洗上衣之苦这种优越性，直到深秋别人都穿上衣了，他还光着膀子。不过在井台上，他可以不带上衣，却常带着一枝小铅笔和一点什么小纸片：有时是拆开的信封，有时是拆开的烟卷盒——他不吸烟，当然是拣别人的，一休息，就看他在小纸片上划些什么，都是些逻辑符号，我看不懂，他也很少跟我说。现在想来也奇怪，那时沈先生和我很少聊天，倒是很认真地天天围着井台转。后来来到河南明港，住在一个大军营里，集中搞"运动"。我和沈先生的床之间只隔着我用箱子垒成的"床头柜"。那时大家不种地了，"运动"更是疲疲沓沓，实际的气氛"宽松"多了。有位同事常和沈先生聊康德，他的床就在我们的脚头，床之间空出了仅容一人通过的小空间。我那时白天读多种文字的语录，晚上打着手电看英文小说。沈先生很夸了我那种学外语的劲头。我和沈先生谈的问题不像谈康德哲学那样专门。记得有一次谈到中国乐器很多不是汉族的，我说读过夏衍一篇文章，说乐器名为一个字的，则是汉族的居多，我说"有点道理"，不想被人向军宣队告了一状，说我"吹捧四条汉子"。——当然不是沈先生告的，也不是那位对床的同事。

在政治方面，沈先生在"文革"期间不是重点，只是有一次说一条"最高指示"中"要加上一个逗点就更清楚了"，被开了一个晚上的"批判会"，会上口号也很吓人，有"现行反革命"、"不投降就叫他灭亡"这类的标语和喊声。第二天一早，院子里红卫兵小将再找他，他却在胡同西口的牛奶站——当时是比东口的油饼店高级的去处——吃早点呢。后来，沈先生既不是批判对象，当然也不是依靠对象。不过，那时谁也不能置身事外，至少开会总要想几句来发言批判"地富反坏右资黑"，尤其是那个"五一六"，挨不过去，沈先生也要讲几句，于是他就说那年××、×××（已经倒了台的中央"文革"成员）在大席棚（在京时学部大院临时搭起的一个会场）来挑动群众啦，×××就坐在××的旁边啦，好像他在场一样，其实并无此事；在明港时，陈伯达倒台已许久了，他还在会上一本正经地说"根据陈伯达同志对学部的四点指示……"引得哄堂大笑。于是，下面就流传沈先生一句"名言"："我们这些人打红旗也打不像"，他的意思是要说明他这样的人不会"打着红旗反红旗"。

要说"逸闻"，有两件事无伤大雅，补充一下。

"人之初，性本馋"，沈先生的"馋"也很出名。刚住进干面胡同时，他常常带着几本书，到东安市场一家小西餐馆，连吃带喝加上读书，一坐就是一天。好在那时餐馆很安静，人很少，有一次我看到他正在那里读书，也没去打搅他。"干校"时，尽管伙食比下放、"四清"要好得多，沈先生还是想到明港镇上小饭店吃一顿。从军营到镇上也还有一段路，他要我陪他去，他请客。说也奇怪，自从他有这个动议后，一连好几个星期天都下雨，没有人愿意陪他去；于是一到星期六晚上，他就老念叨"明天别下雨"。后来还是当时的连指导员（所里的干部，不是军宣队）说，"你们哪位行行好，明天陪他去一次"，于是我们两三个人这才下决心陪他去了镇上，那天沈先生最开心，跟他读

"饱"书后那副怡然自得的样子一样，而且那天也没有下雨。

另有一事是尚在息县农村种地，一天中午沈先生没有回屋歇晌，一打听，原来他在食堂换饭票，因为他在银钱上一向很仔细，找头必要细细数过，有人恶作剧，找给他许许多多的小硬币，他竟毫不含糊地一一数了，分成好几小堆，数下来居然少了几分钱，开玩笑的同志只得补了给他。

总之，沈先生是个能读书、能思考，也是能吃、能睡的人。随时可以思考、读书，必定要有随时能睡觉的条件，否则身体顶不住的，而沈先生一向身体很壮实。从一九七二年回城后，他搬到前三门去住，我们见面少了。我们最后一次谈话大概是那年院里在人大会堂举办春节茶话会，在一片喧笑声中，沈先生绕过好几个桌子来跟我说康德"审美判断"问题。

沈先生离开我们好几年了，他的专门的学问当由他的高足们来谈，好在他四十多万字的文集不久将由人民出版社出版，届时我们当好好学习、研究。

现在正值夏令，沈先生又该拿着那把大蒲扇在院子里晃来晃去了，不定什么时候就会坐下来跟你聊。当然，这已成了往事了。说起大蒲扇，如今北京很难买到，前几年小女儿碰到买了两把，每年夏天都拿出来用。有了电扇还要用大蒲扇，可谓"沈氏遗风"，不过"青出于蓝胜于蓝"，我的这把是好的，沈先生常拿的是一把破的。

段师傅启示录

段师傅名守全,是我们研究所的老木工。平日他的职务是维修职工宿舍门窗及办公家具,如有房屋漏雨,他也能及时妥善解决。

感谢多年教育,我们这些文人并不因木工小技而轻视段师傅,段师傅似也未受"文革"影响,以"领导一切者"自居来整肃我们;尽管在"五七干校"时他监督我等脱坯建屋很有统帅之威严,但我们都喜爱他、尊敬他。

段师傅的木工技术,可谓绝对上乘,从他的技巧中,我看到"智慧"这个希腊哲学的高级境界。希腊早期的"智慧",包括了"知识"和"技能",带有实践性。苏格拉底的父亲是石匠,母亲是接生婆,而苏氏为万代哲学宗师。

段师傅的技术,还让我想起庄子"庖丁解牛"的故事。他因有丰富的经验,对常用木料的质地、性能了如指掌,因而能准确判断何处下钉子、何处下锯子……而不致裂开,充分体现"顺其自然"的道理。

"顺其自然"不是"听其自然"。木工的任务是要"制作"一件东西,或"修理"一件东西,不是听之任之。木匠的工作乃在"顺其自然"中"改变自然",以实现自己的"目的",使"合规律性"和"合目的性"统一起来,客观性的东西和主观性的东西统一起来,西方古典哲学叫主客统一的"绝对",中国叫"天人合一"。

"人"本也是自然的,像一个钉子那样"楔入(嵌入)"世界,但要"楔"得是地方,才能"安身立命",否则木头裂了,你这钉子也就无所依傍,立不住了。

"人"不仅以自己的身体"楔入"世界,而且更主要的是利用"工具"来达到主客统一,所以所谓"游刃有余",除了要有"牛"的各关节的知识外,别忘了那个"刃"字。某种意义上说,如何使用手中的解剖刀,更为关键。

我非常羡慕段师傅手中的斧子,它可算有了一个"知己"。斧子好像是段师傅身体的一个部分,要它向东,绝不往西,往往一斧中的;而斧起斧落,左右逢源,沉甸甸的斧子在他手中好像没有重量似的。段师傅手中的斧子,像武士手中的刀剑,如此得心应手,那样举重若轻,看段师傅运斧,着实让人体会到什么叫"舞"。

"舞"是"挥舞",也是"舞蹈","挥"而能"舞",就是艺术性的,就有"舞蹈性"。"舞"是一种"自由",古典意义上的自由,即掌握了规律的自由。

一方面,"自由"并没有给世界增加什么,段师傅本人、斧子、锯子以及木料等等,都是世界的一个部分,都有"自然的"一面;另一方面,"自由"又给世界增加了"文化",段师傅"制作"和"修理"的东西,是"作品",是"工艺品",故又不仅仅是自然的,而是自由的产物。

在木器的世界,段师傅是自由的,我却没有自由。斧子、锯子、钉子以及各式木头,对我来说都是异己的、外在的,我和它们没有什么"亲密"的感觉。因为斧子很重,拿着它不是我指挥它,而是它指挥我——我的手受它的重力指挥。我说:"段师傅,斧子在你手里真听话。"他笑着说:"我拿你们的笔,觉得比斧子还重,写几个字可费劲了!"

是的,文字是我的天地,斧子却在他的天地之中;但我能理解他,敬重他,他也能理解我,尊重我。他常说:"都说你们知识分子不联系群众,架子大,其实做什么事都得专心,你们要有时间读书、写东西,不能老搅和你们。"段师傅很懂得,自己天地中的"自由"不是生就了的,要靠学习和锻炼,所以我们虽然隔着行,却是朋友。

当然,段师傅不是艺术家,他只是木工,而且主要做修理工作。"文革"时连文人们都做起沙发椅来,他也为自己做了一个大立柜,硕大无比,古老而厚重,式样是太旧了,但做工却很精细,严格按传统不用或少用钉子。我想这个传统不仅是为了结实,而且是取其木料浑然一体的意思,当然这要有很高级的技术才行。

如今家具、门窗的材料变了，工艺程序也变了。有了电锯，斧子、锯子这类工具淘汰了，工艺、技术才出现了新的哲学问题，不是古典哲学所能囊括的了。

幸好段师傅已告老还乡，回到京郊昌平看守我们的休养地——"爱智山庄"去了。偶尔我去那里，一起喝酒聊天，仍想见他那挥舞斧子的潇洒样子。

怀念丕之同志
——兼谈黑格尔哲学的意义

丕之走了，走得那样突然。离开北京时不是还好好的！那健壮而健谈的样子，一点也不像已过七十的人。然而他的确走了，这是一个"事实"，而"事实"往往是对人不利的。"死"就是这样一种最为普遍而又最无可奈何的"事实"。

我认识丕之三十多年了。一九五七年反右前他在高级党校工作，到人民大学听贺麟先生讲黑格尔哲学的课，不久就到哲学研究所贺先生领导的西方哲学史研究组工作。那时我刚从北大毕业，他在我面前有一个高大的形象，不仅年龄比我大——其实那时他才三十多岁，他还是党内的老干部、老革命，原则性很强，我对他一直有"敬畏"之心。之所以"敬"而又"畏"，乃是因为他常常批评人，没有可批评的，他也"教育（训）"人。譬如哲学所还在中关村时，他让我把寄到组里给老先生们的信，分送到各家去，还说"你现在做些细小的事，将来地位高了，就不会瞧不起这些事"，当时我虽然照办，但心里不十分情愿。说来也巧，三十年后，他从上海来京，在我们研究室（这时已不叫"组"了）看到桌上一大堆老先生们的信，他又说："你怎么也不给他们带回去？"我向他解释："他们年纪太大，多年难得来所一次，要紧的信都已改寄各家，这些信自有他们的研究生定期带去。"

丕之就是那样的人，好提意见，好批评人，也好"管"人。不了解的会觉得他因长期做领导工作有点架子，其实多接触了就会觉得他那内在的真诚和善意，至于说话方式有点生硬，反倒感到直率可爱了。就说是领导，他也是一个有魄力、有肩膀的好领导，在他领导下工作我感到很放心，因为他尽管批评你，但真有了问题他却能帮你、保护你，更不会把事情往你身上推。

作为一个老党员、老干部，丕之在政治上一贯非常坚定，这一点认识他的人都能突出地感受出来；只是在那疯狂、混乱、颠倒的年代，他的坚定性反倒不灵了，所以也吃了不少苦头，从此以后这个一直做领导工作的丕之，却无一官半职。起初朋友之间议论，觉得他可能不习惯，心理会不平衡，可是实际上他似乎一点也不在乎，正是在"赋闲"以后，他可以全力投入读书、写作，寄情于学术工作，乐而不倦。他的大部分著作，就是这一段时间写的，所以看起来他精神抖擞地做学问，"领导"着他那些书，反倒更得其所哉，说起来也是很令人钦佩的。

丕之一生唯好研究黑格尔哲学。当然，在书里他自己说过，最初发愿研究黑格尔是根据马克思、恩格斯、列宁的教导，后来也一直按照马克思主义的观点来批判、分析黑格尔哲学，有否定，也有肯定。他特别着重研究黑格尔的辩证法，每每加以强调发挥，也因为那是马克思肯定了的。这是丕之研究黑格尔的基本立场，自是不可动摇的。不过，我觉得丕之研究黑格尔哲学已经不完全是要遵守祖训去完成一件带政治性的任务，而有一种发自内心的学术兴趣在内，或者说，丕之研究黑格尔，不仅仅认为"应该"，而且还感到"需要"。

应该说，丕之研究黑格尔，也有他的困难之处。他不通外语，德文未学，英文也不能用。并不是说他不重视外语。刚到哲学所时他跟我们一起听贺先生讲英译黑格尔《精神现象学》，几位老先生给我们讲英文哲学原著选读，他都来听，他还到北大和我们一起听胡家胎先生开的哲学英文课。记得一九五八年我们在七里营劳动，他天不亮就起来在路灯下学英文，那时他才三十多岁，都以为他可以学好。大概还是行政工作太忙，这件事他没有坚持下来，后来的研究工作，只得依靠中文翻译。黑格尔主要哲学著作，是贺先生、王玖兴、杨一之先生译的，很可信，以此为依据做研究，不会有大偏差。不仅如此，我还和一位朋友谈到过，丕之因不读外文书，则求精读中译原著，反复地读，不仅能融会贯通，而且也能开发出新问题，不像我因学了一些外语，想看的材料太多，分散了精力，对原著往往不能反复研读，就急着去读大量的二手材料。我曾开玩笑地说，我不是"用情不专"，而是"用功不专"，想读的书太多，"信息"大爆炸，我的思想也常被"炸"得粉碎，不像丕之那样专一，反复钻研，得其要领，也能深入，在通信中常提一些困难的问题，发人思考。

当然，丕之读书的面也是很广的，中国哲学、西方哲学，古代的、现代的，文学的、艺术的……举凡涉及人文科学的，他都读，譬如他有一次来信说，他在读"易经"，又有一次他说花了几个月时间集中读了一些西方现代哲学的书，不过他的结论是"比古典哲学差远了"。可见，丕之心中有一把哲学的"尺子"，对这把"尺子"的信念，他是非常坚定的。

丕之对于古典哲学的虔诚的钻研态度，可以从他的著作中看出来。在这方面，他主要出版了七本书，其中除了《马克思与黑格尔》、《恩格斯与黑格尔》、《列宁与黑格尔》三本外，都是对原著的有选择的逐段解释，是他读书理解的记录，写了出来，帮助其他读者去理解。他的这种工作，使人想起早年英国坎普·斯密斯对康德《纯粹理性批判》的注释，这本注释至今还是学康德哲学必读的书。丕之除了已出版的关于黑格尔《大逻辑》、《小逻辑》的注释外，尚有一部手稿是《精神现象学》一书提要，失而复得，可惜已来不及在他生前出版了。

如今研究古典哲学，特别是黑格尔哲学的人越来越少，就连我们专业的哲学所，我们这个丕之曾工作过的西方哲学史研究室，大家都忙于研究"现代的"或"后现代的"，几乎没有什么人在做古典哲学的历史研究。为提倡研究古典哲学，丕之曾说服了一家出版社出版《康德黑格尔研究》集刊，只出了两集就不出了。丕之为此很伤心。

那么，古典哲学、黑格尔哲学是否真的不值得重视，不值得研究了呢？在这方面，我和丕之一样的固执。

就我们自己的情形来看，解放以后大家学习马克思主义，把德国古典哲学作为它的来源和背景来学，是受到鼓励的；但许多学哲学的，从学习德国古典哲学中得到的，是一种哲学的基础训练，因而他们去钻研这些著作，就不仅仅是为了完成政治学习的任务，而是哲学本身的兴趣在推动他们读康德、黑格尔的书。康德、黑格尔的书吸引着他们。

就国外的情形来说，现今西方国家哲学流派林立，在英、美大学哲学系，学生很少有人读黑格尔的书,但在欧洲大陆,黑格尔仍为一些哲学大家所重视。德国人不会忘记黑格尔,伽达默尔有专门的书讨论黑格尔;法国人似乎比德国人更重视黑格尔,对黑格尔哲学也有一些新的阐发,没有黑格尔哲学的基本训练,看不懂现代欧陆哲学的书,也是意料中的事。一九八八年我在英国牛津,一位教授对我们能否把握现代欧陆哲学表示怀疑,当他得知"黑格尔"这个名字在中国,曾经几乎是"家喻户晓"(household)之后,疑问顿消,说你们有这个"background"。

缅怀不之,翻阅他的著作,也就如同和他一起复习黑格尔的哲学思想。他在《黑格尔迷宫的路标》(华东师范大学出版社,1988年)第41页引用黑格尔《小逻辑》一段话:"所以逻辑学中所说的精神也是纯粹自在的精神〔(丕之)按:即精神自身〕,亦即自由的精神,因为自由正是在他物中即是在自己本身中、自己依赖自己、自己是自己的决定者。"(《小逻辑》,第83页)

"逻辑"讲必然性,似乎很不自由,但黑格尔的"逻辑学"——"哲学"却是"自由"的学问,不好理解。平常我们说,黑格尔把"自由"和"必然"统一起来了。这话当然不错,但以此来搪塞,似乎一切难题和矛盾都立刻消融于万能的"统一"之中,则是偷懒的办法。黑格尔的意思是说:即使在"他物"之中,"精神"还保持住自身,这才是"自由"。此话又怎讲?按照黑格尔的意思,"精神"是"理念"、"概念"、"理想",而不是"表象"。譬如我们看到一幢"房子",作"表象"观,我们"受制于""对象",我们"看到""房子"的形状、颜色,门、窗、烟囱的位置,甚而登其堂室,知其内部结构和陈设布局,等等,都"受制于"这幢"房子",此处无"自由"可言;如果我们从"精神"、"理念"、"理想"、"概念"来"看"这"房子",则就不完全"受制于"这作为"对象"的"房子",而会觉得该"房子"某处应多一个窗户,门前缺少花园,或门廊显得太大……"意识"到这一点,我们立即会觉得,"精神"即使在"他物"——那幢实际的房子中,仍能保持着自身的"独立""自主"性,此为"自由",而此种"自由",确是比那"受制"的"表象"更有必然性,因而更为高级。因为"精神"本身就已把"已是什么"和"应是什么"统一了起来;不仅如此,"精神"这种"自由"还会经过人的艰苦劳作,"改变"那个"房子",所以"精神"是更高的"存在"(是)的形式。这样,黑格尔的

"自由"是很实在的，或比一切既成的现实更实在的。这种对"自由"的理解，和康德不同。康德的"自由"，没有实在性，只是一个空的"应该"，一个"无条件命令"，只限于"道德性"、"实践性"，以此来推出"善"、"责任"……并由此导向宗教。康德这种"自由"观，经过丹麦的基尔克特、法国的萨特，很发扬了一番；但我觉得黑格尔的"自由"观才是希腊正宗。希腊人崇尚"理念"、"概念"、"Logos"，已蕴含了"精神"、"理性"、"自由"的意义在内，但真正开发出来的，或者说，真正把理性与精神自由结合起来，说得透彻的，是黑格尔。

　　康德的"自由"观的优点在于十分明快，所谓"自由"完全与"必然"对立，与知识对立，是纯粹意志性的，后来被发展成"选择的自由"；而唯有那"道德"之"责任"能够"管"它，使其不致放纵。这样，此种"自由"，人用之则战战兢兢，如履薄冰，完全没有那得心应手、怡然自得的情趣；黑格尔的"自由"观则不然，他说是在"他物"中也像在"自身"中一样，"他物"虽"限制""精神"，但"精神"仍能自主，此种"精神"就一定是"理念"，是"理想"，因"理念"为"他物"之"理想"，执着于"理念"，则虽在"他物"中，亦有"自由"，或甚至可以说，因为"理念"不是抽象的、空洞的，"精神"也不是盲目的冲动，所以"精神"唯有作为"理念"，或"精神"唯是具体的、在"他物"中的，才是"自由"的。这种在"他物"中的"自由"，乃是古典的"自由"，希腊式的"自由"。人执此"自由"，则可左右逢源，怡然自得，真正体会出那"自由"、"自在"的滋味来。

　　康德比中世纪托马斯更进一步地将"自由"引入哲学之思考，贡献是很大的，此种观念受到现代哲学家之重视，也是理所当然的；但黑格尔则将"自由"引入一个哲学体系，成为哲学思想之基石，使之居于哲学之顶端，以此来挽救"理性"于机械、必然的锁链之中，则至少应同样受到重视。现代西方哲学家对此点之忽视，应该说是一个缺陷。海德格尔对黑格尔——以及对马克思给与了学说上的尊敬，是他有大智慧的表现，但他为避免当代"主体""控制论"的偏颇，而不谈"理念"，不谈"理性"（Vernunft），为强调"存在"之时间性、历史性而不谈"精神"（Geist），使他的学说蒙上一层历史命定论的阴影，并常被误解为"非理性主义"，也是很可惜的。

现代西方哲学，舍弃了黑格尔的"理性"，也舍弃了他的"无限"、"绝对"，认为是古典式体系哲学家"想象"出来的东西，无济于"真理"之把握。胡塞尔的现象学只讲"理念"，而不讲"绝对"、"无限"，因而缺少否定的环节和发展的过程，成为一种直接性的东西；而在黑格尔那里，"理性"与"自由"、"否定"、"发展"具有同一性，因而只有"理性"才是"绝对"、"无限"的。丕之书中引用《小逻辑》另一句话说："真正的无限毋宁是'在别物中即是在自身中'，或者从过程方面来表述，就是：'在别物中返回到自己'。"（《小逻辑》，第207页；《黑格尔迷宫的路标》，第195页）此处关于"无限"的阐释，几乎和前引关于"自由"的解释完全一样。"自由"即是"无限"，即"精神""不受限制"，即不受"他物"的"限制"，而"精神"并非空无内容，故必在"他物"中而不受限制才为"自由"，才是"无限"，所以不是无限地"想象"下去——黑格尔特别批评这种无限制的"想象"为"恶的无限"。可是当代一些学者往往容易从"想象"方面去理解"无限"，认为"无限"是"想象"出来的，有些学者更借此来否定哲学；殊不知即使是黑格尔的"无限"，也不是随便"想"（象）出来的，它是根据一种道理提出来的，而康德早就指出过，"绝对"、"无限"等恰恰是"不可想象"，是无"象"可"想"的。当然，我们可以反对他们讲的道理，但要反驳他的立论的"根据"，才能推翻他们的思路——马克思正是这样做的；而不是以一种"想象"来反对另一种"想象"。

其实，"无限"、"绝对"、"自由"、"理性"……这些都是"哲学"作为一门科学的内容，舍弃了它们，也就会舍弃"哲学"本身。"哲学"从近代以来受到分析性思潮及现象学思潮的威胁，已经给了我们以相当严重的警告：当前欧洲思想的危机，不完全在"存在"的遗忘，还在于"精神"之荒芜，亦即"理性"、"自由"、"无限"、"绝对"之丧失。"人"依赖"万物"而"生存"——叫being或existence都可以，"万物""养育"着"人"，但如果"人"在"万物"（他物、别物）中"看"不到"自己"，而只看到"异己"，则"人"就活该没有"自由"，没有"家园"。黑格尔哲学曾被批评为一种"恋乡症"（Nostalgie），我看西方现代有些学派则好像患了"失魂落魄症"（Geistlos），在养育自己的"他者"中看不到"自己"，在"我"、"你"、"他"中看不到"人"际间之"精神"相通处，而反把自己的"家园""想象"（真的是"想象"

的产物）在彼岸的"天国"。我觉得，凡要在这个现实的世界——也是历史性的世界中寻求"自己的""家园"的，则不能舍弃"哲学"，不能舍弃古典哲学，也不能完全舍弃黑格尔哲学。

从这个意义说，丕之毕生孜孜钻研的那些古典哲学问题，是不会过时的，他对黑格尔哲学所倾注的思想、感情，更不会虚掷；后人凡重视读黑格尔书的人，都会怀念丕之，怀念他那执着、勤奋的钻研精神，对古典哲学的浓厚兴趣和忠诚信念。说到这里，我想到了他书斋墙上挂的那幅黑格尔肖像——还在一九八〇年我第一次去美国时，他让我替他找一张黑格尔的大肖像，我在美国遍寻不得，后来他自己弄到一张，从此就端端正正地挂在了书斋的墙上。

我和丕之各方面都有许多的不同：论年龄他是我的师长，论职务他是我的领导，论习性他十分严肃，我却自由散漫，但三十多年来我们一直很亲密，他始终是我的良师益友，不想前年他来京庆祝贺麟先生九十华诞，怀柔小聚竟成永别。看来，唯有在"死"这件事上，我不能相信黑格尔的理性乐观主义，而要从现代诸家中寻求另一种理解。这或许是我同样重视阅读海德格尔书的原因。

英伦三月话读书

去英国前,《读书》杂志编辑让我注意一下英国的"书"的情形,回来给他们写一篇有关"书"的文章。读书人当然爱书、关心书,回国后写点有关读书的感想,乃是分内的事,下面是一些杂感,不成系统,但确是真正的想法。

一、英国书贵

此次去英国,本有一番购书的计划。八年前在美国进修,当时所购之书,大半围绕古代希腊、文化方面的材料。两年内平均每星期至少逛一次书店——我所在那个小镇,地方不大,大概有五六家书店,足力可及,所以"一次"包括了五六家书店,有关希腊文化,举凡原著、字典、材料汇编、研究著作……无不尽力购得。当时曾对朋友说,该小镇书店中凡带古希腊字的书,皆在考虑之列,是故那次购得之书,至今享受不尽。这次访英,购书方向拟有所改变,即当年财力未及的现代哲学方面,应列为此次重点。不想在英国三个月,此项购物(书)计划完全落空,在这方面真可谓乘兴而去,败兴而归,其中唯一的原因,是书太贵了。

这三个月,我在伦敦住了一个月,在牛津住了两个月。伦敦有两家大书店我是常去的,一是伦敦大学附近的"狄仑斯"(Dillons)书店,一是主要市区中的"弗埃尔"(Foyer)书店,前者为大学师生服务,学术性强点,后者更为广泛些,但它们的共同点是一样的不便宜。牛津是个很小的镇,市中心咫尺方圆，倒有世界最有名的"勃莱克威尔"出版社和书店，也有"狄仑斯"分店，还有牛津大学出版社的门市部，它们同样商量好了不让书价便宜毫分。

这些大书店里的书，可谓琳琅满目，应有尽有，我原就知道也想买的书固然可以找到，还有那原不知道，而一旦知道了就非常想买的书，也在那里待（付）价而沽。德里达的《文（字）学》、《绘画的真义》，我在国内没见到过英译本，在这几家书店，随时可以买到，但平装每本都在二十镑左右，想到国内尚有法文原本可读，也就打消了购买的念头。

新书价钱是按汇兑率折算的，全世界都差不多，那末旧书又如何？过去在美国时早就听人说，欧洲已无旧书行业，此次在英国证实此话不确。英国大城市、学府所在地，尚开有一些旧书店，大书店有时也有旧书专柜，譬如伦敦大学附近"狄仑斯"的三楼，就有专门卖"二手书"的地方，但遗憾的是英国的旧书也不便宜。比较新一点的书，降个一两镑就算不错的了。我在美国买了波普《开放的社会》上册，这次想配一本下册，在牛津看到新书平装七镑九，旧书平装六镑九，而我的上册虽是旧书但是精装的，才两个美元。当然，更不用说，许多新出的书是买不到二手书的。不错，新书也有降价处理的，我在牛津期间碰上"勃莱克威尔"书店一次大降价，但这类书一般都没有多少学术性价值，以烹调、旅行、普通画册占多数，再者所降者无几，往往拥挤半天，毫无所获。

书价昂贵，苦了读书人，中国留英学生经费少，一般是不敢买书的；其他国家的留英学生也觉得英国书贵，竟有从自己国家带书来念的。我在牛津参加一个康德哲学的研究班，一位来自美国的女学生手中拿着美国印的斯密司英译《纯粹理性批判》，正巧我也在美国买了这个英译，我问她是不是八美元，她说"是"，并指着英国本地学生手中的说，"这里要十镑一本"。

一点也不错，我在美国一般以两角五分钱买的一批旧书，如基托的《希腊人》、《希腊的悲剧》等，英国都在两镑以上。

感叹书贵的不仅是学生，教授也如此。一天，埃塞克斯大学一位教康德哲学的教授到牛津来，在"勃莱克威尔"买了一本关于如何理解康德哥白尼式变革的书，让我看看有无价值，我首先看到的是那本不大的书竟要二十五镑！那位教授告诉我，在六七年以前，她没有感到买书是个负担，如今需要在日常开支中作出特别的安排了，她叹了一口气说，"这个月我只能买这本书了"。

当然，买不起书，不等于读不起书，无奈中外的读书人都爱自己藏一些书，一来自己用起来方便，二来是一种爱好。买了书不一定"读"它，有时只是"看"它，对着那些书"看"，也有一种愉快。读书者可由公共图书馆解决；藏书者则只能量力而行了。

二、"读""书""明""理"

然而，"书"毕竟是要人"读"的，而不是要人"看"的。"书"作为"看"的"对象"，是一般的"物"，有许多装帧很漂亮的书，就是照顾到让人"看"的；但"书"原是要人"读"的，作为"读"的"对象"，则就不光是"物"(body)，而是"(原)文"(text)。德里达说，"书"终结了，"(原)文"开始了，大概就是指这个意思；"书"不是一般的"物"，而是"文"，"书"、"文"不可分，这同样也是中国人的传统观念，"读""书"即"读""书文"。

世上之所以有"书"，说明了个人的局限、交往的必要。"书"是历史的现象，是人际交往的桥梁。人的知识，大部分是靠读书得来的。做事增长知识，读书也增长知识；"读书"作一种交往、交谈观，同样也是一种"(做)事"。就研究哲学的人来说，"读书"主要为了"明""理"，哲学的各种知识，主要亦即各种的"理"。

"理"在"事"中，的确不错，但"理"要"学"而有"思"，才能"明"。什么叫"思"？"思"就是"想""问题"，恐怕也就是我们所说的"理"。现在许多法国哲学家都认为，"事"中之"理"，永不能"明"，意在反对欧洲逻各斯中心主义传统，是很有意义的；但毕竟要"明""事""理"，这是很不容推翻的。

"思"可以自己"思"，也可以大家一起"思"，即是"讨论"，"讨论""问题"；事实上，自己"思"同样是一种"讨论"。面对面的谈话，是讨论；读书也是讨论。世事纷繁，大家都很忙，读书就成为最为方便的讨论方式。一个人能力（包括思考能力）很有限，自己"想"了，还要看别人怎样"想"，于是非读书不可。

英国三个月,越发感到自己读书太少,明白的"事""理"太少。我们这一代中国知识分子,失去的时间太多,读的书太少。以前都说,外国人工作紧张,这是事实;但这几年我们中国知识分子工作也很努力,至少我敢说,现在我比我接触的一些英国教授更为用功。所不同的是,他们没有失去那么多时间,按部就班地读书,我们要追上十多年二十年时间来,谈何容易!

我们更不是不"思",即使当年在干校劳动时,绝大部分人都在"思"。军宣队管天管地,但管不了人的"思"——想"管"而不可能。高压不能管"思",但他人的"思"却可以管"思",与他人"思想"的"交流"、"讨论",可以丰富、改变一个人的"思想",讨论、交流的深广程度,决定你自己的"思"的水平。可惜,在失落的那多年时间中,至少我自己是在一个较低的水平上进行着"思",要改变这种状态,亦非易事。

在学术工作上,很令人沮丧的事是:自己"想"出来的"理",竟是别人早已"想"出来的,而且"想"得比自己好。不读书,或读书不够,则常会陷入这种境地。

这次在英国讲"海德格尔在中国"这个题目时,曾向外国同行承认了我自己的一段弯路,如今再向国内的读者承认一遍:前几年我研究了胡塞尔、海德格尔、雅斯贝斯诸家的思想,体会到关于"语言"有一种完全不同于分析学派的思路,并从现象学、存在论的思路想到了"语言"应向"文字"转变,结合着我国传统的文字学系统,拟以"文字哲学"代替"语言哲学"。为此,我还发明了一个词叫"Grapheology",在原意为"笔迹学"的字中加上一个"e"去,以示区别。在这个大题目下,某些具体的想法,写进了我的《书法美学引论》。应该说,写这本书时,并不是不知道法国有个德里达,但所知不详,也没有念过他的书。后来才发现,德里达在六十年代后期已出版过一本大著作,书名就叫《文字学》,用的是"Grammatology"。于是我只得老老实实读他的书,我承认,他想得比我系统、深入,想得比我多得多,尽管我可以采取一个立场来批评他,但只有在研究他的著作之后,才有这方面的发言权。至于我自己的那个计划,只能作为一种思路记录下来,作为科研计划,就没有多少价值了。

我也老老实实告诉英国的同行:他们向我提的问题中有一些我摸不着头脑,等弄清意思后,才发现,有的问题也竟是我曾认真想过的,但因不知道别人也有（或早已）想这个问题，没有对话、讨论，就没有继续想下去。

读别人的书，不一定或一定不会完全同意别人书中所讲之"理"，"读书"不是印刷上的翻印、翻版，但"问题"要对得上号，即都在"想"相同的"问题"，而"想"出来的"理"就（或一定就）不完全相同。"理"是"事"的"理"，"问题"的"理"，把别人的"理"弄"明"了，自己的"理"也就出来了。"六经"不是"物"，而是"文"；"我"也不是"物"，而是"活人"，是"思想者"。作"六经"的人虽死了，但"书""文"是"活的"，读古人书如对古人谈话，双方都在改变，谈不到谁该注谁的问题。

哲学的书，不是旅游指南，读旅游指南，改变的只能是"我"；哲学的"理"，是"活""理"，不是"死""理"，但毕竟是"理"，其间关系，只有从交谈、对话、讨论中去体会。哲学的"知识"，只是在这一点上是与"指南"差不多的："知道"别人怎样"想"的。

三、多读些法国哲学方面的书

在英国三个月，回来却讲法国哲学，自己也觉得有点"文不对题"。不是说，英国哲学书没有吸引我的地方，譬如波普的书，是我一直想读的；还有斯特劳森的书，特别是他那本讲康德的书（《感觉的界限》），在英美影响很大。这次在牛津康德研究班上，学生们讨论所发问题，大多受斯特劳森的影响，而他那本书，却一直没有引起我国的足够重视。这些书都是应该补读的。

但是，我读书常是跟着我想的一些问题走，这个阶段我脑子里想的是从胡塞尔、海德格尔以来的问题，很自然地由他们上溯康德、黑格尔，下及伽德默尔的解释学。这个系统的另一支，由胡塞尔、海德格尔、雅斯贝斯影响及法国萨特、梅洛-庞蒂，如今经过结构主义，出现福柯、利科、列维纳、利奥塔德（Lyotard）、德里达等等一批重要的人物，使法国在当代欧美哲学中占有很富特色的地位。

我们知道，法国在欧洲近代哲学史上有过杰出的贡献。就对现今的影响来看，法国的笛卡尔当和德国的康德并驾齐驱，而把英国的培根抛在了后面。然后，慢慢地，法国的哲学似乎成了德国哲学的影子，只是在最近几十年内，法国的存在主义、结构主义,才在德国哲学的基础上,结合法国自身的特色,开出了自身独特的花朵。

所谓"独特",就哲学来说,首先有了一些自己的、独特的问题。譬如,德国哲学自胡塞尔现象学以来,从一个新的、现代的、不同于黑格尔古典式的角度谈主体与客体的同一关系,提出了"生活的世界"、"我在世界中"等,使人们对"思想"、"语言"、"主体"等观念焕然一新。"思想"不仅是逻辑概念体系,"语言"不是这种体系的符号和工具,而都是"存在的方式",是"在世"的,而非"出世"的、抽象的。这是很大的变化。这个变化,到了法国,自萨特、梅洛-庞蒂起,"(身)体"的重要性又突显出来,"心"不是不重要,而是地位不同了,意义也不同。法国哲学家仍嫌德国人理解的"思想"、"语言",过于空灵,过于"超越",突出"身""心"之不可分性,使德国人所想要坚持的"我"与"世界""同在"的信念更加坚实,更加容易捉摸。

我想,"身""心"之结合,可谓当今法国哲学对笛卡尔哲学的最重要的批评和否定,也是当代法国哲学最为核心的观念之一。由这个观念,可以生出其他重要的结果来。

既然"身""心"相合,则"心"无自身的绝对独立性,"人"非"思想性"(心)之"主体"。"我思故我在"虽早为康德所否定,但如今批评这句话,则又有了新的根据,因为"思"(心)和"在"(身)本为"一",而非"二"(元),则无从相证。

既然"身"、"心"相合,无"纯净"、"绝对"之"心"独立存在,则无透明之"心",无透明之"真理",亦无一门学问——哲学来使"真理""透明"。

于是,吾既有"身",他人亦有"身",则他人之"心"亦永不可透明,不可能真的"心心相印"。这样"他(人)",永远是"他(人)",而"绝对"之"他(人)",即是"神"。于是列维纳之学说出。

人际之间,既无"心""心"相印,则"思想"史自身并不成为线形时间延续系统,而为横向空间关系所左右;广义的"知",乃是受各种因素影响的"制度"、"策略",而非自身相续的纯净"真理"。于是,福柯知识考古学出。

"心""身"既不可分,则"能指"与"所指"不可分,"语言"不是"心"之符号,而是一种广义的"文(字)"、"轨迹","思想史"亦非思绪相续,而是历代写出来的文字的修改和覆盖。于是德里达之消解学出。

这一切，似乎皆为当代德国哲学家所未及。即以解释学为目标的利科言，也和伽达默尔有相当之区别，至少利科将"意义"与"事件"分开，以此来强调"写"、"意义"的独立性，对解释学成为一门独立的学问来说，不是无意义的。而其他诸公，尤其是德里达，不仅可以说是"后结构主义"的，而且可以说是"后解释学"的。

可是，关于法国哲学在我国哲学研究领域中，还是一个相当薄弱的环节。并不是说，标上一个"后"字就必须受到重视，貌似"新"的说法，可能是骗人的，毫无价值的。世界上的"书"虽不能说是"无限"，但确是浩如烟海，大部分是各有各的用处，但有一部分书读两页就可以不再读它，有的书却要反复读的，上述各家的书都是值得反复读，反复和它们讨论的。

之所以特别提到这些，也是想引起国内学者对当今法国哲学的重视。

四、读书与写书

当然，读主要应读"原著"，所以尽管我在英国时买不起多少书，但我带回来一个长长的书单子提供给我们研究所的图书馆，希望陆续能将这些法国哲学家的著作补齐了。

读"原著"要下心来钻研，所以我无意延长逗留英国的期限，在住足时间后，即速回国。主要不是因为在异乡感到"孤独"，而是在北京的这间小"写作间"在召唤我。我五十岁时分到了这间小屋，当时曾发誓至少在这间小屋呆十年（规定是六十退休），如今整整三年过去了。三年中在这间小屋我"会见"了多少思想的巨人！我费了不少时间和胡塞尔"打交道"，先和他本人谈，读他的主要著作，读不通时就请来他的朋友读，读介绍、研究他的著作，总算和他交了朋友，然后读海德格尔、雅斯贝斯……如今我打算在这间小屋里"接待"法国诸公。我这种"接待"很有一些方便之处，不论死的活的，也不论大家愿意不愿意，招之即来，挥之即去！当然，如果你态度不严肃，不尊重（它）他们，（它）他们是不张口的，这就是说，即使打开他们的书，你不会读"懂"它们，不知道他们在"说些什么"。

当然，在这间小屋，我也写作，表面上看，这几年我写得也不少，但就我内心来说，我不是很愿意写的。还是那句话，你对别人如何想的，所知不多，那末自己想法的分量、价值，就大有可疑；这样的书文，写出来又有多大意义。

如今我这个态度又多了一层客观的"理由"。大家都在说，现在出一本书真不容易，尤其是学术性著作，订数上不去，出版社赔不起，如何是好？我作为作者反躬自问：何必要惹得出版社赔钱呢？少写书，多念书吧！打一个不恰当的比喻，"文化大革命"中几乎谁也别想出书，不曾想，歪打正着地"憋"出了一些好书来。学术著作本以质量为第一。

"说"是广义的"写"，"写"也是广义的"说"。狭义的"读"是"说"和"写"的准备，但广义的"读"亦是一种"说"和"写"。人"说""话"是因为有"话"要"说"，希望今后写作时，也要到真的有"话"非"说"不可的时候再"写"。

我是还要买书的

近几年我不大买书了,但以前我倒是常逛书店买书。因为我主要买外文书,所以北京几处外文旧书店我都还熟悉,有时还要在上海、天津的旧书店买一点,当然最熟悉的还是北京的。

五十年代哲学所在中关村,进城不方便,等一九五八年底搬入城内,我住东城干面胡同,离东安市场几个书店很近,买的书就多了起来。那时中原、春明等几家旧书店外文书很多,去逛的人当然不乏前辈专家学者。记得有一次还碰到了周扬,正好前几天他在北大临湖轩接见了我们几个编写美学教材的,故还认得我,问了一声"有什么好书",转了两圈就走了,看样子对店里的书相当熟悉。

说也奇怪,买书的高潮竟是在"文化大革命"的末期。也许是因为被压抑已久的"文化欲求"突然被网开一面,有一个渠道可以满足一下的缘故,那灯市西口中国书店外文部虽然要凭人事部门的介绍信才得入内,但那些初获"解放"的"牛鬼蛇神"老师们趋之若鹜,有时使那小小的店堂熙熙攘攘,好不热闹。我在那里常可以碰到北大的老师洪谦、齐良骥,已到人大的老师石峻,他们远从西郊而来,常在书店流连忘返;尤其是齐先生,似乎每星期必到,专买法文书,书店的老尚和老刘师傅也常为他留些法文哲学书。

在学部(社科院前身)工作的老师们因地利去的就更多了。我们干面胡同常去的有贺麟、戈宝权,不住干面胡同的何其芳也常去,他有时还带一根棍子将书背回去。据说缪灵珠先生也常去,可惜我不认识他,只是有一次看见他的夫人替他去取选好的书,说是病了,但还惦着这批书。

我那时很穷,每月固定出两块钱,作买书"专款",所以选起书来掂来掂去,常错过一些好书,至今还在懊悔。后来想了个办法,好像现在的"大款"那样把书都选出来,慢慢地挑那又便宜又好的买,剩下的则给所里图书馆,这样书店也欢迎,而那时五六块钱也可以买一本很好的书,有两三个月我也就存起来了。办法是不错,但每月那两块钱常按捺不住地花了出去,下个月仍只有两块钱。不过,无论如何,我的有关希腊的一些书,大部分还都是那两年收集的,我开始做希腊哲学方面的研究,当然要感谢这些书了。

贺先生知道我喜欢书而又买不起什么书,不但借我书读,有时还送我一些书。在干面胡同大院里,贺先生是藏书最多的当中的一个,中外文书都很多,还有些字画。那时候,机关图书馆一度停止借阅,贺先生家就是一个半公共图书馆,不少人从他家借书,他都慨允。他也常约我一起去西口的书店,有时还要替我付书款。有一次看到有温德班两本文集,他有这个集子,我向他借过,他就要买了给我,我不好意思地拦了,说想念时再向他借。过了两天,贺师母下班送来这两本书,说"贺先生让买给你的"。

贺先生终于落实政策了,补了扣发多年的工资。一天他来约我去西口逛书店,说这回你想买多少就买多少,我替你买。那天贺先生自己买了全唐诗,还有一部新印的碑帖汇编,我则选了部我自己买不起的拉丁文字典。回家的路上贺先生说,你在这本字典上写点什么,留个纪念。后来我用毛笔工工整整在字典上记下了这件事。不过很惭愧,我的拉丁文却一直没有多少进步。

贺先生渐渐地行动不便了,不能再去逛书店;后来眼睛不好,连伏案工作都难了。有一天,我去看他,只见他坐在轮椅上让人推着沿书架"巡视",威严得像个将军,深情得又像个恋人。

买书原也有点"占有"的欲望在内,为"消解"那层不太好的意思,我才说它是"文化的占有",好使这种"占有欲"高雅起来。不过既然是为"占有文化"而买书,就要用功去读书,去占有那书的"内容",不光是"形式";可是我自己的情形却往往是:买来的书不太读,借来的书则读起来比较抓紧、比较认真。这似乎也是我近年不大买书的原因之一。

然而,如果我认真读的书又是我买来的书,则无论"内容"或"形式"我是都要去"占有"的,这样,这些"书"就会成为"我"的一个部分,成了"我"的"存在形式"——或"我"的"存在场"的组成部分,to have 就会成了 to be。"我"不能没有这些"书",就像不能没有眼睛、鼻子,不能没有手和脚一样。

所以,我只是说"近年不大买书了",但绝不说"再不买书了"。我是还要买书的。

寻求学术工作的"度"
——写在"博士论丛"第一批书出版之后

近几年因为工作关系,常常审阅一些硕士、博士生的毕业论文,深深感到这些论文中的绝大部分是学术价值比较高的好文章。这些论文的写作都要经过较长时间的认真准备,而它的通过,也有比较严格的程序。当然,这并不是说有了这种程序就一定保证出好文章,但它一般还是可以保证论文的基本的学术质量。事实上,就我读到的来说,大都在学术上有新观点、新材料,是很有参考价值的。所以我就考虑这些论文应有一个地方发表,以促进学术的交流。前些年,许多博士论文因为部头大些,一般都还有出版社愿意出版,而硕士论文因篇幅关系,不易得到发表的机会。

后来,博士论文的出版也有了问题。出版社因经济的压力不得不削减学术著作的出书率,而较多地出赢利性强的书。这样,一批学术性强而作者又是不太知名的青年人的著作就很不容易与读者见面了。这时候,周国平同志告诉我,湖南教育出版社的同志愿意出一套"博士论丛",希望我支持。因为这正好和我的想法相合,我就答应了。如今这套丛书第一批已经出了四本(谢遐龄:《康德本体论的扬弃》,朱勇:《清代宗族法研究》,陈宣良:《法国本体论哲学的演进》,张国刚:《唐代藩镇研究》),第二批也已经发稿,以后的正在编辑。在目前学术著作出版相当困难,甚至越来越困难的情况下,湖南教育出版社的同志愿意把这套书出下去,实为学术的进步做了一件好事。

学术不一定脱离实际,但学术是以自己的方式来为社会服务的,因此它和实际的关系，当时不那么直接，尔后却会有比较深远的影响。其实不仅学术，社会上各行各业都是以自己的方式来为社会服务的。名为"百货大楼"，也不是样样俱全，现在那里不卖"书"。三百六十行，"学术"也是一行，而且在文化上是高层次的一行，学术性著作与畅销书毕竟不同。承认各行各业的特殊性，也要承认"学术"的特殊性。

学术著作的一个特点似乎是比较"难懂"。之所以"难"，是因为它要求读者要有相当的文化素养，才能与这些著作"对话"，才能读懂。譬如这一批书中谢遐龄的《康德本体论的扬弃》，几年前征求意见时就读到了，当时觉得这篇论文在学术界是很新的，它不仅联系了逻辑实证主义、分析学派的一些问题，而且涉及海德格尔《康德和形而上学问题》。说实话，当时学术界研究康德的，读了海氏这本书的也不多。而要在当代水平上研究康德，海氏的书又是不可忽略的。因此这篇论文的学术价值是无可怀疑的。就当时学术界来说，它也不是一本易懂的书。另一本哲学书是陈宣良的《法国本体论哲学的演进》。看得出来，作者对法国哲学的研究是以整个欧洲哲学特别是德国与法国之间的哲学对话为背景的，因此要求读者对这个背景有一定的了解。这本书的学术价值正在于从欧洲哲学的发展趋势，特别是与德国哲学的关系来理解法国哲学，对于人们了解法国哲学的特点以及注意它在西方当代哲学中越来越重要的地位，是很有意义的。

"难懂"并不是真的"不可懂"。应该说，一切"学术"都是为了让人"懂"的，因此凡有志于提高文化素养、有兴趣于学术问题的人，都可以从有关学术著作中获得不同程度的理解和提高。被学术著作表面的"艰深"吓住，是来自一种误解。我常记起当代西方两位出名的难懂的哲学家的话。维特根斯坦说，凡可以言说的，都是能说清楚的；海德格尔说，真理之所以被认为难懂，不是因为它太复杂，而是因为它太简单。我相信这两句话都不是欺人之谈。

当然，要求学术著作人人都懂、都爱，或者都成为畅销书，在大多数情况下，毕竟是不现实的。学术著作只要求在出版物中占一席应有之地，而无意与畅销书争销售量。扩大而言，对整个学术工作在社会中所占地位来说，也有一个"度"的问题。社会上各行各业都有个"安排"，都有自己的"度"，"学术"

在社会上也要有自己的"度"。振兴实业，使中国富强起来，这对中国来说是主要的，对任何国家大概都是主要的，所以不应人人都搞学术，或指望出现什么"学术热"，这是我们做学术工作的人很能理解，也是很赞成的。但社会应给"学术"以适当的、应有的"地位"（不是名誉、地位），使它得到社会的保护、扶植和资助，社会要有一定的"安排"来"养"学术，这是社会组织性的一种表现。就我们搞哲学的人来看，"极端"（终极、大全）只是"理念世界"的事，"现实世界"总要有"度"的，社会总是不断寻求一个适当的"度"来调节、平衡各种关系。掌握这个"度"，需要"知识"、"经验"和"科学"，也需要社会管理者的智慧和职责感。

前几天看到报上一则报道，其中提到英国剑桥大学一位系主任说，要发财的不要到剑桥来。的确，在西方社会，教授学者不能和企业家比，也比不了畅销书作者和流行歌星、影星。中国的学术工作者对这一点也有相当的自知之明。不过，对于人文科学来说，写书出书当是它的工作的基本条件，或者用本行的行话来说，是它的"存在方式"，所以学术著作在经过审订之后有一个地方出版，这个要求是最为基本的，应当受到社会的支持和赞助。

基于上述的想法，对湖南教育出版社慨然承担经济损失来出这套"博士论丛"，我感到很欣慰，所以转告有志于学术文化的青年朋友们一句话：努力工作吧，社会是会赞助我们的。

"逻辑学"——西方哲学思想之家
——写在郭小平《黑格尔逻辑学：历史与本文研究》出版之际

郭小平同志的博士论文就要出版了，他让我为他的书写个序，我就围绕他研究的题目，发挥一些自己的看法。

论文一开头，郭小平就注意到伽达默尔很重视黑格尔的《逻辑学》，甚至认为可以为"当代哲学"开出一条"道路"。为什么？

我们知道，伽达默尔是海德格尔的学生，他发挥老师的思想，成功地建立了当代的"解释学"，他必定认为黑格尔《逻辑学》对他的"解释学"有很重要的意义，才会说上面那句话。

以我极粗浅、极简单的看法，伽达默尔的"解释学"就是把海德格尔的思想"逻辑化"，或更进一步说，把海德格尔的"基本本体论""逻辑化"，而这个"逻辑化"的道路，是西方人必定要走的，是他们思想的归宿，从康德、费希特、谢林到黑格尔如此，从胡塞尔、海德格尔到伽达默尔也是如此。

康德把"知识"限制在"经验"范围内，因此他的"先验逻辑"只是"经验"的"条件"，是"知识逻辑"；那末，"理性"、"理念"是不是"知识"，有没有"逻辑"？康德的学说指向了一种否定的答案；他虽在《实践理性批判》中把"实践理性"看成"自由"；但在《判断力批判》中又把这种"自由"视为"美术"与"自然"中的"先天条件"。我们看到，康德这里的问题不仅开启了费希特、谢林、黑格尔扩大"知识"的道路，而且也为伽达默尔的"解释学"提供了一个出发点。伽达默尔在他的《真理与方法》中，以"审美的判断"作为他的"解释学"的出发基地,并不仅仅是他偏好艺术习性的表现,而是提出了与康德一样的问题:为什么本是个人的趣味判断却有普遍性?事实上,这是解释学要讨论的首要问题:即人与人之间的"理解"如何可能?胡塞尔在一九三六年的《几何学起源》的手稿中也提出了这个问题:即本是"主体内"的思想,如何成为"主体间"可交流的?我们看到,这和他的"人文科学"如何可能、"生活世界"有没有"先天条件"而成为一门科学的对象,本是同一个问题。

对这个问题,绝大多数西方人都是以正面态度来对待的,但海德格尔却持一种少有的反面的态度。在他的心目中,"人文"作为一门"科学"是建立不起来的,"人文"是"历史的",而不是"逻辑的",所以他说哲学——作为一门"科学"或"学科"已然"终结",所剩下的是历史性的"思"。以后西方人的任务就是要把这种思想拉回到西方的正常道路上来,把"历史的"与"逻辑的"再度统一起来,这就是伽达默尔所做的工作。所以"解释学"仍是一门"科学",甚至是胡塞尔意义下的"最严格的"科学。

黑格尔的思想也有这样一个类似的历程。当然,他是从"逻辑学"(耶拿逻辑)开始的,但他的《精神现象学》却强调了思想的历史进程,以历史涵盖了"逻辑",大概因为这个缘故,海德格尔相当重视《精神现象学》,专门办过研究班来讨论这本书。但是,黑格尔终于又回到了"逻辑学"。

当然,这里的"逻辑"不是形式性的逻辑,而是如海德格尔十分执着地指出的本源性意义的"逻各斯",在黑格尔为"思辨的","辩证的""逻辑"。以这个"逻辑"为基础,看出的"世界",就不是知识性科学的"对象",当然更不是物质性"感觉世界",而是如今解释学所谓的"意义世界"。这个"意义",在康德为"美"和"合目的性的自然",在黑格尔为"绝对"。"绝对"不是抽象的,它有自己的"历程",也有自己的"结构",它"外化"为"自然",这个"自然",这个不同于单纯经验的自然,为"自然哲学"的思考对象。从《逻辑学》到《自然哲学》的过渡问题,郭小平书中也谈到了,这是很有意义的。从康德的"合目的自然"到黑格尔的《自然哲学》,他们所面对的,不是一般"自然的世界",而是"意义的世界",他们所要思考的,则是"世界的意义"——即"自然的意义","意义的自然",正是这个"意义",它并非抽象概念,而是具体的、理性的,因而"历史"和"逻辑"是统一的。

学术工作当然要扎扎实实"做学问",但同时也要重视"想问题",这样你做的"学问"才是"活"的;对于研究哲学的人来说,把这两者结合起来尤其重要。"想问题"不仅要明白自己所想的,也要知道别人怎样想。我自己常有这种情形,想了半天自以为有所得,但却是人家几十年前想过了的,而且想的比我好,因而情绪常受刺激。于是,要想少受点刺激,唯有多读书一法。

顺便说说,郭小平这本书写得很平实,把很难懂的题目写得很可读,思想史、哲学史上的大家们都绝少故作高深的,黑格尔如此,胡塞尔如此,海德格尔也如此。不错,他们有时也"发明"、"创造"一些新名词、新概念,把日常的词改变一下,或转换一下意思,也都是"不得已而为之",并不是为炫耀博学、故作高深,甚至不单纯为了"标新立异",他们是为了表达自己的某种独特的意思才铸造或变换那些词的,譬如黑格尔的"扬弃",胡塞尔的"悬搁",海德格尔的"揭蔽"等等,如今还有德里达提出来的"分延"。这些名词虽"怪",讲起道理来都是非常平实的,只要自己往平实处去想,都不是不可理解的。

(附记:郭小平此书后因经费问题未能出版,如今他已去国多年。)

三十年前之宿愿

六十年代我在《美学概论》教材编写组的时候就有一个想法，想请当时共同编写这个教材的学长们分门别类地写些文章，围绕中国古典美学的问题出一个文集。可惜，后来因为社会客观情况的变化，这件事没有做成。去年美国普林斯顿大学的姜一涵先生寄来他们在台湾集辑出版的《中国美学论集》，正是分门别类地讨论中国美学和艺术问题的，于是三十多年前的想法，又萌发了出来，遂即商诸刘长林学兄，承他大力支持，组织、编辑了这个集子，趁它出版的时候，有一些感想，写在下面。

三十年前为什么会有那个想法？这里有一个学理上的原因，而这个原因又是和我自己治学上的经历有关的。

我想我应该老老实实地承认，自我开始做学术工作以来，我似乎就没有那种自创"体系"的强烈欲望，不用说，这自然是一种思想不成熟的表现，也是一种不太有出息的坏毛病。因为未曾想立"一家"之言，所以常常容易改变主意。记得最初我写文章支持"美是主客统一"说，后来又改了，当时倒也不是环境的原因，而是我自己觉得前面那个说法"不通"了——其实，当时自己认定的"通"与"不通"，水平当然是很低的；但这件事，却影响了我学术工作的习性，想摆脱也摆脱不了——我当然还是动脑子的，但我动脑子想的似乎主要不是如何构建一个特别的、自己的"体系"，立一个"论"，建立一个新的"主义"等等，而是在想一些"问题"，而这些"问题"对我永远是开放的、未完成的。

可是三十年前我并没有意识到这里的道理,很不甘心自己那种状况,自然也就很羡慕、钦佩那些自成体系的大家们,我也从他们的体系中学习了不少的东西。当时,我正是想用某一种体系的思想贯串到中国古典美学各个部类里去,出一个集子,也就可以使这个体系更丰富地表现出来,而像我这样的,大体系创不了,是否可以创一个小体系——譬如,在中国戏剧方面?这是当时想编那个集子的真实想法。

三十多年过去了,虽然有许多的时间没有在做学术工作,但在学术上多少有一些长进,至少是比以前成熟了;但遗憾的是我那个习性、毛病似乎也"成熟"了起来,变成了"顽症":过去曾经羡慕、钦佩甚至崇拜过的某些"体系"、"论",现在不太欣赏了;过去以为"新"的"论",独特的"体系",以及那些独创的名词术语,原来都不是"新"的,有的甚至是很"老"的,无非自己当时没有读那些书,不知道罢了。当然我不敢笼统说,一些"新体系"、"新概念"实是"拾人牙慧",因为有人毕竟还是有理解和贯串的功夫,这无论如何是应该向人家学习的,但为什么要把别人早已提出过、想到过、研究过的东西说成是自己的"独创",这倒是不大容易理解的。

六十年代我自己的思想、或者我所理解的一些人的思想基本上是古典式的,是在马克思主义哲学的立场上,上溯至德国古典哲学来理解美学问题的,这就是说,我对中国艺术的看法,深受从康德到黑格尔美学的影响,只是我认为中国传统的艺术是属于古典主义的。根据这个想法,我写过一篇研究中国戏曲美学的提纲,当时没有发表,前几年印了两次。提起它来我觉得很惭愧,并不是说它全错了,而是感到它的立足点、它所用的方法,现在看都不够满意了。这丝毫并不意味着"黑格尔美学"已经过时,可以当"死狗"打了,我只是想,不仅对中国艺术,而且对"黑格尔美学"同样也要有新的、符合我们这个时代的诠释。不是"黑格尔美学"被"否定"了,而是对它的理解被"更新"了,而且这种"更新"也永远是未完成的。

中国的文化、中国的艺术同样也不是封闭的,我们对它的理解更是未完成的。当然,我们现在不妨把中国的传统艺术和审美意识还叫做"古典式"的,但已不完全是黑格尔"象征"、"古典"、"浪漫"三分意义下的"古典的"。黑格尔的"体系",先有(尽管不是"时间"意义上,而是"条件"意义上)一个纯理性的、精神性的"绝对",然后经历着现实的"历程",在某个阶段叫做"古典的"。他那个"绝对",当然早受到了许多晚近人的批评,而对人的历史的进程又有一些新的说法,那末所谓"古典的"也就会有一些不同于黑格尔"绝对显现的某阶段"的意思在内。至少,我们知道,在欧陆人文精神系统中,他们还有海德格尔"有限的时间绵延"和雅斯贝斯"永恒的现时"这类说法,可以帮助我们考虑古典的艺术作为活的历史性的存留的问题。当我们在说艺术作为黑格尔"绝对精神"(民族精神)的"积淀"或为民族心理、文化"积淀"时,当然会考虑到胡塞尔的现象学已经将自然、心理、文化全都"括"了起来,而超出了新康德主义,因而他的问题不是把这些"积淀"当作"对象"(所谓"人"的"本质""对象化")来认识,而恰恰是要"解开"那些"积淀"(desediment),以认知那最基础的、生活的世界。当然,我们也会知道,西方的思想,自海德格尔《存在与时间》问世以来,更加强了由"哲学性"向"历史性"的转化的倾向,于是才有目前尚很活跃的法国德里达的"消解学"的出现,"消解"(de)一切"纯粹的"、"透明的""本质"、"意义"、"真理"、"结构"于历史的"痕迹"之中。自解释学以来所强调的而为利科、德里达所发挥了的"写"("文字学"、"轨迹学")的意义,本身已使西方人对中国文化的特点和地位作出了一些不同于他们的前人(包括黑格尔在内)的一些思考,这些趋向,我们中国的学术工作者当然是应该认真对待的。研究他们的著作,对理解我们自己的文化艺术是会有帮助的。

　　这本集子里收集的文章当然并不是都联系到当代的各种思潮,或者大多数并不是要联系这些思潮来讨论的,但我觉得这些文章都是平实地讨论问题的,而且对所讨论的问题也并不想给出一个定论,让读者"学习"或"记住"一些答案,而是以作者的看法去促使读者自己去思考的,因而这本集子只想引起"对话",引起"讨论"。

　　于是,这本集子固然实现了三十多年前的愿望,但其立意和旨趣已大不相同了:不是要体现某一个现成的"学说",而是表现一种对问题的思考的精神。

　　并不是说,自己创造不出体系来就反对别人创体系,也不是因为现在西方人也不大讲"体系"就去赶这个时髦。也许,我仍然像三十多年前一样羡慕、钦佩甚至崇拜那些建立思想体系的大家们,只是多了一条信念:真正的大家绝不真的认为只有他一个人在思想。"我"在"思想","他人"也在"思想"。书籍更是公开的,"我"在"读","他人"也在"读";"材料"可以"垄断"于一时,唯独"思想"是一时一刻也不能"垄断"的。学术的工作,哲学性的学术工作,总是要老老实实地了解"别人"怎样想的。当然,"他人"怎样想的,不可能全都了解到,所以要读书,读大家们有价值的书。我们这一代人耽误掉的时间太多了,许多书都没有好好读,不但新书读得少,旧书也读得不多,所以还得补课。我们要做的事太多了,所以永远只是一个"未完成"。

最后,我想起还是那六十年代的一件事。当其时,有一位长者,本不是研究美学的,突然离开了自己的本行写了一篇美学文章,提出他对"美"的设想,杂志编辑部将这篇文章送到《美学概论》教材编写组来征求意见,我们好几个人都觉得他的想法和柏拉图差不多,但还没有柏拉图想得仔细。我们不能说他没有读过柏拉图的书,但大概没有读过或研究过柏拉图有关美和艺术的对话。这位长者当然有许多长处值得我们后生们学,但这件事却曾是我们背后窃笑的话题。

如今想事的人更多了,中国的、外国的,不可能尽知,但要告诫自己谨慎些,切不可大言欺人。前几年我差一点闹个大笑话,我自以为想出了一种"学",是西方人不会谈的,拟了一个小提纲,还十分保密地藏起来慢慢琢磨;不想这个"学"六十年代西方就有人写了大本的书说了,现在要读懂他这本书,还费了我许多的时日,在我基本上弄清此人思路后,我承认他想的比我清楚、系统、深入得多,我很庆幸没有突然抛出我那个"学"来,而把这个"笑话"留着由我自己来说。

当然,学术工作要想完全不出笑话是不可能的,更不能因怕出笑话而不谈自己的意见和看法。但有各种层次的"笑话",层次较低的"笑话"如果出得多了,总不是好事。

出版这个集子的前因后果大概就是这样。出这个集子,现在还有一层意思,即促进海峡两岸对中国艺术在理解方面的交流,让海峡对面的同行了解我们这些人是怎样想的。当然,这里集辑的文章有的是以前发表过的,这次编入时,都要求作者做尽可能的修改,以反映现在的看法。然而,还是那句话,古典的艺术自然是很完善的,但又不是封闭的,我们对它的理解也更是未完成的。这些论文，只是作者对中国艺术、审美观念所作思考的某些记录和标识。海德格尔为自己的一个文集提的词是："Weg nicht Werk"（路——不是著作），我想，这个文集也当作如是观。

"诗言志"小注

战垒兄的《中国诗学》完成，嘱我写几句，相交几十年，却之不得；但我对中国传统文化发言权甚少，并非不爱，只是觉得光是"爱"，还谈不到"学问"。前两年有人问我要不要做一点中国学问，我笑而答道："谈何容易！"我对中国传统文化，只是"心向往之"，有时也发一点议论，更无多少学识可言，这里写的，也只是些借题发挥的话罢了。

战垒兄专做中国传统的学问，我则长期从事西方哲学的研究工作，但我们从年轻时相识，数十年来虽地处南北，但却称得上至交好友，常文字交往，相得益彰，可见"学"虽分中西，但做学问的道理却有许多相通之处。

我认识战垒时，他正从夏承焘先生研究诗词，可能是听到夏先生说到我当时写的一篇讲书法的小文章，就跟我联系起来。夏先生一代词家，战垒得其传授，于中国诗词文学自有深厚的功力，为开眼界，也常读一些哲学、美学方面的书籍，所以他的文章，不但文采斐然，而且每有新意。书中发挥闻一多"诗"、"志（誌）"关系之说，使我联想到"诗"、"史"关系。盖"史"亦"志（誌）"也，即把"事""记述"下来。

当然，"诗"之为字，当晚于"史"，不见甲骨、金文。"诗"，"寺"声，"言"意，造"诗"字时必已有"寺"字在，而古文"寺"即"持"，为"保持"、"存留"之意；古文"言"、"音"为一。"诗"为"音"中之"言"，所以最初的"诗"是"说"或"吟"、"唱"出来的。

奇怪的是西方古代的"诗"字，似乎跟"说"（吟、唱）没有多少关系，尽管实际上古希腊之叙事诗同样也是"吟"、"唱"出来的。古代希腊文的"诗"为"ποίημα",由动词"ποιέω"变来,而该词最基本的意思为"做"。这反映出,中西古代在"诗"的理解上有一个很大的不同:中国重"说",西方重"做";在中国"诗"为"言"之一种,而在西方则为"行"之一种。这样,我以为,在西方,"诗"(ποίημα)原本是一种"表演艺术",重在"行动"、"动作"、"表演",——当然这里就包括了舞蹈、音乐的成分在内。西方远古的所谓叙事诗,可能是由一个"演员"兼"演"各种角色并连带代表"诗人"、"作者"描述故事背景的一种表演艺术。只是最初因一人演,动作可能比较简单,后来演者增加,于是就成"戏剧",而"戏剧"(δρᾶμα)一字在古代希腊亦是动词"动作"(δράω)变来。

古代希腊当然也有与"说"有关系的字,那就是那个赫赫有名的"λόγος"(逻各斯)。此字由最初"采集"、"归类"、"综合"衍变为"说",但它似乎与"诗"无关,而倒是"哲学"的中心概念。这个字以后在西方哲学中的重要地位,是大家都知道的;但在古代希腊,"λόγος"与"哲学"的结合,似乎有一层意思:只有"哲学"才是"纯粹的""说"。想苏格拉底当年,一群青年人围着他在集市上转,七嘴八舌,滔滔不绝地"说"个没完。"哲学家"成了"光说不练"的人。西方这个传统,现在他们自己有些人也很反对,批评它是"逻各斯(逻辑)中心论",而"逻各斯中心论"也就是"语言(音)中心论",批评的就是那些"光说不练"的人。

的确,西方自古代希腊出现了"光说不练"的人之后,就把这种事当作了最高的"学问",而瞧不起那些又说又练的人和事。柏拉图的"理想国"就反映了这种偏见。所谓"哲学王"就是要"光说不练"的人为"王",来治理各种等级的"练家子"。

中国古代没有分出一部分人来"光说不练",没有"纯粹的""说"的"哲学"。并不是说,中国古代就没有脱离实际、光说空话的人,而是说,那时候并没有一门"学问",只能"说",不能"练"。"说"也是"诗意地""说",而不是"哲学地""说"。中国古代的"诗",融"哲理"、"历史"与"人生"于一体,"诗"与"思"和"史"是融会贯通的;"言"与"行"本是人的完整的活动不可或缺的部分。"诗"是人生的写照,也是人生的部分。西方古代的理想是要"人""思想地（哲学地）存在着"，中国古代的理想则不是要"人""道德地存在着"（儒），就是要"人""诗意地存在着"（道）。"诗意地存在着"不是"空灵地存在着"；比起"思想地存在着"来，"诗意地存在着"要实在得多。"思想者"（在西方传统中为"哲学家"）用抽象的"概念"，而"诗人"则用活泼生动的情感；诗的语言不是抽象的概念，不是光能"说"，而是可以"吟"、可以"唱"，亦可以有"动作"（舞蹈）。诗的语言是生活的语言，而生活的语言就不是"只能""说"的"纯粹的""语言"。当然，诗的语言也要专门下功夫来锤炼，但锤炼诗语来源于加深生活的体验。中国历代诗家为我们奉献了许许多多"千古佳句"，这些佳句不是抽象的"真理"，而是诗的"真意境"、"真境界"。"真意境"不但具有"历时性"，而且也有"共时性"，只是这种"共时性"不像索绪尔讲的语词概念记号，即不是那种抽象的"共时性"，而是生活的、现实的"共时性"，有点像黑格尔的"具体共相"。

读诗不是读自然或历史教科书，但也可以获得深刻的对历史和对自然的体验。在灯火辉煌的现代城市住得太久，几乎忘记了"月亮"的存在，无数诵月之作，"提示"我们"月"的存在，"月"的美，提醒我们"月"仍是我们这个"世界"的一部分。"诗""表志（誌）"着"什么"，"记载"着"什么"，"标志"着"什么"。

那么，这个"什么"又是"什么"？难道光是"月亮"？如果要能用一个或一批（成系统的）"概念"将其"传授"（告知）给"别人"，则何劳历代诗家不断地呕心沥血反复"说""它"；又何劳西方历代"思者"（哲学家）不断绞尽脑汁建构各种哲学体系来"说""它"？战垒兄在书中说那种"意义"（意味）不要想以作为记号的语词来说尽它，这是知言；但这个"什么"，这个"意义"倒也不很神秘高深，其实就在生活之中。它虽不仅是"月亮"，但却就在"月亮"之中，在高山流水之中，也在高楼大厦、机器厂房之中，只是要自己去体会，而别人只能"提示"给你，不能"传授"给你。

说来惭愧，尽管我认为"诗"是那个"什么"的一种最好的"提示者"，但我自己不会做诗，也记不得多少诗；有时，或对那个"什么"有点体会，却都化为滔滔不绝的"议论"。

也许正因为这个缘故，我羡慕、佩服、敬重、也有点忌妒那些会做诗、能吟诗、能体会诗的人，战垒就是这样的人。

"碎片"与"体系"

布尔教授这本小书，试图从马克思主义观点重新发掘、阐明德国古典哲学传统中历史性与结构性、体系性的关系，题目是哲学史的，但目标却是针对现代西方哲学的某些重要问题，提出自己看法的。王步涛同志将它翻译，出版，对我国学术界，是有参考价值的。

我们知道，西方（大陆）哲学晚近的发展，从胡塞尔、特别是海德格尔以来，"（哲学）体系"曾为"历史（性）"所代替。现代现象学强调"本质"的直接"显现"，无需借助外在符号（概念）体系，基本存在论强调 Dasein 之历史性、时间性，至实存主义则又强调个体之自由和时间系列中"现时"之永恒性，这样，使传统意义上"哲学体系（系统）"成为人为的编织而失去其真理性。

现象学-存在论（本体论）-实存主义传入法国，由萨特、梅洛-庞蒂等人推波助澜，随即遇到一个强大的对手——由列维-斯特劳斯等人为代表的结构主义。这个思潮和法国的社会学派、语言学派等相结合，把历史（社会）"结构"化，似乎既克服了海德格尔的"历史性"，又克服了雅斯贝斯"实存"之"现时性"。法国结构主义开创的"经验"之"结构性"，不同于古典传统中之"理性"之"结构性"，它已经把"人"作为"理性存在"的完整性"打碎"成历史的"碎片"，"结构"成为"分割"的"层次"，而不是"同一性"的"体系"，这正是所谓"后结构主义"所侧重发挥的地方。"后结构主义"把"结构主义"所保存并阐述的"意义"问题，也"埋葬"起来，从而亦成为"非结构"、"非体系"的东西,"意义"的分解,不仅是"结构"的分解,同时也是"历史"的分解,因而所谓"后结构主义",同时也是"后现象学",从而似乎以一个"全新"的面貌出现在当代西方哲学的舞台上,这一点,我们从福柯的"(知识)考古学"和德里达的"文(字)学",可以看得比较清楚。

面临这种"分崩离析"(分解,解体)的局面,古典哲学——特别是德国古典哲学的传统仍然显示着它那理论的魅力,具有很重要的历史借鉴作用。

康德是突破传统的哲学家,也是突破"哲学体系"的思想家。他的知识论有一个哲学体系,但他的实践论却突破了这个体系。值得注意的是,康德以一种更为"优越"(更高)的"理性"(实践理性)来突破一种理性(理论理性),比起某些从根本上否定"理性"同一性的当代哲学家来说,不是仍保持着自己的理论构思的特色吗?我认为,正是康德这种"理性"自身的突破,导向了德国古典哲学学说从费希特、谢林至黑格尔而达到了理性体系与历史进程的辩证统一的结果。在古典哲学看来,哲学之所以必定是一个理性(概念)的体系,正因为它是和历史的进程相统一的。哲学的概念,不是抽象的,而是具体的,即哲学的概念是有历史内容的,因而它必须在一个辩证、发展的体系(结构)中,才能达到自身的完整性;哲学概念的体系,就是哲学概念的历史,《逻辑学》和《精神现象学》是完全一致的。

当然古典哲学有古典哲学的问题。从康德那种突破性的"实践理性"发展到黑格尔的"绝对理念"的"理性",使"理性"限于其自身,固不能说全是"封闭"的,但确是"圆圈式"的。胡塞尔否定了黑格尔"现象学"的"绝对主义",但却接纳了他的"理念主义",真正从根本上否定了这个"理念主义"的是马克思。

就这个方面来看,布尔教授从历史性、结构性、体系性的角度来研究德国古典哲学,以西方哲学发展言,就不仅有历史的意义,同时也有相当现实的意义。

灵魂的归宿

——为刘耀中先生《荣格、弗洛伊德与艺术》一书而写

我和刘耀中先生只见过一面。去年夏天一个晚上，做编辑工作的老同学曹其敏带来一位美籍华人，说这位先生说的那些哲学问题不好懂，所以带到这里来了。那天晚上刘先生兴致勃勃地谈了几个小时的西方哲学、文学、宗教、历史。几个月以后，刘先生从美国寄来他的书稿复印件，并附有一封信，要我替他的书写一篇序。

刘先生这本书涉及西方文学的多，涉及西方哲学的少，我对西方文学所知极少，所以与其说我来"评"它，不如说我来"学"它。我也是喜欢文学的，记得刚从大学毕业来到研究所时，曾有一个相当庞大的计划，要遍读西方古典文学名著，可惜没有读几年，世事就起了变化，先是反右，后是"下放劳动"，然后"反右倾"、"四清"，紧接着就是"文革"，现在看像一个电视连续剧，可是那些年月如何熬过来的，连自己也说不清了。无论如何，那个文学作品阅读计划，像以前一切"计划"、"规划"一样，都落了空。如今，客观条件固然很好，但主观上又力所不能及了，甚至也不想及了。

当然，我仍然相信文学和哲学面对的是相同的问题，处在一个文化的相同的层次，它们当中可沟通处是非常多的。但是文学要读的书太多了，而且部头都很大，既然它思考的问题和哲学相通，所以就宁可费点劲去啃哲学书了。所以不怕专家们笑话，我常常读一点节写本来弥补知识上的不足。

把这种情况写出来并不是说我这种态度有多少理由或有什么成效，我深切

感到这是一个缺憾。就中国人的眼光来看，文化是一个整体，文、史、哲本不可分。我研究西方哲学，一直也努力把它放在一个统一的文化背景中去看，譬如研究古代希腊哲学，我很想把那时的文学、戏剧、风土人情、诗歌音乐、科学技术甚至体育活动都作一些考察，也收集了有关的资料，可惜只是在戏剧和造型艺术方面做过一点工作，其他的只能留待异日了。

这样对比之下，我就觉得十分钦佩刘先生能孜孜不倦地读那么多文学作品，兴致勃勃地一一加以评论，抒发自己的看法。尤其是，刘先生比较重视荣格的心理学，所以在评论诸家作品时，务求弄清作者的生活，对我这样的在文学知识上需要启蒙的人固然有引导入门的作用，但又不是一般的生平介绍，而是有学理上的根据的。

从本书内容来看，刘先生兴趣非常广泛，不仅文学，包括宗教、哲学、心理学、社会学甚至炼金术等等，都在他思考的范围之内。这一点我也是很欣赏的。我自己兴趣也很广，不喜欢我的人可以批评为杂。我觉得，人文科学不像自然科学因一种实际的需要来作研究，而直接就是因为有"问题"才去"思考"的。但不定哪儿会出"问题"。所以我的兴趣是随"问题"在转移。"我在思想"，"想""什么"？"想""问题"。"问题"不是我想提什么就提什么，是日、月、山、川、他人、社会"让"我"提"的，也许，不是"我""想""问题"，而是"问题""让""我""想"，是我生活的世界有"问题"，我才"想"的。刘先生的注意力也在随着"问题"而从荣格心理学到乔伊斯意识流，到海明威的强者意识，又到贝克特的那个等不到的"戈多"。刘先生这本书，并不是系统的、客观的现代西方文学史，而是刘先生自己所想问题的历史记录，因而是他自己的灵魂的记录。

看得出来，刘先生的"灵魂"固然受这些文学作品的"支配"，但同时又是很"自由"的。他写这本书，不追求"系统性"，因为他不想编文学史，而只想把他心中的问题和对这些问题的看法说出来。

人家向我介绍，刘先生是水利工程专家，在美国加州一个水利工程部门工作，而他在他的工作方面是不很自由的。他虽然具备很强的工作能力，渊博的专业知识，在多年的供职期间，对加州的水利建设多有贡献，但长期得不到主管部门的提升。为了在那个复杂的、异邦的美国世界得到比较公平的待遇，刘先生还需要多方面的奋斗。

然而在人文科学领域里，刘先生却是很自由的。他不是美国（汉）学界的人士，也不想挤进去分一瓢之羹。人文科学不是他谋生的手段，而是他的爱好，他的性情，是他的灵魂的归宿。我也搞了大半辈子人文科学了，我是这个"界"的专业成员之一，但我时时觉得以人文科学作谋生手段是很不安全的。各种社会条件下搞人文科学的似乎都有难念的经。过去我们总觉得受政治的冲击太大了，政治家有自己的实际政治需要，譬如决不许你说孔子的好话，非得要你说老子是什么主义的等等，如今似乎又感到经济的压力大了些。这也难怪，社会要解决吃、喝、住房、交通、各种实业建设问题，你人文科学一时用不上，自然就有"被冷落"之感，于是就有"孤独"之吟，实际上也许是在唱"长铗归来乎"的调子，求得更多的赏识呢。我看刘先生这种办法很好，谋生归谋生，思想归思想。要工作，我有高超的技术，对社会有用；讲思想，我有深刻的见识，使灵魂有所依托。可惜我晚了点，学技已不可能，懊悔也来不及了。如果再有一次机会作选择，我大概也会像刘先生那样，学一门科学技术，做一些对社会有益的实际工作，然后再来为我的灵魂找一个归宿，思考那人文科学的大问题，体察宇宙人生的大意义，那时我再来谈问题、写文章，就不仅仅是"工作任务"，至少也像刘先生那样，不必考虑什么"行业"里的种种关系，使文章真的是自己的灵魂的表白，更不必忙着建立什么"派"、什么"论"，创什么"体系"，成什么"家"——中文这里的"家"，无非说在某个行业（家庭）里，我是"家长"。

刘先生原是中国人，后来生活在美国，但却一直醉心于西方文化的体察，这也是他"自由"的一种表现。中国人在欧美搞文科的，大部分都搞汉学，这当然很自然，也是很好的事，是发扬我中华文化的重要方面军。但其中有一个情况也应看到。华裔学者为在异邦学界有一立足之地，最方便的是以中华本土几千年文明历史与之形成鲜明对照，所以就一般方法言，注重差别的多，注重吸收、融化的反倒少一点。这种情形，与中国本土的学人的倾向似乎正相反，就像华裔更多保存中国传统风俗习惯一样。

中国知识分子对自己传统文化和西方文化的态度，有一个历史变化的过程。这个问题我没有细研究过，但有一点感想。就哲学来说，我们的老师辈，或更老一辈的学者出国留洋学习西方哲学和文化,大多从我国固有文化传统的坚实基础上去学西方文化,这种情形即使在五四运动以后仍是如此。我曾看过我的一位老师在国外读过的外文书,旁边批着"此处像朱子语","此处像×子语"这样的话。我还知道有的老师在国外留学期间读中国的古书,还做了详细笔记,起先觉得很奇怪;后来,我自己也出去进修了,才感到似乎只有靠我们老祖宗的东西才能"镇"得住洋人。在外面,我谈康德,得到洋教授一句"你是真懂康德的"已是受宠若惊了。但你谈中国的"礼",他只有瞪大眼睛听着的分。这是一种吸引力,中国文化传统的吸引力,"还是回到研究中国文化上来吧",我内心常有这种声音。

不过,我们这一代知识分子,毕竟与我们的老师辈不太相同。我们是解放后成长起来的,是在全社会学习马克思主义学说的环境下成长起来的。过去的学习,有做得好的,也有做得不好的,或者说,不好的时候还相当多,但毕竟已是一个很长的历史过程。我们还生活在中国这块土地上,但我们的灵魂已经受到新的洗礼,我们的灵魂是在中国解放后的环境下塑造起来的。从没有像解放以来以马克思主义对中国传统文化的改造那样深刻,那样广泛。应该说,我们已不像我们老师辈那样依恋我们传统文化,因为马克思主义本非中国土生土长的。我们眼界在从小学习时起,自然就扩展开来,至少扩展到德国(的古典哲学)、英国(的政治经济学)和法国(的空想社会主义),中国早已成了世界(革命)的一个部分。我们被教导,对中国传统文化是要批判继承的,好坏要有个标准,这个标准就是马克思主义的理论和观点、方法。所以,尽管作为中国人,中国传统文化无论从哪一方面都有很大的吸引力,但感到这个文化需要改造这一条,倒也不是口头上说说的,而是真心实意这样想的。这样,据我所知,和我差不多前后在外进修的人,除原本专攻中国文化的外,回国后转向专门研究传统文化的极少。有一个信念是逐渐坚定起来的:中国人和外国人,不能你说你的,我说我的,更不能在中国人面前说外国的,在外国人面前说中国的——当然就介绍和发扬来说这是必要的;而要做到:别人想的问题,我们也要想,别人讨论的问题,我们也要讨论。要这样,就必须对西方的文化有一种锲而不舍的钻研精神,从而在同一层次上或努力在更高的水平上与西方学者展开对话,进行学术性讨论。如做到这一点,我们的文化优势也自然能发挥出来，因为我们不是白板一块地来学习西方文化，我们有自己的文化背景，只要真的弄懂人家的意思以后，不愁没有我们自己的观点和看法，而倒也不必在尚未真的弄懂的时候，就先来几顶帽子。

这就是我常常向往的东西方在人文学术上也能展开相互的对话、讨论、甚至争论的局面。扩大对话，就是扩大生活，也是扩大世界。我们的灵魂是依附于我们的世界的，扩大世界也就是不断地塑造我们的灵魂。灵魂的归宿就在世界之中，世界要不断地扩大，灵魂的归宿也就宽绰一些。人不是也常想住的房子要大一点吗？

刘先生出生于中国广东中山县，十五岁去美国，如今"家"住美国洛杉矶。他在工作上有时一定觉得不像住在自己"家"里，但在谈论西方大家的小说和哲学时，可谓"如数家珍"。刘先生来我家的那天晚上侃侃长谈之后，得知他的书将可在中国出版，他激动地对我说："我的灵魂有了归宿了。"刘先生的书是向住在中国本土的同胞诉说他这个在美国长大的华裔如何看西方文化的，他把他的灵魂还给了中国本土。其实，依我看，刘先生似乎有好几个"家"，中国是他的"老家"，美国也不能说是"新家"，而实际上是一个"家"，我们都住在"这个世界上"，"世界"为我们塑造了各自的灵魂，我们迟早要把自己的灵魂还给"这个世界"，使其有个归宿。

"理性"、"非理性"及其他

多年未到广州,近年来其繁华情景可以想象,涂成林先生在广州主编《开放时代》杂志,他寄来《现象学的使命——从胡塞尔、海德格尔到萨特》书稿是一部高水平的学术著作。涂先生告诉我,此书将由广东人民出版社出版,嘱寄一序言。这样学术性很强的书能在经济勇进的广州出版,对学术工作者来说,真是一种安慰,所以就答应了下来。

欧洲的哲学,大体有两个传统,一是希腊的,另一是基督教的,后者比前者晚一些。随着这两种传统的消长,有分析性和综合性两个方面的特点,在近代为英美经验派和大陆理性派两大潮流。大陆理性派努力使希腊和基督两种精神协调起来,或者说,以希腊的哲学方法去解决基督教所提出的问题。

大陆理性派演变到黑格尔哲学是集其大成,此后"理性主义"成了问题。因为欧陆哲学之所以在科学知识(Verstehen,understanding)之上另设高级的"理性"(Vernunft,reason),乃是基督教的问题不能完全为一般科学知识所解决,哲学要理性地而非信仰性地讨论此类问题,则需要高于一般经验理性之上的哲学理性,方能把握。所以,从康德到黑格尔,Vernunft 都高于 Verstehen。

然而,问题恰恰出在 Vernunft 上。此种既有普遍性又有具体性的思想方式——或曰"具体共相"的方式,在现代被认为是为了一个理论体系"虚构"出来的。于是胡塞尔的现代现象学舍弃了黑格尔现象学的理性的思辨性,而成为直接性的"显现学"。涂先生研究现代现象学运动,着眼于这个运动的"非理性"方面，我觉得是很关键的。

如何理解现代现象学的"非理性"，我认为，可分两个方面来考虑。一方面，胡塞尔把经验的、自然的科学"悬搁"了起来，说明他的现象学同样要研究比一般经验科学更高层次或更深层次的问题，另一方面胡塞尔还否定了思辨性的（Spekulativ）理性（Vernunft），从而为海德格尔、萨特开出一条"非理性"（Nichtvernunft）的道路，正如涂先生所指出的，像"恶心、烦恼、自欺、死亡"等，如果再加上福柯的"疯"、"牢狱"、"医院"等"反常"的现象，统统都进入了"哲学"的殿堂，但其把握方式，又不是"理性"（Vernunft）的。

概括来说，传统哲学以"意识"（有意识、可意识、意识到的）为核心，研究其"自由"中之合理的"必然性"；现代哲学则试图以"无意识"（潜意识、不可意识、意识不到的）为核心，研究其"必然"中之"自由性"，这样，遂使欧陆现代现象学带有一种"非理性"的"神秘"色彩。涂先生的书，对这种问题出现的社会根源，作出了很好的分析，指出它为现代资本主义社会发展特点所决定，是有说服力的。

我读涂先生的书，觉得他对胡塞尔很下了一番功夫，这是很可嘉许的。胡塞尔在现代欧陆哲学中有承前启后的关键作用，不容忽视。这两年，国内学界对海德格尔讨论很多，这很好，但我常强调如果不读胡塞尔的书，则对海德格尔的思想恐怕不容易弄清楚，而读胡塞尔的书对我们中国人来说，难度要比读海德格尔的大些，所以容易没有耐心去读，不过我觉得这个困难是一定要克服的，所以看到涂先生的书能详细讨论胡塞尔的思想，然后再讨论海德格尔，他的这个办法，我很赞成。

在讨论了胡塞尔和海德格尔之后，涂先生转而集中研究萨特的现象学，这一部分我认为写得很细致，把萨特的思想特点写出来了。我们常说"欧陆哲学"，其实欧洲大陆各国思想倾向，亦不很一致。由于社会发展的原因，法国的思想成熟得比较早些，但德国人在思辨方面却相当过得硬，两国哲学家虽然互相尊重、学习，但也相互批评，直到现在还是如此。海德格尔和萨特的分歧，是大家都知道的；后来，德里达与伽达默尔的争论，也已见诸公开的出版物。然而，在学理上，大家还是很客观的。涂先生书中研究了胡塞尔对笛卡尔的论述，这也是重要的部分。

就晚近西方哲学的进展看,法国哲学正在日益显示它的重要作用。法国哲学,自笛卡尔奠基以来,曲曲折折地发展到现在,已是群星灿烂,蔚然大观,时常出现新问题、新思想,其活跃程度,在战后大大超过德国;这其中,萨特当然是很关键的人物。现象学在法国的发展,与萨特的工作分不开;同时法国人还将胡塞尔现象学与黑格尔现象学贯通起来考虑,并将雅斯贝斯的思想发扬出来,其影响不可低估。现象学从德国进入法国,有一个新的面貌,加强了社会、心理的层面,并与其结构主义、符号学相碰撞,发展出与德国解释学不相同的所谓"后现代"学派,不仅在欧洲,而且在美国也是很活跃的哲学思潮。

涂先生这本书还有一个很大的优点值得向读者推荐,就是它的文笔非常流畅,语言很是生动。哲学的问题是相当深奥的,哲学书相当难读。不是说,哲学家故意要写得艰深晦涩,让人不懂。我坚信,一切大哲学家写书,都是尽力去让人懂他的意思,而不是相反。哲学家有时要用一些生冷的字,甚至"造字",实是不得已而为之,因为他有些意思用一般的字表达不出来,才作特殊的处理;即使在不易表达思想的情况下,哲学家也尽量用最通常的字加以说明、阐叙。譬如海德格尔的 Dasein, Ereignis,都是德文中很普通的字,人们没有料到这样的字也进入"哲学"的"范畴"行列,往往向"复杂"处想,反倒南辕北辙了。所以海德格尔才告诫说,真理之所以被认为难懂,不是因为它太复杂,而是因为它太简单。

"哲学"作为一门科学,已有几千年的积累,也有自己的约定俗成的术语,但"哲学"不是行话、术语的体系;我甚至觉得,在众多的学科中,哲学应是行话、术语最少的学科,而它已有的一些术语,每说一次,都似乎要经受一次"追根寻源"的考问,而不宜作现成的词汇拿过来就用。所以,我觉得,哲学的语言,原本应是最为平实的语言,君不见,作为西方哲学著作鼻祖的柏拉图的书,原就是些活生生的"对话"。

后 记

为了查找方便,我已把前几年写的一些学术论文辑集出版,但因篇幅关系,我写的一些短小的文章,未能收入,而我对这些文章却有一种特别的喜爱,现在承脉望同志好意,同意纳入一套丛书出版,在如今出版书都要出版补贴的风气下,对他们的慷慨,我也要表示一种特别的感谢。

我为什么特别喜爱这些短文章,原因是多种的。从我的写作经验来看,我觉得,写论文比写书难,写短文章比写长论文难。说这话并不是故意贬低鸿篇巨著,大部头有大部头的难处。我只是想强调,在学术精神上,写长论文要像写短文章那样写,写大部头要像写论文那样来写,这样写出来的学术专著,各个篇章都有自己的学术价值,而没有"搭配"进去的部分。这样的大部头,当然很难很难,不是很有天才而又非常勤奋的人,一生能写一、两本就谢天谢地了。我的意思是说,短小的文章不容易掺水分,不容易用一些生冷术语或曲里拐弯的句子来吓唬人、绕惑人。

从这个意义说,从学术工作的作风说,写短小的文章是一个基本训练,不仅是文字的训练,而且是思想的训练:让自己的思想清晰些、平易些,而不把自己未曾弄清的意思用一些复杂的词句掩盖起来。有了这个训练,再来做大文章,就有一个好态度、好作风。从这个意义说,写短小的文章,是"入手",是"基础",是"开始"。

然而,从另一个意义来看,小文章又是"结果",它是长期思考、研究的结晶,是多层面丰富思想的浓缩。我常感到,有些问题我可以写一篇学术论文，但写不来短小有趣的文章，倒不是问题本身有多大限制，而是自己对这个问题下的功夫还不够。

所以，就"开始"（入手）的意义说，你掌握的材料不多，功力小，只能写一篇短文章；但从"结果"的意义说，则是正相反，你的功力还不够，只能写大论文，规规矩矩做你的学问，而不能潇洒自如地写小品文。

说起"潇洒自如"，我对写短文章"情有独钟"还有一个原因。我觉得，我的那些学术论文，那些研究题目，如果别人有兴趣，也会去做，而且做得肯定比我好，那末我的那些研究成果就会被"淘汰"，像维特根斯坦说的，上了楼，梯子就可以不要了。科学的进步，后浪推前浪；做学术工作的，也希望如此，自己的工作只是后人的"阶梯"、"垫脚石"——能做到这一点，已足以自慰。但那些小品文，则是和我自己的"性情"分不开，这个"性情"有较大的"个别性"，好歹是"自己的"，"别人"不必去做。当然，别人可以批评它，甚至抛弃它，但不能"代替"它；说一句带私心杂念的话，谁不想自己的工作带有一点"不可淘汰性"、"不可替代性"呢。这就是说，学术的专著和专论，科学性强，而学术的小品，则更多带些艺术性。因此，我当然"重视"我的学术论文，但我"喜欢"我的学术小品。

我"重视"和我"喜欢"，当然不能算数的，是"自说自话"，或竟是"老王卖瓜"，重要的是"别人"也"重视"，也"喜欢"，所以，在出版这个集子时，也学说一句：希望你喜欢。

收在这里的文章全都发表过，编集时有些小改动，个别的标题也有变动。

叶秀山

一九九五年九月二十八日于

中国社会科学院哲学研究所